常山年鉴 2021

CHANGSHAN YEARBOOK

常山县地方志编纂委员会 编

方志出版社
Publishing House of Local Records

图书在版编目（CIP）数据

常山年鉴·2021 / 常山县地方志编纂委员会编，--北京：方志出版社，2021.12

ISBN 978-7-5144-5076-7

Ⅰ.①常… Ⅱ.①常… Ⅲ.①常山县—2021—年鉴 Ⅳ.①Z525.54

中国版本图书馆CIP数据核字（2021）第275730号

常山年鉴（2021）

编　　者：常山县地方志编纂委员会
责任编辑：齐 笑

出 版 者：方志出版社
地址 北京市朝阳区潘家园东里9号（国家方志馆4层）
邮编 100021
网址 http://www.zgfzcb.cn

发　　行：方志出版社图书经销中心
电话：（010）67110500

经　　销：各地新华书店

印　　刷：江山市教育印刷有限公司

开　　本：889×1194　1/16
印　　张：30.25
字　　数：723千字
版　　次：2021年12月第1版　2021年12月第1次印刷
印　　数：0001~1000册

ISBN 978-7-5144-5076-7　定价：280.00元

·版权所有　翻印必究·

常山县地方志编纂委员会

主　　任　王永明
副 主 任　何相涯　姜　敏　方育娟
委　　员　黄国华　杨春柳　陈　岗　蓝小珍
刘　忻　徐　焕　吴永兴　琚东风
黄爱珍　郑忠东　洪永海　陈贤民
姜利成　朱开明　李岳飞　刘利忠
何　菊　陈桂强

《常山年鉴（2021）》编辑部

主　　编　吴永兴
副 主 编　刘海滨　兰飞飞
执行主编　刘海滨
指导编辑　徐金堂
编　　辑　陈慧群　黄俊玮

编辑说明

一、《常山年鉴》是中共常山县委、常山县人民政府主办，常山县地方志编纂委员会编纂出版的年度资料性文献，逐年记载常山县经济建设、政治建设、文化建设、社会建设、生态文明建设基本情况，为社会各界人士和中外投资者了解、研究、建设常山，提供丰富翔实的地情资料。《常山年鉴》于2005年创刊，本卷为《常山年鉴（2021）》。

二、《常山年鉴（2021）》以马克思列宁主义、毛泽东思想、邓小平理论、“三个代表”重要思想、科学发展观、习近平新时代中国特色社会主义思想为指导，坚持辩证唯物主义和历史唯物主义立场、观点和方法，全面、真实地记载上一年度常山县行政区域自然、政治、经济、文化、社会等方面的情况和社会发展的历史进程。

三、《常山年鉴（2021）》记事时间从2020年1月1日至2020年12月31日，按分类法编排，主体内容分为类目、分目（部分分目下设副分目或附“小资料”）、条目三个层次。共设特载、专记、大事记、县情概览、中国共产党常山县委员会、常山县人民代表大会、常山县人民政府、中国人民政治协商会议常山县委员会、民主党派、人民团体、法治、军事、工业、农业农村·林业水利、贸易、通信、交通、城乡建设与管理、自然资源·环境保护、综合管理与监督、财政·税务、金融、教育、科学技术·气象、文化·旅游·卫生·体育、人力资源和社会保障、社会生活、乡镇（街道）、附录、索引30个类目。

四、《常山年鉴（2021）》以县级机关各部门、各乡镇（街道）及有关驻常山的省部属单位为基本记述主体，以事物性质分类，设类目。类目设计和编排次序根据年鉴基本体例和行业归类特点设置，与具体部门单位行政级别无关。

五、《常山年鉴（2021）》所刊载的内容、照片和图表数据，均由全县各机关部门、企事业单位、乡镇（街道）和驻常山省部属单位提供；所用统计资料由县统计局提供。撰稿人和摄影者分别统一署名于条目和照片之后。封面由王建华拍摄。

六、常山县统计局提供全县综合性统计数据。因统计来源、口径方式等不同，部分单位所用个别数据与常山县统计局的数据不一致，引用时以常山县统计局的数据为准。统计局未作统计的，以各专业部门和乡镇（街道）提供的数据为准。

七、《常山年鉴（2021）》采用中国法定计量单位，面积单位稍有例外：耕地、山林、园地等面积单位一般沿用“亩”字，有时也用“公顷”。

八、《常山年鉴（2021）》“附录”类目中的荣誉录，收录2020年1—12月公布，国家（含部门）、浙江省（含部门）、衢州市（含部门）以及中共常山县委、常山县人民政府命名、表彰、颁发的荣誉称号。

九、《常山年鉴（2021）》卷首设有中文详细目录和英文要目，卷末编有索引，书眉标示类目名称。全书资料信息可由目录、书眉、索引等检索渠道获得。

土地总面积：1099.1 平方千米
建成区面积：17.7 平方千米

乡镇（街道）：3 个街道 6 个镇 5 个乡
行政村：180 个
总人口：341567 人
城镇人口：112528 人
乡村人口：229039 人

年平均气温：18.6 ℃
年总降水量：2087.8 毫米

地区生产总值：160.1 亿元
工业增加值：50.0 亿元
营业收入超亿元工业企业：33 家

新增省科技型中小企业：32 家
专利申请量：697 件
专利授权量：836 件

财政总收入：19.9 亿元
金融业增加值:9.5 亿元
年末本外币存款余额：272.6 亿元

社会消费品零售额：71.8 亿元
外贸进出口总额：25.7 亿元

旅游总收入：53.5 亿元
公路总里程：1130.5 千米

中小学校：39 所
医疗机构：272 家

（何利民 摄）

①
② ③

①常山县城鸟瞰（王一群 摄）
②常山城东新区局部
（县文广旅体局 供图）
③常山县城局部（徐高禄 摄）

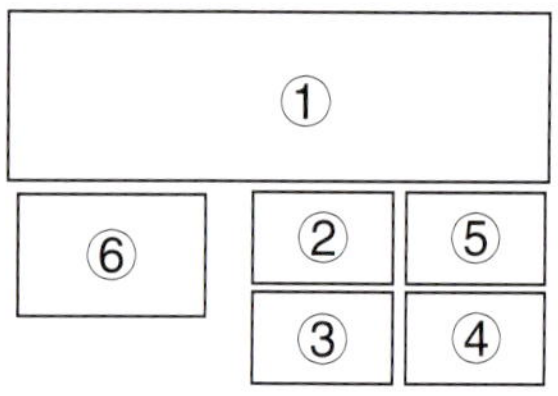

①048省道延伸线（横向）和320国道新站特大桥（纵向）交叉点 （县交通运输局 供图）

②杭金衢高速公路拓宽工程（常山段） （县交通运输局 供图）

③351国道龙游横山至开化华埠段工程（常山段）辉埠镇宋畈村米屯坝隧道和西坑溪大桥（县交通运输局 供图）

④320国道朱家渡大桥新建段 （县交通运输局 供图）

⑤2020年8月31日，常山县城乡公交一体化正式运营 （县交通运输局 供图）

⑥2020年12月22日，常山江（辉埠一双港口）航电枢纽项目举行先行开工仪式 （常山城投集团供图）

◀实施前

◀实施后

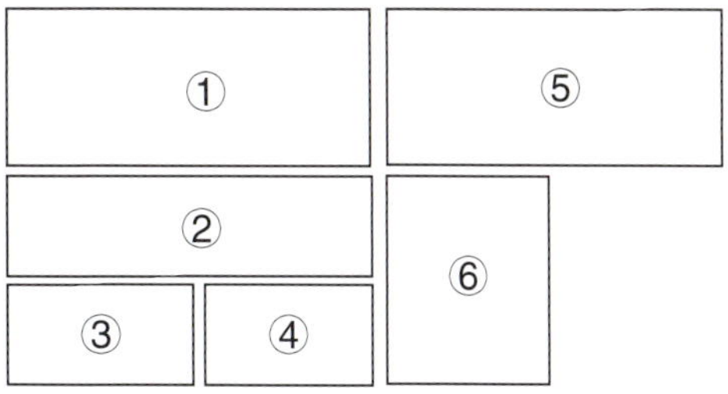

①常山诗画风光带建设（徐高禄 摄）

②赵家坪四期农民集聚工程（王 凯 摄）

③常山危旧房治理改造工程（徐高禄 摄）

④人民医院二期工程（常山城投集团 供图）

⑤2020年10月24日，常山县旧城改造暨狮子口片区征收动员部署会召开（常山传媒集团 供图）

⑥县政府大院“拆墙透绿”工程实施前后对比图（县机关事务保障中心 供图）

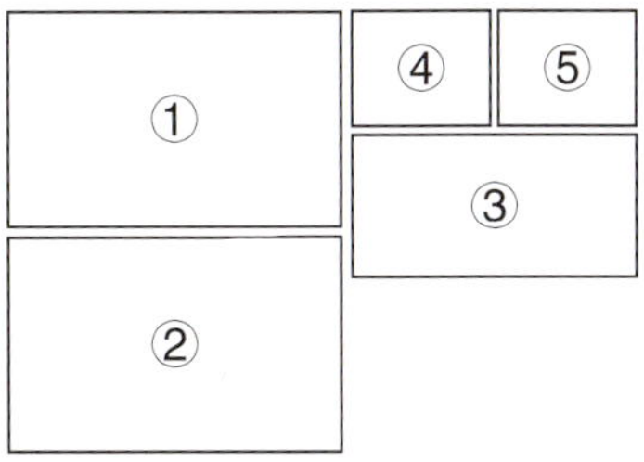

2020年12月，常山经济开发区升级为省级经济开发区，分新都、辉埠、金川三大片区，规划面积22.32平方千米

①常山县经济技术开发区新都片区 （王琼瑜 摄）
②常山县经济技术开发区辉埠片区 （罗文富 摄）
③常山县经济技术开发区金川片区 （县文广旅体局 供图）
④新都片区常山天子果业 （县文广旅体局 供图）
⑤常山斯凯孚中国小圆锥滚子轴承生产基地 （王建华 摄）

▲ 2020年8月31日，常山县“双招双引”项目集中签约仪式举行（县协作中心 供图）

▲ 2020年10月27日，常山县2020年第四批重点项目集中开工、集中签约仪式举行（常山传媒集团 供图）

▲金色同弓田园综合体项目鸟瞰图（同弓乡 供图）

◀ 金色同弓田园综合体核心区——莲心湾项目（同弓乡 供图）

金色同弓田园综合体项目核心区——每日会项目 ▶（同弓乡 供图）

▲ 2020年2月9日，常山县5名医护人员（前排左三至左七）驰援遭受新冠肺炎疫情突袭的武汉　（县卫健局 供图）

◀ 2020年1月30日，常山县人民医院医共体青石分院的医务人员对出现疫情区域进行排查　（县卫健局 供图）

◀ 疫情期间，大桥头乡志愿者助力企业复工复产
（大桥头乡 供图）

▲ 紫港街道紫港社区
疫情防控卡点
（徐小萍 摄）

紫港街道柚苑社区疫情防控卡点 ▶
（陈勤幸 摄）

◀ 同弓乡彤弓山村村口疫情防控卡点
（王一群 摄）

常山县人民医院
门诊部 Outpatient
热烈欢迎最美逆行者凯旋 致敬白衣战士

①2020年4月12日，常山县5名驰援武汉医务人员凯旋
（常山传媒集团 供图）

②常山人民迎接驰援武汉医务人员英雄凯旋　（徐小萍 摄）

③2020年12月17日，衢州市抗击新冠肺炎疫情总结表彰大会召开，常山县有23人获“先进个人”称号，7个集体获“先进集体”称号
（常山传媒集团 供图）

④2020年11月13日，浙江省抗击新冠肺炎疫情总结表彰大会举行，常山县3名个人和1个集体获得表彰
（常山传媒集团 供图）

①2020年7月9日，常山县8090新时代理论宣讲工作推进会召开 （常山传媒集团 供图）
②大桥头乡8090新时代理论宣讲团成员在乡村宣讲 （大桥头乡 供图）
③2020年9月9日，全县教育发展大会召开 （常山传媒集团 供图）
④2020年8月22日，《胡柚娃》文化IP价值开发座谈会召开 （县委宣传部 供图）
⑤2020年10月28日，“好家风是传家宝”8090新时代理论宣讲主题大赛决赛举行 （县妇联 供图）
⑥2020年11月29日，常山县举行“2020对话·宋诗之河”活动 （常山传媒集团 供图）

①	②
③	④
⑤	⑥

①辉埠镇东乡书法村写春联活动
（王琼瑜 摄）

②2020年12月6日，2020年四省边际·浙江省武术之乡武术交流展演在东案乡金源村举行
（王 凯 摄）

③2020年8月21日，2020年浙江省青少年国际跳棋锦标赛在常山举行
（县文广旅体局 供图）

④2020年10月31日，2020年浙江省老年人健身秧歌交流展示活动在常山举行
（县文广旅体局 供图）

⑤2020年11月21日，2020年中国山地自行车联赛（浙江·常山站）开赛
（县文广旅体局 供图）

①2020年5月17日，浙赣闽皖四省边际纪念馆红色联盟成立大会暨“云上游馆”活动在常山启动
（新昌乡 供图）

②2020年7月25日，2020徐村紫薇花海欢乐泼水节举行
（县文广旅体局 供图）

③2020年7月28日，2020“万人游常山”暨清凉（花海）专列游活动举行
（县文广旅体局 供图）

④2020年11月28日，“聚力常山 共赢未来”第三十五届“三山”艺术节文艺晚会举行
（县文广旅体局 供图）

⑤2020年3月21日，第四届五福达塘石林桃花节开幕
（杨 靖 摄）

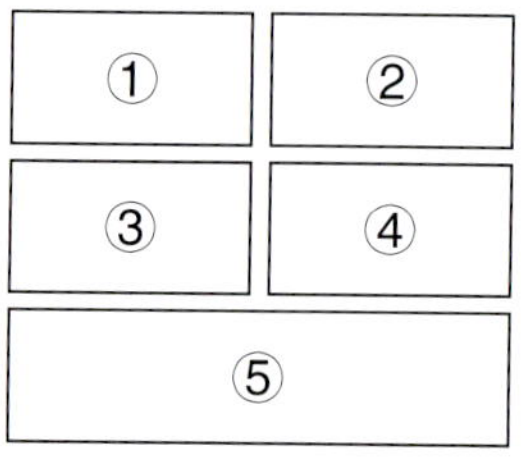

①渣濑湾花海（杨　靖 摄）　②金源古桥夜景（东案乡 供图）
③芳村镇老街（县文广旅体局 供图）　④中国观赏石博览园（杨　靖 摄）

2020中国·常山乡村振兴大会
2020中国·常山乡村振兴大会
2020 CHINA CHANGSHAN RURAL REVITALIZATION CONFERENCE
中国·常山乡村振兴大会
聚力常山 共赢未来

全市"一米菜园"重点村创建
擂台赛
大美乡村

不学礼无以立
人无礼则不生
事无礼则不成
国无礼则不宁

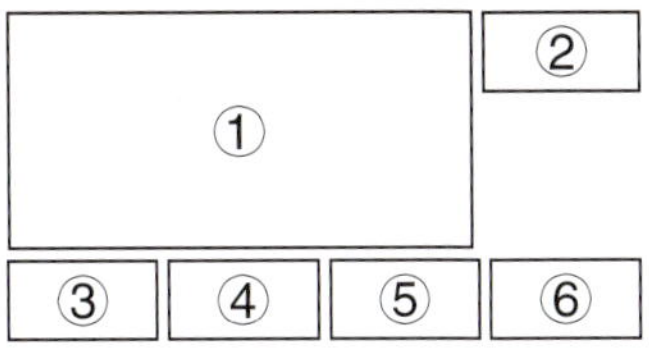

①2020年11月28日，2020中国·常山乡村振兴大会召开（县委宣传部 供图）

②2020年9月29日，常山“两山银行”开业（县发改局 供图）

③2020年4月29日，衢州市“一米菜园”重点村创建擂台赛在紫港街道举行（紫港街道 供图）

④紫港街道渣濑湾村“一米菜园”（陈勤幸 摄）

⑤2020年6月18日，浙江省打赢农村饮用水达标提标行动攻坚战常山县决战决胜销号大会召开（常山传媒集团 供图）

⑥2020年4月14日，大桥头乡乡村振兴讲堂在濛桥村开课（大桥头乡 供图）

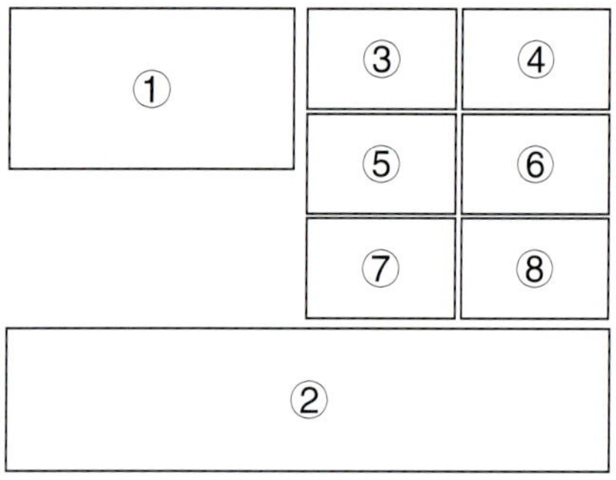

①柚香谷基地 （王　凯　摄）
②同弓乡全域土地整治项目现场 （同弓乡　供图）
③白石镇草坪村辣椒基地 （白石镇　供图）
④芳村镇蓝莓基地 （王琼瑜　摄）
⑤新昌乡达塘村茭白基地 （新昌乡　供图）
⑥青石镇网红村播街 （王一群　摄）
⑦村播基地网红直播实景 （团县委　供图）
⑧县税务局开直播间销售常山胡柚 （县税务局　供图）

◀ 后社片区
废弃矿山
生态修复前
（李君平 摄）

后社片区 ▶
废弃矿山
生态修复后
（李君平 摄）

◀ 坪山片区
废弃矿山
生态修复前
（李君平 摄）

坪山片区 ▶
废弃矿山
生态修复后
（李君平 摄）

雪峰碳酸钙有限公司拆除前 ▶
（李赫成 摄）

◀ 原雪峰碳酸钙有限公司地块复垦后
（李赫成 摄）

常山正鑫钙业有限公司拆除前 ▶
（李赫成 摄）

◀ 原常山正鑫钙业有限公司地块复垦后
（包小燕 摄）

衢州中润钙业有限公司拆除前 ▶
（包小燕 摄）

◀ 原衢州中润钙业有限公司地块复垦后
（包小燕 摄）

“十三五”时期常山县社会经济发展主要指标

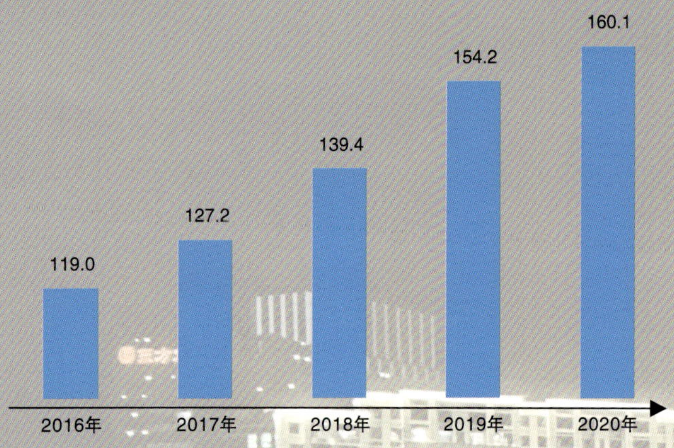

地区生产总值

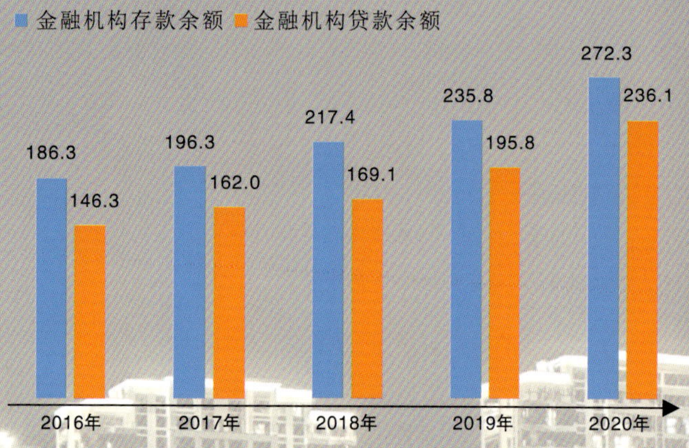

金融机构存贷款余额

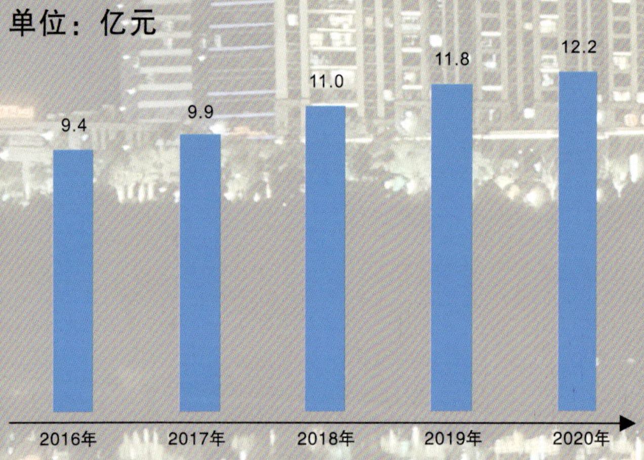

一般公共预算收入

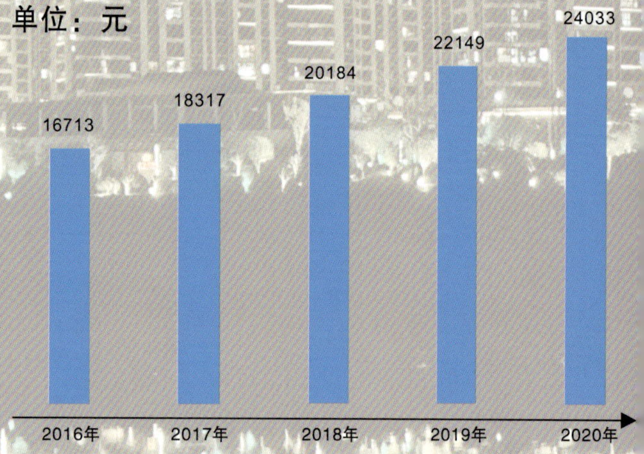

农村居民人均可支配收入

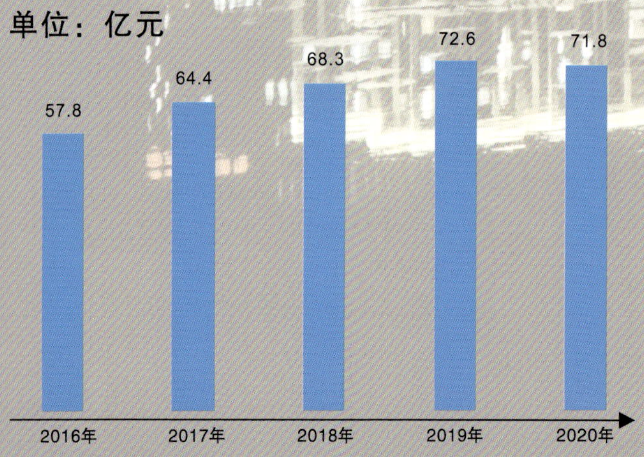

社会消费品零售总额

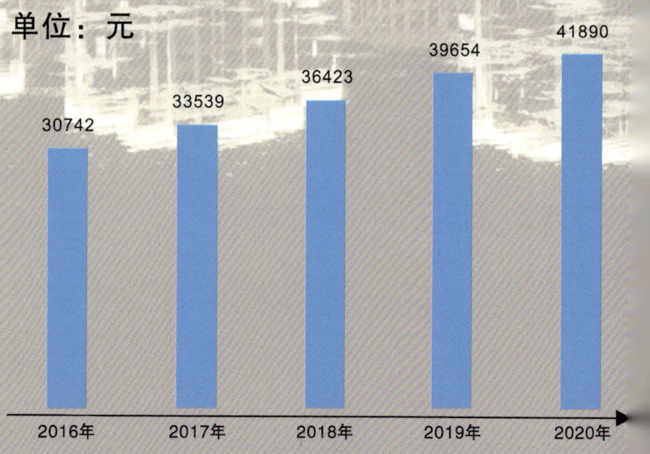

城镇居民人均可支配收入

内文总目

Contents

目　录

中国共产党常山县委员会

常山县人民代表大会

常山县人民政府

中国人民政治协商会议常山县委员会

民主党派

人民团体

法　治

军 事

工 业

农业农村·林业水利

贸易

通　信

交　通

城乡建设与管理

自然资源·环境保护

综合管理与监督

财政·税务

金 融

教　育

科学技术·气象

文化·旅游·体育·卫生

人力资源和社会保障

社会生活

乡镇（街道）

附　录

索　引

特　载

践行新理念　融入新格局
奋力开启常山跨越式发展新征程

——在中共常山县委十三届十次全体（扩大）会议上的报告

县委书记　潘晓辉

（2021年1月23日）

这次全会的主要任务是，以习近平新时代中国特色社会主义思想为指导，全面贯彻落实中共十九届五中全会、中央经济工作会议以及省委、市委全会精神，深入贯彻习近平总书记考察浙江重要讲话精神，回顾总结2020年工作，明确“十四五”时期常山县发展的目标任务，部署2021年重点工作，审议通过《关于制定常山县国民经济和社会发展第十四个五年规划和二〇三五年远景目标的建议》，进一步动员全县上下践行新理念、融入新格局，乘势而上、拼搏进取，奋力开启常山跨越式发展新征程。

下面，我代表县委常委会，向全会报告工作。

一、全力以赴、奋发有为，推动经济社会发展稳步向好

2020年是极不平凡的一年。面对国际国内形势的深刻复杂变化，特别是突如其来的新冠肺炎疫情冲击，县委常委会团结带领全县广大党员干部群众，紧扣“强发展、求突破”的工作总要求，统筹推进常态化疫情防控和经济社会发展，全面实施“八大行动”，扎实做好“六稳”工作、落实“六保”任务，推动经济社会发展稳步向好。一年来，我们获得“全球绿色城市”“中国天然氧吧”等称号，收获第三批全国农业创业创新典型县、省级经济开发区、省级美丽大花园示范县、省级新时代美丽乡村示范县、省级数字生活新服务标杆县等一批“金名片”，创成浙江省禁毒示范县，实现省级平安县创建“十五连冠”，夺得全省首批加星“平安金鼎”。

这一年，我们提高站位、统筹兼顾，抓实疫情防控，护航复工复产，交出“两战两赢”的高分答卷。新冠肺炎疫情发生以来，我们见事早、行动快，推行“源头查控+硬核隔离+精密智控”机制，统筹推进疫情防控和经济社会发展工作，全力确保“两手硬、两战赢”。我们用18天实现本地确诊病例全部清零，已连续361天无新增本地确诊病例。5名医务人员星夜驰援遭受新冠肺炎疫情突袭的武汉，全城礼敬，王芳、张琪分别获得全国、全省“抗击新冠肺炎疫情先进个人”称号。

我们用情用力抓好复工复产，争先创优MEI指数连续3个月保持全省优等区间，其中6月排名全市第2位、全省第34位。抢抓政策窗口期，成功争取抗疫特别国债及专项债15.3亿元，居全市第一位。开展“八八组团”服务行动，全市率先出台“春风贷”“财信贷”等，为117家企业提供超7亿元的低息信贷；落实降本减负等惠企纾困政策，全年兑现应对疫情“五减”政策资金6.34亿元，经济运行持续回升向好。全年地区生产总值比上年增长3.5%，增速居全市第三位，为近五年最佳排名；财政总收入、一般公共预算收入分别比上年增长5.1%和3.4%；规模以上工业增加值比上年增长3.9%，固定资产投资比上年增长3.2%；批发业销售额比上年增长31.6%，增速居全市第一；建筑业省内产值比上年增长35.1%，增速居全市第一；城乡居民人均可支配收入分别比上年增长5.6%和8.5%；全体居民人均可支配收入比上年增长7.7%，增速居26个县第一位。

这一年，我们放大格局、筑梦未来，强化经营理念，启动旧城改造，拉开城市更新的精彩序幕。聚焦“东拓西整、拥江发展”，高质量完成《常山县主城区老城单元控规修编》，高水平编制狮子口片区控制性详细规划和城市设计方案，大手笔勾画城市发展格局。全面启动狮子口片区国有土地房屋征收工作，得到群众积极响应，3天完成签约175户，签约率达93.5%，瓦窑基片区全面完成拆除。扎实开展旧城改造工作，主城区房屋评估完成率达95.07%；房屋测绘完成率达97.39%。推进城区危旧房治理，项目主体工程已全部完工。加快推进“拆墙透绿”、老旧小区智慧化提升、常山江航道绿化、入城口景观打造等工程，全方位提升城市形象品位。大力实施“美丽常山·文明细胞”工程，启动省级示范文明县城创建，有力提升“八个一”有礼指数落实水平，弘扬城市有礼新风。全面归集机关单位信息数据，全市率先建成“城市大脑·常山数据专区”。

这一年，我们探索创新、唯实惟先，守牢绿色底本，盘活闲置资源，走出“两山”转化的发展新路。扎实推进山水林田湖草生态修复全国试点工程，加快推动全域土地综合整治等项目建设，全面打响辉埠区域生态环境系统整治提升决战，关停全部16家轻钙企业，累计拆除石灰立窑165孔，复垦复绿1500亩，获国家长江办高度肯定，列入中央环保督察整改正面典型案例，《中国自然资源报》《浙江日报》作专题报道。全县Ⅰ类出境水质占比50%以上，城区环境空气质量优良率达99.7%，创历史新高。深入探索生态产品价值实现机制，在全市率先实体化运作“两山银行”，构建“5610”高效运行体系，推动生态资源向资本高水平转化，累计授信5756万元，撬动资金投资1.1亿元，转化资源总量11.3亿元，省委办公厅信息专报《常山县“两山银行”：把“摇钱树”种在村民家门口》获陈金彪、彭佳学等省领导批示肯定。

这一年，我们聚力融合、提速前行，深化千万工程，扮靓诗画风光，绘就美丽乡村的动人图景。坚持交通先导，紧抓项目建设，交通投资比上年增长28.6%，增速居全市第一位，沿江公路、320国道“二改一”、淳常公路建成通车。围绕“聚力常山、共赢未来”，召开乡村振兴发展大会，吹响迈向农业农村现代化的冲锋号。推进“衢州有礼”诗画风光带建设，打造沿线精品节点，全县共建成省级美丽乡村示范乡镇4个，省级特色精品村15个，美丽宜居示范村18个，省级AAA级旅游景区村22个，球川、青石、芳村成功创建省级美丽城镇，被评为省级美丽城镇建设优秀县、全省深化“千万工程”建设新时代美丽乡村工作考核优秀县。深化农文旅融合发展，全力打造金源现代旅游根据地、远山云间旅游度假区等一批新亮点。新昌乡创成省级旅游风情小镇，西源革命纪念馆入选第八批省级国防教育基地，东案乡梅树底村入选全国第二批乡村旅游重点村。依托“省级数字乡村示范县”试点，推进乡村振兴数字产业园、中国油茶智慧云平台、“柚石兴”直播基地等项目建设，让数字赋能乡村全面振兴。

这一年，我们谋早谋深、固本强基，注重选贤任能，推行问计于民，赢得村社换届的全面胜利。以村社组织换届省级试点工作为抓手，紧紧围绕“五好两确保”换届目标，大力开展“红色拉练、干将比拼”“为民服务先锋队”等活动，创新“委托投票线上办理系统”“请贤六招”等做法，县领导包乡联村、乡镇领导驻村指导、乡镇干部一线攻坚，14个乡镇（街道）190个村（社区）全面完成换届选举工作，实现平均参选率、平均得票率、一次性选举成功率、新进人员占比“四个历史性突破”，真正换出活力，换出正气，换出干劲。

这一年，我们刀刃向内、自我革命，扛起责任担当，拿出实招硬招，推动政治生态持续向好。坚持“以经济发展成果检验政治生态修复成效”的指导思想，以省委巡视整改为切入点，落实市委联合工作组反馈意见整改工作，构建“四责协同”机制、“一图一表一指数”政治生态精密监测评估体系，推动县域政治生态持续向好。牵住信访矛盾纠纷的“牛鼻子”，推进信访积案化解百日攻坚行动，全县信访总量比近三年平均值下降36.4%，降至历史最低位；全县信访积案化解率为82.17%，新增积案率比上年下降81.53%，实现“无信访积案县”目标，社会风气持续好转。制定激励保护干部干事创业十六条举措，关心关爱受处理干部，重新起用表现突出的受处理干部11人，为20名受到失实举报的党员干部澄清正名，激发干部干事创业活力，县委坚定推进政治生态建设的系列组合拳得到省委、市委充分肯定。

一年来，我们的主要工作成效：

（一）经济发展取得新突破。经济发展势头强劲，规模以上高新技术产业增加值比上年增长20%、规模以上装备制造业增加值比上年增长18.9%、规模以上战略性新兴产业增加值比上年增长15.2%、规模以上数字经济核心产业制造业增加值比上年增长79.1%，增速均列全市第一。强化招商引资“一号工程”，全年共计招引项目126个，实际市外到位资金29.22亿元。推行“周统计、旬研判、月签约、季开工、年考核”全闭环招商工作机制，开展集中签约5批次45个项目，哲丰高档纸基、先导石英科技、沃科思智能家居等一批优质项目相继落地。创新建立项目“五大办”，开展重点项目“七比七赛”活动，省市集中开工项目入库率全市第一。完成工业园区整体产业规划，生态园区通过省级化工园区能级评定。召开全县科技创新和人才大会，出台《常山县科技创新发展十条政策》，全县规模以上工业企业研发经费比上年增长148.83%，增速居全市第一位。常山精密基础件产业创新服务综合体、常山胡柚省级农业科技园列入省级创建名单，利安隆科润、万谷电子的科技研发项目成功列入省重点研发项目。

（二）城乡融合彰显新内涵。优化城乡公共设施，“2元一票制”城乡公交一体化全面实现。常山成功创建全国无障碍环境县。发力夜间经济，促进夜间消费，入选省级夜间经济培育城市。深入开展农村厕所、垃圾、路灯、历史文化古村落四大工程建设，“厕所革命”特色做法被国务院政府职能转变和“放管服”改革简报采用，入围2020年浙江省改革创新最佳实践案例，常山县被评为浙江省垃圾分类优秀县。常山胡柚入选2020年度最受欢迎果品区域公用品牌100强，柚香谷列入第二批省级农村产业融合发展示范园创建名单，与胡庆余堂合作研发“庆余常山胡柚膏”，市场反响良好。常山油茶被评为全国农产品地理标志，油茶产业化联合体获省级认定。创成省级农业绿色发展先行县，入选中国特色农产品优势区名单、省级特色产业示范县（油茶）。同弓乡全域土地综合整治项目列入国家级全域土地综合整治试点项目，金色同弓田园综合体列入省级综合体创建名单。推进农村文化礼堂、新时代文明实践中心、乡村振兴讲堂一体融合建设，在全市率先实现农村文化礼堂全覆盖。动漫电影《胡柚娃》登陆全省院线公映，亮相第十六届中国国际动漫节，深受好评。

（三）民生福祉实现新提升。大力推进教育高质量发展，全县11个乡镇实现公办幼儿园全覆盖，中考总体平均分稳中有进，育才中学再创佳绩，高考一段上线人数“五连增”，常山一中“985”“211”高校录取人数全市领先，紫港中学艺体一段上线人数位列全市同类学校第一，常山教育入选浙江十大县域高质量发展优秀案例。县人民医院二期、城东骨伤科医院、县公共卫生及传染病防治中心等项目顺利推进，县域医共体建设获省委省政府表彰。“常山阿姨”品牌入选全省精准扶贫“十大案例”，管理服务标准列入2020年省级标准化试点项目。“夕阳红食堂”等十大民生实事项目全面完成。农村饮用水达标提标行动在全省率先销号，29.2万农民喝上放心水。180个行政村实现10万元以上经营性收入全覆盖，“消薄飞地”建设实践入选省山海协作升级版典型案例。大力推进扫黑除恶专项斗争，开展“六清”行动，全县刑事、治安案件发案率分别比上年下降23.79%和18.5%。

（四）改革创新迈出新步伐。开展市域治理现代化和“县乡一体、条抓块统”改革试点工作，“大综合一体化”行政执法改革走在全市前列。深化“最多跑一地”改革，在全市率先建成县乡村格四级矛调体系，县矛调中心按二类地区一类标准打造，被评为全市“五星级矛调中心”。营商环境持续优化，入选全国政务服务“好差评”两项标准试点县。“全社会风险防控体系协同应用”入围浙江省城市大脑应用30个典型案例。国资改革成效明显，城投集团、国投公司被评为AA主体信用评级。抢抓土地征收政策调整、建设用地审批权下放机遇，额外争取2020年度新增建设用地指标517亩，创历史新高。金融生态环境持续向好，全县金融机构各项贷款余额237亿元，比上年增长21%，增速居全市第一位；处置不良贷款4.45亿元，不良率为0.9%，优于全省平均水平。

（五）从严治党得到新加强。始终把学深悟透习近平新时代中国特色社会主义思想作为最大政治任务，举办“学习贯彻中共十九届五中全会”专题学习会，开展县管领导干部集中轮训，营造学思用贯通、知信行合一的浓厚氛围。开展“思想大解放、服务大提升、行动大担当”活动，着力提升广大党员干部的思想力、服务力、执行力。开展“三提三促”活动，有效破解干部队伍中存在的“中梗阻”“棉花拳”问题。打好人才“引育归”组合拳，引进各类高层次人才26人；创建院士专家工作站4家、博士工作站5家、博士后科研工作站1家。开展违规收送礼品礼金问题专项整治，分层分批推进党员干部违规借贷专项整治行动，持续保持惩治腐败高压态势，党风政风焕然一新、社风民风更加醇厚。

一年来，县委常委会高度重视自身建设，严守政治纪律和政治规矩，带头贯彻民主集中制，抓牢抓实意识形态工作，坚决维护以习近平同志为核心的党中央权威和集中统一领导。坚持总揽全局、协调各方，支持人大、政府、政协依法依章履职尽责，重视人民武装工作，发展壮大统一战线，顺利推进群团改革，充分发挥咨询委作用，有效调动各方面的积极性主动性创造性，进一步凝聚干事创业、共谋发展的强大正能量。

成绩来之不易，根本在于以习近平同志为核心的党中央举旗定向、掌舵领航，得益于省委、市委统筹部署、关心支持，饱含着全县各级党组织和广大党员干部的辛勤汗水，也是社会各界鼎力支持、共同参与的结果。在此，我谨代表中共常山县委，向所有投身常山建设、支持常山发展、关心常山未来的同志们、朋友们，表示衷心的感谢，致以崇高的敬意。

二、把握大势、奋进担当，扛起常山跨越式发展的历史使命

“十四五”时期是中国“两个一百年”目标的历史交汇期，也是全面开启社会主义现代化国家新征程的重要机遇期。步入新发展阶段，挑战与机遇并存，困难与希望同在。我们要审时度势，顺势而为，赢得主动。

我们必须清醒地认识到，常山正面临“标兵渐远、追兵渐无”的现实困境。县域经济体量小、底子薄，人均 GDP 低于省市平均水平，拥有的资源禀赋与发展的贡献程度不相匹配，发展不充分仍然是最大县情；关键要素受制约、效益差，能耗、土地、排放等指标“卡脖子”情况较为严重，县域产业结构、能源结构不合理仍然是最大瓶颈；教育、卫生、体育等公共服务水平与发达地区相比还有不少差距，享受优质公共服务仍然是群众的最大期盼。

我们也要充分地认识到，常山已迎来“乘势突破、跨越赶超”的历史机遇。从全国看，中共十九届五中全会吹响向第二个百年奋斗目标进军的嘹亮号角，为我们立足新发展阶段、践行新发展理念、融入新发展格局提供行动指南。从全省看，省委十四届八次全会提出“争创社会主义现代化先行省”的新目标和“念好新时代‘山海经’，深入推进山区跨越式发展”的新要求，为我们迈向共同富裕提供有力支撑。从全市看，市委七届九次全会提出争创“四省边际社会主义现代化先行市”“加快建设四省边际中心城市”的新定位，为我们在区域竞争中脱颖而出提供发展先机。从全县看，随着高铁时代、数字时代、消费升级时代的全面到来，以及长三角一体化、大花园建设等重大战略持续推进，常山地理区位、生态环境、营商环境等优势进一步彰显，发展动力进一步增强，发展空间进一步拓展，发展潜力进一步释放，越来越多的人开始关注常山、走进常山、投资常山。

我们更要深刻地认识到，常山需强化“顺应时代、引领未来”的先进理念。面对新形势新任务新要求，全县上下要解放思想、转换思维、打开思路，着力强化“六大理念”：一是系统集成理念，以系统观念和方法思考，科学统筹各项资源，实现跨层级、跨领域、跨部门的业务和资源共享、高效协同发力；二是改革创新理念，勇于冲破因循守旧的思维惯性，走出舒适区，迎接新挑战，着力破解发展中的堵点、痛点和难点；三是站高谋远理念，提高站位，拓宽视野，自觉在全市、全省乃至全国发展大局中找位置、谋发展，努力赢得先机、占据主动；四是项目为王理念，牢记项目是经济发展的生命线、营商环境的晴雨表、干部作风的试金石，科学统筹谋项目，千方百计强招引，全力以赴抓落地；五是借势借力理念，借时代趋势之能，对标先进之力，取人之长补己之短，主动借力，精准发力，努力推动各项工作创新突破发展；六是底线思维理念，坚决守牢疫情防控、平安维稳、生态环保、安全生产、廉洁自律等关键底线，确保干成事、不出事。

基于上述分析，县委综合考虑国内外发展大势，认真研判新阶段新任务新要求，向大会提交《关于制定常山县国民经济和社会发展第十四个五年规划和二〇三五年远景目标的建议》。建议稿全面贯彻落实中共十九届五中全会和省委、市委全会精神，切合常山实际、回应人民期盼，提出“十四五”时期常山县发展的总体要求、主要目标、重大任务、重点举措和二〇三五年远景目标，贯穿系统观念，创新载体抓手，突出常山特色，是指引常山县开启社会主义现代化建设新征程的纲领性文件。

“十四五”时期，常山将迈入动能转换期、改革深化期、城市蝶变期、治理迭代期，我们要把握大局大势，找准方位定位，用好资源、发挥优势，增强追赶超越的冲力，努力打造国家绿色发展示范县、国家生态文明建设示范县、国家全域旅游示范区、四

省边际中心城市桥头堡、社会治理现代化标杆县、全民幸福生活均衡县，真正把常山建设成为“浙西第一门户”。当前和今后一个时期，我们必须担负起“六大历史使命”：

（一）书写忠实践行跨越式发展的新篇章。跨越式发展是追求速度与效率并重、短期目标和长期目标结合，经济和社会、生态环境、节能环保等协调发展的模式。常山是全省山区 26 个县之一，发展不平衡不充分问题较为突出。唯有加快跨越发展，我们才能后发崛起、缩小差距、走在前列。重点是把握“三个层面”：一是壮大发展规模。坚持发挥比较优势原则，牢固树立工业主体地位，加快产业集聚集群发展，不断做优做强做大县域经济，推动整体发展迈上新台阶。“十四五”期间，GDP 力争实现翻番，年均增速超过省市平均水平。到 2025 年，工业总产值突破 400 亿元。二是提升发展层次。紧盯先进制造业、现代服务业、绿色产业，坚持创新驱动发展，大力推进节能降耗，倒逼企业转型升级，走高端化、绿色化、集约化发展之路，努力在更高层次上实现更好发展。三是拉高发展标杆。对标杭州、宁波等先进发达地区的县市，全方位学习先进经验，全面提高综合竞争力，实现由跟跑追赶向竞跑超越进发，不断提升发展质效。

（二）展示“两山”高水平转化的新成果。坚定不移走生态文明建设之路，以更高标准护好绿水青山，以更高水平做大金山银山，努力打造全国“两山”转化实践示范地。重点是做好“三个转化”：一是夯实转化基础。聚焦“天蓝地绿水清无废”全要素美丽目标，持续打好污染防治“三大攻坚战”，巩固生态环境质量，让绿色成为常山发展最深厚的底蕴、最动人的色彩。到 2025 年，城区空气质量优良率达 97%以上，城市建成区绿化覆盖率达 42%以上，成功创建中国气候宜居城市。二是创新转化机制。紧扣产业生态化、生态产业化主线，创新发展高效生态农业、绿色制造业、生态服务业，深入建设“两山银行”，加快构建 GEP 核算体系，全面建立生态产品价值实现机制，形成全产业美丽生态经济。到 2025 年，生态系统生产总值（GEP）价值实现率高于全市平均水平，力争走在全省前列。三是提高转化效率。深入挖掘农业农村的生态涵养、休闲观光、文化体验、健康养生等多重价值，推动乡村资源全域化整治，增加乡村优质产品与服务供给，带动乡村产业发展，实现强村富民，切实放大转化能量。

（三）肩负四省边际中心城市桥头堡的新担当。常山地处浙闽赣皖四省九地市中心地带，是建设“四省边际中心城市”当之无愧的“桥头堡”。我们要抢抓机遇，主动融入，以扩大开放重塑发展新优势。重点是抓牢“三个关键”：一是融入长江经济带。抓住长三角一体化国家战略机遇，构建综合交通运输体系，推进江河联运协同发展。深化与长三角、珠三角地区在数字经济领域的合作，加强与上海、杭州、宁波等地高校院所、领军企业交流互动，探索建立常态化跨区域技术转移合作机制。二是打造开放合作区。依托杭衢高铁连接线建设，加快融衢接杭步伐，拓展发展腹地和市场空间。以组团式发展提升开放能级，着力建设东部接衢示范组团、西部省际合作组团、北部生态融合组团，构建全面开放重要门户节点。三是构建“一主三副”城镇发展格局。强化中心城区的核心地位，做大做强球川、芳村、招贤 3 个镇，积极打造现代化新型小城市，重点推动球川列入省级小城市培育试点，辐射带动周边乡镇，打造西部片区、北部片区和东部片区的三大县域副中心。

（四）构建县域社会治理现代化的新格局。坚持党建统领基层治理，创新治理体系，提升治理能力，打造充满活力的社会治理共同体。“十四五”期间，保持信访积案动态清零，全力实现平安建设“二十一连冠”，努力成为社会治理现代化标杆县。重点是强化“三个治理”：一是依法治理。以习近平法治思想为引领，规范重大行政决策流程，持续推进司法领域改革，加强法治政府、法治社会建设，健全公共法律服务体系，加大全民普法力度，形成严格执法、公正司法、全民守法的良好氛围。到2025年，成功创建法治浙江建设示范县。二是良善治理。深入开展新时代文明生活行动，落实有礼指数，培育最美品牌，推进道德建设，特别是要挖掘常山独特的良善文化，倡导文明新风，全力打造一座志愿之城、孝老之城、信用之城、温暖之城。三是整体智治。以“整体”思维整合党政机关各项职能，通过跨部门的数据共享、流程再造和业务协同，系统增强党的领导力、政府执行力、群团组织活力、事业单位服务能力；以“智治”手段优化治理形态、完善治理模式，推动各部门各层级在大局下思考、大局下行动。

（五）激发千年古县文化发展的新活力。大力挖掘千年古县的文化底蕴，推动优秀传统文化创造性转化、创新性发展，全力打造“宋诗之河”文化走廊，努力成为四省边际文旅融合创新示范区。到2025年，力争创成省级历史文化名城、省级AAAAA旅游景区城。重点是做足“三篇文章”：一是深入解码文化基因。大力挖掘赏石、宋诗、胡柚、“非遗”、乡贤等文化资源，研究、阐释优质“文化基因”，提取最具代表性、最核心的文化要素，推进优秀文化的活化、物化和升华，讲好新时代文化常山的故事。二是着力打造文化精品。围绕庆祝中国共产党成立100周年等关键节点，推进重点题材文艺精品创作，在文学、音乐、影视等艺术门类中，创作推出一批传播主流价值、具有常山特色的文艺精品。发扬地方特色，注重转化融合，全力打造一批“非遗”、民俗、戏剧等展现常山文化风韵的文化精品。三是壮大特色文化产业。扶持钢琴、观赏石等特色文化产业发展，推动“胡柚娃”“宋诗之河”等文化IP产业化开发，加快喝彩歌谣、木油榨等“非遗”文化产业化经营发展，不断释放文化产业价值。构建研学、康养、体育旅游等文旅新业态，培育文旅融合产品和消费热点，拉动文旅产业发展。到2025年，全县旅游业总收入突破百亿元，旅游产业增加值占GDP比重达15%以上。

（六）打造宜居幸福的新高地。人民对美好生活的向往就是我们的奋斗目标。聚焦生活更舒适、功能更完善、配套更齐全、保障更有力，全面建设全民幸福生活均衡县。到2025年，城乡居民收入比低于1.73，人均预期寿命超过80岁。重点是抓好“三件实事”：一是打造教育现代化强县。坚持办好人民满意教育，持续深化人事制度、办学模式、教学评价等系列改革，合理优化城乡教育资源布局，推进学前教育普及普惠、义务教育优质均衡、高中教育提质增效、职业教育产教融合，推动各学段综合评价在全省位次不断前移、高中段教育质量达到全省中上水平、义务教育排名全市前列，实现基本公共教育服务均等化。二是推进健康常山建设。深化医疗卫生改革，推进等级医院创建工作，力争创建三级医院2家以上、二级医院4家以上，县域就诊率达90%以上，实现国家卫生乡镇创建全覆盖。大力发展健康产业，实现产值总规模突破100亿元。三是构建多层次社会保障体系。推进城乡社会保障制度一体化，建立健全就业、社保、救助、福利、慈善“五位一体”新型大社保体系，有序开展保障房供应体系优化行动，不断完善养老服务政策体系，擦亮“颐养衢州—常山孝老之城”品牌，持续提升群众幸福指数。

三、再接再厉、奋勇争先，努力实现“十四五”精彩开局

2021年是中国共产党成立100周年，也是实施“十四五”规划、开启全面建设社会主义现代化新征程的第一年。2021年工作的总体要求是：坚持以习近平新

时代中国特色社会主义思想为指导，全面贯彻中共十九大和十九届二中、三中、四中、五中全会精神以及省委、市委相关会议精神，立足新发展阶段，践行新发展理念，融入新发展格局，聚焦聚力高质量发展、竞争力提升、现代化先行，坚持系统观念，巩固拓展疫情防控和经济社会发展成果，落实“强发展、求突破、勇争先”工作总要求，加快实施“八大行动”，全力打造“浙西第一门户”，奋力开启常山跨越式发展新征程，确保以优异成绩庆祝建党100周年。2021年全县经济社会发展主要预期目标：力争全市综合考核排名进入前三，26县考核进入第一档次。重点要实现“8211”目标，即地区生产总值比上年增长8%，规模以上工业总产值突破200亿元，全社会固定资产投资突破100亿元，引进产业类项目超过100个。同时，社会消费品零售总额比上年增长10%，城乡居民人均可支配收入分别比上年增长9%和10%，低收入农户人均可支配收入比上年增长12%。

重点要抓好十项核心任务：

（一）高标准打造产业平台。产业平台是区域经济发展的重要支撑。要高标准推进平台建设，提高产业承载能力，着力打造常山经济版的“行星发动机”，成为全县经济高质量发展的新引擎。做强工业平台。持续推动工业园区迭代升级，加强科创中心、集中供热管网、新都大道景观提升等配套建设，统筹推进各片区产业布局和功能定位差异化发展，争创省级高新园区。深入推进生态园区提质扩容，全力打造省级标杆园区。稳步开展浙赣边际合作（衢饶）示范区建设，着力打造承接中西部产业东进的前沿平台。聚力开展要素保障攻坚行动，深化“亩均论英雄”改革，落实能源消费双控机制，破解建设用地、排污等制约平台能级提升的瓶颈问题，力争规模以上企业亩均税收达到12万元以上，万元GDP能耗比上年下降3%。深化“雄鹰行动”“凤凰行动”“雏鹰行动”，积极推动企业上市工作，全年力争培育亿元以上产值企业35家、10亿元企业2家、20亿元企业1家、省级“隐形冠军”企业1家以上。做精特色小镇。推进中国观赏石博览园二期、三期开发，加快整体转型升级，推动赏石小镇创AAAA级旅游景区。精心建设赛得健康小镇，做优做强健康产品、健康管理、健康疗养等产业，大力培育食疗、中医等特色养生产品。加快油茶产业提质升级，聚力打造集“非遗”展示、休闲场馆、研学旅游于一体的中国油茶小镇。推动胡柚小镇开工建设，着力打造融合田园综合体和商业服务发展区等功能的特色小镇。持续推进云耕小镇建设，打造兼具产业发展、工业旅游、创业社区等功能的高端装备制造业小镇。做深山海协作。推进常山—慈溪山海协作产业园、消薄飞地园建设，积极对接上海宝山区、闵行区，加大与新昌县的技术合作，做好产业承接文章，打造规模型、效能型、融合型高质量发展平台，形成“研发在飞地、产业在常山”的创新链、产业链。大力建设拱墅—常山电商合作基地，设立常山农产品城市展示窗口、直销中心和连锁店，强化常山特色农产品的产销合作。

（二）大力度推进城市有机更新。城市是县域高质量发展的主战场。要加快城市有机更新步伐，提升城市能级和品位，力争常住人口城镇化率达53%以上。建设现代化新城。树立“精致城市”理念，开展“一江两岸”城市设计，强化空间、景观、风貌、色彩、天际线管控，优化城市空间肌理。加速推进狮子口片区建设，完善道路、管网等基础设施，优先布点学校、医院、文化等公共服务配套。高质量打造未来社区，推进高端商业综合体、慢城文化旅游博览中心、五星级酒店等项目建设，新建一批具有常山气派的城市地标。打造品质化老城。实施“千年古城”复兴计划，实质性启动北门、里择祠历史文化街区保护开发工作，塑造具有常山气韵的“文化客厅”。全面开展

"城市体检"，推进老旧小区三年改造行动，全面完成旧城改造一期西门、江滨、东淤三大片区竞争性征收工作，适时启动旧城改造二期工作。完成城区未征收老旧小区房屋建筑主体改造100幢，开展小区海绵设施建设，实施无障碍环境改造，引导鼓励既有住宅加装电梯。实施城市"畅通工程"，打通城南第二通道、东河南街、溪滨路延伸线、定阳北路延伸线、文峰西路延伸线5条"断头路"，完善城市"微循环"。持续推进入城口景观、城市夜游改造行动，丰富休闲功能，优化人居环境。推进精细化治理。推进城市"新基建"项目建设，实施"互联网+城市管理"行动，融合打通智慧停车、智慧城管、智慧安防等多场景智慧应用，实现"数字让城市更美好"。持续培育社会主义核心价值观，深化开展新时代文明生活行动，完成新时代文明实践中心建设，加强诚信社会建设，推进德治与法治、自治、智治融合。推进省级示范文明县城创建，持续提高"八个一"有礼指数落实水平。用好红色物业联盟等载体，打造邻里互助生活共同体，让城市更加温馨更有温度。

（三）超常规抓强科技创新。创新是引领发展的第一动力。要坚持以科技创新为引领，强化要素供给，引育高端人才，优化创新生态，启动省级创新型县创建工作，力争R&D经费占GDP比重达2.3%。打造高水平科创平台。深入谋划对接宏立·智融天城项目，打造辐射浙闽赣皖四省地区的科创高地。高水平推进油茶产业创新服务综合体、精密基础件产业创新服务综合体和省级胡柚现代农业科技园建设，创新建立省级以上工程技术研究中心、企业研究院、技能大师工作室等重点科研平台3家以上。依托浙江理工大学、省火炬中心等产学研合作机构，攻克产业共性问题和"卡脖子"技术难题5个以上。实施"双倍增"行动计划。严格落实"科技新政十条"，力争新增国家高新技术企业12家、省级科技型中小企业30家以上，入库高新技术项目25个以上，实现高新技术产业投资增幅10%以上。加快新型建材、现代纺织等产业链的建链强链补链延链，力争引进产业链上下游企业5家以上，着力畅通产业链"内循环"。实施数字经济"一号工程"，持续壮大数字经济核心产业，扎实推进轴承、绿色食品加工等传统产业数字化改造提升，力争数字经济核心产业增加值增长30%以上。集聚高层次创新人才。深化"智汇常山"工程，依托英才荟、大学生引聚倍增计划等载体，吸引到常山就业创业人才3800人以上，其中"万人计划""海外工程师"等领军人才1人以上，大学生1600人以上。搭建企业交流平台，开展企业家和创业人才培训1500人次以上，积极培育创二代。搭建专业性"双创"孵化平台，力争创建大学生创业园、众创空间2家以上，新建院士专家工作站、博士（博士后）工作站、工程师协调创新中心5家以上。因才制宜打造"人才贷""人才保""人才投"等产品，制定高层次人才个性化礼遇清单，在城区优质地段配建一批高品质的人才公寓。

（四）全方位构筑综合交通体系。交通自古以来就是民生要义、经济命脉、社会基石。要抢抓交通强省建设战略机遇，完善综合交通网络布局，构建引领开放发展的交通大格局。打造通江达海的黄金水道。启动常山江航运开发，高标准建设常山港区，逐步形成以常山江航道为核心的现代化内河航运体系。主动对接推进浙赣运河项目前期，积极融入长江水系、珠江水系。打造便捷高效的高铁通道。推进杭衢高铁连接线建设，力争更多车次经停常山。加快衢黄铁路前期工作，推动项目尽快开工建设，抢抓"义甬舟"开放大通道建设契机，对接"金甬舟"铁路西延，加速推动常山迈入"高铁时代"。启动南方水泥铁路专用线项目，谋划对接多式联运物流园区建设，推动常山铁路货运发展。打造四通八达的公路网络。谋划杭金衢、杭新景、黄衢南三条高速衔接通道，加快温岭至常山公路常山宋畈至新桥段工程、205 国道常山长风至五联段改建、常玉快速通道、常山县至衢州市西区快速通道等项目前期，开工建设公铁路衔接型综合客运枢纽项目，推进杭金衢高速拓宽、351 国道、何辉公路等项目建设，新改建四好农村路 35 千米。2021 年安排交通重点建设项目 8 个，计划投资 25 亿元。

（五）精准化发力招大引强。项目是推动县域经济发展的强劲引擎。要牢固树立“抓项目就是抓发展”的理念，力争引进更多“大好高”项目，确保进得来、留得住、落得下、长得大，全面激发常山经济发展动能。强招引提增量。聚焦数字经济、大健康、新材料等新兴产业，瞄准先进制造业、现代服务业，紧盯全国百强企业，深化产业招商、驻点招商等模式，千方百计招引体量大、档次高、带动力强的优质项目，全年力争招引产业类项目 100 个以上，制造业项目占比达 65%以上，其中超亿元项目 25 个以上、10 亿元项目 2 个以上；实际市外到位资金 35 亿元以上。抓落地扩体量。积极谋划都喜五星级酒店、明道安保防卫学校、超级服务区等一批重大项目，强化信息对接，优化政策服务，完善要素保障，全力推动项目早签约早落地早入库。高质量推进省市县长工程，加快推动大和热磁、维和药业、鹏辉汽车等项目建设，确保项目早开工早投产早见效。挖潜力盘存量。激发项目“二期”“三期”现象，加速推进哲丰新材料二期、沃科思二期、先导三期项目，引导斯凯孚、利安隆科润扩建上二期，加快落地投产。收购盘活低小散企业 30 家，整合土地资源 800 亩，鼓励企业增资扩股、兼并重组，激发企业发展潜力。

（六）高品位打造美丽乡村升级版。乡村是未来发展的机遇所在，希望所在。要深入实施乡村振兴战略，大力开展乡村建设活动，真正让农业强起来、农村美起来、农民富起来。优化生态环境。坚持“绿水青山就是金山银山”理念，统筹山水林田湖草系统治理工程，坚决打好“治气、治水、治土”攻坚战，加快推进全域综合整治和“美丽河湖”建设，做好辉埠钙产业整治复垦复绿“后半篇文章”，全面提升国土绿化水平，形成宜居宜业宜游的美好生态环境。提升乡村品质。深入推进“千万工程”，集中力量打造全省知名的美丽乡村样板村 10 个，新建省级美丽乡村精品村 3 个、实施历史文化古村落保护利用重点村 1 个，推进芳村未来社区试点建设，打造具有辨识度的“画里乡村”。打响“常山漫居”民宿品牌，新增省级等级民宿 4 家、常山漫居精品民宿 6 家。发展特色产业。做强“双柚”产业，加快衢枳壳申报纳入“中国药典”步伐，全面建成胡柚产业综合服务中心，加速推进柚香谷、香柚湾等项目建设，新增胡柚种植面积 2000 亩，新建香柚基地 5000 亩，实现双柚全产业生产总值 20 亿元。持续推进油茶产业“一区两园四中心”建设，建成全国山茶油质量检验检测中心，落实新品种抚育 5000 亩以上，低改油茶林 5000 亩以上。建设食用菌科技产业园，栽培猴头菇 50 万袋。大力发展现代种业，开发胡柚新品种 1 项以上，培育香柚嫁接苗木 25 万株，建设油茶智慧育苗基地 500 亩。实施富民工程。大力发展休闲旅游、特色民宿、生态农业等富民经济，全力打造乡村振兴示范园，力争村集体经营性收入 10 万元以上村全覆盖，20 万元以上村达 155 个，50 万元以上村 40 个，100 万元以上村 10 个。

（七）多层级开发“宋诗之河”。文化是城市“软实力”，是最好的常山名片。要全面融入钱塘江唐诗之路黄金旅游带、浙闽赣皖国家生态旅游协作区和“衢州有礼”诗画风光带建设，大力发展研学旅游、康养旅游等文旅产业，力争创成省级全域旅游示范县。传承历史文化精髓。实施“宋诗之河”文化研究工程，编撰“宋诗之河”系列文化丛书。推进人民英雄胡兆富题材文艺作品创作。启动“胡柚娃”题材第二部动漫大电影创作。打响“中国好味·鲜辣常山”餐饮品牌。推进赵鼎墓保护、修复和利用，建设考古文化公园。串连特色研学走廊。与浙江省研学中心等机构合作共建研究院，举办“研学旅行高峰对话”，吸引知名研学机构、高校、旅行社、运营团队入驻。打造龙绕溪美丽产业研学示范带，串联中国观赏石博览馆、国家地质公园、西源革命纪念馆、东方巨石阵等研学基地，力争实现接待泛研学旅行60万人次以上，带动旅游经济收入2亿元，建设省级研学营地基地2个以上，新建大学生实践基地1个以上。多元打造文旅业态。推出黄冈祈福养心游、长风美食体验游、青石石趣观赏游、“宋诗之河”风情游、新昌四季赏花游等精品线路，每条路线吸引游客5万人次以上，打响“画里乡村、研学走廊、康养圣地”文旅品牌。推进弘影文化产业园、弘彤文化直播基地、徐村和渣濑湾现代旅游根据地建设，举办中国首届荷文化节、“YouYou”乡村音乐汇、“红色联盟百团游常山”等系列活动，丰富文旅产品供给。推动夜间经济发展，完成“金川之夜”常山江一江两岸夜景亮化及夜游项目建设，重点培育柚乐狂欢夜、长风鲜辣节、徐村创意节等网红打卡点，点亮城市夜生活。

（八）集成化改革提升基层治理效能。改革是发展的根本动力，治理是发展的必要保障。以“最多跑一次改革”为引领，牵引撬动各领域各方面改革，不断推进县域治理体系和治理能力现代化，全力实现省级平安县“十七连冠”。慎终如始抓好疫情防控。坚持外防输入、内防反弹，健全精密智控机制，加强重点环节、重点人群、重点场所管控，努力实现“四个确保，一个力争”目标。做好返乡人员管理，强化网格化监管，坚决守牢村庄小门。细化疫情防控措施，严格落实公共场所通风消毒、扫码测温、佩戴口罩等工作，坚决防止因人员集聚导致疫情扩散。高效协同推进社会治理。深化“县乡一体、条抓块统”改革试点工作，纵深推进“大综合一体化”行政执法改革，推动“一支队伍管执法”，完善“属地管理”清单和“一件事”清单，创出一批市域社会治理现代化试点成功经验。完善“一中心四平台一网格”上下贯通、左右联动的区域社会治理体系，推动县、乡、村、格四级矛调体系实体化运作和“两难”问题三级钉钉群高效运转。深化信访矛盾纠纷“大走访大落实大调处大化解”活动，严格落实领导包案制，全力推动信访积案有效化解。健全完善风险闭环管控的大平安机制，强化道路交通、危化品、食品药品、特种设备等安全监管，坚决遏制重特大事故发生。驰而不息优化营商环境。深化群众、企业全生命周期和机关内部“一件事”集成改革，推广“政企通”平台，推进“互联网+监管”工作，加快建设社会信用体系，力争营商环境评价排名全省前列。打造“八八服务团”2.0版，开展“集中攻坚月”“集中问效会”等活动，着力解决企业发展难题。深化投资项目3.0平台应用，实现一般企业投资项目从项目立项到竣工验收全流程审批“最多50天”，政府投资项目“最多60天”。发挥“财信贷”“政采贷”等经济杠杆作用，加大对重点企业绿色信贷的投放力度。扎实推进法治化营商环境建设，健全产权执法司法保护制度，依法平等保护企业产权和企业家权益，营造公平、诚信、自由的市场环境。

（九）倾全力创造幸福美好生活。群众期盼就是我们努力的方向。要牢固树立以人民为中心的发展思想，扎实做好保障和改善民生各项工作，不断满足人民日益增长的美好生活需要，让群众拥有更多获得感安全感幸福感。实施教育赋能工程。优化教育布局，全力推进“10+2”普惠性幼儿园、城区现有小学改扩建、数字工业学校、常山技工院校等项目建设。深化城乡公办幼儿园、城乡小学抱团发展，做实初中教学共同体，实现优质资源共享共融。实施初高中分类办学改革，深化紫港中学艺体特色办学，加快引进高端民办高中，形成“错位竞争、良性发展”格局。依托深圳帕丁顿科教集团、赛得健康小镇前进技工学校等平台，加强“常山阿姨”“常山工匠”等高技能人才培训，力争培训各类专业技术人才3500人次以上。深化健康常山建设。加快人民医院二期、公共卫生及传染病防治中心等民生项目建设，建成规范化村卫生室15个以上，补齐医疗卫生基础设施短板。推进等级医院创建，全力创成全国健康促进县。加强人民医院与浙大一院合作，力争把肿瘤科、重症学科打造成市域一流学科。持续推进医共体改革，完善医共体总分院整体管理，确保资源下沉到分院。优化公共文化服务。推进城乡公共文化服务一体化建设，创新实施文化惠民工程，提高农村文化礼堂利用效率，探索城市社区公共文化设施建设有效路径，提升公共文化机构服务质量，推动优秀传统文化活化利用，办好生态运动会、山地自行车赛、皮划艇（龙舟）赛特色文体赛事活动，丰富人们的精神家园。构建精准保障体系。构建全生命周期保障服务体系，深化“幸福爷爷·快乐奶奶”行动，推动常山慈孝文化园项目落地，建设4家乡镇居家养老服务中心；健全智慧救助，优化低保惠民联办机制，完善“慢城融慈善”平台，为困难群众提供有效的服务保障。落实落细稳就业各项政策举措，拓展灵活就业渠道，强化重点群体就业帮扶，实现零就业家庭动态清零。

（十）强有力推进全面从严治党。越是壮阔的征路，越需要领航的力量。要充分发挥党总揽全局、协调各方的作用，以高质量党建引领保障跨越式发展。增强“两个维护”的政治定力。坚持以习近平新时代中国特色社会主义思想指引行动，巩固深化“不忘初心、牢记使命”主题教育成果，健全完善保障“两个维护”制度机制。隆重举办纪念建党100周年系列活动，组织全县党员干部系统学习中共党史，深入开展“四史”宣传教育。全面落实意识形态工作责任制，认真实施巡听旁听机制、重大决策前专题学习制度，提高党委（党组）理论中心组学习质效，抓好8090新时代理论宣讲工作。锻造担当有为的铁军队伍。结合中层干部“三提三促”行动，推进“八大行动”大赶考活动，提高党员干部的政治能力、调查研究能力、科学决策能力、改革攻坚能力、应急处突能力、群众工作能力、抓落实能力。实施年轻干部培养“常苗四炼”工程，做好年轻干部培养全链条管理。构筑坚强稳固的战斗堡垒。稳妥有序完成县乡换届工作，配出好班子、换出好面貌。用好党建联盟、导师帮带、金钉争创、消薄攻坚等载体，推动基层党组织全面进步、全面过硬。擦亮党支部书记学院品牌，打造全国基层党支部书记培训新高地，提升基层党组织书记能力素质。深化村社党组织书记县级党委备案管理制度，提升换届后村社干部队伍服务经济社会发展的能力。营造风清气正的发展环境。优化“四责协同”、“一图一表一指数”政治生态精密监测评估等机制，巩固拓展政治生态修复成果。落细落实“365监督在线”工作机制，健全完善基层治理、公务用车、国企领域智慧监督平台。深化“最多访一次”工作，努力实现信访形势和信访秩序“双好转”。

四、提振精神、鼓足干劲，营造干事创业的蓬勃生态

事业发展、关键在人。全县上下要聚焦“八破八立”，持续推进“思想大解放、服务大提升、行动大担当”，提振精神谋发展、鼓足干劲抓落实，跑出干事创业的加速度，营造激情干事的新生态。

（一）要点燃敢争先进、勇创一流的最大激情。干事创业需要激情，这是干好事、干成事的必要条件。这种激情就是面对机遇敢于争先，始终保持一种不甘落后的志气、誓争一流的勇气，自

我加压、奋力前行，力争全县各项工作在全市争先进、全省有地位。这种激情就是面对挑战敢于创新，善于结合实际创造性推动工作，在尊重客观规律的基础上，多想新办法、多找新出路，创造新经验、开创新局面。这种激情就是面对先进敢于超越，勇于对标先进，善于自我提标，努力实现超标，确保在千帆竞发、百舸争流的区域竞争中赢得一席之地。

（二）要锤炼攻坚克难、奋力作为的最强本领。事业越是向纵深发展，就越要不断锤炼本领、提升能力。我们要时刻保持本领恐慌的危机感，在“勤学习”中长才干，坚持生成性学习、保持创造性张力，加快知识更新，优化知识结构，进一步打开思想空间、认知空间和发展空间。在“善攻坚”中破难题，在落实重大改革、重大项目、重大平台、重大政策、重大规划中，提升解题破难的本领。在“多经事”中勇担当，把困难和挫折当成锻炼的机遇，在实践中不断积累经验、磨炼本领，着力提升应对重大挑战、抵御重大风险、克服重大阻力、解决重大矛盾的能力。

（三）要浓厚实干实惠、有为有位的最优氛围。美好的蓝图要靠实干来完成。我们要让实干成为党员干部最亮的底色、最硬的功夫，就要大兴“为担当者担当，为负责者负责，让实干者实惠，让吃苦者吃香”之风，树立“一线攻坚”的工作导向，把“八大行动”作为展示锤炼能力担当的主战场，推动干部下沉到基层一线、吃劲岗位，摔打磨炼、历练成长。树立“实干实绩”的用人导向，打破身份、学历、地域等界限，对实绩优异、素质过硬、干群公认的党员干部，大胆提拔使用。树立“保护担当”的鲜明导向，深化落实县委激励和保护干部干事创业“十六条”举措，强化容错纠错、澄清正名保护力度，推动“两个担当”良性互动。

（四）要构筑敬法畏纪、清廉自守的最严防线。全面从严治党，根本要靠纪律。我们要构建精密智控监督体系，探索“大数据+”干部监督模式，形成定期研判、定向预警、定性处置的机制，提升干部监督的预见性和精准度。持续深化作风建设，锲而不舍落实中央八项规定实施细则和省市县委有关要求，持续纠“四风”、正作风，防止有禁不止的“破窗效应”。保持惩治腐败高压态势，高质量推进县委巡察工作、派驻监督工作，一体推进不敢腐、不能腐、不想腐，让党员干部心有所畏、行有所止。

同志们，五年看头年，开局是关键。全县上下要进一步增强不辱使命的政治自觉、攻坚克难的斗争精神、真抓实干的能力水平，强发展、求突破、勇争先，赢得主动、赢得优势、赢得未来，全力推动常山跨越式发展，以优异成绩向建党100周年献礼！

名词解释

1. “八八组团”： 组建8个驻企服务组，分别服务一个重点产业，每个服务组形成“1432”组团服务模式，即每个产业由1名县领导领衔，4名常青藤干部专职服务，3名涉企部门干部专业指导，2名金融和法律服务单位人员担任顾问。

2. “五减”： 减税、减费、减租、减息、减支。

3. “八个一”： 一座“车让人”的城市、一座“烟头不落地”的城市、一座“自觉排队”的城市、一座“使用公筷公勺”的城市、一座“不随地吐痰”的城市、一座“行作揖礼”的城市、一座“没有牛皮癣”的城市、一座“拆墙透绿”的城市。

4. “两山银行”： 按照“存入绿水青山、取出金山银山”理念，借鉴“分散化输入、集中式输出”模式，对生态资源所有者权益进行资本化运作，实现生态保护前提下的资源、资产、资本三级转换的运营平台。

5. “5610”高效运行体系： 即以农业产业投资银行、生态资源储蓄银行、低效资产招商银行、文化资源开发银行、有偿权项变现银行“五大行”为目标定位；组建综合管理部、资产管理部、评估担保部、招商运营部、计划财务部、风险管控部六大职能部门+若干个乡镇、村级子公司的“6+X”组织架构；形成村级合作组织、评估机构、担保机构、公证机构、农村产权交易中心、金融机构、土地收储中心、专业招商组、产业运营中心、产业基金“十大支撑体系”。

6.“千万工程”： 即“千村示范、万村整治”工程。

7.“五好两确保”：“五好”即忠诚担当好头雁、堪当重任好班子、创业奋进好气象、风清气正好生态、干群齐心好局面；“两确保”即确保换届过程平稳、确保换届后高效运转。

8.“请贤六招”： 领导带头跑贤、党群举荐找贤、乡贤推选请贤、常雁十条引贤、典型宣传助贤、压担历练育贤。

9.“四责协同”： 党委主体责任、党委书记第一责任、班子成员“一岗双责”、纪委监督责任。

10.“一图一表一指数”政治生态监测评估体系：“一图”即“绿、黄、橙、红”四色管理图；“一表”即监测评估表；“一指数”即动态清廉指数。

11.“五大办”： 大项目统筹办、大规划策划办、大资金保障办、大建设调度办、大监管服务办。

12.“七比七赛”： 比谋划赛储备、比前期赛立项、比招引赛供地、比落地赛开工、比征迁赛保障、比服务赛入库、比投资赛出数。

13.“六清”行动： 线索清仓、逃犯清零、案件清结、伞网清除、黑财清底、行业清源。

14.“三提三促”： 服务提档促担当、效率提速促执行、协同提级促联动。

15. GEP： 即生态系统生产总值，一套与国内生产总值（GDP）相对应、能够衡量生态良好的统计与核算体系。

16.“雄鹰行动”“凤凰行动”“雏鹰行动”：“雄鹰行动”是浙江省聚焦聚力高质量、竞争力、现代化，培育具有全球竞争力的一流企业的行动计划；“凤凰行动”是浙江省推进企业上市和并购重组为核心的行动计划；“雏鹰行动”是浙江省梯度培育中小微企业向“专精特新”发展，打造一批隐形冠军企业的行动计划。

17.“双倍增”行动计划： 高新技术企业数、科技型中小企业倍增目计划。

18.“一区两园四中心”：“一区”即全国经济林产业区域特色品牌建设试点区；“两园”即国家油茶公园、油茶产业园；“四中心”即全国油茶交易中心、山茶油价格指导中心、油茶集散中心、油茶文化中心。

19.“四个确保一个力争”：“四个确保”即确保冷链物防闭环管控，确保不出现聚集性疫情，确保不发生院内感染，确保不发生疫情风险点失管漏管；“一个力争”即力争不发生本土新增病例。

20.“一中心四平台一网格”： 县级矛调中心与基层治理四平台协同对接，加强全科网格规范化建设。“一中心”即县级矛调中心；“四平台”即“综治工作”“综合执法”“市场监管”“便民服务”；“一网格”即全科网格。

21.“常苗四炼”： 即年轻干部培养工程，源头储备选苗、实践历练墩苗、按需供给育苗、大胆量才用苗。

22.“365监督在线”工作机制： 即坚持目标导向、问题导向、效果导向“三个导向”，推行实时化、智慧化、动态化、闭环化、协同化、绩效化“六大工作路径”，贯通运用专项监督、立项监督、常项监督、并项监督、外项监督“五项监督法”。

23.“八破八立”： 破除凌空蹈虚的作风，树立狠抓落实的意识；破除甘于后列的倾向，树立争先进位的意识；破除拖沓迟缓的状态，树立高效快捷的意识；破除急功近利的心态，树立久久为功的意识；破除拈轻怕重的情绪，树立勇于担当的意识；破除封闭保守的思维，树立开放创新的意识；破除本领不足的瓶颈，树立学习求索的意识；破除投机钻营的思想，树立务实勤奋的意识。

政府工作报告

——在常山县第十六届人民代表大会第五次会议上

县长　张少华

（2021年2月3日）

各位代表：

现在，我代表县人民政府向大会报告工作，请予审议，并请县政协委员和其他列席人员提出意见。

一、2020年主要工作和“十三五”发展成就

2020年是极不平凡的一年。面对国际国内深刻复杂的变化，特别是突如其来的新冠肺炎疫情，县政府在县委的坚强领导和县人大、县政协的有力监督支持下，紧扣“强发展、求突破”工作总要求，深入实施“八大行动”，扎实做好“六稳”工作，全面落实“六保”任务，较好地完成年初确定的各项目标。全年地区生产总值160.1亿元，比上年增长3.5%，增速居全市第三位，为近五年最高排名；财政总收入19.9亿元、一般公共财政预算收入12.2亿元，分别比上年增长5.1%和3.4%；固定资产投资比上年增长3.2%；规模以上工业增加值比上年增长3.9%；规模以上企业研发投入占营业收入的2.9%；城乡居民人均可支配收入分别比上年增长5.6%和8.5%。完成十方面为民办实事项目。

这一年，我们万众一心交出了“两战两赢”高分报表。

疫情防控筑牢了安全屏障。疫情发生后，第一时间启动战时运行状态，严格落实“源头查控+硬核隔离+精密智控”机制，以“两手硬”成功夺取疫情防控和经济发展“两战赢”。牢牢守住浙西大门、村社小门，18天实现本地确诊病例全部清零，371天无新增本地确诊病例，5名援鄂医务人员星夜驰援，全城礼敬。有序推进复工复产，淳常公路等3个省重点项目在全省率先复工，成为全省复工复产“三大样板”之一。帮助“仓谷医疗”获批全市首张医疗口罩生产许可证，引导14家企业转产防疫物资。

“争先创优”赛出了优异成绩。面对疫情的强大冲击，以超常举措“争先创优”，MEI指数考评稳居全省“优”等次，半年度考核排名全市第二。成功争取抗疫特别国债及专项债15.3亿元，位居全市第一。居民人均可支配收入、建筑业省内产值、规模以上高新技术产业增加值增速等10项指标位居全市第一位。全体居民人均可支配收入比上年增长7.7%，增速位居全省26个加快发展县第一。

“沉疴顽疾”实现了重大突破。顶着疫情压力，以重整山河的气魄，打响了辉埠区域环境系统整治提升决战，关停全部16家轻钙企业，拆除石灰立窑165孔，复垦复绿1500亩，获国家长江办高度肯定，被列入中央环保督察整改成效典型案例。大力推进旧城改造，有效破解历史遗留的城区集体土地违建难题。成功拆除原常化宿舍11处D级危房。完成锦禾闲置土地和资产处置，妥善化解国资流失风险。

这一年，我们聚力攻坚取得了高质发展可喜成果。

产业转型蹄疾步稳。规模以上工业产值突破130亿元。装备

制造业、战略性新兴产业、数字经济核心产业制造业增加值增速均居全市第一位。轴承产业改造提升省级试点取得初步成效。出台支持服务业和建筑业发展若干意见，服务业增加值比上年增长3.2%，建筑企业中标项目比上年增长236.5%，本地建筑业企业签订合同总额比上年增长193.2%。深入开展“八八组团”服务，协调解决企业各类问题449个，解决率达98%。全面落实“两直”“五减”等一揽子助企纾困政策，累计减免6.3亿元，超额完成全年目标。

项目攻坚提速增效。强化项目闭环，全面运行项目“五大办”，创新开展“七比七赛”活动。全年完成重点项目投资126亿元，比上年增长15.6%。入库项目242个，比上年增长34.4%，省市重点项目和集中开工项目全部入库出数，入库率、完成率均居全市第一。加速项目推进，沿江公路(常山段)、320国道“二改一”、淳常公路建成通车，常山江航电枢纽项目先行区块启动建设。高标准推进“金色同弓”等4个全域土地整治项目，成功举办全市全域土地综合整治与生态修复项目“比学赶超”现场会。深化项目招引，出台招商“双十条”，建立“2+3+8”专职双招队伍，成功引进鹤丰新材料、众誉供应链、麦迪森车联网产业园等亿元以上项目31个，实际到位市外资金29.2亿元，超额完成市里考核目标。

平台能级大幅提升。园区整合取得实效。成功升级为省级经济开发区，通过省级循环化改造验收。生态园区提质扩容凤凰涅槃，以全市第一的成绩通过全省化工园区综合评价。科创中心前期加速、辉何公路加快推进。球川轴承产业园等小微园提档升级。成功入围省2021年小微企业园建设提升工作重点县。创新动能不断增强。高规格召开全县科技创新和人才大会，出台科技新政“十条”。有研发活动的规模以上工业企业数量比上年增长77.2%，规模以上工业企业研发经费、高新技术产业增加值增速均居全市第一，新认定国家高新技术企业11家。人才要素有效集聚。全年引进各类高层次人才26人。与浙江理工大学共建常山研究院，和浙江火炬中心达成战略合作，创建院士专家工作站4家、博士工作站5家、博士后科研工作站1家。

这一年，我们创新路径写下了“两山”转化生动注脚。

生态环境不断优化。顺利通过第二轮中央生态环保督察，实现交办信访件总数下降、无重点交办信访件、无反面典型案例三大目标。城区PM2.5年均浓度为27微克/立方米，城区环境空气优良率达99.7%，创七年以来最好水平。全县Ⅰ类出境水占比50%以上，创历史新高。入选全国第三批节水型社会建设达标县，全市唯一获“2019年度全省生活垃圾分类工作优秀县”称号，获“全球绿色城市”“中国天然氧吧”称号。

城乡风貌全面提升。城市有机更新步伐提速。全面启动旧城改造和狮子口片区征收工作。全年投资10.5亿元，实施城南第二通道、入城口景观打造等18个基础设施项目建设，完成2个老旧小区改造提升、11个小区智能化改造、27家单位“拆墙透绿”。启动省级示范文明县城创建，持续提升“八个一”有礼指数落实水平。诗画风光带韵味更浓。创成省级新时代美丽乡村示范县，被评为2020年度省级美丽城镇建设优秀县，入选浙江省大花园示范县创建名单，成功举办全市美丽城镇建设现场会。沿江项目串珠成链，全面开工建设沿线15个重点项目，完成诗画风光带沿线22个村的整治任务，建成省级美丽乡村示范乡镇4个。城镇建设多点推进，球川镇入选2020年省级美丽城镇建设样板镇，新昌乡列入第四批省级旅游风情小镇创建名单。

转化通道持续拓宽。“两山”转化走出新路子，全市率先实体化运作“两山银行”，累计发放贷款5756万元，撬动资金1.1亿元，获陈金彪、彭佳学等省领导批示肯定。“常山三宝”转型步伐加快，“庆余常山胡柚膏”研发上市，“柚香谷”产业园被列入省级农村产业融合发展示范园。常山油茶入选中国特色农产品优势区名单，油茶交易中心企业交易开户突破300家，平台交易额超21亿元。全县猴头菇、金针菇等食用菌栽培种植9200万袋（瓶）。成功召开2020中国·常山乡村振兴大会，创成全国农村创业创新典型县、省级农业绿色发展先行县，入选省级“互联网+”农产品出村进城工程试点县，赛得二期成功入选全省“六个千亿”生命健康产业平台项目。

这一年，我们锐意进取实现了改革创新重大突破。

国资改革实现跨越。城投集团、国投公司均获“AA”评级，超前完成既定目标，实现常山国企市场化转型。城投集团成功发行首期10亿元公司债券，实现自主直接融资“零”的突破，全年累计融资到位30.3亿元，在上一年基础上翻4番。国投公司成功获得14亿元综合授信支持。农投集团有效推进制石制砂、矿业权等重点资源性领域归集配置，辉埠镇生态整治及修复项目获农发行8.5亿元贷款。

金融创新持续领跑。全县金融机构各项贷款余额237亿元，比上年增长21%，连续两年居全市四个县市第一位。金融业增加值比上年增长12.2%，高于全年GDP增速8.7个百分点。累计引入县外资金14亿元。全年处置不良贷款4.45亿元，不良贷款率达0.9%。列入全省基层政策性农业信贷担保服务“10+1”创新试点。创新推出“春风贷”“财信贷”等金融产品，为117家企业提供超7亿元低息信贷。

“最多跑一次”改革扩面增效。应用好“政企通”平台，上架政策195项，兑现1.35亿元，受惠企业428家，实现惠企政策上线率100%，线上兑现率100%。成功入选全国政务服务“好差评”两项国家标准试点，政务服务好评率达99.9%。深入开展机关内部“最多跑一次”改革，实现部门间事项“最多跑一次”。6项改革举措走在前列，被省《竞跑者》采用，低保惠民“一件事”改革被国务院简报全国推广。

区域协作再上台阶。出台战略融入长三角区域一体化发展行动计划。慈溪—常山消薄飞地、山海协作乡村振兴示范点列入省山海协作工程重点支持项目。消薄飞地入选省山海协作升级版典型案例。山海协作产业园新引进项目总投资10亿元。常山—慈溪成为省内首个乡镇结对全覆盖的县（市）区。新投入4700万元，帮助古蔺县顺利实现脱贫摘帽。衢饶示范区启动实体办公，未来驿站等5个基础设施项目有序推进。

这一年，我们倾情倾力书写了民生提质温暖篇章。

社会保障更加有力。民生支出占一般公共预算支出的70.5%。就业形势稳中有升，城镇新增就业5740人、再就业2268人，城镇登记失业率为1.76%。兜底保障扎实推进，基本养老保险参保率达99.7%，基本医疗保险参保率达99.97%，发放民政救助经费9400多万元，比上年增长15.6%，成功创建全国无障碍环境示范县。脱贫攻坚任务圆满完成，低收入农户人均收入比上年增长14.9%，180个行政村实现10万元以上经营性收入全覆盖，“常山阿姨”品牌入选浙江精准扶贫十大案例。社会福利、慈善、红十字、住房公积金等工作取得新成效。

公共服务更加优质。常山教育入选浙江县域高质量发展十大优秀案例，高考一段上线人数实现“五连增”，首次突破300人大关。“一乡镇一公办园”目标全面完成。数字工业学校启动迁建。常山县域医共体获省委省政府表彰，县卫生应急指挥中心等系列工程启动建设，预计总投入达5.6亿元，是近五年的总和。农村文化礼堂在全市率先实现全覆盖。农饮水达标提标行动在全省率先销号，提前完成三年行动任务。城乡公交一体化全面实现，常山正式步入“2元”公交时代，获全县群众广泛点赞。工青妇、儿童、残疾人、档案、气象、电大、决策咨询等工作取得新成绩。

社会治理更加高效。开展市域社会治理现代化和“县乡一体、条抓块统”改革试点工作，“大综合一体化”行政执法模式走在全市前列。开展信访矛调纠纷“大走访大落实大调处大化解”活动，新增积案率比上年下降75.3%，实现“省级无信访积案县”目标。推进扫黑除恶专项斗争，深化“六清”行动，全县刑事、治安案件发案率分别比上年下降23.8%和18.5%，实现省级平安县创建“十五连冠”，夺得全省首批一星“平安金鼎”。常山成功创建“浙江省禁毒示范县”。国防动员、人民防空、退役军人事务、民族、宗教、外事、侨务、对台、供销等工作得到加强。

各位代表，2020年的圆满结束标志着“十三五”的胜利收官。五年来，面对复杂多变的宏观环境和艰巨繁重的发展任务，全县上下凝心聚力、迎难奋进，经济社会发展基本实现预期目标，与全省同步高水平全面建成小康社会。“十三五”期间累计实现地区生产总值700亿元，年均增长6%；完成财政总收入82.6亿元，年均增长9.8%，其中一般公共预算收入54.23亿元，年均增长7%；固定资产投资年均增长3.5%；全社会消费品零售总额386.7亿元，年均增长6.7%；城镇居民人均可支配收入由28126元增加到41890元，农村居民人均可支配收入由15333元增加到24033元，年均分别增长8.3%和9.4%。

——五年来，我们坚持以高速度的转型步伐推动产业升级。培育“小升规”企业75家、“新上规”企业20家、“隐形冠军”企业1家、农业产业化国家重点龙头企业1家。新增国家高新技术企业44家。规模以上工业企业亩均税收从5.2万元/亩提高到9万元/亩。服务业增加值由47.6亿元提高到84.1亿元，社会消费品零售总额由51.9亿元提高到71.8亿元。“衢枳壳”入选“新浙八味”，首个国家油茶公园、省油茶产业协会落户常山，“常山猴头菇”成功注册地理标志证明商标。“常山阿姨”品牌在全国打响。金融机构存贷款余额分别提高1.65倍和1.64倍。三次产业比重由6.8∶49.2∶44.0调整到5.2∶42.3∶52.5。

——五年来，我们坚持以高质量的美丽经济深化“两山”实践。“五水共治”“四边三化”“三改一拆”成效显著。常山港流域地表水质、出境水质均100%符合要求，城区PM2.5年均浓度由34微克/立方米下降至27微克/立方米，空气优良率由91.7%上升到99.7%。常山成功纳入国家重点生态功能区，入选全国山水林田湖草生态保护修复工程试点，被评为全国百佳乡村旅游目的地。三衢石林被评为“全球低碳生态景区”。“宋诗之河”魅力绽放。村上酒舍、彤弓山居被评为省级白金宿。新增AAAA级旅游景区1个。全年旅游总收入从32亿元增加到53亿元，年均增速达11%。

——五年来，我们坚持以高标准的有机更新重塑城乡风貌。城镇化率提高7个百分点。实施城乡建设重点项目110个，累计投资75.43亿元，全面完成城市道路“白改黑”、人行景观桥、万家灯火等一批重大项目建设。城市发展迈入“常山江”时代。成为全国第七个“国际慢城”。顺利通过国家卫生县城复审。在全市率先启动“一户多宅”整治，被授予省“无违建县”。“厕所革命”成为全国典范。垃圾分类实现全域化。创成省美丽乡村示范乡镇6个。入选全省首批数字乡村试点示范县。

——五年来，我们坚持以高层次的改革创新激发内生动能。国资改革亮丽开篇，国投公司、城投集团、农投集团以及11个子公司挂牌成立。“最多跑一次”“最多跑一地”改革走在前列，全市率先建成县乡村格四级矛调体系。2353个事项实现“无差别受理”，政务服务网办率常态化达到97.8%。“低保惠民联办”成为全国15个社会救助领域优秀创新实践案例之一。迭代推出“慢城通”，建成城市大脑数据专区，打通45项便民服务功能模块，归集4亿余条数据。

——五年来，我们坚持以高水平的区域开放打造协作优势。全面对接全省“四大”建设，主动融入全市大花园建设行动。成功招引万洋众创城、杰昆科技等重大协作项目，总投资近80亿元。常山—古蔺扶贫车间在全国东西部扶贫协作现场会上作经验介绍。消薄飞地落地慈溪高新技术开发区，为常山94个薄弱村带来近千万的保底收益。衢九铁路开通运营，常山迎来“动车时代”。048省道延伸线、常山港治理、320国道“二改一”等一批重大交通项目相继建成，县域“七纵四横”路网总体构架基本成型。外贸出口总额增长27.4%。

——五年来，我们坚持以高品质的民生事业回应百姓期待。实现“两不愁三保障”突出问题、家庭人均收入8000元以下情况、集体经济薄弱村“三个清零”。城乡居民收入比由1.83下降至1.74。民生支出从22.23亿元增加到38.64亿元，年均增长11.7%。全社会职工月平均工资由2910元增加到3985元。成功创建省教育基本现代化县，新常山一中投入使用，高考一段线人数从98人提升到320人。全面推进省医共体试点县建设，被誉为“浙江医共体改革的萌发地”，黄荷凤院士专家工作站落户常山。农饮水工程成为全省标杆。人均预期寿命提高至79.17岁。常山成功创建“省体育强县”“省食品安全县”“省无欠薪县”。

各位代表，“十三五”的发展成绩来之不易，这是县委正确领导的结果，是全县上下奋力拼搏的结果。在此，我谨代表县人民政府，向在各个领域辛勤劳动的全县人民，向给予政府工作有力支持和监督的人大代表、政协委员，向各民主党派、工商联、各人民团体和社会各界人士，向驻常部队和武警官兵，向所有关心、支持、参与常山建设，为常山发展付出心血和汗水的同志们、朋友们表示崇高的敬意和衷心的感谢！

成绩令人鼓舞，但是我们也清醒地认识到，在推动高质量发展的道路上，仍然面临诸多困难和问题：一是经济社会发展水平与发展新格局要求仍有差距。常山经济总量偏小，GDP和人均GDP都低于省、市平均水平，产业结构偏重，资源消耗较大、要素制约趋紧，万元GDP能耗偏高，产业平台承载力不强，科创成果转化率较低，高质量发展整体支撑相对不足。二是民生事业发展水平与人民群众新期待仍有差距。优质教育资源供给不足，高层次卫生人才紧缺，文体设施总量偏少，城市管理不够精细，高质量保障和改善民生的任务仍然艰巨。三是政府行政水平与治理现代化新任务仍有差距。政府数字化转型、职能转变速度不快，干部队伍专业化水平有待提高，少数干部“慵懒散”问题还未根除，在适应新形势、解决新问题、推动新发展上，还存在理念短板、能力短板、作风短板。对此，我们既会清醒认识、直面挑战，更将创新举措、精准破题。

二、“十四五”时期主要目标和任务

各位代表，根据县委《关于制定常山县国民经济和社会发展第十四个五年规划和二O三五年远景目标的建议》，县政府认真研究并听取各方面意见，制定《常山县国民经济和社会发展第十四个五年规划和二O三五年远景目标纲要（草案）》，提请大会审议通过后，将认真组织实施。

“十四五”期间经济社会发展的总体要求是：高举习近平新时代中国特色社会主义伟大旗帜，贯彻落实中共十九大和十九届二中、三中、四中、五中全会精神，坚持以习近平新时代中国特色社会主义思想为指导，全面贯彻党的基本理论、基本路线、基本方略，统筹推进“五位一体”总体布局，协调推进“四个全面”战略布局，坚持党的领导，坚持以人民为中心，坚持新发展理念，坚持改革开放，坚持系统观念，立足“双循环”新发展格局，以推动高质量发展为主题，以深化供给侧结构性改革为主线，以改革创新为根本动力，以满足人民日益增长的美好生活需要为根本目的，按照“强发展、求突破、勇争先”工作总要求，深入实施“八大行动”，加快建设现代化经济体系和现代化县域治理体系，促进经济社会更深层次、更高水平、更高质量发展，为浙江省忠实践行“八八战略”、奋力打造“重要窗口”贡献常山力量，为高水平建设社会主义现代化开好局、起好步。

“十四五”期间经济社会发展的主要目标是：到2025年，地区生产总值力争实现翻番，年均增速超过省市平均水平，人均生产总值突破10万元，全社会劳动生产率达到15万元/人，R&D经费占GDP比重力争达到全省平均水平，制造业增加值占GDP比重超过35%，数字经济核心产业增加值占GDP比重达到10%，社会消费品零售总额超过110亿元，固定资产投资提升至150亿元，常住人口城镇化率达到全国平均水平，居民人均可支配收入增长与经济增长基本同步，城乡收入差距进一步缩小，人均预期寿命超过80岁，初步实现县域现代化。

“十四五”时期，常山正处于新旧动能转换的提速期，新发展格局构建的窗口期，奋力追赶、实现跨越的关键期，我们必须坚定战略方向、把握战略定位、强化战略支撑，跑出发展加速度。重中之重就是要抓纲带目推进县委“八大行动”落细落实，始终秉持“六大追求”：

（一）创新高质量发展方式，在融入新格局中构建现代产业新体系。全面深化“双招双引”，深入实施做大产业扩大税源行动，聚力打通要素堵点，协同推进产业基础再造、产业能级提升。聚力抓“招引”，坚持项目为王、产业为重、人才为本，构建“产学研用金、才政介美云”联动生态系统，招引一批产业链项目、“护城河”项目，全力引育一批高层次、广领域的优秀人才。聚力抓“融合”，强化机制赋能，畅通“一区多园”要素内循环，实现内在互联、空间互通、产业互补。深化产城融合，加快一批赋能性强的基础设施项目建设，推进园区、城区在规划格局、公共服务、市政设施上联通共享。聚力抓“腾挪”，加快腾空间，持续推进“腾笼换鸟”，深化“亩均论英雄”改革，抓好“退散进集”，淘汰落后产能；加快腾能耗，认真落实“碳排放”“碳达峰”要求，实施“绿色制造”“低碳服务”工程，推行能耗交易机制，为更多大好高企业和项目留足能耗空间。聚力抓“培育”，深入实施“凤凰行动”“雄鹰行动”“雏鹰行动”，积极推进企业股改上市，扎实培育一批龙头企业、单项冠军、隐形冠军。到2025年，工业总产值突破400亿元，上市企业和产值超50亿元企业实现零的突破，创成2个高水平省级产业创新服务综合体。

（二）协调高质量发展布局，在融入新格局中绘就城市赋能新画卷。推进规划赋能，按照山环水绕、城景交融的城市建设理念，以中心城区国土空间规划为引领，深化城市总体设计，实施“城市双修”、城市色彩等专项规划及修编，构建功能结构明晰、“山、水、城”共生共融的休闲宜居城市。推进开发赋能。实施“东拓西整、拥江发展”，加快旧城拆迁改造，深化老旧小区改造行动，完善小区公共设施智能化建设，提速品质老城打造，按照“滨水空间、历史文化街区、未来中心”等功能形态有序开发；着力打造魅力新城，深化城东开发建设，完成狮子口片区征收改造，加快建设火车站片区，打造富有现代气息的城东新区。推进治理赋能。提高城市智能化、精细化管理水平，建强常山城市大脑，实现城市治理“一网统管”。深化城市社区建设，开展城市综合环境整治，实施新时代文明生活行动，全面落实“有礼指数”，创成省级示范文明县城。力争到2025年，基本建成山水公园城市，人口机械增长值实现由负转正。

（三）拓宽高质量发展路径，

在融入新格局中打造“两山”转化新样板。向治理要环境美。统筹划定国土空间“三区三线”，刚性推动生态红线落地，严控开发强度、强化保护力度，全面提升山水湿地森林生态系统，全力打好污染防治攻坚战，提倡低碳生产生活方式，让绿色成为发展底色。向转型要产业兴。全面实施“常山三宝”三年行动计划，强化平台支撑，延伸产业链条，积极推进标准化种植、规模化经营、功能化开发、品牌化营销、融合化发展，实现农业产业大提升。向转化要农民富。加快发展美丽经济，推广整村运营模式，探索资源入股办法，做强民宿群、做旺乡村游，以“两山银行”为核心支点，撬动农村生态资源变资产、资金，有效增加农民收入。到2025年，全县胡柚、山茶油、食用菌系列产品产值分别达到50亿元、15亿元、5亿元，GEP价值实现率高于全市平均水平，力争走在全省前列。

（四）开放高质量发展环境，在融入新格局中拓展合作共赢新空间。主动融入长三角一体化发展。加快“融衢接杭”步伐，主动对接杭州都市圈、创新生态圈。推进与上海宝山区、闵行区合作，实现产业配套梯度转移。加强对沪杭甬数字经济“溢出效应”的转化承接，建设协同创新的合作中心和数字智造的应用转化基地。集成打造多式联运的开放通道。深入贯彻“交通强省”三年行动计划，谋划“铁轨公水机管邮枢廊”九大综合交通网布局，加快推进浙赣运河项目，积极构建长江“第二出海口”。全力争取高铁项目，积极融入省际市域城际轨道交通网络，加快补齐综合运输短板。全面加强四省边际区域协作。深化衢饶示范区体制机制创新，做优中西部东进的前沿平台。主动对接浙皖闽赣生态旅游协作区创建，积极参与共建浙皖闽赣“联盟花园”建设，实现资源整合、人流互送。

（五）激活高质量发展动能，在融入新格局中争创改革集成新标杆。持续深化营商环境便利化改革，围绕建设四省边际营商环境最优县，深化营商环境“10+N”便利化行动，强化投资项目3.0平台应用。持续加快“一件事”改革向民生服务、公共场所和乡村基层延伸。全面加强社会信用体系建设，打造信用示范之城。着力加快新时代乡村集成改革，实施“两进两回”工程，深化农村宅基地改革，探索宅基地所有权、资格权、使用权“三权分置”。加快农村产权交易制度改革，制定产权交易管理办法，探索农村土地承包经营权入股、抵押、担保模式，推进农村集体产权制度改革，打造农村集成化改革的先行区。一体推进财税国资金融改革，系统推进财税协同、财资协同、财金协同，以绩效为核心优化财政政策体系和资金管理机制。持续深化国企改革，完善国企现代企业制度，推进国有资本布局优化、结构调整、创新转型。持续深化金融创新，打造绿色、普惠、高效的健康金融生态。

（六）共享高质量发展成果，在融入新格局中实现共同富裕新愿景。提升创业就业水平。鼓励和扶持大众创业，实施高校毕业生就业促进和创业引领计划。巩固脱贫攻坚成果，落实低收入群体同步基本实现现代化行动，力争居民人均可支配收入年均增长7.5%以上。提升公共服务供给水平。打响“学在常山”教育品牌，建设四省边际教育现代化强县，创成浙江省学前教育普及普惠县。全面推进健康常山建设，加快推进医疗体制改革，让百姓享受更高水平的医疗卫生服务。提升社会保障水平。优化城乡社会保障制度，构建就业、社保、救助、福利、慈善“五位一体”的新型社保体系，实现养老、工伤、失业保险法定人群基本全覆盖。提升社会治理水平。加大政府数字化改革力度，打造“整体智治”政府。加快构建“县乡一体、条抓块统”的高效协同治理。加强发展和安全两个统筹，防范化解区域重大风险，争创更高水平的省级平安县。

三、全力以赴打赢“十四五”开局首战

2021年是建党100周年，“十四五”开局之年，是开启全面建设社会主义现代化新征程的起步之年，做好2021年工作意义重大。我们将全力抢机遇、开新局，努力干成一批具有牵动性、创新性、突破性的大事要事。

2021年政府工作的总体要求是：坚持以习近平新时代中国特色社会主义思想为指导，深入贯彻落实中共十九大和十九届二中、三中、四中、五中全会精神和中央、省委经济工作会议精神，全面落实省委十四届八次全会、市委七届九次全会和县委十三届十次全会部署，坚持稳中求进总基调，立足新发展阶段，贯彻新发展理念，构建新发展格局，聚焦聚力高质量发展、竞争力提升、现代化先行，紧扣“强发展、求突破、勇争先”的工作总要求，落细落实“八大行动”，全力打造“浙西第一门户”，不断巩固疫情防控和经济社会发展成果，扎实做好“六稳”工作，全面落实“六保”任务，聚力推动常山高质量发展再上新台阶，以优异成绩庆祝建党100周年。

2021年全县经济社会发展的主要预期目标为：重点实现“8211”目标，即地区生产总值比上年增长8%，规模以上工业总产值突破200亿元，固定资产投资突破100亿元，引进产业类项目超过100个；同时，社会消费品零售总额比上年增长10%，城乡居民人均可支配收入分别比上年增长9%和10%，低收入农户人均可支配收入比上年增长12%；力争R&D经费占GDP比重达2.3%；完成省政府下达的能源和环境指标。

要实现上述目标，重点要把握三大工作取向：

高质量。紧紧围绕转变发展方式，坚决落实新发展理念，协同提升供给、需求、配置、投入产出、收入分配、经济循环6个方面。聚力高端化转型，牢牢把握市场活力、主体实力、创新能力3个关键，一体推进产业基础、产业模式、产业链条高质量提升。实施高水平治理，着力写好保护修复、集成赋能、系统改革3篇文章，一体推进生态环境、人居环境、营商环境高质量供给，以政府工作的高标准推动常山发展的高质量。

竞争力。紧紧围绕增强发展韧性，大力实施税源工程，聚力招大引强、升级项目引擎、扩大有效投资，增强发展核心驱动力；大力推进开放协作，建设开放大通道、构筑开放大平台、优化开放大环境，以高水平的区域开放为常山发展汇智聚力；大力优化要素供给，聚力破解能耗制约、土地瓶颈、人才匮乏、金融支撑等关键难题，全面提升区域综合竞争的支撑力，以高度的工作主动性赢得竞争、赢得明天。

现代化。紧紧围绕县域治理现代化，以社会治理为主线，协同推进治理理念、机制、方式、能力全方位现代化，实现整体智治、高效善治；以数字化改革为牵引，大力发展数字经济，加快推进政府数字化转型，持续提升数字技术个性化供给，全面增强数字赋能水平；以供给和需求为双导向，加快构建现代化公共服务供给体系，致力推动文化、教育、卫生实现更高水平现代化，努力打造四省边际现代化先行县。

抓好新一年的工作，必须牢固树立“没有走在前列也是一种风险”的忧患意识，全力以赴推进社会经济高效发展，具体要打好九大“组合拳”：

（一）打好“产业+平台+科创”组合拳，持续擂响工业战鼓。 聚焦构建现代化产业体系，加快产业提档、强化平台支撑、推进科创赋能，以更大气魄挺起工业“顶梁柱”。

鏖战工业主战场。加快高端化转型，实施传统制造业改造提升2.0版，推进轴承、纺织、水泥建材等“上云用数赋智”行动，力争三大传统产业规模以上工业总产值超80亿元。实施数字经济“一号工程”，推动先导三期、沃科思二期落地投产，力争数字经

济核心产业增加值比上年增长30%以上。推动梯次化培育。开展“雏鹰行动”，力争新培育规模以上企业15家以上，加快培育中精轴承、弘远电子等一批隐形冠军企业。实施“雄鹰行动”，全力推进哲丰二期、鹤丰新材料等项目建设，引导斯凯孚、利安隆上二期，全年力争培育产值亿元以上企业35家、10亿元企业2家、20亿元企业1家。加速集约化打造。开展“腾笼换鸟”行动，推进园区低效土地整治，深化“亩均论英雄”改革，整治提升低效企业50家以上，力争规模以上工业亩均税收达到12万元以上。提供精准化服务。持续深化“八八组团”服务，全面落实各类扶持政策，落实企业问题协调解决率95%以上、为企业减负2亿元以上。注重企业家培训，积极培育“创二代”。

升级园区主平台。围绕创建省级高新园区，加快理顺“多园合一”管理体制，全面推进平台能级跃升。坚持规划引领，对接国土空间规划，完成省级经济开发区的控规修编，完善园区产业规划，协同推进各片区差异化、集群化发展。全面优化开发区要素配给和权力赋能。突出产城融合，金川片区开工建设科创中心、吉云技工院校，加快推动园区幼儿园、经六路、环湖游步道景观等一批公共基础设施项目建设。辉埠片区加快蓝领公寓、商务酒店等重点生活性配套项目建设。新都片区加快二次开发，推进闲置厂房、土地统一收储和规划。生态产业园对标省级标杆园区，按照“安全+环保+环境整治”要求，集成提升园区本质安全水平。加快建设云耕小镇，打造兼具产业发展、工业旅游、创业社区等功能的高端装备制造业小镇。

激活科创主动能。启动省级创新型县创建，加大科技投入强度，以更大力度落实科技新政“十条”，大力推广科技创新券，不断激发企业科研内生动力。开展规模以上工业企业研发投入清零行动，确保有研发的规模以上工业企业数量增长10%以上。激发科创主体活力，发力“双倍增”计划，力争全年新增国家高新技术企业12家、省科技型中小企业30家以上、省级研发中心1家，入库高新技术项目25个以上。提升科创平台能级，加快建设精密基础件产业创新服务综合体，完成油茶产业创新服务综合体建设并投入运营，加快云创蔚来产业园落地，创新建立省级以上工程技术研究中心等重点科研平台3家以上，依托浙江理工大学、省火炬中心等合作机构，攻克产业共性问题和卡脖子技术难题5个以上。

（二）打好“治理+转化+特色”组合拳，创新推动“两山”转化。以生态治理为基础，以“两山银行”为支点，不断拓宽转化通道、壮大美丽经济，打造独具常山特质的“两山”转化实践样板。

深化生态治理。积极创建省级生态文明示范县，全力推进区域重点生态整治。扎实做好第二轮中央环保督察反馈问题整改工作，统筹开展山水林田湖草系统治理工程，持续深化辉埠区域环境系统整治。持续推进蓝天、碧水、净土、清废行动，不断深化国土绿化美化，新增国土绿化面积5200亩以上，创建“一村万树”省级示范村4个。强化涉气“散乱污”专项整治，确保PM2.5年均浓度稳定在30微克/立方米以下，全县空气质量优良天数比例达96.8%。推进天马、紫港2个区块“污水零直排区”创建，确保国家“水十条”考核断面水质100%达标。深化“雷霆斩污”专项行动，争创“无废城市”。

拓展转化通道。全面开展GEP核算，编制年度GEP核算报告。推进“两山银行”建设，建立生态资源清单、产权清单、项目清单，扩大生态贷范围，力争全年发放贷款2亿元。稳步推进农村土地征收制度改革，加快农村集体经营性资产改革，深化“三位一体”改革，新组建产业农合联2个，建设农村综合服务社10个。推进省级数字农合联试点县建设。

扮靓乡村环境。以创建美丽

乡村标杆县为目标，深入推进“千万工程”，更多采用“微改造”的“绣花”功夫，保留村庄原有纹理风貌，全年打造省级美丽乡村精品村3个，实施历史文化古村落重点村1个，万家灯火实施村45个，农村生活垃圾分类收集实现全覆盖。加快芳村未来社区试点建设，重点推进青石镇、招贤镇等全域土地综合整治项目。大力实施农民集聚安置工程，启动建设招贤安置区，加快建设赵家坪安置区。

做强美丽经济。加快平台聚能，全力推进国家级数字乡村试点县建设，聚力打造乡村振兴智慧产业园，全年建成“三农”数字平台2个，打造数字工厂2个。做优做实油茶交易中心，力争全年签约企业交易商400家以上，累计实现交易额30亿元。推进产业提质，加快衢枳壳纳入《中国药典》步伐，研发胡柚新产品2个以上，实现胡柚鲜果深加工率达40%，新增胡柚香柚基地7000亩，实现“双柚”总产值20亿元。推进“油茶名县”建设，建成全国山茶油质量检验检测中心，加快组建油茶集团，实现挂牌运行。全力打造食用菌科技产业园，栽培猴头菇50万袋以上。实施富民工程，打响“画里乡村”“常山漫居”品牌，推出康养胜地等乡村旅游精品路线，力争全年吸引游客900万人次以上，推广整村运营新模式，加快腾云现代旅游根据地建设，新增省高等级民宿3家、常山漫居精品民宿6家。强化“常山三宝”品质提升和品牌营销，力争带动农民人均增收4000元以上。坚守发展基线，压实“米袋子”“菜篮子”负责制，推进种子库建设，新品种胡柚种苗繁育8万株，香柚培育25万株，开展耕地“非农化”“非粮化”整治，坚守27.11万亩耕地红线，新建高标准农田7000亩。

（三）打好“提质+培育+品牌”组合拳，打造第三产业发展高地。加快现代服务业补短增能，打响“宋诗之河”文旅品牌，实现高质量发展新的增长极。

实施服务业提质工程。落实服务业新政“二十八条”，新增规模以上服务业企业4家，规模以上服务业企业营收增长5%。提升服务业载体，持续优化城区服务业设施配套和功能布局，加快建设城市智能停车二期、浙赣农副产品商贸物流中心、城企联动智慧社区等项目。壮大生产性服务业，谋划引进众卡现代物流产业园、智能制造供应链服务外包基地，加快麦迪森数字经济产业园等重点项目建设，努力提升现代物流、数字技术在四省边际的辐射力。发展生活性服务业，加快推进赛得健康小镇二期、慈孝文化园、远山云间等重点项目建设，重启赏石小镇核心项目建设，提升“常山阿姨”品牌，加快康养、文旅、家政等生活性服务业高端化发展。

加快电商产业培育。开展电商提升行动，积极接杭联甬，主动融入衢州跨境电商综试区建设，携手省电商促进会，对接吉云集团，加快建设跨境电商园，推动新开展跨境业务企业2家以上，注册并运营跨境店铺20个以上。积极培育电商主体，确保电商企业入库5个以上，力争全年电商网络零售额达14亿元以上。实施“云上常山·网红之城”行动，引导企业标准化运营，通过内培外引，孕育百万级粉丝主播3名以上，培育特色化直播基地4个，建设直播间30个以上，孵化底部网红500名以上。

打响“宋诗之河”品牌。深化宋诗基因解码，推进宋诗长廊建设，招引建设“钱江源第一湾”。培育“宋诗之河”研学品牌，与浙江省研学中心等机构合作共建研究院，打造龙绕溪美丽产业研学示范带，串联中国观赏石博览园等研学基地，力争实现泛研学旅行60万人次，带动旅游经济收入2亿元。优化文旅产品供给，完成主城区AAAA级旅游景区城创建。积极推动金色同弓田园综合体创建高品质景区，加快禅悦黄冈度假区建设。开展省级夜间经济城市试点，完成“金川之夜”一江两岸夜游项目建设，培育YouYou 音乐节等网红打卡点，打响“中国好味·鲜辣常山”餐饮品牌。提升文旅服务功能，聚焦全域旅游示范区创建，全面打造“快进慢游，景路一体”旅游交通系统，完成主城区旅游标识系统优化建设，运行 5 个以上乡村“旅游驿站”，加快推进四省边际旅游数字平台、慢城文化旅游博览中心建设。

（四）打好“前端+中端+末端”组合拳，深化项目闭环管理。完善项目“全生命周期”管理机制，编制“八大行动”重点项目清单，开展“七比七赛”活动，构建项目链条，打通项目建设堵点。

提速提效项目前端。提升谋划转化能力，深化开展项目谋划擂台赛，全年储备亿元以上项目 300 个，前期转化率比上年增长 15%，力争衢黄城际铁路（常山段）等纳入上位规划。提升决策审批效率，完善项目决策推进办法，实行分阶段“一次性”申报、联合审批，重大项目 30 天内决策，实现一般企业投资项目竣工验收前审批“最多 50 天”，政府投资项目“最多 60 天”。

破题破难项目中端。聚力项目大招引，深化驻点招商、“二期”招商，优化中介招商、资源选商，实行重大项目首报首谈机制，聚焦哲丰、先导、斯凯孚等大型“链主型”企业，引进 5 家上下游企业，实施领导领衔招商，引进亿元项目 25 个以上、10 亿元项目 2 个以上，实际到位市外资金 35 亿元以上，比上年增长 15%以上。聚力项目大攻坚，深化亮灯机制，强化“三色”管理，开展征迁比拼，全面保障 161 个重点项目顺利推进，坚持月月有签约、季季有开工，力争实现半年度新建项目开工率 90%以上。

压紧压实项目末端。紧盯项目入库关，坚持日跟进、周梳理，重点加快大和热磁二期、维和产业园、奥特莱斯等重点项目开工入库，入库项目数力争比上年增长 15%，5000 万元以上入库项目数比上年增长 10%。紧盯投资出数关，聚焦“四个结构”投资和省市县长工程，强化项目投资专项督查、交办、协商机制，力争全年省市县长工程项目落地率达 100%，固定资产投资比上年增长 30%以上，“四个结构”增幅确保转正，实现较快增长。

（五）打好“空间+功能+形态”组合拳，加快城市能级跃升。坚持规划引领、项目塑形、特色铸魂，全力打造宜居宜业宜游的山水公园城市，力争城镇化率达 53%以上。

优化城市空间。注重规划引领，深化中心城区国土空间总体规划编制，开展中心城区“一江两岸”城市设计，修编城市绿地、环卫等专项规划，强化城市空间、景观、风貌、色彩、天际线管控；注重空间拓展，完成狮子口片区征收，推进主城区旧城改造，全面完成西门、东淤、江滨三大片区竞争性征收工作，适时启动旧城改造二期，为城市扩容更新腾出更多优质空间。

完善城市功能。加快老城有机更新，实施“千年古城”复兴计划，实质性启动北门、里择祠等历史文化街区保护开发工作，推进老旧小区改造提升工程，实施排水防涝工程，引导鼓励既有住宅加装电梯，基本完成龙门路、牌楼底等 11 个老旧小区改造，全面完成 4 个区块危旧房治理改造工程并交付使用。加快新城品质提升，推进狮子口片区建设，优先布点学校、医院等公共服务配套，高质量打造未来社区，推进高端商业综合体、五星级酒店等项目建设，新建一批具有常山特色的城市地标，完成入城口景观提升等一批项目建设。

提升城市形态。打造有序之城，推进城市精细化管理，深化城管委运作体系，强化数字赋能，推动智慧工地、智慧城管建设，积极解决停车难、工地污染扰民、物业服务水平低等问题。打造有礼之城，对标创建省级示范文明县城，系统开展小区“十乱”、违法建设、油烟油污等专项治理，发挥红色物业联盟作用，打造邻里互助生活共同体，不断提升“八个一”有礼指数落实水平，力争有礼指数位居全市前三。

（六）打好“平台+通道+协作”组合拳，再造协作开放优势。大力推动“东接、西联、北融”战略落地，共建开放平台、构建开放通道、扩大协作领域，努力打造四省边际中心城市“桥头堡”。

推进开放战略落地。深化东接衢州，谋划建设衢常快速路、“一江两岸”融衢示范区，积极对接衢州高铁新城。推进西联闽赣皖，加快衢饶示范区建设，建成能源驿站并投入使用。开工建设G60“浙西窗口”超级主题服务区，打造四省边际“最美驿站”。强化浙闽赣皖生态旅游协作，对接长三角一体化重大战略，加快推进北融杭州都市圈。

打造立体交通网络。聚焦“内联外畅”，加快推进351国道、辉何公路，开工建设综合客运中心，完成东河南街和溪滨路延伸工程、城南第二通道建设，扩面城乡公交一体化智能改造，继续推进“四好农村路”建设。聚焦“高铁时代”，抢抓义甬舟开放大通道西延机遇，谋划对接“金甬舟”铁路西延方案。加快推进杭衢高铁连接线建设，积极对接上海铁路局，力争更多车次经停常山。启动南方水泥铁路专用线项目，谋划对接多式联运物流园区建设。聚焦“通江达海”，启动常山江航道综合开发，高标准建设常山港区。推进浙赣运河项目前期，努力打通常山江和江西信江，贯通长江、钱塘江、珠江三大水系。

加大区域协作力度。聚焦常山—慈溪山海协作产业园、万洋众创城、消薄飞地、科创飞地，全面深化与慈溪、拱墅、新昌战略合作，谋划实施飞地产业园，完成山海协作产业项目合作20亿元以上、山海协作消费帮扶1600万元以上。巩固东西部扶贫协作成效，严格落实“四个不摘”要求，保持现有帮扶政策和力量总体稳定。积极对接上海宝山区、闵行区。

（七）打好“管控+整治+引育”组合拳，优化要素保障供给。强化要素支撑，通过创新路径、向外争取、引育结合，不断补齐重大要素短板，为高质量发展赋能提速。

缓解能耗瓶颈。聚焦重点能耗大户，开展排放源清查、数据搜集，引导技术改造降低碳排放，引入碳排放额交易机制。加快调整能源、产业和运输结构，严格落实能耗“双控”，探索制定能耗指标收储使用管理办法，力争非化石能源占一次性能源比重提高至10%，万元GDP能耗比上年下降3%。紧盯国家政策机遇，积极向上争取能耗指标。

破除土地制约。抓住土地审批权下放机遇，加快报批供地速度，全力推进“十类地”综合处置，探索公司制土地储备模式，成立土地开发有限公司，破解“招商找土地”“项目等土地”等突出难题。全年动态储备园区熟地1500亩以上，消化批而未供土地1000亩，盘活存量建设用地1000亩，开发城镇低效用地350亩，处置低效工业用地700亩以上，复垦建设用地1000亩。

夯实人才支撑。认真执行人才新政“十八条”，拓宽大学生引聚倍增计划等招引渠道，全年吸引到常山就业创业人才3800名以上，新建院士专家工作站、博士工作站等5家以上。实施职业技能提升行动，迁建数字工业学校，新建常山技师学院（筹），做强赛得前进职业技术学校，引进明道安保防卫学校，打造四省边际技术人才培养的新高地，全年培养技能人才6200多人次。推出“人才贷”“人才保”等，制定高层次人才子女教育、医疗保健等礼遇清单，配建一批人才品质公寓。

（八）打好“深化+创新+迭代”组合拳，推进改革集成高效。深化推进国资改革，创新提升金融服务，持续升级营商环境，做实具有常山特质的改革创新品牌。

推进国资改革再添动能。做强直接融资，加快国投公司发行首期非公开公司债，城投集团发行企业债，农投集团完成“AA”评级，争取发行“两山”转化专项债券。各国有企业力争完成项目融资授信30亿元以上。拓宽业务范围，稳步推进国资公司向部分重点经营性领域延伸，扎实做好国企参与的50个重点项目建设，增强社会公共基础工程的供给保障。深挖市场潜能，进一步加大与央企、省企对接力度，支持国有公司围绕企业战略和产业链开展并购重组，推进资本运作，放大国有资本功能。

推进金融创新再创佳绩。以券商的思路抓金融，推进间接融资和直接融资多元化融合，力争直接融资占比达10%。持续释放标杆效应，通过争政策、壮规模，持续做大金融机构信贷总量，新增信贷43亿元，争取实现全年信贷增速全市“三连冠”，不良贷款率确保低于全省平均水平，力争实现“六连降”。升级金融产品供给，探索农村承包土地经营权、林权等农村产权抵（质）押贷款，创新绿色保险，推进胡柚、香柚、油茶低温气象指数保险，完成全县177家企业“安环险”承保落地。逐步完善组织体系，持续丰富融资主体，引进1家股份制商业银行，落地1家证券营业部，蓄足金融动能。

推进最优营商环境迭代升级。全力打造优质高效的政务环境，努力实现有效市场和有为政府更好结合。深入推进“好差评”国家试点工作，加快政务服务标准化建设，推进办事大厅数字化转型。持续优化政务服务体系，加快“一件事”改革。全面深化投资项目并联审批，推进“标准地+承诺制”等改革，升级“政企通”服务功能。创新“互联网+监管”新模式，扩展信用惠企便民新应用。

（九）打好“品质+保障+治理”组合拳，推进民生事业提质。坚持以人民为中心，优化公共服务供给，提高社会保障水平，增强综合治理能力，全面提升群众获得感、幸福感。

共享品质生活。持续提升教育质量。加快天马一小、文昌小学等重大项目建设，推进实验小学等有机更新。深化育才集团、书生集团、弘毅教育合作办学，启动城乡公办幼儿园“3+11”抱团、小学“1+4”抱团。实施“名师引领”“乡师补强”系列行动，发挥“文峰书香”教育奖励基金激励作用。加快打造健康常山，深入推进医疗卫生综合改革，加快公共卫生中心和芳村、辉埠等卫生院整体迁建，深化与浙大一院、省妇保院、省中医医院等紧密型协作，着力打造具有竞争力的重点学科。完善医共体总分院整体管理，推进分院“一院一品”建设。广泛开展健康村、健康企业、健康机关等创建，集聚力量创成全国健康促进县。

共筑幸福家园。推进城乡社会保障制度一体化，强化就业优先战略，确保城镇登记失业率控制在3%以内，完成全县公办养老机构布局调整，新建3家乡镇级居家养老服务中心，提升村级老年活动中心功能。全面巩固脱贫攻坚成果，全年开发公益性岗位500个以上，低收入农户住房和饮用水保障实现全覆盖，集体经济经营性收入10万元以上村实现全覆盖，20万元以上村数达155个，50万元以上村40个，100万元以上村10个。

共建平安社会。慎终如始抓好疫情防控，坚持内外双防，一手抓“严防输入”，深化运用精密智控机制，闭环管控境外和国内中高风险地区来（返）常人员，强化源头查控，落实进口冷链食品“全受控、无遗漏”闭环管理措施；一手抓“严防反弹”，持续做好群众健康宣教，严控集聚性活动规模和交通客流，加强隔离场所规范处置，强化特殊场所防护，督促重点场所全面落实测温亮码等防疫规定，努力实现“四个确保，一个力争”目标。深化“县乡一体、条抓块统”改革，推广“大综合一体化”执法和乡镇“融治理”模式，努力创建市域社会治理现代化试点示范县。推进综合信息指挥中心实体化运行，打造一站式解决矛盾纠纷的县级矛调中心。深化扫黑除恶专项斗争，着力打击新型网络犯罪和跨国犯罪。加强经济安全风险预警和防控机制建设，坚守不发生区域性经济金融风险的底线。建立公共安全隐患排查和预防控制体系，坚决保障人民食品药品安全，力争全年事故起数和死亡人数零增长，比上年下降5%以上，亿元GDP事故死亡率稳步下降。

四、全面提升政府现代化治理水平

各位代表，百舸争流，惟有拼搏；常山崛起，惟有奋斗！我们将牢牢树立系统观念，加快推进数字政府建设，全面提高依法行政水平，努力提升政府部门的创新力、执行力、战斗力。

（一）打造整体智治的现代政府。围绕“整体”，切实抓好党建统领的整体智治体系，全面增强“四个意识”，始终坚定“四个自信”，坚决做到“两个维护”，向县委负责，确保党政同声、上下齐心。全面落实意识形态工作责任制，切实抓好思想政治、文化阵地和网络安全建设。围绕“智治”，加快政府数字化转型，依托“城市大脑·常山数据专区”，加大数据归集力度，积极探索场景化的多业务协同应用、公共数据开放和应用创新，推动“城市大脑”赋能交通运输、行政执法、生态环保等社会风险防控各个领域，全面增强智慧治理水平。

（二）打造系统集成的高效政府。树立“全局”观念，以系统理念谋划思路，以集成办法推动工作，构建跨层级、跨领域、跨部门的工作联动协同机制、资源信息共享机制，实现资源的最大化利用、效能的最大化提升，全面释放“1+1 ＞ 2”的聚合效应。构建“全程”闭环，健全工作落实机制，坚持项目化推进、闭环式执行，确保有交办、有督查、有反馈，做到说一件、干一件、成一件，坚决杜绝“说过了等于做过了，做过了等于做好了”的陈风陋习。

（三）打造规范严明的法治政府。认真落实县人大及其常委会决议决定，支持政协履行职能，自觉接受人大、政协和社会监督。严格落实重大行政决策法定程序，建立全县统一的法律服务保障体系，推动法律顾问参与各单位重大行政决策合法性审查工作，打造优质高效的法律服务队伍。全面加强行政执法专业培训，不断提升依法行政水平，确保行政败诉案件量和败诉率“双下降”。

（四）打造克己奉公的廉洁政府。坚持“严”的基调，严格执行中央八项规定，严管重点领域、重点岗位，严查群众和企业身边的“微腐败”，持之以恒纠正“四风”，努力营造风清气正的干事创业环境。强化“紧”的意识，坚持政府过紧日子，建立健全厉行节约长效机制，完善集中财力办大事的工作机制，严格按照“应减尽减、应压尽压、可延尽延、该禁必禁”原则，进一步压减一般性支出，严控“三公”经费、会议费、培训费。

各位代表，民生实事，皆为大事。今年，我们在广泛征询意见建议的基础上，梳理形成12个民生实事候选项目，提请本次大会票决选出十方面民生实事。项目确定后，我们一定以认真负责的态度、全力以赴的决心，确保高质高效完成，让群众有实实在在的获得感！

各位代表，胸中有丘壑，凿石堆山河。站在“两个一百年”的历史交汇点，我们使命在身、责任在肩。让我们高举习近平新时代中国特色社会主义思想伟大旗帜，在县委的坚强领导下，扬帆起航、乘风破浪，只争朝夕、不负韶华，为奋力开启常山跨越式发展新征程而努力奋斗。

名词解释

1.“两直”： 直达市县基层，直接惠企利民的财政资金。

2.“六个千亿”： 数字经济、生命健康、高端装备、文化旅游、能源环保、技术改造等“六个千亿”产业投资工程建设。

3.“五水共治”： 治污水、防洪水、排涝水、保供水、抓节水。

4.“四边三化”： 在公路边、铁路边、河边、山边等区域，开展洁化、绿化、美化行动。

5. “三改一拆”：旧住宅区、旧厂区、“城中村”改造和拆除违法建筑。

6. “一户多宅”：农村村民一户拥有两处及以上宅基地，分合法和非法两种情形。

7. “低保惠民联办”：整合民政、教育、医保、社保、残联、供电公司、水务公司、华数公司8个单位低保惠民政策，实现13项低保配套政策“一证通享、一窗通办、一网联送”。

8. “四大”建设：大湾区、大花园、大通道、大都市区建设。

9. R&D经费：研究与试验发展经费。

10. “三区三线”：“三区”是指生态空间、农业空间、城镇空间；“三线”是指根据生态空间、农业空间、城镇空间划定的生态保护红线、永久基本农田保护红线和城镇开发边界3条控制线。

11. “两进两回”：科技进乡村、资金进乡村，青年回农村、乡贤回农村。

12. “亩均论英雄”：以节约集约用地、节能降耗减排为重点的企业“亩产效益”导向、约束和评价机制。

13. “退散进集”：以“低散乱”企业、“僵尸企业”、亩均税收万元以下企业等为重点，加快淘汰低效产能，引导企业向工业平台集中集聚的一项工作举措。

14. “水十条”：是指《水污染防治行动计划》，包括全面控制污染物排放、推动经济结构转型升级等十方面内容。

15. “无废城市”：通过推动形成绿色发展方式和生活方式，持续推进固体废物源头减量和资源化利用，最大限度减少填埋量，将固体废物环境影响降至最低的城市发展模式。

16. “链主型”企业：产业链上的龙头引擎型企业。

17. “三色”管理：按照项目入库成熟度，采用“红、黄、绿”三色分类标识。红色项目是指入库所需资料基本收齐，当月要求入库的项目；黄色项目是指较为成熟，但入库所需资料缺项，需协调推进次月可入库的项目；绿色项目是指已完成入库的项目。

18. “四个结构”：民间项目投资、交通投资、高新技术产业投资以及生态环保、城市更新和水利设施投资。

19. “四个不摘”：摘帽不摘责任，摘帽不摘政策，摘帽不摘帮扶，摘帽不摘监管。

20. 碳达峰、碳中和：碳达峰是指在某一个时点，二氧化碳的排放不再增长达到峰值，之后逐步回落；碳中和是指在一定时间内，通过植树造林、节能减排等途径，抵消自身所产生的二氧化碳排放量，实现二氧化碳“零排放”。我国的目标为二氧化碳的碳排放力争于2030年前达到峰值，努力争取到2060年前实现“碳中和”。

21. “十类地”综合处置：按土地处置方式将涉及批而未供、闲置低效土地分为十大类，加快批而未供土地消化利用和闲置低效土地盘活，提高土地节约集约利用水平。

2020年民生实事项目完成情况一览表

表1

序号	项目名称	建设内容	完成情况
1	城乡公交一体化	推行城乡公交“2元一票制”，实行老年人、军人、残疾人等特殊人群减半或免费乘车政策	2020年8月31日开始试运行，实行“2元一票制”，推行60周岁～69周岁老年人减半收费，残疾人、现役军人、消防人员、烈士家属、70周岁以上老年人等特殊群体免费乘车政策
		完善公交线网，扩大“村村通”范围，增设环线、全域旅游、火车站等专线	聘请第三方机构对常山县公交线路走向、班次安排以及站点布置重新规划，制订短、中、长期规划方案，截至年底，线路已调整到位
		更新升级公交客运车辆80辆	以城投集团为购买主体，通过招投标方式采购80辆纯电动公交车，其中车长8.5米的公交车20辆，车长5.99米的公交车60辆，运力不足部分暂时由折旧回收原客运企业的客运车辆补充
		推进智能系统建设，提升手机App查询系统、新增扫码乘车系统、所有车辆安装移动支付设备和视频监控	由城投集团控股的智慧城市公司负责智慧公交调度系统建设。软硬件采购以及后台建设与车辆采购同步配套进行，已建成实施
2	“四好”农村路建设	新建苦狮线至小学等农村公路8.5千米	项目全部完工
		完成蒲水线至呈村等低等级公路提升20千米	项目全部完工
		完成蒲五线、苦狮线等农村公路路面维修45千米，并完善公路附属设施（建成公路服务站2个）	项目全部完工
3	普惠性幼儿园建设	新建赵家坪、绿色产业集聚区幼儿园，青石镇、白石镇中心幼儿园，完成主体工程	赵家坪：已完成三层主体工程及砖砌体工程。 集聚区：装修部分施工图图审工作协调中。三层主体工程已经结顶 青石镇：前期规划审批于12月31日出证。施工方面地基与基础回填已完成，完成二层建筑墙体建设 白石镇：截至年底，前期审批处于土地划拨阶段，准备提交审批资料公示。已完成基础建设
		改扩建何家、五里、金源、新桥四所幼儿园	五里：完成竣工验收。教学楼部分学校开始进行教学设备的布置安装 新桥：已竣工，进入竣工决算阶段 金源：完成主体建设；装修及市政配套前期工作准备 何家：完成选址及委托设计院进行建筑方案设计阶段
4	安心出行工程	全县共排查交通安全隐患点197处，拟通过修建匝道、路口改造、设置交通安全设施、信号灯、护栏等措施进行整改	共安装信号灯5处，安装隔离护栏（包括中间）10.5千米，封闭路口216个，增设路口交通安全设施123处，安装标牌152块，施画标线29342平方米

续表 1

序号	项目名称	建设内容	完成情况
5	全民健身场所提升工程	完成东明湖公园、体育公园东南角现代智能化运动设施建设，提升城市品位，吸引旅游人气，满足群众的健身需求	东明湖公园项目已完成；体育公园东南角提升工程已完成，已组织验收
		完成乡村一批小康体育村的体育设施提升（3 个社区多功能运动场、1 个拆装式游泳池、16 个体育小康村升级工程、7 个百姓健身房建设）和 2 个重点村乡村体育赛事培育	3 个社区多功能运动场、1 个拆装式游泳池、16 个体育小康村升级工程、7 个百姓健身房建设已完成。同弓乡中和村（气排球、羽毛球）体育赛事培育已完成；白石镇新塘岭村（乡村马拉松）体育赛事培育，已具备赛事承办条件
6	万家灯火二期	在全县 60 个行政村主干道沿线、村主要集聚场所及其它需要照明的路段、场所安装路灯	为 79 个行政村安装路灯 12547 盏
7	夕阳红食堂	建设 10 个社区、乡村老年人助餐场所，重点解决孤寡、独居、空巢老人以及需要独居老人照顾的留守儿童的就餐困难，食堂参照“阳光厨房”标准建设	完成 14 家建设任务（其中自我加压增加 4 个建设任务）
8	城市干道提质工程	完成 1.2 千米外港大道 7 米宽中央隔离带和机非隔离带景观提升；蒲塘桥东侧、天马桥头（南侧）、人民路与朝阳路交叉口、金川大桥两侧等节点提升约 10000 平方米	外港大道景观提升于 2020 年 5 月完工，蒲塘桥东侧、天马桥头（南侧）、人民路与朝阳路交叉口、金川大桥两侧等节点于 2020 年 1 月完工
9	灯火通衢工程	320 国道白石至航埠段(K457+000～K459+150、K463+550～K466+620、K468+300～K469+00、K494+450～K496+934) 建设照明系统设施，与 320 国道改建项目同步进行	投资 328.21 万元，完成 219 盏路灯及配套设施安装
10	智慧医院工程	实施“互联网+”医疗服务，有效整合县域医疗资源，完成钉钉未来医院、“120 急救”指挥、检查项目网络点餐、就医智慧导航等信息系统建设，推进多种智慧结算方式改革，让群众看病少排队、就诊更方便	投入 549 万元，完成“钉钉未来医院”管理系统、“互联网医院”系统、“120 急救”指挥系统、便民智慧服务系统等系统建设

专　记

众志成城　战疫有为
常山县坚决打赢疫情防控阻击战

新冠肺炎疫情发生以来，常山县认真贯彻落实习近平总书记关于疫情防控工作的重要指示精神和中央、省、市、县各项决策部署，广泛凝聚合力，强化责任担当，以“战时”思维、“战时”状态、“战时”要求、“战时”举措，筑牢疫情防控的铜墙铁壁，织密群众生命财产安全的防护网，坚决打赢疫情防控阻击战。

一、“红细胞”党建聚合力，党旗高高飘扬在一线

（一）“红细胞”党建联盟一贯到底。始终坚持“指挥作战到哪里，党组织就建到哪里”，第一时间成立“红细胞”临时党支部，采用“1+X”模式组建“红细胞”党建联盟，“1”即县疫情防控应急指挥部“红细胞”临时党支部，“X”即县人民医院疫情观察点、县委党校疫情观察点、村（社）疫情防控点等“红细胞”临时党支部。如青石镇江家村出现全市首例确诊病例后，立即统筹指挥300多名党员干部投入战“疫”，在连续作战14天336小时后，94名与确诊病例密切接触者全部解除隔离，未发生其他村民感染情况。全县111家单位2000多名党员干部下沉10个社区60个小区全面开展“包区清楼”大防控，同步成立10个城市社区“红细胞”联防联控临时党支部，下设111个党小组，党员干部挨家挨户走访排查。全县84家机关单位与435家企业、15个企业属地党委分别成立“组团驻企”红细胞联防联控联服务临时党支部，火速下派279名骨干力量，全面落实点对点指导防控，一对一保障供给，帮助企业纾困解难，安全有序推进复工复产。

（二）“红细胞”党建云平台一抓到边。开发“红细胞”党建联盟“服务企业、服务基层、服务群众”云平台，开通“组团驻企·复工复产”“组团进社·包区清楼”“三联工程·乡村振兴”“战时先锋·正反典型”“争当先锋·志愿服务”五大功能版块，引导全县广大党员干部通过云平台晾晒工作日志、提出意见建议、互动反馈交流，党小组成员工作落实情况、服务进展情况、问题办理情况全程公开透明、全面接受监督，用户可以根据问题办理情况进行点赞评论，县委组织部等主要牵头部门在后台第一时间进行反馈汇总，并督促相关问题办理，实现平台交办事项“件件有落实、事事有回音”。平台实名注册用户达16万人，收集各类工作日志4000多条，其中反映问题占30%左右，问题解决率达95%以上。

（三）“红细胞”志愿服务一呼百应。针对基层疫情防控人员紧张难题，面向全社会招募1000余名“红细胞”志愿者，同步组建“红细胞”志愿者服务队，采取“社区点单、志愿者接单、集

中派单”模式，每天下派 100 多名志愿者到疫情防控一线参与志愿服务，有效缓解基层防控压力。如，常山县仓谷医疗科技有限公司因工人未返岗，劳动力短缺导致企业无法开足马力赶制口罩，县经信局党员干部自发组建“红细胞”志愿服务突击队，紧急增援仓谷医疗，“局长变厂长、干部变工人”，不计报酬帮助企业生产。

二、战时“双考”强担当，考察识别干部在一线

（一）指数考评支部党员两手抓。把疫情防控大战大考作为检验党员干部担当作为的“试金石”，制定农村、社区、部门机关、“两新”党组织“战时堡垒指数”和党员“战时先锋指数”四大指数考评办法，量化正反赋分标准，实行“一周一考评”，每周通报前 10%和后 10%，对排名靠前的党组织和党员进行及时表彰奖励，对排名末位的党组织主职干部和党员采取末位约谈、灰色管理、公开通报等处理。共通报 4 批次“战时指数”考评结果，评选出先进党组织 62 个、末位党组织 19 个、优秀党员 245 人、不合格党员 32 人。

（二）“疫”线墩苗防控历练两促进。为减轻乡镇（街道）疫情防控压力，激励广大年轻干部在基层一线担当作为，集中选派 30 名优秀年轻干部到 14 个乡镇（街道）开展墩苗历练，从事防控值守、宣传引导、人员管控等工作。组建 3 个临时党小组，实行“乡镇（街道）党（工）委+临时党小组”双重管理模式，表现情况由所在乡镇（街道）给予评定，县委组织部负责期满考核，努力构建干部“到一线去、从一线来”的选拔培养导向。组建县级督导组开展“疫”线督导，建立每日钉钉会商分析研判机制。

（三）表彰问责正反双向两提升。在全市率先出台《关于进一步激励党员干部在疫情防控阻击战中担当作为十条意见》，明确强化基层党组织战斗堡垒作用、构建“红细胞”党建联盟防控体系、发挥各类人才支撑作用等要求，激励引导广大党员干部在防控一线冲锋在前，集中通报 3 个批次共 75 个表现突出正面典型。如，青石镇江家村党支部和党支部书记许军良受到全县通报表扬；4 名一线战士在疫情防控“红细胞”临时党支部火线入党；县人民医院感染科主任王勇入选 2020 年 2 月“中国好人榜”；《人民日报》、新华社、光明网、《浙江日报》等主流媒体纷纷报道常山“最美防护服姐姐”张琪事迹，抖音点赞数高达 580 万。同时，强化反向鞭策，通过批评、问责、处罚等手段，坚决对疫情防控不担当不作为干部说“不”，对 20 个反面典型人员采取问责处理。

三、关爱“双十条”用真心，传递组织温暖在一线

（一）“双十条”让一线战士轻装上阵。为保障疫情防控一线工作人员切身利益，推动疫情防控顺利开展，研究出台《关心关爱“疫”线干部暖心十条》和《疫情防控期间便民服务十条意见》，实行轮休调休补休制度，对较长时间超负荷工作人员强制休息，发放医务人员临时性工作补助 136 人共计 62.31 万元。2 月 19 日，常山“十条举措”做好疫情防控期间便民服务获得浙江省最多跑一次改革办公室官方微信公众号点赞。

（二）“十个一”让医务人员无后顾之忧。坚持落细落实省“八项举措”、市“二十条措施”“十条细则”，重点聚焦服务保障全县 5 名驰援湖北和 89 名一线医务工作人员及其家属，由县委组织部牵头成立“5+N”红细胞帮帮团，开展“一人一帮扶”，实行“一个服务团队、一次上门走访、一封慰问书函、一条问候短信、一个联系微信群、一份关爱政策、一项专属荣誉、一个日常防护包、一张服务清单、一张优待绿卡”的“十个一”服务举措。县领导分别上门慰问 5 名驰援湖北医务工作者家属，相关部门主要领导上门慰问 89 户战“疫”一线医务工作者家属。医务人员只要持“绿色优待卡”便可在衣食住行等方

面享受优惠待遇。

（三）“双保障”让一线战“疫”更有安全感。为疫情防控一线医务人员每人购买52万元保单，在全省率先将猝死纳入保险范围，还特别对驰援湖北的5名医务工作者每单保额增加至403万元。同时，划拨150万元党费疫情防控专项资金用于慰问战斗在疫情防控斗争第一线的医务工作者和基层党员干部。

四、组团驻企强保障，落实最优服务在一线

（一）“组团驻企”按下企业复工“快捷键”。为加快推进企业安全有序复工，第一时间成立“组团驻企”临时党支部，下派县级机关骨干力量进驻企业，纳入临时党支部统一指挥管理，全面落实“点对点指导防控，一对一保障供给，面对面解决难题”的“1+1”服务机制。如哲丰新材料有限公司开工前，辉埠镇和开发区“组团驻企”党支部就帮助采购体温枪7只、口罩2万余只，消毒液5000千克，保障各类防疫物资落实到位。

（二）“五维讲堂”推动企业复工“加速度”。依托乡村振兴讲堂，创新开展“五维讲堂·五色暖心”暖春行动，通过“联户点对点、专家面对面、直播线连线、喇叭心贴心、服务实打实”的五维服务打破时间限制和空间限制。借助钉钉群、抖音等平台，以在线直播、视频录播、线上互动等灵活多样的形式开展技能培训、发布招工信息，办好“空中讲堂”。协调县开发区管委会、县人社局等部门和用工企业，通过乡村振兴讲堂及时发布复工企业招聘岗位信息，打通供需两端，推动农村劳动力实现本地就业，为全面复工复产缓解用工压力。2月23日，常山县第一期乡村振兴讲堂“五维讲堂”开课，由县农业农村局农科所所长何水清通过钉钉直播的形式给全县种粮大户上“再生稻”课程，吸引全县550多名种粮农户收看。

（三）“暖心菜篮子”开设农产销售“直通车”。聚焦疫情防控期间农户蔬菜滞销和城区居民购买蔬菜困难的问题，开展“暖春菜篮子”行动，打造线上“果蔬超市”。发挥乡镇、街道主体作用，部门组团联村服务作用，用好乡村振兴讲堂，借助“乡村大喇叭”，发动组团联村成员、网格员、联户党员、乡村振兴讲堂联络员深入摸排农产品供需底数，推动“网上菜篮子”行动。协调县内果蔬配送企业、超市等经营主体加大对农民直接生产的农产品收购力度，搭建疫情防控期间农产品销售快速通道。2月19日下午，县城乐美家超市通过“暖春菜篮子”行动得知同弓乡山边村张燕银家有滞销蔬菜，主动上门采购。组团联村干部、网格员、联户党员合力帮助张燕银户到田间地头收割蔬菜，一次性卖出芥菜笋、大白菜、包心菜、油冬菜等蔬菜100多千克，方便农民的同时，又让农民得实惠。

（县委组织部 供稿）

精准脱贫　振兴乡村
常山县高水平全面小康攻坚成果综述

2020年，常山县紧盯“三个清零”目标，进一步强化责任意识、底数意识、造血意识，全面推进低收入农户高水平小康，努力在“重要窗口”中展现常山担当。

一、抓脱贫、聚合力，全面优化顶层设计

（一）强化学习。把脱贫攻坚理论与政策纳入县委理论学习中心组学习计划，9月、12月召开2次；县委常委会、县政府常务

会议分别听取脱贫攻坚工作汇报4次；县委召开脱贫攻坚决战决胜大会部署扶贫工作2次。将扶贫工作列入县委党校千人授课教学计划，在县管班、中青班等主体班次专门设立扶贫课程。

（二）深入调研。把提升造血能力、扶贫与乡村振兴融合等问题作为县委重点课题，深入调研谋划，形成4篇以上高质量调研报告，理清扶贫开发思路，出台产业高质量发展等政策意见。

（三）完善机制。把扶贫工作与开展“三服务”紧密结合，落实县领导包乡负责制，健全“县、乡、村、户”四级联动机制，抓住疫情期间农户居家的重要时机，做实“一户一策一干部”精准帮扶，组织党员干部开展实地走访，逐一摸排农户家庭情况。全县180个村低收入农户结对到位。

二、抓研判、强管理，全面细化精准帮扶

（一）实施底数动态管理。聚焦低收入农户和已脱贫农户，通过实地走访，及时掌握因病、因疫情等原因致贫、返贫信息，动态调整低收入农户数。同时，系统盘查在册名单，认真比对2018—2019年扶贫系统和民政系统认定的低收入农户数之间的差额，逐个核对、排查，确保不漏一户、不错一人。2020年，全县走访农户16734人次，及时调整1822人为低收入对象；全县建档立卡低收入农户8952户11595人。

（二）消除“8000元以下现象”。2020年上半年，对年家庭人均收入8000元以下的农户开展再摸排行动，共排查出36户68人，并于第一时间查找根源，对症开方，通过加强兜底保障、落实就业岗位、光伏产业补助等措施，使该36户家庭年收入均高于8000元。同时，根据省统计局2020年10月统计专报数据反馈，常山县有3户低收入农户统计监测样本户的前三季度人均可支配收入低于6000元，后该3户通过“一户一策”方式解决收入问题。

（三）压实“两不愁三保障”。按照“不漏一村，不漏一人”原则，全面开展低收入农户危房改造摸排、饮水达标情况摸排、子女失学辍学摸排，对症施策，高质量解决“两不愁三保障”问题。全县摸排出低收入农户C级、D级危房892户，饮水不达标1194人，全部解决到位。符合义务教育段就读年龄8人，实现应返尽返。全面落实低收入农户扶贫健康保险360万元，涉及1.2万人。从10月1日起实施最低生活保障标准提标，全额低保标准由770元/月提高至850元/月。全年临时救助困难群众77人，救助金额23.03万元。特困人员供养标准从10月1日起实施提标，统一调整为1105元/月·人，共支出特困供养资金1268.66万元。打造“融慈善”服务平台，慈善资源“多合一”，供需信息“网上联”，线下服务“一站式”，截至年底，通过平台慈善救助1000多人次，涉及金额100多万元。

（四）创新“低保惠民联办”机制。2020年，“低保惠民联办”全面升级，通过政府兜底、平台保障、政策护航形成15项政策打包式、便民化、高效率办理，低保惠民政策覆盖全县低保对象。9月27日，《常山县低保惠民联办实施办法》出台，进一步凝聚联办合力，享受对象向低保边缘户延伸。6月29日，常山县“低保惠民联办”再次入选省委改革办《竞跑者》杂志；11月24日，常山县“低保惠民联办”救助模式被国务院职转办简报刊发全国推广。

三、抓产业、促造血，全面深化强村富民

（一）深谋项目“盘子”。建立扶贫项目储备库，将入库作为项目开展的前置条件，采取竞争性评选或专家评审方式，提高项目质量。深化消薄“一村一策”行动，要求每村至少谋划1个项目，加快形成“一村一特、一村一品”发展格局。全年扶贫“消薄”项目入库99个，项目资金3.54亿元，筛选并下达项目20个，

安排补助资金 3259 万元。

（二）深化项目“抱团”。深入发展跨村、跨镇、跨县发展域内域外抱团模式，持续推进慈溪—常山“飞地产业园”、招贤—镇海“镇海创业园”、芳村镇 14 个村抱团物业等系列消薄项目，推动实现村集体经济从“薄弱”向“稳固”转变。全年参与慈常飞地抱团项目的 94 个村集体经营性收入突破 2000 万元；全县有 4 个投资 2000 万元以上的抱团项目，涉及 147 个村，每年可为村集体增加 1500 万元左右收入。

（三）深入项目帮扶。进一步深化“千企结千村、消灭薄弱村”行动，加强与结对企业特别是省属国有企业的沟通和衔接，推动结对企业项目加快落地见效。2020 年，共有 62 家企业与常山县 70 个村结对，引入项目 49 个，总投资 1.47 亿元。全年村企结对帮扶项目完成 9 个，实施中 10 个，到位资金 5204.18 万元。县农业农村局（县扶贫开发服务中心）建设扶贫车间、香柚基地、辣椒种植基地、香椿基地、温室花房、基础设施等项目 13 个，补助资金 1959 万元，其中产业类项目 7 个。

四、抓安置、稳就业，全面强化民生兜底

（一）推进异地搬迁。坚持“搬得下、稳得住、富得起”的方针和“愿搬尽搬”的原则，把异地搬迁与县城发展、农民集聚、中心镇建设、美丽乡村建设相结合，扎实推进安置小区建设，逐步走出开发式和搬迁式相结合的扶贫道路。

（二）开发公益岗位。实施绿色公益性岗位行动，要求村集体提供不少于 2 个公益性岗位用于安置有劳动能力、劳动意愿的低收入农户。2020 年，全县开发低收入农户公益性岗位 489 人次，发放补贴 102.8 万元。

（三）落实保障措施。进一步完善教育、医疗等保障体系建设。2020 年，常山县为 161 位低收入农户发放职业教育助学补助 48.3 万元。

五、抓责任、重落实，全面转化作风成效

（一）重点问题整改。围绕省委巡视组反馈的脱贫攻坚方面 7 类 16 个问题，紧盯扶贫资金资产管理、项目监管等重点工作和关键环节，规范工作流程，加强巡察审计，消除廉洁风险，筑牢制度防线。完善扶贫产业扶持政策，制定并下发《关于常山县扶贫产业增收项目管理办法（试行）的补充意见》，明确对有条件退出的低收入农户，在 1 年观察期内与低收入农户享受同等帮扶政策。

（二）创新督查机制。依托“周二无会日”平台，对扶贫项目实行清单式管理，形成全闭合工作链。创新双月督查机制，以项目建设进度和绩效作为主要内容，由县扶贫办牵头，每两月督查一次，保障政策、责任、工作“三落实”，加快扶贫项目进展。全年发布工作清单 69 期、双月通报 5 期。

（三）推进全面监督。支持县纪委、县审计局、县财政局等部门开展协同监管，重点检查“一户一策一干部”结对帮扶、“一村一岗”安排、扶贫项目推进、项目资金使用、“两不愁三保障”等落实情况。开展决战决胜脱贫攻坚专项督查，对全县低收入农户开展地毯式核查，入户率达 100%，共下发《监督执纪问责交办函》30 多份，督促问题整改 80 个，运用“四种形态”处理党员干部 15 人，其中给予党纪政务处分 5 人、问责 10 人。

（县扶贫开发服务中心 供稿）

园区“蝶变”助推常山经济高质量发展

2020年，常山县经济开发区紧扣“强发展、求突破”工作总要求，以打造工业增长新引擎为目标，以“梦想园区，未来工厂”为工作核心，加速推进“工业提振”“双招双引”行动，全力实现园区“蝶变”，真正以园区“蝶变”助推常山经济高质量发展。

一、聚焦提档升级，园区平台承载力大幅提升

常山县经济开发区始终坚持科学化布局、规范化建设、功能化配套，高标准推动园区平台提档升级。

（一）大格局创成省级经济开发区。2020年12月，常山县经济开发区正式获得省政府批复，升级为省级经济开发区。浙江常山经济开发区规划面积22.32平方千米，分为新都、辉埠、金川3个片区，形成规划面积7.38平方千米的“康养时尚+半导体新材”产业的集群区、规划面积9.59平方千米的“纸基新材+钙循环产业”产业集群区、规划面积5.35平方千米的“高端制造+小微引领+现代物流”产业集群区，3个区块齐头并进、奋力发展。省级经济开发区的成功获批，为开发区赢得更加优惠政策支持的同时，也进一步提高对“大好高”项目的吸引力，为深化产业集聚、打造中高端产业链和壮大主导产业奠定坚实基础，为“省内看齐新昌，市内追赶江山”，2022年、2025年产值分别突破260亿元和400亿元等目标提供内生源力和外在动力。

（二）大手笔完善园区配套。构建完善的园区配套设施是新形势下产业发展的重要命题，为提升园区配套水平，经济开发区着重做好基础配套、生产配套和生活配套“三篇文章”。基础配套方面：生态园区完成投入1.15亿元，建设或改造新林家路、永丰路、科盛路等7条道路5844米，面积84964平方米，雨水管网5844米，绿化景观面积119400平方米，新林家路和永丰路已完成全部工程的80%；辉埠新区完成投入0.39亿元，完成哲丰苑配套道路、哲丰苑外接道路和污水零直排区创建，紫亭路已完成全部工程的85%；金川片区完成投入0.6亿元，纬八路、纬九路、纬六路已完成全部工程量的80%。生产配套方面：全年累计完成投入0.75亿元。其中新都园区投入750万元完成污水处理厂建设；生态园区投入4000万元，建设污水处理厂、工业水厂、公共仓库和应急指挥中心等。生活配套方面：全年完成投入0.9亿元，已完成云耕小镇客厅、小型综合体和内环游步道道路等；同时，完成总投资5亿元科创中心项目初步设计和地质勘探工作。

（三）大力度释放空间潜力。以低效土地盘活为发力点，通过计划管控、规划引领等手段，坚定不移做好“整治赶鸟、腾笼换鸟”，对亩均绩效考核差、成长空间小、空间利用率低的企业，精准识别、及时收储、稳妥出清，全年盘活低效企业58家，土地面积1679.5亩，闲置厂房29万平方米，进一步释放空间潜力，推进工业转型升级。

二、狠抓关键环节，产业发展竞争力持续增强

常山县经济开发区牢牢抓住项目招引、投资出数、企业培育等关键环节，为园区工业经济高质量发展保驾护航。

（一）招商引资取得新突破。招商引资是经济工作的“生命线”，经济开发区千方百计招引体量大、

档次高、带动力强的优质项目，为经济高质量发展增劲助力。新项目高质效落地。2020年，累计决策入园项目98个，总投资78.6亿元，有24个项目签订入园协议并以缴纳保证金、土地挂牌等形式完成实质入园，诚兴体育、常林纸业二期、鹤丰新材料等22个项目开工建设，完成供地1051.7亩。入园决策项目数量、实际入园项目数量和供地面积均达到历史新高。新项目大范围建成。2020年，共有40个投资项目完成建设，其中新建项目20个、续建项目10个、重大前期项目10个，项目发展潜力和动力进一步增强。

（二）项目投资得到新提升。项目是推动经济发展的关键所在、希望所在、后劲所在。经济开发区始终坚持“项目为王”理念，一切盯着项目看、一切围着项目转、一切跟着项目干。固定资产投资逆势攀升。园区138个在建项目，累计完成固定资产投资23.36亿元，比上年增长7.8%。其中：新入园项目41个，完成投资8.68亿元；续建项目97个，完成投资14.67亿元。在建项目比上年增长29%；年度决策项目开工率达41.8%，比上年增长21.7%。重点产业发展持续升温。通过新项目导入、生产线扩展和新技术运用等方式，哲丰高档纸基、先导石英科技、沃科思智能家居等一批亿元以上投资项目相继落地，纸基新材料、半导体加工和大健康等主导产业体系不断壮大。同时，通过搭建产业技术服务平台，构建精密基础件产业标准化体系，补齐产业链的薄弱和断档环节，增强产业检验检测能力，助力常山精密基础件产业走上高端、高质、高效的发展之路，产业创新服务综合体列入省级创建名单。

（三）企业发展迈上新台阶。加大成长型企业培育力度，引导中小企业走“专业化、精细化、特色化、新颖化”发展之路。培育龙头企业。激发项目“二期”“三期”现象，持续推动常林纸业、沃科思、先导精密等企业“上二期”。推动企业上规模。把推动小微企业上规升级作为促进产业升级、调整经济结构、壮大工业经济的重要抓手，做到纳入一批、储备一批。全年培育“上规企业”17家，其中新上规模企业4家、“小升规”企业13家。建设小微产业园。推进万洋众创城、文体产业园等小微产业园建设，多主体、多模式、多渠道引导特色产业集中布局，推动产业集聚发展。

三、打通堵点断点，生态园区发展力日益凸显

常山县经济开发区始终坚持问题导向、需求导向、效果导向，瞄准生态园区发展症结，攻坚克难、奋力出击，交出生态园区发展“高分答卷”。

（一）高分值评定省级化工园区。化工园区认定事关县域生态园区发展命运。2020年全省开展化工园区评价认定，常山县生态园区底子薄基础差，与认定标准要求相距甚远，初期评分仅有23分。面对窘境，县经济开发区专门抽调精干队伍，成立专项工作小组，进行历时3个多月的专门驻点办公，建立历时溯源台账、管理、规划、环境安全评估等多项评价指标，完成应急指挥中心、空气监测站、危化品停车场和消防站等多个硬件场所建设，以衢州市第一名的优秀成绩通过浙江省化工园区评价认定，为县域化工产业高质量发展奠定坚实基础。

（二）高质量推进“污水零直排”建设。2020年9月，中央环保督察组下沉浙江省市督察，由于常山县生态园区在第一轮中央环保督察期间存在投诉多、问题多等不利因素，成为督察重点。为避免被列为反面典型导致生态园区关停，常山县经济开发区全员出动，20多天全天候加班赶点，逐一排查、整改指导，清理雨污管道近7000米，修复管道2000余米，消除可疑污染点322处，帮助企业整改问题179个，并顺势完成生态园区“污水零直排区”建设，从地下污染整治到地上环境提升，实现生态园区历史大部分遗留环境问题的彻底根治，顺利通过中央环保督察，保住生态园区。

（三）高标准启动提质扩容征迁工作。在县委、县政府的领导下，启动生态园区提质扩容征迁工作，各攻坚工作组开拓创新、攻坚克难，做到村两委会、党员大会和村民代表大会同步召开、水南村公墓扩建与清点坟墓同步进行、苗木清点与丈量土地同步开展、十件历史遗留老大难问题与信访结案同步处理“四个同步”。仅用40天，全面完成128处坟墓迁移，304户368亩土地征迁协议的签订，实现土地无障碍交付使用，巩固整治提升成效，为生态园区优质项目入驻打开空间。

（县经济技术开发区管委会 供稿）

产业重构　山河重整　生态重塑
常山县重拳出击整治钙产业显成效

常山县石灰石储量居全省首位，钙产业曾一度成为常山一大支柱产业，由于过去生产工艺落后，给当地钙产业的核心区生态环境造成极大破坏。2020年，常山县深入贯彻落实“两山”理念，遵循“系统治、快节奏、新形象”的原则，对该区域开展集中、系统、全面整治，加速推进产业转型、生态修复、乡村振兴。截至年底，关停拆除16家轻钙企业、165孔石灰立窑、201条石灰钙生产线，累计腾出能耗空间48万吨标煤，削减二氧化硫1.63万吨、氮氧化物4800吨。常山县环境空气优良率从2013年的87.6%上升至2020年的99.7%。常山县铁腕整治的相关做法获国家长江办高度肯定，入选中央环保督察整改成效典型案例。

一、集中力量，变散为整，构建轻钙产业新路径

（一）顶层设计，谋划新蓝图。在前期调研的基础上，坚持规划引领，强化顶层设计，科学绘制攻坚作战图。围绕“矿山生态环境整治、农用地整治、建设用地整治”三大行动编制规划，出台辉埠镇全域土地综合整治和生态修复实施方案，明确项目规模布局与实施步骤，有效、环保地利用石灰石资源优势，制订《常山县钙产业战略发展规划》，修订《常山县辉埠镇钙产业整治现状评估方案》，进一步明确产业布局、产品结构，唱好“关小、改中、建大”三部曲，为系统整治打下坚实基础。

（二）整合资源，筹建资金池。完善金融支持、财政扶持、民资参与等措施，用活资金池。如申报辉埠镇矿地综合利用项目纳入自然资源部生态保护修复工程，获得国家补助资金5亿元，预计可实现收益近6亿元。发挥国资公司先锋军作用，由县属国有农投集团封闭运行的模式参与项目的建设管理，分别与农行、工行等金融部门合作，融资10亿元以上资金用于工程实施。

（三）集成作战，形成强合力。成立县委书记、县长任双组长的高规格领导小组，下设7个决战分部，因地制宜划分出宋畈、双溪口、东鲁三大战区，组织400多名乡镇、部门业务骨干，对石灰钙、轻钙生产企业进行全面清退。针对“窑难拆”“地难征”等“顽疾”，3000多名村民主动投入战斗，短短15天时间，全面完成“窑清、渣清、墓清、地清”工作，交付土地500亩，累计捐赠政策处理费60万元。妥善安置关停的16家轻钙企业的1342名职工，期间未发生一起集体性上访事件。

（四）腾笼换鸟，培育新动能。树立“选大商、选强商、选优商”的理念，着力引进行业领军企业，鼓励原有企业“破茧重生”，把区

域产业做优、做强。将被淘汰关停钙企业腾出的能耗和排放指标用于发展新材料、新装备等新型环保产业，间接带动投资20多亿元，培育工业经济新的增长点。

二、系统治理，除旧立新，整出美丽山水新风貌

（一）分类施策换“青山”。按照“绿色矿山、矿景融合、治出效益”思路，统筹16家企业所在区域地形地貌、环境功能区划、相关产业规划等因素，采取循环出让、生态复绿、土地复垦等模式分类处置，变矿渣场地为连片林地、耕地。截至年底，累计拆除厂房约21万平方米，收回建设用地328亩，腾出废弃矿山可利用土地1000多亩，通过复绿复垦恢复300多亩林地和120多亩耕地，盘活闲置土地2000多亩。

（二）长效机制养“绿水”。通过“源头治理+收集处置”“工业技术+生态消纳”等方式，瞄准碱性水治理难题，实行“池长制”，每处碱性水水域由专人负责，全面加强日常巡查治理和定期维护，确保碱性水问题实现长效治理。投入1000多万元，清运碱性水源头区域历史遗留的8000多吨石灰渣，增设自动检测系统，实现生态消纳湖出水口点位水质稳定达标排放，常山港流域地表水质100%符合水功能区要求，饮用水源地水质100%符合要求，获得省长江办督察组认可。

（三）基础提升造“美景”。以大花园建设为目标，按照城市化改造标准，统筹区域内各项整治任务，聚焦常芳线、常辉线2条主线和宋畈集镇1个中心，在道路沿线和集镇周边开展环境大提升、垃圾大清运、河道大清理等各类整治活动，打造美丽乡村样板。截至年底，已排查整改环境卫生问题300多处，修复道路沿线护栏、侧石等设施24处，清理边沟1.6万米，绿化补植小苗9300株。

三、全面提升，破而后立，塑造绿色生态新格局

（一）强化执法，严堵生态漏洞。实施“蓝天三衢”生态治理工程（二期）等一批生态修复工程，同步在区域内开展工业、城镇废水、危废处置等各类生态环境执法行动，重点开展固废摸排和执法，制定固废污染预防方案，摸清固废产生、暂存、流向等情况。2020年，深入企业、汽修点等200多处场所，开展固废专项巡察13次，清运各类固废15万吨。

（二）协同发力，打造生态景观。统筹矿山修复和AAAA级景区三衢石林的旅游开发，把生态资源和特色石文化优势转化为经济效益。通过区块开展连片整治，提升整体区域生态环境，发展绿色农业和生态旅游。在前期整治废弃矿山，恢复林地、耕地的基础上，推动三衢山山脚路里坑村省级AAAA旅游景区村创建，发展民宿产业和生态休闲观光农业。近两年，三衢石林景区年游客超100万人次，民宿年经营收入300多万元，毓秀现代农业精品水果采摘园为村集体和村民增收30多万元。

（三）优化指标，厚植生态资本。引导土地整治区块夏家自然村等农民向城镇集聚，推动农村建设用地集约化利用，破解村庄用地无序、布局散乱等问题。同时，对矿区周边建设用地和影响区农房整体搬迁后进行复垦，通过土地指标调剂收入、矿石有偿处置获取收益，实现“收入与生态整治支出”有结余。该区域可产生农村建设用地增减挂钩节余指标1245亩，新增补充耕地指标735亩。复垦后的土地归还农民，用于发展项目增加村集体收益。

（辉埠镇 供稿）

大　事　记

1月

1月1日　常山县召开“作风治理年”活动动员大会。

是日　同弓乡与浙江艾佳果蔬开发有限责任公司举行胡柚三产融合项目合作签约仪式。该项目总投资5.8亿元，总规划用地4300亩。

1月3日　浙江省语委办公室、浙江省教育厅办公室联合公布25个“2019年浙江省区域推进语言文字规范化县（市、区）名单”，常山县名列其中。

1月6日　常山县举行2020年第一批重点项目集中开工仪式。

1月7日　全省离退休干部先进集体和先进个人表彰大会在杭州举行。常山县徐金妹工作室被授予“浙江省离退休干部先进集体”称号，常山县公安局招贤派出所原所长陈云河被授予“浙江省离退休干部先进个人”称号。

是日　2019年度“最美浙江人·浙江骄傲”人物评选活动揭晓仪式在浙江省人民大会堂举行。常山老英雄胡兆富被评为2019年度“浙江骄傲”人物。

1月10日　常山县召开“不忘初心、牢记使命”主题教育总结大会。

是日　中共常山县委十三届八次全体（扩大）会议召开，县委常委会主持会议。会议总结回顾2019年工作，研究部署推进县域治理现代化和2020年各项工作任务。

是日　晚上，由常山县委宣传部、县文明办主办，常山传媒集团承办的2019常山县道德模范暨“最美常山人”十大年度人物颁奖典礼在县青少年活动中心举行。十大年度人物为郑勤、胡兰、詹敏、芳村镇最美领跑志愿服务队、饶美珠、刘国华、王六月古、凌基云、吴水妹、胡吉庆、何丰。

1月13日　“推动市域治理现代化·共建美丽大花园”常山专场新闻发布会在衢州市政府新闻发布厅举行。

1月15日　常山县职工工作餐补助支付“一码通”平台正式上线，在全市范围内率先推出并开通使用。

1月21日　浙赣（常山）农副产品商贸物流中心及城市邻里餐厅项目签约仪式举行。

1月24日　常山县确认1例输入性新型冠状病毒感染的肺炎确诊病例，系遭受疫情突袭的武汉返常人员，接受隔离治疗，所有密切接触者进行医学观察。

1月26日　常山县通过视频会议形式召开新型冠状病毒感染的肺炎防控工作部署会，传达上级有关防控精神和要求，通报前期防控情况，全面部署全县疫情防控工作。

1月31日　衢州市市委书记徐文光到常山县，深入高速公路出入口、农村、社区、集中隔离医学观察点等地，看望慰问奋战在疫情防控一线的工作人员，以明察与暗访相结合的方式，指导督查疫情防控工作。

2月

2月2日　全县疫情防控工作专题会召开。

2月3日　常山县城14个老旧小区实行封闭式管理，每个小区根据情况设立1～2个进出口，其余路口全部封闭，并安排专人值班，人员进出一律测体温，外来人员和车辆一律严控。

2月5日 衢州市确诊新型冠状病毒感染的肺炎患者首批两位病人治愈出院，其中常山县一位。

2月9日 常山县第一批5名驰援武汉医护人员集结完毕，赶赴前线支援新冠肺炎疫情防控工作。

2月10日 常山第二例新冠肺炎患者治愈出院。

2月13日 常山第三例新冠肺炎患者治愈出院。

2月18日 常山县召开县委常委扩大会议暨企业项目复工部署会，传达学习习近平总书记在中央政治局常委会会议和中央深改委会议上的重要讲话精神，以及省委常委扩大会议和市委常委扩大会议精神，听取疫情防控、企业和项目复工复产情况汇报，研究部署下一步工作。

2月21日 常山县仓谷医疗科技（浙江）有限公司取得一次性使用医用口罩应急生产医疗器械注册证和医疗器械生产许可证，成为衢州市首家获得该资质的企业，其生产的民用口罩成功转型升级为医用口罩。

2月22日 常山首例新冠肺炎治愈者捐献血浆。

2月27日 市委副书记、市长、市疫情防控指挥部指挥长汤飞帆到常山督查督导企业复工复产工作。

是日 农业农村部乡村产业发展司官网发布2019年全国乡村特色产品和能工巧匠目录。全省有37个乡村特色产品入选，常山猴头菇位列其中。

3月

3月3日 常山县召开辉埠区域环境系统整治提升决战动员会。

3月10日 常山县2020年“四集中、强发展”活动正式举行。活动分两个阶段，第一阶段为重点项目集中开工仪式，总投资22.48亿元的15个项目集中开工；第二阶段为集中授信、集中兑现、集中签约仪式，现场集中授信企业91.49亿元，集中兑现政策奖补1.44亿元，7家企业集中签约，计划总投资28.5亿元。

3月12日 常山县连续第二年获“浙江省农村生活污水治理设施运维管理优秀县”称号。

3月16日 城东新区心舟公园东侧1号、2号地块，通过浙江省土地使用权网上交易系统成功拍卖出让，总成交价突破7亿元。

3月19日 中共常山县第十三届纪律检查委员会第五次全体（扩大）会议召开。

3月22日 衢州市内首场5G景区直播——聚焦三衢石林开播，观看人数达25万人。

3月24日 常山县新冠肺炎疫情防控应急指挥部召开会商会，传达学习习近平总书记在中央政治局常委会会议上的重要讲话精神和省委常委会、市疫情防控指挥部会议精神，听取全县境外疫情输入防控工作汇报，分析当前形势，研究部署下步工作。

3月25日 新昌乡第三届五福达塘·石林桃花节举行。

3月28日 常山县举行数字经济发展大会暨双招双引政策发布会、重大项目签约仪式，常山县与麦迪森公司进行签约。

是月 中国特色农产品优势区（第三批）名单公布，常山油茶中国特色农产品优势区上榜。

4月

4月1日 浙江省生活垃圾分类工作领导小组发文通报，常山县被评为“2019年度全省生活垃圾分类工作考核评估优秀县”。

4月3日 常山县“产业提质年、项目攻坚年”动员大会召开。

4月12日 常山县5名驰援武汉医务人员单康民、杨俊、陈慧萍、廖琳君、饶晨晨在完成援助任务，结束隔离休整后，回到常山。

4月13日 浙江省水利厅、浙江省人力资源和社会保障厅联合发布《关于表扬在实行最严格水资源管理制度工作中成绩突出集体和个人的通报》，常山县是受表彰的41个全省实行最严格水资源管理制度成绩突出市县（集体）之一。

4 月 14 日 全省建设平安浙江工作会议宣布，常山县成为全省第一批连续 15 年达到平安建设标准的县（市、区）之一，实现省级平安县创建“十五连冠”。

4 月 17 日 省食用菌协会和浙江天泉生物科技有限公司与常山县签约，达成在常山食用菌科技产业园投资合作的意向。浙江天泉生物科技有限公司从杭州迁驻常山。

4 月 20—22 日 政协第九届常山县委员会第四次会议举行。

4 月 21—22 日 常山县十六届人大四次会议举行，会议补选刘石平为常山县第十六届人民代表大会常务委员会主任。

4 月 23 日 常山一慈溪两地通过视频连线“云签约”，慈溪市 13 个乡镇与常山 10 个乡镇（街道）以一对一或二对一的方式进行集中结对签约，实现两地乡镇（街道）结对的全覆盖，常山一慈溪成为省内首个结对乡镇（街道）全覆盖的县（市）。

4 月 26 日 320 国道改建工程一标段新站特大桥最后一块跨梁架设完成。

4 月 27 日 常山江（辉埠—双港口）航电枢纽项目建议书正式获得省发展和改革委员会批复。

4 月 29 日 常山县与浙江省环科院签订战略合作协议。

是日 全市“一米菜园”重点村创建擂台赛在紫港街道渣濑湾村文化广场举行，全市 6 个县（市、区）的 16 个参赛村同台竞技。

是月 经省政府批准，常山西源革命纪念馆被命名为第八批省级国防教育基地。

5 月

5 月 6 日 全长 316 米的淳安至江山公路常山界牌岭至新桥段公路工程第二标段根坞隧道正式贯通。

5 月 7 日 县党政班子双月工作交流会召开，传达学习中央政治局常委会会议精神，深入学习习近平总书记在浙江考察时的重要讲话精神，研究部署下步工作。

5 月 11 日 2019 年度 100 户浙江“最美家庭”揭晓，常山县宁门女家庭入选。

5 月 14 日 十二届浙江省政协第十七次民生协商论坛举行，围绕“促进家政服务业高质量发展”建言资政、凝聚共识。论坛远程连线常山，听取常山发展家政服务业情况介绍。

5 月 15 日 常山县刑事犯罪治理中心揭牌仪式举行。

5 月 17 日 浙赣闽皖四省边际纪念馆红色联盟成立大会暨“云上游馆”活动在常山西源革命纪念馆启动。

5 月 18 日 常山县生态园区提质扩容土地交付暨 2020 年第三批重点项目集中开工仪式在青石镇水南村举行。

5 月 28 日 省委宣传部、省农村文化礼堂建设工作领导小组办公室公布 2019 年验收合格的 300 家五星级农村文化礼堂名单，常山县白石镇草坪村、辉埠镇久泰弄村、招贤镇古县村、东案乡金源村文化礼堂名列其中。

5 月 30 日 常山县领导干部会议召开，宣布省委关于常山县委主要领导人事变动的决定。省委决定：潘晓辉任中共常山县委委员、常委、书记；免去叶美峰中共常山县委书记、常委、委员职务。

是月 浙江省发展改革委、浙江省农业农村厅等七部门联合发出通知，常山县“柚香谷”产业园列入第二批省级农村产业融合发展示范园创建名单，成为常山县第一个省级农村产业融合发展示范园创建点。

6 月

6 月 5 日 衢州市法律娘家人服务工作站（女法官工作站）在紫港街道柚苑社区揭牌成立，打通妇女维权“最后一公里”。

6 月 6 日 2020 长三角一体化（网上）创新成果展系列活动在湖州举行，现场进行长三角科技成果联合竞价（拍卖），常山县企业——浙江时代计量科技有限公司以 240 万元拍得产学研合作“生物降解酶”科技成果。

6月9日 常山县在全省禁毒工作电视电话会议上被授予“浙江省禁毒示范县（市、区）”称号，是全市首个获此荣誉的县（市、区）。

6月11日 常山县在全省生活垃圾治理攻坚大会上被授予“2019年度全省生活垃圾分类工作优秀县”称号，成为全省首批20个优秀县（市、区）之一，也是衢州市唯一获此荣誉的县（市、区）。

6月12日 全县“信访积案化解百日攻坚”动员会召开。

6月17日 县林业水利局工作人员从野外监测设备中首次发现黑熊影像，这是常山县历史上首次明确检测到黑熊踪迹，常山也成为浙江继开化、遂昌、江山之后，第4个被证实有黑熊分布的地区。

6月18日 浙江省打赢农村饮用水达标提标行动攻坚战常山县决战决胜销号大会召开。

6月28日 衢州市赛得前进技工学校揭牌仪式在赛得健康小镇举行，标志着衢州市首家民办技工学校在常山县正式成立。

6月29日 浙报集团县级融媒体中心共享联盟常山工作站在常山传媒集团挂牌成立。

是月 常山县人民医院新一代数智一体化院前急救系统正式运行。

是月 常山“慢城英才一码通”上线，全县机关企事业单位人员、自主创业人员通过报名均可领取“慢城英才一码通”，享受有关福利。

是月 常山县首家建筑垃圾运输服务企业正式投入运行。

7月

7月7日 常山县土地收储情况汇报会召开。

是日 常山江“宋诗之河”文旅融合发展规划评审会召开。

7月9日 常山县8090新时代理论宣讲工作推进会召开。会议宣布常山县8090新时代理论宣讲团骨干宣讲团团长和首批导师名单，并作工作部署。

是日 全县国资改革工作推进会召开。

7月10日 市人大常委会主任吴国升到常山调研。

7月15日 由常山县与浙江省摄影家协会联合举办的“决胜全面小康 强发展求突破”全省摄影比赛作品展在县档案馆开展。

7月16日 常山县东案乡被浙江省文旅厅列入第五批省级旅游风情小镇培育名单。此前，球川镇、何家乡被列为第一批、第二批省级旅游风情小镇培育名单，新昌乡、芳村镇被列为第四批省级旅游风情小镇拟创建名单。

7月17日 常山县举办夜间经济战略合作签约仪式暨夜间经济规划座谈会，与山东街景智能制造科技股份有限公司达成合作协议，对常山县夜间经济进行概念性规划，着力打造繁华“夜常山”。

是日 在全省科技奖励大会上，由常山富而康山茶油有限公司、浙江常发粮油食品有限公司与浙江省农业科学院、浙江大学、江南大学等单位合作完成的“油茶籽油营养品质提升加工关键技术创新与应用”成果获得浙江省科学技术进步奖三等奖。

7月20日 欧盟理事会授权正式签署中欧地理标志协定，保护在中国境内的100个欧洲地理标志产品和在欧盟境内的100个中国地理标志产品。“常山胡柚”地理标志商标入选第二批保护名录，是全市第一个中欧互保地理标志产品。

7月25日 金川街道徐村村举行以“畅游紫薇花海·乐享富美金川”为主题的紫薇花海泼水狂欢季活动。

是日 第二届浙江省高质量发展智库论坛在杭州举办。论坛上，浙江县域高质量发展优秀案例、提名案例和浙江制造业企业高质量发展优秀案例、提名案例发布，《常山——“一号工程”让教育脱胎换骨》入选浙江十个县域高质量发展优秀案例之一。

7月27日 全县民政会议召开，深入学习习近平总书记关于民政工作重要指示精神，认真贯彻落实全省、全市民政会议精神，研究部署当前和今后一个时期民政工作任务。

7月29日 全国爱卫会发布《关于2019年国家卫生城市（区）和国家卫生乡镇（县城）复审结果的通报》，常山县顺利通过复审。

7月30日 辉埠至何家公路正式开工。

7月31日 全市红十字应急救援工作现场交流会在常山县举行。

是月 常山县入选全省第二批节水型社会建设达标县。

8月

8月7日 常山县科技创新和人才大会召开。

8月10日 中共常山县委十三届九次全体（扩大）会议召开。

是日 浙江省抗击新冠肺炎疫情国家级表彰推荐工作领导小组办公室公布全国抗击新冠肺炎疫情先进个人和先进集体、全国优秀共产党员和全国先进基层党组织推荐对象，常山县青石镇江家村党支部委员、第四网格党小组组长王芳作为“先进个人”推荐对象名列其中，衢州市仅2人入选。

8月11日 浙江米格影业、圣辉影业等公司与常山县委、县政府签订电影《荣誉勋章》的拍摄战略合作协议，人民英雄胡兆富深藏功名的事迹将以电影的形式走进千家万户。

是日 常山县入围全省夜间经济试点县名单。

8月11—14日 2020年浙江省青少年儿童田径冠军赛在宁波象山举行，全省68支代表队的642名运动员参赛。其中，常山县10名运动员组成代表队，经过激烈角逐，取得2金、3银、4铜，团体总分92分（位列乙组第十名）佳绩，创下常山县参加田径省级比赛最好成绩。

8月16日 中源集团沃科思一期厂房落成暨智能门窗首产投产仪式举行。

是日 中央电视台综合频道《新闻联播》播出《走向我们的小康生活：浙江衢州——讲堂开拓思路，助力乡村振兴》，报道常山县青石镇在疫情期间，借助乡村振兴讲堂，支持村民直播带货，当地农副产品不仅没有出现滞销，反而成为热销产品。

8月17日 由省农业农村厅、省发改委、省财政厅、省商务厅4个部门联合发文，常山县列入省级“互联网＋”农产品出村进城工程试点县。

8月18日 市县联动“请你来协商——常山胡柚产业高质量发展”专题协商会在常山举办。

是日 浙江（常山）万洋众创城企业入园仪式举行，标志着企业正式入园投产，比预期提早5个月。

8月19日 常山县召开决战脱贫攻坚和决胜全面小康大会。

是日 省文化和旅游厅公布第四批浙江省旅游风情小镇创建名单，常山县新昌乡入选。

8月21—23日 2020年浙江省青少年国际跳棋锦标赛在常山县举行。这是常山县第四次承办国际跳棋锦标赛。

8月22日 致敬中国动画学派倾情之作动画电影《胡柚娃》抗疫公映暨全域上线启动仪式在杭州举行。

8月25日 浙江省山地自行车锦标赛在德清落下帷幕，常山县选派的7名队员首次组队代表衢州市参赛，取得女子乙组个人计时赛金牌，女子乙组越野淘汰赛金牌，男子乙组团体金牌，男子乙组个人计时赛金牌、银牌、铜牌，男子乙组越野淘汰赛金牌、银牌，男子甲组越野淘汰赛第六名（二级运动员）的成绩。

8月26日 县城投集团首次发行15亿元公司债获批，实现常山县国有企业在证券市场“零”的突破。

8月31日 常山县“双招双引”项目集中签约仪式举行。

是日 常山县城乡公交一体化运营启动仪式在赵家坪公交总站举行，标志着常山县城乡公交事业迈入一个崭新的发展阶段。

9月

9月3日 经前期各地申报、专家评审及省文旅厅党组研究，天马街道入选“浙江省戏曲之乡”（乡镇级）名单。

9月4日 全市美丽城镇建设工作现场会在常山召开。

9月7日 2020年常山出口网上交易会（东南亚站消费品专场）开幕。

9月8日 常山县企业家协会换届大会召开，浙江哲丰新材料有限公司董事兼常务副总王敏岚当选为会长。

9月9日 全县教育大会召开。县委书记潘晓辉讲话，县委副书记、县长张少华主持，市教育局党委书记、局长季根寿到会指导，刘石平、翁旭东等县领导参加。

9月13日 赛得健康小镇（二期）项目全面启动暨赛得健康集团·绿城发展集团战略合作签约仪式在赛得健康小镇举行。

是日 衢州市新时代理论宣讲电视大赛第一季在衢州广电传媒集团一楼演播厅举行。常山县宣讲员郭芳在此次大赛中获“银话筒”奖。

9月18日 浙江省、市两级美丽城镇办组织专家对第二批353个样板创建城镇行动方案进行评审。省城乡环境整治工作领导小组美丽城镇建设办公室从中确定121个优秀方案，常山县何家乡和大桥头乡榜上有名。

是日 浙江省品牌建设联合会发布《2020年第四批“品字标”团体标准（“浙江制造”标准类）制定计划》，常山县2项“浙江制造”团体标准正式立项，分别是浙江恒嘉轴承公司的圆锥滚子轴承套圈车件、衢州瑞宝亚克力有限公司的浇铸型广告用透明亚克力板。该次新增立项数位列全市第一。

9月19日 常山县第七次全国人口普查启动仪式举行。

9月20日 在首届中国高速公路美食节暨第三届高速公路服务区920美食品鉴会上，“常山贡面”获“最具地方特色小吃”一等奖。

9月25日 全县社会治理“两难”问题三级联动工作现场会暨信访维稳工作推进会在球川镇召开。

9月27日 常山县赏石小镇、东案乡梅树底村入选首批浙江省职工疗休养基地公示名单。

9月28日 麦迪森（浙江）数字经济产业园项目奠基仪式举行。

9月29日 全省人防疏散基地规范化建设现场会在赛得健康小镇举行。

9月28日至10月4日 第十六届中国国际动漫节在杭州白马湖国际动漫会展中心举行。常山“胡柚娃”作为浙江省第一个以地方特产为原型打造的动漫卡通形象，参加此次动漫节，活动现场还滚动播放6部“胡柚娃”系列动画片，以及《胡柚娃》动画电影宣传视频。

10月

10月9日 常山县召开“八大行动”工作推进会。县委书记潘晓辉讲话。县委副书记、县长张少华主持，刘石平、林红汉、翁旭东等县领导参加。

10月10日 常山县召开大花园示范县创建工作推进会。

10月12日 常山县召开全县村（社区）组织换届工作会议，传达学习省市有关会议精神，研究部署下一步工作。

10月15日 衢州市招商引资重大项目“互看互比互学”活动举行。与会人员到常山县，实地观摩常山金色同弓田园综合体项目，并通过展板了解柚香谷项目建设情况。

10月16日 在深圳举行的2020可持续城市与人居环境奖颁奖盛典上，常山被授予“全球绿色城市”称号，是此届颁奖盛典唯一一个获此荣誉的中国城市。

10月18日 在浙江省首届乡村民宿伴手礼大赛中，常山县两项作品——村上酒舍胡柚青果茶、老油坊山庄“非遗”油茶系列产品，分别获综合奖和贡献奖，获奖数量位居全省前列，全市第一。

10 月 19 日 2020 中国·常山特色林业产业助推乡村振兴暨椿树国家创新联盟成立大会在常山县召开。

10 月 23 日 常山县首届县域数字经济发展大讲坛在城东东方广场酒店举行。

10 月 24 日 常山县旧城改造暨狮子口片区征收动员部署会召开。

10 月 26 日 全市 8090 新时代理论宣讲工作现场推进会在常山举行。

10 月 27 日 常山县 2020 年第四批重点项目集中开工、集中签约仪式在浙江鹤丰新材料高档纸基材料项目现场（辉埠园区）举行。

10 月 28 日 2020 年衢州市乡村振兴职业技能大赛（常山场）在青石镇拉开帷幕。

是日 常山县大学生创业园开园仪式举行。

10 月 29 日 常山县新昌乡黄塘村入选中央文明办公布的第六届全国文明村镇候选名单。

10 月 31 日 省科技厅公布 2021 年度省重点研发计划项目公示名单，常山县利安隆科润、万谷电子两家企业共 2 个项目位列其中。

11 月

11 月 1 日 第七次全国人口普查工作进入正式登记阶段。县委书记潘晓辉到天马街道文峰社区白龙山庄小区，看望慰问普查员，实地视察人口普查入户登记工作。

11 月 3 日 柚香谷双柚项目投产仪式在县新都工业园区柚香谷投资管理有限公司举行。

11 月 5 日 常山县推进市域社会治理现代化暨“县乡一体、条抓块统”高效协同治理试点工作部署会召开。

是日 常山县举行抗美援朝纪念章颁发仪式，为抗美援朝老战士代表颁发“中国人民志愿军抗美援朝出国作战 70 周年”纪念章。常山县共有 50 名老战士获抗美援朝出国作战 70 周年纪念章。

是日 常山县在省经信厅公布的 2021 年小微企业园建设提升重点县（市、区）入围名单中榜上有名，省财政厅将分三档给予省级财政专项资金激励，按照评审结果 500 万元～1000 万元分档进行专项激励。

11 月 10 日 常山智慧物联网供应链服务外包基地项目正式签约。

11 月 10—12 日 2020 第十三届 iFresh 亚洲果蔬产业博览会暨贫困地区农民合作社产销对接活动在上海新国际博览中心举行。

11 月 11 日 农业农村部公示第十批全国“一村一品”示范村镇名单，青石镇水南村榜上有名。

11 月 12 日 常山县召开政治生态修复推进会。

是日 2020 常山文旅长三角（上海）推介会在上海举行。推介会以“柚见常山·沪联互通”为主题，旨在以区域协作为纽带，推进内外开放和文旅拓展行动，将常山推向长三角客源地市场。

11 月 13 日 浙江省抗击新冠肺炎疫情总结表彰大会在省人民大会堂举行，表彰抗疫英雄。常山县 3 名个人和 1 个集体在大会上受到表彰。

11 月 20 日 中央文明委公布《关于表彰第六届全国文明城市、文明村镇、文明单位和第二届全国文明家庭、文明校园及新一届全国未成年人思想道德建设工作先进的决定》，常山县新昌乡黄塘村被评为第六届全国文明村镇。

是日 常山县城主城区旧城改造房屋征收一期动员部署会召开。

11 月 21 日 2020 年中国山地自行车联赛（浙江·常山站）在常山山地自行车主题公园开幕。

是日 2020 博鳌国际旅游奖揭晓，常山赛得健康小镇获 2020 博鳌国际旅游奖“年度文旅小镇品牌奖”。

11 月 24 日 2020“中国天然氧吧”创建活动发布会在云南省弥勒市举行，常山县被授予“中国天然氧吧”称号。

11 月 25 日 水利部公布第三批节水型社会建设达标县（区）名单，浙江省共 15 个县（区）达到节水型社会评价标准，常山县榜上有名。

11 月 28 日 2020 中国·常山乡村振兴大会举行。

是日 “聚力常山 共赢未来”第三十五届“三山”艺术节文艺晚会在常山一中报告厅举行。

11 月 27—28 日 赣浙闽皖四省交界县（市、区）人大常委会第三十九次联席会议在常山县举行。

11 月 29 日 常山县举行“2020 对话·宋诗之河”活动。

12 月

12 月 7 日 常山县关爱退役军人协会成立大会举行。审议通过《协会章程（草案）》《协会财务管理制度（草案）》等，选举产生协会第一届理事会理事，第一届监事会监事长、监事。理事会选举产生会长、常务副会长、副会长、秘书长。

12 月 8 日 浙江省商务厅公布全省首批 23 个现代商贸特色镇和 91 个商贸发展示范村名单。常山县球川镇红旗岗村入录商贸发展示范村名单。

12 月 9 日 浙赣（常山）农副产品商贸物流中心项目奠基仪式举行。

12 月 15 日 中央电视台新闻频道《新闻直播间》栏目，用 48 秒的时长播出《胡柚大丰收助力脱贫攻坚》，盛赞常山胡柚助力百姓增收致富，带动乡村振兴发展。

12 月 16 日 衢州市产业数字化改造工作推进现场会在常山县召开。

12 月 17 日 衢州市抗击新冠肺炎疫情总结表彰大会举行，表彰全市抗击新冠肺炎疫情先进个人、先进集体和市优秀共产党员、市先进基层党组织。陈慧萍等 23 人获“衢州市抗击新冠肺炎疫情先进个人”称号；常山县青石镇党委等 7 个集体获“衢州市抗击新冠肺炎疫情先进集体”称号；秦定福等 2 人获“衢州市优秀共产党员”称号；常山县疾病预防控制中心党支部等 4 个基层党组织获“衢州市先进基层党组织”称号。

12 月 18 日 浙赣两省四县（市）血防联防工作会议在常山县召开。

12 月 23 日 常山“两山银行”现场推进会召开。

12 月 30 日 常山县召开卫生与健康发展大会。

是日 常山县技工院校签约暨云创蔚来产业园对接洽谈仪式举行。

县情概览

基本县情

【概况】 常山县位于浙江省西部，是全省的西大门。全县土地面积1099.1平方千米，下辖3个街道6个镇5个乡、180个行政村、10个社区，人口34.2万人。

【钱江之源】 常山县位于钱塘江源头区域，县域生态环境优良，森林覆盖率达73.2%，常年空气质量保持在二级以上，PM2.5≤31微克/立方米，县城负氧离子浓度最高达1万个/立方厘米以上，出境水水质常年保持Ⅱ类水以上标准，拥有全国第7座国际慢城，是国家重点生态功能区、浙江省重要生态屏障、全国百佳深呼吸小城十佳示范城市，有“千里钱塘江、最美在常山”美誉。

【四省之交】 常山地处浙闽赣皖四省九地市中心地带，是中西部通往长三角地区的“桥头堡”。境内交通体系完善，汇聚十大通道，G60（杭金衢）、G3（黄衢南）和G60N（杭新景）三条高速公路贯穿全境，205国道、320国道、351国道和221省道纵横交错，沿江美丽公路快速便捷，衢九铁路建成通车，常山港航道综合开发拉开大幕，黄金水道通江达海、前景广阔，县城距衢州机场、杭长高铁衢州站均半小时车程。

【宜业之城】 常山县产业转型走出新路，装备制造、纺织、钙产业加快升级，新材料、大健康、数字经济异军突起。可口可乐公司、瑞典SKF集团等大型企业和常山“联姻结亲”。云耕小镇、赛得健康养生小镇培育成型。新都工业园区、集聚区、辉埠新区、生态园区“四区合一”，基础设施完善，要素保障有力，创成省级经济开发区，争创省级高新园区。营商环境持续优化，政策优惠，服务优良，适宜投资兴业。

【宋诗之河】 常山于东汉建安二十三年（218）建县，始称定阳，已有1800多年的历史。境内古道古渡、古街古村不胜枚举，万寿寺、文峰塔、文昌阁挺拔傲立。宋诗文化源远流长，陆游、杨万里、辛弃疾等大批诗人沿常山江赋诗吟咏，留下宋诗3000多首。常山江“宋诗之河”被纳入钱塘江诗路黄金旅游带规划，入选全省首批诗路旅游目的地培育名单。诗画风光带建设多点开花，徐村“紫薇花海”、长风“古渡金沙”、东方巨石阵成为网红打卡地。

【胡柚之乡】 绿水青山孕育“常山三宝”，常山是中国常山胡柚之乡、油茶之乡、食用菌之乡。胡柚种植面积达10万亩，年产14万吨，胡柚青果切片“衢枳壳”荣登药典，并入围新“浙八味”，“常山胡柚利于肺”深入人心，民族动画电影《胡柚娃》亮相各大院线。常山油茶历史悠久，全国油茶交易中心、国家油茶公园落户常山，东海常山木本油料运营中心油茶籽油挂牌交易，常山油茶产区入选中国特色农产品优势区。“常山猴头菇”通过国家农产品地理标志登记。

【赏石之都】 常山地质形成达4.6亿年之久，有中国第一枚“金钉子”剖面——奥陶系达瑞威尔阶全球层型剖面点，极具科考旅游价值，是国家地质公园。拥有三衢石林、梅树底两个国家AAAA级旅游景区，三衢石林被评为“全球低碳生态景区”。矿石资源丰富，石灰石、萤石矿储量和品质均居全省首位，青石、花石品质优良，有华东地区最大的青石花石专业市场，建成中国观赏石博览园，“赏石小镇”为全省首批创建特色小镇，是“中国观赏石之乡”。

（县政府新闻办　供稿）

地形地貌

【概况】 常山县境内地势南北高、中间低，由西向东倾斜。千里岗山脉自县境东北向县北延伸，怀玉山余脉绵亘于县西南。境内海拔1000米以上的山峰有40座，最高峰在东案乡白菊花尖海拔1390多米，最低点在招贤镇大溪沿村，海拔72米，最大高差1300多米。

【地貌分布】 全县地貌类型可划分出中山、低山、丘陵、侵蚀岗地、河谷平原5种类型。中山主要分布于县东北部西岭脚—新桥一带，面积88.27平方千米，占全县总面积的8.1%；低山分布于县域西北面的球川—何家—东鲁—新昌以西、芙蓉水库、芳村、金源以北地区和东南部的钳口一带，面积318.13平方千米，占全县总面积的29%；剥蚀丘陵主要分布于中山与侵蚀岗地之间，面积409.4平方千米，占全县总面积的37.2%；侵蚀堆积岗地主要分布于芳村南部和青石一带，面积216.6平方千米，占全县总面积的19.7%；沿常山港两岸的河谷平原面积66.7平方千米，占全县总面积的6%；全县山地丘陵面积约占总面积的3/4，属低山丘陵地貌类型。河流面积约38平方千米。按地形和流向分为钱塘江水系和鄱阳湖水系。钱塘江水系最大支流为常山港，常山港历史上在明清时期称“金川”。鄱阳湖水系发源于玉山县紫坑岭和球川镇的蔑岭。球川溪因1984年千家排水库竣工大部分水量改往钱塘江水系。

（县资规局　供稿）

水　文

【概况】 常山县内主要河流常山港为钱塘江的源头，上接开化县马金溪，下至衢州双港口，其中，在县域内的流程46.6千米，横贯东西，流域面积3176.1平方千米，最大年径流量可达43.74亿立方米，近年来最大洪峰流量5800立方米/秒，易形成洪涝灾害。

【溪流】 常山港在县内的支流有菱湖溪、芳村溪、龙绕溪、南门溪、马车溪、虹桥溪、里山溪、大坑溪、官塘溪9条；县内的另一条主要溪流——球川溪流入江西，最终汇入长江流域。县内水力资源十分丰富。

2020年常山港月平均水位一览表

表2　（测站基面在85高程以上75.700米）　单位：米

1月	2月	3月	4月	5月	6月	7月	8月	9月	10月	11月	12月	年平均
1.76	1.90	1.97	1.95	2.16	3.26	3.11	1.75	2.14	1.81	1.70	1.63	2.09

说明：最高水位在7月9日，9.10米；最低水位在1月19日，为1.29米

（陈　鑫）

气候

【概况】2020年，常山县气候相对平稳，但仍遭受局地强对流、暴雨、高温、连阴雨等天气气候事件。气象部门共发布暴雨、雷电、大风、寒潮、道路结冰、低温、大雾、高温等各类预警信号116次，有效地防御和减轻各类气象灾害的影响。

【气温】 2020年，常山县平均气温18.6℃，比常年偏高0.9℃，比上年偏高0.5℃。年极端最高气温39℃，出现在8月20日；年极端最低气温零下4.8℃，出现在12月31日。

【降水】 2020年，常山县年总降水量为2087.8毫米，比常年偏多327.1毫米,比上年偏多143.3毫米。

【日照】2020年，常山县年总日照时数1471.3小时，比常年偏少259.3小时,比上年偏少143.3小时。

2020年常山县气象要素一览表

表3

要素名称(单位)	1月	2月	3月	4月	5月	6月	7月	8月	9月	10月	11月	12月	合计(平均)
平均气温(℃)	7.9	10.6	13.6	16.7	23.7	26.4	27.9	29.9	22.9	19.6	15.8	8.2	18.6
降雨量(毫米)	134.4	105.5	167.6	87.9	255.2	542.8	377	83.5	219.7	25.5	55.7	33	2087.8
雨　日(天)	17	12	20	7	18	20	17	8	18	7	8	9	161
日　照(小时)	64.1	89.0	73.9	176.2	134.1	100.7	114.1	252.1	105.4	131.5	133.0	97.2	1471.3

2020年常山县气象初冬日一览表

表4

名称	初日	终日	初终间日数	其他
霜	2019-12-03	2020-02-18	78	全年平均气压为999.9百帕 全年平均相对湿度为76% 全年平均风速为2.2米/秒
结冰	2019-12-03	2020-02-18	78	

【重要气候事件及其影响】

1.连阴雨　1月23—28日和2月12—16日分别出现连续的阴雨天气，对农业和民众生产生活造成一定影响。2月29日至3月9日和3月26—31日出现的2次连阴雨天气对早生春茶采摘有明显影响。6月2—6日、6月19—28日，常山县出现连阴雨天气，对农作物生长不利。9月16—24日，常山县出现持续阴雨天气，影响单季稻收割，导致水稻发芽，农民受损。11月20—24日的连阴雨天气，主要影响连作晚稻收晒和柑橘采摘。

2.冷空气　受强冷空气影响，3月26日后半夜到28日，常山县出现一次强降温、风力增大和降水天气过程，日平均气温的过程降温幅度达10℃～12℃。29日早晨最低气温将降至4℃～6℃，山区2℃～4℃，部分地区出现8级大风，受其影响，局部地区油菜倒伏受损。县气象台提前发布寒潮蓝色预警信号。

受北方强冷空气影响，12月，常山县多次出现大范围强降温，气温起伏波动明显。29日夜间开始，衢州市北部地区出现雨夹雪或雪，北部山区有1～2厘米积雪，大部分地区出现5～7级阵风，有3个乡镇站点出现8级大风。12月31日至1月2日出现严重冰冻，早晨大部分地区最低气温降至零下4℃～零下6℃。气象台提前发布天气提醒，根据农事建议，农民提前采取搭建简易大棚、套塑料袋等防护措施。但部分设施农业并未重视，未提前采取措施，造成一定损失。

3. 暴雨　6—7月，常山县多次出现暴雨天气，县气象台共发布暴雨蓝色预警信号2次、暴雨黄色预警信号9次、暴雨橙色预警信号2次、暴雨红色预警信号1次。受梅雨带逐渐北抬影响，6月2日17时至3日20时常山县普降大暴雨。全县面雨量146.7毫米，其中城区153.0毫米。14个乡镇（街道）气象站点雨量均超150.0毫米，最大为东案乡梅树底村189.5毫米。此次暴雨造成10个乡镇（街道）受灾，转移群众93人。全县农作物受淹面积6000多亩，发生地质灾害小滑坡11处，发生水库险情1起，水利工程损毁堤防6处，道路中断4条，直接经济损失363万元。6月29日20时至30日15时，常山县普降大暴雨，局部特大暴雨。全县面雨量181.9毫米，城区雨量165.9毫米，有8个乡镇气象站点超200毫米，最大为新昌乡西源村283.5毫米。“6·30”大暴雨是近20年来所遭受的较高强度暴雨侵袭，强度已经超过2011年“6·19”洪灾（面雨量155.7毫米，最大降雨量青石镇桥亭站232毫米）。

4. 雷电大风　受强冷空气影响，2月15日，常山县有2个站点出现8级大风，分别为球川镇山岭村17.9米/秒和同弓乡官庄桥村17.9米/秒。气象台及时发布大风黄色预警信号。受强冷空气影响，3月，常山县大风天气多发，22日县城出现10级（25.5米/秒）大风；27日有2个站点出现8级大风，分别为常山站17.4米/秒，天马街道城东新区18.6米/秒；29日常山县中部地区已出现6～8级阵风，最大风速出现在县城，为17.3米/秒（8级）。气象台均提前发布雷电黄色预警信号。受寒潮影响，12月29日，芳村镇芙蓉湖村、辉埠镇高峰村、球川镇山岭村出现8级以上大风。气象台均提前发布雷电黄色预警信号。

5. 高温干旱　8月平均高温日数（≥35℃）24天，比常年偏多10.5天。高温时段主要出现在上旬和中旬，县气象台连续10天发布高温橙色预警信号。月极端最高气温为39℃，出现在8月20日，长时间的晴热无雨天气，使得常山县旱情较为严重。

6. 梅雨　常山县5月29日入梅，7月18日出梅，梅期50天。梅汛期全县平均雨量898.9毫米。汛期期间，主要有3次明显的强降水过程，分别出现在6月2—4日、6月29日20时至30日12时、7月7—10日。7月7—10日的降雨过程造成全县14个乡镇（街道）受灾。常山港发生接近十年一遇流域性洪水，常山港沿线的何家乡、辉埠镇、金川街道、紫港街道、天马街道、青石镇、招贤镇受灾较重，全县农作物受淹面积44685亩，营救落水群众1人，解救被困群众14人，紧急转移安置群众4575人，直接经济损失10701万元。水利基础设施损失4194万元，交通基础设施损失2600万元。

7. 强对流　3月22日凌晨到上午、26日下午到夜里，常山县出现明显雷雨天气，部分地区有7～9级大风、强雷电和短时强降水等强对流天气，气象台提前发布大风和雷电黄色预警信号，未造成明显损失。

8. 秋季低温冷害　9月18—23日，常山县连续6天平均气温为20℃以下。连作晚稻抽穗扬花受影响。

（黄　亿）

人　口

【概况】 2020年，常山县户籍人口总户数为124470户，比上年增加468户，总人口（不含服现役人员）为341567人，平均每户2.7人。男性176605人，女性164962人，分别占总人口的51.7%和48.3%，性别比为107.1（女=100）。总人口比上年减少2020人。

【人口流动与分布】 全县办理出生登记2680人，比上年减少348人，出生率为7.8‰，比上年回落1.0个千分点。死亡2538人，比上年增加612人，死亡率为7.4‰，比上年提高1.8个千分点，其中男性死亡1531人、女性死亡1007人。全县人口自然增长142人，比上年减少348人，自然增长率0.4‰。全县城镇人口112528人，乡村人口229039人，分别占总人口的32.9%和67.1%。全年县外迁入687人，比上年减少240人；迁往县外2816人，比上年增加186人。全县总人口按年龄段分布为：18岁以下的为62802人，占总人口的18.4%；18～34岁的为63174人，占总人口的18.5%；35～59岁的为141977人，占总人口的41.6%；60岁以上的为73614人，占总人口的21.5%。百岁以上老人28人，与上年持平。（以上均为公安年报口径）

（占慧臻）

国民经济和社会发展

【概况】 2020年，面对国内外形势深刻复杂变化，特别是突如其来的新冠肺炎疫情，常山县紧扣“强发展、求突破”工作总要求，深入实施“八大行动”，扎实做好“六稳”工作，全面落实“六保”任务，经济运行回升向好，发展质量稳步提升，生态环境持续改善，民生福祉保障有力，社会事业繁荣发展。初步核算，2020年全县实现地区生产总值（GDP）1601490万元，按可比价格计算，比上年增长3.5%。其中，第一产业增加值83316万元，比上年增长1.6%；第二产业增加值676921万元，比上年增长4.2%；第三产业增加值841253万元，比上年增长3.2%。第三产业中，交通运输、仓储和邮政业增加值比上年增长7.2%，批发和零售业增加值比上年下降1.4%，住宿和餐饮业增加值比上年下降9.0%，金融业增加值比上年增长12.2%，房地产业增加值比上年增长7.3%。三次产业增加值结构为5.2∶42.3∶52.5。按照地区生产总值统一核算和数据发布制度规定，地区生产总值核算包括初步核算和最终核实两个步骤。经2020年最终核实，2019年常山县生产总值现价总量为1542042万元，按可比价格计算，比2018年增长6.6%，三次产业增加值结构为5.2∶42.5∶52.3。

【农业和农村建设】 2020年，全县实现农林牧渔业总产值131681万元，比上年增长2.3%，农林牧渔业增加值87613万元，比上年增长1.6%。农作物播种面积19185公顷，其中，粮食作物播种面积9737公顷、油料作物播种面积3430公顷、蔬菜（含菜用瓜）播种面积4482公顷、中草药材播种面积293公顷、果用瓜播种面积566公顷。

全年粮食作物总产量60141吨，比上年增长7.5%；油料产量6647吨，比上年下降4.4%；蔬菜产量103004吨，比上年增长2.9%；果用瓜产量20216吨，比上年下降11.1%。柑桔总产量145137吨，比上年增长1.2%，其中胡柚产量为118303吨，比上年增长1.4%；茶叶产量为213吨，比上年下降5.3%。

生猪年末存栏为5.1万头，比上年增长69.7%；年内出栏4.3万头，比上年下降46.9%。家禽年末存栏为153.7万羽，比上年增长18.7%；年内出栏为278.8万羽，比上年下降4.1%。全年肉类总产量为9856吨，比上年增长1.5%，其中猪肉3919吨，比上年下降35.9%；禽肉5731吨，比上年增长73.0%；鸡鸭鹅蛋产量3150吨，比上年下降4.7%。水产品产量6721吨，比上年增长2.6%。木材产量7633立方米，比上年下降54.5%。

全年村集体经济经营性收入“消薄”目标提前完成，实现180个行政村10万元经营性收入全覆盖；开发低收入农户公益性岗位778个，超额完成全年目标。农村产权交易中心挂牌交易，累计完成农村产权交易平台交易合同价7960万元。土地流转全域开展，全年流转土地面积3.2万亩。乡村振兴特色产业园大数据平台项目启动建设。“两山”转化行动全域铺开，围绕产业振兴、生态护绿、转化机制、标杆工程等重点领域，制定47项攻坚任务。

是年，常山创建全国农作物病虫害“绿色防控示范县”，被评为第三批全国农村创业创新典型县，入选省级“互联网+”农产品出村进城工程试点县，创成2020年度农业绿色发展先行县和省级新时代美丽乡村示范县。“柚香谷”农村产业融合发展示范园列入第二批省级农村产业融合发展示范园创建名单，常山胡柚特色农产品优势区列入2020年省特色农产品优势区，常山胡柚入选第二批中欧互保地理标志协定保护名录。

【工业和建筑业】 截至2020年年底，全县规模以上工业企业124家，其中营业收入亿元以上的企业33家、大中型企业14家。全年工业增加值499656万元，比上年增长2.5%，其中规模以上工业增加值366159万元，比上年增长3.9%。规模以上工业企业全年完成产值1345293万元，比上年增长2.7%。其中，重工业946294万元，比上年增长4.1%；轻工业398999万元，比上年下降0.5%。分经济类型看，国有控股企业比上年下降4.3%，私营企业比上年增长2.0%；外商投资企业比上年增长40.2%，港澳台商投资企业比上年增长26.9%。规模以上工业销售产值1326024万元，比上年增长3.8%，产销率达98.6%，比上年提高1.0个百分点。全年完成工业出口交货值77968万元，比上年增长4.3%。

在规模以上工业中，建材行业产值278810万元，比上年下降5.2%；通用设备制造业188727万元，比上年增长11.1%；造纸行业177631万元，比上年增长19.2%；有色金属冶压业124546万元，比上年增长6.9%；电力生产供应业107342万元，比上年下降1.6%；化工行业102120万元，比上年增长0.4%；农副食品加工业83069万元，比上年下降13.2%；通信设备制造业76124万元，比上年增长80.5%；金属制品业69751万元，比上年下降6.3%；纺织业54835万元，比上年下降8.6%；电气机械和器材制造业26118万元，比上年下降2.5%；皮革、毛皮、羽毛及其制品和制鞋业10721万元，比上年下降55.4%。

全年规模以上工业企业实现利税171291万元，比上年下降8.0%，其中利润123790万元，比上年下降8.3%。分行业看，建材行业利润77609万元，比上年下降17.0%；造纸行业16951万元，比上年增长827.8%；通用设备制造业12550万元，比上年增长36.3%；化工行业10557万元，比上年下降23.8%；通信设备制造业8451万元，比上年增长447.7%；电力生产供应业5863万元，比上年增长10.8%；装备制造业19826万元，比上年增长93.7%；战略性新兴产业19931万元，比上年增长20.9%。规模以上工业研发费用比上年增长128.6%。

全年建筑业实现增加值177350万元，比上年增长10.5%。全县有总承包或专业承包资质的建筑业企业54家。其中，具有一级资质企业2家，二级资质企业7家，三级资质企业45家。实现总产值472275万元，比上年增长19.8%，其中省内建筑业产值410230万元，比上年增长35.1%。

【固定资产投资和房地产业】 2020年，全县固定资产投资比上年增长3.2%。第一产业投资比上年下降57.8%，第二产业投资比上年下降14.1%，第三产业投资比上年增长12.9%。从投资结构来看，交通基础设施投资比上年增长28.6%，生态环保、城市更新和水利设施投资比上年下降25.4%，高新技术产业投资比上年下降22.5%，民间项目投资比上年下降6.5%，制造业投资比上年下降18.9%。全年在库项目426个，其中5000万以上项目126个；新增入库项目242个，其中5000万以上项目56个。

全年国有投资比上年增长21.1%，非国有投资比上年下降6.5%，民间投资比上年下降4.3%。工业投资比上年下降10.9%，其中工业企业技术改造投资比上年下降1.8%。基础设施投资比上年下降0.6%，公共服务投资比上年增长20.7%。建筑安装工程投资比上年下降9%。

全年房地产开发投资122800万元，比上年增长2.1%。房屋施工面积1483281平方米，基本与上年持平；销售面积351506平方米，比上年增长85.1%；商品房销售额267177万元，比上年增长55.1%。

【国内贸易】 2020年，全县实现社会消费品零售总额717735万元，比上年下降1.1%。其中，限额以上批发零售业实现消费品零售额68365万元，比上年增长1.4%。按销售单位所在地分，城镇64115万元，比上年增长4.0%；乡村4250万元，比上年下降26.5%。按消费形态分，餐饮收入8717万元，基本与上年持平；商品零售59648万元，比上年增长1.6%。按类值分，粮油食品、饮料烟酒类比上年下降15.1%，日用品类比上年增长11.8%，书报杂志类比上年下降4.8%，家用电器和音像器材类比上年增长29.1%，中西药品类比上年下降39.0%，石油及制品类比上年下降48.6%。全年实现网络零售额130087万元，比上年下降6.5%。

【对外经济】 2020年，全县实现进出口总额257203万元，比上年增长12.1%。其中，出口191481万元，比上年增长11.4%；进口65722万元，比上年增长14.0%。全县有出口实绩的企业83家，比上年增加10家；当年新启动出口业务企业18家。出口额在100万元以上企业31家，1000万元以上企业30家。全县出口排前三位的市场依次是亚洲、北美洲、欧洲。对亚洲出口99879万元，比上年增长45.2%；对北美洲出口38265万元，比上年下降9.7%；对欧洲出口23638万元，比上年下降12.0%。这三大主要市场出口额合计占全县出口总额的84.5%。在主要商品出口中，轴承出口36864万元，比上年增长6.1%；餐厨用具金属加工产品出口15987万元，比上年下降14.8%；化工产品（新材料）出口32506万元，比上年增长16.1%；服装、纺织品出口11585万元，比上年下降22.4%；节日装饰用品出口10042万元，比上年下降10.9%。

【交通、邮电和旅游业】 2020年，全县完成交通运输和邮政业增加值69089万元，比上年增长7.2%。各种运输完成公路货物运输量1241万吨，比上年下降13%；公路客运量329万人次，比上年下降18%。

至年末，境内仅有1条铁路，衢九铁路常山段全线长35.3千米；全年铁路总客发82013人，到达76579人。境内共有3条国家高速公路、2条国道、1条省道、34条县道、34条乡道、390条村道，公路总里程1130.5千米，公路网密度为103.1千米/百平方千米。国家高速公路境内总里程89.0千米，其中沪昆高速（G60，地方名称杭金衢高速）41.6千米，京台高速（G3，地方名称黄衢南高速）31.1千米，杭长高速（G60N，地方名称杭新景高速）16.2千米。一般国道总里程63.8千米，其中山深线（G205）23.5千米，沪瑞线（G320）40.3千米。江溪线（S221）境内里程22.1千米。国、省道干线公路里程174.9千米，占公路总里程的15.5%。县道公路301.5千米，占公路总里程的26.7%。乡道公路164.5千米，占公路总里程的14.5%。村道公路489.6千米，占公路总里程的43.3%。

年末，固定电话用户数2.4万户，比上年增长2.9%；移动电话用户数24.0万户，比上年下降5.3%，国际互联网用户（不含手机）9.4万户，比上年增长3.5%。

全年旅游人数838.2万人，恢复至上年的84.6%，旅游收入53.5亿元，恢复至上年的78.8%。开展云游常山、近游常山、心游常山等系列引流活动，完成全市首场5G景区直播，吸引群众25万人次“线上游览”，通过网上直播“常山三宝”等农特产品销售额3000万元。与“Feekr旅行”“驴妈妈”等专业平台合作，线上定制“宋诗之旅一日游”“赏亿年奇石一日游”等7条特色旅游路线，达成交易订单2500多笔。

【财政、金融和保险】 2020年，全县实现财政总收入199038万元，比上年增长5.1%。其中，一般公共预算收入121905万元，比上年增长3.4%；上划中央收入77133万元，比上年增长7.7%。全县税收收入105997万元，比上年增长17.2%，占一般公共财政预算收入的87%。全年公共财政预算支出547839万元，比上年下降1.6%。其中，民生支出386419万元，比上年下降7.5%，占一般公共预算支出的70.5%；财政八项支出348394万元，比上年下降11.4%，占一般公共预算支出的63.6%。

全年完成金融业增加值95231万元，比上年增长12.2%。年末，金融机构本外币存款余额2725751万元，其中人民币存款余额2722991万元，比上年增长15.5%。在各项人民币存款中，住户存款余额1624298万元，比上年增长13.9%。年末，金融机构本外币贷款余额2362298万元，其中人民币贷款余额2360984万元，比上年增长20.6%。

全年保费收入4.4亿元，比上年增长6.5%；支付各类赔款1.4亿元，比上年下降7.3%。

【教育和科学技术】 2020学年，全县有中小学校39所，其中高中5所（含民办完中1所、民办高中1所、职高1所）、初中7所、小学27所（含2所完小）。有特殊教育学校1所，幼儿园56所，其中公办（集体办）16所、公建民营幼儿园9所，成人文化技术学校14所，教师进修学校1所，浙江电大常山学院1所。中小学在校生30761人（高中段6355人、初中段8095人、小学段16258人、特教53人），在园幼儿9011人，在职在编教职工2186人。

2020学年，小学适龄儿童入学率为100%，初中入学率100%，小学、初中巩固率100%，初中毕业生升高中段比例达98.6%，九年义务教育完成率达100%。“三残”（即智残、体残、肢残）少儿入学率学前阶段达90.2%，义务教育阶段达100%，高中阶段达85.7%。学前三年幼儿入园率达98.1%，十五年教育普及率达98.6%，小学英语普及率100%。

全县各类学校专任教师与学生比为：普通高中1∶11.3（374/4460），职业高中1∶13.3（143/1895），普通初中1∶13.0（624/8095），小学1∶15.0（1083/16258），幼儿园1∶16.0（564/9011）。各类学校专任教师学历达标率为：普通高中99.7%、职业高中97.2%、普通初中100%、小学100%、幼儿园99.6%。各类学校专任教师高级职称教师占比为：普通高中36.1%、职高19.6%、初中18.9%、小学7.7%、幼儿园1.4%。

全年新认定省科技型中小企业32家，新增国家高新技术企业11家，新增省级企业研究院1家。全县县级科技成果转化项目立项70项，财政300万元资金重点支持22项；市级竞争性项目、指导性项目分别立项2项、8项；省级新产品立项14项；列入省厅全创改革新型产学研合作项目2项；富而康山茶油、常发粮油共同获得2019年度省科技进步奖三等奖；省级重点研发项目立项2项。全年完成专利申请量697件，专利授权量836件。其中，发明专利申请 77 件，授权发明 30 件。全年商标申请 1026 件，商标注册 567 件。

【文化、卫生和体育】 2020 年，常山县推出浙江省首部抗“疫”情广播剧《去吧！兄弟》，创作出衢州市第一首抗疫情宣传歌曲《相信》。原创村歌《同心之歌》获“全国百佳村歌”称号，歌曲《魔数师》获长三角流行音乐大赛银奖，歌曲《中国汉字》入围浙江省第十九届新人新作演唱演奏大赛决赛（群星奖），小品《投票时代》入围全省喜剧小品邀请赛，视频《公筷阵线联盟》获全市公益短视频大赛金奖，广播剧《大音希声——人民英雄胡兆富》、视频《千年宋诗河》、曲说唱《我们的家》等被列入全市优秀原创作品库，《最美时代 一生喝彩》参加全省农村文化礼堂展演获得好评。以“黄鹂鸟”为品牌，持续开展“黄鹂振翅飞 文化进万家”主题惠民活动。全年完成“送戏下乡”200 多场、“送书下乡”1 万余册、“送电影下乡”2900 多场、“送展览下乡”20 多场，各级联动和文化走亲活动 50 多次，指导各乡镇（街道）开展各类文化节会、公益培训、讲座展览 700 多场，惠及基层群众 23 万人次。年末，全县有广播电台 1 座，广播综合人口覆盖率达 100%。电视台 1 座，电视综合人口覆盖率达 100%。文物保护单位有 57 个，新增馆藏国家三级文物 45 件；公共图书馆图书藏书量 374 千册，比上年增长 4.4%。

全县有各级各类医疗机构 272 家，其中常山县人民医院、常山县中医医院、常山县妇幼保健院各 1 家、乡镇（中心）卫生院 14 家、民营医院 6 家（常山贞元医院、民康医院、常山第三医院、常山安康医院、常山眼科医院、常山第二医院）、其他医疗机构 2 家（浙江省第三监狱医院、常山县疾病预防控制中心）、村卫生室（社区卫生服务站、卫生院分院）189 家、门诊部 1 家（常山玖缘口腔门诊部）、个体诊所 43 家（其中中医诊所 12 家）、医务室 14 家。执业医护人员情况：年末核定床位 1483 张，全县执业（助理）医师数 890 人，每千常住人口医生数 3.6 人；全县执业护士数 847 人，每千常住人口注册护士数 3.2 人。卫健系统有在编专业技术人员 1217 人。其中，正高级 52 人，占 4.3%；副高级 136 人，占 11.2%；中级 389 人，占 32.0%；助理级 385 人，占 31.6%；员级 236 人，占 19.4%；见习期 19 人，占 1.6%。全县公立医疗机构业务总收入为 5.0 亿元，门诊服务人次 105.4 万人次，住院人次 32835 人。

2020 年，常山县承办中国山地自行车联赛、浙江省青少年自行车冠军赛、浙江省青少年国际跳棋锦标赛等大型赛事。组队参加省级比赛，在青少年儿童田径冠军赛中取得 5 金 3 银 4 铜的历史最好成绩；在青少年山地自行车锦标赛中获得 5 金 2 银 1 铜；在青少年皮划艇冠军赛中摘得冠军。

【资源、环境】 2020 年，常山港流域地表水质 100%符合水功能区要求，饮用水源地水质 100%符合要求，出境水全面达到Ⅱ类水标准，其中Ⅰ类水占比 51%；城区环境空气持续改善，有效监测天数为 365 天，空气质量优良天数为 364 天，优良率达 99.7%，比上年同期（96.7%）提高 3 个百分点，PM2.5 浓度为 27 微克/立方米，比上年同期（31 微克/立方米）下降 12.9%，环境空气质量为近 7 年的最好水平。主要污染物减排指标化学需氧量、氨氮、二氧化硫、氮氧化物完成上级下达目标任务。

【城市建设】 2020 年，全县建成区面积 17.7 平方千米，城区（县城）人口约 8.3 万人。全县污水处理率达 97.9%，生活垃圾处理率达 100%。全县建成区绿化覆盖率达 41.0%，人均公园绿地面积 17.9 平方米。

说明：

1. 本公报数据为初步或快报统计数据。

2. 全县地区生产总值、各产业增加值及农业产值绝对数按现行价格计算，增长速度按可比价格计算。

3. 规模以上工业统计指标范围为营业收入2000万元以上的工业企业，固定资产投资指标范围为投资额500万元以上项目。

4. 进出口数据不含一达通。

5. 农村建设、交通、邮电和旅游业、对外经济、财政、金融和保险、教育和科学技术、文化、卫生和体育、资源、环境和城市建设等部门数据分别为部门年度总结和报表数据。

（占慧臻）

精神文明建设

【概况】 2020年，常山县精神文明建设指导中心注重培育和践行社会主义核心价值观，以“文明创建”为抓手，着力在创建省级示范文明县城、培育文明市民上下功夫，为推进县域治理现代化和高水平全面建成小康社会提供思想保证、精神力量和道德滋养。

【“最美常山”建设】 2020年，常山县深入推进公民道德教育，做好“最美常山人”年度榜样人物评选，挖掘选树基层网格员王芳、乡村教师王金良等一批国家、省、市级先进典型。其中，王勇、王金良、张琪、徐钢、刘金和5人入选“浙江好人榜”；胡兆富、徐勋、王六月古等6人（团队）入选首届衢州市“有礼标兵”；王芳、王金良、徐钢、刘金和入选“最美衢州人”；“诚信奶奶”王雪园被市委、市政府直接确定为2020年“最美衢州人”。

【省级示范文明县城创建】 2020年，常山县对标省级示范文明县城创建测评体系和衢州市“有礼指数”测评体系，制订创建工作标准清单，组织创建主体单位集中学习交流，举办有关培训会和推进会40多期。结合城市赋能、治理创新两大行动，开展城市改造提档、管理提效、文明提升行动；录制电视问政节目，集中曝光城市管理和文明创建中存在的问题乱象。开展主题公益宣传，发放“文明有礼”各类宣传物资34万余份，宣传影响人群超过20万人次。全媒体平台开设“创文在行动”等专栏，发布“文明有礼”主题稿件400多篇，阅读量超100万人次；建立健全“创文”监督机制，通过群众随手拍、定期督查、职能部门执法等形式，累计曝光不文明行为1900多人次，教育劝导干部群众超28.5万人次。紧盯“十乱”（乱扔乱倒、乱摆乱占、乱停乱放、乱拉乱晒、乱贴乱画）、城区违章搭建、城乡环境卫生秩序等堵点，持续开展“牛皮癣清零”行动，动态清理各类“牛皮癣”16万余处，约谈处罚34次；新增集烟器300处，发放有礼烟蒂夹1万个，查处“乱扔烟头”不文明行为51起；全面落实“门前五包”责任制，出台《常山县城区“门前五包”责任制失信惩戒实施办法》，完成城区范围内2000多户“门前五包”责任书签订；联合开展“十乱”整治集中攻坚行动，规范商户经营秩序800多户，立案查处各类违规行为32起，清运杂物70车，清理户外广告设施48处，查处不礼让斑马线746起，现场处罚违法行为5808起，扣押各类电动单车2088辆，清退美团电动单车出境。

【“有礼指数”落实】 2020年，常山县以落实《衢州市文明行为促进条例》、开展“有礼指数”测评为契机，狠抓“八个一”践行，在县“两会”期间举行全民践行“衢州有礼”行动启动仪式，向全县人民发出“争做有礼常山人”号召。建立健全“周二有礼日”“周四联创日”等长效机制，开展有礼系列评选活动，打造“有礼之城”，开展专项整治行动340多次，参与人员2.8万人次；开展专项督查35次，下发书面交办单86个，现场交办问题387个，办结率达96.64%，“有礼指数”月度排名实现争先进位，县政府“拆墙透绿”工作赢得赞誉。

【推动各级文明单位（村镇）创建】 2020 年，常山县深入开展各类群众精神文明创建工作，新昌乡黄塘村入选全国文明村镇，金川街道十里山村通过“全国文明村镇”复评。新增省级文明单位 3 家，省级文明村镇 4 家；新增市级文明单位 4 家，市级文明村镇 7 家；新增县级以上文明村 14 家，文明单位 4 家。县级以上文明村占比超 90%。

【推进新时代文明实践】 2020 年，常山县整合公共服务资源，按照“1 个县级中心、14 个实践所、百个实践站、百个实践点”的组织架构，打造新时代文明实践工作体系，实现群众在哪里，文明实践就延伸到哪里。结合“志愿之城”打造，整合党员干部、文艺工作者、社区人员、退休人士等组建“党员义工”“黄鹂鸟”“骑行河长”“小巷雷锋”等志愿服务队 382 支，开展理论宣讲、助学、文化等各类新时代文明实践志愿服务 4600 多次。

【移风易俗】 2020 年，常山县开展“百村修约”行动，完成全县 180 个行政村、10 个社区的村规民约（居民公约）修订及上墙。推动基层“一约四会”（即村规民约和红白理事会、道德评议会、村民议事会和禁毒禁赌会）建设，打造出移风易俗示范村（点）30 个。推出农村红白喜事简约套餐，推动家宴中心建设，打造金川街道五里亭村、辉埠镇东乡村、大桥头乡濛桥村等示范点位。

【城市品牌打造】 2020 年，常山县综合运用好媒体宣传、活动宣传、代言人宣传等手段，推动“衢州有礼 • 慢城常山”城市品牌全域融入、全面展示，实现城市品牌标准化、体系化，有效提升城市颜值，助推城市赋能。推出镇纸、瓷器等城市品牌系列文创产品，有效扩大城市品牌影响力。

（李 勇）

乡镇（街道）和村居概况

2020 年度，常山县域面积 1099 平方千米，全县辖 3 个街道、6 个镇、5 个乡，其中 10 个社区、3 个居委会、180 个行政村、2 个渔业大队，总人口 34.2 万人。

2020 年常山县乡镇（街道）基本情况简介及行政村、社区名称一览表

表 5

乡镇（街道）名称、概况	行政村、社区（居委会）名称
天马街道（区域面积 81.60 平方千米，辖 12 个行政村，6 个社区）	东方红　南前坊　西峰　北屏山　常年青　蒲塘　东港　周塘　天马　五联　天安　和平 / 屏山社区　金川社区　东明社区　定阳社区　文峰社区　渡口社区
紫港街道（区域面积 40.63 平方千米，辖 10 个行政村，1 个渔业大队，2 个社区）	富足山　外港　后坊　枧头　大弄口　狮子口　狮东　姜家堡　孔家弄　渣濑湾/渔业大队　紫港社区　柚苑社区
金川街道（区域面积 48.67 平方千米，辖 14 个行政村，2 个社区）	常桥　新建　五里亭　十里山　新都　蒋家　十五里　胡家淤　朱家坞　湖东　徐村　上埠　上蒋　金川弄 / 赵家坪社区　二都桥社区
白石镇（区域面积 44.79 平方千米，辖 7 个行政村）	十八里　曹会关　白石　小白石　草坪　新塘岭　聚宝

续表 5

乡镇（街道）名称、概况	行政村、社区（居委会）名称
招贤镇（区域面积 70.04 平方千米，辖 18 个行政村）	官庄　高埂　大溪沿　游林　古县畈　古县　招贤　汪家淤　渔溪口　纱帽山　溪上　泉目山　大弄　五里　樊村　鲁士　山底　象湖
青石镇（区域面积 77.22 平方千米，辖 18 个行政村，1 个渔业大队）	山溪边　湖头　虹桥　阁底　塘边　山头　江家　新站　马车　水南　飞碓　澄潭　砚瓦山　和尚弄　溪口　大塘后　九龙山　桥亭 / 溪口渔业大队
球川镇（区域面积 131.12 平方千米，辖 20 个行政村，1 个社区居委会）	后弄　芙蓉　红旗岗　东山　西村　杨家　球川　东坑　王家　三溪　吴家　上安　馒头山　沙安　黄泥畈　九都　棋盘山　常周　龙绕　新店 / 龙头街居委会
辉埠镇（区域面积 130.2 平方千米，辖 17 个行政村，1 个居委会）	大埂　山背　鸭坞　石姆岭　辉埠　东乡　童家　久泰弄　宋畈　达坞　路里坑　彭川　双溪口　桐村　黄坞岭　才里　东鲁 / 辉埠居委会
芳村镇（区域面积 165.8 平方千米，辖 20 个行政村，1 个社区居委会）	泮坑　园区新村　芳村　洁湖　河边山　上猷阁　下猷阁　猷阁口　大处　前进　石塘　芙蓉湖　修书　井河　东源　横山路　新桥　前姜　东岗　前塘 / 水阁亭居委会
何家乡（区域面积 57.17 平方千米，辖 8 个行政村）	何家　樊家　江源　江湾　钱塘　长风　黄冈　双安
同弓乡（区域面积 38.10 平方千米，辖 8 个行政村）	彤弓山　同心　关庄桥　山边　金川源　湖石头　中和　胡村
大桥头乡（区域面积 51.06 平方千米，辖 8 个行政村）	浮河　客弄　友好　新村　大桥　樟山　莲塘　濛桥
新昌乡（区域面积 93.46 平方千米，辖 10 个行政村）	新昌　对坑　黄塘　岩前　鳝辂　郭塘　达塘　茶源　泰安　西源
东案乡（区域面积 67.61 平方千米，辖 10 个行政村）	梅树底　金源　呈东　弄坞　田蓬　前库　朝阳　东案　白马　万安

中国共产党常山县委员会

综 述

【概况】 2020年，中共常山县委团结带领全县广大党员干部群众，推动经济社会发展稳步向好。全年地区生产总值比上年增长3.5%，增速居全市第三位，为近五年最佳排名；财政总收入、一般公共预算收入分别比上年增长5.1%和3.4%；规模以上工业增加值比上年增长3.9%，固定资产投资比上年增长3.2%；批发业销售额比上年增长31.6%，增速居全市第一位；建筑业省内产值比上年增长35.1%，增速居全市第一位；城乡居民人均可支配收入分别比上年增长5.6%和8.5%；全体居民人均可支配收入比上年增长7.7%，增速居全省26个县第一位。

【全面从严治党】 2020年，常山县举办“学习贯彻中共十九届五中全会”专题学习会，开展县管领导干部集中轮训。开展“思想大解放、服务大提升、行动大担当”活动，着力提升广大党员干部的思想力、服务力、执行力。开展8090新时代理论宣讲工作，激励年轻干部学理论、讲理论、用理论。开展“三提三促”活动，破解干部队伍中存在的“中梗阻”“棉花拳”问题。树立“以经济发展成果检验政治生态修复成效”的指导思想，以省委巡视整改为切入点，落实市委联合工作组反馈意见整改工作，打出全面从严治党“四责协同”、“一图一表一指数”政治生态精密监测评估机制等系列组合拳，推动县域政治生态持续向好。开展违规收送礼品礼金问题专项整治，分层分批推进党员干部违规借贷专项整治行动，持续保持惩治腐败高压态势。

【统筹防疫复产】 2020年，新冠肺炎疫情发生以后，常山县组建高规格领导小组，统筹推进疫情防控和经济社会发展工作。仅用18天实现本地确诊病例全部清零，5名医务人员驰援遭受新冠肺炎疫情突袭的武汉，王芳、张琪分别获得全国、全省“抗击新冠肺炎疫情先进个人”称号。抓好复工复产，争先创优MEI指数连续3个月保持全省优等区间，其中6月排名全市第2位、全省第34位。320国道“二改一”、淳常公路、钱塘江二期常山港治理工程3个省重点项目在全市率先实现100%复工。在全市率先出台“春风贷”“财信贷”等扶工新政，争取抗疫特别国债及专项债15.3亿元。开展“八八组团”服务行动，落实降本减负等惠企纾困政策，全年兑现应对疫情“五减”政策资金6.34亿元，经济运行持续回升向好。

【城市规划建设】 2020年，常山县聚焦“东拓西整、拥江发展”，完成《常山县主城区老城单元控规修编》，编制狮子口片区控制性详细规划和城市设计方案，规划城市发展格局。启动狮子口片区征收工作，加速推进城区危旧房改造、“拆墙透绿”、老旧小区智慧化提升、城市绿化亮化、入城口景观打造等工程，提升城市形象品位。建强城市大脑，全面归集机关单位信息数据，在全市率先建成“城市大脑·常山数据专区”。优化综合交通网络，交通投资比上年增长 28.6%，增速居全市第一位，沿江公路、320 国道“二改一”、淳常公路建成通车，“2 元一票制”城乡公交一体化全面实现。实施“美丽常山·文明细胞”工程，启动省级示范文明县城创建，有效提升“八个一”有礼指数落实水平，弘扬城市有礼新风。

【乡村振兴建设】 2020 年，常山县高标准召开乡村振兴发展大会，匠心打造“衢州有礼”诗画风光带，建成省级美丽乡村示范乡镇 4 个，省级特色精品村 15 个，美丽宜居示范村 18 个，省级 AAA 级旅游景区村 22 个，球川镇、青石镇、芳村镇创建省级美丽城镇，常山县被评为省级美丽城镇建设优秀县、全省深化“千万工程”建设新时代美丽乡村工作考核优秀县。发展“柚油”产业，常山胡柚入选 2020 年度最受欢迎果品区域公用品牌 100 强，柚香谷列入第二批省级农村产业融合发展示范园创建名单；常山油茶获第三次全国农产品地理标志，入选中国特色农产品优势区名单，油茶产业化联合体获省级认定。深化农文旅融合发展，全力打造金源现代旅游根据地、远山云间旅游度假区等一批新亮点，常山西源革命纪念馆入选第八批省级国防教育基地，梅树底村入选全国第二批乡村旅游重点村。

【“两山”成效转化】 2020 年，常山县推进山水林田湖草生态修复全国试点工程、全域土地综合整治等项目建设，同弓乡全域土地综合整治与生态修复项目列入自然资源部全域土地综合整治试点名单，金色同弓田园综合体列入省级综合体创建名单。打响辉埠区域生态环境系统整治提升决战，关停全部 16 家轻钙企业，拆除石灰立窑 165 孔，复垦复绿 1500 亩，列入中央环保督察整改正面典型案例，《中国自然资源报》《浙江日报》作专题报道。水质、空气质量持续向好，全县 I 类出境水质占比 50%以上，城区环境空气质量优良率为 99.7%，创历史新高。探索生态产品价值实现机制，在全市率先实体化运作“两山银行”，构建“5610”高效运行体系，推动生态资源向资本高水平转化，累计授信 5756 万元，撬动资金投资 1.1 亿元，转化资源总量 11.3 亿元，获省委常委、省委秘书长陈金彪及副省长彭佳学批示肯定。

【推进民生福祉】 2020 年，常山县深化教育综合改革，全县 11 个乡镇实现公办幼儿园全覆盖，中考总体平均分稳中有进，高考一段上线人数“五连增”，常山教育入选浙江十大县域高质量发展优秀案例。召开卫生与健康发展大会，推进健康常山建设，县人民医院二期、城东骨伤科医院、县公共卫生及传染病防治中心等项目顺利推进，县域医共体建设获省委、省政府表彰。优化公共服务供给，农村饮用水达标提标行动在全省率先销号，“夕阳红食堂”等十大民生实事项目全面完成。“常山阿姨”品牌入选全省精准扶贫“十大案例”，管理服务标准列入 2020 年省级标准化试点项目。“消薄飞地”建设实践入选省山海协作升级版典型案例，180 个行政村实现 10 万元以上经营性收入全覆盖。

【加强基层治理】 2020 年，常山县以村社组织换届省级试点工作为抓手，紧紧围绕“五好两确保”换届目标，开展“红色拉练、干将比拼”“问计于民”“为民服务先锋队”等活动，创新“委托投票线上办理系统”“请贤六招”等做法，通过县领导包乡联村、乡镇领导驻村指导、乡镇干部一线攻坚，14 个乡镇（街道）190 个村（社区）全面完成换届选举工作，1598 个职数全部选足，188 名“一肩挑”人选全部一次性当选，39 名优秀在外人才回村担任“一肩挑”，占比 21.6%。推进信访积案化解百日攻坚行动，全县信访总量比前三年平均值下降

36.4%，降至历史最低位；全县信访积案化解率为82.17%，新增积案率比上年下降81.53%，实现“无信访积案县”目标。

【加强改革创新】 2020年，常山县开展市域治理现代化和“县乡一体、条抓块统”改革试点工作，“大综合一体化”行政执法改革走在全市前列。深化“最多跑一地”改革，在全市率先建成县、乡、村、格四级矛调体系，县矛调中心被评为第二季度全市“五星级”矛调中心。营商环境持续优化，入选全国政务服务“好差评”两项标准试点县，政务服务好评率达99.9%。整合百名局长联百企、“破山”行动、常青藤行动、墩苗行动等助企力量，组建8个驻企服务组，着力解决企业发展问题，累计收集汇总企业各类诉求、问题455个，解决办结449个，解决率达98.68%。“全社会风险防控体系协同应用”入围浙江省城市大脑应用30个典型案例，并成功入选“观星台”在建应用。国资改革成效明显，常山城投集团、国投公司获AA主体信用评级。开展农村厕所、垃圾、路灯、历史文化古村落四大工程建设，“厕所革命”特色做法被国务院政府职能转变和“放管服”改革简报采用，入围2020年浙江省改革创新最佳实践案例。

（周荣伟）

重要会议

【全县“作风治理年”活动动员大会】 2020年1月2日，常山县召开“作风治理年”活动动员大会，部署治理干部队伍中存在的突出作风问题，教育引导广大党员干部转变作风、转变形象。县委书记叶美峰作动员讲话，张少华、徐建华、林红汉等县四套班子领导参加。县委副书记、县长张少华主持会议。会上，部署《常山县干部作风治理“1530”行动实施方案》；宣布18名“作风建设监督员”名单，并为他们颁发聘书，对全县干部作风开展监督。举行党员领导干部作风建设承诺书集体签订仪式，县人大、县政府、县政协班子成员依次上台将承诺书交至各自班子主要负责人，县委常委和县人大、县政府、县政协党组书记依次将承诺书上交至县委书记。会议还部署2020年“三服务”活动。

【全县“不忘初心、牢记使命”主题教育总结大会】 2020年1月10日，常山县召开“不忘初心、牢记使命”主题教育总结大会。县委书记叶美峰作总结讲话。市委巡回指导组组长应雄出席并讲话。第二批“不忘初心、牢记使命”主题教育开展以来，常山县精心准备、周密组织，特点鲜明、扎实紧凑，达到预期目的和效果。主要体现在：坚持学思践行，对习近平新时代中国特色社会主义思想领悟更加深刻透彻；加强党性锤炼，“守初心、担使命”逐步成为全县广大党员干部的思想自觉和行动自觉；聚焦干事创业，党员干部“敢担当有作为”的精气神得到全面提振；突出为民解难，人民群众的获得感、幸福感、安全感明显提升；推进全面从严治党，全县政治生态得到有效修复。会议指出，不忘初心、牢记使命，必须一以贯之、常抓不懈；必须真学真信、与时俱进；必须以上率下、带头示范；必须刀刃向内、自我革命；必须敢于斗争、勇于作为；必须巩固成果、建章立制，把主题教育取得的成果作为重要的实践基础，建立健全经常性查找解决各种违背初心使命问题的长效机制，奋力谱写高水平全面建成小康社会的崭新篇章。县委副书记、县长张少华主持会议。县领导徐建华、林红汉、翁旭东，市委巡回指导组副组长严小青及指导组全体成员，常山县其他副处以上领导干部出席。

【县委十三届八次全体（扩大）会议】 2020年1月10日，中共常山县委十三届八次全体（扩大）会议召开。全会总结回顾2019年工作，研究部署推进县域治理现代化和2020年各项工作任务，动员全县上下锐意创新，务实担当，

2020 年 1 月 10 日，中共常山县委十三届八次全体（扩大）会议召开 （李俊秋　摄）

聚焦“强发展”，聚力“求突破”，奋力争当推进县域治理现代化排头兵，全力推动高质量发展走在前列，确保高水平全面建成小康社会圆满收官。县委书记叶美峰代表县委常委会作工作报告。

【全县新型冠状病毒感染的肺炎防控工作部署会】 2020 年 1 月 26 日，常山县通过视频会议形式召开新型冠状病毒感染的肺炎防控工作部署会，传达上级有关防控精神和要求，通报前期防控情况，全面部署全县疫情防控工作。

【全县辉埠区域环境系统整治提升决战动员会】 2020 年 3 月 3 日，辉埠区域环境系统整治提升决战动员会召开。会议强调，要以“系统治、快节奏、新形象”的要求，提高站位抓整改、聚焦问题强整改、凝心聚力快整改，让辉埠区域生态环境面貌焕然一新。衢州市生态环境局党组成员、副局长袁万松到会指导。县委副书记、县长张少华讲话。

【县委农村工作会议暨新时代美丽乡村示范县创建动员会】 2020 年 4 月 9 日，县委农村工作会议暨新时代美丽乡村示范县创建动员会召开。会议学习贯彻中央和省委、市委农村工作会议精神，总结交流经验，分析当前形势，研究部署 2020 年全县“三农”工作和新时代美丽乡村示范县创建工作。县委书记叶美峰讲话。

【全县组织工作会议暨“书记抓党建”互学互比交流会】 2020 年 4 月 17 日，全县组织工作会议暨“书记抓党建”互学互比交流会召开。会议传达学习习近平总书记考察浙江重要讲话精神和上级组织工作会议精神，研究部署贯彻落实意见。县委书记叶美峰讲话。

【全县“信访积案化解百日攻坚”动员会】 2020 年 6 月 12 日，全县“信访积案化解百日攻坚”动员会召开。县委书记潘晓辉强调，要认清形势、聚焦重点、创新举措、强化责任，全力推进信访积案化解“百日攻坚”，为全县社会大局和谐稳定作出更大贡献。

【全县 8090 新时代理论宣讲工作推进会】 2020 年 7 月 9 日，全县 8090 新时代理论宣讲工作推进会召开。县委书记潘晓辉强调，要高度重视、主动作为，发扬青春力量，讲好常山故事，把 8090 新时代理论宣讲工作做深做实做久做好，努力把常山打造成全市“青年理论宣讲工作示范区、全域青年思政工作模范生、党的创新理论大众化新高地”。县委副书记、县长张少华主持会议；县委常委、组织部部长朱永平宣布常山县 8090 新时代理论宣讲团骨干宣讲团团长和首批导师名单；县委常委、宣传部部长姜敏作工作部署。

【全县村（社区）组织换届试点工作动员部署会】 2020年7月13日，常山县村（社区）组织换届试点工作动员部署会召开，深入贯彻落实上级会议精神，研究部署试点工作。县委书记、县村和社区组织换届工作领导小组组长潘晓辉强调，要百倍用心、千倍用力，抓实抓细、抓早抓小，坚决打赢村社组织换届这场开拓之战、必胜之战、考验之战，确保选出好班子、换出好风气、创出好经验，为实现“两手硬、两战赢”提供坚强的组织保障。县委副书记、政法委书记翁旭东主持，县委常委、组织部部长朱永平，县委常委、县纪委书记、县监委主任王荣国分别作工作部署。

【县委十三届九次全体（扩大）会议】 2020年8月10日，中共常山县委十三届九次全体（扩大）会议召开。全会深入学习贯彻习近平总书记考察浙江重要讲话精神和省委十四届七次全会、市委七届八次全会精神，报告2020年上半年工作，安排部署下步工作任务，审议通过《中共常山县委关于深入学习贯彻习近平总书记考察浙江重要讲话精神 为全省建设“重要窗口”主动担当奋发有为的决议》和《中共常山县委关于进一步激励和保护干部干事创业的决定》，动员全县上下激情创业、拼搏赶超，在建设“重要窗口”实践中展现常山作为，彰显常山力量。

【全县决战脱贫攻坚和决胜全面小康大会】 2020年8月19日，常山县召开决战脱贫攻坚和决胜全面小康大会，深入学习贯彻习近平总书记关于脱贫攻坚工作的重要论述，动员全县上下进一步解放思想、凝聚共识、汇聚力量，确保与全省同步高水平全面建成小康社会。县委书记潘晓辉讲话。

【全县“八大行动”工作推进会】 2020年10月9日，常山县召开“八大行动”工作推进会。县委书记潘晓辉强调，要锚定目标、加压鼓劲，迎难而上、倒排时间，把任务分解到工作中，把要求落实到行动中，全面推进“八大行动”落实、落细、落地，努力交出一份圆满答卷。县委副书记、县长张少华主持会议。

【常山县旧城改造暨狮子口片区征收动员部署会】 2020年10月24日，常山县旧城改造暨狮子口片区征收动员部署会召开。县委书记潘晓辉强调，要以必胜的信念、顽强的拼劲、扎实的作风，铁肩担责、锐意进取、克难奋进，全力打赢旧城改造及狮子口片区征收攻坚战，努力为常山大发展快发展高质量发展打开更大格局、拆出更广空间、赢得更美未来。

【全县“县乡一体、条抓块统”高效协同治理试点工作部署会】 2020年11月5日，常山县推进市域社会治理现代化暨“县乡一体、条抓块统”高效协同治理试点工作部署会召开。县委书记潘晓辉强调，要深入贯彻落实省市部署要求，牢固树立窗口意识、标杆意识，不折不扣推进市域社会治理现代化和“县乡一体、条抓块统”高效协同治理试点工作，努力为全市、全省乃至全国提供常山经验、常山样板。市综合行政执法局局长周盛源到会指导，县委副书记、县长张少华主持会议，县委副书记、政法委书记翁旭东作工作部署。

【2020中国·常山乡村振兴大会】 2020年11月28日，2020中国·常山乡村振兴大会举行。省政协原副主席陈艳华讲话。中国扶贫基金会理事长、国务院扶贫办原副主任郑文凯出席。农业农村部乡村产业发展司副司长刁新育，省农业农村厅副厅长刘嫔珺，副市长徐利水，县委书记潘晓辉分别致辞。中国农业大学原副校长张建华，国家和省市有关部门、高校院所的领导嘉宾参加。

【全县卫生与健康发展大会】 2020年12月30日，常山县召开卫生与健康发展大会。省卫健委一级巡视员苏长聪，县委书记潘晓辉讲话，县委副书记、县长张少华主持会议，常山杰出乡贤才俊、中国科学院院士黄荷凤致贺信，深圳侨爱医疗投资集团、浙江大学医学院附属妇产科医院、浙江大学医学院附属第一医院、浙江中医药大学附属第一医院、南方医科大学附属南方医院、市卫健委等领导专家参加。

（周荣伟）

重要活动

【“推动市域治理现代化 共建美丽大花园”常山专场新闻发布会】2020年1月13日，“推动市域治理现代化 共建美丽大花园”常山专场新闻发布会在衢州市政府新闻发布厅举行。县委书记叶美峰以《励精图治担使命 建设慢城大花园》为题作主题发布，县领导翁旭东、余风、何健分别回答记者有关提问。衢州市委宣传部副部长占金良主持新闻发布会。《人民日报》、《光明日报》、央广网、《浙江日报》、“浙江之声”等20多家媒体参加发布会。

【常山胡柚超级推销员助农战疫】2020年3月7日，中新社浙江分社首场浙江省区县“超级推销员”助农战“疫”活动举行，县委书记叶美峰成为首位“超级推销员”，现身淘宝直播间，为特色农产品常山胡柚现场“吆喝”，帮助全县广大柚农带货。

【2020年“四集中、强发展”活动】2020年3月10日，常山县2020年“四集中、强发展”活动举行。活动分两个阶段：第一阶段为重点项目集中开工仪式，总投资22.48亿元的15个项目集中开工；第二阶段为集中授信、集中兑现、集中签约仪式，现场集中授信企业91.49亿元，集中兑现政策奖补1.44亿元，7家企业集中签约，计划总投资28.5亿元。

【数字经济发展大会暨双招双引政策发布会、重大项目签约仪式】2020年3月28日，常山县举行数字经济发展大会暨双招双引政策发布会、重大项目签约仪式。县委书记叶美峰致辞，国际系统与控制科学院院士顾基发发贺信，省信息化发展研究院院长、杭州电子科技大学教授、博士生导师陈畴镛作主旨演讲。东南数字经济发展研究院副院长李秋出席。

【迎接驰援武汉医务人员】2020年4月12日，常山县5名驰援武汉医务人员单康民、杨俊、陈慧萍、廖琳君、饶晨晨在圆满完成援助任务、结束隔离休整后，平安回到家乡。常山人民以最高规格、最高礼遇，欢迎英雄凯旋。县领导叶美峰、张少华，老英雄胡兆富参加欢迎仪式。

【浙赣闽皖四省边际纪念馆红色联盟成立大会暨“云上游馆”活动】2020年5月17日，浙赣闽皖四省边际纪念馆红色联盟成立大会

2020年1月13日，“推动市域治理现代化 共建美丽大花园”常山专场新闻发布会在衢州市政府新闻发布厅举行　（县委办公室 供图）

暨“云上游馆”活动在常山县西源革命纪念馆正式启动。省文化和旅游厅一级调研员程钢，市文旅局党委委员、副局长朱芝君，方志敏干部学院副院长程小波出席，县委书记叶美峰致辞并宣布活动启动，方志敏纪念馆等8个联盟馆负责人等参加。

2020年8月18日，市县联动“请你来协商”胡柚产业高质量发展专题协商会在常山举行 （县委办公室 供图）

【市县联动“请你来协商——常山胡柚产业高质量发展”专题协商会】 2020年8月18日，市县联动“请你来协商——常山胡柚产业高质量发展”专题协商会在常山举办。市政协副主席吴江平，县领导潘晓辉、林红汉、戴根林、黄法云、罗诚剑、范东英、汪卫东参加，部分政协委员、企业代表、常山胡柚种植贩销大户为常山县胡柚产业高质量发展出谋划策。上午，县领导先后到常山天道中药材饮片有限公司、浙江柚都生物科技有限公司、同弓乡太公山胡柚基地、常山县胡柚种苗繁育中心，实地察看常山胡柚产业三产融合情况。在下午的协商会上，政协委员和企业、种植贩销大户代表与相关部门人员进行深入交流探讨。

【《胡柚娃》抗疫公映暨全域上线启动仪式】 2020年8月22日，致敬中国动画学派倾情之作动画电影《胡柚娃》抗疫公映暨全域上线启动仪式在杭州举行。该活动旨在发挥电影教育作用，宣传好常山胡柚，提升常山的对外知名度和美誉度。省委宣传部副部长赵磊、市人大常委会副主任朱建华、中国电影家协会儿童电影工作委员会会长郑虎等领导、专家出席，县委书记潘晓辉致辞。

【2020年中国山地自行车联赛(浙江·常山站)】 2020年11月21日，2020年中国山地自行车联赛（浙江·常山站）在常山山地自行车主题公园举行。中国自行车运动协会竞赛专员李文喜，省体育局竞赛处调研员阮建国出席，县委副书记、县长张少华宣布开幕，市体育局局长汪晖，县委常委、宣传部部长姜敏分别致辞。

【“2020对话·宋诗之河”活动】 2020年11月29日，常山县举行“2020对话·宋诗之河”活动。钱塘江文化研究会会长、省委宣传部原常务副部长胡坚，钱塘江文化研究会高级研究员、省政协原秘书长陈荣高出席。浙江大学传媒与国际文化学院教授、钱塘江文化研究会副会长李杰主持。钱塘江文化研究会办公室主任、衢州市人大常委会原副主任范根才，县委书记潘晓辉、相关行业和协会代表等参加。

（周荣伟）

纪检监察工作

【概况】 2020年，中共常山县纪律检查委员会(以下简称县纪委)、常山县监察委员会（以下简称县监委）共处置问题线索822件，立案279件，结案276件，给予党纪政务处分 269 人。县监委依法对 7 人采取留置措施，涉嫌犯罪移送检察机关 9 人，追回违纪违法所得 955 万余元。开展政治监督，全年聚焦脱贫攻坚、县委“三年”（产业提质年、项目攻坚年、作风治理年）活动等重点工作，开展各类监督检查 120 多次，督促整改问题 1052 个，查处问责 185 人；聚焦疫情防控、复工复产等工作持续监督，督促整改各类问题 153 个，查处问题 22 起 33 人，党纪政务处分 7 人，通报曝光典型问题 8 起 13 人；聚焦村（社）组织换届选举，严明换届纪律和资格联审标准，完成 139 批次 5451 人次的资格联审工作，立案查处违反村（社）组织换届纪律案件 3 起 4 人。协助县委做好政治生态修复工作，实施完善“四责协同”机制，建立“一图一表一指数”政治生态精密监测评估体系，推动政治生态持续净化。加强对全面从严治党主体责任落实情况的监督，协助县委对 7 家重点单位开展专项检查，发现问题 11 个，提出整改意见 21 条。严格落实澄清正名、容错纠错、受处分党员干部教育管理等严管厚爱机制，全年澄清失实举报 20 件，涉及党员干部 22 人，对 80 多名受处分党员干部进行回访教育，严肃查处 1 起党员干部冒名不实举报案件。开展信访举报专项治理，全年接收信访举报 211 件次，其中检举控告类 193 件次、联评联审 166 件次、退办 28 件次。推进扫黑除恶专项斗争，办结上级交办及其他部门转办移送的扫黑除恶信访举报问题线索 195 条，查处涉黑涉恶腐败和保护伞以及失职失责问题 24 起，追责党员干部 23 人。

是年，县纪委被市委、市政府评为 2019 年度全市扫黑除恶专项斗争工作突出贡献集体。

【县纪委十三届五次全会召开】 2020 年 3 月 8 日，中共常山县第十三届纪律检查委员会第五次全体（扩大）会议召开。县委书记叶美峰作题为《坚持从严从实从紧 坚决修复政治生态》的讲话；县委常委、纪委书记王荣国作题为《聚力护发展 履职强保障 为常山决胜高水平全面小康社会提供坚强保证》的工作报告。会议回顾总结全县 2019 年党风廉政建设和反腐败工作，研究部署 2020 年主要任务。

【干部作风治理】 2020 年，县纪委、县监委实施干部作风治理“1530”行动（指：出台 1 个意见即《中共常山县委关于进一步加强干部作风建设的意见》，开展大学习、大讨论、大检视、大落实、大提升五大活动，配套 30 条保障即《常山县开展作风整顿的十条举措》《常山县加强日常管理监督深化干部队伍作风建设的十条意见》《常山县党员领导干部作风建设十条承诺》），加强党员干部“八

2020 年 3 月 19 日，中国共产党常山县第十三届纪律检查委员会第五次全体（扩大）会议召开　（徐梦川 摄）

2020年1月1日，全县“作风治理年”活动动员大会召开

（李俊秋　摄）

小时之外”监督管理。开展“廉节清风”常项行动，通过约谈提醒、查处问责、督促整改、建章立制等方式，常态化纠治“四风”问题。全年查处违反中央八项规定精神和“四风”问题84起，运用“四种形态”处理党员干部126人。

【开展县委巡察】 2020年，县纪委、县监委共巡察单位党组织22个、村（社）党组织79个，发现问题1233个，移送问题线索33条，处置23人，党纪政务处分8人，挽回经济损失267.5万元。十三届县委应巡察党组织259个，已完成250个，覆盖率达96.52%。推进村（社）巡察，实现村（社）党组织一届任期内巡察全覆盖。全年对前六轮被巡察的33家单位开展巡察整改“回头看”，发现问题267个，运用“四种形态”处理14人，对巡察整改质效评估结果靠后的2家单位领导班子进行集体约谈，推动巡察整改落地见效。

【推进清廉常山建设】 2020年，县纪委、县监委开展7个领域的清廉示范点创建工作，打造一批“有自主清廉品牌、有特色精神内核、有规范化制度、有专题教育阵地、有特色活动载体”的清廉常山样板和品牌，创建球川镇黄泥畈村、浙江赛得健康产业投资管理集团有限公司2个市级优秀清廉示范点，以点带面推进全县面上清廉建设。

【政治生态精密监测】 2020年6月，常山县创新政治生态精密监测评估工作，成立政治生态精密监测领导小组，县委办、县府办、县纪委（县监委）等7个部门共同参与监测评估，建立“一图一表一指数”政治生态监测评估体系，由县纪委（县监委）牵头实施评估工作。全年对14个乡镇（街道）、56个部门开展7轮政治生态状况评估，督导帮助12家单位实现政治生态“复绿”。

【党员干部违规借贷专项整治】 2020年，县纪委、县监委开展党员干部违规借贷专项整治行动，查处党员干部资金借贷相关问题52起，运用“四种形态”处理49人，其中党纪政务处分21人、免职3人，收缴违纪款物429万余元，终止违规借贷资金3700万余元。聚焦群众身边的不正之风和腐败问题，开展村干部违规承揽或插手本村工程专项整治，组织排查村居工程项目1892个，发现问题119人，运用“四种形态”处置村干部128人，其中党纪政务处分34人，通报曝光典型案例4起4人。

（傅秀秀）

县委办公室工作

【概况】 2020年，中共常山县委办公室（以下简称县委办）紧扣县委、县政府中心重点工作，坚持“文稿要更精、谋事要更周、办事要更快、参谋要更前、信息要更全、沟通要更畅、督办要更紧”7条标准，履行“参谋助手、信息反馈、督促检查、综合协调”职责，确保县委各项工作高效运转、决策部署有效落实。围绕县委中心工作，正确处理“内与外”“上与下”“大与小”“急与缓”等各方面关系，加强与市委办公室的业务联系，及时了解市委工作重点和动态，为县委工作决策提供超前服务。按照县委总体工作部署，协助县委领导做好与县四套班子、县级部门单位和乡镇（街道）间协调工作，使各方面关系更加和谐，工作步调协调统一。强化政治建设，建立健全一把手“七不直接分管”工作考核、加班审批等相关制度。完善机关支部学习制度，采取集体学与自学相结合，专题讨论与主题辅导相结合的形式，组织机关干部学习中央、省委、市委和县委的一系列重大决策部署，提升办公室干部业务水平和综合素质。重视干部培育工作，向省、市、县、乡等多层次输送优秀领导、干部5人，提拔副科级以上干部3人，提拔股级干部8人。探索建立全县党委办公室文字岗位干部到县委办综合文字岗位顶岗锻炼机制，提升全县党办文字水平，发现和储备一批综合文字能力较强的年轻干部。

【综合文稿】 2020年，县委办严把文稿起草关、政策关、文字关，力求服务决策“准、精、优”，文字表达“短、实、新”，增强文稿的针对性、专业性和指导性。完善综合文字材料小组人员配备，建立健全层层负责、逐级把关、常态会商、集中校改等机制，推动重要文稿的集体起草、统一审核、充分论证，提升综合文稿服务水平。全年完成县委全会、全县疫情防控大会、教育发展大会、卫生与健康发展大会等重要会议材料和省、市领导到常山调研的汇报材料380多篇。

【信息工作】 2020年，县委办被中办采用问题建议类信息7条、《浙江信息》录用25条、《上报中办信息》录用70条、《衢州信息》录用32条，综合考核排名及采用量位列全市第一，创下衢州市历史最好成绩。共获得各级领导批示34条，其中，《浙江信息（工作交流）第57期——常山县全域构建康养服务体系打造“孝老之城”》获副省长王文序批示肯定，《衢州信息（专报）——常山县“融警务”模式在防疫工作中的实战运用与思考》获市委书记徐文光批示肯定。

【督查考核】 2020年，县委办抓好抓实督导督办和考查考核工作。统筹规范各类督查检查考核工作，对重大事项全程跟踪督办，共开展县级督查77次，制发通报52期、专报25期，下发交办单62份，涉及260件事项。创建“1+1+8”督查体系助推“八大行动”落实落地，以“每周例会”制度促进大督考工作高效运行，狠抓落实机制形成县委领导交办事项办理闭路回环，确保县委各项决策部署得到有效落实。

【调研改革】 2020年，县委办统筹推进各领域改革工作，建立健全各专项改革领导小组联络人和信息报送制度，成立10个专项小组，制定《常山县改革护航专项行动方案》，汇总七大类16大项34小项重点改革攻坚任务。全年向上争取新增省级以上试点17项，上报改革最佳案例4则，市改革专刊采用2期，2项突出亮点获国务院改革简报刊登，1项重要改革事项被《浙里改·领跑者》采用，6项特色做法入选省“竞跑者”，县营商环境建设办公室争取到全国政务服务“好差评”国家标准试点单位。

【综合服务】 2020年，县委办做好办文办会和接待工作。按照省、市“办文指数”要求，围绕“周期性、针对性、集中性”，高效快速办理好中央和省、市各级文件传阅。全年制发县级公文、纸质版文件、会议纪要等46份，涉及单位领取 2200 份次，办理领导批示 150 件，传阅文件 3200 多件次，登记外出请假备案 2100 多条，登记重要人士到常山等信息 132 条。

【机要保密】 2020 年，县委办新增 1 名机要专职人员，全方位、全天候参与服务，确保密码通信、机要运作畅通有序。加强密码通信安全建设，超额完成国产化替代任务。全年保障中央和省、市高清涉密视频会议 72 场次，开展部门、乡镇（街道）涉密载体管理情况检查 32 次。通过新晋公务员培训、周一夜学、集中宣讲等形式，提升各单位保密意识。

【档案监管】 2020 年，县委办联合市委办、市档案馆对 4 个市级重点建设项目开展档案专项执法检查，对检查中发现的问题提出整改建议，确保项目工程档案规范、完备。开展“双随机一公开”档案执法检查与县级机关单位档案工作的日常检查，重点做好村级组织换届档案存放、疫情档案存放、重点建设项目档案存放、法律法规宣传、人才队伍建设、数字档案室创建等工作。全年创建示范数字档案室 26 家、规范化数字档案室 47 家，数字档案室创建率居全市各县（市、区）首位。

（周荣伟）

组织工作

【概况】 2020 年，中共常山县委组织部（以下简称县委组织部）完成村社组织换届工作，领导班子和干部队伍建设不断加强，基层组织战斗堡垒作用显著增强，人才工作取得重大突破，为全县经济社会高质量发展提供坚强组织保障。截至年底，全县有基层党（工）委 34 个、党组 38 个、党总支 40 个、党支部 692 个，党员 20254 人，其中行政村党员 11092 人，全年新发展党员 314 人。

【选拔任用工作】 2020 年，县委组织部聚焦省委巡视、市委联合工作组反馈问题，将干部政治表现、德行表现考察贯穿选拔任用干部工作始终。开展疫情防控、复工复产、项目攻坚行动等工作一线考察识别，提拔重用 24 名在重点工作、重大项目中实绩突出、表现优秀的干部。通过综合比选，选聘 2 位综合素质过硬的国有企业领导人员。建立“动态监测、精密智控”的机制，实时更新“违法违纪信息库”和“负面清单信息库”，严防干部“带病提拔”。2 名拟考察干部因存在负面清单被取消考察资格。实施优秀年轻干部墩苗计划，共启动 4 期集结行动，73 名优秀年轻干部在疫情防控、驻企服务、矛盾化解、村社换届等一线墩苗历练，5 名优秀年轻干部被优先予以提拔重用。全年完成制度性交流 9 人，培养性交流 40 人，专业性交流 5 人。其中，5 名 85 后干部提拔到乡镇（街道）、部门中层岗位任职，24 名优秀年轻干部提拔到乡镇（街道）部管干部岗位，9 名干部打破部门、乡镇（街道）交流壁垒。

【中层干部评议】 2020 年，县委组织部着眼破解中层干部队伍中存在的“中梗阻”“棉花拳”“鸵鸟心态”问题，召开全县中层干部座谈会，开展中层干部“服务提质促担当、效率提速促执行、协同提效促联动”活动，完成 30 多家重点单位 406 名中层干部集中评议，对排名靠前的 54 名干部根据实际情况，分别纳入年轻干部成长班培养历练、激励晋升职级层次、纳入拟提拔人选等。对排名靠后的 33 名干部，要求单位党委（党组）对其开展提醒谈话，其中 4 名干部调整岗位，3 名干部因存在“中梗阻”“棉花拳”“鸵鸟心态”问题被免职。

【干部关爱激励】 2020 年，县委组织部注重实绩导向，出台《中共常山县委关于进一步激励和保护干部干事创业的决定》。疫情防控期间，出台《关心关爱“疫”线干部暖心十条》，率先为 5000 多名疫情防控一线工作人员购买保险，总保额 26 亿元，发放临时性工作补助1771万元，惠及7499人。牵头成立红细胞帮帮团，对一线医务工作人员及其家属开展“一人一帮扶”。加强基层一线关心关爱，落实乡镇干部经济待遇（全口径收入）高于县级机关同级干部20%以上政策，在评优评先、表彰奖励、职级晋升、津贴发放等方面向基层一线倾斜。加大先进典型选树力度，集中通报4批次107个表现突出正面典型。

【干部教育培训】 2020年，县委组织部突出实干导向，打造“德才兼备，敢担当有作为”的干部队伍，提升干部教育培训质量。启动“221”紧缺专业干部培养，补强专业化干部队伍建设短板。举办年轻干部专题培训班、中青班共4期，52名干部“走出去”挂职交流。完成常山—古蔺东西部扶贫协作“一把手”提能工程培训班教学工作、常山—新昌山海协作对口帮扶联合办班，拓宽干部教育培训视野。围绕“作风治理年”活动，举办5期作风建设专题培训班，对600多名县管领导干部开展集中培训。

【组团帮扶企业】 2020年，县委组织部牵头开展“八八组团”助企活动，打造“常青藤”行动2.0升级版。聚焦全县八大产业107家重点企业，根据“产业共性＋企业个性”需求，择优选派80名领导干部，为企业量身定制8个驻企服务团队，推动出台“电力消费券”扶工新政，助力经济“V”型复苏。打造红细胞党建联盟组团驻企“云平台”，抓取平台数据形成问题清单、对策清单、落实清单“三张清单”，跟踪督办。全年收集汇总各类诉求问题455个，解决办结452个，解决率达99.34%。其中：解决政策类问题66个，涉及47家企业；解决用工类问题34个，涉及27家企业481人；解决金融类问题27个，涉及资金6603万元。

【村社组织换届】 2020年，作为全省换届工作试点县、重点县，常山“至少请一贤”、“常雁腾”计划、“委托投票线上办理”、“乡贤导师帮带”等做法被中央、省、市领导批示肯定。新昌乡郭塘村张荣作为唯一一名村级代表在全省村（社区）组织换届工作会议上作典型发言；治村导师联盟师徒帮带工作成效显著，被市“十条军规”正面典型表扬。换届后，全县共有357名村“两委”为乡贤回归人才，其中“一肩挑”83人；新当选村社“两委”班子成员平均年龄比上届下降2.1岁；大专以上学历人员比上届增加20.7%；“两委”干部中至少有1名35岁以下成员的村137个，占比72.1%。

【乡村振兴讲堂升级】 2020年，县委组织部围绕疫情防控、复工复产、村社组织换届等中心工作、重点任务，推动乡村振兴讲堂、文化礼堂深度融合，谋划开展“空

2020年7月2日，市委书记徐文光（前左二）到常山调研村社组织换届工作　（李俊秋 摄）

中课堂”暖春行动，培育直播数字经济助农增收新业态，挂牌成立全市首家村播学院，培养一批村播带货达人，村播工作相继被《人民日报》、《光明日报》、央视《新闻联播》等媒体报道，承办全市村社组织换届试点工作部署会暨乡村振兴讲堂推进会。上线“乡村振兴讲堂·村情通”平台，集成涉农政策、高频事项下沉至村一级，实现为民代办服务“一站式”掌上办理。

【村集体经济发展】 2020年，县委组织部全面开展村集体经济提质增收行动，中央扶持的行政村集体经济项目开工率和村企结对项目建成率均达100%。通过创新三资优化法、抱团取暖法、飞地合作法、结对帮扶法、直播带货法、改革创新法、光伏助推法、消费升级法等举措，持续推进集体经济健康发展。截至年底，全县180个行政村完成经营性收入10万元以上全覆盖，其中：经营性收入20万元以上任务数54个，已完成156个，完成率达289%；经营性收入50万元以上任务数13个，已完成32个，完成率达246%；经营性收入100万元以上任务数7个，已完成9个，完成率达129%。各项指标完成情况领跑全市，“千企结千村 消灭薄弱村”专项行动暨省属企业扶贫协作推进会在新昌乡郭塘村召开。

【人才引进大增】 2020年，县委组织部在北京、武汉、南昌等地设立人才工作站，打通合作的“双向通道”，对掌握产业核心技术的顶尖人才开辟绿色通道，吸引杰昆科技产业园和麦迪森产业园等一批院士领衔项目落地常山。柔性引进国务院参事石勇、院士顾基发等高层次人才30多人，引进海内外工程师、技师等紧缺急需人才120多人，并举办2020年度“院士专家常山行”活动。开展2期“英才荟”高层次人才引进行动，累计录用各专业高层次人才26人。打造常山县“云招聘”平台，在南昌、武汉等地开设“人才招聘直通车”，大学生招引总量比上年增长0.5倍。

【人才培育服务】 2020年，县委组织部建立人才成长情况评估模型，通过设置多元指标、规范评估方式、定期跟踪调整等，全面量化人才成长情况。对60多名高学历人才进行评估，将得分较高10人列入后备干部队伍，分数靠后、特别是工作实绩不明显的8人进行岗位调整，对成长缓慢的3人，责令用人单位加强帮扶。推进干部驻乡、人才帮乡、乡贤回乡、项目富乡、资金到乡，累计下派干部166人，人才下沉257人，回归乡贤166人，开工项目38个，投放资金超33.5亿元。打造大学生创业就业服务“一件事”，将人才待办事项进行有效整合，实现一站通办、一网通办，全年为人才节省跑腿次数5830次，节省材料1.8万余份。通过“1+2+N”模式成立人才服务综合体，打造1个人才服务联盟、2个人才服务中心、N个人才阵地，通过整合社会资源、承接市场服务、实体运营管理、构建系统网络，推动人才服务标准化、一体化、全面化。设计推出“英才一码通”，集成生活、娱乐、出行、交友、餐饮、住宿、学习等九大版块，实现人才贴心服务全覆盖。

【深化人才干事平台】 2020年，县委组织部建立常山县大学生创业园，通过硬件软件设施改造升级为入驻企业提供创业培训、创业实训、创业孵化等服务，吸引小米、悦音、悦粤等24家数字创新企业入驻，销售额超2亿元，带动300多名大学生创业就业。加强与清华大学、北京大学、南京大学等高等院校合作，深化产教融合。联合浙江理工大学研发团队打造常山县精密基础件协同创新中心。联合兴华前进教育公司、吉云集团成立赛得前进技工学校、常山技工学校。携手省数字经济联合会组成“智囊团”，对县域30多家重点骨干企业进行把脉问诊，共谋划产业数字化改造项目20个，计划总投资2.6亿元。常山县先导精密、双明轴承、鑫龙轴承、爱丽莎等8家企业通过国家两化融合贯标评定。

（潘 辰）

老干部工作

【概况】 2020年，县委组织部聚焦离退休干部思想政治建设、服务水平提升、功能作用发挥，发挥老干部工作制度优势，强化制度支撑、深耕品牌内涵、狠抓落实落地，推动常山老干部工作发展。截至年底，常山县有离休干部60人（含代管国税系统2人），平均年龄91周岁。按参加工作时间分，抗战后期参加工作的有4人，解放战争时期参加工作的有56人；按工作机构分，行政（事业）离休干部37人、企业等统筹离休干部23人；按安置地分，易地安置县外的有2人（嘉兴、诸暨），投靠子女3人（北京、合肥、杭州）；按年龄分，86～89岁20人，90岁及以上40人，最高龄97岁。有副（县）处级以上退休干部29人（兼职8人），平均年龄约73岁，其中随子女居住县外3人，身体状况欠佳5人。

【老干部志愿服务】 2020年，县委组织部以“银雁返乡”行动为载体，打造“振兴常年青”品牌。坚持以党建引领和联动老干部志愿服务工作，实现支部规范化建设，带动志愿服务规范化开展，全县有由支部书记任队长的志愿服务队40支，开展各类志愿活动78次。深化银色人才库建设，常态化参加社区组织的志愿服务，累计参与志愿服务活动150多次，参加人数达3000多人次。加强老干部品牌工作室建设，打造“红色啄木鸟”“老娘舅工作室”等老干部品牌工作室4家，开展“银尚达人”“银尚之家”“助力社会治理银耀好团队”“最美助力之星”等评选活动。开展“社会治理·银耀有我”志愿服务行动。有序开展“银耀战役”行动，共有2600多名银耀志愿者参与疫情防控，天马街道金川社区“红色啄木鸟”老干部品牌工作室抗疫事迹被《新华每日电讯》头版点赞。开设“空中课堂”，全年组织开展蔬菜种植、鱼类养殖等助农直播7场，吸引2000多名群众观看。

【离退休干部党建工作】 2020年，县委组织部深化离退休干部党建工作。灵活设置离退休干部党支部，探索成立社区银耀先锋党支部，开展离退休干部党支部规范化建设。截至年底，全县单独组建离退休干部党支部75个，重点建设标准化党支部8个，其中常山一中退休教师党支部规范化建设案例在《离退休党建》杂志上刊登。实施离退休干部党支部书记“领头雁”工程，选优配强支部班子，实行在职干部党员担任离退休干部党支部联络员，党支部书记平均年龄67.3岁。开展党支部书记和党员骨干培育工程，全面提升支部班子履职能力。开展各类志愿服务活动，银色讲师团累计组织走进“乡村振兴讲堂”授课33次，参与送文化进社区、进农村、进校园等活动60多场，在乡村振兴、关爱下一代等工作中发挥积极作用。

【老干部服务保障】 2020年，县委组织部落实“两项待遇”（即政治待遇、生活待遇），做好服务管理。每季度组织副处以上退休干部集中学习，针对离休干部“后双高期”特点采取送学上门形式，及时宣传学习上级重大决策部署。及时落实政策，每年预发离休干部医药费，做好离休干部离休费增加、护理费标准调整等工作。做好老干部年度体检“一站式、保姆式”服务，分批开展健康体检工作。建立包片联系离退休干部制度，结合“主题党日”、送学上门等活动确保定期联络，深化亲情联系。建立“离退休干部及亲属”微信群，做好老干部来电来访，为离退休干部提供个性化服务，协调解决转院就医、加装电梯等问题。

（潘 辰）

公务员管理工作

【概况】 截至2020年年底，全县有公务员1833人（包含参公人员），其中男性公务员 1303 人、女性公务员 530 人。县委组织部有序完成公务员考录、职级晋升、调任转任等工作。

【公务员考录】 2020 年，浙江省各级机关单位考试录用公务员工作遭遇新冠肺炎疫情影响，县委组织部坚持疫情防控与考录工作两手抓，通过严格落实联席会议制度，统筹推进公务员招录各项工作，完成 79 名公务员录用工作，招录选调生 9 人。

【职级晋升】 2020 年，根据《常山县公务员职务职级并行制度实施方案》，县委组织部抓好公务员职级晋升工作，全县有 181 名公务员获得职级晋升。

【公务员“一件事”改革】 2020 年，县委组织部根据省、市统一部署，完成公务员“一件事”平台上线运行工作。实现公务员录用、调任、转任等 9 个事项所涉及的出入编、工资、养老、医保、工伤、公积金 6 项业务“最多跑一次”，全县机关单位人事业务审批效率显著提升。

（潘　辰）

机关党建工作

【概况】 2020 年，县委机关工委以党的政治建设为统领，聚焦“围绕中心、建设队伍、服务群众”核心任务，以“建设清廉机关、创建模范机关”为总抓手，开展机关党建提质行动，推动县直机关各级党组织和广大党员干部做好“三个表率”（即在深入学习贯彻新时代中国特色社会主义思想上作表率；在始终同党中央保持高度一致上作表率；在坚决贯彻落实党中央各项决策部署上作表率）。全年新发展党员 51 人，办理预备党员转正 48 人，举办发展对象培训班 2 期、入党积极分子培训班 1 期。截至年底，县委机关工委辖机关党组织 150 个，其中党委 7 个、党总支 16 个、党支部 127 个，党员 2205 人。实施领航工程，每季度列出机关党组织学习清单，把学习习近平新时代中国特色社会主义思想作为“三会一课”最重要的内容。开设“红细胞讲堂”，开展对党忠诚教育，部门党组（党委）主要负责人、8090 新时代理论宣讲团成员主动上党课。实施先锋工程，聚焦疫情防控复工复产大战大考，组建“红细胞”党建联盟，发动 2000 多名党员干部下沉 60 个小区全面开展“包区清楼”大防控。全县 84 家机关单位 300 多名机关党员与 435 家企业、15 个企业属地党委分别成立“组团驻企”红细胞临时党支部，帮助企业安全有序推进复工复产。实施助力工程，聚焦全县八大产业，选派 40 名“常青藤”干部，24 名经济工作部门干部，16 名金融、法律顾问组成 8 个驻企服务团队，全面开展脱产帮扶、包干帮扶、专业帮扶，助力企业破难前行。

【完善党建领导体制】 2020 年，县委机关工委领导体制完善，明确书记由县委常委、组织部部长兼任，配备 1 名专职副书记负责日常工作。理顺机关纪检监察工委双重领导体制，建立健全双方有序运行的工作机制。在优化机构职能体系过程中同步优化完善党的组织体系，加强部门机关党建领导体制建设和力量配备，建立 7 个机关党委，专职副书记、机关纪委书记全部配备到位，机关专兼职党务干部力量加强。

【推进机关党建工作】 2020 年，县委机关工委定期召开机关党建互看互学互比交流会，召开全县组织工作会议暨“书记抓党建”项目擂台赛，基层党组织书记上台比拼党建项目谋划，强化党组织书记抓党建“第一责任人”意识，谋划推进机关党建品牌创建，按照“一部门一品牌、一支部一特色”要求，结合部门特色工作开展品牌创建，共创建机关党建品牌 53 个，举办全县机关党建擂台赛暨“双建”工作推进会，通过现场观摩、座谈交流、擂台比拼等方式，浓厚比学赶超的良好氛围。开展机关党建调研全覆盖活动，实地走访调研全县65家县直机关党组织，在一线指导机关党建工作开展。制定《关于推进县直机关党支部标准化规范化建设的实施方案》，推进支部标准化规范化建设。围绕“一流示范点、一流机关”目标，将清廉机关、模范机关、党建示范点“三联”创建作为机关党建工作的总抓手，形成机关党建齐抓共管合力。

（潘 辰）

编制管理

【概况】 2020年，中共常山县委机构编制委员会办公室（以下简称县委编办）受理机构编制事项90项，下发编委、编办文件112件，重点对党政机构改革、事业单位改革和“县乡一体、条抓块统”改革等工作进行调整完善。开展用编计划、核准单申请、人员进编备案、中层职数管理和事业单位登记管理等编制业务网上办理工作。

【事业单位清理整合规范】 2020年，县委编办牵头对全县纳入改革的214家公益类事业单位通过撤并整合“小、散、弱”和同质事业单位的方式进行清理整合规范，精简56家事业单位，精简比例为26.16%，超省定标准完成整改任务。会同县财政局对25家经费自理和2家财政适当补助事业单位定类、规范调整经费保障形式，事业单位职数核定、人员转隶、机构名称等均按省、市改革要求规范到位，涉改部门“三定”（即定机构、定职能、定编制）规定完成印发，于2020年3月底前全面完成事业单位机构改革任务。

【规范乡镇（街道）“属地管理”】 2020年，县委编办以421项省级制定的县乡职责边界清单为基础，梳理常山县“属地管理”事项责任清单70项，配套建立听证会商、督查评价、监管问责等系列办法，开展实地运行。梳理并认领乡镇（街道）140项本级权力清单，构建以“属地管理”事项和乡镇本级权力清单为基础的乡镇（街道）“权责框架”。

【综合执法领域改革】 2020年，县委编办推进综合执法相关改革。县资规局所属的土地监察大队更名为自然资源行政执法队，以自然资源部门的名义统一集中行使行政执法职责。将自然资源领域基层站所作为县资规局的派出机构，纳入“基层治理四平台”管理。整合全县执法队伍人员，共锁定执法编制152名、执法人员110人，人员实行只出不进。构建“1+X”执法模式（即1个中心乡镇、X个辐射乡镇），在前期球川综合执法队试点基础上，对执法硬件、执法机制优化升级，完善协调指挥机制，整合部门派驻力量融入乡镇“基层治理四平台”，由乡镇（街道）统一协调指挥，对派驻人员实行分类派驻、实名备案、属地管理，派驻

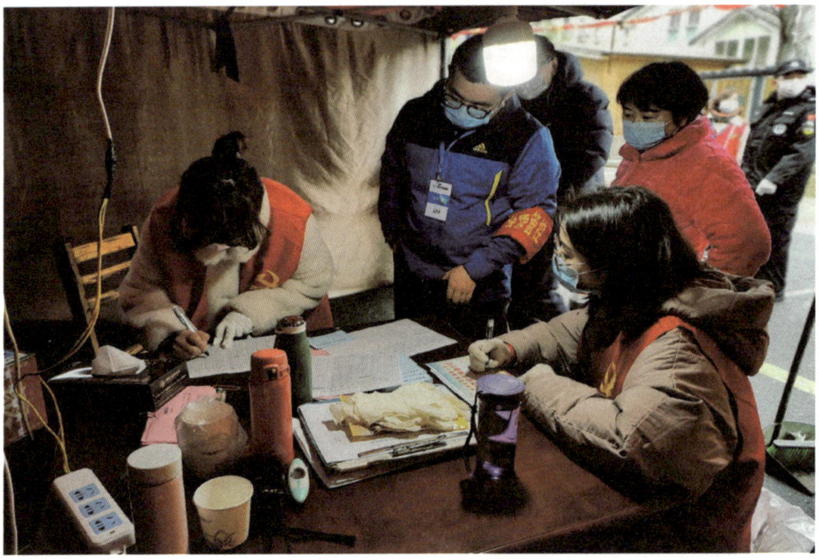

2020年2月7日，常山县委编办干部做好包干小区卡点执勤

（县委编办 供图）

干部和乡镇（街道）干部同管理、同考核、同使用。

【其他重点领域改革】 2020 年，县委编办按照“公办幼儿园在园幼儿占比达到 50%”的比例要求和“每个乡镇原则上至少办好一所公办中心园”的目标，于 2020 年 9 月在 11 个乡镇新审批设立 11 所公办幼儿园；将县森林公安局按照属地化原则划归同级公安机关直接领导管理，并相应调整工作职责、优化机构设置和编制配置；设置乡镇（街道）应急机构，加挂应急管理站牌子，具体承担应急管理的统筹、协调、指挥、考核等职责；将原有的县（市）港航管理由市交通局垂直管理调整为属地管理体制，明确管理机构和职责，按照“编随事走、人随编走”的原则做好机构编制调整和人员转隶工作。

【规范编外用工管理】 2020 年，县委编办出台《关于常山县机关事业单位编外用工管理办法的补充意见》《常山县机关事业单位编外用工控制指标核定办法》等编外用工管理配套文件，按照总数“只减不增”的原则，对公安协辅警、合同制教师和公车驾驶员等重点岗位进行专项调研，开展编外人员单位间内部调剂，共开展编外人员调剂工作 4 次，涉及调剂人员 8 人。将编外用工信息全部导入实名制管理系统，建立编外用工人员信息库，完成全县编外进出 143 人次。

【事业单位登记管理】 2020 年，县委编办优化登记服务，实行业务网上“全流程”办理，采取“电话指导+电脑远程”的办理模式，减少办事单位“上门跑”，实现办事单位“跑零次”。对需办理变更登记的 50 家单位和需注销登记的 44 家单位，一次性告知所需文件材料的同时提供清晰的文件模板，全县符合登记条件的 121 家事业单位完成年检工作。

【实名制管理】 2020 年，县委编办通过规范业务流程、简化办事材料、优化信息系统等措施深化机构编制实名制管理“最多跑一次”改革，实现线上办理进出入编业务。落实部门派驻乡镇（街道）机构人员实行属地化管理，派驻部门完成实名制系统备案 9 家，锁定编制数 143 名，实名制系统备案锁定人员 129 人。

（樊寒宜）

宣传工作

【概况】 2020 年，中共常山县委宣传部（以下简称县委宣传部）组织开展中共十九届五中全会精神学习宣讲，县领导带头宣讲、县委宣讲团跟进宣讲、各单位主要领导主动宣讲、8090 新时代理论宣讲团全域宣讲。举办高端学习会，先后邀请国务院发展研究中心党组成员、办公厅主任余斌，中共浙江省委原常委、杭州市委原书记、杭州城市学研究理事会理事长王国平等高层次领导专家到常山作专题辅导。“学习强国”学习平台激活总人数排名全市第一，辉埠镇彭川村党支部被评为全省“学习之星”先进组织。老英雄胡兆富典型宣传创历史新高，“最美防护服姐姐”张琪倚门入睡图片在《人民日报》整版刊发。深化媒体合作，融入浙报县级融媒体中心共享联盟，成立衢州日报常山工作站。乡村振兴大会宣传成效显著，相关报道全网阅读量达 5000 多万人次。《胡柚娃》动画大电影获得国家电影局颁发的电影公映许可证，入选全省“电影暖场”活动，为全市首部在院线上映的动画电影。老英雄胡兆富题材的大型现代京剧《战士》入选浙江省舞台艺术创作重点题材扶持项目名单。加快提升农村文化礼堂“建管用育”一体化水平，率先在全市实现行政村农村文化礼堂建设全覆盖。实施文旅拓展行动，文旅融合工作首次上升为县委决策部署。培育发展夜间经济，常山县入选浙江省级夜间经济试点（培育）城市。成立浙赣闽皖四省边际纪念馆红色联盟。发展民宿产业，出台《常山县慢村生活民宿等级划分与评定》地方标准。弘扬社会主义核心价值观，“衢州有礼”重重落地。召开全县省级示范文明县城创建动员大会，提前启动创建。狠抓“八个一”践行，开展专项整治，着力打造“有礼之城”。开展“百村修约”行动，打造出移风易俗示范村（点）30个。推动各级文明单位（村镇）创建，新昌乡黄塘村入选全国文明村镇，金川街道十里山村通过全国文明村镇复评。选树先进典型，王芳被评为全国抗疫工作先进个人。

【强化理论武装】 2020年，常山县开展中共十九届五中全会精神学习宣讲活动，县委第一时间召开全县领导干部会议，传达学习五中全会精神；召开县委“学习贯彻中共十九届五中全会精神”专题学习会，通过县领导带头宣讲、县委宣讲团跟进宣讲、各单位主要领导主动宣讲、8090新时代理论宣讲团全域宣讲等，广泛开展五中全会精神宣讲工作，全县120名宣讲员开展宣讲140多场次，受众7000多人。推进不忘初心、牢记使命的制度落实，提升全县党委（党组）理论学习中心组制度化、规范化水平，全年组织开展县委理论学习中心组学习会、研讨会、讲座等学习11次，编发《全面建成小康社会》《习近平谈治国理政（第三卷）》等学习参考11份。抓好“思想大解放、服务大提升、行动大担当”活动落实，连续举办4期“星期天课堂”。创新推出社科圆桌派、宋诗之河与文旅拓展研讨等活动，挖掘出赵鼎等一批重点社科资料，梳理出古弄堂、古航道、古桥等历史文化资源，全市社科普及周启动仪式在常山举办。

【8090新时代理论宣讲】 2020年，县委组织召开全县8090新时代理论宣讲工作推进会，建立全县域体系化推进8090新时代理论宣讲机制，抓好宣讲导师、骨干宣讲员素质提升和精品课打造，举办“全县微党课大赛”、“推进‘八大行动’讲好常山故事”8090新时代理论宣讲大赛等活动，推出“周一我在讲”“周二我来讲”等特色宣讲模式，推进宣讲工作。全年，宣讲团共吸收宣讲员1027人，开展活动1000多场，受众5万多人次。郭芳、彭亚捷等优秀宣讲员，先后获全市8090新时代理论宣讲电视大赛“银话筒”奖、优胜奖，“五结合”宣讲工作获市委常委、宣传部部长钱伟刚批示肯定，全市8090新时代理论宣讲工作现场推进会在常山召开。开展8090宣讲“进党校、进商会、进协会、进社团、进西部”活动，将8090新时代理论宣讲纳入党校主体班次课程内容，推动8090宣讲走进湖南省常山商会、西藏那曲。

【主题宣传工作】 2020年，县委宣传部围绕重点工作、中心工作，策划推出“八大行动”、辉埠区域环境系统整治提升、脱贫攻坚、乡村振兴、常山胡柚产业发展、

2020年9月27日，“走基层、访老乡、晒小康”大型融媒体行动启动
（常山传媒集团 供图）

教育高质量发展等24个重大主题宣传报道，举办完成“发展高质量、治理现代化”主题常山专场新闻发布会，推出“走基层、访老乡、晒小康”大型融媒体行动。推动辉埠区域环境系统整治提升案例入选国家长江办正面典型、“美丽浙江生态环境治理十佳”、“中央环保督察整改成效典型案例”，推动常山县教育高质量发展入选浙江十大县域高质量发展优秀案例。开展常山胡柚主题宣传，打响“常山胡柚利于肺”的品牌，与中新社联合开展常山胡柚网上直播带货活动，在全国产生重要影响。举办“美丽常山·文明细胞”主题电视问政节目，助力中心工作。

【疫情防控舆论宣传】 2020年疫情防控期间，通过权威发布、社会宣传、舆情稳控，及时回应社会关切和舆论关注、倡导文明新风，查处不实网络舆情8起，落地查人68人次。做好疫情防控宣传引导，为“两手抓、两战赢”提供有力保障。策划推出疫情防控“停课不停学”引起《人民日报》关注评论，10多家中央和省级媒体点赞。优秀乡村教师王金良的先进事迹得到《人民日报》、新华社等权威媒体持续关注、大篇幅报道。常山以最高礼遇迎接“援鄂英雄”凯旋引发广泛关注，5月4日光明日报客户端以《浙江常山：一堂特殊的“复学第一课”》进行深化报道。

【媒体深度融合】 2020年，常山县探索构建以“常山发布”和县级、乡镇（街道）微信公众号为主体的“1+X”融媒体传播矩阵，推广“慢城常山”App，下载量超过5万人，比上年增长12.5倍，完成常山“慢城通”与“慢城常山”App融合发展，初步构建“新闻+政务+服务+商务”格局，实现“1+1＞2”的叠加效应，融媒体传播力指数持续走在全市前列，全年县级各平台阅读量突破10万人次的稿件达14篇，是上年的4倍。与青田县融媒体中心结对共建进入实质性阶段。深化上级主流媒体合作，融入浙报县级融媒体中心共享联盟，通过“共享联盟”在《浙江日报》发稿12篇，其中头版稿件2篇；共建《衢州日报》常山工作站，通过工作站在共建《衢州日报》发稿66篇，其中头版22篇、头版头条7篇。

【对外宣传】 2020年，县委宣传部建立新闻例会制度，加强新闻宣传策划和与上级主流媒体精准对接，《人民日报》、新华社、央视、《浙江日报》、《衢州日报》等中央、省、市各类媒体刊发或推送涉常报道近2000多篇，是上年的两倍以上。其中，《人民日报》、人民网20多篇，新华社22篇，央视《新闻联播》3条，《浙江日报》26篇，《衢州日报》350篇。胡兆富典型宣传创历史新高，央视新闻频道《朝闻天下》节目以近9分钟的时长讲述胡兆富的传奇人生，央视《新闻联播》以近4分钟时长进行专题报道。“最美防护服姐姐”张琪倚门入睡图片在《人民日报》整版刊发，创全市新闻宣传新的纪录。策划举办乡村振兴大会，打开内外宣通道，精心谋划、精细“喂料”、精准对接，实现内宣外宣联动、线上线下共推，宣传报道全网阅读量突破5000万人次。

【农村文化礼堂建设】 2020年，全县180个行政村文化礼堂建设实现全覆盖，建成社区文化家园9家，企业文化俱乐部2家，城市文化公园1个，特色文化主题展示馆41家。全年，依托农村文化礼堂累计开展各类活动970多场次，参与群众超过10万人次。出台全市首个《常山县农村文化礼堂管理员管理办法》，明确农村文化礼堂管理员工作任务、费用补助，量化年度考核标准，举办农村文化礼堂管理员培训班。开展“有礼”进礼堂，举办“八个一”培训300多场，发放“有礼”宣传品10万余份。会同县教育局开展中小学生节假日参观游览农村文化礼堂活动。在有条件的文化礼堂建设家宴中心，形成40多

2020 年 8 月 22 日，《胡柚娃》电影首映

（县委宣传部 供图）

个文化礼堂特色家宴中心。培育壮大文化礼堂志愿者队伍，推出“服务大菜单”。

【文艺精品创作】 2020 年，常山县制作完成首部时长 81 分钟的《胡柚娃》动画大电影，获得国家电影局颁发的电影公映许可证，入选全省“电影暖场”活动，成为全市首部在院线上映的动画电影。老英雄胡兆富题材系列文艺作品创作稳步推进。其中，大型主题京剧《战士》入选浙江省舞台艺术创作重点题材扶持项目名单，全省仅 11 个作品入选；纪录片《初心》完成拍摄；广播剧《人民英雄胡兆富》完成前期采访；长篇报告文学《人民英雄胡兆富》进行后期创作。举办第 35 届“三山”艺术节。与省摄影家协会联合举办全省“决胜全面小康、强发展求突破”摄影展，常山县有 30 幅优秀摄影作品入展。

【文化惠民】 2020 年，县委宣传部加快完善公共文化服务体系，省级公共文化服务重点县成功摘帽。举办“书风书峰”当代浙江名家精品书法展等大型文化活动，开展“常山艺苑”、文旅走亲、“黄鹂振翅飞 文化进万家”等主题惠民活动，运营好图书分馆、南孔书屋等惠民阵地。全年完成“送戏下乡”200 多场、“送书下乡”1 万余册、“送电影下乡”2600 多场、“送展览下乡”20 多场，组织各级联动和文化走亲活动 50 多次，开展各类文化节会、公益培训、讲座展览 700 多场，惠及群众 43 万余人次。

【文旅拓展行动】 2020 年，县委宣传部制定实施文旅拓展三年行动计划，持续打造常山江“宋诗之河”品牌，举办“对话·宋诗之河”活动，上线“宋诗之河”电子地图，完成 3 个宋代小镇、赵鼎文化公园等项目规划，推出宋诗宴文旅产品。推进全域旅游示范县创建，完成《常山县全域旅游发展规划》，举办长三角（上海）文旅推介会。出台《常山县慢村生活民宿等级划分与评定》地方标准，培育出村上酒舍、云上轩、申山乡宿、彤弓山居、云湖仙境等高端民宿。推动文旅农融合发展，推进“衢州有礼·宋诗田园”诗画风光带、金色同弓田园综合体等项目建设。探索打造“网红直播+文化产业”新模式，助力观赏石、“非遗”文创产品等产业发展，线上销售额达 2.1 亿元，新创建泓彤直播基地 6 个直播间，粉丝量达 100 万人以上。推动木油榨、喝彩歌谣“非遗”文化产业化开发，举办 2020 年常山喝彩歌谣传承推广培训班，常态化开展“非遗”进民宿活动。构建“鲜辣常山”打造体系，推进美食产业化、标准化发展。成立浙赣闽皖四省边际纪念馆红色联盟，入选 2020 年度全市宣传思想工作重点创新项目，引领四省边际红色纪念馆联动发展。

（徐云飞）

新闻传媒

【概况】 2020年4月，县委报道组职责划入常山传媒集团。常山传媒集团旗下有常山电视台、常山人民广播电台、《今日常山》报刊、“慢城常山”App、常山发布、浙西传媒、常山新闻网等10多个主流传播平台，逐步形成广播电视、报纸、新媒体全媒传播的格局。2020年，常山传媒集团策划《“强发展 求突破”宣传报道方案》《常山县“八大行动”宣传报道方案》《常山县“十三五”成就巡礼报道方案》《“我为乡镇（街道）代言”报道方案》《乡村振兴大会报道方案》等25个重点新闻报道方案，采用新闻与评论结合，视频、文字、图片结合的报道形式，通过电视、报纸、新媒体联合推出反映常山县经济社会发展、工业提振、城市赋能、乡村振兴等内容的报道近万条。其中，“最美防护服姐姐”张琪的照片在《人民日报》整版刊登，且在“美丽浙江”抖音号阅读量过亿次，单条传播力全省第一。老英雄胡兆富的事迹在2月2日央视《新闻联播》栏目播出，时长近4分钟，开创衢州外宣的新高地。

是年，常山传媒集团被评为“常山县先进基层党组织”“2020年度机关（行业）党建示范点”“县优秀疫情防控卡点”“衢州市广播电视安全保障优秀单位”“国防教育工作先进单位”，获《浙江日报》媒体融合先锋奖、最佳合作奖和先进报道组奖，衢州市广电新闻协作一等奖、广播新闻协作二等奖。

【疫情宣传报道】 2020年新冠肺炎疫情突袭而至，常山传媒集团及时调整新媒体发布规定，“常山发布”微信公众号突破常规节奏，改为每天推送3次、每次5条的全时发布新常态，成为社会各界及时了解疫情防控信息的主渠道。为确保全县疫情防控工作新闻宣传更畅通、更及时、更直接，在“慢城常山”App开设《抗击疫情·常山在行动》专题，24小时更新新闻动态，累计推送各类滚动信息约500条。其中，《关于加强新型冠状病毒感染的肺炎疫情防控工作的通告（第2号）》点击量44万次，《你信吗？近百接触者竟无一人感染，相关专家说可能有胡柚的功劳！》点击量31万次，《江家村支书的一周战“疫”》点击量19万次。报纸、电视刊播新闻1000多篇，“慢城常山”App、常山新闻网等新媒体平台累计发布新媒体稿件2000多篇，阅读量超1000万人次。

【模块化运行机制改革】 2020年，常山传媒集团深入推进宣传、技术、后勤三大模块运行，不断探索完善模块化运行考核机制，释放融合效益。以宣传、技术、后勤三大模块建立健全绩效考核管理办法，按照总量控制、自主分配、多劳多得、优绩优酬的原则，将考核重点向一线人员倾斜，不断完善薪酬制度和激励机制。模块化运行机制成功应对疫情防控宣传，缓解人员紧张、骨干缺少、工作强度大的压力。

【乡镇广播站提升】 2020年，常山传媒集团相继实施乡镇广播站提升工程、应急广播覆盖率提升工程等项目，实现全县188个行政村和社区的应急广播全覆盖。疫情期间，集团结合实际，开设《徐半边开讲了》等广播节目，全年播出54期，播放8万余次，对常山县疫情防控工作起到促进作用。2020年5月，省广电局局长张伟斌到衢州调研，专程到常山实地查看乡镇广播站建设使用情况，并予以批示肯定。

【人才队伍建设】 2020年，常山传媒集团开展大型融媒体行动，由领导班子带队，组织骨干力量深入各乡镇（街道），对高质量建设美丽乡村、强力实施“八大行动”等内容深入挖掘，提高集团成员的业务水平。深化和辽宁大学、浙江传媒学院等系列专业院校的精准合作，建立实训基地，实行对口招聘，吸引广大应届毕业生的报考关注。发挥政治引领作用，在政治待遇上给予足够倾斜，对优秀人才做到“三个优先”，即优先考虑发展入党、优先考虑成为“两代表一委员”、优先考虑提拔重用。打破人才提拔机制壁障，启用年轻人成为中层干部，共提拔任用中层干部10人，并通过向组织推荐，1名中层干部被提拔为县管领导干部。

【对外宣传】 2020年，常山传媒集团与上级新闻单位建立合作机制，为重点宣传打好平台基础。组建一支专业外宣队伍，实行“1+X”（即1个固定报道组+宣传模块各成员）模式，统筹调集所有力量，重点推、重磅推，全年外宣取得突破性发展。在中央级媒体发布报道百余篇，创造历史新高，其中，《人民日报》用稿6篇、《光明日报》3篇、新华社（新华网）30多篇、央视新闻联播4篇、人民网20多篇、中新网10篇、“学习强国”（全国平台）用稿140多篇。

【媒体项目建设】 2020年，常山传媒集团持续抓好融媒体技术平台建设，完成本地非编系统对接和媒资编目服务等，完成投资355.21万元。投资50.90万元，启动电视主频道高标清同播改造项目，并于11月完成系统试运行和验收，12月25日正式开始高清试播，提前完成总局关于高清电视发展的要求。完成常山县基本公共文化服务标准及实施计划项目、传媒中心建设前期项目。全年完成项目15个，投资总额为613.21万元。

（汪东丽）

2020年5月19日，省广播电视局局长张伟斌（右一）到常山调研

（常山传媒集团 供图）

统战工作

【概况】 2020年，中共常山县委统战部（以下简称县委统战部）把握统一战线在建设“重要窗口”中的独特作用，围绕衢州市统一战线重点工作和县委“八大行动”，创新工作思路，夯实工作基础，拓宽工作领域，确保全县统一战线各项工作稳步有序推进。

【思想政治教育】 2020年，县委统战部与县社会主义学院联合印发《2020年全县统一战线教育培训计划》，设置“爱国统一战线基本知识”等十大类专题，采用专题讲授、现场教学等方式，提高学习成效。组织统战团体骨干、宗教团体骨干参与培训会3次，组织新生代企业家到台州大陈岛、北京大学等地开展实践活动8次。宣传疫情期间统一战线防疫实践，编辑全县统一战线防疫专报10多期。组建常山统一战线8090新时代理论宣讲团，深入企业、村社、异地商会等各个层面宣讲，讲好统战故事，传播统战声音，共塑统战形象。

【服务中心工作】 2020年，县委统战部助力疫情防控，鼓励社会各界统战成员参与、支持防疫工作，各界统战成员累计捐款捐物价值400多万元，1100多名统战成员参与道路管控、宣传劝导、防疫救助等工作。把好境外疫情防控关口，开展多轮涉境外人员摸排，掌握境外人员的情况。开展“同心抗疫情、联企复生产”专项行动，设立同心互助服务站，为民营企业复工复产募集口罩2.5万余只，帮助13家企业解决应急物资短缺等问题。召开协调对接会，通过线上沟通联系等方式，指导全县服务行业600多名“共享员工”到工商联会员企业、侨企跨行上岗。将招商引资工作纳入全年目标工作责任体系，以异地商会、工商联会员企业、统战团体中的非公经济人士等为媒介挖掘项目，全年收集上报有效招商信息110多条，常山（浙西）天宇安防科技产业园等项目加快推进，新引进落地的招商引资项目常山众誉运力供应链管理有限公司实现入库投资近6亿元。

【民主党派工作】 2020年，县委统战部完善《民主党派考核办法》，推动建立联谊交友、对口联系、对口协商等制度规定，形成政情通报、考察调研、沟通联络、协商反馈等工作机制。组织各民主党派开展高水平推进县域治理现代化专项监督、“民营经济高质量发展”民主协商等各类专题协商监督活动8次，提出意见建议38条。组织各民主党派紧扣“八大行动”，深入开展“三服务”，健全完善党外人士建言献策“直通车”制度，不断拓宽党派成员参政议政途径。全年组织开展医疗下乡、文化下乡等各类社会服务活动30多次，服务群众近万人。通过提案议案、社情民意等形式上报各类意见建议80多件。

【民族宗教工作】 2020年，县委统战部全面加强基层宗教事务管理，编印下发《常山县基层宗教管理指导手册》，全面加强乡镇（街道）、村（社）干部的宗教事务管理能力。明确乡、村两级党组织宗教工作责任，实行党员联系信教群众户等制度。加强宗教场所规范化建设。指导各宗教场所建立健全财务管理、档案管理、教职人员年度综合评议等制度，推进“五进”（即国旗国歌、宪法及法律法规、社会主义核心价值观、平安创建、优秀传统文化进宗教场所）活动，开展“宗教法律服务月”“公益慈善周”等系列活动20多场。完成万寿寺规划及建筑方案设计。完成湖澄庙扩建市级审批，加快石崆寺改造进度，累计投入建设资金250多万元。着手恢复全县遗存宫观，完成芳村、东案2处道教活动场所的审批工作，引进天台山桐柏宫道士2人。探索“村企合作”模式，推动赛得集团与泉目山、官庄、高埂3个少数民族村签订《民族村经济发展和村民致富战略合作协议》，通过流转土地、优先招聘用工、购置公寓使用权、采购农特产品等形式，确保村集体收益稳定、村民收入稳定。争取中央补助资金、省级少数民族发展资金用于招贤镇官庄民族村项目建设。加快推进杭州市佛教协会—高埂村帮扶计划，深入挖掘畲族传统特色文化。

【推进乡贤回归】 2020年，县委统战部建立新乡贤助力换届工作“1+2+X”机制、“6+8+3”工作法，全面落实“请贤六招”（即领导带头跑、党群举荐找、能人推选请、常雁十条引、典型宣传助、压担历练育），开展“红色拉练、干将比拼”专项行动，广泛动员寓外乡贤回乡参与助选、竞选，精准引回优秀寓外乡贤。全县190名村（社）“一肩挑”村干部中有乡贤88人，830名新任党组织班子中有乡贤315人，得票率、参选率比上届有大幅度提高。向广大新乡贤寄送介绍常山经济社会发展的“家书”和号召乡贤回归发展的“请贤帖”。开展乡贤“双招双引”行动，召开新乡贤聚力“强发展、求突破”苏州座谈会，协助召开乡村振兴大会，全年吸引新乡贤回归项目59个，总投资101.4亿元。选树乡贤模范，开展全县“乡贤才俊”“最美统战人物”评选活动。推进新乡贤文化阵地建设，重点打造拥有15个功能区、面积2000平方米的常山慢城乡贤俱乐部，何家乡贤馆、高埂乡贤馆等多个特色乡贤馆。创新开设“新乡贤乡村振兴讲堂”，邀请“治村导师”、回乡大学生等新乡贤能人返乡传授技术、分享经验，全县14个乡镇（街道）均有新乡贤加入当地“乡村振兴讲堂”，累计开课238次，教育覆盖2.3万余人次。

【助力非公经济发展】 2020年，县委统战部牵头成立嘉兴、湖南2个异地常山商会，至此，全县异地商会有17个，会员3000多人。调整异地商会考核办法及商会组织活动补助经费管理办法，建立“双招双引”工作奖励规则。在北京、上海、杭州、广东、湖北等高校密集、人才集聚、经济发达地区成立5家异地商会人才工作站，聘请17名常山寓外乡贤和企业家代表担任“招商引才大使”。全年提供有效招商信息112条，招引民宿旅游等项目8个，总投资15亿元。深入开展“三服务”，先后召开轴承、纺织、物流、餐饮等行业协会企业座谈会，举办“亲清直通车·政企恳谈会”。与县检察院、县司法局等部门联系合作，深化法律服务。邀请县领导及金融、科技、市场监管、经信等部门参加轮值会议座谈，开展服务企业活动32次，为18家企业解决问题67个，开展疫情防控有关的法律法规和政策措施普法宣传18次、法律咨询100多次。在全县非公经济人士中开展“光彩事业、回馈社会”主题系列感恩行动，引导他们参与敬老爱老、捐资助学、扶贫济困、精准扶贫等社会公益事业。启动异地商会联村助力乡村振兴专项行动，15个异地商会与常山县的15个集体经济薄弱村结对并签约成功。巨力商贸、赛得健康、启天建设等工商联会员企业累计向西部结对地区捐款超过50万元。组织杭州市常山商会开展敬老孝老活动，为全县16家养老院近千名老人送上慰问品。截至年底，全县由非公经济人士捐赠的教育、孝老等各类公益基金超过1200万元。

【侨办工作】 2020年，县委统战部健全一对一联系港澳台海外代表人士联络联谊机制，建立14个乡级海外同乡微信群。8月10日，首次邀请侨界人士列席县委全会，侨胞吴清国受邀参加会议。建立重点侨企常态化联系服务机制。联合县经信局、县人社局等部门，创新实施“共享员工”模式，浙江天子股份有限公司等多家侨企提供300多个临时岗位与服务行业企业“共享员工”，跨行业解决侨企用工缺口。以《中华人民共和国归侨侨眷权益保护法》颁布30周年为契机，开展侨法进机关、进村社、进侨企普法宣传活动，累计组织律师顾问团成员开展法律咨询、宣传等活动6次，覆盖侨胞侨眷、侨企126人（家）。全力帮扶海外侨胞做好疫情防控工作，设立24小时海外侨胞咨询服务热线，定期推送疫情防控相关知识、最新政策等信息超过260条。

【助力网络创业】 2020年，县委统战部开展网络人士基础数据调研，共掌握包含新媒体从业人员、微博大V、网络平台“网红”等各类网络人士近百人，拥有抖音、快手、淘宝直播、B站等平台粉丝总计1000万余人。主动对接粉丝多、人脉广、资源多的“网红”“乡土直播达人”，通过传帮带的方式打开常山胡柚、贡面等农特产品线上销售门路。发挥山海协作、东西部扶贫协作平台优势，与慈溪市新的社会阶层人士联谊会签订《缔结友好新联会协议书》，与杭州拱墅区、四川古蔺县等地在线签署《网络人士统战工作战略合作协议》，联合开展“新农活”公益直播课堂、直播技能辅导等系列活动。累计组织300多人参加技能培训，60多人成为“乡土直播员”。打造常山县大学生创业园、青石镇村播基地2个市级网络人士统战工作实践创新基地，出台直播场地免费提供、直播场景免费布置等扶持政策。

协助举办“春暖花开，云游常山”等各类网红直播大赛，直播活动网上点击量超过30万次，带动农产品销售1200多万元。

（王 颖）

对台工作

【概况】 2020年，中共常山县委台湾工作办公室（以下简称县台办）贯彻落实中央、省、市台办对台工作部署要求，汇聚抗疫力量、谋划交流项目、夯实基层基础、强化自身建设，对台工作水平有新提升。

【协助台胞参与疫情防控】 2020年，县台办借助县台联会、台湾常山同乡会平台协助台胞台属捐款捐物，支持家乡防疫工作。县台联会会长、浙江周福生珠宝董事长郑智斌，以公司名义向常山县红十字会、衢州市红十字会等合计捐款8万元，利用自身资源通过国内外渠道购买消毒纸巾、护目镜等防疫物资90箱，捐赠给常山县人民医院等单位。县台联会其他理事、会员也踊跃参与疫情防控工作。

【对台基层交流】 2020年7月16—17日，县台办组织常山籍台青1人参加市台办组织的“台青看衢州活动”。7月22—24日，县台办组织2位常山台商参加市台办组织的“台商看浙江（嘉兴）活动”。9月27—28日，在市台联会组织的衢州市台胞台属“两岸一家亲”中秋联谊会上，县台办播放常山县台联会选送的2名常山籍台胞代表录制的视频，向全市台胞台属家乡亲人致以中秋佳节问候和祝福。11月26—27日，县台办、台属2人参加市台办在衢江组织的“有礼衢州”衢台儒学大讲堂活动。

【台属企业考察交流】 2020年11月4—7日，市台联会率团到舟山开展考察学习活动，县台办、县台联会有关负责人参加。12月16日，衢州市台联会七届三次理事（扩大）会议在常山召开，33名理事参加会议，各县（市、区）台办负责人、台联会秘书长、常山县台联会部分理事应邀列席会议，交流各县（市、区）工作开展情况，参观考察台属企业浙江周福生珠宝店。

（詹 伟）

党校工作

【概况】 2020年，中共常山县委党校、常山县行政学院、常山县社会主义学院（以下简称县委党校）深入学习习近平新时代中国特色社会主义思想，认真贯彻落实《中国共产党党校（行政学院）工作条例》和省、市、县关于党校工作的指示部署，推进各项工作提速、提质、提效。举办县管领导干部中共十九届五中全会轮训班、新一届村（社区）党支部书记培训班、初任公务员培训班等46个班次，受训学员3524人次，其中主体班次2545人次。依托8090新时代理论宣讲团，抽调骨干力量到部门、乡镇（街道）、农村（社区）、企业等基层党组织宣讲，组织基层宣讲16场，覆盖基层群众1200人次。建立2个情景模拟教室，推动信息化与教学培训有效融合。依托互联网直播平台实现课程在线直播，开展课程直播4次，在线学员460人次，形成优质精品教学资源8件。修订完善《年度岗位目标考核办法》，明确基本任务指标、加分奖励项目，将2020年工作提炼为十大重点创新工作和十大提能提效工作，制订“双十”行动计划，推行项目化管理。根据办学实际，研究制定《常山县党支部书记学院品牌打造实施方案》，深入挖掘党支部书记学院品牌内涵，拓宽宣传载体，擦亮学院品牌，提升学院影响力。申报省、市课题21项，其中省委党校课题立项1项、市社科联立项4项、市情研究课题立项8项，完成省、市课题结项10项。组织全体教职工参与省、市各类理论研讨会，共提交征文26篇，其中2篇征文在省委党校“高水平全面建成小康社会”理论研讨会上成功入选。公开发表论文4篇，提交咨政报告7篇，收集部门合作课题4个，撰写组织部干部教育教学案例1篇。

是年，县委党校获常山县疫情防控“集体嘉奖”一次，被评为常山县第一期战时“先进党组织”。

【确定为常山县集中隔离点】 为进一步做好新型冠状病毒感染的肺炎疫情防控工作，常山县决定对确诊病例的密切接触者统一采取集中隔离医学观察措施。2020年1月20日，县委党校被确定为集中隔离点，48小时内完成基础物资配备，96个房间全部投入使用。建立组织网格化、服务人性化、管理清单化等机制，完成4家联系企业、2个包干小区、2个联系村、1个集中隔离医学观察点的疫情防控工作，完成常山县3例确诊病例所有密切接触人员的集中医学观察任务。

【举办习近平新时代中国特色社会主义思想进修班】 2020年9月4日至10月10日，县委组织部、县委党校联合举办习近平新时代中国特色社会主义思想进修班，36名县管干部参加。培训分两个阶段：第一阶段在县委党校集中学习，时间为9月4日—9月25日；第二阶段围绕县委、县政府中心工作进行调研，时间为9月25日至10月10日。培训内容包括习近平新时代中国特色社会主义思想和中共十九届四中全会精神、市委“1433”发展战略体系、县委“四四二”战略体系等。

2020年1月31日，市委书记徐文光（左二）到县委党校考察集中隔离点工作情况 （方欣泳 摄）

【举办中青年干部培训班】 2020年9月4—25日，县委组织部、县委党校联合举办2020年中青年干部培训班，对全县50名优秀中青年干部进行培训。培训内容包括习近平新时代中国特色社会主义思想、中共十九届四中全会精神、市委“1433”发展战略体系、县委“四四二”战略体系、理想信念和党性教育、综合素质和专业能力提升等。

【省级办学质量创优评估为优秀】 2020年，县委党校细化责任分工，对党校内部办学体系、管理制度、队伍建设进行大体检，构建党校发展制度群，提升工作系统化、科学化和规范化水平。2020年9月15—17日，省委党校副校长黄华章一行到县委党校开展办学质量创优评估工作。10月，县委党校通过全省办学质量创优评估，考核等次为优秀。

【拓展合作办学】 2020年10月，县委党校与省委党校干部教育学院签订干部教育培训帮扶合作框架协议；12月，与新昌县委党校签署战略合作协议，与方志敏干部学院、上饶市广信区委党校就合作培训项目、共享培训资源达成合作意向；与衢州学院深化合作，就书记学院课程开发、队伍培养壮大等展开洽谈，实现优势互补、资

2020 年 10 月 28 日，常山县党支部书记学院被浙江省委党校干部教育学院列为 2020 年全省唯一一个现场教学点　（张守俊 摄）

源共享；与余杭区委党校、义乌市委党校等省内标杆党校对接，共通资源优势。

【打造党支部书记学院品牌】 为提高农村党支部书记能力，县委党校确立“全国范围内具有高辨识度的党支部书记学院”发展定位，立足常山、面向浙江、放眼全国，聚力打造全国基层党支部书记培训新高地。2020 年接待来自河北任丘市、河北邱县、江西弋阳县、绍兴新昌县、衢州市直机关工委、龙游县地税局等县域外地区 603 人次到常山培训、交流，举办专题培训班 39 期，培训人员 2750 人次。2020 年 10 月，县委党校被浙江省委党校干部教育学院列为全省唯一一个现场教学点。

【举办全县统战骨干培训班】 2020 年 11 月 16—18 日，县委统战部、县社会主义学院联合举办全县统战骨干培训班，各乡镇（街道）统战委员或分管副书记、统战干事、各民主党派骨干成员以及各统战团体骨干成员 49 人进行专题培训，学习内容包括中共十九届五中全会精神、新时代统一战线理论与政策专题、民族宗教政策法规、打好网络意识形态斗争的主动仗等。

【举办第十二期初任公务员培训班】 2020 年 11 月 16 日至 12 月 11 日，县委组织部、县委党校联合举办第十二期初任公务员培训班，88 名初任公务员参加此次培训。培训内容包括习近平新时代中国特色社会主义思想和中共十九届四中全会精神、理想信念和党性教育、政府管理、依法行政等。

2020 年 12 月 28—31 日，县管领导干部学习贯彻党的十九届五中全会精神集中轮训班举行　（县委党校 供图）

【举办新一届村（社区）党支部书记培训班】 2020年11月20日，县委组织部、县委党校、县党支部书记学院联合举办新一届村（社区）党支部书记任前集中培训班，190名农村支部书记在县委党校学习。2020年11月25—26日，新一届村（社区）党支部书记培训班（第二期）举办，46名农村党支部书记前往义乌市委党校和何斯路村学习。两期培训内容包括习近平新时代中国特色社会主义思想和中共十九届五中全会精神、党性教育、乡村振兴、农村基层党建等。

【举办县管领导干部中共十九届五中全会轮训班】 2020年12月28—31日，县委组织部、县委党校联合举办县管领导干部中共十九届五中全会轮训班。轮训分为三期，第一期培训时间为12月28—29日，共190名县管干部参加；第二期培训时间为12月28—30日，共182名县管干部参加；第三期培训时间为12月28日和31日，共177名县管干部参加。培训内容包括习近平新时代中国特色社会主义思想和中共十九届五中全会精神、“十四五”规划纲要解读等。

（张铨金）

信访工作

【概况】 2020年，常山县信访工作围绕优化村社组织换届选举环境、加快推进政治生态修复和创建“无信访积案县”三大综合性目标，构建县、乡、村、网格四级矛调体系，全县信访形势总体平稳有序。年初，县“两办”出台《关于印发〈2020年度常山县乡镇（街道）信访工作责任书〉〈2020年度常山县部门信访工作责任书〉的通知》文件，夯实信访工作责任。建立《常山县信访督查督办工作规则》《常山县信访事项办理情况检（抽）查规则》，发挥信访督查作用，推进信访事项实体性问题解决到位。县党政主要领导亲自阅批群众来信，每个工作日安排1名县领导在中共常山县委常山县人民政府信访局（以下简称县信访局）定点接访；“周二下村日”每位县领导分别到联系乡镇（街道）下访约访群众；各乡镇（街道）、重点部门每天安排一名领导班子成员带班，随时接待群众来访。抓实源头稳控、接访协调、信息研判、督查指导、应急处置等工作。

【人员机构变化】 2020年8月10日，县委机构编制委员会批准同意设立县委直属的公益一类事业单位——常山县社会矛盾纠纷调处化解中心（以下简称县矛调中心），挂常山县社会治理综合服务中心、常山县大联动中心牌子，机构规格相当于正科级。县委政

2020年10月30日，县委书记潘晓辉在县矛调中心约访青石镇村民

（县矛调中心 供图）

法委牵头抓总，县信访局承担日常运行服务。中心核定全额拨款事业编制15名，原常山县社会治理综合服务中心（常山县社会矛盾纠纷调处化解中心）、常山县社会管理协调中心、常山县信访联合接待中心（常山县“12345”政府热线服务中心）核定的机构编制事项不再有效。

【矛调中心规范化建设】 2020年，县信访局与县矛调中心整合办公后，开展规范化提升工作，打造集信访和矛盾纠纷调处化解、社会治理事件处置、社会风险研判3个平台为一体的现代化社会治理共同体。在全市率先建成四级矛调体系，14个乡镇（街道）矛调分中心均已挂牌，190个村（社）完成矛调工作站建设，491个网格全面组建网格调解联队；推动“多中心”集成“一中心”，已有常驻部门15个、轮驻部门4个、随叫随驻部门12个；创新多元调解一站式服务，已打造8个特色调解室，已进驻7家行业调委会、8名专业调解员、1个律师团队，进驻县矛调中心调委会调解成功率为92.1%。线下、线上办结率分别达98.73%、99.88%，基本实现“两下降一提高”即信访量、诉讼量下降和群众满意度提高目标。

【再次成为“无信访积案县”】 2020年，县信访局开展“信访积案化解百日攻坚”和信访矛盾纠纷“大走访大落实大调处大化解”两大行动，创新落实“专案制”“点单制”“责任制”“代办制”“联调制”“拔钉制”“包案制”“终结制”八大制度，有效化解一大批信访矛盾纠纷，信访积案化解率创新高、新增积案率比上年明显下降，再次实现“无信访积案县”目标。

（张洋洋）

2020年7月15日，全县信访维稳工作座谈会召开

（县信访局 供图）

档案工作

【概况】 2020年，常山县档案馆（以下简称县档案馆）加快推进档案工作。做好档案利用公共服务，完善档案查阅利用制度，深化档案馆节假日预约查档机制，推广“长三角异地查档”服务。全年接待查档3148人次，提供利用10918卷、992件，提供复印纸张9102页。处理网上查档144起，其中，寄出档案复印件快递17件，电子邮件提供利用34人次。接待党史三卷专题撰写工作相关查档36人次，提供档案数据光盘29张。提升档案资源建设，做好新冠肺炎疫情防控档案工作，移交接收14家单位的到期文书档案进馆，征集新冠肺炎疫情防控类档案、图书资料及其他实物档案277件、照片1170张、视频2个。推进档案文化编研，编印《旧影乡愁 记忆常山》摄影集，汇编“档案文化专刊”，编写档案利用效果汇编48篇。推进档案信息化建设，持续开展“最多跑一次”电子化归档工作，优化档案数据质量，加强档案信息安全。推进疫情防控

工作。摸排包干小区住户楼5幢160户361人，服务居家隔离对象7户13人，实现在住人口健康码申领100%；对5家挂联企业实行“组团分队”“一对一”服务模式，协助做好复工复产及疫情防控工作。做好联系村企工作，全馆14名干部结对大埂村贫困农户39户54人，提供帮扶资金6.5万元。做好信访化解工作，化解初次信访事项2起。

是年，县档案馆被评为“全省档案系统先进集体”，通过示范档案馆评价和省级文明单位复评。

2020年7月15日，常山县“决胜全面小康·强发展求突破”全省摄影比赛作品展在县档案馆举行 （县档案馆 供图）

【14家单位到期档案移交进馆】 2020年，县档案馆全面摸排馆藏各全宗档案移交情况，列出到期应移交单位名单，制订2020年档案移交接收计划。移交接收14家单位的文书档案进馆，共2051盒，计148卷32004件。做好2家单位项目档案的离线备份工作，分别为移民水库管理中心小型水库移民项目，U盘1只，43.6GB；常山一中项目档案，移动硬盘1只，96.7GB。接收1家单位（县政协）书画档案5幅。

2020年6月2日，县档案馆馆长徐良其（左）到半典阁征集相关档案资料 （县档案馆 供图）

【专题档案征集】 2020年，县档案馆先后发布《常山县档案馆关于开展“档案见证小康路 聚焦扶贫决胜期”专题档案征集的公告》《关于开展档案和地情资料收集及报送工作的通知》《常山县档案馆面向社会各界开展新冠肺炎疫情防控工作档案资料的征集公告》，共征集到新冠疫情防控类包含常山籍新冠治愈者出院采访、抗疫工作日记、抗疫书法作品、文艺作品、音视频等档案 203 件，常山本地家谱族谱类档案 12 件，本地作家出版图书资料 40 多册，反映常山社会历史变迁的实物类档案 22 件，地情史料类资料 6 本，照片 140 张，视频 2 个。另外，征集到许祯祥、黄祖祥拍摄的照片及常山县“决胜全面小康、强发展求突破”主题全省摄影大赛获奖作品照片共 787 张。新增数码照片 1544 张并著录条目 6 组，全部导入馆藏系统。

【档案信息化建设】 2020 年，县档案馆持续开展“最多跑一次”电子化归档工作。32 家单位电子档案移交进馆，目录 78449 条，电子原文件 259187 件，数据量约 8.97GB；设置完成全县 62 家全宗单位的行政审批事项，总计通过四性检测 233271 条数据，已接收 230080 条，转入虚拟档案室 165675 条，数据检测通过率达 98.6%以上。对馆藏 181 个全宗的文书档案数据重新整理导入，其中对馆藏光盘档案编目，共著录案卷目录 444 条，卷内目录 1911 条，完成常山新闻、常山方言的 MP4 格式转换，并导入馆藏系统。做好浙江省公共数据平台信息系统及目录数据的普查及归集工作，普查信息系统录入 4 个，目录数据信息录入 13 种。对“僵尸系统”（网站服务器、登记备份服务器）进行关停。完成新馆藏系统的运行优化及部分功能的优化调整。

【援鄂抗疫档案建档】 2020 年，县档案馆开展援鄂抗疫档案建档，档案记载常山县 5 位援鄂医护人员出征武汉的历程，包括援鄂医务人员的请战书、上岗证、工作日记、合影，社会各界感谢信、工作照、荣誉证书、各种纪念品以及出征机票等，最终形成口述档案视频 9 个和实物档案 159 件，电子化档案数据约 10GB，光盘 6 套 30 张。

（陈慧群）

党史工作

【概况】 2020 年，中共常山县委党史研究室（以下简称县委党史研究室）完成常山县党史和文献资料的整理、编研等任务，推进《中国共产党常山历史》（第三卷）（以下简称党史三卷）的编写工作，做好《常山县大事记（1921—2021）》编辑工作，实施建党 100 周年图册大纲编制，做好西源革命纪念馆申报评定省级党史教育基地的相关工作。

【《中共常山县委文件选编》编印】 2020 年，县委党史研究室利用县档案馆馆藏系统，整理筛选相关县委文件，完成《中共常山县委文件选编》编印工作，共 3 册（1987 年 3 月—1993 年 2 月、1993 年 3 月—1998 年 2 月、1998 年 3 月—2003 年 1 月），录入 254 个文件，总计 1749 页、143 万字，每册交付印刷 300 本，发放给 54 个党史三卷承编单位，作为党史三卷专题撰写依据。

【《党报中的常山》收集整理】 2020 年，县委党史研究室开展党报收集整理工作，主要收集《人民日报》和《浙江日报》1949 年起有关常山的新闻报道资料，以供党史三卷编写参考。至年底，收集《浙江日报》1949 年起有关常山的重要报道 1889 篇；收集《人民日报》1949 年起有关常山的重要报道 84 篇，均已完成电子版转换。

【党史三卷编写工作】 2020 年，县委党史研究室修改完善党史三卷大纲，暂定 5 编 25 章 75 节 244 目。对 54 家承编单位撰稿人进行业务辅导 81 次，跟进各单位专题撰写情况。完成县委办、县档案馆（县委党史研究室）共 5 个专题的资料收集、调研、编写工作。至年底，54 个承编单位上交专题初稿 62 篇，党史三卷编写组反馈审核通过 11 篇。

【《常山县大事记》编辑工作】 2020 年，县委党史研究室启动《常山县大事记（1921—2021）》

编辑工作，收集有关参考资料，包括《常山年鉴》《中国共产党常山历史大事记（1949.5—2004.9）》《常山60年大事纪要（1949.5—2009.4）》《中国共产党常山历史第一卷（1925—1949）》《中国共产党常山历史第二卷（1949—1978）》等。收集相关所需的图片资料，其中从常山传媒集团征集到2019—2020年的图片容量137GB，从县委办征集到的图片容量达10GB。至年底，文字材料整理到2020年。

（陈慧群）

地方志工作

【概况】 2020年，常山县地方志研究室（以下简称县地方志研究室）完成《常山年鉴（2019）》出版发行工作，送审《常山年鉴（2020）》并完成修改，完成《中国地方志年鉴（2020）·浙江部分》常山部分的供稿工作，做好2020年常山县大事记的采编工作。指导乡镇志的修编工作。完成《品读衢州》丛书审稿工作。

【《常山年鉴（2019）》出版发行】 2020年10月，《常山年鉴（2019）》由方志出版社公开出版。《常山年鉴（2019）》由县委、县政府主办，县地方志研究室组织编纂。该书16开本，合计69万字，记载时限从2018年1月1日至12月31日，涵盖常山要闻图片、特载、大事记、概况、经济建设、政治建设、文化建设、社会建设、生态文明建设、乡镇发展概况、专记、附录等篇章。入鉴资料由县内各部门、乡镇和在常山的省部属单位提供，经编辑部层层审阅，编辑加工并经各单位审核后定稿，所采用数据以县统计局提供为准，全面、系统记载常山县行政区域自然、政治、经济、文化、社会方面的情况和社会发展的历史进程，突出年度和地域特色，为社会各界人士和中外投资者了解、研究、建设常山提供丰富翔实的地情资料。

（陈慧群）

常山县人民代表大会

综 述

【概况】 2020年，县人大常委会围绕忠实践行“八八战略”、奋力推进“八大任务”、全面实施“八大行动”的主题主线，履行宪法和法律赋予的职责，为全县对标“重要窗口”，夺取疫情防控和经济社会发展“双胜利”做出贡献。全年举行常委会会议11次，听取和审议专项工作报告19个，作出决议决定22个，任免国家机关工作人员45人次；召开主任会议17次，听取专项工作报告15个；开展执法检查3次，组织代表视察23次；对县法院、县检察院进行工作评议，同步开展“两官”（即法官、检察官）履职工作评议，发挥地方国家权力机关作用，完成县十六届人大四次会议确定的各项目标任务。

【社会经济审议】 2020年，县人大常委会助推经济高质量运行。专题审议“十三五”规划完成情况，听取和审议国民经济和社会发展计划执行情况报告。深化预算审查，介入预算编制前期工作，及时批准财政预算调整方案。关注审计工作，听取和审议审计反映问题整改情况报告，推动被审计单位整改问题68个、涉及整改资金1.03亿元。常态化开展国有资产管理使用情况监督，首次听取常山县行政事业性国资管理情况的专项报告，加大对国有资产管理的监督力度。梳理汇总全县涉企政策在制定和执行方面存在的主要问题并召开专题询问会，视察并听取常山县招商引资工作报告，听取常山县税收征管情况报告，保障减税降费政策有序落地。听取并视察常山县工业园区整合运行情况。跟踪监督渔政管理机制落实，听取和审议2019年环保目标完成情况和2020年目标制定情况报告，专题听取中央环保督察整改落实情况报告、绿化造林和自然保护地建设管理情况报告，开展《中华人民共和国土壤污染防治法》贯彻实施情况执法检查。

【民生建设监督调研】 2020年，县人大常委会推动民生持续改善。督导学前教育补短板工程深入实施，实现“一乡镇一公办园”全覆盖；执行教育专项报告制度，听取和审议师德师风建设情况报告；专题听取教育布局工作报告，督促县职业中专、城东小学等多所学校的规划实施。听取和审议医保基金监管提升使用绩效情况报告，视察调研医共体“有礼医院·智慧服务”工作，监督政府提升医保基金管理使用效益，优化智慧医疗体系建设。听取和审议全民健身场地建设与运营情况报告，组织视察城市品质提升、旧城改造房屋征收等推进情况。听取退役军人服务保障体系建设情况报告，在视察“夕阳红食堂”试点推进工作的基础上，市、县联动开展居家养老服务体系建设调研。视察常山胡柚品质提升和农业新兴产业发展情况，重视粮食安全问题。视察常山县农田水利基础设施建设及维护情况，专题调研农业受灾情况。听取和审议农村饮用水达标提标工程长效管理情况报告，督促县政府深化农饮水一体化管理体制改革，落实长效管理机制。组织视察历史文化古村落保护与开发利用和农村“三个一批”（即建一批村中道、迁一批村中坟、建一批停车场）实施情况，推动县政府强化历史文化古村落保护。

【深化法治建设】 2020年，县人大常委会深化“宪法宣传周”活动，弘扬宪法精神和社会主义法治文化。落实宪法宣誓制度，全年组织宪法宣誓7批次23人次。关注支持“七五”普法规划实施，视察全县法治副校长工作开展情况。首次开展法官、检察官履职工作评议及“常山县人民满意法官”“常山县人民满意检察官”评选活动，召开不同层面座谈会20多次，提出评议意见90多条，评选出5名“人民满意法官”和3名“人民满意检察官”。深化落实县委《关于进一步加强检察机关法律监督工作实施意见》，专题听取县检察院三年来法律监督工作情况报告。先后结合《衢州市物业管理条例》等开展执法检查，在全市率先开展野生动物保护法执法检查，推动5个部门加强联动执法。围绕扫黑除恶专项斗争工作“三年长效长治”阶段性目标，就深化“打伞破网”“打财断血”工作提出针对性建议，推动建立健全遏制黑恶势力滋生蔓延的长效机制。做好新形势下人大信访工作，全年接待群众来访156人次，依法妥善解决信访件78件。重视加强规范性文件备案审查工作，全年备案审查县政府规范性文件15件，及时出台《关于县人民法院、县人民检察院规范性文件备案审查工作的规定》，配合省、市人大常委会开展立法调研，提出意见、建议63条。

【代表联络履职】 2020年，县人大常委会打造规范化、一体化、常态化、系统化的人大代表联络站升级版，金川街道“1+3”议事平台、同弓乡代表联络站“天天开门”得到市人大的高度肯定。创新开展有事“码”上找代表工作，联络站“一站一码”、部分基层代表“一人一码”，构建线上线下全天候无障碍的联系沟通体系。县领导以人大代表身份带头走进联络站，开展联系群众主题活动。四级人大代表进站接待选民632人次，收集意见建议230条，并反馈给县政府研究落实。分2批次组织120名基层代表到浙江大学进行履职培训。落实好《代表履职评价办法》，评选出17名代表履职先进个人、16件优秀议案建议。执行代表活动经费管理使用办法，支持和保障代表依法履职。加大议案建议督办力度，129件议案建议按期办理并答复代表，所提问题得到解决或计划逐步解决的占建议总数的86.6%。召开不满意建议交办会，常委会领导带队督办8件不满意建议，推动解决一批人民群众关注的急难愁盼问题。深化代表“菜单式”参与常委会监督议题，全年邀请90名代表列席常委会会议，参加视

2020年11月28日，赣浙闽皖四省交界县（市、区）人大常委会第三十九次联席会议在常山召开 （县人大办 供图）

察、调研、执法检查等活动 425 人次，常态化开展代表智慧监督治水、民生实事项目工作，组织各级人大代表开展助力矛盾纠纷调处化解“最多跑一地”改革等主题活动，引导和发动广大代表投身于疫情防控攻坚战，融入治理创新行动，全县 134 名基层人大代表编入网格。健全代表向选民述职制度，首次组织 5 名市人大代表在常委会上述职，46 名县人大代表、74 名乡镇人大代表向原选区选民报告履职情况，基层县人大代表届内全部完成述职。

【加强自身建设】 2020 年，县人大常委会履行党风廉政建设工作责任，落实“三会一课”、谈心谈话、主题党日等制度，推动全面从严治党向纵深发展。重视发挥制度建设的引领和规范作用，修订县人大常委会各项议事规则及机关学习培训、财务、会议等规章制度，推动机关工作更加规范化和制度化。学习贯彻省、市人大宣传工作会议精神，及时召开全县人大宣传工作会议。全年发布微信公众号 50 期，在市级以上媒体发表稿件 200 多篇，其中《创新人大代表工作提质增效的“常山实践”》在《人民代表报》上刊登。承办赣浙闽皖四省交界县（市、区）人大常委会第三十九次联席会议。

重要会议

【县第十六届人大第四次会议】 2020 年 4 月 21—22 日，常山县第十六届人民代表大会第四次会议召开。会议听取和审议县政府工作报告、县人大常委会工作报告、县法院工作报告、县检察院工作报告；审查常山县 2019 年国民经济和社会发展计划执行情况、2020 年国民经济和社会发展计划草案的报告，审查、批准常山县 2019 年国民经济和社会发展计划执行情况的报告、2020 年国民经济和社会发展计划；听取和审查常山县 2019 年财政预算执行情况和 2020 年财政预算草案的报告，审查、批准常山县 2019 年财政预算执行情况的报告和 2020 年财政预算；审议和票决 2020 年县政府民生实事项目；补选刘石平为县人大常委会主任；通过常山县第十六届人民代表大会专门委员会有关组成人员人选名单。

【县第十六届人大常委会会议】 2020 年 1 月 9 日，县十六届人大常委会举行第二十七次会议。会议听取 2019 年度民生实事项目完成情况的评估报告；初审县政府关于 2020 年度民生实事候选项目建议情况的报告；初审县十六届人大四次会议有关工作报告（送审稿）；初审常山县 2019 年预算执行情况和 2020 年预算草案报告及审查意见（草案）；审议通过关于召开县十六届人大四次会议的决定；听取和审议有关人事事项。

1 月 19 日，县十六届人大常委会举行第二十八次会议。会议

2020 年 4 月 21 日，常山县第十六届人民代表大会第四次会议开幕

（县人大办 供图）

听取和审议县政府关于县人大常委会决议决定及审议意见落实情况的报告；听取政府性投资重点项目安排情况的报告；讨论提出2020年度县政府民生实事项目票决办法（草案）；讨论通过县十六届人大四次会议预备会议日程（草案）、各代表团组成人员名单等事项；讨论提出县十六届人大四次会议主席团和秘书长名单（草案）、会议日程（草案）、大会议案截止日期（草案）等事项；讨论通过县十六届人大四次会议列席人员名单；听取和审议代表资格审查报告（草案）；听取和审议有关人事事项。

2月3日，县十六届人大常委会举行第二十九次会议。会议审议通过关于延期召开县十六届人大四次会议的决定。

4月1日，县十六届人大常委会举行第三十次会议。会议听取和审议县政府关于2019年常山县环境保护目标完成情况和2020年环境目标制定情况的报告、关于常山县国有资产管理使用情况的综合报告、关于常山县行政事业性国有资产管理情况的专项报告；听取和审议有关人事任免和代表辞补事项。

4月7日，县十六届人大常委会举行第三十一次会议。会议审议通过关于召开县十六届人大四次会议的决定；讨论通过县十六届人大四次会议预备会议日程、列席人员名单、各代表团组成人员名单等事项；讨论提出县十六届人大四次会议主席团和秘书长名单（草案）、会议日程（草案）、大会议案截止日期（草案）等事项；听取和审议代表资格审查报告（草案）。

5月27日，县十六届人大常委会举行第三十二次会议。会议听取和审议县政府关于常山县城乡交通客运发展情况的报告；听取和审议通过有关人事事项。

8月7日，县十六届人大常委会举行第三十三次会议。会议听取和审议县政府《关于常山县2020年1—6月国民经济和社会发展计划执行情况的报告》《关于常山县2019年财政决算的报告》《关于常山县2020年1—6月财政预算执行情况的报告》《关于街道2020年预算编制及半年度执行情况的报告》《关于常山县2019年财政预算执行和其他财政收支的审计工作报告》《关于常山县全民健身场地建设与运营情况的报告》；听取和审议关于常山县数字经济发展情况的报告；听取和审议《常山县人大代表约见地方国家机关负责人暂行办法》（草案）；听取和审议通过有关人事任免、县人大代表辞职及市人大代表辞补事项；听取和审议县公安局关于要求许可对县十六届人大代表王红建采取刑事强制措施的报告。

8月31日，县十六届人大常委会举行第三十四次会议。会议听取县公安局有关工作报告。

9月29日，县十六届人大常委会举行第三十五次会议。会议听取和审议县政府《关于常山县教育专项工作（师德师风建设）情况的报告》《关于常山县推动矛盾纠纷调处化解“最多跑一地”工作情况的报告》《关于〈衢州市物业管理条例〉贯彻实施情况的报告及执法检查报告》；表决通过《常山县人民代表大会常务委员会关于深入学习贯彻习近平总书记考察浙江重要讲话精神 全面实施“八大行动”为全省建设“重要窗口”主动担当奋发有为的决定》；票选“人民满意法官”“人民满意检察官”；听取和审议有关人事和市人大代表辞职事项。

12月2日，县十六届人大常委会举行第三十六次会议。会议听取和审议县政府关于加强医保基金监管提升使用绩效情况的报告、关于农村饮用水达标提标工程长效管理情况的报告、关于县十六届人大四次会议议案建议办理情况的报告；听取和审议县公安局相关工作报告；听取和审议市人大代表述职报告；听取和审议通过有关人事事项。

12月25日，县十六届人大常委会举行第三十七次会议。会议听取和审议县政府关于2020年度民生实事项目完成情况报告、关于2020年审计工作报告反映问题整改落实情况的报告、关于常山县2020年地方政府债务限额及新增债务预算调整方案的说明、关于常山县2020年财政预算调整方案的报告；听取和审议通过有关人事事项。

重要活动

【“两官”工作履职评议】 2020年，县人大常委会依法对县法院法官、县检察院检察官进行工作履职评议，广泛征集被评单位、人大代表、服务对象意见建议，调查收集、梳理反馈意见120多条；召开不同层面座谈会20多次；提出评议意见90多条；评选出“人民满意法官”5人和“人民满意检察官”3人。

【推进工业经济高质量发展扶持政策使用绩效情况专题询问会】 2020年，县人大常委会制定工作方案，组建调研小组，针对2016—2019年工业政策使用绩效情况开展专门调查，梳理常山县工业经济扶持政策方面存在的主要不足和部分问题，并召开推进工业经济高质量发展扶持政策使用绩效情况专题询问会，其中8个重点问题交县政府办理。县政府高度重视，迅速行动，对现有政策体系开展有针对性的清理和纠偏，通过深入实施“工业提振行动”，力争开创全县工业经济高质量发展新局面。

（琚敏杰）

小资料：人大代表优秀议案

关于加快旧城改造提升常山城市品质的议案

一、案由

一座城市建设和经济发展相辅相成，相互促进。经济发展是城市建设的基础，城市建设是经济发展的条件。城市建设作为一个扩大投资、推动消费、促进发展的过程，可以带动房地产业、建筑业、文旅产业等十几个相关产业的大发展。加快城市建设，有利于提升城市的知名度、增强城市的竞争力，有利于改善县城人居环境，有利于改善民生，推动城市经济又好又快发展。

二、案据

1. 基建设施跟不上经济社会发展。常山近年经济跃入快速发展通道后，旧城区北门原有的城市格局、经济模式和生活方式已明显暴露出与现代生活不适应的现状；同时，随着社会发展，“一江两岸”城市空间格局已形成，旧城和新区之间形成的反差已十分明显，旧城区的提升改造迫在眉睫。

2. 品牌文化打造的根本需要。“宋诗之河”常山江已在省内甚至国内都小有名气，对于快速提升“宋诗之河”常山江两边的基础配套与景点特点打造也是非常迫切。

3. 居民生活的迫切需要。现阶段常山县老旧小区普遍存在道路破损、房屋陈旧、环境脏乱、拥挤不堪、小区功能不齐全不完备的现象，市民热切期盼能够有一个方便舒适的生活环境。通过老旧小区的改造和背街小巷的整治，不仅可以大大提升市民生活环境，实现市民期待，更是提升城市功能、改善城市形象的良好途径。

三、建议

结合主城区房屋征收工作做好分类处置工作。目前主城区房屋征收已基本完成了入户调查和评估测绘工作，结合常山县历史文明古街，做好文化街区的改造提升工作。尽快启动更深入的调查，完成方案设计，提升品味，打造常山的“水亭门”。

多措并举努力筹集改造资金。老旧小区和背街小巷的改造工程量大，所需资金量大。要进一步深化“业主主体、政府主导”的理念，群众集资和政策出资相结合的方式推进改造提升工作。同时要结合小区的实际，鼓励部分社会力量参与老旧小区后续养老产业等运维管理，并建立相应市场参与机制。

合力构建共享共治长效管理机制。老旧小区改造后“怎么管”由业主说了算，要合力构建共享共治长效管理机制。一是物业管理部门要进一步加强对老旧小区改造后引入专业物业管理进行引导和指导，帮助业主在改造项目竣工和交付之间，实现专业物业管理的无缝衔接。二是要依托党建引领居民协商深化社区公约，探索与创新居民参与维护和管理小区公共设施的机制，营造邻里和谐、居民自治的社区环境。

（樊敏剑 郑安军）

关于加强常山胡柚现代种业工程建设的议案

一、案由

常山县委、县政府始终坚持把发展现代胡柚产业作为常山县最具特色和最具竞争力的农业主导产业，在规模化经营、标准化种植、品牌化营销、精深化加工等方面做出大量富有成效的工作。然而，面对构建新发展格局和新时代农业高质量发展的新要求，常山胡柚种业发展与发展现代农业的要求还不相适应，要实现农业和农村经济的持续稳定发展，加强种业科技创新，加快推进现代胡柚种业发展迫在眉睫。

二、案据

目前，常山胡柚种苗品种不纯、种苗质量差，尤其是良种苗木繁育水平低，全县缺少上等级、成规模、设施完善、管理严密、繁育质量可靠的胡柚无病繁育圃，没有形成专业生产需要的接穗母本园、采穗圃、苗木繁育圃良种繁育体系。胡柚是一种较易发生芽变和基因多样化的品种，全县80%胡柚已有30多年的树龄，品种良莠不齐、品质一致性较差，迫切需要进行更新换代和技术改造。市场销售劣苗、病苗、假苗事件时有发生，不仅大大挫伤农民的积极性，对国家和人民的财力、物力也造成极大浪费，影响常山胡柚产业的健康发展。此外，还存在缺资金投入、缺科技研发平台、对企业批复建立的国家级和省级科技研发平台法人资质难以确认，导致企业无法以国家级和省级科技研发平台法人资质申报省级及国家级重点科技研发项目等方面的问题。

三、建议

（一）谋划“常山胡柚种业提升”重大工程项目。

种业是国家战略性、基础性核心产业，中央预算内投资农业专项资金对现代种业工程提升项目有财政专项支持。种业安全列入2021年八项重点任务，国家财政扶持政策力度持续加大。建议常山县积极谋划“常山胡柚种业提升”重大工程项目，争取纳入中央预算内投资农业建设项目储备库。

（二）开展实施常山胡柚种业六大工程。

1. 建设常山胡柚种质资源库、改善科研基础设施条件。

组织开展常山胡柚种质资源库（场、区、圃）布局、审核挂牌。新建、改扩建一批资源库（场、区、圃）。开展种质资源登记，实行统一身份信息管理，建设种质资源共享平台，实现种质资源依法向社会开放。

2. 种业基础性公益性研究工程。

加强育种理论方法和分子育种、检测检疫、抗性鉴定、生产加工、信息管理等关键性技术研究，制定和完善品种真实性、种子质量等检验检测技术标准，全面提高常山胡柚种业科技创新能力。建立现代化胡柚无病毒苗木繁育中心，为柚农提供无病毒良种接穗，提高优质品种覆盖率。

3. 商业化育种工程。

政府加大政策扶持力度，支持和引导有实力的“育繁推一体化”种子企业加大科研投入，建设育种研发中心、种子加工处理中心、品种测试体系和展示示范基地，引进高层次人才、先进育种技术、育种材料和关键设备，创新育种理念和研发模式，加快提升企业育种创新能力。

4. 种子生产基地建设工程。

加强种苗生产基地基础设施建设，改善生产条件，建设现代化种苗育繁中心和配送体系，形成相对集中稳定的标准化、规模化、集约化、机械化种苗生产基地。

5. 种业监管能力提升工程。

建设和完善常山胡柚品种试

验站、抗性鉴定站、常山胡柚品种繁殖材料保藏库(圃)以及品种真实性鉴定中心。强化基地、市场和品种管理。加强行政许可全过程管理，严格准入条件和标准，依法核发种子生产经营许可证。强化行政许可后的监督管理，建立许可信息公开查询平台和生产经营信息报告制度，严厉打击未审先推、无证生产、抢购套购、套牌侵权和制售假劣种苗等违法行为。加大知识产权保护力度，健全以新品种权为主的知识产权服务体系。加强苗木市场检疫检查，杜绝市场上出现假苗、劣质苗、病毒苗的情况。推行胡柚苗木市场准入制度，从源头上杜绝劣质或带检疫性、危险性病虫害的柑橘苗木进入流通领域。认真落实农业部出台的种苗管理政策文件，完善《常山县胡柚苗木暂行管理办法》，规范和监督苗木生产、销售经营、市场流通。

6. 数字种业工程。

构建全县统一的种业大数据平台。深入贯彻落实《中华人民共和国种子法》相关要求，打通品种创新线、种子种苗市场线、种业主体线，进一步完善二维码追溯管理系统，加快实现种业可追溯管理。

（三）加强常山胡柚技术团队建设与人才培养。

整合专业技术人才资源，组建一支强有力的技术研发团队，积极与科研院所、高等院校联合组建技术研发平台和产业技术创新战略联盟。建立院士工作站、博士后科研工作站和学习实践基地等合作平台，开展胡柚科学研究和技术攻关，培养高层次的专业人才。

（四）建立多元化投资渠道。

加大胡柚种业财政投入力度，支持种质资源开发、品种培育、关键技术及标准研发。建立现代种业发展基金，重点支持“育繁推一体化”种子企业开展商业化育种。积极推动种业制种保险、信贷支持等政策落实，支持现代种业发展基金发挥政策导向作用，培育种业龙头企业，支持育繁推一体化企业逐步成为种质创新利用主体，引导企业做大做强、做专做精。

（黄歆怡　胡卫群）

关于坚持以科技创新支撑引领经济高质量发展的议案

一、案由

中共十九届五中全会提出：坚持创新在中国现代化建设全局中的核心地位。同时，百年未有之大变局继续向广度和深度拓展，当前和今后的一个时期，中国发展仍处于重要战略机遇期，但机遇和挑战都有新的发展变化。抓住这个战略机遇期，就要求科技创新要由量的累积向质的飞跃转变，由点的突破向系统能力提升转变，发挥优势，补足短板。而目前，常山县科技创新发展的软硬件建设虽然比以前有了长足进步，但发展情况还不尽如人意，主要存在四个问题：一是建设资金总体缺乏，二是企业创新意识不强，三是投资环境优势不明显，四是人力资源较为缺乏。常山县地区偏远，经济发展水平低，这些不仅导致吸引人才难，而且还造成本地人才外流。同时，常山缺乏高等院校和科研机构，造成对高素质的专门人才的培养和产业发展必要的基础研究和应用研究力度不足。

二、案据

常山县要实现追赶发展，要以科技创新支撑引领高质量发展为主题，突出创新能力提升，突出创新体系完善，突出创新生态营造，突出以人为本，突出改革创新。在科技创新领域加快构建以国内大循环为主体、国内国际循环相互促进发展的新格局。要从三方面同时发力：

一是现有实体经济实现新旧动能转换。要重视现有实体经济发展。科技创新是实体企业生存与发展的战略支点，壮大、做精、做强实体经济需要全方位创新。把实体经济抓上去，必须把创新驱动发展放在首要地位。鼓励企业开展“机器换人”，突出对中小企业数字化转型的支持引导，加快智能制造单元、智能生产线、数字化车间、智能工厂建设，以轴承、纺织、冷柜行业先行先试，打造工业互联网平台。

二是加快引进高新产业和未来产业。高新技术产业的发展模式按照技术来源大致可分为三种：自主开发科技成果进行转化、技术引进、吸引外来投资。改革开放40多年来的实践证明，前两种模式并不有利于推进高新技术产业长足发展。

三是顺应时代打造“三新”经济体系。新冠疫情带来的是一场百年未有之大变局，在冲击传统产业的同时，也催化数字经济和线上经济的加速发展，使得以新产业、新业态、新商业模式为核心内容的“三新”经济获得了巨大的发展机遇和拓展空间。

三、建议

以“产业链、创新链、资本链”三链融合的思路促进科技创新。

1. 产业链：一是全面推进建链强链补链，支持龙头企业牵头组建产业链上下游企业共同体和产业创新联盟等，协同创新，以研发众包、大企业内部创业和构建企业生态圈等模式，促进大中小企业之间业务协作、资源共享和系统集成，从而推动产业创新、产能协同、产品提升方面有效联动。二是借助行业协会，推进技术标准创新基地建设，支持行业协会牵头制订国际标准和国家标准。三是可参照衢江浙江特种纸新材料技术研发中心的成功建设模式，根据常山县产业优势和特点，有序选择精密基础件、常山胡柚、常山山茶油等产业，建成以企业和行业为主导和主体，集研发、技术成果转化、检验检疫、技术标准等于一体，政府产业服务与科技服务入驻的综合性产业技术中心。

2. 创新链：一是聚焦企业创新能力提升，培育创新型领军企业“大主体”，支持企业建设高水平研发机构。二是引导企业加强研发力度，推动规模以上工业企业研发活动、研发机构、发明专利全覆盖。三是以政府采购方式推进一批行业关键共性技术攻关，深化“企业出题，高校、科研院所解题，政府助题”的产学研合作模式。四是支持研发和人才“飞地”发展。五是以浙江网上技术市场为基础，按照统一品牌标识、统一管理制度、统一服务规则等原则，建成以展示、交易、共享、服务、交流为一体的，创新资源广泛集聚、技术展示交易活跃、技术转移和成果转化产业化成效显著的重要平台。

3. 资本链：创新企业需要长久的投入支持，资金需求高，能否获得及时、足够的资金支持事关生死存亡。但由于投资风险大、技术迭代快、成果转化不确定等原因，创新企业往往面临资金短缺、融资难问题。因此，一要坚持金融资本、社会资本、政府基金有机结合构建科创金融体系。突出财政资金“四两拨千斤”作用，大力度引导全社会加大研发投入，建立“政府推动+市场运作”的科技保险发展模式。二要推广专利权、商标权质押融资，促进科技企业知识变资本。三要以支持中小微企业技术创新为导向，加大财政科技资金整合力度，深化完善普惠制科技创新券制度，将创新券适用范围扩大到检验检测、合作研发、委托开发、研发设计等技术创新活动，优化创新券注册、申请、使用、兑现等程序。四要发挥政府采购支持创新作用。在同等条件下，鼓励优先采购科技型中小企业的产品和服务。

（宁 歆）

常山县人民政府

综 述

【概况】 2020年，常山县人民政府（以下简称县政府）紧扣“强发展、求突破”工作总要求，实施“八大行动”，做好“六稳”工作，落实“六保”任务，完成年初确定的各项目标。全年地区生产总值160.1亿元，比上年增长3.5%，增速居全市第三，为近五年最高排名；财政总收入19.9亿元、一般公共财政预算收入12.2亿元，分别比上年增长5.1%和3.4%；固定资产投资比上年增长3.2%；规模以上工业增加值比上年增长3.9%；规模以上企业研发投入占营业收入达2.9%；城乡居民人均可支配收入分别比上年增长5.6%和8.5%。

【发展动能转换】 2020年，面对突如其来的新冠肺炎疫情，常山县严格落实“源头查控+硬核隔离+精密智控”机制，18天实现本地确诊病例全部清零，5名援鄂医务人员驰援遭受新冠肺炎疫情突袭的武汉。推进复工复产，淳常公路等3个省重点项目在全省率先复工，成为全省复工复产“三大样板”之一；帮助仓谷医疗获批全市首张医疗口罩生产许可证，引导14家企业转产防疫物资。全年居民人均可支配收入、建筑业省内产值、规模以上高新技术产业增加值增速等10项指标位居全市第一。全体居民人均可支配收入比上年增长7.7%，增速位居全省26个加快发展县第一。突破沉疴顽疾，关停全部16家轻钙企业，拆除石灰立窑165孔，复垦复绿1500亩，被列入中央环保督察整改成效典型案例。推进旧城改造，破解历史遗留的城区集体土地违建难题。拆除原常化宿舍11处D级危房。

【产业结构优化】 2020年，常山县加快产业转型，规模以上工业产值突破130亿元。装备制造业、战略性新兴产业、数字经济核心产业制造业增加值增速均居全市第一，轴承产业改造提升省级试点取得初步成效。出台支持服务业和建筑业发展若干意见，服务业增加值比上年增长3.2%，建筑企业中标项目比上年增长236.5%，本地建筑业企业签订合同总额比上年增长193.2%。开展“八八组团”服务，协调解决企业各类问题449个，解决率达98%。全面落实“两直”“五减”等一揽子助企纾困政策，累计减免6.3亿元，超额完成全年目标。全年完成重点项目投资126亿元，比上年增长15.6%。入库项目242个，比上年增长34.4%，省市重点项目和集中开工项目全部入库出数，入库率、完成率均居全市第一。加速项目推进，沿江公路（常山段）、320国道“二改一”、淳常公路建成通车，常山江航电枢纽项目先行区块启动建设，推进金色同弓等4个全域土地整治项目，举办全市全域土地综合整治与生态修复项目“比学赶超”现场会。出台招商“双十条”，建立“2+3+8”专职双招队伍，引进鹤丰新材料、众誉供应链、麦迪森车联网产业园等亿元以上项目31个，实际到位市外资金29.2亿元，超额完成市里考核目标。园区整合取得实效，升级为省级经济开发区，通过省级循环化改造验收。常山县入围省2021年小微企业园建设提升工作重点县。创新动能不断增强，出台科技新政“十条”。有研发活动的规模以上工业企业数量比上年增长77.2%，规模以上工业企业研发经费、高新技术产业增加值增速均居全市第一，新认定国家高新技术企业11家。人才要素有效集聚，全年引进各类高层次人才26人。与浙江理工大学共建常山研究院，和浙江火炬中心达成战略合作，创建院士专家工作站4家、博士工作站5家、博士后科研工作站1家。

【生态文明改善】 2020年，常山城区PM2.5年均浓度为27微克/立方米，城区环境空气优良率达99.7%，为近七年最好。全县Ⅰ类出境水占比50%以上，创历史新高。常山入选全国第三批节水型社会建设达标县，获“2019年度全省生活垃圾分类工作优秀县”“全球绿色城市”“中国天然氧吧”称号，成功创建省级新时代美丽乡村示范县，获评2020年度省级美丽城镇建设优秀县，入选浙江省大花园示范县创建名单。启动旧城改造和狮子口片区征收工作，改善城乡面貌。全年投资10.5亿元，实施18个基础设施项目建设，完成2个老旧小区改造提升、11个小区智能化改造、27家单位“拆墙透绿”。启动省级示范文明县城创建，持续提升“八个一”有礼指数落实水平。诗画风光带沿线15个重点项目全面开工建设，完成沿线22个村的整治任务。建成省级美丽乡村示范乡镇4个。在全市率先实体化运作“两山银行”，累计发放贷款5756万元，撬动资金1.1亿元，“庆余常山胡柚膏”研发上市，“柚香谷”产业园被列入省级农村产业融合发展示范园。常山油茶入选中国特色农产品优势区名单，油茶交易中心企业交易开户突破300家，平台交易额超21亿元。全县猴头菇、金针菇等食用菌栽培种植9200万袋（瓶），成功创建全国农村创业创新典型县、省级农业绿色发展先行县，入选省级“互联网+”农产品出村进城工程试点县。

【改革创新突破】 2020年，常山城投集团、国投公司均获“AA”信用评级，实现常山县国企市场化转型。城投集团发行首期10亿元公司债券，实现自主直接融资零的突破，全年融资到位30.3亿元，在上一年基础上翻4番。国投公司获得14亿元综合授信支持。农投集团推进制石制砂、矿业权等重点资源性领域归集配置，辉埠镇生态整治及修复项目获农发行8.5亿元贷款。全县金融机构各项贷款余额237亿元，比上年增长21%，连续两年居全市四个县（市）第一。金融业增加值比上年增长12.2%，高于全年GDP增速8.7个百分点。累计引入县外资金14亿元。全年处置不良贷款4.45亿元，不良贷款率0.9%。列入全省基层政策性农业信贷担保服务“10+1”创新试点。创新推出“春风贷”“财信贷”等金融产品，为117家企业提供超7亿元低息信贷。应用好“政企通”平台，上架政策195项，兑现1.35亿元，受惠企业428家，实现惠企政策上线率100%、线上兑现率100%。入选全国政务服务“好差评”两项国家标准试点，政务服务好评率达99.9%。深入开展机关内部“最多跑一次”改革，实现部门间事项“最多跑一次”。6项改革举措走在前列，被省《竞跑者》采用，低保惠民“一件事”改革被国务院简报全国推广。“消薄飞地”入选省山海协作升级版典型案例。山海协作产业园新引进项目总投资10亿元。常山—慈溪成为省内首个乡镇结对全覆盖的县（市）区。新投入4700万元，帮助古蔺县顺利实现脱贫摘帽。衢饶示范区启动实体办公，未来驿站等5个基础设施项目有序推进。

【民生福祉提升】 2020年，常山县民生支出占一般公共预算支出的70.5%。城镇新增就业5740人、再就业2268人，城镇登记失业率为 1.76%。基本养老保险参保率达 99.7%，基本医疗保险参保率达 99.97%，发放民政救助经费 9400 多万元，比上年增长 15.6%，成功创建全国无障碍环境示范县。脱贫攻坚任务圆满完成，低收入农户人均收入比上年增长 14.9%，180 个行政村实现 10 万元以上经营性收入全覆盖，“常山阿姨”品牌入选浙江精准扶贫十大案例。社会福利、慈善、红十字、住房公积金等工作取得新成效。常山教育入选浙江县域高质量发展十大优秀案例，高考一段上线人数实现“五连增”，首次突破 300 大关。“一乡镇一公办园”目标全面完成。数字工业学校启动迁建。常山县域医共体获省委、省政府表彰，县卫生应急指挥中心等系列工程启动建设，投资概算 5.6 亿元，是近五年的总和。农村文化礼堂在全市率先实现全覆盖。农饮水达标提标行动在全省率先销号，提前完成三年行动任务。城乡公交一体化全面实现，常山正式步入“2 元”公交时代，获全县群众广泛点赞。工青妇、儿童、残疾人、档案、气象、电大、决策咨询等工作取得新成绩。开展市域社会治理现代化和“县乡一体、条抓块统”改革试点工作，“大综合一体化”行政执法模式走在全市前列。新增积案率比上年下降 75.3%，实现“省级无信访积案县”目标。推进扫黑除恶专项斗争，深化“六清”行动，全县刑事、治安案件发案率分别比上年下降 23.8%和 18.5%，常山实现省级平安县创建“十五连冠”，夺得全省首批一星“平安金鼎”，成功创建“浙江省禁毒示范县”。

（黄敏媛）

县政府常务会议

【县政府第 73 次常务会议】 2020 年 1 月 6 日召开。会议由县长张少华主持。会议的主要议题是：审议《常山县农副产品批发交易市场搬迁提升项目投资建设协议书（送审稿）》，传达 2020 年全省、市春运工作电视电话会议精神。

【县政府第 74 次常务会议】 2020 年 1 月 13 日召开。会议由县长张少华主持。会议的主要议题是：听取《深化“树正气、打歪风”专项行动情况汇报（送审稿）》，审议《2020 年常山县财政预算安排（送审稿）》。

【县政府第 75 次常务会议】 2020 年 1 月 21 日召开。会议由县长张少华主持。会议的主要议题是：部署新型冠状病毒感染的肺炎疫情防控工作，传达全省安全生产暨消防工作电视电话会议精神，审议《关于加快乡村振兴产业高质量发展的若干政策意见（送审稿）》《关于 048 省道延伸线工程各标段进场及合同签订情况（送审稿）》《关于提高储备员额教师薪酬水平的方案（送审稿）》《关于规范统一常山县事业单位定类和经费保障形式的通知(送审稿)》《关于授予县林水局等单位集体三等功的决定（送审稿）》《关于授予魏宏伟同志个人三等功的决定（送审稿）》《常山县 2019 年国民经济和社会发展计划执行情况与 2020 年国民经济和社会发展计划（草案）》。

【县政府第 76 次常务会议】 2020 年 2 月 24 日召开。会议由县长张少华主持。会议的主要议题是：研究《常山县辉埠区域环境系统整治提升决战方案（送审稿）》。

【县政府第 77 次常务会议】 2020 年 3 月 2 日召开。会议由县长张少华主持。会议的主要议题是：听取《省委巡视整改工作进展情况汇报（送审稿）》，传达市政府领导挂联区块服务发展专题会议精神，研究《常山县 2020 年社保费返还和工业企业结构调整专项奖补资金分配实施方案（送审稿）》。

【县政府第 78 次常务会议】 2020 年 3 月 9 日召开。会议由县长张少华主持。会议的主要议题是：传达各级领导对福建泉州欣佳酒店房屋坍塌事故的重要指示批示精神，研究部署近期安全检查等工作，听取《近期国内外疫情情况及常山县疫情防控工作汇报（送审稿）》《全县复工复产情况汇报（送审稿）》《关于疫情期间常山县产业扶持政策及资金安排情况的汇报（送审稿）》，研究《“绿美常山”六大行动方案（2020—2024年）（送审稿）》《常山县森林火灾应急预案（送审稿）》《关于落实全县消防救援队伍职业保障机制有关政策的备忘录（送审稿）》，听取《常山县学前教育项目建设工作情况汇报（送审稿）》，研究《常山育才中学、育才小学、育才幼儿园委托管理协议书（送审稿）》。

【县政府第79次常务会议】 2020年3月16日召开。会议由县长张少华主持。会议的主要议题是：研究《关于继续实行淘汰改造分散高污染燃料锅炉财政补助政策的通知（送审稿）》《常山县2020年“项目攻坚年”活动实施方案（送审稿）》《关于建立项目工作“五大办”的实施方案（送审稿）》《常山县2020年“产业提质年”活动实施方案（送审稿）》，听取《2019年常山县环境保护目标完成情况和2020年环境目标制定情况的报告（送审稿）》《2019年度全县国有资产管理情况的综合报告、2019年度全县行政事业性国有资产管理情况的专项报告（送审稿）》《关于常山菲达交通实业有限公司（县国际大酒店）处置工作的汇报（送审稿）》《全县信访工作情况汇报（送审稿）》，解读《国务院关于授权和委托用地审批权的决定》《关于落实省政府土地审批权下放扩面改革工作有关事项的通知》《全域土地综合整治涉及永久基本农田布局调整的政策》等政策。

【县政府第80次常务会议】 2020年3月23日召开。会议由县长张少华主持。会议的主要议题是：听取《常山县山海协作和东西部扶贫协作工作汇报（送审稿）》《全县扶贫工作情况汇报（送审稿）》，研究《创建省级新时代美丽乡村示范县实施方案（送审稿）》《常山县创建全国“无障碍县”工作实施方案（送审稿）》，听取《关于签订常山县危旧房建设工程设计采购施工总承包（EPC）补充协议的汇报（送审稿）》。

【县政府第81次常务会议】 2020年3月30日召开。会议由县长张少华主持。会议的主要议题是：学习传达全省深化“最多跑一次”改革推进政府数字化转型第十次专题会议精神，传达全市安全生产暨消防工作会议精神，研究部署常山县2020年安全生产工作，传达市委农村工作会议精神，研究《2020年常山县农村饮用水“两标准八提升”攻坚实施方案（送审稿）》《2020年常山县“双招双引”攻坚行动实施方案（送审稿）》《关于进一步激励社会力量参与支持“双招双引”工作的十条举措（送审稿）》《关于进一步激励党员干部在“双招双引”、驻企服务工作中奋勇争先的十条意见（送审稿）》，审议《常山县扫黑除恶决胜年活动总体方案（送审稿）》。

【县政府第82次常务会议】 2020年4月7日召开。会议由县长张少华主持。会议的主要议题是：研究《2020年常山县安全生产大会战护航高水平全面小康实施方案（送审稿）》，听取关于加强常山县反恐怖工作情况汇报，研究《关于鼓励常山县数字经济发展的若干意见（试行）（送审稿）》，听取关于“十类地”处置、“三调”、生态红线、地质灾害、卫片执法五项工作的情况汇报。

【县政府第83次常务会议】 2020年4月13日召开。会议由县长张少华主持。会议的主要议题是：传达全国安全生产工作会议精神、浙江省长江办领导小组会议精神，学习4月10日市联防工作领导小组（指挥部）疫情防控调度会商精神，听取《当前疫情防控和复学工作情况汇报》，交流农口重点项目推进工作情况，研究《传媒集团向华数传媒出售华数股份交易对价支付方案（送审稿）》。

【县政府第84次常务会议】 2020年4月27日召开。会议由县长张少华主持。会议的主要议题是：传达省长袁家军在“六保”工作座谈会上的讲话要点、全省企业职工基本养老保险基金专项自查工作部署电视电话会议精神，听取关于建设高水平交通强省的内容解读、《省环保督查反馈问题整改进展情况汇报（送审稿）》，传达全国、省、市公安工作会议精神，审议《关于加强新时代常山公安工作的实施意见（送审稿）》，听取《彭佳学副省长在承接国家用地审批权下放试点工作座谈会上的讲话要点》的解读、《常山县防汛防台抗旱有关工作情况汇报（送审稿）》、当前常山县疫情防控工作有关情况汇报、《常山县2019年保障性安居工程资金投入和使用绩效审计问题的汇报（送审稿）》《关于常山县人民政府与上海东方龙商务公司招商服务外包协议的汇报（送审稿）》，交流服务招商口重点项目，听取《关于常山慢奢村民宿群田园综合体项目投资协议的汇报（送审稿）》《关于常山县车联网数字经济产业园（麦迪森）项目投资协议（送审稿）》，部署“五一”期间相关工作。

【县政府第85次常务会议】 2020年5月12日召开。会议由县长张少华主持。会议的主要议题是：听取关于2019年度常山县政府质量奖评审工作情况汇报，审议《常山县放宽企业住所（经营场所）登记条件实施细则（试行）（送审稿）》《关于支持服务业高质量发展的若干意见（送审稿）》《关于加快推进产业数字化的若干政策（试行）（送审稿）》，研究常山县青石镇、招贤镇全域土地综合整治和生态修复项目EPC招标事项，审议《常山县自然保护地整合优化调整方案（送审稿）》《常山县生态保护红线调整建议方案（送审稿）》，听取关于2019年度法治衢州建设考评整改情况，交流重点项目推进工作情况，听取8个专班工作汇报。

【县政府第86次常务会议】 2020年5月21日召开。会议由县长张少华主持。会议的主要议题是：传达学习省委书记车俊在衢州调研时重要讲话精神，听取关于常山县城乡交通客运发展情况的汇报，审议《2020年常山县政府投资项目资金安排计划（送审稿）》《2020年常山县财政专项资金细化预算（送审稿）》，听取关于委托开展慢城核心区项目深化策划、设计、运营及招商顾问咨询的汇报（送审稿）、常山县2020年1—5月火灾情况汇报，交流重点项目推进工作情况，听取专班工作汇报，研究《关于2020年促消费专项政策（送审稿）》。

【县政府第87次常务会议】 2020年6月1日召开。会议由县长张少华主持。会议的主要议题是：学习传达全国“两会”精神、全省领导干部会议精神、全市领导干部会议精神、全省防汛防台工作专题研讨班相关精神，听取全县企业码推广应用情况汇报、当前常山县疫情防控工作有关情况汇报，研究《关于抓好2020年粮食产销工作的意见（送审稿）》，听取全县“清风护航”扫黑除恶专项整治工作汇报、关于常山县东方广场项目有关情况的汇报，交流重点项目推进工作情况（送审稿），审议《关于落实乡镇全口径收入高于部门20%的方案（送审稿）》《2020年政府工作报告重点工作责任分解方案（送审稿）》。

【县政府第88次常务会议】 2020年6月8日召开。会议由县长张少华主持。会议的主要议题是：解读国务院《优化营商环境条例》，听取常山县固定资产投资在库项目数据出数所需凭证责任分解报告，审议《常山县基层政策性农业信贷担保服务创新试点实施方案（送审稿）》，交流重点项目推进工作情况。

【县政府第89次常务会议】 2020年6月15日召开。会议由县长张少华主持。会议的主要议题是：学习贯彻《关于持续解决形式主义突出问题为基层减负的若干措施》，听取常山县第二轮中央生态环境保护督察迎检工作情况的汇报，学习贯彻全省危化品道路运输安全管理工作紧急会议精神，听取全县道路交通安全大会战工作情况汇报，学习传达浙江省第二轮安全生产综合治理三年行动计划专题部署会精神、近期上级疫情防控有关精神并听取当前常山县疫情防控工作有关情况汇报，学习贯彻2020年全省食品药品安全工作电视电话会议精神，审议《常山县人民政府关于进一步加快建筑业发展的若干意见（送审稿）》，听取关于加快推动浙江锦禾农业科技有限公司省委巡视问题整改工作的汇报。

【县政府第90次常务会议】 2020年6月23日召开。会议由县长张少华主持。会议的主要议题是：传达省委十四届七次全体（扩大）会议和市委常委扩大会议精神，研究《关于推动返乡入乡创业促进高质量发展的若干政策（送审稿）》，审议《关于实施大学生引聚倍增行动的若干意见（送审稿）》《2020年常山县深化“最多跑一次”改革打造最优营商环境实施方案（送审稿）》，研究关于组建成立常山县大数据运营有限公司的事项，听取关于浙江锦禾农业科技有限公司省委巡视问题整改工作的汇报、关于脱贫攻坚专项工作情况的汇报，审议《关于调整完善常山县征地补偿安置政策（送审稿）》。

【县政府第91次常务会议】 2020年6月29日召开。会议由县长张少华主持。会议的主要议题是：学习传达衢州市融入长三角一体化发展推进会精神，听取全县扫黑除恶专项斗争决胜年活动半年度工作汇报，审议《关于进一步支持工业企业稳增长的若干政策（试行）（送审稿）》，研究《关于推进新时代常山民政事业高质量发展的实施意见（送审稿）》、《关于进一步加强常山县城镇社区建设工作的指导意见（送审稿）》、关于成立球川镇兴贤社区及招录专职社区工作者的事项，听取全县民政工作汇报，审议《常山县国有土地上房屋征收与补偿办法（送审稿）》。

【县政府第92次常务会议】 2020年7月6日召开。会议由县长张少华主持。会议的主要议题是：传达学习习近平总书记对防汛救灾工作的批示精神，听取常山县防汛救灾工作汇报，讨论《关于明确县综合指挥中心建设项目、常山“慢城通”三期项目和城市大脑·常山数据专区三期项目的建设方案（送审稿）》，听取关于委托开展常山县城市品牌概念策划及行动计划服务的汇报。

【县政府第93次常务会议】 2020年7月13日召开。会议由县长张少华主持。会议的主要议题是：听取半年度安全生产形势分析汇报，研究《常山县第二轮安全生产综合治理三年行动计划（送审稿）》，审议《常山县国资国企工作联席会议制度》《常山县县属国有企业重大事项管理暂行办法》《县属国有企业建设项目职责分工意见（送审稿）》及《常山县大花园典型示范建设推进工作方案（送审稿）》。

【县政府第94次常务会议】 2020年7月20日召开。会议由县长张少华主持。会议的主要议题是：审议《常山县新时代拥军优属若干规定（送审稿）》《常山县小微企业和个体工商户“两直”补贴工作实施方案（送审稿）》《常山县2020年招商引资考核办法（送审稿）》，传达学习省委、省政府领导同志重要批示精神和国家统计局约谈会精神。

【县政府第95次常务会议】 2020年7月27日召开。会议由县长张少华主持。会议的主要议题是：传达市政府第56次常务会议关于研究统计有关工作议题的精神，审议《常山县2020年1—6月国民经济和社会发展计划执行情况的报告（送审稿）》，听取全县扫黑除恶“线索清仓”行动工作汇报，审议《常山县城区集体土地征收房屋补偿安置实施办法（试行）（送审稿）》，听取关于常山县辉埠镇碱性废水治理技术服务项目采用单一来源采购的情况汇报（送审稿），审议《常山县城乡公交一体化实施方案（送审稿）》。

【县政府第96次常务会议】 2020年8月10日召开。会议由县长张少华主持。会议的主要议题是：听取衢州市2019年度行政案件败诉原因分析，审议《关于给予常山一中记集体三等功、紫港中学集体嘉奖的决定（送审稿）》。

【县政府第97次常务会议】 2020年8月27日召开。会议由县长张少华主持。会议的主要议题是：听取关于加快实施学前教育“一乡镇一公办”工作的汇报；关于常山县第二轮中央生态环境保护督察迎检工作情况的汇报；关于芙蓉水库、千家排水库水源保护区划分调整方案及相关工作开展情况的汇报，审议《常山县落实市扫黑除恶专项斗争“重点推进县”进驻督导反馈意见整改工作方案（送审稿）》《常山县创新型县建设实施意见（送审稿）》《常山县科技创新发展十条政策（送审稿）》《常山县农副产品批发市场搬迁提升项目投资建议补充协议书（送审稿）》。

【县政府第98次常务会议】 2020年9月7日召开。会议由县长张少华主持。会议的主要议题是：听取关于县第十六届人大四次会议正式议案和县政协九届四次会议重点提案办理情况的汇报、2020年主要经济指标预测情况报告，学习传达习近平总书记在扎实推进长三角一体化发展座谈会上的重要讲话精神，听取常山县融入长三角区域一体化发展情况汇报（送审稿）、关于江西南分区集中供热的情况汇报（送审稿），研究讨论中国观赏石博览馆观赏石续租有关事项（送审稿）。

【县政府第99次常务会议】 2020年9月16日召开。会议由县长张少华主持。会议的主要议题是：传达学习习近平总书记在全国抗击新冠肺炎疫情表彰大会上的讲话精神，审议《常山县低保惠民联办实施办法（送审稿）》《辉埠园区邻里中心实施方案（送审稿）》，听取关于常山县城市新区骨科专科医院项目投资协议书的汇报（送审稿），审议城区危旧房治理改造相关具体政策(送审稿)。

【县政府第 100 次常务会议】 2020年9月22日召开。会议由县长张少华主持。会议的主要议题是：听取当前常态化下常山县新冠肺炎疫情防控工作有关情况的汇报，学习《关于进一步健全扶贫领域问题发现机制和压实工作责任的方案》精神并部署常山县第四季度扶贫重点工作，听取关于常山县第二轮中央生态环境保护督察工作进展情况的汇报、生态园区地下水污染整治情况的汇报、关于腾云·现代旅游根据地项目实施奖补的汇报(送审稿)，审议《常山县节水行动实施方案（送审稿）》，听取《关于常山县乡村振兴数字产业园大数据中心建设方案的汇报（送审稿）》，研究《关于授予姚金环同志个人三等功的决定（送审稿）》。

【县政府第 101 次常务会议】 2020年9月28日召开。会议由县长张少华主持。会议的主要议题是：学习传达全省推进未来社区建设工作电视电话会议精神、全省质量大会电视电话会议精神，审议《常山县农村乱占耕地建房专项整治“三年行动”工作方案（送审稿）》，学习贯彻全省安全生产电视电话会议精神并部署常山县安全生产隐患整改清单销号工作，部署2020年中秋、国庆期间安全生产防范工作，研究《常山县突发事件总体应急预案（送审稿）》，听取关于市扫黑除恶专项斗争重点推进县进驻督导反馈意见整改报告，审议《常山县乡村振兴特色产业园——油茶产业创新综合体三宝文化展示中心工程设计、采购、施工总承包（EPC）

招标方案（送审稿）》，听取关于浙江沃科思智能科技有限公司二期项目《项目入园协议书》的情况汇报（送审稿），审议《关于划转常山县综合行政执法事项的通告（送审稿）》《关于认真做好常山县综合行政执法事项划转工作的通知（送审稿）》《关于常山县城区实行城市化（城市市容和环境卫生）管理区域范围的公告（送审稿）》《关于球川镇、白石镇、同弓乡实行城市化（城市市容和环境卫生）管理区域范围的公告（送审稿）》。

【县政府第 102 次常务会议】

2020 年 10 月 13 日召开。会议由县长张少华主持。会议的主要议题是：审议《常山县“两山银行”组建实施方案（送审稿）》，部署国务院第七次大督查相关工作，审议《常山县土地储备管理办法（送审稿）》《常山县土地储备运作办法（送审稿）》《常山县城南小区道路及配套工程房屋征收补偿方案（送审稿）》《常山县“无废城市”建设实施方案（送审稿）》。

【县政府第 103 次常务会议】

2020 年 10 月 26 日召开。会议由县长张少华主持。会议的主要议题是：审议《城东新区滨江片区瓦窑基 4 号地块集体土地上房屋征收补偿安置方案（送审稿）》，听取关于招标领域专项整治行动开展情况的汇报，研究《关于开展 2020 年度家电促销活动的通知（送审稿）》、《关于鼓励限上批发企业转变经营方式做大零售业务提振消费的专项政策（送审稿）》、县政府部分领导分工调整。

【县政府第 104 次常务会议】

2020 年 11 月 2 日召开。会议由县长张少华主持。会议的主要议题是：听取关于全市公安工作会议精神落实情况常山县问题清单的情况汇报，审议《常山县投资项目并联审批服务实施方案（送审稿）》。

【县政府第 105 次常务会议】

2020 年 11 月 9 日召开。会议由县长张少华主持。会议的主要议题是：听取《关于加快常山胡柚产业高质量发展三年（2020—2022 年）行动方案（送审稿）》的汇报、关于省委主要领导批示异地搬迁信访件办理情况的汇报、常山县与上海市宝山区签订合作框架协议相关事项汇报（送审稿）、关于浙江衢州市妙香苑医药有限公司享受总部经济政策的建议（送审稿），审议《常山县远山云间旅游度假区项目投资补充协议（送审稿）》。

【县政府第 106 次常务会议】

2020 年 11 月 26 日召开。会议由县长张少华主持。会议的主要议题是：传达学习省委十四届八次全会和市委常委扩大会议精神、全省传统制造业改造提升 2.0 版现场推进会精神、全省深化“千万工程”建设新时代美丽乡村现场会和全省乡村产业高质量发展推进会精神，听取《2020 中国·常山乡村振兴大会活动方案》的汇报，审议《关于加强党建统领基层安全应急管理体系和能力建设的实施方案（送审稿）》，听取《关于常山杉杉城市商业综合体项目投资合作协议》（讨论稿）的情况汇报。

【县政府第 107 次常务会议】

2020 年 12 月 4 日召开。会议由县长张少华主持。会议的主要议题是：听取《常山县战略融入长三角区域一体化发展行动计划》（2020—2025 年）相关情况汇报（送审稿），审议《常山县城区道路及政府投资公共停车场停车服务定价方案（送审稿）》，研究部署 GDP 相关指标冲刺工作，审议《常山县 2020 年财政预算调整方案（送审稿）》，听取县属国企领导选聘工作情况汇报。

【县政府第 108 次常务会议】

2020 年 12 月 14 日召开。会议由县长张少华主持。会议的主要议题是：传达全国安全生产工作视频会议精神及省续会精神，并部署雨雪天气防范工作，传达 12 月

1 日韩正副总理主持召开的推动长江经济带发展领导小组会议精神、12 月 7 日袁家军书记主持召开的省委常委会议精神，并部署常山县推动长江经济带高质量发展相关工作，听取常山县低收入农户高水平全面小康攻坚成果核查和巩固的汇报，审议《2020 年度常山县提高城乡居民基本养老保险基础养老金标准方案（送审稿）》，研究《常山县人民政府与浙江吉云教育科技集团有限公司合作办学协议（送审稿）》，听取常山县被征地农民参加基本养老保险工作情况汇报、关于拟收回浙江天子果业公司胡柚良种场国有土地的情况汇报、关于浙江哲丰新材料有限公司有关政策答复的情况汇报、关于鹤丰新材料常山特种纸产业园《工业项目入园协议书》（讨论稿）的情况汇报。

【县政府第 109 次常务会议】 2020 年 12 月 21 日召开。会议由县长张少华主持。会议的主要议题是：传达学习中央经济工作会议精神，听取常山县打击治理电信网络新型违法犯罪工作情况汇报、常山县禁毒工作情况汇报，审议《常山县旧城改造——狮子口片区开发项目国有土地上房屋征收补偿方案（送审稿）》，听取关于《常山县 2019 年度财政预算执行和其它财政收支的审计工作报告》反映问题整改情况的汇报。

【县政府第 110 次常务会议】 2020 年 12 月 28 日召开。会议由县长张少华主持。会议的主要议题是：传达学习省委经济工作会议精神，部署低温雨雪冰冻天气防范应对工作，听取《常山县“三线一单”生态环境分区管控方案》编制情况汇报，研究《关于大力推进健康常山建设的实施意见（送审稿）》《常山县全国健康促进县创建工作方案（送审稿）》，听取关于常山县旧城改造涉及的原县林场外港林区、西峰林区 52 户职工分配房屋确权的情况汇报、关于杭州万华控股集团有限公司《工业项目入园协议书》（讨论稿）的情况汇报。

（黄敏媛）

政府办公室工作

【概况】 2020 年，县政府办公室聚力县委、县政府工作大局，牵头制定出台一系列助推常山高质量发展的政策措施，涉及服务业、数字经济、建筑业、工业新政、乡村振兴、科技创新 6 个大类，向国家、省、市提出意见 10 多条，其中浙赣运河等建议获得上级肯定，并纳入浙江交通强省建设重点谋划项目。注重文稿撰写的思想性、前瞻性、务实性，全年完成县政府领导讲话、工作情况汇报等各类文字材料 300 多篇。全年共完成 38 次常务会议、15 次县长办公会议、13 次政府党组会议、国资国企联席会议、规划委员会联席会议等会务组织工作。

【信息工作】 2020 年，县政府办公室共编发县本级刊物《要情快报》45 期、《参阅》22 期、《增刊》16 期，共计 302 篇，其中《参阅》主要就县域经济指标、城市赋能等方面问题提出建议，县长批示率达 70%以上；撰写上报省、市政府办信息共计 380 多篇，被省级采用 181 篇、被市级采用 19 篇，获省、市领导批示 10 条，单篇报送信息获浙江省省长郑栅洁、衢州市市长汤飞帆等省、市主要领导批示。

【督查督办】 2020 年，县政府办公室对照重大课题、重点项目、领导批办事项、调研交办事项“四张清单”，实行登记、交办、反馈、审核、办结的全流程闭环管理，全年编发《督查通报》17 期，下发《政务交办单》12 件，撰写专项督查专报 5 期。办理省长批示件 1 件，办理县长批示件 100 多件，办结完成率 100%、及时反馈率 100%。

【承办提案议案】 2020 年，县政府办公室承办人大议案建议和政协提案共 26 件，内容涉及城市建设、工业发展、公共交通、文化旅游、卫生教育等方面，挑选 11

件具有广泛代表性的提案议案交由县政府各分管领导进行重点领办，提高办理效能。经县人大和县政协评议后，建议、提案办理满意率基本达到100%。

【数字政府】 2020年，县政府办公室以“互联网+”引领政府数字化转型，升级开发“常山慢城通”2.0版本，创新推出“慢城537平台”数字化疫情防控措施，在衢州市率先将管控人员数据导入省库，创新开发“一码通·行”“一码通·购”“一码通·医”等功能板块，满足疫情期间群众各类需求。推进“城市大脑”常山数据专区建设，归集县域内近4亿余条数据，深化“浙政钉”2.0版本的推广和应用，提升政务办公效率。

【政工人事】 2020年，县政府办公室健全办公室党组理论学习中心组和全体干部职工的学习制度、计划与安排，坚持开展每周集体学习活动，做好党风廉政建设工作，组织23名领导干部联系结对常年青村、南前坊村、周塘村等3个行政村的24名低收入农户。

（黄敏媛）

政府咨询工作

【概况】 2020年，常山县人民政府咨询委员会（以下简称县咨询委）围绕县委、县政府决策部署，紧扣县级高端智库建设要求，组织开展重大课题研究和决策咨询工作，形成一批有针对性、有价值的咨询研究报告和咨询建议，为县委、县政府科学决策和常山高质量发展提供智力支撑。全年完成调研课题6个，提出委员建议26篇，编辑咨询信息和咨询简讯22期；获县委书记潘晓辉等领导批示32条次；5个课题进行成果转化。

【调研课题成果转化】 2020年，县咨询委聚焦全县新冠肺炎疫情防控和改革发展的重大问题，深度调研、集中研讨、重点攻关，完成《新冠疫情背景下，对常山县制造业的调查和思考》等6篇咨询报告，供县委、县政府领导决策参考。其中，《新冠疫情背景下，对常山县制造业的调查和思考》《关于“十四五”常山文旅振兴之路的思考与建议》2个课题报告获得县委书记潘晓辉的批示；《在“两链”风险背景下如何尽快化解常山县重点传统骨干企业的困难及路径选择的对策》《关于“十四五”常山文旅振兴之路的思考与建议》《推进常山油茶产业高质量发展实现“两山”转化的几点思考》《关于整合建设常山县农产品加工专业产业园的思考》4个课题报告获得县委副书记、县长张少华的批示；《推进常山油茶产业高质量发展实现“两山”转化的几点思考》《关于整合建设常山县农产品加工专业产业园的思考》2个课题报告获得县委常委、县政府党组成员戴根林的批示，以上5个课题报告中提出的意见和建议均被部分吸收和采纳，为县委、县政府决策起到参谋作用。《关于对常山县房地产市场的调查与建议》课题报告获得副县长姜雪峰的批示。

（杨　登）

机关事务保障

【概况】 2020年，常山县机关事务保障中心（以下简称县机关事务保障中心）推进办公用房管理、公务用车保障、重大活动保障、疫情防控等重点工作任务。落实全县“拆墙透绿”改造工程，实施矛调中心规范化升级工程。采用“线上+线下”相结合的方式开展办公用房维修改造审批工作，全年受理办公用房维修改造申请78宗，其中30万以上项目17宗、30万以下项目61宗。实施县政府会议楼提升改造工程，优化内部整体布局，提升会务服务环境。结合实际需要和集中办公要素做好办公用房调剂工作，做好县水保站、县大数据中心、县工商联等单位的办公用房的调剂工作。全年完成27辆执法执勤公务车辆信息录入全省“一张网”系统，更新公务车辆车载GPS系统，根据每年可更新公务车辆10%～

15%的指标，更新2辆大客车和2辆轿车，完善“一车一档”管理制度。疫情期间，做好后勤保障工作，共保障全县疫情防控用车2000多车次，行驶里程8万余千米，保障疫情防控指挥部等单位用餐需求2000多份，服务社区2000多人次，做好“组团进社·包区清楼”和“组团驻企·复工复产”工作。以县政府大院“拆墙透绿”工作为契机，设置进出政府大楼人脸识别系统，增设监控设备，提升政府大院安全系数，全年无安全事故发生。开展日常公务接待“简餐减量”行动，倡导厉行节约、反对铺张浪费。给予联系村曹会关村、小白石村补助资金各5万元，助力芳村镇洁湖村、前姜村完成村级组织换届选举工作。

是年，县机关事务保障中心受到县委关于执行“十条军规”正面典型事项的通报表扬4次。

【完成全县“拆墙透绿”工作】 2020年，县机关事务保障中心开展“拆墙透绿”改造工程，累计拆改围墙近500米、绿化改造道路近1万平方米、搬迁腾退办公用房4000多平方米、拆除“三无”（即未登记、未明确用途、未经审批改变用途）建筑700多平方米、主路面拓宽至16米，新增停车位50个，新增食堂座位120个。14个乡镇（街道）、12个部门在12月底完成“拆墙透绿”工作。该项工作获得《解放日报》点赞，关于常山县“拆墙透绿”工作做法在12月29日被《衢州政务信息》录用，获衢州市委常委、常务副市长陈锦标批示肯定，10月18日被《衢州日报》头版报道。

【矛调中心升级改造工程】 2020年，县机关事务保障中心投入135万元，实施县矛盾纠纷调解中心办公楼升级改造工程，增设调解室优化功能布局，开展研判分析室和综合指挥区改造，助力推进县域社会治理综合服务水平。

【重大活动后勤保障】 2020年，县机关事务保障中心制定各项活动的后勤保障方案，细化工作内容，以热情周到的服务完成全县乡村振兴大会系列活动、县“两会”、全国山地自行车总决赛等全县各类大型赛事、活动的后勤保障工作。

（姚媛媛）

中国人民政治协商会议常山县委员会

综述

【概况】 2020年，政协常山县委员会（以下简称县政协）坚持发扬民主和增进团结相互贯通、建言资政和凝聚共识双向发力，发挥专门协商机构作用，履行政治协商、民主监督、参政议政职能，开展全会协商1次、常委会议协商5次、主席会议协商9次、专委会对口协商8次，向县委、县政府和相关部门报送调研报告和协商意见12篇，紧扣中心大局认真履职尽责，为全县经济社会高质量发展贡献智慧和力量。全年在各级各类媒体刊发报道50多篇，与市政协联合报送的《樟树底下话振兴 出彩田蓬共协商》获评省第二届“人民政协好新闻”。发挥微信公众号等新媒体作用，全年发布图文信息71期，提升常山政协影响力。

【专题监督视察】 2020年，县政协开展城乡生活垃圾分类处理三级政协联动专项集体民主监督，通过小分队、小团组等方式深入一线督查、提出意见建议。配合省、市政协围绕高水平全面建成小康社会补短板、社会治理领域“最多跑一地”等主题开展专项集体民主监督，助推各项工作发展。专题听取国资改革工作情况通报，组织委员围绕教育事业发展、交通项目建设、农村饮用水达标提标工程等开展专题视察，形成一批有价值的协商建言成果。

2020年4月15日，省政协党组副书记、副主席孙景淼（前左三）到常山调研（县政协办 供图）

【专题调研协商】 2020年，县政协根据形势变化调整年度履职计划，围绕疫情对常山经济影响，成立调研组走访企业和商户89家，在广泛听取各方面意见建议的基础上形成专题调研报告。组织委员就公共卫生应急管理体系建设、疫情后企业生产经营情况等主题开展协商视察，为县委、县政府制定政策、推动工作献计出力。坚持协商于决策之前，围绕“十四五”规划召开常委会议进行专题协商，形成100多条意见建议，为县委、县政府完善决策部署提供参考。把主席会议、专委会对口协商等工作融入“请你来协商”平台建设，全年组织开展各类协商活动19次，向县委、县政府和相关部门报送调研报告和协商意见12篇。依托常山“慢城通”平台开发“请你来协商”模块，让社会各界都能通过网络提出建议。

【推进参政议政】 2020年，县政协接待省内外政协客人到常山考察45批次，增进友谊、宣传常山。加强与常山异地商会和常山籍专家学者的交流联络，汇聚共助常山发展合力。加强同各民主党派、人民团体和无党派人士的经常性联系，为其参政议政创造条件、搭建平台，大会发言优先安排，集体提案重点督办，不断扩大团结面、增强包容性。全年收到各党派团体提交的大会发言13篇、集体提案16件、社情民意信息25篇。拓展与民族宗教界人士的沟通联络，围绕民族村发展、宗教场所建设等开展调研协商，助力民族宗教领域和谐稳定。

【加强委员履职】 2020年，县政协开展“委员走基层”活动，组建常山县政协委员8090宣讲团队参与乡村振兴讲堂宣讲，先后为12个村送去14堂优质课程。组织委员参与电视问政、执法监督等县政府及相关职能部门组织的各类活动11次。加强委员履职量化考评，完善政协履职信息服务管理系统，出台委员履职经费管理办法，表彰先进委员小组3个、优秀委员19人，激发委员履职积极性和主动性。强化委员小组管理服务，8个委员小组共开展各类活动32次，发挥履职阵地作用。

重要会议

【县政协九届四次会议】 2020年4月20—22日，政协第九届常山县委员会第四次会议举行。196位县政协委员参加会议，在常山的省、市政协委员，历届离退休县政协主席、副主席、秘书长列席会议。会议听取和审议县政协主席林红汉作的县政协常委会工作报告、副主席汪卫东作的县政协提案工作报告；同时，听取县委书记叶美峰在此次会议上的讲话。与会人员列席常山县第十六届人民代表大会第四次会议，听取并讨论县长张少华所作的《政府工作报告》，听取并讨论其他报告。会上，10名委员代表各自党派界别就《加强工业经济管理干部队伍建设 助力工业经济高质量发展》《聚焦产业痛点 谋划建设区域一体化综合治污能源站》《发展时尚产业 迎接消费时代》等工作进行大会口头发言，16位委员作书面交流发言。县长张少华听取委员发言并作重要讲话。

【县政协常委会议】 2020年，县政协召开常委会议5次，分别为：

1月8日，县政协召开九届常委会第十四次会议，审议通过有关委员调整事项、有关人事调整事项、关于调整专门委员会设置的决定和专门委员会对口联系部门工作制度。

4月20日，县政协召开九届常委会第十五次会议，听取各组对县政协常委会工作报告、提案工作报告、政府工作报告等讨论情况的汇报；审议提出选举办法（草案）；审议提出总监票人、监票人名单（草案）；审议提出候选人建议名单（草案）；审议提出候选人建议名单（草案）；审议提出县政协九届四次会议决议（草案）。

5月9日，县政协召开九届常委会第十六次会议，专题听取常山县国资改革工作情况通报。

7月24日，县政协召开九届常委会第十七次会议，召开“请你来协商——工业经济绿色发展”专题协商会。

12月9日，县政协召开九届常委会第十八次会议，汇报民主评议提案办理工作，专题协商“十四五”基础设施规划工作，还审议有关人事事项。

【县政协主席会议】 2020年，县政协召开主席会议9次，分别为：

1月6日，县政协召开九届三十次主席会议，审议提出县政协九届常委会第九次会议有关事项，审议调整相关委员。

1月21日，县政协召开九届三十一次主席会议，传达全县新型冠状病毒感染的肺炎疫情防控工作部署会精神。

3月26日，县政协召开九届三十二次主席会议，传达学习县委常委会相关文件精神，听取各组关于“疫情对常山经济影响及对策建议”课题调研情况汇报，研究确定县政协专门委员会组成人员调整名单及召开协商会有关事项。

4月20日，县政协召开九届三十三次主席会议，审议提出县政协九届常委会第十五次会议有关事项。

5月7日，县政协召开九届三十四次主席会议，研究确定县政协九届四次会议重点提案以及召开县政协九届常委会第十六次会议有关事项，还研究部署“解剖工业发展高能耗高排放问题推动绿色发展”课题调研相关工作。

7月6日，县政协召开九届三十五次主席会议，传达学习省政协委员会客厅建设培训研讨会有关精神和市政协主席周伟江到常山调研时的讲话精神；还研究讨论常山志愿者政协委员会客厅有关活动方案。

9月10日，县政协召开九届三十六次主席会议，传达学习全省政协主席暑期读书会暨市、县（市、区）政协工作经验交流会精神并研究县政协九届四次会议提案办理民主评议工作方案。

9月21日，县政协召开九届三十七次主席会议，传达学习省委书记袁家军在省委党校秋季学期开学典礼上的讲话精神。

11月5日，县政协召开九届三十八次主席会议，组织学习中共十九届五中全会精神，还研究提案评议工作。

协商议政

【政协专题视察】 2020年，县政协组织专题视察5次，分别为：

5月13日，组织部分政协委员视察交通项目建设情况。

7月30日，由县政协委员工作委员会牵头，组织部分政协委员视察教育事业发展情况。

9月24日，由县政协组织部分政协委员视察新冠肺炎疫情后企业生产经营情况。

11月6日，由县政协文化文史和学习委员会牵头，组织部分政协委员视察“宋诗之河”建设情况。

11月19日，由县政协农业农村和人口资源环境委员会牵头，组织部分政协委员视察农村饮用水达标提标工程建设情况。

【政协对口协商】 2020年，开展专委会对口协商活动8次，分别为：

6月18日，由县政协委员工作委员会和浙江省政协常山志愿者政协委员会客厅共同牵头组织实施，召开“请你来协商——志愿者组织参与基层社会治理”专题协商会。

6月30日，由县政协教科卫体委员会牵头组织实施，召开“请你来协商——东方巨石阵旅游综合体项目验收相关工作”专题协商会。

7月31日，由县政协提案委员会牵头组织实施，召开“请你来协商——解决城东中学上下学拥堵问题”专题协商会。

9月4日，由县政协社会和法制委员会牵头组织实施，召开“请你来协商——公共卫生应急管理体系建设”专题协商会。

10月16日，由县政协文化文史和学习委员会牵头组织实施，召开“请你来协商——文保单位保护工作”专题协商会。

10月23日，由县政协农业农村和人口资源环境委员会牵头组织实施，召开“请你来协商——‘消薄’工作”专题协商会。

10月23日，由县政协社会和法制委员会牵头组织实施，召开“请你来协商——道路交通安全管理”专题协商会。

12月11日，由县政协经济委员会牵头组织实施，召开“请你来协商——轴承产业数字化改造”专题协商会。

【189 件立案提案全部办复】 2020年县政协九届四次会议以来，全县广大政协委员和政协各参加单位共以提案形式提出意见建议200件，经县政协提案委员会审查，符合立案条件189件，并案后立案189件，转为委员来信处理11件。截至2020年年底，立案提案已全部办复。经分类统计，围绕经济转型提质，提出提案55件；围绕城市建设管理，提出提案43件；围绕改善保障民生，提出提案37件；围绕推进乡村振兴，提出提案29件；围绕提升治理能力，提出提案25件。组织8个提案办理工作民主评议小组，通过民主测评、查看台账、召开座谈会、听取工作情况报告等形式，对县政协九届四次会议36家提案承办单位的提案办理工作进行评议，被评议单位根据评议报告中提出的意见进行整改工作，并将整改情况反馈县委办、县府办和县政协办。

2020年常山县政协九届四次会议优秀提案一览表

表6

提案号	提案人	提案主题
002	民进常山支部	关于加强常山县中医人才队伍建设的建议
005	民革常山总支	关于建立项目储备库助推高质量发展的建议
009	民建常山支部	关于挖掘旅游物质提振常山旅游业发展的建议
010	工业组	关于加快规划建设专业小微企业园的建议
013	文体组	关于打造全国家政实训基地和认证中心的建议
014	教育组	关于加强工业经济管理干部队伍建设的建议
048	余家富	关于打造常山“慢村生活”民宿品牌的建议
055	涂国红	关于推进乡贤大回归，聚力慢城大花园的建议
126	王光明	关于解决城东中学上下学拥堵的建议
160	蔡芳萍	关于重视中学生心理健康教育的建议

（樊　蓉）

小资料：政协优秀提案

关于加强常山县中医人才队伍建设的建议

2020年，全国新冠肺炎防治经验表明，中医药早期介入、中西医结合治疗，对于提高治愈率，降低新冠肺炎患者病亡率具有显著作用。但常山县中医方面的医疗资源与群众日益增长需求不相匹配，中医医疗资源配置不合理性日益突出，中医人才总量不足、人才流失严重、服务水平普遍不高。为此建议：

一是健全中医人才队伍建设的长效机制。把中医人才队伍建设长期纳入人才培养工作计划，力争出台岗位扩编、进修深造、职称评定等举措，配强中医人才队伍。加强对业务骨干和学科带头人的培养，努力造就一批有一定权威和影响力的专家型学科带头人。建立医疗风险社会分担机制，降低中医生执业风险，保护医患双方的合法权益。

二是搭建中医药人才交流平台。坚持引进来走出去的原则，利用医共体的有利契机，加强与中医药学会、中医药大学等合作联系，谋划引进黄帝内针读书会等中医传承中心，扩展中医文化普及的分享学习平台，帮助基层中医师掌握黄帝内针适宜技术，从而提高常山县中医药研讨水平。打造有中医特色的专科，如睡眠专科、结石专科、皮肤病专科，在解决实际问题同时提升常山县中医的影响力。

三是开展中医防治知识宣传培训。用好工匠学院等载体，推进中医“治未病”预防保健知识普及，开展中医药适宜技术培训。在公共场所等处悬挂古代中医名家名言、中医药知识、“治未病”等宣传图画，积极营造中医药特色服务氛围。积极开展中医进社区、进乡村、进家庭等活动，普及中医的推拿、刮痧、捏脊中医养生法，也可普及急救技能，提高居民自治自救水平。

（民进常山支部）

民主党派

民革常山总支

【概况】 2020年，中国国民党革命委员会常山县总支委员会（以下简称民革常山总支）新发展党员2人，党员逝世1人；至年底，有党员28人，分2个支部，其中一支部15人、二支部13人。民革常山总支党员担任县级机关单位中层以上干部的有18人，占党员数的62.1%。党员中，有市人大代表1人、市政协委员3人、县人大代表1人、县政协委员9人（其中县政协常委2人），担任科级领导干部的有5人，具有高级职称的有10人。

【完成换届工作】 2020年4月起，根据民革衢州市委会的安排和换届工作相关规定，民革常山总支开展民革换届民主推荐会和换届选举工作。7月27日，民革常山总支召开第三次全体党员会议，选举产生民革常山总支第三届委员会，黄爱珍当选为民革常山总支第三届委员会主任委员，符和根、熊爱华、吴小丽当选为副主任委员，黄歆婷、洪瑾、杨演清当选为委员。

2020年7月27日，民革常山总支召开换届选举大会

（民革常山总支 供图）

【“民革党员之家”建设】 2020年，中共衢州市委统战部、中共常山县委统战部、民革市委会等单位领导多次视察民革基层组织的党员之家，了解“常山民革之家”的改造提升及运行情况。是年，“常山民革之家”获“民革e家”建设使用工作先进集体一等奖，吴小丽获“民革e家”优秀管理员二等奖。做好民革常山总支档案的收集、整理工作，建好党员的学习制度、党员参加社会服务制度，完善组织建设资料和党员管理制度，为共同打造多党合作的生动样板奠定基础。

【参政议政】 2020年，民革常山总支鼓励党员针对群众关心的热点、难点问题，搜集社情民意，撰写调研文章。在市、县“两会”期间，共提交市、县两级提案和议案10篇，发挥民主党派作用，履行参政议政职能。在常山县政

2020 年 8 月 19 日，民革常山总支到辉埠镇东乡村义诊
（民革常山总支 供图）

协九届四次会议上，民革常山总支撰写的《以数字化改造推动常山县轴承产业高质量发展》《完善融资畅通机制提升企业融资效率》《建立项目储备库，助推高质量发展》被选为大会发言材料。

【服务社会】 2020 年，民革常山总支发动党员参与新冠疫情防控工作。党员符和根作为企业家，带头捐款捐物资，尤其是物资中严重匮乏的消毒液和口罩，据不完全统计，捐赠防疫物资达 6.8 万元。党员杨演清、肖圣勇、林木青、魏琳莹作为医护人员，夜以继日奋战在“防疫”一线。党员吴小丽、洪瑾作为乡镇干部，与村干部一起走村串巷逐户排查外来人员情况，开展疫情防控宣传。党员孙衣云、鲁红蓝作为人民教师，录制“空中课堂”，使孩子们“停学不停教”。此外，民革常山总支组织党员开展各类社会服务活动。8 月 19 日，组织党员到辉埠镇东乡村开展“医师节义诊”活动，接待村民 100 多人次。

（兰飞飞）

民盟常山总支

【概况】 2020 年，中国民主同盟常山县总支委员会（以下简称民盟常山总支）有盟员 40 人，分 2 个支部（教育支部 15 人，郑俊民担任支部主委；综合支部 25 人，陈青寿担任支部主委），罗诚剑担任总支主委。根据盟员所在单位分，教育界 15 人、医药卫生界 5 人、文化艺术界 3 人、经济界 7 人、政府部门 10 人。盟员中，有市人大代表 1 人、市政协委员 2 人、县人大代表 2 人、县政协委员 10 人；担任处级实职的 2 人、科级实职的 2 人、各业务单位中层职务的 10 人。

是年，民盟常山总支先后被民盟浙江省委会、民盟衢州市委会评为“抗击新冠肺炎疫情先进集体”“参政议政工作先进集体”“反映社情民意信息工作先进集体”，被县委统战部授予“全县统战工作先进单位”称号。

【思想建设】 2020 年，民盟常山总支深入贯彻中共十九届五中全会精神，习近平总书记在浙江考察时的重要讲话精神，全国及省、市、县“两会”精神，将形成的重要文件报告作为盟员学习教育主体内容，采取集中学习、自学研讨等方式，推动学习新思想走深走实、形成常态。开展“见证·初心”经典讲述活动，并创作选送作品《同心抗疫 逆行坚守》参加民盟市委会参赛展播等；组建“同心圆”8090 新时代理论宣讲团，定期开展理论宣讲。

【参政议政】 2020 年市、县“两会”期间，民盟常山总支提交团体及个人提案议案 20 多件。在政协第九届常山县委员会第四次会议上，3 位盟员在大会上作口头发言，2 位盟员作书面发言。5 位盟员被县政协评为“优秀委员”，民盟常山总支集体提案《关于提升“宋诗之河”品牌影响力的建议》被县政协评为优秀提案。2020年8月，民盟常山总支被民盟衢州市委会评为“参政议政工作先进集体”“反映社情民意信息工作先进集体”。

【“民盟同心·专家工作站”运作】 2020年，“民盟同心·专家工作站”规范工作站运作，制定并建立宣传、联系、服务、经费保障四大机制，加强与县科技局、县经信局、县林水局等部门联系并取得支持，重点聚焦常山县胡柚、山茶油、轴承三大产业，筛选一批有意向有需求的企业开展专家与企业主“面对面、点对点”的有效服务。开展省级专家科技服务4次，项目合作5次，参与盟内外专家12人次，为常山胡柚、山茶油、轴承、造纸企业开展科技服务，受益企业8家。在启天公司专门设立“民盟同心·专家工作站”展示服务基地。到中小学、常山阿姨学院等开展应急救护培训，在“5·20”敬老日、重阳节等期间开展健康讲座、免费体检、健康咨询等“送医下乡”活动。助力疫情防控，开展捐款捐物、防疫救治、社区联防联控等工作，对接民盟浙江省委会向常山县人民医院捐赠医用口罩3000只。

（王丽燕）

农工党常山总支

【概况】 2020年，农工党常山县总支部委员会（以下简称农工党常山总支）新发展党员1人，党员总数35人；其中，医药卫生、人口资源和生态环境领域的党员23人，占比65.7%。农工党常山总支把社会服务作为党派工作重点，参与疫情防控、乡村振兴、脱贫攻坚、复工复产和社区矫正对象服务工作。

是年，常山县农工党医卫支部被农工党衢州市委会评为“先进集体”。

【参政议政】 2020年，农工党常山总支通过政协大会发言、提案、建议等多种形式，履行参政议政、民主监督职能，在常山县政治生活中发挥积极作用。县“两会”期间，农工党常山总支中市、县两级人大代表和政协委员共提交《聚焦产业痛点 谋划建设区域一体化综合治污能源站》《关于拓展县城发展空间的建议》《以乡镇模块化改革促法治政府建设助推基层治理能力提升》《关于进一步加强“法律进校园”工作常态化的建议》等提案建议和大会发言12篇，在常山县经济社会发展中发挥积极作用。

【调研反映社情民意】 2020年，农工党常山总支党员深入调查研究，撰写社情民意和建议。副主委何水清向农工党衢州市委会提交《关于稳定提高粮食生产能力的建议》等社情民意；党员杨芝冬撰写《关于当前疫情管控中流动人员管理的几点建议》《关于应对入梅后强降雨做好防汛工作的几点建议》等建议；党员占如撰写《关于建立行政滥诉甄别规制机制的建议》等建议和社情民意，为政府决策当好参谋。

【参与社会服务】 2020年，农工党常山总支参与社会服务工作，全年组织党员为群众服务1000多人次。农工党员付美华、蔡芳萍等10多名医护人员投入新冠肺炎疫情防疫战中；1月31日，农工党员33人缴纳特殊党费共8400元，支持一线疫情防控；2月23日，农工党副主委何水清通过钉钉直播的形式给全县种粮大户上“再生稻”课程，全县550多名种粮农户在线全程收看；10月13日，10多名农工党党员走进白石镇开展服务贫困农户及乡村风貌提升活动，为贫困户提供免费健康检查和健康咨询，并向群众发放健康养身、惠农政策、农技推广等宣传资料近千份；12月，农工党员蔡芳萍被聘为衢州市医学会第三届医学鉴定专家库成员；农工党常山总支主委汪卫东全年组织开展各类法律援助共100多次，推动全县190个村、社法律顾问全覆盖；杨芝冬作为农工党市委会8090新时代理论宣传团成员，先后到14个乡镇（街道）近50多个行政村开展农房整治拆后利用宣讲活动50多次，为新时代美丽乡村示范县创建夯实基础。

【统战理论实践学习】 2020年，农工党常山总支开展“不忘合作初心，继续携手前进”主题教育活动。8月8日，党员蒋国平、杨芝冬参加中国农工民主党成立90周年纪念宣讲暨农工党市委会组织的8090新时代理论宣讲团成立仪式，杨芝冬以《拆改美用提、村庄换新颜》为题开展宣讲；9月4日至10月10日，党员方慧玉参加常山县第十三期中青年干部培训班；9月8—9日，党员姚小娟参加衢州市七届人大代表第四期培训班；11月20日，农工党常山总支组织10多名党员前往衢江区谢高华精神传承馆学习；11月30日至12月2日，党员杨芝冬、邱小亮参加农工党衢州市委会组织的履职能力提升培训班。

（杨芝冬）

民建常山支部

【概况】 2020年，中国民主建国会常山县支部委员会（以下简称民建常山支部）新增会员2人，会员总数20人，其中担任县政协委员的有7人（含县政协常委3人）。民建常山支部秉持民建宗旨，围绕中共常山县委、常山县人民政府中心工作和群众关心的热点问题，为推动常山县经济社会发展发挥应有的作用。

【参政议政】 2020年，民建常山支部牢牢把握团结和民主两大主题，强化责任担当，发挥政党职能，向县政协提交大会发言材料1篇、集体提案1篇、个人提案7篇、社情民意8篇。鲍爱国委员在政协九届四次会议上代表民建常山支部作《关于挖掘旅游物质提振常山旅游业发展的建议》的发言，此提案被县政协评为优秀提案。

【服务社会】 2020年，民建常山支部参与疫情防控工作，获中共衢州市委统战部颁发的“统一战线同心抗疫、大爱驰援”荣誉证书，徐华庆会员被授予“民建全省抗击新冠肺炎疫情先进个人”称号。谋划推进以“产业招商、电商强园、乡贤回归”为主旨的青年创业创新园建设，完成超过1亿元的销售业绩。

（郑素芳）

人民团体

常山县总工会

【概况】 2020年，常山县有各级工会组织814个，其中单独建会785个、联合工会29个；工会会员55084人，其中农民工38010人。有产业工会2个，乡镇（街道）总工会14个，县经济技术开发区总工会1个，区域性、行业性工会3个。

2020年，全县工运事业保持创新发展的良好势头。常山县总工会（以下简称县总工会）选取320国道衢州航埠至常山草坪段改建工程（常山段）参加市级重点项目立功竞赛，助推项目建设既重视质量更注重安全，精心打造“精品工程”“示范工程”。组织职工参加衢州市首届职工技能运动会比赛，常山县参赛职工共获得一等奖2个、二等奖2个、三等奖5个。

助力复工复产。以疗养新政助推消费升级，在保障职工疗休养权益的基础上，引导各基层工会在入库14家企业中开展疗休养工作。动员基层工会开展春秋游活动和购买节日慰问品，以实际行动促进扩大消费，提振市场信心，助力经济发展，为常山县5月MEI指标考评名列全市前二作出贡献。2020年，全县各级工会共带动县内消费2154.6万元。其中：疗休养单位162家，参加疗休养8114人，带动县内消费1600多万元；购买节日慰问品单位80家，带动县内消费401.2万余元；开展春、秋游职工8500多人，带动县内消费153.4万余元。减征工会经费，继续实施企业上缴工会经费缓减20%的政策，对小微企业工会经费进行全额返还。截至年底，全县兑现小微企业工会经费全额返还315.8万元，兑现企业上缴工会经费缓减20%的政策计240.3万元，两项合计556.1万元。

推进职工服务精准化。在“司机之家”、青石镇、东案乡、常衢候车室等站点建设“劳动者港湾”6个，并为其配备饮水机、应急用品、微波炉、空调等必备物资，给劳动者提供充电休息的场所。对全县41家“妈咪暖心小屋”进行评比，共评出县级示范点6家，并为每家示范点给予一次性1500元的经费补助，同时为小屋添置防溢乳垫、湿巾、免洗洗手液等物资，让工会的阳光和温暖普照每个角落。

是年，常山县第一小学“妈咪暖心小屋”被认定为省级“妈咪暖心小屋”示范点。

【职工法律援助】 2020年，县总工会通过购买服务的方式，聘请7名专业法律工作者组建“法律帮帮团”，长期派驻县矛调中心总工会窗口，免费为职工提供法律援助、诉讼代理、调解职工与企业的矛盾等。“法律帮帮团”共受理案件128件，开展法律援助6起，涉及职工255人。其中：涉及劳动纠纷89起、工伤26起、欠薪13起140人，涉及金额186.1万余元；化解劳动合同纠纷8起，帮助企业理顺职工关系4家。

【培育创建职工疗休养基地】 2020年，县总工会把培育创建职工疗休养基地作为服务乡村振兴的有效平台，打造职工疗休养的“理想之地”。经前期推荐评定，常山县东案乡梅树底村和赏石小镇入选首批“浙江省职工疗休养基地”。加强和引导全县职工疗休养基地规范化建设，助推新昌乡黄塘村等9个疗休养基地被认定为衢州市职工疗休养基地。实行“请进来、走出去”战略，前往上海市宝山区对常山县职工疗休养基地进行宣传推广，以实际行动服务常山文旅产业发展。

【“工人先锋号”评选推荐】 2020年4月，县总工会组织开展2020年衢州市“工人先锋号”评选推荐活动。经评选，县仓谷医疗科技（浙江）有限公司口罩车间，常山县中医医院（医疗服务共同体）、常山县中医医院感染科，常山县电力实业有限公司带电作业班3家集体，因在新冠肺炎疫情防控和推动企业复工复产工作中表现突出，获得“衢州市工人先锋号”称号。

【人才优惠政策推行】 2020年，县总工会与新华书店签订《常山高技能人才购书惠》协议，为常山县高技能人才和国家级、省级、县市级劳模工匠购书提供优惠折扣，并将相关优惠活动纳入“慢城一码通”，为会员提供优惠服务。

【职工文体活动】 2020年，县总工会引导职工参加衢州产业工人短视频挑战赛，制作并向市总工会推荐参赛作品2个；强化基层“职工书屋”建设，为紫港中学和湖东小学等5家职工书屋捐赠图书，价值5万余元；组织全县女教职工参加“春暖花开，云游常山”网红直播大赛、“公筷公勺新家风”家庭短视频大赛等活动；开展全县女教职工第八届“书香三八”读书征文活动；组织举办瑜伽培训班2期；与县文广旅体局联合举办全县职工气排球比赛；建立常山县总工会抖音官方帐号，拍摄短视频宣传片。

（张君芳）

中国共产主义青年团常山县委员会

【概况】 2020年，共青团常山县委（以下简称团县委）机关内设青少部和办公室，设有1个下属事业单位，即县青少年宫。全县有基层团委39个，团工委6个，团总支2个，团支部402个。团县委机关有专兼挂职领导班子成员6人，其中书记1人、副书记2人、党组成员1人、兼职副书记2人；有专职团干部5人。县青少年宫核定编制8名，股级职数2人，有在编干部6人，其中主任1人、副主任1人。

【参与疫情防控】 2020年，在疫情防控阻击战中，团县委12小时内组建由团员青年、青年岗位能手等837人组成的“红细胞”青年突击队，参与阻击疫情的重大政治任务。线上新媒体平台发布疫情防控各类推文42篇，宣传覆盖人群16.3万余人次，303个基层团组织第一时间向党组织报到，“常雁回归”大学生429人主动向所在村（社）报到，参与应急值守、宣传劝导等联防联控工作，设置青春流动岗184个，“跑小青”为1329户群众提供代购等便民服务，共有青年志愿者3250人次参与，志愿服务时长13.2万小时，募集口罩、消毒液、体温计等应急物资价值156万余元。开展“常雁回归”返乡大学生“春风”行动，召集清华大学、浙江大学、浙江农林大学常山籍返乡大学生28人，结合自己的专业特长走进企业、走进项目一线，服务企业复工复产，支援春耕生产，帮助解决问题11个，建立长效对接联系企业6家。组建“红细胞”帮帮团12个，实行组团包干制，开展贴心服务，温暖传递守护“逆行者”的家。开展“乡村振兴讲堂·守望春天”活动，创新“线上+线下”教学模式，通过“一对一结对”“小班化开课”“网络化教学”等形式服务留守儿童和困境学生185人，助力停课不停学。

【8090新时代理论宣讲】 2020年，团县委以8090新时代理论宣讲为载体，从“五个一批”着力，即：挖掘一批预备队伍、成长一批金牌导师、用活一批宣讲阵地、制作一批生动视频、强化一批青年思想引领，用青春力量让党的创新理论“飞入寻常百姓家”。组织宣讲团84人，开展主题宣讲活动40多场，覆盖青年群体2000多人，其中着重针对“常雁回归”大学生开展宣讲8场，21名大学生主动请战加入宣讲队伍，变“宣讲对象”为工作力量，推动新时代理论教育深入，打造青少年思想引领工作新品牌。

【共青团基层组织改革】 2020年，团县委以基层组织改革为契机，以组织力提升为标尺，创新县域青年组织体系，聚焦农村，强化网格化覆盖，成立村级“青年赋能式青春合作社”等团组织12个；聚焦企业，实现产业化凝聚，依托行业探索建立商会青年组织、驻外商会青年工作部、青年行业团建联盟等，新建非公企业团组织23家；聚焦“两新”，探索多元化牵引，横向依托领域建联盟，纵向依托行业建支部，新建志愿服务、“四个小哥”、“常雁回归”等青春联盟4个，团支部14个，激活基层青年组织末梢。

【志愿服务】 2020年，团县委推动志愿服务助力基层治理。开展志愿服务项目大赛，推动志愿服务项目化运行，优秀项目获省级项目大赛银奖1个、铜奖3个；发布《常山县“有礼之星”激励嘉许办法》，鼓励引导群众参与志愿服务；围绕“八个一”城市品牌打造，创新“随手志愿”模式，累计出动志愿者3200人次，服务时数1.2万余小时，清除“牛皮癣”5万余张，消灭烟头58千克，入户宣传1800多家，发放宣传单页8000多份、公勺公筷1200双；全年服务各类赛事、会议、活动45场，参与志愿服务人数1.3万余人。

8090新时代理论宣讲　　（团县委　供图）

【助力乡村振兴】 2020年，团县委依托直播电商日趋走红的销售优势，创新“青春助农”新模式，助力乡村振兴。依托青石镇网红街打造省级示范青创农场，开展网红街青年沙龙、DIY等固定日活动8场，联合团市委举办村播培训2场，为网红街打造注入青春活力；挖掘本土“潜力网红”82人，开展直播“带货”活动12场，共吸引常山籍在外创业的青年电商企业“回流”4家，创建省级青创农场1家、县级青创农场6家，带动本地电商从业青年340多人；举办“等你‘箱’遇、有‘礼’而来”荧光夜市活动，招募经营主体60多家，吸引群众4万余人，完成营业额超10万元，共点亮微心愿326个，掀起“地摊经济”热潮。

【“三支队伍”助力“三服务”】 2020年，团县委抓好“青小企”“青小群”“青小雷”三支队伍，深入开展“三服务”工作。先后

2020 年 4 月 30 日，“青年新风尚 清廉共青团”主题教育活动启动
（团县委 供图）

围绕“三服务”开展服务活动 36 场，开展“青春帮·牵手关爱”结对，帮助大桥头乡留守儿童谢南楠新建住房，长期提供精神、物质、学习、健康等方面的帮助；开展“圆梦助学行动”，争取资金 12.5 万元，为 25 位大学生完成圆梦助学；帮助宋畈小学向上争取资金 50 万元用于希望小学建设；帮助 90 后海归青年上官文景引进上海粤悦商贸有限公司，疫情期间实现电子产品线上成交额 6500 万元，引进飞远网络科技有限公司，38 位“网络主播”入驻创业园，打造“网红直播基地”，为产业数字化赋能。

【“真善美”种子工程建设】 2020 年，团县委以“真善美”种子工程建设为抓手，深化“青马工程”“青苗工程”和“红领巾学院”建设，融合“红领巾学院”“青马学院”“业余团校”“青年之家”等平台，依托团属阵地打造党团队一体的真善美“种子工程”培育基地 1 个、“业余团校”24 个、“青年之家”14 个、“红领巾学院”8 个，推动“真善美”思想政治引领落地落实；结合清明节、青年节等节点，组织开展主题团日、“致敬革命英雄 传承红色基因”等活动 24 场，开展常山县对标“重要窗口”实施“八大行动”党团知识竞赛、微课大赛、征文比赛、“红领巾学院”思政微队课大赛等活动，承办全市共青团系统党团知识竞赛，常山代表队获全市知识竞赛一等奖，获浙江省“红船杯”党团知识竞赛二等奖。

【“网上共青团”建设】 2020 年，团县委开展“青年大学习”系列活动，打造“网上共青团”。综合运用 H5、海报、短视频、小游戏等方式，融合推出青年网络公开课、团课、“出彩 90 后”等文化产品，开辟抖音、微视、微信等团属新媒体阵地，推出原创短视频 71 个，“团团真探·美食风味”系列作品宣传家乡，深受青年喜爱；推出“8090”后浪之声网络宣讲课程 4 期，提升思想教育工作的感染力和实效性。

【“常雁回归”活动】 2020 年，团县委开展青春助力“双招双引”专项行动。组织开展“常雁回归·才聚常山”2020 高校毕业生“云招聘”大会、“常雁回归·共话桑梓”名校大学生家乡行、大学生暑期社会实践、“智慧衢州 青春有礼”青年人才桑梓行海外专场等系列活动 5 场，帮助 126 位大学生对接在常就业实习；举办“常雁回归·云创常山”大学生创业园开园活动，为青年创业就业搭建平台；统筹团内外资源，对接浙江清华长三角研究院数字经济协同创新中心专家一行到常山考察，与浙江捷姆轴承有限公司、浙江艾佳果蔬开发有限公司达成初步合作意向；开展校地招才，在清华大学、北京大学等国内知名高校建立“人才直通车”服务站，聘请清华大学樊夏妮、香港中文大学胡子濠等6名优秀学子为青年人才“数字智慧直通车”驻外招才大使，为数字经济储备人才。开展“青年常山·奋斗有我”系列人才活动，依托青年人才服务中心，围绕青年需求，常态化组织开展一月一主题的“青年人才沙龙”“邂逅花式风景 推进美丽建设”花艺插花、“有礼遇见仲夏夜”人才交流、信息协作培训、登山等人才活动12场，覆盖青年人才600多人。

【“希望工程”行动】 2020年，团县委开展大学新生圆梦助学行动，助学办统筹全县报名188人，资助92人（包括团县委、县教育局、县慈善总会、县关工委、县工商联、常山农商银行等渠道）。团县委严格按照规定，规范组织报名、实地走访、交叉互查、公示公告流程，最终捐助92人，计46万元。

（徐易易）

常山县妇女联合会

【概况】 2020年，常山县妇女联合会（以下简称县妇联）构建创业、创新两大平台，突出关爱、维权、发展三个重点，开展妇女儿童系列工作。在全市率先完成村（社）妇联组织换届选举工作，190个村（社）妇联共选举产生执委1334人，主席100%进村（社）两委，女性村民参政五项指标大幅提升。打造“向阳花”8090新时代巾帼理论宣讲品牌，开展主题宣讲80多场，举办“好家风是传家宝”主题大赛。推动“公筷公勺进家庭”，举办“筷乐有礼文明有你”系列活动5场，“有礼”培训3000多人次。开展“最美家庭”创建，获评各级家庭160多户，其中熊素娟家庭被评为全国“最美家庭”。“常山阿姨”产业稳步发展，“家政网课”培训学员4000多人，7000多名阿姨持“信用码”上岗，持续推进常山阿姨学院改革，“常山阿姨”入选浙江省精准扶贫十大案例及年度衢州市改革创新优秀实践案例。11月4日，国家发改委社会发展司一级巡视员、副司长彭福伟率调研组到常山调研“常山阿姨”工作。推动全县164个村开展“一米菜园”创建，建成示范村30个、菜园12.2万余平方米，发放奖补资金128万元。争取到“三留守”（即留守儿童、留守老人、留守妇女）专项经费65万元、“儿童之家”建设经费205万元，建成省、市、县级标准“儿童之家”32家，开展各类活动600多场。争取到“焕新乐园”等公益项目资金32.31万元，发放困境妇儿、“两癌”妇女等慰问金、慰问品13万余元。推动妇女参与基层社会治理，建立重点家庭档案203个，摸排婚姻家庭矛盾纠纷547件，化解率达95%以上。加大普法宣传力度，开展普法讲座、法律咨询等活动400多场。推进家庭教育，开展

2020年7月4日，常山县“筷乐家庭文明有你”主题活动启动仪式举行

（县妇联 供图）

科学教子、安全教育等各类讲座441场，受益群众达2万余人次。“把法治安全带回家”“守护童年牵手共成长”等活动被全国、省、市妇联点赞。7月22—23日，全省26县妇联助力加快发展现场交流活动在常山举行，县妇联主席郑丽作典型发言。11月26日，县妇联副主席曾晓燕在全省妇联系统家庭和儿童工作培训班上作典型发言。

是年，县妇联被评为“省级禁毒示范县”创建工作先进集体。

【全市“一米菜园”创建擂台赛在常山举行】 2020年4月29日，由市妇联、市农业农村局、市美丽城镇办联合主办的全市“一米菜园”重点村创建擂台赛在常山县紫港街道渣濑湾村举行，16个“一米菜园”创建重点村登台比拼，紫港街道渣濑湾村获二等奖。

【全省26县妇联助力加快发展现场交流活动在常山召开】 2020年7月22—23日，全省26县妇联助力加快发展现场交流活动在常山召开，省妇联党组成员、挂职副主席李志慧等领导出席，各市妇联、26个加快发展县妇联领导参加。与会人员实地参观考察常山县“一米菜园”、家政培训、“三留守”关爱服务、“巾帼村播”等工作开展情况。在随后召开的工作交流部署会上，县妇联主席郑丽代表常山县妇联作交流发言，从组织覆盖、救助托底、搭台赋能、聚力育美四方面介绍近年来围绕妇女发展所开展的特色重点工作。

【举办8090新时代理论宣讲大赛】 2020年10月28日，由县纪委、县委宣传部、县妇联联合举办的“好家风是传家宝”8090新时代理论宣讲主题决赛在县文化馆举行，来自全县各行各业的17名宣讲员参加。通过评委现场打分，县财政局茅凌微获一等奖，其他选手分获二、三等奖及优秀奖。

（龚 琪）

常山县科学技术协会

【概况】 2020年，常山县科学技术协会（以下简称县科协）下属自然科学、社会科学和交叉学科学会（协会、研究会）30个，企业科协17个（其中2020年新组建10个），乡镇（街道）科协14个。县科协围绕疫情防控、乡村振兴、科技创新、垃圾分类、医疗保健、科普示范县创建等常山县重点科普工作和民生需求，广泛开展科普宣传活动，其中针对未成年人的科普活动20多场，常山第一小学、招贤小学、育才小学、城南中学等未成年学生参加人数达到2000多人。组织农民培训1万余人、城镇劳动人口培训3249人、领导干部和公务员培训2547人。在疫情期间赶制《科学防护 战“疫”必胜》《企业复工员工防护指南》等3套折页5000多份，助力企业复产复工。向村（社）居民发放防疫科普宣传资料1万余份。新建科普e站8处，扩大科普范围，提高科普质量。联合县林水局、县卫健局、县农业农村局等单位及招贤小学、常山第一小学等学校开展全国科普日活动。在全国科普日期间，共组织18次科普活动。举办县农函大培训班2个，普及学员200人。浙江省农函大在常山县招贤镇赛得健康小镇办班，全省171名学员参加，常山县5名学员参加。

是年，东方巨石阵景区被认定为“2020年衢州市科普教育基地”。常山眼科医院、浙江奕宸文化艺术有限公司2家单位被评为衢州市全国科普日优秀组织单位。

【科普宣传疫情防控】 2020年，新冠肺炎疫情发生后，县科协启动应急科普宣传，印发倡议书，动员全县科普力量投身应急科普。县科协干部参与“守好浙江西大门、守好社区小门”的防疫人民战争中。落实“疫情防控科普”与“服务复工复产”两手抓，服务企业恢复生产。利用“科普e站”和“科普画栏”平台，设置“科学防疫”专栏，上传科普资源，实现城镇社区及村全覆盖。推动省级“科学+战疫”应急科普品牌落地，运用华数电视、“两微一端”、《今日常山》等媒体平台推送科普内容，推出防疫专题。

【制定乡村振兴特色服务】 2020年，县科协在全县稳步推广衢州市科协系统“你点我来”服务模式。根据各个行政村的实际情况，因地制宜制定服务“菜单”，从科技“三下乡”、卫生健康义诊、使用技术培训等8个科普公共服务和特色行业服务方面，为群众提供精准服务，助力乡村振兴。

【单位和个人获省“三百”荣誉称号】 2020年，县科协推荐人才参与省级荣誉评选。其中，在“三百”（即百佳企业科协、百佳企业科协工作者、百佳企业科技工作者）举荐活动中，利安隆科润（浙江）新材料有限公司科协获“百佳企业科协”称号，浙江环宇轴承有限公司科协秘书长宁小英和浙江双明轴承股份有限公司科协秘书长周文娟获“百佳企业科协工作者”称号，浙江省常山县纺织有限责任公司总工程师张毅获“百佳企业科技工作者”称号；在浙江省企业“创新达人”举荐及宣讲活动中，浙江双明轴承股份有限公司科协秘书长周文娟获“创新达人”称号，并入选“创新达人”宣讲代表。

【院士工作站清理认定】 2020年，根据“边整治边清理”的要求，常山县原有的14家院士工作站经过清理，保留6家院士工作站，即金钉子陈旭院士工作站、人民医院黄荷凤院士工作站、万谷电子贲德院士工作站、亿谷科技有限公司郑有炓院士工作站、龙腾石博园管理有限公司薛禹群院士工作站、京源文化发展有限公司王德滋院士工作站，均取得市认定。

【“院士之家”构建】 2020年，县科协依托赛得健康小镇的宜居环境和优质服务，搭建集院企对接、学术交流、成果转化、休闲健康为一体的“院士之家”，多次邀请中国工程学院、南京大学等院校院士到常山开展“院士行”活动，并邀请院士进驻“院士之家”。发挥“院士之家”在企业转型升级中的重要作用，通过双方合作，搭建院士专家工作站等服务平台，集聚创新创业人才，促进科技成果有效转化。2020年10月，县人才办、县科协到南京拜访邢定钰、郑有炓、孙义燧、张淑仪、方成等院士，多位院士接受邀请，于12月底到常山对已建立的院士工作站进行参观考察。2020年12月30日，南京大学院士办、县科协共同组织南大院士到常山“院士之家”休闲、考察并举办学术活动。

【县级科协改革】 2020年，县科协深化县级科协改革，围绕“四个服务”（即服务科技工作者、服务创新驱动发展、服务提高全民科学素质、服务党和政府科学决策），建设清廉、美丽、高效的科协。健全乡镇科协，落实“三长”（即医院院长、学校校长、农技站站长）兼职制度，全县乡镇有16名“三长”人员兼职乡镇科协副主席。配齐村级科普小组，全县180个行政村拟将村级科普小组列入村级配套组织之一，由村支书兼任小组长，配专职副组长及成员若干名。

（邹　余）

常山县工商业联合会

【概况】 2020年，常山县工商业联合会（以下简称县工商联）辖杭州市、深圳市、义乌市、北京市、上海市、宁波市、温州市、福建省、重庆市、广东省、台州市、湖北省、安徽省、广西壮族自治区、江苏省、嘉兴市南湖区、湖南省17个异地常山商会；对常山县餐饮协会、常山县物流协会、常山县纺织服装行业协会、杭州市常山商会、台州商会流动党支部进行业务指导。

是年，县工商联被省工商联评为2019—2020年度“五优”县级工商联、2020年度全省工商联系统专项工作先进单位，获2020

年度衢州市工商联系统脱贫攻坚突出贡献奖等。

【调研服务企业】 2020年，县工商联建立副主席、副会长轮值制度，举办“亲清直通车·政企恳谈会”3场，召开轴承、纺织、物流、餐饮等行业协会企业座谈会，听取企业意见建议；定期走访企业，了解企业经营发展中遇到的市场、融资、转型、人才方面的困难，提出意见和建议。由县工商联撰写的《关于完善常山县招商运行体系 发挥“1+1＞2”能效的几点思考及建议》获县委书记叶美峰、县长张少华双批示；《从实例中分析思考关于促进常山县招商引资工作的相关对策及建议》获张少华批示。

【清廉企业建设】 2020年，县工商联引导优秀民营企业家发挥企业清廉文化建设中的示范作用，把企业家爱国敬业、遵纪守法、艰苦奋斗的本色，创新发展、专注质量、追求卓越的品质，履行责任、敢于担当、服务社会的情怀作为企业文化的核心，弘扬新时代浙商精神，引导广大民营企业家坚守契约精神，争做遵纪守法表率。3月25日，省委常委、统战部部长熊建平考察赛得健康小镇，参观清廉企业（亲清新型政商关系）教育基地。12月23日，赛得健康小镇被衢州市纪委评为“市级优秀清廉民企示范点”。

【第三届全国异地商会会长会议召开】 2020年10月18日，县工商联在苏州召开第三届全国异地商会会长会议暨新乡贤聚力“慢城大花园”座谈会，表彰“常山县抗击新冠肺炎疫情重要贡献商会”“常山县抗击新冠肺炎疫情突出贡献商会”“常山县抗击新冠肺炎疫情重要贡献会员”“常山县抗击新冠肺炎疫情突出贡献会员”。各异地商会会长围绕商会建设管理和发展、如何反哺家乡、助力家乡建设等问题进行深入交流。

【首创“政会联通代办”工作机制】 2020年，县工商联在全国17个异地商会率先建立涉及县人社局、县公安局、县民政局等15个部门的业务代办点，通过商会代办、数据代跑、项目代批等方式，实现“最多跑一次，最快办成事”的常山模式，让广大在外经商务工群众实现“办事不回常，一次也不跑”的美好愿望。

【助力疫情防控】 2020年新冠肺炎疫情突如其来，县工商联发挥密切联系各商会及广大会员的优势，号召县内外各商会会员为家乡捐款捐物。县工商联所属各商会及会员企业约485人参与捐款捐物，累计捐款100.35万元，捐赠口罩44165只、手套6200双、消毒液（水）1000升、护目镜940副、红外测温枪486把，以及空气净化器、成人纸尿裤、食品等防疫物资价值30多万元。整合商会会员与餐饮协会志愿者力量，对联创社区进行志愿服务。组建湖北商会服务援鄂医生突击队。通过主动多次对接，紧急采购冲锋衣、运动鞋、水果等生活用品送到防疫最前线。

【新成立2个异地商会】 2020年，县工商联推进异地商会建设，指导和推动异地商会制度化、规范化发展。8月15日，嘉兴市南湖区常山商会成立，樊和良担任嘉兴市南湖区常山商会会长；11月28日，常山县湖南商会成立，王丰富担任常山县湖南商会会长。至此，常山县异地商会共有17家。

（朱 慧）

法　治

政法委及综治

【概况】 2020年，中共常山县委政法委（以下简称县委政法委）紧扣“提升政法机关核心战斗力”工作主线，以打造“一座最平安的城市”为总目标，突出“工作争上游、平安续连冠、治理现代化”方向要求，统筹推进防疫情、保平安、稳发展各项工作，实现“平安常山十五连冠”，夺得全省首批一星平安金鼎，平安指数两次进入全省前十、三次排名全市第一，摘得“浙江省禁毒示范县”，推进信访化解“八法制”，实现“无信访积案县”目标，公安“融警务”改革入选省政法治理创新项目和省公安厅县域集成改革试点。

2020年，县委政法委常态化开展安全隐患整改，共下发整改督办单49份，落实省、市反馈问题整改63项，组织县级平安暗访检查3次，完成县级自查问题整改122项，整改完成率达100%。运用新媒体渠道，通过微信定向推送平安宣传信息，阅读人数达3.6万余人。开展社会治安面突出问题专项整治，聚焦侵财性、暴力型、民生类案件，集中优势警力主动攻坚，全县立刑事案件926起，破获刑事案件184起，其中命案全破，刑事案件发案数比上年下降20.79%；查处治安行政案件658起。深化道路交通安全大会战，加大重点车辆、重点路段、重点违法的查处整治力度，提升道路交通安全工作水平，全县发生交通伤亡事故39起、死亡40人，比上年分别下降33.90%、33.33%，下降幅度排名全市第一，其中205国道实现交通事故“零亡人”。抓好安全生产，以第二轮安全生产综合治理三年行动为载体，落实企业主体责任，抓好危险化学品、烟花爆竹、非煤矿山、“三场所三企业”（即涉爆粉尘作业场所、喷涂作业场所、有限空间作业场所、金属冶炼企业、涉氨制冷企业、船舶修造企业）的安全监管，全年生产安全事故数及死亡人数比上年分别下降46.7%、50%，未发生较大以上生产安全事故。通过政法一体化单轨制办案系统逮捕55件、审查起诉174件、审判立案76件、网上换押107人次、入矫协同80次、法律援助74人次。

2020年，全县社会面保持平稳，实现重点人员“零外出”、进京上访“零登记”、重大事件“零发生”。对3件信访积案组织信访公开听证，其中2件经省级审查通过，推动信访生态逐步向好。围绕旧城改造、失土保险政策调整、城区渣土运输整治、城乡公交一体化改革、原常化宿舍楼除险解危等重难点工作，排查化解信访矛盾，依法打击阻工、地下“军师”、破坏营商环境等违法犯罪行为，妥善处置相关事件，对相关人员进行教育训诫。擦亮“基层治理四平台”品牌，强化科技支撑、数据融合，优化功能模块设置，加强平台运行督促指导，全年处置事件10.5万件，办结率达99%以上。推进全科网格规范化建设，全县网格优化调整为496个，优化建强“一长三员”队伍，配备网格“一长三员”2400多人，开展网格培训118次，梳理明确

91项入格事项，创新开发“网格员管理考核系统”，全科网格不断规范完善。

2020年，全县政法系统组织理论中心组学习12次，周一政治学习25次，召开党员大会12次。举办业务培训，强化政法干警法律思维和业务能力建设，组织2期全县政法干警政治轮训暨执法司法规范化水平提升培训。开展专题调查研究，召开专题研讨会。开展全县政法队伍教育整顿课题调研，梳理近三年全县政法系统、政法干警违法违纪特别是涉黑涉恶腐败和“保护伞”问题的总体情况，查找全县政法队伍存在的突出问题，形成调研成果1篇和典型案件剖析材料5篇。开展集中警示教育，通过身边的案例警示、纪检监察机关拍摄的相关警示教育专题片播放和对发现的违法违规干警公开处理等形式教育警示政法干警知敬畏、存戒惧、守底线。

【参与疫情防控】 2020年，县委政法委及时建立指挥体系，组织精密智控网，依托大数据平台开发“慢城537”系统，建立精准查人、即时管控、五色分类、全程监管回路闭环；及时落实群防群控，发挥基层网格作用，做好信息排查、人员管控、线索核实、居家服务、卡点值守等工作，全县网格员走访排查70.9万人次，处置“疫情防控”类事件19823起，实现3名确诊病例、269名密接者无一感染扩散，51名网格员被评为省、市“抗疫优秀网格员”，青石镇江家村第四网格网格长王芳被评为“全国抗击新冠肺炎疫情先进个人”；开展防范涉疫风险“八大专项行动”（即经济纠纷和财政方面、执法司法方面、涉众维权方面、社会治安方面、生态环保领域、舆情和意识形态方面、政治安全方面、涉外方面专项行动），对52项涉疫情风险隐患进行交办落实，有效处置风险隐患23项。出台司法保障企业发展十条意见，组建公益法律服务团，开展企业法治风险评估，编写《企业应对疫情防控法律常识问答》，为企业运行提供有效法治服务。探索破产案件简化审理模式，加快“僵尸企业”市场出清，加强诉破、执破衔接，全年受理“执转破”案件15件，化解执行积案532件，办结全市首例房地产企业破产清算案。

【扫黑除恶专项斗争】 2020年，县委政法委将扫黑除恶专项斗争纳入县委、县政府重要议事日程，推动解决重难点问题。全年以“专项行动”（即社会治安领域、乡村治理领域、金融放贷领域、招投标领域、工程建设行业领域、渣土清运领域、交通运输领域、市场流通领域、自然资源领域、砂石资源领域、文化旅游行业领域、教育行业领域、卫生行业领域、信息网络领域专项行动）、“行业治乱”（即生活垃圾清运、非法采矿专项整治、“无欠薪”行动、车辆超限超载治理行动、文化市场行业乱象整治、保健品乱象整治、野生动物保护专项行动）和“六清”行动为主抓手，实现368条线索清零，完成3起涉黑涉恶案件办理，查处涉黑涉恶腐败等问题21人次、4名涉案公职人员被“双开”并依法判决，累计查封、扣押、冻结涉案资产1900多万元，执行“黑财”868万元。对市扫黑除恶专项斗争重点推进县进驻督导反馈4个方面10项问题，主动认领、照单全收，及时制定整改方案、提出31条整改措施，逐一落实整改，提升全县扫黑除恶整体工作水平。

【四级矛调体系建设】 2020年，县委政法委按照省一类中心建设标准，整合县级综治中心、诉讼服务中心、公共法律服务中心、行政争议调解中心等8个中心，提升县级矛调中心效能，做优一窗受理，常驻部门13个、轮驻部门4个、随叫随驻部门12个，调解室增设至9间，交通事故纠纷、医患纠纷、劳资纠纷、物业纠纷、银企纠纷等9个调解委员会入驻，成立全省首家司法拘留专业调解委员会，建立健全即接即办、教育疏导、协调联动、会商研判、公开监督、责任追究、考核管理、领导接访、矛盾化解跟踪回访九大机制。结合乡镇（街道）模块化改革，整合乡镇（街道）综治工作中心、信访接待、公共法律服务等资源，设置群众接待、矛盾调解、综合指挥、暖心服务四大功能区，专门设置 ODR 调解室，在 14 个乡镇（街道）建立社会矛盾纠纷调处化解分中心，形成“1 模块+1 中心+N”的组织框架，分中心建立即接即办、工作例会、统筹联动、管理考核四大工作制度，打造金川街道“金事办”、辉埠“360 工作法”、球川“融治理”等矛调分中心特色品牌。以现有村（社）党群服务中心场地为基础，整合村两委干部、辖区民警、联村（社）干部、网格员、乡贤等力量，建立 190 个具备ODR在线调解功能的村（社）社会矛盾纠纷调处化解工作站，并同步组建 491 支“联户党员+一长三员+N”网格调解联队，推行田间地头、房前屋后、山地林地、邻里农户“现场调解”。

【创建“两难”问题三级联动钉钉群】 2020 年，县委政法委贯彻落实市委关于推进基层治理“两难”（即疑难杂症、急难险重）问题工作相关部署和要求，组建“两难”问题三级联动钉钉群，落实“线上+线下”精准研判、“县领导+乡镇书记”交办督查、“报送交办+处置反馈”闭环考评三大机制，提高基层处理疑难问题的效率，增强问题处置合力，压实三级责任和事权部门责任。全县三级“两难”钉钉群提交 1222 件，办结 1218 件，办结率达 99.67%。其中，县级层面提交 28 件，办结 28 件；乡级层面提交 292 件，办结 289 件；村级层面提交 902 件，办结 901 件。

【执法司法规范化水平提升年活动】 2020 年，县委政法委贯彻落实省委政法委关于开展执法司法规范化水平提升年活动相关部署和要求，成立工作专班，明确工作职责和任务清单。各政法单位全方位收集执法司法中存在的问题，搜集执法司法规范化五个方面意见 72 条，建立个人、部门、单位“三张问题清单”。组织开展“教科书式”执法创新实践活动，对比日常执法司法中的不规范行为和问题进行排查分析，共梳理收集意见问题 569 项，进行逐项研究，结合“三张清单”开展整改销号工作，累计整改完成 458 个问题。健全完善执法司法标准制度机制及政法机关之间密切互相配合、强化相互制约方面的机制建设，出台各项规范化制度文件 68 份。通过以身边的事教育身边的人的方式，梳理 2015 年以来政法干部违规违纪情况，剖析原因，提出整改措施。组织全员开展典型案例分析撰写。针对突出问题、普遍性问题，开展集中专项行动 8 次，县委政法委开展全县政法机关司法救助类案件专项检查行动，共检查案件 50 件，发现共性问题 3 个、个性问题 2 个，并逐项分析研究，制定整改举措，巩固整改成果，提高执法司法规范化水平。

（俞海航）

公 安

【概况】 2020 年，常山县公安局（以下简称县公安局）坚持保稳定、护安宁、抓改革、促发展，为常山社会大局持续稳定提供坚实支撑和强力保障。全县立刑事案件 926 起，其中命案全破，七类恶性案件比上年下降 36%，破案率达 100%；查处治安行政案件 658 起。全县交通亡人事故数和死亡人数分别比上年下降 33.9%、33.33%，下降幅度居全市第一。年底，县公安局内设机构 24 个，下辖城关、城郊、外港、招贤、新都、球川、大桥头、芳村 8 个公安派出所。实有在编在职民警（职工）311 人，其中无执法权干部 1 人、职工 6 人、辅警 380 人。是年，县公安局共获国家级荣誉 2 项、省级荣誉 7 项、市级荣誉 39 项，3 个集体立三等功，2 人次立二等功、9 人次立三等功，连续第七年被评为全省公安机关执法质量优秀单位。

【参与疫情防控】 2020年，县公安局全警投入新冠疫情防控攻坚战，第一时间启动战时机制和等级防控响应，守牢浙西大门、村社小门。牵头设置大小查控卡点14个，负责4个集中隔离观察点安保工作，排查出入车辆36579辆81788人；牵头落实防聚集和基础管控，驱散非法聚集1390人次，打击聚集赌博人员136人。推动健全“慢城537”智控平台，落实中门智控，完成12个智安小区建设，对城区老旧小区进行升级改造，织牢精密智控网。打击涉疫违法犯罪活动，及时出台保障企业复产复工十条措施。

【护航中心工作】 2020年，县公安局护航县委、县政府土地综合整治、区域环境系统提升、危旧房改造、片区征迁等重点工作推进，按照“扫黑除恶+树正打歪+行业治乱”要求，对阻碍项目施工、网上散布谣言、非访闹访的违法犯罪人员高压震慑、果断亮剑。先后妥善处置辉埠立窑关停、251国道阻工等阻碍中心工作、破坏营商环境事件30多起，教育训诫400多人，打击各类歪风邪气，确保中心工作平稳推进。聚焦村社组织换届选举，组织开展全县公安机关“战狼一号”实战演练，排查化解各类矛盾纠纷500多起，落地稳控涉选网络舆情4条，完成3666名候选人资格审查，稳控各类重点对象136人，警示约谈20多人，查处涉选案件3起，行政拘留4人，助推30多个“红码”村平稳转蓝，确保全县村社组织换届工作顺利完成。

【严打整治专项行动】 2020年，县公安局坚持“安实至上”工作导向，以清风行动、基础大排查等活动为载体，深入推进扫黑除恶、铁拳护航等专项行动，重点强化治安问题排查和整改，严打黄赌乱象、严查食药环热点、严治跨境赌博，高压严打本地违法犯罪，先后破获陈小平涉黑涉恶案、常山建县以来最大盗采矿产案等一批群众关心、社会关切的大案要案。查处黄赌行政案件82起，行政处罚558人；侦破涉黄涉赌刑事案件18起、食药环案件10起、跨境赌博案件37起，抓获犯罪嫌疑人159人，查扣冻结资金930多万元。全县行政和刑事警情分别比上年下降18.9%和23.5%。

【公安信访改革】 2020年，县公安局探索矛盾联调和警务联勤有机融合新模式，在全市首创融入乡镇矛调中心的联勤警务室在新昌乡揭牌。聚焦“最多跑一地”改革，全省率先将公安信访窗口融入县级社会治理综合服务中心，并推动县、乡、村、网格四级矛盾纠纷体系建设，配套出台矛盾纠纷化解“456”工作机制〔“4”是全面夯实县、乡镇（街道）、村（社区）、网格四级矛盾纠纷体系

2020年9月24日，县公安局开展“清风系列”集中清查统一行动

（县公安局 供图）

架构；“5”是尽数归集一窗受理、上级公安交办、网络舆情、110报警、基层排摸五大矛盾纠纷数据来源；“6”是闭环运行受理、交办、反馈、回访、评估和考核6个环节），实现信访矛盾调处全链条闭环。全年公安访情和警情均比上年下降20%以上，初信初访综合化解率达95%以上，成功化解一批信访“骨头案、钉子案”。全市公安信访工作现场会在常山召开。县公安局在全省公安信访现场会上作经验交流。

【执法优胜实现“七连创”】 2020年，县公安局开展“执法规范化水平提升年”活动，以执法专项问题排查和案件评查活动为抓手，打造执法问题发现、整改、督导全流程闭环，共收集各类执法问题343个，整改销号326个，整改率达95.04%。推进单轨制协同办案，坚持“硬件+软件”同向驱动，实现报捕移诉、财物管理、人犯换押、侦查监督和法律援助100%网上协同。持续做细做实“教科书”式执法、规范执法管理与常态化监督，助推全局执法办案水平提档升级，实现省级执法优胜单位“七连创”。

【融警务改革延伸新领域】 2020年，县公安局结合现代警务模式构筑目标和枫桥式公安派出所创建载体，立足融警务原有体系框架，推动融警务理念向警务工作的全环节、各领域延伸，探索公安业务和党委政府的组织融入、基础融汇、数据融通、调处融合，融入疫情防控、禁毒示范县创建、道路交通安全大会战、两法衔接、“智安小区”建设等工作，工作成效获市委书记徐文光，副市长、市公安局局长王顺大等多位领导批示肯定，该模式被市公安局作为全市公安警务模式推广。融警务改革入选省公安厅县域集成改革试点并通过中期验收，被省委政法委推荐至省委、省政府争取试点。

【打击防范新型电信诈骗】 2020年，县公安局重拳打击防范新型电信网络违法犯罪，在全县范围内开展防范通讯（网络）诈骗暨“慢城无诈”行动，对案件高发重点地区天马街道实行挂牌整治，依托刑事犯罪治理中心实体化运行，持续强化信息研判导侦，提高打防质效。全年刑事立案电信网络新型案件282起，比上年下降18.2%，破获案件191起，采取强制措施64人，挽回群众被骗损失207.84万元。

【实现省级禁毒示范县创建】 2020年，县公安局通过涉毒隐患专项治理行动，动员全社会参与禁毒斗争，打击导向持续扭转、风险隐患逐步清零、科学戒管初具雏形，全力打造县域毒品综合治理新样板。全县戒断三年未复吸人员数、社区戒毒（康复）执行率、毒品价格3项指标分别比2017年上升 60%、5%、317%，新滋生

2020年1月10日，“不忘初心110，共建共治享安宁”主题宣传日活动举行
（县公安局 供图）

吸毒人员数、外地查获本地籍吸毒人员数、社区戒毒康复复吸人员数分别比 2017 年下降 38.9%、43.8%、75%。2020 年 6 月 9 日，常山县被省禁毒委授予“浙江省禁毒示范县”称号。

【“110”宣传日活动】 2020 年 1 月 10 日，县公安局在常山东方广场开展“不忘初心 110，共建共治享安宁”主题宣传日活动，通过摆放宣传展板、发放宣传单、展示警用武器装备、播放单位视频宣传片以及面对面交流等形式，向群众介绍“110”接处警范围、正确拨打“110”方式方法、配合警方履行公民义务等内容。同时，各警种结合春节期间安全注意事项开展防火、防盗、防事故以及禁毒等相关内容宣传。

【完成全县第七次人口普查】 2020 年，县公安局以全国第七次人口普查户口整顿工作为契机，出台《常山县第七次人口普查户口整顿工作暨解决无户口人员落户问题专项行动工作实施方案》，全县抽调公安民（辅）警、乡镇街道、村居干部（楼道长）186 人组建普查队伍，强化培训及宣传，以天马街道金川社区为试点，主动加强与县人普办、县教育局、县民政局、县人社局、县卫健局等部门联系，完善共享数据，全面调查核对人口数量、结构、分布和流动情况，及时解决各类户口登记问题。户口整顿涉及人口 124531 户 342277 人，共纠正公民身份号码重错号 2 个，清理废弃地址 3 个，查处治安案件 6 起，解决 6 名无户口儿童户口问题。群众通过“网上办”“掌上办”等自主申报形式，主动申报户口登记事项 1264 条。

【“两法衔接”实体化中心建立】 2020 年，县公安局针对行政执法和刑事司法间信息不通、衔接不畅等问题，在全省率先建立“两法衔接”实体化中心，打通与各行政执法机关之间的壁垒。配套建立案件会商、信息通报、联动执法等机制，实现两法间无缝对接，全年“两法衔接”实体化中心移送案件 54 起，采取措施 65 人。

【全警实战大练兵】 2020 年，县公安局坚持民警辅警全覆盖，开展全警岗位练兵、警种专业练兵和一线实战练兵，以政治能力、执法能力、警体技能三项全警必修项目为抓手，提高全警综合素养，铸牢能力底板。通过专业等级评定，优中选优，构建专业梯队，提升单警专业能力，拔高能力长板。构建体现常山战狼特色、体现“敏锐、坚韧、铁血、团队”特点的新时代常山公安教育训练体系，全警职业素养、专业水平、实战本领均明显提升。民警徐峰峰被公安部选树为全警实战大练兵第一批“标兵个人”。

【教育整顿试点工作】 2020 年，县公安局结合“作风治理年”活动，开展“坚持政治建警，全面从严治警”教育整顿工作全省试

2020 年 4 月 16 日，县公安局组织实弹射击训练和现场授课培训
（县公安局 供图）

点，聚焦政治建设、为民服务、信访投诉等顽瘴痼疾蛰伏“高危区”，开展理想信念检视、执法隐患起底、信访积案清零等七大专项行动，圈定重点、清单对照、滚动循环，倒逼问题隐患查清查实、一个不留。对1名民警采取行政拘留处罚、2名民警作出留党察看、撤职和党内严重警告、政务记大过处分，对负有层级管理责任的领导作出诫勉谈话和党内警告处分。相关工作获省委政法委政治处主任于万春、省公安厅党委副书记、常务副厅长毛善恩等各级领导点赞。

【中国山地自行车联赛安保工作】 2020年11月20—22日，中国山地自行车联赛（浙江·常山站）在常山县国际慢城山地自行车主题公园举行，全国1000多名选手参加，新闻媒体记者、自行车运动爱好者、观众等1万余人到场观看。县公安局按照安保实施方案，精心部署，严格落实比赛现场、外围管控、交通保障等安保工作，抽调110多名警力，会同全县各相关单位、街道干部等社会力量参加安保执勤，完成2020年中国山地自行车联赛安保工作。

（王小飞）

检 察

【概况】 2020年，常山县人民检察院（以下简称县检察院）办理各类案件835件，其中，审查逮捕案件94件116人，审查起诉案件297件415人，刑事、民事、行政诉讼监督案件53件，公益诉讼案件57件，其他案件334件。加强刑事诉讼监督。对故意杀人、抢劫、贩卖毒品等17起重大犯罪案件提前介入侦查，引导完善证据，为有效指控犯罪打下坚实基础。加强侦查活动监督，监督立案、撤案7件11人，纠正漏捕2人，纠正遗漏同案犯2人，发出纠正违法通知书6份、检察建议书4份。强化刑事执行监督，发出书面纠正意见9份。配合市检察院对社区矫正规范化开展巡回检察，联合县司法局对辖区14个基层司法所开展执法检查，严防脱漏管、重新犯罪发生。助力村社组织换届选举，审查资格人选2000多人次，重点对剥夺政治权利罪犯监管情况开展专项检察，发现脱管漏管人员9人，提出纠正意见和监管建议。

优化民事行政检察。审查民事诉讼案件32件，对正确的法院裁判做好释法说理，促成案结事了，对确有错误的，提出再审检察建议，促使法院再审改判5件。核查执行案件143件，针对执行款物管理不规范、被执行人财物分配方案计算标准不一致等问题，发出检察建议7份。做好审判活动监督，针对一批久调未结的物业服务合同纠纷立案问题，发出检察建议。

履行公益保护职能。全年受理行政公益诉讼线索70条，根据线索立案51件，向行政机关制发诉前检察建议书47份，在实现食品药品安全、国有财产保护等四大领域全覆盖的基础上，探索公共安全等新领域。推动职能部门开展住宅小区电梯安全隐患排查整治、瓶装燃气规范经营等专项行动。向上级检察院提请移送民事公益诉讼线索8条，立案并发出公告8份，其中向市中级人民法院提起民事公益诉讼2件，诉讼请求均获法院判决支持。3件民事公益诉讼案件达成诉前赔偿协议后，公益损害人全部履行相应义务。

融入县域社会治理。化解社会矛盾，推动县域治理体系和治理能力现代化，323名犯罪嫌疑人、被告人自愿认罪认罚，认罪认罚适用率达86.6%，确定量刑建议提出率达81.6%，采纳率达100%。准确把握宽缓的刑事政策，加强逮捕必要性、起诉必要性的审查把关，全年不批准逮捕23件34人，不起诉72件100人。依法从快办理妨害执行公务犯罪，批准逮捕4件4人，起诉6件7人。推进“12309”检察服务中心成建制入驻县矛调中心，全年受理各类信访件213件，均做到“七日内程序性回复、三个月内实体性答复”。办理监委移送职务犯罪案件11件12人，办理市检察院查办的职务犯罪案件2件2人，其中科级以上领导干部5件5人。

【扫黑除恶专项斗争】 2020年，县检察院打好扫黑除恶专项斗争“收官战”。健全专班办案、一体作战等机制，办结涉黑涉恶案件3件3人，受理的所有涉黑涉恶案件在检察环节全部办理完毕。深入开展“利用信息网络实施涉黑涉恶等有组织违法犯罪专项整治”，对外移送新线索3条。开展蒋某、郑某等人涉黑案，李某等人、叶某懋等人涉恶案的“回头看”，确保生效判决的涉黑恶财产限期执行到位。制发检察建议，促进标本兼治。县检察院被评为“全市扫黑除恶专项斗争工作突出贡献集体”。

【民生领域案件办理】 2020年，县检察院依法打击非法吸收公众存款、集资诈骗等涉众型经济犯罪，涉案金额1213万元。依法打击骗取失地农民养老保险金的“蝇贪”2件2人。救助“因案致贫、因案返贫”困难群众11人，发放司法救助金15.8万元。针对洪某武等人非法占地经营养殖场阻碍土地征收的问题，会同县法院、县资规局、乡镇依法规范处置，为金色同弓田园综合体项目建设拔钉排障。助力辉埠区域环境系统整治提升决战，突出办好常山港治理二期某堤段团伙盗采河砂案，分类惩戒70多名涉案对象，其中30多人被追究刑事责任。会同县林水局、县资规局、县公安局等部门，对盗采河砂、矿石的违法犯罪团伙予以严打彻查，推动主管部门强化行业监管。全年办理破坏环境资源类犯罪案件51件75人，追偿环境资源损失、生态修复费用210万余元，督促修复农用地240多亩、增殖放流30多万尾、清运污染物7000多吨。开展饮用水水源安全、保健品市场乱象、进口冷冻食品安全问题等专项监督，发出检察建议书3份，助力消除群众身边的食药安全隐患。

【检察服务疫情防控】 2020年，县检察院出台应对疫情工作方案，利用远程宣告不起诉、远程帮教等信息化手段办案，推动检察环节办案通畅。开展监管场所疫情防控专项检察，配合排查、消除各类安全隐患10多起。从严从快打击妨害疫情防控犯罪，提前介入3起涉疫案件，依法办理1起疫情期间企业管理人员侵占公司财产案。选派干警到县疫情防控指挥部、年轻干部墩苗行动“1号集结”帮助工作，参加社区群防群控志愿服务800多人次，疏通挂联企业复工复产痛点6个，并帮助解决防疫紧缺物资，组织干警爱心捐款。

【营造最优法治营商环境】 2020年，县检察院营造最优法治营商环境，打击制售假冒伪劣产品、盗窃企业财产等犯罪，起诉8件

疫情防控期间，检察干警到挂联企业助力复工复产
（县检察院 供图）

13 人。依法保护企业合法权益，落实好“少捕慎诉”的司法理念，对涉企案件依法作出不起诉决定 14 件 26 人。支持民营企业渡过难关，如依法稳妥办理陈某拒不支付劳动报酬案，既确保欠薪全额支付，又为企业发展提供后续动能。与县工商联共同举办“服务六稳六保、护航民企发展”检察开放日，助力企业合规依法发展，开展以涉案企业为主要回访对象的法律体检志愿服务，发出风险防控提示 5 个，增强企业合规意识，为民企发展提供更多更优的检察产品。

【未成年人司法权益保护】 2020 年，县检察院全面落实未成年检察“捕诉监防教”一体化职能，办理未成年犯罪案件 15 件 29 人。依法严惩侵害未成年人犯罪案件 3 件 3 人，守护少年儿童健康成长。加大对涉嫌轻罪未成年人的教育挽救力度，不起诉 10 人，并落实好观护帮教措施。与团县委、社会团体共建社会支持体系，提升未成年人教育矫治和保护救助的质效。联合县民政局、县妇联开展事实无人抚养儿童的专项排查，携手提供关爱服务。牵头开展“中小学幼儿园学生防范不法侵害”专项监督行动，对法治校园建设、校园安全管理等情况开展监督。联合县教育局、县公安局等部门对新入职的 81 名教师进行入职查询，守好与未成年人密切接触的行业关口。组建 8090 新时代理论宣讲团，7 名法治副校长开展法治宣讲 10 多场，覆盖学生近万人。

（吴抗抗）

法 院

【概况】 2020 年，常山县人民法院（以下简称县法院）受理各类案件 7367 件（含旧存）、办结 6824 件，比上年分别下降 6.32% 和 5.59%，一线法官人均办案 210 件，纠纷源头治理效果初步显现。在省高院通报的 12 项办案质效指标中，县法院有 2 项排名全省前十，3 项排名全市第一，6 项排名全市前三。案件自动履行率等与群众权益密切相关的办案指标在全市法院排名前列。

【打击刑事犯罪】 2020 年，县法院受理一审刑事案件 201 件 254 人，审结 204 件 259 人（含旧存），比上年分别下降 34.53% 和 29.89%，判处罪犯 265 人，其中判处三年以上有期徒刑 62 人，对 118 名具有从宽情节的被告人依法判处缓刑。审结故意伤害等暴力型犯罪案件 31 件 42 人，审结毒品犯罪案件 15 件 19 人，审结危险驾驶、交通肇事罪案件 38 件 38 人；审结公安部挂牌督办的跨境制售假烟案 1 起；审结受贿、玩忽职守、滥用职权罪等职务犯罪案件 7 件 8 人。以妨害公务罪对 2 名暴力阻碍公安干警执行公务的被告人判处刑罚。审结涉黑恶犯罪案件 8 件 27 人；涉黑恶财产刑执行案件全部清零，执行到位款项 2313.3 万元，执行到位率达 99.85%，居全市前列；摸排涉黑

2020 年 12 月 30 日，破产企业职工工资集中发放仪式在县法院举行

（县法院 供图）

2020 年 7 月 30 日，县法院举行拒执犯罪典型案例新闻发布会

（县法院 供图）

恶线索 50 条，移送有关部门处理 45 条，立案查实 2 件。

【民事纠纷调处】 2020 年，县法院审结婚姻、继承、赡养等家事纠纷案件 525 件，签发人身安全保护令 6 份；妥善审结劳资、教育、医疗等社会保障类案件 158 件，为 299 名破产企业职工实现劳动债权 652.83 万元，劳动债权清偿率近 100%；审结合同纠纷案件 415 件；审结金融借款合同纠纷案件 489 件；依法规范民间融资行为，审结民间借贷纠纷案件 699 件，比上年下降 22.23%；妥善审理新类型案件，审结的一起以虚拟财产（链克）为标的物的返还原物纠纷案件入选衢州法院数字经济十大典型案例。

【服务基层治理】 2020 年，县法院牵头建立银企纠纷调解委员会，调解银企纠纷 268 起，司法确认 206 件，平均用时约 8 个工作日；芳村、红旗岗 2 个人民法庭以建立巡回审判服务站和执行联络站的形式进驻乡镇矛调分中心，常驻员额法官 3 人、其他工作人员 4 人，指导调解纠纷 141 起；配合建立 4 个微缩版解纷工作站，协同开展纠纷源头治理。

【推进综合治理执行】 2020 年，县法院受理执行案件 3406 件，办结 3109 件，执行到位款项 3.59 亿元；加强失信惩戒，开展专项执行行动 7 次，司法拘留 17 人、罚款 143 人，曝光失信被执行人 206 人次，将 971 人纳入失信名单；加大对拒执犯罪的打击力度，先后移送 4 件 5 人，判决 3 件 4 人；探索实践刑财案件一元起拍工作，共组织“一元拍”9 场，处置车辆、首饰等 207 件 331 万元。

【司法“一件事”改革】 2020 年，县法院助力多元解纷平台建设，

2020 年 10 月 30 日，芳村法庭巡回审判服务站在新昌乡矛调中心揭牌成立

（县法院 供图）

率先将诉服中心成建制入驻矛调中心，合计诉前调解纠纷1505件，调解成功率达81.93%，新收民商事案件比上年下降19.79%；坚持实行县矛调中心、人民法庭立案“双轨制”，探索建立审执一体化办案团队，深入推进人民法庭“一件事”改革。

【智慧法院建设】 2020年，县法院积极引导当事人通过移动微法院等智能化平台参与诉讼，合计网上立案4151件，跨域立案16件，电子送达4.7万余次，通过移动微法院办理案件4637件；裁判文书上网率达100%；加大司法网络拍卖力度，成交金额1.91亿元，为当事人节省佣金955.16万元；加大对ODR平台应用指导，在线化解纠纷2164起；推广应用政法机关一体化单轨制协同办案系统，审判反馈协同率达100%。

（詹　勐）

司法行政

【概况】 2020年，常山县司法行政系统以执法司法规范化水平提升年活动为抓手，保障中心工作，抓好疫情防控，助推换届选举，推进扫黑除恶，优化营商环境。实现法治建设新进展，加强法治建设组织领导，落实法治建设重点任务，提供重大项目法治保障，推进行政执法工作，开展行政争议“双下降”专项治理。构建社会治理新格局，选优配强专职人民调解员队伍，助力纠纷“最多跑一地”，推进监地衔接机制，智慧监管社区矫正对象，维护弱势群体权益。营造依法治理新氛围，分层分类提升普法工作实效，创新载体弘扬法治特色文化，筑牢基层民主法治基石。严格干部管理，打造清廉司法铁军队伍。

2020年，全县接收社区矫正对象164人，解除矫正164人。至年底，在矫262人，其中缓刑237人、假释22人、暂予监外执行3人。共给予警告处罚26人次，给予训诫处罚24人次，收监执行4人次，居住地变更16人次，重新违法犯罪率始终控制在0.5%以内。收到行政复议案件申请44件，受理42件（不含2019年结转23件），审结56件，纠错12件，纠错率达21.4%。县法律援助中心为企业和群众解答法律咨询1476次，办理法律援助案件449件，其中刑事类案件181件、民事类案件268件；受理农民工群体性法律援助案件198件，为农民工挽回经济损失185万余元。县公证处办理公证事项639件，开展预约、延时服务236次，接待群众来电来访1156人次，公证外出核查调查43次，共计收费35.36万元。

是年，常山县司法局（以下简称县司法局）被省委、省政府评为“2018—2019年度平安浙江建设先进集体”。

【行政权力监督】 2020年，县委、县政府主动接受县人大及其常委会法律监督、政协民主监督、司法监督、监察监督和社会舆论监督。执行县人大及其常委会决议、决定，听取各民主党派、工商联、无党派人士意见建议。全县公开各类政府信息2万余条，重点领域信息公开1000多条；收到政府信息公开申请49件，全部按时依法答复；做好政策文件解读工作，发布政府（办公室）文件15件，配发解读材料15件。从全县各行政执法部门选派法律专业骨干力量进驻20家单位开展两轮法治巡察工作，下发巡察整改意见书20份，提出整改意见127条。

【法治政府制度建设】 2020年，常山县全面推进依法行政工作领导小组办公室印发《关于进一步加强行政规范性文件制定和监督管理的通知》，严格制定程序、加强文件审核、强化动态监管，全年审查县政府规范性文件12件，审查县政府常务会议议题20个，提出意见40条；县司法局印发《关于开展行政规范性文件专项清理工作的通知》，开展涉及野生动物保护领域的规范性文件专项清理、涉及民法典的规范性文件专项清理等行动，清理规范性文件

487 件。县委全面依法治县委员会办公室制定《常山县推进乡镇（街道）合法性审查全覆盖工作实施方案》，全县 14 个乡镇（街道）确定合法性审查主体，明确 49 名工作人员作为合法性审查人员，并建立审查制度、流程和范围，全年审查乡镇（街道）重大行政决定、规范性文件 24 件。

【重大项目法治保障】 2020 年，县司法局推进政府法律事务服务模式从“事后补救”向“事前预防和事中控制风险”转变，加强对县委、县政府重点项目法制审查并出具合法性审查意见，牵头处理塔山石灰石采矿权出让合同纠纷、芙蓉水库电站项目招商引资协议补偿纠纷，参与城乡公交一体化、钙产业整治、万寿寺建设及经营等法律论证会，全年参与县重点项目法律服务 30 次，为县委、县政府科学决策提供法治保障。

【推行“持证执法”】 2020 年，县司法局以“县乡一体、条抓块统”改革为契机，推动基层一支队伍管执法，制定印发《常山县行政执法证件管理规定》《关于加强行政执法证管理提高执法证持证率的工作方案》等文件，实现符合报考人员考试全覆盖、免考人员领证全覆盖，推进全员“持证上岗、亮证执法”。全年有 553 人报考，考试合格人数 383 人，全县行政执法证持证人数 1197 人，比上年增长 79.46%。

【行政复议案件化解】 2020 年，县委全面依法治县委员会办公室制定《关于开展行政败诉案件专项治理工作实施方案》《关于做好行政败诉风险案件化解工作的通知》，构建以县委依法治县办牵头的法律风险防控体系，定期研判重大法律风险问题。加强行政复议案件化解工作，全年调解行政复议案件 56 件，调解成功 17 件，调处成功率为 30.4%。强化行政诉讼案件化解工作，抽调县法院、县检察院、县司法局相关人员组建工作专班，落实败诉风险案件县领导包案化解机制，全年化解行政诉讼案件 9 件。

【疫情防控法律服务】 2020 年，县司法局开展“法雨春风”法律服务月活动，深入研判疫情对企业生产经营活动的影响，梳理复工复产过程中多发性法律风险和苗头性、趋势性法律问题，编印《企业疫情防控期间常用法律知识问答》2000 册赠送给各企业。遴选 16 名律师、10 名法律工作者组建法律服务团，深入企业开展法治宣传、法治体检、全方位化解矛盾纠纷，为企业进行法律体检 200 多次，提供法律帮助 50 次，审查合同 30 份。

【专职人民调解员队伍打造】 2020 年，县委政法委、县财政局、县人社局、县司法局联合印发《关于加快落实专职人民调解员队伍建设的指导意见》，提高专职调解员配备比例，保障专职人民调解员待遇，打造专业化、高水平人民调解员队伍。通过政府购买服务形式，全县 14 个乡镇（街道）调解委员会、10 个行业性专业性调委会和县级人民调解委员会配备专职调解员 63 人。全年化解矛盾纠纷 5106 件，调解成功 5095 件，调解成功率达 99.78%，其中调解复杂疑难纠纷 61 件，涉及金额 1073.43 万元。青石镇陈云河被评为全国模范人民调解员，“云河工作室”被命名为省级金牌人民调解工作室。

【行业性专业性调委会整合】 2020 年，县司法局对全县行业性专业性调委会进行整合优化，其中县级人民调解委员会及县医疗纠纷人民调解委员会、县劳动争议仲裁调解委员会、县银行保险业纠纷调解委员会、县诉前纠纷人民调解委员会等行业性专业性调解委员会采取常驻模式进驻县矛调中心，全年行业性专业性调委会调处纠纷 850 件，调处成功 801 件，涉及金额 11947.45 万元，其中涉及死亡纠纷案件数 2 起。

【推进监地衔接机制】 2020年，县司法局探索疫情防控环境下监地衔接新模式，坚持“基础保障、高效运作”，制定《远程视频会见室管理制度》《会见流程》等各项规章制度，严格遵守会见前“预约审查受理登记”制度、会见中“现场监督管理”制度、会见后“及时反馈信息”制度，依托现有县级指挥中心办公场地，设置独立远程视频会见室，配备电脑、音响、话筒，高清摄像头等信息化设备，开展远程视频会见工作。全年共受理会见申请123次，惠及319人。

【政法一体化单轨制协同办案】 2020年，县司法局设立县级社区矫正委员会，修改完善《常山县社区矫正工作规程》。完成配置扫描仪、高拍仪、笔记本电脑、电子签名捺印板等硬件设备，推进数字卷宗单轨制协同办案，采取“人防+技防”的智慧监管模式。社区矫正工作管理科通过政法一体化平台接收法院推送的执行材料234件、调查评估材料13件；公共法律服务管理科通过政法一体化平台接收法律援助案件122件。

【法治文化宣传】 2020年，县司法局通过“讲师团+志愿者+驻企员、宣传车+口袋书+大海报、直播间+微法堂+朋友圈”的“3+3+3”模式，开展“法雨春风润慢城”普法宣传。在县体育公园打造宪法主题公园，通过环境艺术和雕塑艺术手段将法治思维融入公园景观，营造宪法学习宣传氛围。先后建成法治公园、法治长廊、法治文化墙等175个法治文化示范点。构建“一村一品”法治文化阵地，同弓乡同心村以廉政文化为主题打造廉政主题公园，球川镇黄泥畈村突出诚信体系建设打造诚信体系示范基地，金川街道赵家坪社区以党建引领、基层自治为特色打造党建示范综合基地及法治示范楼道，辉埠镇东乡基督教堂被评为浙江省宗教法治宣传教育基地。拍摄《神圣使命——常山司法之歌》原创MV，被“学习强国”平台收录。

（徐瑛琦）

军　事

人民武装

【概况】 2020年，中国人民解放军浙江省常山县人民武装部（以下简称县人武部）深入贯彻习近平强军思想，加强理论武装，组织执纪情况专项检查，开展清网行动。圆满完成年度征兵工作，且连续五年无退兵。加强民兵组织整顿，更新兵要地志，常态落实天马、紫港、金川3支应急分队值班备勤，强化民兵情报信息搜报，全年被省军区采用信息50条，居全市第一位。完成首长机关自训、专武干部集训、民兵连长轮训、民兵应急连训练、跨区联训、学生军训、岗位练兵比武、民兵专业分队基地化轮训、新兵役前训练等训练任务。组织民兵投身地方抢险救灾、扶贫帮困等急难险重任务，参与疫情防控工作。辉埠镇民兵协助学校派送书本1万余册；白石镇民兵24小时工作，排查车辆上万辆；天马街道多次出动民兵担负村（社）卡点执勤、巡逻警戒，在“6·30”城区南门溪抢险中，第一时间出动民兵连续奋战5小时，封堵4个决口、加固堤坝0.8千米，转移受困群众65人；紫港街道水上民兵应急分队多次参加县重大防汛抗洪任务。加大宣扬一线民兵投身疫情防控、抢险救灾的感人事迹，持续推动“军人荣誉墙”“十大英模挂像”进村入校，协调地方开拍以胡兆富为原型的建党100周年献礼影片《荣誉勋章》。承办衢州市国防教育工作现场会，擦亮常山国防教育名片。

是年，县人武部被评为“省军区安全管理先进单位”“市军分区民兵军事训练优胜单位”，县国教委被评为“浙江省国防教育工作成绩突出单位”，西源革命纪念馆被命名为“浙江省国防教育基地”。

【全县国防教育工作会议】 2020年6月3日，县人武部协调军地召开全县国防教育工作会议，总结部署年度工作，开展“传承浙西红色革命精神 开创全民国防教育新局面”大讨论，宣扬胡兆富典型事迹；在西源革命纪念馆举行“浙江省国防教育基地”授牌仪式，成立浙赣闽皖四省边际纪念馆红色联盟，改造提升久泰弄国防教育主题展馆，宣传“对党忠诚、依靠群众、艰苦奋斗、百折不挠”的红色革命精神。会上，成立由老战士、优秀退伍军人、大学生士兵、乡镇宣传委员、党校讲师、高级教师组成的国防教育宣讲团，深入中小学校、党政机关、企事业单位、社区，开展“传承红色基因 汇聚强军力量”主题宣讲活动，用胡兆富老英雄等重大典型讲好国防故事，加强全民国防教育。

【遂行应急抢救任务】 2020年7月7—9日，常山县发生梅雨季第八轮强降水。截至9日6时，全县降雨量141.2毫米，城区雨量129.0毫米，有10个乡镇气象站点雨量超150毫米，最大为何家乡长风电站气象观测点197.8毫米，小时雨量41.7毫米。芙蓉水库等三大水库水位均超过汛限水位，防汛应急响应提升至Ⅲ

级，部分乡镇遭受严重洪涝灾害。县人武部出动民兵分别对招贤镇大溪沿村、大桥头乡濛桥村、青石镇集镇被困人员、重要物资进行转移，合计挽回财产35万余元。

【红色基地建设】 2020年，常山西源革命纪念馆入选第八批省级国防教育基地。经县人武部牵头，常山西源革命纪念馆与方志敏纪念馆、闽北革命历史纪念馆、中共皖南特委旧址纪念馆、中国工农红军北上抗日先遣队纪念馆、遂昌王村口挺进师纪念馆、龙游县革命烈士事迹陈列馆、浙西革命斗争纪念馆7家纪念馆负责人签署联盟协议，成立浙赣闽皖四省边际纪念馆红色联盟，共传红色基因、共用教育基地、共开精品课程、共享研学路线等。军地协调，建设常山县第一家国防教育主题展馆；打造东明湖革命烈士纪念馆。盘活国防教育资源，定期开展活动，有关纪念馆、展馆接待各类培训班、旅游团队、游客等累计10万人次以上。

【"党建+"国防教育】 2020年，常山县探索主题教育、社会主义核心价值观培育和国防教育"三育"融合，构建浙西"党建+"的大国防格局。挖掘宣扬"全国模范退役军人"胡兆富典型，以其为原型的建党100周年献礼影片《荣誉勋章》开拍。成立204个"慢城兵心"服务团，弘扬进军西藏的常山老兵光荣事迹，表彰"军人世家"。组建"国防教育讲师团"，普及国防知识，受教育群众10万余人次，融入征兵宣传，连续5年"零退兵"。承办衢州市国防教育工作会议，实现社会效益和国防效益"双丰收"。将国防教育纳入乡镇干部组织培训体系，全面实施干部提质活动，要求不论职务高低，35周岁内年轻干部全员参训，激发干部的归属感、荣誉感和责任感，增强国防观念和民防意识，培养干部吃苦耐劳精神，增强干部身体素质。

（叶凯旻）

武警常山中队

【概况】 2020年，衢州武警支队常山中队（以下简称武警常山中队）以保地方稳定，防不法分子干扰社会秩序为宗旨，实现维稳目标，全年无安全事故发生，无不法分子越狱逃离、暴狱劫持事件，无重大抢险救援任务，保障常山县人民群众安居乐业。全年担负执勤任务366天累计8784小时，完成执勤任务。

是年，武警常山中队连续第26年被评为"四铁"先进单位。

【备战工作】 2020年，武警常山中队贯彻新时代军事战略方针，强化"当兵打仗、带兵打仗、练兵打仗"思想，大抓实战化军事训练，保持高度戒备状态。加强实案化训练、使命课题专攻精练、应急应战训练，强化军地联训，加大训练科技含量，加大战备拉动力度，提高体系作战能力，抓好群众性练兵比武。在支队各项比武中获第二名1次、第三名2次。

（方志伟）

人民防空

【概况】 2020年，常山县人民防空指挥部办公室（以下简称县人防办）围绕服务全县经济建设开展人防工作，备急备战，广泛宣传，依法行政，人防事业再上新台阶。9月29日，浙江省人防疏散基地（地域）规范化建设现场会在常山召开，县人防办连续两年被评为浙江省人民防空工作先进单位。

【人防工程建设】 2020年，县人防办加强对在建人防工程的监督巡查，及时发现问题，督促责任单位完成问题整改；推进人防基本指挥所建设进度，完成项目选址、立项等前期工作，帮助完善常山县指挥平台建设，提升战时应急指挥能力。

【指挥通信建设】 2020年，人防警报系统数字化升级，对人防警报器中央站和部分人防警报终端进行统一升级改造，更换为数字中央站和数字警报器，有效提升警报系统的快速响应能力和数字化水平。4月4日、5月12日、9月18日分别组织防空防灾警报试鸣，警报鸣响率达100%。推进疏散基地规范化建设，按照疏散基地建设标准，在浙江省范围内率先完成某人防疏散基地规范化建设，并承办全省人防疏散基地规范化建设现场会；同时，着力打造疏散地域，加强沟通衔接，融入疏散体系一体化建设，提升跨区域接收安置能力。组织重要经济目标防护工作会议，全县各重要经济目标实现防护方案全覆盖，落实重要经济目标组织指挥、救援力量、防护行动，指导重要经济目标单位组建应急救援队伍，加强技能培训、训练，提升重要经济目标单位的应急应战能力。

【人防宣传教育】 2020年，县人防办开展主题宣传活动，深入社区宣传防空防灾和防疫知识。开展“5·12”“9·18”系列人防宣传活动，在城区街心公园、各社区等地组织专题宣传，在天马二小组织专题讲座。开展人防教材征订工作，为中小学征订人防教材3500册。组织物业公司进行人防工程平时维护管理培训。结合庆祝新中国人民防空创立70周年开展系列活动，征集“我与人防的故事”老物件、老照片、老故事，在报刊和手机App媒体上刊登《16年干好人防这件事》《默默守洞十二载》等人防故事，拍摄《我与人防的故事·人物篇》视频短片，通过不同年代人防人物的叙述，见证常山人防事业的变迁和发展。

（熊　婧）

工　业

工业经济

【概况】 2020年，全县规模以上工业产值完成134.5亿元，比上年增长2.7%；规模以上工业增加值36.6亿元，比上年增长3.9%。完成工业投资19.34亿元，比上年下降10.9%，环比增长23%。制造业投资15.85亿元，比上年下降18.9%。技改投资7.68亿元，比上年下降1.8%。全县进出口总额25.72亿元。其中，出口19.15亿元，比上年增长11.44%，增幅位居全市第一位；进口6.57亿元，比上年增长13.99%，全市排名第一。全年完成培育限制以上企业24家，其中批发业累计增幅31.6%，排名全市第一。

2020年，常山县经济和信息化局（以下简称县经信局）推进疫情防控、复工复产、争先创优等重点工作，聚力工业提振。常山县经济开发区晋升“省字号”；常山县生态工业园区被认定为浙江省化工园区合格园区。争创中小微企业园建设提升重点县、夜间经济省级试点培育县、全省传统制造业改造提升省级试点县、浙江省数字生活新服务标杆县，常山县精密基础件产业创新服务综合体入围省级创建名单。统筹疫情防控，保障防疫物资。疫情期间累计储备保障体温枪（温度计）1800多支、隔离服5000多套、防护服1200套等。组建“生产突击队”，保证仓谷医疗正常生产，协助企业获得全市首张医用口罩生产许可证，累计为市、县政府提供600万个口罩。全县MEI指数在4月、5月、6月分别排名全省40位、35位、34位，5月社会消费品零售额指标得分排名全省第7位，保持在“优等区间”。

是年，县经信局被评为浙江省中小微企业培育工作成绩突出集体、衢州市抗击新冠疫情防控先进集体、衢州市先进基层党组织、常山县先进基层党组织。

【推进企业发展】 2020年，县经信局坚持靶向精准发力，开展暖企服务。深化实施“八八组团”破山行动，累计收集汇总企业各类诉求和问题416个，解决办结375个，解决率达90.14%。9月8日，牵头召开常山县企业家协会换届选举大会，选举产生新一届协会领导班子。举办企业家素质提升专题培训班，组织30多名企业家到北京集中学习，拓宽企业家视野。全年举办各类培训班15期，参训总人数1000人次以上。制定出台产业数字化政策，安排专项资金3000万元，加大对数字化改造的支持力度，提高企业投资的积极性。全年实施数字化改造试点示范项目20个，通过专家验收项目15个，带动投资2亿元。

【项目引进投产】 2020年，县经信局引进亿元以上工业项目15个。其中，5亿元以上项目2个，10亿元以上项目1个，数字经济项目10个。以技改政策撬动生成一批存量挖潜项目，全年新备案技改项目109个，比上年增长78.7%。全年推进实施投资5亿元以上的省“百项万亿”重大制造业项目3个，提前完成年度计划，推进实施省“千亿”技改重点项目30个，其中投产项目22个，投产率为73.3%。建立项目库，制订月度入库项目清单。全年推进入库工业项目110个，比上年增加129%。

【加强企业培育】 2020年，常山县龙头企业规模壮大，常林纸业、沃科思、先导精密等企业相继“上二期”。全县完成产值超10亿元企业2家，超5亿元企业3家，超亿元企业30家。企业上规模进度加快，培育“上规模企业”26家，其中新上规模企业4家、“小升规”企业22家。支持企业“专精特新”发展，指导完成省级“隐形冠军”培育企业1家，培育“专精特新”企业35家。推进“腾笼换鸟”，开展亩均效益“领跑者”行动、亩均税收万元以下企业出清行动，完成47家低效企业改造提升。深化府院联动机制，完成“僵尸企业”处置20家，盘活低效闲置用地1295亩。

【技术人才引进】 2020年，县经信局深化与浙江大学、衢州学院等高校的战略合作，指导哲丰新材料建立博士工作站，全年建立院士工作站10家、博士工作站20余家。指导企业注重研发机构建设和提升，65家规模以上企业设有研发机构，规模以上企业“覆盖面”达52.4%，康乐轴承、卡罗莱纳技术中心升级为市级。创新人才加快集聚，哲丰新材料、艾佳食品柔性引进“长江学者”“万人计划”等高端人才3人，双明轴承、长盛化工等企业引进博士、正高级专业技术人才10人，玮宏金属全职引进正高级人才1人。加快创新成果转化，云泰纺织创新项目入围浙江省重点技术创新专项，利安隆科润、双明轴承产品列入浙江省高新技术产品计划，哲丰新材料、捷姆轴承、赛赛轴承等企业开发完成省级新产品（新技术）30项。全县规模以上工业企业新产品产值率达32.6%，比上年增长2.2%。

【产业数字化改造】 2020年，县经信局开展集中问诊，加强与东南院常山分院联动，携手省数字经济联合会组成“智囊团”，对县域30多家重点骨干企业进行“一对一”入户诊断服务。针对不同需求，提供设差异化解决方案，降低中小企业创新成本。出台产业数字化政策，安排专项资金3000万元，加大对数字化改造的支持力度，提高企业投资的积极性。全县实施数字化改造试点示范项目20个，已通过专家验收项目15个，带动投资2亿元。先导精密、正丽机电、鑫龙轴承等12家企业获国家“两化”融合贯标企业，捷姆轴承、双明轴承、弘远电子等6家企业获省级制造业与互联网融合发展试点企业，哲丰新材料、利安隆科润2家企业入围省级智能工厂，哲丰新材料有限公司获得省级企业上云标杆企业。召开全市产业数字化改造推进现场会，常山县在会上做典型发言。

（胡雨昕）

浙江常山经济开发区

【概况】 2020年11月19日，浙江常山经济开发区（以下简称县开发区）正式获得省政府批复，升级为省级经济开发区；12月21日，省经信厅、省生态环境厅、省应急管理厅3家单位联合发文认定常山县生态工业园区为省级化工园区。年内，县开发区通过省级循环化改造验收，山海协作考核优秀。云耕小镇通过2020年省级考核和暗访，常山精密基础件产业创新服务综合体先后列入市级、省级创建名单，争取到建设奖励资金2000万元。2020年，县开发区实现税收收入9.84亿元，比上年增长24.04%；园区规模以上企业实现工业总产值112.94亿元，比上年增长4.81%；园区工业增加值31.2亿元，比上年增长6.5%。

【园区项目建设】 2020年，县开发区有149个在库项目，共完成固定资产投资23.77亿元，其中新入园项目99个，完成投资13.66亿元，续建项目50个，完成投资10.11亿元。建成投资项目38个，其中新建项目18个、续建项目20个。浙江富乐德石英科技有限公司、浙江哲丰新材料有限公司、浙江成就管道有限公司、浙江灵腾铸造科技有限公司开工建设。衢州新希望六和饲料有限公司、浙江宇帆化纤有限公司、浙江新纺机械有限公司、浙江鹏华纺织有限公司、浙江柚香米业有限公司签署入园协议。

【基础设施建设】 2020年，县开发区累计完成投入2.99亿元建设基础配套设施。其中，生态园区完成投入2亿元，建设或改造新林家路、永丰路、科盛路等7条道路5844米、面积84964平方米，雨水管网5844米，绿化景观面积11.94万平方米，新林家路和永丰路完成全部工程的80%；辉埠新区完成投入0.39亿元，完成哲丰苑配套道路、哲丰苑外接道路和污水零直排区创建，紫亭路完成全部工程的85%；金川片区完成投入0.6亿元，建设纬八路、纬九路、纬六路，完成全部工程量的80%。累计完成投入0.75亿元建设生产配套。其中，新都园区投入750万元，完成污水处理厂建设；生态园区投入4000万元，建设污水处理厂、工业水厂、公共仓库和应急指挥中心等。累计完成投入0.9亿元建设生活配套，完成云耕小镇客厅、小型综合体和内环游步道道路等，完成总投资5亿元科创中心项目初步设计和地质勘探。

【招商入园成效】 2020年，县开发区在谈项目85个，主要为万华供应链基地项目、中德产业园项目、大和热磁三期项目、利安隆二期项目、斯凯孚二期项目等一批5亿元以上强链、补链型主导产业。其中，万华供应链基地项目完成前期协商洽谈并签署入园协议，常山众卡现代物流产业园云呼中心项目完成落地建设。大和热磁二期项目基本完成土建，已有15家招商企业入驻购买土地，10家招商企业已缴纳入驻保证金。

【产业转型】 2020年，县开发区推进传统产业稳步转型和新兴产业发展壮大。轴承产业规模以上企业9家，在SKF、捷姆轴承等龙头企业带动下，保持持续增长，比开发区规模以上企业总产值增长率高9.6个百分点。纺织产业困境中呈现亮点，新招引进纺织项目3个。水泥建材产业企业加快推广应用节能产品及技术，昇强建材、巨安建筑等装配式建筑制造企业相继落户。开发区轴承、水泥建材、纺织等传统产业实现产值40.24亿元。数字经济核心产业制造业规模以上企业12家，实现产值8.28亿元，比上年增长68.69%；新材料产业规模以上企业21家，实现产值32.36亿元，比上年增长32.79%；大健康产业规模以上企业4家，实现产值5.20亿元，比上年下降13.73%。通过新项目导入、生产线扩展和智能化改造等方式，加大新项目投入。万洋众创城项目、沃科思智能门窗幕墙系列项目、富乐德石英制品及火加工制品项目等一批千万级以上新项目的实施，促使主导产业不断发展壮大。

（郑浩哲）

招商引资

【概况】 2020年，常山县人民政府经济技术协作中心（以下简称县协作中心）以招商引资、山海协作为重点，确保“双招双引”行动取得新突破，牵头出台“双招双引”“双十条”激励政策，鼓励全社会加入招商引资行列中。哲丰高档纸基、先导石英科技、沃科思智能家居等一批优质项目相继落地常山，慈孝文化园、浙赣农副产品商贸物流中心、文体产业园等综合体项目有序推进。新引进招商引资项目126个，实现招商引资实际到位资金29.22亿元，比上年增长5.5%，完成年度任务的127%。其中，亿元以上项目到位资金22.02亿元，比上年增长20.3%，制造业到位资金占全部到位资金的78.3%。8月31日，常山县“双招双引”项目集中签约仪式首次启动，15个项目总投资约110亿元，为常山发展聚能集智。10月15日，衢州市招商引资重大项目“互看互比互学”活动在常山县举办，实地观摩常山金色同弓田园综合体项目，并通过展板了解柚香谷项目建设情况。全年完成山海协作产业转移项目到位资金22亿元（含3年续建项目资金），完成年度任务的110%。完成消费帮扶2027万元，为年度任务的126.68%。全年完成信息报送12篇。其中，被省发改委网站录用5篇，被省级及以上媒体录用7篇。

是年，《借力发展新经济 加速共摘贫困帽》入选浙江省山海协作升级版实践案例选编典型案例。

【招商机制创新】 2020年8月，县协作中心研究出台《常山县招商引资项目全闭环推进工作机制》，创新机制形式，聚焦聚力“双招双引”，以信息“周报送”、洽谈“旬研判”、落地“月签约”、推进“季开工”、项目“年考评”串起招商引资全生命周期管理，累计研判项目信息150多条，集中签约5批次45个项目。落实领导干部项目盯引机制，各乡镇（街道）、部门一把手每月外出招商不少于1次，全年有43个部门、乡镇（街道）的一把手开展外出招商活动150多人次，获取招商信息120多条。

【“双招”队伍扩大】 2020年，县协作中心通过“走出去”招商与“请进来”招商相结合，采取以商招商、中介招商、“二期”招商等方式，多轮齐动，统筹推进。与上海东方龙等专业中介招商机构达成合作，获取有效招商信息数十条，重点对接半导体、机器人制造、食品加工等企业。组建长三角省内、省外2个区域派驻招引组、3大产业招商服务中心、8大产业“双招”服务团队，构建扁平一体高效的“2+3+8”专职“双招”队伍。

2020年10月15日，全市招商引资重大项目“互看互比互学”活动签约仪式在常山举行 （县协作中心 供图）

【企业代办服务】 2020年，县协作中心通过大数据赋能招商，建立常山县“招商通”平台。主动创建“网络全程代理服务机制”，通过网络平台提高企业办事效率，使“最多跑一次”优化为企业办事“零跑动”。从项目签约、筹建、证照手续办理、投产经营等全过程实行跟踪服务，全程代办，第一时间为企业排忧解难，缩短企业时间成本。全面服务好众誉供应链、麦迪森车联网产业园、慈孝文化园等项目，满意率达100%。

【山海协作】 2020年4月，慈溪—常山举行山海协作乡镇（街道）结对网上云签约，常山—慈溪成为省内乡镇协作结对全覆盖的首对县（市）区。上林英才产业园作为消除集体经济薄弱村“飞地”项目落地慈溪高新技术开发区，截至年底，已入驻并实现产业化项目10多个，常山投资入股9300万元，按10%保底条款收益分红。7月底，全年保底收益930万元拨付到位。芳村镇前进村、何家乡何家村、招贤镇高埂村等5个村山海协作帮扶项目被列为省重点消除集体经济薄弱村“飞地”援助项目，5个项目累计获得援助资金126万元。利用援建资金连续 3 年实施万亩山茶油林种植项目，盘活农户闲散土地资源，统一规划开发，形成“公司+合作社+农户”的农村产业发展模式。

（李颖莹）

主要工业产业

【轴承产业】 2020 年，全县拥有 100 多家轴承企业，省级技术、研发中心 3 个，中国驰名商标 1 个，省级品牌 3 个，注册商标 19 个。拥有各类轴承成品生产能力 1 亿套，轴承车加工生产能力 1.2 亿套，锻加工能力 1.1 亿套，保持器生产能力 5000 万副，钢球生产能力 1100 吨，滚子生产能力 4.5 亿粒。生产装备主要包括 60 条中大型轴承套圈中频加热生产线，40 台冷辗扩设备，13 条轴承套圈车加工自动生产线，25 条保护气氛热处理自动生产线，13 条轴承套圈磨超自动线，10 条轴承自动装备联线等。产品主要有中小型，中大型 6、3、5、7、0 五大公制轴承和英制圆锥滚子轴承以及汽车离合器、汽车轮毂等，品种达 700 多种，广泛应用于汽车、电机、机床、摩托车、家电等行业，产品远销欧美、中东、日本、韩国、东南亚、印度等国家和地区。2020 年，17 家规模以上轴承企业实现产值 15.1 亿元，比上年增长 8.4%；实现利润 7814 万元，比上年减少 9.1%。

【新材料产业】 2020 年，常山县新材料行业产能逐步放大，成为全县工业增长的重要支撑。全年 25 家规模以上新材料企业实现产值 32.8 亿元，比上年增长 28.2%；实现利润 30242 万元，比上年增长 267.6%。

【水泥建材产业】 水泥建材产业作为常山县重要传统支柱产业之一，主要产品有水泥及水泥制品、墙体材料等系列。2020 年，全县 9 家规模以上水泥建材企业实现产值 27.9 亿元，比上年减少 5.1%；实现利润 75187 万元，比上年减少 37%。

【纺织产业】 2020 年，常山县通过重大招商项目的实施，改善行业整体装备、工艺、产品结构等，纺织产业综合竞争力增强。全县 9 家规模以上纺织企业实现产值 5.2 亿元，比上年减少 21.8%；实现利润负 4401 万元，比上年减少 1585%。

【技术加工产业】 2020 年，全县 18 家规模以上技术加工企业实现产值 19 亿元，比上年增长 2.8%；实现利润负 4769 万元，比上年减少 18.5%。

【生物医药和食品业】 2020 年，全县有农业龙头企业国家级 1 家，省、市级 34 家，县级 54 家，依托特色农产品，开发出特色的生物医药和食品加工。全县 5 家规模以上农业龙头企业实现产值 5.3 亿元，比上年减少 13.9%；实现利润负 1644 万元，比上年增长 69.9%。

【装备制造产业】 2020 年，全县 15 家规模以上装备制造企业实现产值 7.8 亿元，比上年增长 4.1%；实现利润负 65 万元，比上年减少 127.8%。

（胡雨昕）

电力工业

【概况】 2020 年，国网浙江省电力有限公司常山县供电公司（以下简称常山供电公司）有全民职工 224 人、产业单位直签员工 145 人；全县电力用户数 15.05 万户，全社会用电量 17.04 亿千瓦时，比上年增长 3.97%；城镇用户供电可靠率达 99.97%，农村用户供电可靠率达 99.94%，综合供电电压合格率达 99.97%，综合线损率 4.38%；全县电网最大网供负荷 22.08 万千瓦，比上年增长 7.62%。全年未发生安全考核事故，累计安全生产日 5009 天。

截至 2020 年年底，常山电网有 220 千伏变电站 2 座、主变 4 台，容量 63 万千伏安；110 千伏公用变电站 6 座、主变 12 台，容量 58 万千伏安；35 千伏公用变电站 6 座、主变 13 台，容量 12.94 万千伏安。变电站整体分布以 220 千伏定阳、柚香变电站为枢纽，环城区及工业园区分布湖东变、新都变、天马变、常山变、金畈变、辉埠变6座110千伏变电站，以西南方向红旗岗变，中东部的宋畈变、大桥变、招贤变，东北方向的芳村变和新桥变6座35千伏变电站为依附，形成整个狭长形县域范围。其中，35千伏公用输电线路13条，长度193.99千米；10千伏公用配电线路140条，长度1319.03千米；10千伏公用配变1519台，容量51.92万千伏安。

2020年，常山供电公司完成中考、高考等重大保电任务21次，完成320国道、沿江公路、慢城文化旅游博览中心项目等市、县重点工程建设配网线路迁改56处。助力脱贫攻坚，落实"两保户"（即低保户、五保户）7845户每月免费电15度。推广"转供电费码"，排查转供电主体34户，终端数526户。落实疫情期间优惠电价政策，减免企业电费2542万元。推进绿色能源发展，完成全县中小学校"柴改电"，开拓县域城乡公交充电桩市场，建设并投运大型城区充电站1座，中型乡镇充电站2座，共计直流充电桩35台，月均充电量超22万千瓦时。实施低压"抢修式"业扩报装和高压业扩"六个典型"模式，高压、低压平均接电时长分别从上年的41.8天、2.51天压降至33.25天、1.88天。

是年，常山供电公司被评为"2020年度衢州市平安单位"，获"常山县垂直管理部门年度工作目标综合考核一等奖"；新都供电所被评为"省供电公司五星级乡镇供电所"；新昌乡黄塘村被评为2020年度"乡村振兴、电力先行"示范区。

【电网建设及规划】 2020年，常山供电公司电网投资1.097亿元，新开工35千伏及以下线路199.17千米、变电容量1.95万千伏安，投产35千伏及以下线路108.74千米、变电容量3.13万千伏安，实现衢州市首次架空裸导线路人机协同搭接分支引线带电试点作业。

2020年6月4日，常山县2020年电网建设工作推进会召开
（金坚军 摄）

2020年常山县全社会用电量、售电量指标完成情况一览表

表7　　电量单位：亿千瓦时

全社会用电量	供电公司售电量	线损率	工业用电	农业用电量	居民生活用电量
17.04	11.08	4.38%	12.68	0.04	2.33

（李明阳）

农业农村·林业水利

综述

【概况】 2020年，常山县以美丽乡村示范县成功创建为主抓手，稳住农业生产、大步跨界发展、释放乡村潜能，树立“大三农、大改革、大创新”思维，为乡村振兴聚力、为现代农业赋能、为农村小康增色、为乡村治理提效。实施“油茶名县”产业提质行动、“绿美常山”国土绿化行动，打造油茶产业发展高地，推进新增百万亩国土绿化行动，加快水利项目建设。全年实现农林牧渔业增加值87613万元，比上年增长1.6%。

【推进农业产业】 2020年，全县完成高标准农田0.7万亩，完成粮食生产功能区提标改造8个计0.78万亩，新增和改善高效节水灌溉面积0.20万亩，新增粮食产量61.76万千克，新增油料9000千克，其他农产品28.1万千克。常山胡柚种植面积10.5万亩，总产量13.6万吨，总产值15亿元，增加值比上年增长25%。“衢枳壳”原药材产量6200吨，产值1.3亿元。新增猴头菇栽培20万袋；新增羊肚菌200亩，羊肚菌栽培规模居全省之首。全年生猪存栏5.29万头，超额完成省定存栏任务，创建省级美丽牧场2家。省、市、县三级定量检测抽检农产品616批次，总体合格率达99.82%，未发生重大农产品质量安全突发事件。常山县肉产品检疫检验率达100%。生猪定点屠宰管理工作，按照“属地管理”原则，建立网格化巡查长效监管机制，保障全县猪肉产品质量安全。

【美丽乡村建设】 2020年，常山县成功创建“浙江省新时代美丽乡村示范县”，谋划实施美丽乡村各类项目100多个，规划总投资近3亿元，财政投入资金1.68亿元。其中，美丽乡村实施村33个、风景线沿线整治村22个均完成建设；“厕所革命”“万家灯火”等四大工程完成验收。“衢州有礼·慢城常山”诗画风光带15个重点项目，完成投资9.9亿元，年度投资比例达126%。“一县一园”香柚产业园，在衢州市评比中获第一名。以“三个一批”建设（即迁移一批“村中坟”，扩宽一批村庄道路，建设一批小微停车场）、农民集聚工程、房地信息系统为“前锋”，全面统筹农房拆后利用建设，全县拆后应利用20845宗115.66万平方米，利用20018宗112.48万平方米，利用率达97.24%。全县20个拆后利用示范村完成创建工作并通过县级复核验收。

【提高农民收入】 全县消除村集体经济经营性收入薄弱村目标提前完成，实现180个行政村10万元经营性收入全覆盖；全县低收入农户人均可支配收入12711元，比上年增长14.9%，开发低收入农户公益性岗位489人次，发放补贴102.8万元。农村产权交易中心挂牌交易，累计完成农村产权交易平台交易合同价7960万元。土地流转全域开展，全年流转土地面积3.2万亩。乡村振兴特色产业园大数据平台项目启动建设。“两山”转化行动全域铺开，围绕产业振兴、生态护绿、转化机制、标杆工程等重点领域，部署47项攻坚任务。2020年，全县接待游客838.2万人，旅游总收入53.5亿元；其中，农家乐接待游客455.304万人次，经营收入25012.2万元。开展农民培训48期，培训学员2948人次，其中高素质人才303人次、农村实用人才2645人次。

【林业建设】 启动常山县油茶产业发展示范建设项目，同步推进油茶智能化育苗基地、油茶智能化优质基地等建设。建设油茶交易中心，完善油茶交易市场，引导全国油茶企业入驻。编制发布“新华·中国油茶产品价格指数（常山发布）”、启动“新华·常山油茶产业高质量发展指数”，逐步构建数字化油茶产业。常山油茶入选第三批中国特色农产品优势区认定名单，常山山茶油申请全国农产品地理标志登记通过专家评审，常山县申报的“油茶籽油营养品质提升加工关键技术创新与应用”成果获浙江省科学技术进步奖三等奖。东海常山木本油料运营中心推出油茶籽、油茶籽油、油茶籽粕的挂牌交易，实现交易额25亿余元。实施“绿美常山”六大行动，开展大山林、大坡地、大乡村、大城镇、大通道和大堤岸绿化美化，提前完成2020年任务，常山“绿美常山”国土绿化六大行动完成进度4次在浙江省林业局简报“新增百万亩国土绿化行动”专辑通报上处于全省榜首，年度排名位列全省第二。2020年5月18日，新华社《高管信息·浙江》第19期以《“绿美常山”六大行动擦亮生态发展底色》为题报道常山县开展国土绿化工作的经验做法以及成效。

【水利发展】 2020年，常山县持续开展“一江两溪”（即常山江、芳村溪和龙绕溪）治理提升行动、农饮水长效运维管护行动。常山港二期治理工程开工建设20个标段，完成堤防护岸新建加固34.25千米，累计完成投资8.4亿元。美丽河湖建设行动成效明显，创建常山县龙绕溪（九都村段）、常山港（何家段）2条省级“美丽河湖”；创建常山县龙绕溪（九都村段）、常山港（何家段）和芳村溪（金源溪支流）3条市级“美丽河湖”。全省打赢农村饮用水达标提标行动攻坚战常山县决战决胜销号大会召开，常山县在全省第一个完成农村饮用水达标提标行动销号验收。常山县农饮水工作分别获得副省长彭佳学、副市长徐利水、县长张少华批示推广。常山县“两标准八提升”农村饮用水达标提标行动入选“2020年全省农村饮用水达标提标行动典型案例”。成功争取到农村饮用水达标提标行动全省最高激励奖补资金5000万元、2021年度第一批省级补助资金7920万元。

（郑　浩）

农村工作

【概况】 2020年，常山县农业农村局（以下简称县农业农村局）努力实现空间优化布局美、生态宜居环境美、乡土特色风貌美、村强民富生活美、人文和谐风尚美、改革创新发展美。加强扶贫开发工作，农民增收能力进一步增强。全县核定低收入农户8952户11595人，低收入农户人均可支配收入12711元，比上年增长14.9%。开展村集体经济薄弱村消除工作，全县180个行政村完成经营性收入10万元以上全覆盖，其中20万元以上139个、50万元以上32个、100万元以上9个。村集体经济总收入1.1738亿元，比上年增长13.3%，比上年常山县农民人均可支配收入增速高4.8个百分点；经营性总收入6055.35万元，比上年增长58.23%。确定金川街道、辉埠镇、球川镇、新昌乡、招贤镇、白石镇、芳村镇、何家乡、大桥头乡、东案乡、同弓乡11个乡镇（街道）的22个村为“一事一议”项目发展村，争取项目资金1100万元，加强道路硬化、农田水利、村庄环境美化等村级公益性建设。全县家庭农场呈快速发展势头，新注册登记家庭农场420家，新培育国家级示范性合作社2家、省级示范性家庭农场5家、市级示范性家庭农场20家、县级示范性家庭农场11家。截至年底，全县经工商注册登记家庭农场累计1718家，注册资金14.5441亿元，经营面积9.121万亩；全县有省级美丽乡村示范乡（镇）6个、特色精品村18个、新时代美丽乡村90个（其中新时代美丽乡村精品村30个）、省级高标准生活垃圾分类示范村9个。

是年，常山县成功创建“浙江省新时代美丽乡村示范县”；何家乡、金川街道成功创建“浙江省美丽乡村示范乡镇”；草坪村、樊家村、上猷阁村成功创建“浙江省美丽乡村特色精品村”。

【美丽乡村建设】 2020年，县农业农村局全域化推广农村生活垃圾“二分+”（即分为可烂和不可烂）处理模式，实现源头分类、垃圾兑换超市和终端设施“三个全覆盖”及有技术、有队伍、有资金、有机制、有成效的“六有”工作目标。截至年底，全县累计建成乡镇垃圾中转站16个、电力（阳光房）垃圾堆肥站48个，建设垃圾分类村153个，更新分类垃圾桶3500多只，举办垃圾分类知识讲座200多场，受众1.2万人次。全年新增A级公厕72座，累计打造A级农村公厕282座，其中AAA级20座，公厕改造工作在衢州市排名第一。“农村公厕改造案例”入选浙江省改革创新最佳实践案例及衢州市改革创新最佳实践案例，成为全市唯一同步入选省、市改革创新最佳的实践案例。完成5个历史文化保护重点村的项目建设，在省级历史文化村落验收评价获“三优二良”（三优：同弓乡彤弓山村、芳村镇大处村、东案乡金源村，二良：芳村镇芳村村、球川镇球川村）的成绩；38个一般村完成在建项目31个，其余7个村按时序稳步推进。开展历史文化村落“百村档案”工作的收集、整理工作，充分挖掘村庄历史文化。

【扶贫开发】 2020年，县农业农村局（县扶贫开发服务中心）完成扶贫车间、香柚基地、辣椒种植基地、香椿基地、温室花房、基础设施等项目建设13个，补助资金1959万元，其中产业类项目7个。建成光伏32.218兆瓦，其中地面光伏27兆瓦、屋顶光伏5.218兆瓦，65个扶贫重点村享受光伏发电分红收益5万元/村。为114户低收入农户发放屋顶光伏、种植香椿等产业补助181.62万元，每户每年可新增2000元固定收入。为161位低收入农户发放职业教育助学补助48.3万元；为低收入农户以3%的年贴息利率发放小额信贷贴息20.9万元；为全县低收入农户购买300元/人的健康保险。

【乡村振兴大会召开】 2020年11月27—29日，“2020中国·常山乡村振兴大会”系列活动举行，此次大会以“聚力常山·共赢未来”主题，策划安排大会开幕式、第三十五届“三山”艺术节文艺晚会、“宋诗之河”高峰对话、鲜辣美食节暨“融供销”常山农特产品展销体验活动、常山胡柚祖宗树珍果采摘拍卖暨第六届“柚王”争霸赛活动、常山胡柚采摘体验活动、观看动画电影《胡柚娃》等活动，参加大会人员共400多人，包括应邀的国家、省、市有关领导以及省内外嘉宾等。

【推进农村土地改革】 2020年，常山县继续推进宅基地三权分置、全域土地流转、农村产权制度等农村改革。县农业农村局在全市范围内率先开展农村宅基地违法行为处罚工作，同时探索培育天马街道天安村“云湖仙境”、同弓乡中和村“坡地民宿”、新昌乡泰安村“村上酒舍”3个宅基地“三权分置”试点。培育同弓乡为常山县土地流转示范乡镇，同弓乡同心村、彤弓山村、湖石头村、金川源村和球川镇棋盘山村、西村村、常周村、九都村为土地流转试点村，完成土地流转3.2万多亩。常山县农村产权交易平台正式挂牌交易，实现交易额7960万元，完成市考核任务。

【村级财务管理与审计工作】 2020年，常山县按时完成“三年一轮审”工作，全年未有涉及“三资”（即农村集体资金、农村集体资产和农村集体资源）管理信访情况。借助村（社）换届选举工作，在全市范围内最先开展“三资”专项清理工作。截至年底，全县180个行政村全部清理到位，涉及资金31959万元，查处违纪金额181.02万元（含2018年以来三年一轮审查成果），全部退赔到位，其中2020年退赔金额79.63万元。

（郑 浩）

种 植

【概况】 2020年，常山县粮食播种面积14.6万亩，粮食总产量6.01万吨。水稻播种面积9.77万亩，总产量4.83万吨。全县玉米种植1.13万亩、总产量0.29万吨。大豆2.00万亩、总产量0.26万吨。番薯1.13万亩、总产量0.52万吨。马铃薯0.22万亩、总产量0.05万吨。全县蔬菜播种面积6.72万亩，比上年增长5.5%；总产量10.3万吨，比上年增长2.9%；总产值为2.12亿元，比上年增长4.4%。全县水果种植面积14.26万亩，其中果用瓜播种面积0.85万亩、总产量2.02万吨、总产值0.51亿元；常山胡柚种植面积10.5万亩，香柚种植面积0.85万亩，产量14万吨，产值20亿元。食用菌栽培总量0.92亿袋瓶，产鲜菇3.98万吨，其中猴头菇产量2150吨，总产值2.94亿元。茶叶种植面积1.13万亩，产量280吨。中药材种植面积1.65万亩，其中“衢枳壳”种植面积1.1万亩，产量6200吨，产值1.3亿元。

争取上级农业发展项目专项资金。2020年，县农业农村局向上争取到位资金2.05亿元，其中农业农村高质量发展专项资金3212.81万元、省级乡村振兴绩效提升奖补资金3631万元、扶贫资金1979万元。决策农业项目11个，总计投资10.69亿元；完成农业（民间）固定资产投资0.5亿元。全年有历年累积和新立项高标准农田项目27个，总投资24869.73万元，其中省以上财政资金19473.8万元，实施提升标准农田面积12242.36亩。

推进农业产业化、信息化、机械化。2020年，常山县有国家级农业龙头企业2家（天子、爱佳），省级骨干农业龙头企业2家。培育青石镇水南村为第十批全国“一村一品”示范村。创建“常山油茶产业化联合体”为省级农业产业化联合体。继续推进省级数字乡村试点示范县创建，重点做好农业大数据中心、数字基地、网上农博建设以及农民信箱“每日一助”供求发布、益农信息社示范社提升等工作，农业应急指挥系统竣工验收。全年农机总动力8.7011万千瓦，比上年减少2.3%。水稻耕种收综合机械化率为81.15%。落实农机惠农政策资金244.105万元。引导农民发展先进适用农业机械300台，其中享受购机补贴机具195台、非补贴机具105台。新建粮食烘干中心2个，新增烘干机11台。全县累计有农田拖拉机大中型90台、小型70台，收割机110台，水稻插秧机45台，其中54台参保，总保费11.248万元，发放保险补贴8.9984万元。全年未发生道路拖拉机交通事故及道路外农机安全事故。常山县成功创建省级“平安农机”示范县，东案乡为“平安农机”示范乡镇。

发展特色农业。东案特色农业强镇通过省农业农村厅组织验收，获得省财政补助资金500万元。大宝山、浙茂、金童、谯草堂4个主体基地列入2020年度种植业“五园”省级示范基地名单。常山胡柚特色农产品优势区列入省级特色农产品优势区示范创建名单。

抓好植保检疫工作。全县主要农作物病虫草鼠害发生面积163.42万亩次，防治面积194.4万亩次，挽回产量损失10.03万吨，常山县被评为第一批全国农作物病虫害“绿色防控示范县”。投入资金33万元，回收农药废弃包装物24.7吨，归集、处置23.5吨。

推进农产品质量安全监管。开展农产品质量安全专项整治，监督巡查农产品生产基地618家（次），省、市、县三级定量检测抽检农产品616批次，总体合格率达99.82%，未发生重大农产品质量安全突发事件。推进农产品质量安全追溯平台推广应用，配合做好省级农产品质量安全放心县测评工作。推行食用农产品合格证制度，全年开具各类农产品合格证10万余张。

【农田建设项目】 2020年，常山县投资1146万元完成高标准农田0.7万亩。对县内8个粮食生产功能区完成提标改造面积0.78万亩，共硬化田间机耕路1075米，建设田间灌渠762米，新建下田坡15处，建成烘干用房800平方米，晒场800平方米，购置烘干机2台，热风炉1台。开展田间泵站建设项目12项，共铺设田间PE管9860米，建设泵房13个，安置水泵13台，安装阀门56个。全年争取田间项目资金1074.8万元，新增和改善灌溉达标面积0.7万亩，新增和改善排水达标面积0.3万亩，年节约水量25万立方米，新增粮食产量31万千克、油料0.4万千克、其他农产品14.1万千克，新增种植业总产值130.3万元，项目区农民收入增加总额138.6万元，效益明显。

【标准农田提升】 2020年，常山县实施提升标准农田面积累计12242.36亩，完成秸秆还田5230亩，施用商品有机肥1896.3吨，施用配方肥466.5吨，施用生石灰169吨，完成冬绿肥种植8855亩，实施强化耕作6870亩，推广种养结合、水旱轮作等新型农作制度。施用商品有机肥1930吨，施用配方肥、磷酸一铵、氯化钾共计79吨，施用生石灰56吨，加强技术培训，指导农户应用商品有机肥、配方肥，增施磷肥，补施钾肥，推广应用测土配方施肥技术和农田耕作层改良技术。

【新品种推广和高产创建】 2020年，常山县继续扩大高产、优质水稻良种面积，其中早稻品种中早39、株两优831和单季稻品种甬优1540、甬优15作为主推品种普遍种植，甬优1540表现优异可作为早稻、单季稻和再生稻种植，水稻良种覆盖率达97%。实施省级千亩水稻高产创建示范片7个，总计7830亩，涉及6个乡镇，带动辐射周边面积5万亩，示范片内采用精确定量栽培、测土配方施肥和病虫害综合防治技术，采用“早稻+再生稻”模式推广，平均亩产再生稻达250千克，每亩增加纯收入400元以上。在全市水稻绿色高产创建竞赛中，常山县早稻、双季稻以“四个第一”（早稻百亩方亩产全市第一；早稻高产田第一、第二；双季稻百亩方两季亩产第一；高产田第一）创历年最好成绩。

【生产示范基地建设】 2020年，谷舞仁生蔬菜生产示范基地、新地西瓜集约化育苗、天马五联茭白生产示范基地等新型农业生产基地生产良好，技术实施到位，示范带动效应较强。邓小华家庭农场五联茭白种植基地被评为省级“放心菜园”。建成红翔无疫种苗示范基地，完成基地育苗架、遮阳降温系统等设施建设，基地年育西甜瓜苗能力100万株。球川镇上安畈瓜菜生产示范基地、天马五联蔬菜基地等设施蔬菜生产基地探索蔬菜高效种植模式，大棚越冬番茄长季节栽培、“辣椒—莴笋”、“水稻—松花菜”种植模式效益较好，推动全县蔬菜高质量发展。

【常山胡柚开发】 2020年，全县新增常山胡柚种植面积2000亩，常山胡柚总产量13.6万吨，总产值15亿元，增加值比上年增长25%。“衢枳壳”原药材产量6200吨，产值1.3亿元。全年繁育新品种胡柚5万株，建立胡柚（香柚）深加工生产线4条，研究开发胡柚汁、胡柚膏、胡柚青果茶、蜜炼双柚汁等系列深加工产品。拍摄制作常山胡柚专题宣传片，建成常山胡柚文化展示馆2个、常山胡柚文化主题酒店1个，打造青石镇网红直播街，培育网红主播50多人。常山胡柚获亚洲果蔬产业博览会2020年度最受欢迎的果品区域公用品牌100强，品牌价值达10.23亿元，并列入第二批中欧互保地理标志（浙江）产品。首部以特产为主题的电影《胡柚娃》于8月21日在全省电影院全线上映。

【香柚基地建设】 2020年，浙江柚香谷投资管理有限公司在白石镇、天马街道、金川街道、紫港街道、辉埠镇等乡镇（街道）土地流转种植香柚3000亩，建设水肥一体化设施基地2400亩，提升改造厂房7000平方米、宿舍1400平方米、库房1200平方米、道路2000平方米、冷库120立方米、绿化设施1000平方米，配套燃气、供电等设施，建成1条“双柚”深加工生产线，开工建设游客接待中心、高端民宿、火车餐厅等旅游休闲观光设施。向省发改委申报“县柚香谷农村产业融合发展示范园”，被列入第二批省级农村产业融合发展示范园创建名单，为常山县第一个省级农村产业融合发展示范园创建点。

【数字化基地建设】 2020年，县农业农村局推进自动化、数字化农业设备额装备率，推动规模农业主体数字化转型，实现作物集中化、一体化、流水线育苗。建成常山胡柚种苗数字化繁育中心160亩，常山油茶数字化繁育中心240亩，23家农业主体完成水肥一体化、土壤墒情监测、自动喷淋等数字化设施设备的改造提升。

【农机安全管理】 2020年，县农业农村局与14个乡镇签订管理责任书，严格执行“谁经办，谁签字，谁负责”的岗位工作责任制。推进上道路变型拖拉机淘汰清零工作，全县累计淘汰清零变型拖拉机438台，在全市范围率先实现上道路变型拖拉机淘汰清零。开展农机安全实地检验工作，全年检验农业机械210台，其中收割机30台、农田拖拉机53台、插秧机15台、烘干机112台。开展农机安全事故应急演练工作，组织筹办2020年衢州市农机安全事故应急处置演练活动，全市农机监理人员、农机大户、农机合作社100多人参加。

常山双柚衍生产品　　　　（县农业农村局 供图）

【农产品质量安全监管体系构建】 2020年，县农业农村局深化构建农产品质量安全追溯平台、农产品公共追溯查询平台，实行动态信息管理，推进农产品生产经营主体信息完善工作。286家规模以上农产品生产经营主体纳入主体信息库管理。引导建设主体开展农产品质量安全追溯和快速检测工作。建立县、乡（镇）、生产单位三级农产品质量安全监测体系，实施“从基地到市场准入”的全程质量安全控制，健全农产品质量安全生产责任制和责任追究制，截至年底，农业经营主体与所在乡（镇）人民政府共签订生产责任书315份。

【统防统治与绿色防控融合示范县建设】 2020年，常山县被全国农技中心评为第一批全国百名农作物病虫害“绿色防控示范县”，共组织实施农作物病虫害统防统治13.04万亩，推广应用绿色防控技术面积16.9万亩次，减少农药用量78.4吨，减量比例达20%，超额完成考核任务。通过政策引领与示范带动，全县500亩以上的大田畈及公路沿线田畈基本建立示范区，水稻病虫害绿色防控示范面积1.9万亩。

（郑 浩）

养 殖

【概况】 2020年，全县生猪养殖场45户，生猪存栏5.29万头，折合饲养量15.16万头；牛存栏2941头，出栏980头；羊存栏1.51万头，出栏1.27万头；家禽存栏153.7万羽，出栏278.8万羽；蜜蜂饲养量8050箱；肉类总产量9856吨；禽蛋产量3150吨；畜牧业产值3.85亿元。水产品总产量6721吨，比上年增长2.56%，其中养殖产量5963吨、捕捞产量758吨；渔民人均纯收入2.7万元，比上年增长8%。截至年底，全县有可开展水产养殖水域面积约995公顷，水域养殖区规划面积约235公顷。水产品存塘量约156吨。全年实现渔业经济总产值2.34亿元，比上年增长2.52%。

【畜禽排泄物综合利用】 2020年，全县养殖场在粪污储液池上安装线上监控、液位仪、智能电表3套智能设备，通过数据分析和实时影像，达到养殖污染智慧防控作用。乡镇（街道）成立联系小组，定期到场到点做好养殖污染巡查，结合第三方监管，指导养殖场畜禽排泄物综合利用。利用低丘缓坡、闲置土地丰富的资源优势，全域推广经济实惠，互利共赢的“猪—沼—作物”生态消纳循环模式。

【美丽牧场创建】 2020年，县农业农村局按照《浙江省省级美丽牧场验收评分标准》，围绕“绿化美化、布局合理、技术先进、安全高效、资源利用”五大要素，通过项目化手段“整县制”推进美丽牧场建设，累计投入建设资金200多万元，成功创建省级美丽牧场2家。

【渔业示范场创建】 2020年，县农业农村局按照“行业管理规范化、养殖技术标准化”的要求，参照省部级水产健康养殖创建标准，组织实施3家浙江省水产健康养殖示范场和1家浙江省稻渔综合种养省级示范基地创建工作。通过创建，逐步提升常山县渔业管理规范化水平和养殖生产核心竞争力。截至年底，全县累计创建省级以上健康养殖示范场10家，其中省级6家、国家级4家。

【生猪屠宰管理】 2020年，常山县屠宰场污水处理设施投入使用，生猪定点屠宰场污水应急处理能力大幅提升，生猪屠宰效率和猪肉产品供应能力明显提高，全年共计屠宰生猪61738头。常山县肉产品检疫检验率达100%。生猪定点屠宰管理工作，按照“属地管理”原则，建立网格化巡查长效监管机制，保障全县猪肉产品质量安全。

【病死动物无害化处理】 2020年，全县开启养殖环节生猪保险联动跨区域运行处理模式，累计处理病死猪1.42万余头。严格执行生猪屠宰检疫无害化处理规定，检疫后不可食用的生猪产品及病死猪经驻场检疫人员拍照记录，依法进行无害化处理。累计无害化处理不可食用生猪产品1740吨，病死猪35头；定期组织开展无害化处理专项执法行动。

【动物卫生监督执法】 2020年，全县有15个检疫申报点和1个动物卫生监督检疫点，开具畜禽动物检疫合格证8939份。其中，开具生猪动物检疫合格证1008份，检疫生猪20135头；开具牛动物检疫合格证22份，检疫牛93头；开具禽类动物检疫合格证6936份，检疫禽类414.42万羽。常山省际动物检查站查验出入境（县境）运载动物及产品车辆3083辆，其中生猪462辆、牛1064辆、羊3辆、家禽209辆、动物产品1345辆、动物副产品330辆。查验生猪5.95万头、牛3.05万头、羊

740 头、家禽 135.85 万羽、动物产品 0.79 万吨、动物副产品 0.03 万吨。加大生猪养殖、运输、屠宰“三环节”瘦肉精等违禁药品的检测力度，抽检盐酸克伦特罗 13433 份、莱克多巴胺 13433 份、沙丁胺醇 13433 份，检测结果均为阴性，合格率达 100%。

【重大动物疫病防控】 2020 年，全县使用禽流感疫苗 243.16 万毫升，免疫家禽 173.46 万羽次，应免密度达 100%；使用牲畜口蹄疫疫苗 26.77 万毫升，免疫牛、羊 2.09 万头次，免疫生猪 11.47 万头次，应免密度达 100%；使用猪瘟疫苗 17.96 万头份，免疫生猪 11.47 万头次，应免密度达 100%；使用猪高致病性蓝耳病疫苗 9.73 万头份，免疫生猪 5.71 万头次，应免密度达 100%。采集监测各类畜禽血清 5515 份次，其中，牛、羊 O 型口蹄疫抗体 1150 份次，羊亚 I 型口蹄疫抗体 1150 份次，布病 1150 份次。采集猪 O 型口蹄疫抗体 370 份次、猪瘟抗体 325 份次、猪蓝耳病抗体 340 份、禽流感 H5 抗体 420 份次、H7N9 血清学监测 430 份次、新城疫抗体 180 份，抗体监测合格率均符合省市要求。

【水产品质量安全管理】 2020 年，县农业农村局对全县 14 个乡镇（街道）开展 62 批次水产品质量安全监督抽检送样工作，其中省级例行风险抽检 24 批次、县级自行抽检 28 批次。组织开展规模养殖户养殖水质检测 73 批次，其中常规养殖水 67 批次、养殖水无公害检测 4 批次、稻渔综合种养水质检测 2 批次。对养殖水不达标的养殖水体，组织乡镇、街道制定整改方案，落实整改措施，做好辖区内养殖水域的水质监督工作。开展增殖放流工作，实际完成草鱼苗 262.95 万尾、鲢鱼苗 484.43 万尾、鳙鱼苗 508.11 万尾、花䱻苗 32.78 万尾、光唇鱼苗 11.26 万尾、河蟹苗 11.55 万只的增殖放流工作，超额完成计划任务数量。拓展增殖放流活动，与县检察院联合开展环境污染案件当事人资源修复行动，在常山港以及内河增殖放流唇䱻、青鱼、草鱼和光唇鱼苗种超过 25 万尾。全年增殖放流数 1337.09 万尾。

（郑　浩）

农业执法

【概况】 2020 年，县农业综合执法队保障农业投入品和农产品质量安全，履行渔政执法、畜禽屠宰执法、农机执法等工作职能，开展“绿剑”系列集中执法检查、渔政“亮剑”执法行动等集中执法行动，共出动执法人员 1200 多人次，检查各类经营户、企业等 550 多家次，立案 21 起，结案 20 起，移送公安机关 2 起，移送市监局 3 起，罚没款 22955 元。借助“微信群”、现场执法、电视媒体、流动宣传车等形式，开展多层次、全流域的禁渔宣传活动。发送禁渔微信信息 2000 多条次、张贴禁渔相关横幅 40 多条，广播宣传里程 4500 多千米，与渔民签订禁渔期不捕捞承诺书 50 多份，发放《钱塘江禁渔宣传》等禁渔资料 50 多份，在“中国渔政公众号”发布宣传信息 1 篇。

【“肥药两制”改革】 2020 年，县农业综合执法队根据省、市有关文件要求，结合常山实际，出台《关于组织开展“肥药两制”改革示范店创建工作的通知》，提出 2020—2022 年共创建示范店 10 家。通过公开招投标形式，确定杭州兆臻网络科技有限公司为“肥药两制”改革示范店创建项目中标单位，项目合同金额 24.1 万元。截至年底，共完成 5 家示范店创建工作，“肥药两制”软件系统全面到位。

【农资市场监管】 2020 年，县农业综合执法队出动执法人员 700 余人次，检查各类农资生产、经营企业 450 家次，农药、肥料等农资案件共立案 7 起，结案 7 起（其中移送市监部门 3 起），罚没款总额 12660 元。对 60 多家农资生产、经营企业（店）开展抽检，分别抽取农药、肥料、种子、饲料、兽药样品共计 65 份。根据检测结果，共有 1 起农药、2 起种子、3 起肥料检测不合格，除 1 起种子因复检合格外，其他 5 起不合格产品均行政处罚完毕。开展“绿剑”系列集中执法与交叉执法检查，参与省、市组织的“绿剑”暗访检查与“绿剑”交叉检查行动，与开化执法队开展执法互查。

【渔政执法监管】 2020 年，县农业综合执法队出动执法人员 400 多人次，收缴、焚毁地笼网、丝网等网具 300 多副，收缴电瓶 7 个，立案 7 起，结案 7 起，其中移送公安机关电鱼案 2 起，罚没款总额 5200 元。创新“人防+技防”的禁渔日常巡查监管机制，与县红十字应急救援队签署《“护渔保生态”活动协议书》，借助县红十字应急救援队的力量协助开展禁渔期间的日常护渔巡查。完成朱家渡大桥、青石低铺、湖澄 3 处摄像头监控安装。开展渔政亮剑执法行动，对县城北门零担市场，辉埠镇、同弓乡 8 个规模菜市场开展检查，在禁渔期实行 24 小时值班制，建立违法人员数据库，为以后的处罚裁量提供研判依据。

【畜禽屠宰及农产品执法监管】 2020 年，县农业综合执法队出动执法人员 150 多人次，检查各类农产品、畜禽生产主体 100 多家次，畜禽屠宰农产品案件共计立案 7 起，结案 6 起，罚没款总额 5095 元。开展打击“炒猪”行为等畜禽屠宰执法检查，出动执法人员 12 次，通过发放告知书、签订责任书等方式，打击“炒猪”的违法行为。对 1 起涉嫌无证调运生猪的违法行为立案查处，对 6 起涉嫌销售无检疫证明的动物制品的违法行为立案查处。出动执法人员 100 多人次，对家庭农场、果蔬生产基地等主体开展用药检查 70 多家次，发放《农产品安全告知书》《禁限用农药名录》等宣传资料 70 多份；抽检草莓、黑木耳、胡柚、西瓜等果蔬样品 61 份，经检测全部合格。

（郑　浩）

林　业

【概况】 2020 年，常山县林业水利局（以下简称县林水局）开展“油茶名县”产业提质行动、“绿美常山”国土绿化行动、资源“绿盾”行动等重点工作；编制《常山县林业生产安全事故应急预案》《常山县突发性重大林业有害生物事件应急预案》；推进“绿美常山”国土绿化行动，全县获评省级林业特色产业小镇 2 个、省级森林康养基地 1 个、省级生态文化基地 1 个、浙江森林氧吧 2 处、省级“一村万树”示范村 11 个。加大野生动物资源保护、资源审批执法和林木资源保护力度，创建“2019 年度浙江省现代国有林场”。全面禁止野生动物经营利用活动，强化疫源疫病监测防控。深化林权制度改革，推进“最多跑一次”简政放权，全年审批 198 件，缴纳森林植被恢复费 1255 万余元，发放天然商品林停伐管护资金 30.76 万元。针对森林公安转隶的情况，县林水局机关增设“森林防火科”。开展常山县自然保护地整合和优化工作，完成《常山县自然保护地整合优化调整方案》的编制，并通过省级部门评审。完成常山黄泥塘“金钉子”地质遗迹省级自然保护区和紫竹山省级森林公园的勘界定标。

推进油茶产业发展。全县油茶种植面积 28 万亩，油茶籽年产量 5900 多吨，茶油 1500 多吨，种植面积和产量均居浙江省首位，油茶产业总产值 10 亿元。实施油茶低产林改造 6690 亩，油茶新品种抚育 5000 亩，培育油茶良种苗木 130 万株，抚育管理良种基地 280 亩。推广油茶低温气象指数保险，全县 21470 亩油茶完成投保。全国“两会”期间，国家林草局《绿色中国》“两会小林通”栏目有 2 期节目报道常山油茶产业和县林水局学习“两会”精神的情况。2020 年 10 月 19 日，中国·常山特色林业产业助推乡村振兴暨椿树国家创新联盟成立大会在常山县召开。

是年，常山县被评为浙江省油茶产业示范县，芳村油茶产业小镇、新昌油茶产业小镇被评为“省级林业特色产业小镇”，不老泉市级森林公园被评为“省级森林康养基地”，东案乡梅树底村被评为“省级生态文化基地”，不老泉森林氧吧、黄岗山禅休森林氧吧被评为“浙江森林氧吧”，天马街道天安村、辉埠镇鸭坞村、何家乡双安村、招贤镇大弄村、青石镇大塘后村、东案乡东案村、大桥头乡浮河村、芳村镇上猷阁村、新昌乡新昌村、白石镇十八里村、球川镇王家村11个村被评为“省级‘一村万树’示范村”，梅树底村、泰安村被评为“省级森林人家”，常山县美桂家庭农场、常山县徐水英家庭农场被评为“省级示范性家庭农场”。县林水局被评为2019年中国北京世界园艺博览会浙江参展工作突出贡献集体、浙江省林业产业先进集体，获第13届中国义乌国际森林产品博览会最佳展台奖。

【“绿美常山”六大行动】 2020年，常山县实施“绿美常山”六大行动，开展大山林、大坡地、大乡村、大城镇、大通道和大堤岸绿化美化，完成国土绿化新增造林10060亩，完成率达157%，落地上图10060亩。建设各类绿化彩化生态景观示范点（带）2300亩，常山港治理工程“大堤岸”春季绿化彩化造林达1000亩。全县春季造林新增20亩以上规模造林户103户，发展以黄精为主的林下经济500亩，实施低产林改造，配合完成万亩香榧、万亩香柚基地建设，发展笋用竹产业。全县近万人参与义务植树造林活动，种植大小苗木5万余株。提前完成“绿美常山”六大行动年度任务，年度排名列全省第二位。

【生态公益林管护】 2020年，县林水局完成全县60.9万亩的生态公益林管护工作，发放损失性补偿资金2107万元。完成全县公益林权属面积核对工作，并与各乡镇（街道）、行政村签订常山县公益林保护管理责任书。在全县153个涉公益林村村委位置及各林区主要路口显眼处安装公益林公示牌。在衢州市“关注森林”工作会议上作典型发言，重点介绍常山县生态公益林建设、保护和管理的创新做法和主要成效。

【森林综合防控】 2020年，县林水局强化森林防火宣传，加大森林防火管控力度，开展“鲜花换祭品文明祭祀”、“3·19”森林消防宣传日、第40个全国“爱鸟周”主题宣传等爱绿护绿、野生动物保护活动。打好松材线虫病除治攻坚战，开展松材线虫病防治“三清”（即全域清、全面清、全年清）行动，清理枯死木22868亩，松树打孔注药1.5万余支。抓好森林防火工作，完成森林火险隐患点综合治理10个、森林防火蓄水桶安装800只，全年未发生森林火灾。抓好森林资源保护工作，注销野生动物经营活动28家，补偿8家244万余元。救助娃娃鱼等野生动物18只，第一次野外监测拍摄到黑熊影像。

2020年4月20日，常山首次野外检测拍摄到黑熊影像

（县林水局 供图）

【湿地公园生态保护】2020年，常山自然保护地管理中心结合属地乡镇乡村振兴和诗画风光带建设实际需求，开展常山港湿地公园湿地生态修复与保护工程，在何家乡江源村常山港千亩竹林河畔，实施集湿地生态系统鸟类观测和乡村旅游为一体的节点工程，主要建设仿竹型的全钢架结构观景台一座，直径16米，共6层，高24米。

浙江省油茶良种基地——十五里基地　　（县林水局 供图）

【地质遗迹生态修复】2020年，常山自然保护地管理中心利用浙江省常山县山水林田湖草生态保护修复工程资金对常山黄泥塘“金钉子”地质遗迹省级自然保护区受损地质遗迹进行生态修复，拆除部分遮挡地质遗迹和非保护性的设施，对地质遗迹核心保护区进行封闭管理，设置保护围栏、警示标志和科普广告栏等方式，保护地质遗迹。

【油茶基地智能化建设】2020年，常山县启动油茶产业发展示范建设项目，同步推进智能化育苗基地、智能化优质基地等建设，包括3000平方米智慧种苗繁育温室、25套智能小型气象监测站、600亩智能水肥一体化设施等。开发智能种植软件管理系统，实现育苗管理标准化、智能化、数字化；开展机器换人品种选育，引进无人机、傅里叶红外光谱仪等智能化设备。建设中国油茶智慧云平台，运用大数据、云计算、物联网等信息技术，覆盖油茶种苗培育、生态监测、产量预测、质量追溯、产业服务等数字化应用场景，取得4个国家级软件著作权和1个地方标准化试点项目，收集200多家县内外重点油茶企业信息，收录油茶栽培、加工本土专家50多人，加快实现全国油茶数据“最多查一次”。聚焦油茶智能化育苗技术科研创新，油茶种苗物联网生产技术规程标准化项目通过衢州市标准化试点验收，《基于物联网技术油茶大规格容器苗生长大数据分析和示范》成功申请市级科技计划竞争项目。

【全国油茶交易中心建设】2020年，县林水局强化功能配套，完善全国油茶交易中心建设，打通企业销售、融资两大需求。东海—常山木本油料运营中心推出油茶籽、油茶籽油、油茶籽粕的挂牌交易，截至年底，累计开户签约企业交易商306家，实现交易额25亿余元。不断完善交易、结算、仓储、物流、服务等功能，构筑“原料和市场在外、交易和结算在常”的产业运作模式，实现资源高度集聚。

【油茶价格指数发布】2020年，县林水局升级“新华·常山山茶油价格指数”，编制发布“新华·中国油茶产品价格指数（常山发布）”，完成湖南、江西、广西、浙江等全国主要油茶产区采集点建设。11月，正式启动“新华·常山油茶产业高质量发展指数”，该指数将从产业实力、品牌影响力、发展潜力等方面多维度定义油茶产品，逐步构建数字化油茶产业，利用大数据为企业引领创新风向、提供决策参考，助力产业高质量发展。

【油茶三产融合发展】2020年，常山县整合油茶品牌，采取“常山山茶油”“一标志双商标”，统一品质标准、统一包装标识，注册区域公共品牌，通过申报常山油茶中国特色农产品优势区、国家农产品地理标志登记等，提升常山油茶品牌效益和附加值。走“产销结合、两山转化”之路，以“乡土直播+村集体经济发展”形式，利用直播平台进行油茶产品宣传、森林食养推荐和直播带货等，拓展常山油茶知名度和销售渠道。全年线上销售茶油、茶油皂、护肤精油、茶油面膜等油茶深加工产品4000多万元，线下带动“常山油”森林康养旅游5万人次。

（张冬勇 黄丽丽 徐子渊 汪鉴忠 黄波 徐剑飞 秦海浪 叶恒灿）

水 利

【概况】2020年，县林水局开展“一江两溪”治理提升、农饮水长效运维管护、“国字省号”站所功能提升等重点工作。谋划出台农饮水“两标准八提升”攻坚方案，常山县农村饮用水达标提标行动争取到5000万元省级奖补资金，

龙绕溪九都段入选浙江省2020年美丽河湖　（县林水局 供图）

入选“2020年全省农村饮用水达标提标行动典型案例”。在全省率先完成常山水文防汛“5+1”补短板三年实施方案审查。争取到2021年度虹桥溪流域综合治理省级补助资金4940万元。严格规范行政执法，加强水域巡查，全年巡查200多次，立案查处非法采砂案件4起，共计罚款8万元，没收违法所得0.369万元。处置非法占用水域行为3起，拆除违章建筑4处，关停已完工重点项目临时碎石场4家。

是年，常山县在衢州市2019年度水土保持目标责任制落实情况评估中获优秀等级，全市排名第一，被评为全国第三批节水型社会建设达标县（区）、浙江省第二批节水型社会建设达标县（区）和浙江省实行最严格水资源管理制度成绩突出县。

【“一港两溪”治理提升】截至2020年年底，“宋诗之河”常山港二期治理工程开工建设20个标段，完成堤防护岸新建加固34.25千米，累计完成投资8.4亿元，约占总投资的95%，谋划打造景观节点10个，已建设完成节点4处。在中小流域综合治理工程中，完成芳村溪河道整治16.7千米，累计完成投资12300万元；完成龙绕溪河道整治11.5千米，累计完成投资8500万元。创建“美丽河湖”，总长度31千米，龙绕溪九都段、常山港何家段入选“2020年度省级美丽河湖”。

【农饮水销号验收】2020年，常山县超额超前完成180个行政村29.2万人口农村饮用水建设任务，农村供水达标人口覆盖率达99.9%，是浙江省第一个完成销号

验收的县。6 月 18 日，浙江省打赢农村饮用水达标提标行动攻坚战常山县决战决胜销号大会召开，常山县农村饮用水达标提标工作经验做法信息获得副省长彭佳学批示肯定。

【节水型社会建设】 2020 年，常山县换发取水许可电子证照 63 本，取水许可全面进入电子证照时代。完成取水工程（设施）核查登记工作。完成《常山县节水行动实施方案》《常山港常山水源地安全保障达标建设方案（报批稿）》《常山港饮用水水源地自评估报告》及《芙蓉水库饮用水水源地自评估报告》的编制。建成水利行业节水机关 1 个、节水型企业 3 家、节水型居民小区 1 个、公共机构节水型单位 2 家，节水标杆酒店 1 家。

（汪璇 程云鹦 徐静 李捷杰）

中型水库管理

【概况】 2020 年，常山县中型水库管理中心（以下简称县中型水库管理中心）开展绿化养护、灌区渠道维修，土方清理、千家排水库测压管改造及水毁修复等工作，完成维修养护资金投资约 160 万元。做好芙蓉水库水源一级保护区隔离网建设，千家排水库上坝道路处 2 处防护门安装，红旗岗水库水质恶化问题整改，收回红旗岗水库养殖经营权。历时四年、总投资 2816.22 万元的常山县长风灌区节水配套改造项目于 2020 年 11 月完成工程建设。是年，长风灌区、芙蓉水库灌区通过市标准化管理验收；芙蓉水库获集中式饮用水水源地安全保障达标优等级的省级荣誉。

2020 年 6 月 5 日，水利部检查组检查芙蓉水库大坝

（县中型水库管理中心 供图）

【防汛安全管理检查】 2020 年 6 月 5 日、6 日，水利部检查组对常山县芙蓉、千家排、狮子口 3 座中型水库防汛安全管理工作进行督查，实地查看中型水库大坝、溢洪道、闸门启闭设施，详细听取工作汇报，仔细查阅水库调度相关资料，对常山县中型水库防汛安全管理工作给予肯定，同时强调要高度重视水库防汛安全管理工作，做好水库调度管理。

【芙蓉水库灌区节水配套改造项目】 截至 2020 年年底，芙蓉水库灌区节水配套改造项目完成狮子口干渠配套改造 5.21 千米、虹桥干渠配套改造 1.03 千米、支渠配套改造 8.95 千米、排渠配套改造 1.32 千米，改造堰坝 3 座，新增农桥 3 座，新增水闸 9 座。完成芙蓉水库灌区渠首节点建设任务，安装流量计 5 处、视频监控 10 处、闸门控制单元 1 套。该项目累计完成投资 3017.17 万元，占概算投资的 86.82%。

（童 妙 商星星）

贸　易

商贸

【概况】 2020年，全县实现社会消费品零售总额71.8亿元，累计比上年下降1.1%；限额以上批零住餐销售额（营业额）累计28.43亿元，比上年下降7.6%。批发业销售额35.5亿元，比上年增长31.6%；零售业销售额43.9亿元，比上年下降5.5%；住宿业营业额1.0亿元，比上年下降15.9%；餐饮业营业额11.1亿元，比上年下降6.3%；实现网络零售额为13亿元，比上年下降6.5%。全县有出口实绩的企业83家，比上年增加10家；当年新启动出口业务企业18家。出口额在100万元以上企业31家，1000万元以上的企业30家。全县进出口总值25.72亿元，比上年增长12.08%。其中，进口6.57亿元，比上年增长13.99%，增幅全市第一，出口19.15亿元，比上年增长11.44%，增幅全市第二。

【推动消费升级】 2020年，县经信局高起点编制夜间经济规划，着力打造慢城常山文峰广场商圈、“宋诗之河”文化风情带2处夜坐标，申报省夜间经济试点（培育）城市。安排消费券资金1000万元，发动县内商家2000多家参加“四好衢州、放心消费”活动。举办“6·18”网红直播节、“浙里来消费”常山“双12”金柚购物节等促销系列活动，组织参加全县乡村振兴大会美食展、衢州市“好味衢州”美食展、常山·上海美食推荐会等，开展常山渔家乐特色菜品、特色宴评选活动，践行衢州有礼“八个一”活动，定制并发放3万双（个）公勺公筷。落实非法成品油日常巡查工作机制，常态化开展整治非法成品油“猎鼠行动”，查扣24辆车60吨非法成品油。加强综合供能站审批服务，赵家坪、同弓、龙绕、新桥等5个综合供能站顺利开业。

【打造网红品牌】 2020年，县经信局制定《“云上常山·网红之城”建设行动方案》，广泛宣传发动企业及群众参与。累计建设网红孵化中心1个，产业直播基地4个，直播间50多个。以浙江制造“百网万品”工作为载体，提高企业网络营销能力，拓展网上销售市场。累计组织抖音平台、工业品直播入门及技巧培训等专题培训500多人次。相继开展“春暖花开，云游常山”网红直播大赛、“630”明星公益助农直播、“我为常山直播代言”2020年网红直播大赛等系列活动，培育百万级粉丝网红2人，十万级粉丝网红20多人，带动常山县网络销售2亿元。以衢州跨境电商综试区建设为契机，加大培育本地化跨境电商企业。新引进跨境电商企业1家，新培育跨境电商企业2家，新开通跨境店铺18个，培训跨境电商人才546人次。

【组织企业参加相关展交（博览）会】 2020年，县经信局组织60多家企业参加华交会、广交会、义博会、消博会和第二届进口博览会等相关线上、线下展会，帮助企业度过疫情难关，服务企业拓展新思路。

2020年常山县自营出口业务统计一览表

表8

企业名称	贸易额（美元）	主要产品	主要国家或地区
常山县海诚化工有限公司	25831008	硝体	印度
常山优泰机电有限公司	22677	柴油发电机组以及配件、工业洗衣机、制冷机组	马尔代夫
常山欧呢特贸易有限公司	205792	涤纶缝纫线、纯涤纱	东南亚
常山卓凡家居有限公司	408707	家纺	东南亚
常山奇鸣商贸有限公司	22890098	综合	亚洲、拉丁美洲
常山普徕特进出口有限公司	820443	建材	东南亚、非洲
常山星琪商贸有限公司	75968	枕头、珍珠饰品	美国、日本
浙江泰士特贸易有限公司	3612807	阀门	美洲
常山星阳进出口有限公司	425239	饰品、节日用品	美国、欧洲
浙江超吉进出口有限公司	149031	家居、清洁用品	东南亚
常山亨仁商贸有限公司	7132510	综合类	美国
衢州高盛医疗用品有限公司	84418	医疗用棉	东南亚、非洲
常山县科峰化学有限公司	28000	化学品	印度
浙江英旭贸易有限公司	57200	墙纸	中东、俄罗斯
衢州常山梦辰进出口有限公司	106909	综合	东南亚
常山富竹商贸有限公司	154788	综合	印度、巴西、意大利、法国、西班牙
衢州鹏秀贸易有限公司	838694	服装布料	阿联酋、希腊、巴基斯坦、也门、埃及、厄瓜多尔、沙特阿拉伯
浙江好顺进出口有限公司	36610	口罩、无纺布	澳大利亚
衢州市常山县富杉进出口有限公司	25179752	综合	亚洲、东盟、非洲、欧洲、拉丁美洲
衢州市常山县梦俊商贸有限公司	13851429	综合	亚洲、东盟、非洲、拉丁美洲、澳大利亚
浙江正旗贸易有限责任公司	279334	阀门	罗马尼亚、中东欧
常山县洁湖矿产品有限公司	26880	石灰类	东南亚
衢州合原电气有限公司	5740	手套	欧洲
伊莫英恩电力科技有限公司	17847	塑料管、钢铁制品	坦桑尼亚

续表 8

企业名称	贸易额（美元）	主要产品	主要国家或地区
浙江爱世特化工产品有限公司	16000	有机化学品	希腊
衢州召乙贸易有限公司	38912593	综合	亚洲、欧洲
衢州吉运进出口有限公司	1683384	综合	亚洲、东盟、非洲、欧洲、拉丁美洲
衢州一伟汽车零部件有限公司	2364749	车内装饰	马来西亚、泰国、尼日利亚
浙江四通轴承有限公司	1403644	轴承	阿联酋、土耳其、保加利亚、白俄罗斯、南非
浙江捷姆轴承有限公司	6634056	轴承	印度、巴西、意大利、法国、西班牙
浙江环宇轴承有限公司	1092310	轴承	迪拜、俄罗斯、乌克兰、新加坡、南非、孟加拉
浙江中精轴承有限公司	165234	轴承	越南、巴西、美国
衢州鑫盛轴承有限公司	18830	轴承	欧美
浙江省常山纺织有限责任公司	2262358	棉纱线	孟加拉国、印度尼西亚
浙江云泰纺织有限公司	388509	色纺纱	中国香港地区
浙江隽美纺织服饰有限公司	424259	服装	北欧、中东、加拿大
浙江卡罗莱纳纺织有限公司	494851	纱线	中国香港地区
浙江常山康辉纺织有限公司	50801	棉纱	柬埔寨
衢州格劳威服装有限公司	6061828	专业服装	东南亚、美洲
常山顺发箱包有限公司	235703	箱包外套	欧美
浙江天子股份有限公司	752831	蜜橘	东南亚、加拿大
常山斯帝油茶开发有限公司	6262	茶粕	韩国、中国台湾地区
浙江常山迈峰宠物用品有限公司	3061692	狗咬胶	欧美
常山县豆豆文体用品有限公司	2257909	无纺布制品	美国
浙江开拓休闲家具用品有限公司	7580447	户外用品	欧美
衢州新鑫户外用品有限公司	98058	家居清洁用品	东南亚
浙江爱丽莎环保科技股份有限公司	899927	墙纸	非洲、印度
浙江常山施翔工贸有限公司	2218905	节日服装	美国
常山华鸽工艺品有限公司	21437	仿真植物	加拿大、意大利、比利时、中国香港地区
衢州市岭上行户外用品有限公司	169078	户外运动休闲产品	欧美；韩国、日本

续表 8

企业名称	贸易额（美元）	主要产品	主要国家或地区
浙江瑞隆家居科技有限公司	513690	家居工艺品	日本
浙江梦晨家纺有限公司	7780	床上用品	美国
衢州特美舒鞋业有限公司	4557696	鞋	美国、欧洲
浙江合欢鞋业有限公司	322906	鞋	欧洲、美国
常山县万谷电子科技有限公司	41709	温度计、制冷器	欧美、日本
飞浦防爆电器有限公司	271326	防爆灯具	俄罗斯
衢州正邦电器配件有限公司	253922	电器插座	美国
浙江富欣达健康科技有限公司	884540	体育用品	欧美
浙江普尔泰科电气有限公司	3315197	电器设备	东南亚、非洲
常山弘远电子有限公司	79355	芯片	中国台湾地区
浙江百晔塑料有限公司	350518	PVC 软管	美国、中东
衢州瑞宝亚克力有限公司	2256626	亚克力板材	印度、加拿大、新加坡
浙江常山科润新材料有限公司	2158278	化学品	印度
浙江哲丰新材料有限公司	1673632	新材料	巴西
浙江先导精密机械有限公司	14051874	石英制品	美国、中国台湾地区
科米诺新材料科技（浙江）有限公司	276733	化学品	东南亚
浙江先导热电科技股份有限公司	181851	热电制冷器	中国台湾地区
浙江乐太新材料有限公司	259224	化学制品	中国台湾地区
浙江沃得网业有限公司	16750	综合	日本
浙江玛莉莎工贸有限公司	4143327	铝锅	沙特、埃及、伊朗、阿联酋
浙江雄狮工贸有限公司	41414	保温杯	巴西、西班牙
浙江创建厨具有限公司	4886190	咖啡壶	欧美
浙江南洋精工酒店用品制造有限公司	2298816	餐厨用具	美国、德国、日本
浙江傲克密管件有限公司	1951250	铜管件	美国、东南亚、欧洲
浙江雪村制冷设备有限公司	1158282	冰柜	东南亚
浙江灵腾铸造科技有限公司	2598061	不锈钢精密铸造	欧美
浙江道合邦工贸有限公司	1747977	铝锅	东南亚、欧美

续表 8

企业名称	贸易额（美元）	主要产品	主要国家或地区
浙江申瑞流体控制有限责任公司	382434	阀门	罗马尼亚
浙江经纬药业有限公司	1372563	药品	美国
仓谷医疗科技（浙江）有限公司	1885063	牙科及医疗耗材、无纺布制品	亚洲
浙江杰昆科技有限公司	1500	检测仪器仪表	澳大利亚
常山皮尔轴承有限公司	41548611	轴承	美国
常山百花服饰有限公司	381298	环保袋	日本

2020 年常山县出口产品分类一览表

表 9

行　业	出口额（万美元）	全县出口额占比（%）
家具工艺品	1748	6.3
餐厨用具、金属加工	3420	12.3
化学品	3310	12.0
轴承	5023	18.0
纺织原料及纺织制品	5506	19.9
电机、电气设备及其零件	2209	8.0

（包壮壮）

供销合作

【概况】 2020 年，常山县供销合作社联合社（以下简称县供销联社）以 5 万元参股常山县融花贸易有限公司，正式退出参股企业常山县金太阳供销农资有限公司。截至年底，县供销联社有 2 家全资公司，即常山县联农供销发展有限公司和常山县红宇烟花爆竹有限公司；常山县农民合作经济组织联合会参股公司有 2 家，即常山县球川蓝之玫农业发展有限公司和常山县融花贸易有限公司。宋畈供销社部分国有土地因宋畈卫生院扩建项目被政府无偿收回，房产建筑面积 1124.28 平方米获 524456 元补偿。参与疫情防控，利用供销资源，紧急联系帐篷厂家和县内原有来料加工点，紧急调用 5 名工人临时加班加点生产帐篷，通过县红十字会为驻村的志愿者卡点捐助帐篷 6 顶，口罩、爱心食品等防疫物品共计 5340 元，为县妇保院捐赠 200 套防护服，共计 15600 元。是年，全县供销系统实现销售总额 974 万元，比上年减少 17.32%；实现利润总额 85 万元，比上年增长 16.44%。其中，全资、控股企业营业总收入 964 万元，比上年增长 17.40%；利润总额 57 万元，比上年减少 19.72%。全资、控股企业净资产收益率 3.52%。基层社营业收入10万元，利润总额28万元。

【融供销平台建设】 2020年4月，县供销联社委托电信常山分公司开发“融供销农合联 e 家”平台。9月，以18.9万元直接发包给衢报传媒集团生活服务有限公司运营，主要进行特色农产品销售，免费为农户和业主拓展销售渠道，属公益性农产品销售平台。平台预留接口，可接入慢城通、省农博网、全国供销总社供销 e 家等平台，于11月27日正式上线运营。

【供销社基层组织建设】 2020年，辉埠镇等3家乡镇基层供销社完成改造提升（新建）工作，完成15家村级融供销综合服务社建设。2月，成立农民合作经济组织联合会民宿产业分会；6月，成立农合联油茶产业分会。投资70多万元，修缮同弓山边房屋500多平方米，用于低收入农户来料加工点。投资52万余元，修缮花山、罗家坞、定阳南路仓库及红旗街5楼，改造成20套单身公寓用于出租给县教育局。

【球川镇蓝莓基地建设】 2020年，全县完成蓝莓种植2000多亩，县供销联社从2019年省财政支持供销社发展项目资金余款中拨出15万元用于球川蓝莓基地建设；从2020年度省财政资金中安排205万元，用于常山县球川蓝之玫农业发展有限公司1200亩优质蓝莓示范基地建设项目。

（黄雪风）

2020年5月18日，省供销联社副主任张建（前右一）考察棋盘山蓝莓基地 （县供销联社 供图）

粮食购销

【概况】 2020年，县经信局做实粮食安全工作，严格落实地方储备规模，认真抓好各级储备粮管理，保障粮食安全。根据省农业专班工作方案和《关于开展2020年省内早稻粮源调查的通知》和浙江省发改委等五部门《关于公布浙江省2020年稻谷最低收购价格的通知》文件精神，出台早稻收购工作方案，实现订单奖励全覆盖。探索富氮低氧储粮新技术，运用富氮低氧储粮技术有效减少粮食中化学药剂的残留，杜绝储粮害虫的抗阳性，延缓储粮品质的劣变，确保储粮的新鲜度，减少对人员身体伤害，充分整合储粮“四合一”技术，达到绿色储粮的目的。

【粮食保供工作】 2020年，因新冠肺炎疫情影响，常山粮食市场出现粮食抢购现象，县经信局按照粮食安全应急供应预案要求，粮食市场价格和库存监测每日一报，粮源调入每日一报，及时预判粮食市场走向，安排好储备应市的细节。疫情一级响应期间，全县共从省外调入粮食684吨，组织加工企业生产大米2100多吨，细化落实储备粮动用的加工、运输和配送供应方案，控制县内消费者的粮食购买预期。县级储备粮晚稻比例调整到40%

以上，成品粮储备从140吨增加到300吨，储备周转库存1600吨，全部粮食库存的口粮比例达到将近50%。

【粮食应急保障工程】 2020年，县政府投资6600万元，计划建设以粮食加工、配送为主的粮食应急保障中心项目，建设一条日处理200吨稻谷的大米加工生产线和基于稳定全县粮食市场的粮油配送体系，截至年底，粮食应急保障中心项目在有序推进。

（詹 汉）

烟草专卖

【概况】 2020年，常山县烟草专卖局（分公司）实现卷烟销量10376箱，比上年增长4.43%；实现销售额5.09亿元，比上年增长5.56%；上缴各项税费2494.73万元，实现税利1.32亿元，比上年增长4.06%。查获各类涉烟违法案件96起，查获涉案卷烟279件，案值457万元。是年，常山县烟草专卖局（分公司）办公室被评为“衢州市烟草专卖商业系统安全生产先进集体”，1人被评为“衢州市烟草专卖商业系统安全生产先进个人”；1人被评为“浙江省烟草专卖商业系统安全文明驾驶员”；1篇论文获“全省烟草专卖商业系统教育培训专业委员会三等奖”；2人分获“全市烟草专卖商业系统专卖管理岗位技能竞赛”一等奖和三等奖。

【卷烟经营服务】 2020年，常山县烟草专卖局（分公司）通过经营指导、驻店营销、品牌培育、非烟推广、资金周转等手段，提高经营者收入水平、优化卷烟市场状态、提升消费者的消费体验。突出数字化转型，深化“香溢零售”平台运营，建成“香溢合作店”21家，提升香溢品牌影响力。强化党业融合，定期开展结对党员零售户活动，3个党支部各结对3户党员零售户，每月一走访，每季一慰问，针对生活、经营等方面有困难的党员零售户开展帮扶活动。

【卷烟市场监管】 2020年，常山县烟草专卖局以“两法衔接办案中心”为平台，全面加强与县公安局、县市监局等多部门协作，筑牢卷烟稽查防线。紧盯物流寄递，依托白石卡口和“快眼”推单，形成非法运输假私烟违法行为的拦截壁垒。优化政务服务，全年办理各类行政许可事项1010件，网上办证率、年度许可证办理好评率达100%。通过“3·15”国家消费者权益保护日、“12·4”国家宪法宣传日等契机开展普法维权活动，宣传烟草专卖法律法规，提供投诉处理、真假烟鉴别等惠民服务，推进专卖阳光执法体系建设。

（赵姝晗）

通　信

邮 政

【概况】 2020年，中国邮政集团公司浙江省常山县分公司（以下简称常山县邮政分公司）继续推动金融业务、寄递业务和农村电商业务的发展，为广大城乡居民提供储蓄、汇兑、便民取款等基础金融服务和代理保险服务，并提供工资、社保、养老金、来料加工费各类补贴等资金代发服务。截至年底，全县有邮政局所15处，邮政储蓄网点9处，空白乡镇邮政局所6处，信筒信箱20个，用户信报箱18844只，从业人员148人，固定资产净值1193万元，邮政生产用房14631.02平方米，非生产用房3006.44平方米，邮政生产用计算机157台，邮政邮运汽车7辆，邮运路线12条，其中乡邮8条，总长1450千米。从常山出口的信件和物品可以递送世界各地，特快专递通达200多个国家和地区。全年完成邮政业务收入3403万元，比上年增长10.06%。

【邮政储蓄】 2020年，常山县邮政分公司推进"村社建档、信息比对、分岗管户、营销策划、精准走访、营销实施"客户经营六步法，实现网点金融基础客户的扩面和积累，壮大本地基础客户规模，提升客户经营能力，聚集网点人气，促进金融业务发展。截至年底，储蓄余额114774万元，比上年净增14212万元，居民储蓄存款市场占有率达7.3%。全县代理保险新增系统内保费8900万元，代理金融收入1804万元，比上年增长13.17%。

【寄递包裹】 2020年，常山县邮政分公司做好防疫抗疫工作，完成全县36所中小学教材包装寄递工作。全面开展标快化转型工作，以提升服务质量、客户体验为宗旨，有效提高邮政快递的市场占有率，全年寄递业务实现收入732.22万元，比上年增长33.7%。

中国邮政农品基地浙江常山胡柚运往吉林

（常山县邮政分公司 供图）

【线上线下销售】 2020年，“常山胡柚”被纳入中国邮政集团邮政农品50强基地项目，参与全国线上线下基地项目运营销售，共对接131家合作社及家庭农场、1700多户种植户，与吉林、北京、陕西、新疆、江苏、海南、山东等省、自治区、直辖市签订销售合作协议，累计实现常山胡柚销售243.12万千克，销售额948.32万元，寄递订单36.3万单，业务收入166.5万元。

常山邮政分公司2020年业务收入情况一览表

表10

收入名称		金额(万元)	比上年增长(%)
邮政业务总收入		3403	10.06
其中	函件收入	89.06	-19.33
	寄递业务	732.22	33.57
	报刊收入	201.59	5.38
	储蓄收入	1803.96	13.17
	集邮收入	18.14	-47.65

（丁加洪）

电 信

【概况】 2020年，中国电信股份有限公司常山分公司（以下简称电信常山分公司）致力于光网质量、有线与无线网侧双网全面提升工作，不断强化网络承载能力。推进5G网络建设、平台支撑和产业生态构建，新开通中行常山支行、县资规局等城区5G基站10个，实现常山主城区5G信号全覆盖。围绕移动网络关键能力，完成光衰整治工作，常山FTTH光衰合格率由年初的97.9%提高至98.8%。完成B改H平移800多户。坚持5G独立组网方向，其中单用户上行峰值速率达75Mbps，下行峰值速率达220Mbps。通过二级网点、快递合作、商圈运营等能人代理项目，实现泛渠道网点超百家，落实云改数转的规划目标，提升业务规模发展和高质量服务。

【数据定位支撑防疫工作】 2020年，电信常山分公司通过数据（定位）支撑“健康码”平稳运作，通过“天翼看家”视频监控，协助各医疗机构、乡镇街道做好隔离病房、重点人群的管理。“组团联建”挂联6家企业协调做好复工复产，开展健康码的推广工作，并通过现场维护和“天翼看家”监控、电信三件套等信息化手段做好关键区域防疫保障。

【助推“智慧城市”建设】 2020年，电信常山分公司助推政府数字化转型，整合升级“12345”平台，方便老百姓“一号接入，最多拨一次”。以“中国蓝电信电视”为载体，打造家庭电视智能终端办事服务平台。助力智慧城市融合应用，包含大数据智慧平台、政府三维地图应用、政府政务网雪亮对接项目等一批平台类项目。全面推进县的产业“智脑”建设，打造“5G+工业”互联网标杆、区域级工业互联网平台、智慧特色小镇及产业园区，其中石博园网红直播带货室分系统、赛得健康园管理中心大楼、大和热磁等项目开通完成。为多所学校提供数字校园服务，助力县级各单位及企业上云，服务医疗机构及卫健主管部门，其中区域医疗云覆盖卫健主管部门，医院上云覆盖一级、二级医院。

（周睿智）

移动

【概况】 2020 年，中国移动通信集团浙江有限公司常山分公司(以下简称移动常山分公司）推进网络优化，有 4G 网络基站 864 个，建成并开通 5G 网络基站 145 个，实现主城区和主要乡工业园区全覆盖，移动通话用户 20.2 万户，宽带用户 11.0 万户。配合县政府完成疫情防控、抗洪救灾等通信保障任务 15 次。参与社会疫情防控 600 多人次，投入资金 20 多万元。截至年底，移动常山分公司在职员工 65 人，运营收入 1.296 亿元，比上年增长 4.42%；固定资产超过 3 亿元。

【5G 应用开发】 2020 年，移动常山分公司融入县经济发展大局，推进 5G 发展应用，联合县政府召开 5G 启用发布会，与县经信局成立企业产业数字化服务专班，打造英鸿“5G+”智慧工厂，以 5G 应用协助球川镇打造美丽城镇建设。实施营业服务大厅升级改造工程，全年客户服务满意度保持在 99%以上。推进智慧运营项目建设，开发大数据应用分析、视联网平台等应用项目，助力智慧城市建设。

（章国芳）

2020 年 5 月 21 日，常山县 5G 新基建工作部署会暨 5G 启用发布会召开

（移动常山分公司 供图）

联通

【概况】 2020 年，中国联合网络通信有限公司常山县分公司（以下简称联通常山分公司）加快互联网转型升级步伐，提升网络支撑水平，优化客户服务和保障能力。加快 4G、5G 网络建设，投资 652.1 万元，新建 5G 站点 10 个、室分点位 5 个；新建 4G 站点 2 个，室分站点 10 个，实现市区、县城覆盖，普通县城热点覆盖。疫情期间，安排专业线骨干人员每天 24 小时值班，密切监控医院等重点场所网络运行情况，确保网络通信安全。做好结对定阳社区疫情防控工作，进行联防联控包干小区人员信息摸排 508 户，服务居家隔离户 20 多户。

【助力县重点工程建设】 2020年，联通常山分公司配合县委、县政府中心工作，完成各项县重点工程项目杆线迁移、环境综合整治工作，如县政府“拆墙透绿”工程、赵家坪安置区、东案乡田蓬村美丽乡村建设、二都桥看守所、文峰嘉苑老旧小区改造、生态园区基础设施配套建设工程林家路段的杆线迁移工程，做好各项安全生产和通信网络保障工作。

（陈妙芳）

交　通

综 述

【概况】 2020年，常山县交通运输局（以下简称县交通运输局）实施重点建设项目7个，完成投资27.2亿元，比上年增长32.7%。其中，320国道“二改一”工程、淳安至江山公路常山界牌岭至新桥段公路工程、衢州市沿江公路（常山段）工程、“四好农村路”4个项目年底交工验收；351国道常山段工程、杭金衢高速公路常山段拓宽工程、辉何公路工程正在建设中。县域内七纵四横路网总体构架基本成型。谋划重大前期项目6个，其中，综合客运枢纽工程完成许可审批，与省交通设计院对接，深化现代宋风建筑方案设计；温岭至江山公路常山宋畈至新桥段工程组织许可审查，开展工程许可报告编制，准备工程许可论证会议；杭金衢高速公路阁底出口连接线工程完成施工图审查，形成景观提升方案最终稿；205国道常山何家至天马段改建工程已列入省、市规划项目文本；常山江航运开发工程4月22日取得省发改委项建书批复；杭金衢高速增设常山园区互通工程完成建议书、工程许可文本编制。开展《常山县综合立体交通网规划（2021—2050年）》和“十四五”规划编制研究工作。

是年，县交通运输局在2019年度衢州市交通运输行业“平安交通”工作目标管理责任制考核中获得优秀、获县政府记集体三等功一次。

【项目建设管理】 落实项目施工单位新冠肺炎疫情防控措施，摸底排查交通在建项目人员的数量、地址信息、往返信息，建立疫情防控微信群，及时发布疫情防控工作提示。开展人员返岗计划申报、复工方案审查和报备等工作，在衢州市范围内率先启动项目建设复工复产。在衢州市开展的“无欠薪”专项检查中，351国道和杭金衢高速项目获表扬。开展创建“建设项目标化工程”“平安工地”“品质工程”“美丽班组”工作。2020年完成施工图审查和批复10件，交（竣）工验收8件，其他各类备案15件；检查各类交通临时建筑设施12次，发放整改通知单5件，完成杭金衢高速公路、351国道、320国道建设项目6个制石制砂场的审批工作。

【行业管理】 抓好公共交通一线关键环节的疫情防控工作，完成城乡公交一体化改革，加强平安建设和安全生产工作，开展各项专项行动和重要时节安全维稳工作，确保交通运输行业形势平安稳定。明确责任分工，层层签订“平安交通”“综治维稳”工作目标责任书，制定《安全生产工作要点》《平安综治维稳工作要点》《安全检查督查工作计划》等一系列文件，持续推进抓落实。做好春节、劳动节、国庆节等重要节日期间的疫情防控、运输保畅和安全维稳工作。春运期间，共投入班车客运156辆、4652个班次，完成客运量30.21万人次，周转量977万人/千米；投入城市公交58辆、18442个班次，营运总里程16.3万千米，运送旅客18.5万人次；投入出租汽车49辆，运送旅客约 2.08 万人次。防汛期间，共出动抢险人员 615 人次，机械设备和车辆 280 台（辆）次，抢通因灾受阻和中断公路 43 条（处），投入抢险资金约 330 万余元。牵头召开全县道路危险货物运输安全管理工作专题部署会议，制定《关于开展常山县道路危险货运安全隐患大排查大整治活动的通知》《常山县危险化学品运输专项整治工作方案》；开展危化品运输"雷霆""铁拳"等专项整治行动，出动执法检查人员 162 人次，发现隐患 15 个，整改率达 100%，注销隐患槽罐车 1 辆，清退不合规从业人员 4 人；对危险货物运输立案查处案件 7 件，处罚金额 13.28 万元。开展"异地、两外"（即异地经营、省内注册省外经营和外省注册在省内经营）车辆集中整治工作，实现年底清零。对 10 处道路交通事故多发点段进行治理（省级挂牌治理点 3 处、市级挂牌治理点 2 处、县级挂牌治理点 5 处），投入资金 191 万元，完成平交口和路口封闭 95 处，公路隐患排查治理及交通安全设施提升共完成 81 处，排查隧道安全隐患 6 座。强化对客运班车疲劳驾驶、凌晨 2 点至 5 点停车休息规定及超速行驶等问题的监管，确保客运安全。对 2 家客运企业实施简易程序处罚 2 件，罚款 1000 元；向客运企业发放整改通知书 4 份，约谈企业负责人 2 人次，行政处罚 3 起；年内 55 辆城市公交和 130 辆农村客运车辆全部安装使用智能视频监控系统。新增或更新的 30 辆新能源车均安装驾驶室隔离设施，淘汰 57 座以上的全部客运车辆，强制报废卧铺大客车。

【交通执法】 深化"最多跑一次"改革，全年办理许可审批服务事项 11518 件，按期办结率和满意率均达 100%。出台《常山县交通运输行业扫黑除恶专项斗争超限超载车辆专项整治行动方案》，从 3 月 1 日至 5 月底对严重超限超载车辆和"百吨王"开展集中治理行动，与交警不定期组织夜间联合执法检查 30 多次，查处超限超载车辆 686 辆、非法改装车辆恢复出厂设置 86 辆，卸货 3.22 万吨，卸载率达 100%。建成 205 国道和常辉线非现场执法点，向交警部门推送违法运输车辆闯禁信息 445 条。全年未发生行政复议和行政诉讼案件，无公路"三乱"（即乱设站卡、乱罚款、乱收费）行为发生。办结运政行政处罚案件 15 起，罚没款 16.03 万元。完成"双随机一公开"抽查 19 次，即时检查 1395 次，掌上执法检查 1414 次，掌上执法率达 100%；依托浙江省行政执法监管平台和浙政钉掌上执法系统实现全程电子化，检查计划完成率、发现问题处置率和检查结果公示率均为 100%。举办全县道路运输行业从业人员禁毒宣传教育培训班，对客运、货运、维修、驾校等企业的 40 多名从业人员进行禁毒宣传教育。对在建工程建设情况进行监督检查，全年未发生安全责任事故。

公 路

【概况】 截至 2020 年年底，常山县境内有国家高速公路 3 条、国道 2 条、省道 1 条、县道 33 条、乡道 33 条、村道 390 条；公路通车总里程 1130.54 千米，其中沪昆高速公路（G60）41.63 千米、京台高速公路（G3）31.13 千米、杭长高速公路（G60N）16.24 千米、国道山深线（G205）23.49 千米、国道沪瑞线（G320）40.30 千米、省道江溪线（S221）22.15 千米、县道公路 301.52 千米、乡道公路 164.46 千米、村道公路 489.64 千米。公路网密度为 103.06 千米/百平方千米。国省道干线公路里程 174.93 千米，占公路总里程的 15.47%；县道占公路总里程的 26.67%；乡道占公路总里程的 14.55%；村道占公路总里程的 43.31%，县、乡、村公路路面铺装率和公路通行政村率均为 100%。全县公路桥梁 381 座，总长 33202.89 延米，其中互通式立交桥 10 座 1986.94 延米；按跨径分，特大桥 3 座 4576.74 延米，大桥67座18771.69延米，中桥89座4989.13延米，小桥222座4865.33延米。全县公路隧道37道，总长33282.4延米；其中，长隧道10道22150延米，中隧道10道7133.4延米，短隧道17道3999延米。

常山县公路港航与运输管理中心（以下称“县公运中心”）重新修订和完善《养护工程管理办法》，投资700多万元，完成205国道友华加油站至城北公路站路段2.2千米中间隔离护栏安装，完成205国道五里亭道路安全隐患整改施工任务。排查临水临崖、长边坡等危险路段安全隐患，全年调用运输车辆248辆次、护栏抢修车115辆次、装载机2台次、气割设备153套次、发电机14台次，在国道、省道、县道安装和更换修复护栏板2259米，新增修复道口示警桩111根，新增修复校正各类标志牌201块，增设爆闪灯16只，国道、省道更新、漆划各类标线2001平方米，农村公路（县道）更新、漆划各类标线2501平方米。清扫车清扫路面2.93万千米，人工清扫路面5.15万千米，清理白色污染物4700千米，清理边沟128千米，绿化修剪148千米，机械除杂草477千米，修补路面坑洞7640平方米，清除路肩堆积物440立方米，灌缝42.6千米，补植苗木540棵，桥梁刷新7550平方米，清洗标识牌390块，清理塌方1.19万立方米。投资2600万元，完成205国道和221省道干线公路大中修工程。推行养护市场化改革，完成2020年公路保洁和小修保养服务采购项目的开标工作，县境内道路划分为2个片区管养，其中，第一片区由常山安欣建设有限公司中标，中标价为338.75万元/年；第二片区由浙江宏昇达交通建设有限公司中标，中标价为257.86万元/年。12月起，2个标段正式进场运营。

2020年，全县从事道路旅客运输经营业户数6户，其中班车客运3户、包车客运2户、出租运输经营1户。公路旅客营运车辆305辆（包括出租车48辆240座），合计7687座，其中大型客车91辆4563座、中型客车178辆3763座。全年完成旅客运输量713万人次，旅客周转量1588万人/千米；完成货物运输量1240.97万吨，货物周转量158839.36万吨/千米。全县道路客运线路72条日发班次626个，其中跨省线路1条日发班次3个、跨市线路11条日发班次11个、跨县线路2条日发班次156个、县境内线路58条日发班次456个；全县等级客运站2个，其中二级站1个、四级站1个；农村客运班线通行政村率达100%；客运出租汽车经营户1户，经营车辆48辆。全县机动车驾驶培训机构6个，其中二级驾培机构1个、三级驾培机构5个；全县教练车130辆，教练员130人，全年培训驾驶员4211人次，教学场地（含租赁场地）7.02万平方米。全县各类机动车维修企业户16个，其中一类机动车维修企业2个、二类机动车维修企业13个、三类机动车维修企业1个，全年维修各类车辆21431辆次；全县汽车综合性能检测站1个，全年检测车辆1274辆次。道路运输从业人员7894人，其中道路旅客运输从业274人、道路货物运输从业7136人、站（场）经营从业95人、机动车维修从业210人、机动车驾驶员培训从业166人、其他从业13人。

【交通系统抗击疫情】 2020年，县交通运输部门成立联防联控领导小组和应急指挥机构，重点部署单位内部、运输行业和项目工程的疫情防控工作。交通系统全员投入县境内16个卡点，开展全天24小时不间断检查值守。对企业复工复产人员返岗运输、点对点包车运行等提供路线咨询、对接协调等服务，做好辖区内货运源头企业、客运企业以及建设项目施工的复工复产情况摸排，深入企业进行疫情防控政策宣传和巡查21次。抽调专人入驻涉境外疫情防控专班，完成入境人员转运等阶段工作任务。2月18日恢复客运班线和城市公交以来，配备随车安全员，监管乘客乘车佩戴口罩和出示“健康码”，核验和检测旅客的健康信息，推出乘客“溯源码”（即移动支付后台系统关联乘客信息）服务，实现精准防疫。落实专人办理跨省、市应急物资及人员运输车辆通行业务，采用24小时电话指导，实现企业、行业主管部门、交通部门三方“一次不用跑”的网上办理模式，办理通行证104张，保障应急物资运输通畅。根据疫情防控形势变化，落实客运场站和交通运输工具等各项常态化疫情防控措施，抓好冷链物流行业疫情防控工作。

【县交通系统事业单位整合】2020年1月15日，根据县交通运输局报送的《局属事业单位清理规范整合方案》，县交通工程安全生产质量监督站更名为县交通工程管理中心，相当于正股级，编制数11名；县交通战备办公室更名为县交通发展和保障中心，为局属全额补助公益一类事业单位，相当于正股级，编制数13名；县公路管理局、县道路运输管理所、县农村公路管理中心整合为县公运中心、县交通运输综合行政执法队（以下简称县交通执法队）。3月31日，撤销县交通战备办公室、县交通测量队。10月9日，县港航管理所2名事业单位人员整合到县公运中心。截至年底，交通系统事业单位整合完成，156人按编制转隶到位。

【组建县交通执法队】2020年3月30日，根据常编办字〔2020〕1号函，组建县交通执法队，并在县交通局挂牌，主要职责是：依法统一行使全县范围交通系统内公路路政、道路运政、水路运政、航道行政、港口行政、地方海事行政、工程质量监督管理等行政处罚以及行政处罚相关的行政检查、行政强制等行政执法职责，以县交通运输局名义统一执法。县交通执法队设置综合协调科、一至六中队7个内设机构，核定领导职数2名，其中队长1名（县交通运输局局长兼任），专职副队长1名（副科级）；股级职数18名（含2名兼职副队长）。锁定执法人员编制84名（县道路运输管理所事业编制49名；县公路管理局事业编制35名），执法队伍不同性质编制目前保持现状，待中央统一明确政策意见后，逐步加以规范。锁定编制全部用于保障一线执法工作需要，局机关不得占用。4月4日，根据县编委文件通知，明确该单位性质为公益一类（执法）事业单位，经费由财政全额补助。10月30日，县道路运输管理所搬迁至紫港街道大桥北路21号，与县交通运输局合署办公。同时，县交通执法队人员全部到岗到位，开展综合行政执法工作。

【320国道“二改一”工程交工验收】该工程为衢州航埠至常山草坪扩建工程续建项目。2020年，县交通运输局通过开展“项目攻坚年”活动，推进该项目进度。12月17日，招贤、青石、白石等乡镇给水管道完成迁移。截至年底，完成投资3.6亿元，总体进度达92%，土建、交安、机电、绿化等工程均已全部完工（除招贤镇、青石镇部分地段因政策处理影响施工外），12月31日通过交工验收，进入试运营阶段。

【常山界牌岭至新桥段公路工程交工验收】2020年，县交通运输局通过开展淳常公路项目“大干150天”攻坚行动，做好土地报批、资金落实、房屋征迁等项目保障工作。组成攻坚小组，优化设计方案，采取雷公岭隧道双向进洞施工、二合同段桥隧同步实施、增设4条施工便道等举措，加快项目进度。至年底，完成投资2.21亿元，全线路基工程、路面工程、桥梁工程、隧道工程及交安工程均完成，总体进度达94.3%。12月22日举行通车仪式，12月29日通过交工验收，“三改”工程及绿化工程进入扫尾阶段。

【衢州市沿江公路工程常山段项目交工验收】2020年3月18日，该项目（景观及沿线设施部分）施工图设计文件获得批复，并被

淳常公路隧道施工中　　（县交通运输局 供图）

列为交通大会战“一号攻坚”任务，推进长风栈桥、五里桥（需保障通车）提前建成。10 月 30 日，全线车行道、慢行道均具备通车骑行条件，11 月 12 日完工，12 月 21 日交工验收合格，部分景观工程进入扫尾阶段。

【351 国道常山段建设工程】 该工程为续建项目。建设单位是衢州中电建交通建设发展有限公司，设计单位是浙江省交通规划设计研究院有限公司，施工总承包是中电建路桥集团有限公司，主要控制性工程有桥梁 15 座 2.99 千米，隧道 5 座 2.81 千米，涵洞 114 座 4721.9 横延米。计划工期为 2018 年 11 月至 2021 年 11 月。2020 年，实现全线红线范围内房屋征收协议“清零”，拆除房屋 69 栋。截至年底，5 座隧道全部贯通，全年完成产值 6.41 亿元，完成路基工程 95.5%、桥梁工程 74.82%、涵洞 94.5%，路面工程完成 600 米水泥稳定碎石层试验段（半幅）铺设工作。

【杭金衢高速公路常山段拓宽工程】 2020 年，该项目先行段形象进度 96.04%，主线段形象进度 55.34%，完成投资 1.12 亿元，占年计划的 112.98%，总体形象进度达 52.76%。樊村隧道群左线建成通车，右线隧道已贯通，大洋滩隧道已完工，常山港特大桥进度为 97.33%。完成主线部分的土地和房屋征收、管线迁移工作并交付建设，红线内房屋 31 栋全部拆除，红线外房屋签约 49 栋（其中拆 36 栋），同时完成 50 多处大小“三改”及主线补征土地 40 多亩等征迁工作。

【何辉公路集中开工】 该工程全称为常山县辉埠至何家公路工程，线路总长 12.72 千米，起点位于辉埠镇菱湖村东侧，接在建 351 国道，往南过大埂村、西坞村，沿滨溪路、龙山路穿越辉埠集镇，继而下穿衢九铁路，在辉埠村东侧、胡家淤西侧设置辉埠特大桥上跨常山港，往南上跨常文线与 205 国道平交后进入衢州绿色产业园常山片区（利用在建纬九路），在下东山村接现有县道钳何线（规划 205 国道改线段）。采用《公路工程技术标准》（JTB01-2014）规定的双向四车道一级公路技术标准，设计车速 80 千米/小时，路基设计洪水频率 1/100，路基宽 25.5 米，路面宽 24 米，工期为 27 个月。2020 年 7 月 15 日完成招投标工作，11 月 1 日开工建设，主要工程有辉埠特大桥和 4 座大中桥以及涵洞、路面、安全设施、绿化工程，11 月 3 日完成施工图设计会审。截至年底，土地分户丈量工作全部完成，辉埠特大桥建设启动，项目总体进度达 13.3%。

【推进城乡公交一体化】 2020 年，常山县城乡公交一体化纳入常山县十大“为民办实事”项目。8 月 4 日，县政府批复《常山县城乡公交一体化实施方案》，按照“政府主导、国有改造、整合资源、公益惠民”原则由常山城投集团实施。8 月 24 日，第一批 80 辆纯电动公交车购置到位，淘汰柴油车 44 辆，新增驾驶员 47 人，新增从业人员 22 人；8 月 31 日启动运营，实行城乡公交“2 元一票制”，老年人等特殊人群免费或减半乘车政策，承担中小学生日常接送。全年投入运营车辆 138 辆（含 58 辆旧车），比上年增长 12.6%；日运营班次 464 个，比上年增长 16%；日均行驶里程 2.73 万千米，比上年增长 36.5%；日均运送乘客 1.67 万人次，比上年增长 100%。

【“四好农村路”建设】 该项目为民生实事项目。2020 年，县交通运输局联合有关乡镇组织实施市交通运输局下达的常山县 2020 年“四好农村路”建设有关计划，并做好技术指导。根据计划要求，县道新改建 75.4 千米，乡村道新改建 34.5 千米，路面养护 48.2 千米，危桥病隧改造 6 座，安全防护工程 3.5 千米，普通公路服务站 2 个，示范乡镇建设 1 个，“营运好”四项指标（乡镇运服条站 3 个；港湾式停靠站，2019 年提前完成计划；农村客车更新 66 辆；村级农村物流服务点 40 个），年度投资 2.28 亿元。截至年底，该项目计划任务已全面完成。是年，新昌乡被命名为“四好农村路”示范乡镇。

【灯火通衢工程】 2020 年 5 月 25 日，根据县政府办公室《关于印发 2020 年县政府民生实事项目的通知》精神，在 320 国道白石至航埠段（K457+000 ～ K459+150、K463+550 ～ K466+620、K468+300 ～ K469+00、K494+450 ～ K496+934）建设照明系统设施，与 320 国道改建项目同步进行。该项目由上海电科智能系统股份有限公司施工建设，监理单位为浙江通衢工程管理有限公司，项目投资 693.3 万元，7 月 5 日开工，12 月 20 日完成。

【农村公路管养保险】 2020 年 5 月，通过政府采购的方式，县交通运输局与人保衢州市分公司签订农村公路财产保险合同，内容涵盖农村公路财产一切险、公众责任险、附加盗抢险等，创新常山县农村公路管养方式，有效提高农村公路防范风险能力。截至年底，共发生上边坡塌方 400 多处，下边坡塌方 25 处，挡墙坍塌 50 多处，桥梁损毁 1 座，全年因水毁灾害获赔 700 万元，农村公路赔付率达 265.5%。

【“四新技术”运用】 2020 年，县交通运输局在农村公路常新线芙蓉隧道、新白线雷公岭隧道修复改造提升工程项目中，首次应用公路隧道“蓄能自发光应急诱导

新能源公交投运　　（县交通运输局 供图）

桃源驿站　　（县交通运输局 供图）

与节能照明系统”，主要应用太阳能蓄电的方式发光，对隧道的照明进行改造，起到节能降耗、低碳环保作用。项目实施完成后，彩光照亮隧道，既满足美观需求，又改善通行环境。（“四新技术”为行业内采用新技术、新工艺、新材料、新设备的技术）

（朱月亮）

水 路

【概况】 2020 年，全县渡口投入渡船 3 艘 90 个客位（溪东 50 个、象湖 20 个、千家排 20 个），渡口运输连续 37 年保持安全无事故。受到新冠肺炎疫情的影响，1 月 26 日开始，常山县渡口均封航停渡，辖区水上交通运输停止运营。2 月 28 日，因群众生活生产需要，千家排渡口恢复渡运(限本村村民)。3 月开始，溪东、象湖渡口也陆续对本村村民恢复渡运。疫情防控期间，县港航所人员参与由县交通局统一安排的疫情防控工作。

【港航市、县管理体制调整】 2020 年 7 月 30 日，衢州市委机构编制委办公室、市交通运输局、市财政局、市人社局联合印发《港航市县管理体制调整实施意见》，将县（市）港航管理由市交通运输局垂直管理体制调整为属地管理体制，县（市）交通局负责辖区内港航管理工作。调整港航事权，依法应当由县级承担的航政、港政、运政、海事、船检等行政审批和管理事项由县（市）交通局承担；依法应当由县级承担的航道行政、港口行政、地方海事行政等行政执法职责由县（市）交通局负责。港航行政管理职责分别由市、县（市）交通局承担，港航公益服务职责分别由市、县（市）公运中心承担，港航行政执法职责分别由市、县（市）交通执法队承担，县（市）港航行政执法业务接受市交通执法队指导，市交通局可按程序调用县（市）交通执法队执法力量。9 月 28 日，市、县港航管理体制调整后，市委机构编制委办公室同意核增常山县事业编制 3 名，计入常山县事业编制总量，用于承接市下划的港航相关职责。

【常山江航运开发项目】 该项目又称航电枢纽项目，2020 年 3 月 18 日通过审查；4 月 15 日，由南京水利科学研究院就招贤枢纽影响数模物模试验工作进行专题讨论；4 月 22 日，项目建议书获省发改委批复。截至 2020 年年底，县交通运输局完成项目可行性研究报告编制、送审工作，完成项目的防洪影响评价、社会稳定风险评估报告等编制及备案工作。

（朱月亮）

铁 路

【概况】 2020 年，衢九铁路总体运行平稳。杭衢高铁与衢九铁路联络线前期工作进展顺利，计划于 2022 年与杭衢高铁同步建成。南方水泥铁路专用线项目仍待国铁集团接轨方案批复。

【九景衢铁路运营】 2020 年，受新冠肺炎疫情影响，铁路常山站列车车次变化较大。截至年底，常山站每天经停列车有 9 趟，其中 D 字头列车 6 趟、普速列车 3 趟。全年发送旅客 158592 人次，其中客发 82013 人次、到达 76579 人次，票价总收入 535.28 万元。

（江静静）

城乡建设与管理

城市规划

【概况】 2020 年，常山县自然资源与规划局（以下简称县资规局）为深化“多规合一”改革，全力攻坚常山县国土空间总体规划的编制。完成《常山县城东新区狮子口片区控制性详细规划（含城市设计）》《常山县 5G 通信基站布点规划》《常山县旧城区保护改造策划及概念方案》《常山县综合交通专项规划》等规划编制。配合县重点项目、招商引资服务等项目，完成鲁里农贸批发市场、赵家坪四期农民集聚地块、老城全民健身中心地块、城南妇保院北侧公共卫生应急指挥中心地块、城南妇保院南侧居住地块等零星地块控规修编工作。为提升城市品质，开展《常山县主城区老城单元控制性详细规划修编（含城市设计）》、《常山县全域城市品牌概念策划及行动计划》、《常山县中心城区商业业态布点规划》、常山杭金衢高速公路服务区提升改造规划研究等设计。

【《常山县城东新区狮子口片区控制性详细规划》】 2020 年，为加快常山县旧城改造、提升城市能级，以狮子口片区为旧城改造主阵地，高品质、可视化引导狮子口片区开发建设，致力于打造城东新区高品质社区，县资规局编制完成《常山县城东新区狮子口片区控制性详细规划（含城市设计）》。片区规划范围北至 048 省道、南至文教路、东至外港大道以东区域、西至北殿山，总规划范围约 1.84 平方千米。

（邱　琦）

规划管理

【概况】 2020 年，县城乡规划中心完成心舟公园 1 号地块（半山悦景）、心舟公园东侧 2 号地块（文澜苑）、鸿鼎·铂悦名庭、城东新区文昌小学、赵家坪四期地块农民集聚工程等房地产及公建项目的方案审查。完成建设项目选址方案审查 46 件、选址面积 126.3 万平方米；完成建设工程规划方案审查 69 件、建筑面积 99.6 万平方米。

【土地规划设计制定】 2020 年，县城乡规划中心完成 48 宗土地的规划设计条件制定：心舟公园东侧 1 号、2 号地块，城东新区农商银行营业大楼东南侧地块，白石镇草坪村 2019-1C、2019-2、2019-1A、2019-1B 地块，浙江赛得健康小镇 1 号、2 号、4 号、6 号、8 号、14 号、17 号、19 号、20 号地块，招贤镇大溪沿村 A-01 地块，金川街道 06-01-07 地块，紫港街道狮子口片区 SZK-21-03 地块，常山县和山坞水库西侧地块，城南妇保院南侧地块，辉埠镇 D-08-10 地块，东案乡健康产业园 B、D、E、G、H、I 号地块，辉埠镇镇区 C-07-06 地块，县工业园区 B-05-03 地块，狮子口片区 SZK-06 地块，同弓乡健康产业园 A-01~07、B-01 地块，常山县城东新区漫悦湾东侧地块，招贤镇工业功能区汪家淤小区 B-2 地块，常山县泉目山村 2014-1 地块，芳村工业功能区 C-02-03 地块，球川镇工业功能区 G-9-11 地块，常山县球川镇九都村 2019M-1 地块。

【城市交通规划管理】 2020年，县城乡规划中心根据《常山县治理城市交通拥堵工作任务书》的要求，完成年初确定的城市治堵工作目标中城区新增停车位500个的目标。鸿鼎·首府、东方D地块两个建设项目新增停车位518个。高标准执行项目停车位配建，对商业、办公、居住等不同类型项目均严格执行2013年12月1日起施行的《浙江省城市建筑工程停车场（库）设置规则和配建标准》的配建要求，鼓励小区按人车分流设计，车辆停放向地下空间发展，并在规划设计条件的制定上要求必须合理利用地下空间。

（邱 琦）

村镇规划

【大桥头乡规划建设】 2020年，大桥头乡完成《常山县大桥头乡新村村庄规划（调整）2019—2030》和《常山县大桥头乡猪脚湾新区苦狮线与芳村溪交叉口地块控制性详细规划》的编制、报批工作。

【辉埠镇规划建设】 2020年，辉埠镇完成《常山县辉埠镇镇区C-03和C-07局部地块控制性详细规划（调整）》、《常山县辉埠镇镇区D-08-09至D-08-15局部地块控制性详细规划（调整）》和常山县辉埠镇镇区局部地块控制性详细规划（调整）》的编制、报批等工作。

【球川镇规划建设】 2020年，球川镇完成《常山县球川镇九都村2019M-1号地块控制性详细规划》的编制、报批等工作。

【东案乡规划建设】 2020年，东案乡完成《常山县东案乡健康产业园（一期）控制性详细规划》的编制、报批等工作。

【何家乡规划建设】 2020年，县资规局完成《常山县黄岗山文化旅游区总体规划》《常山县万寿寺规划及建筑方案设计》的编制、报批等工作。

（邱 琦）

城乡建设

【概况】 2020年，常山县住房和城乡建设局（以下简称县住建局）开展城市赋能行动，以高质量打造“山、水、城”共生共融的山水公园城市为目标，统筹推进老旧小区改造、城区畅通工程、污水处理设施、美丽城镇建设等项目，加快老城有机更新，统筹城镇建设，推进民生设施建设，提升城镇综合能级和城乡人居环境。全年实施项目46个，其中重点项目10个、重大前期项目7个、非重点项目29个。

【城区畅通工程】 2020年，县住建局着力打通一批“断头路”，进一步优化城市路网结构。城南小区道路及配套工程（城南第二通道）计划总投资1.5亿元，至年底已完成城南道路部分建设及桥梁部分桩基施工，进度约为总工程量的50%；桃园小区道路及配套工程计划总投资0.3亿元，完成文峰西路以南段建设；定阳北路延伸计划总投资2.5亿元，完成可研编制；龙门路延伸项目计划总投资0.5亿元，线型方案报县政府确定。

【老旧小区改造】 2020年，常山县出台《常山县城镇老旧小区改造三年方案（2020—2022年）》，启动新一轮老旧小区综合改造工作，实施常山县城镇老旧小区三年项目，对13个老旧小区进行改造。全面完成城南小区、柚苑小区综合改造，改造内容包括给排水改造、环境提升、电动车充电桩建设、基础设施维护、垃圾分类、便民市场、智能化建设等；文峰嘉苑、龙门路小区等11个小区加速建设中。完成11个小区智能化改造提升，项目总投资约1000万元。完成8个小区的“拆墙透绿”工作，总长2750米。

【城乡污水基础设施建设】 2020年，县住建局全面推进老旧小区

2020年11月4日，省建设厅党组书记、厅长项永丹（前右一）调研常山县老旧小区改造工作（吴可嘉 摄）

“污水零直排”改造，完成20个小区的改造任务，共投入资金3300万元，重新铺设雨污管道约20千米，解决老旧小区普遍存在的现有管道老化、管径偏小、阳台废水与雨水管合流、废水直排等问题。同步推进住宅小区周边理发店、饭店、洗车房等“六小行业”整治，实现污水“应截尽截、应处尽处”。完成白马路法院门口、文峰东路与白马路交叉口、石崆寺与紫荆花园交叉路口、梅园路、天马路、朝阳路6处积水点进行改造，提标改造管网7.5千米，雨污分流改造管网8千米，清淤排水管网150千米，污水管网新建改造共计15.6千米。实施天马污水处理厂一期、二期清洁排放技术改造工程，总投资约3600万元，完成总工程量的90%；实施天马污水处理厂三期及管网建设工程，总投资约2.65亿元，三期完成工程量的90%；完成全县584个农村生活污水处理设施有标准化终端维护；完成144座农村生活污水治理设施标准化运行评价、38座污水处理设施开工，年度任务完成率分别为120%、119%。8月5日，衢州市农村生活污水治理设施运行维护管理工作培训会暨现场会在常山县召开。青石镇江家村农村生活污水零直排样板村建设启动。

【创建“全国无障碍环境示范县”】 2020年，县住建局全面推进城区无障碍基础设施建设，完成文峰路与定阳北路交叉口、白马公园、农贸市场、定阳北路、江滨北路等主次干道缘石坡道、盲道规范化改造，共计改造无障碍坡道20处，改造面积约200平方米。对文峰广场、国际大酒店等27处公共停车场及临街道路进行无障碍停车位设置、设置标牌标识，增设残疾人停车位37个。将无障碍建设纳入城南小区等老旧小区改造项目中，加强设计、施工、监理、验收等环节无障碍建设的监督检查。是年，常山县成功创建“全国无障碍环境示范县”。

【城市天然气利用工程】 2020年，常山县天然气有限责任公司竣工验收中压管道16千米；新建开工配套小区9个，共计5038户；配套竣工验收6个，共计2613户。完成老旧小区改造3个，共计510户。开通30家工业公建配套用户，配套竣工验收26家，完成建设LNG过渡保供站1座。全年完成气量销售1710万立方米。

【美丽城镇建设】 2020年9月4日，衢州市美丽城镇建设工作现场会在常山县召开。经省、市两级美丽城镇办组织专家评选，常山县球川镇、何家乡和大桥头乡样板城镇创建行动方案被评为省级优秀行动方案。12月21日，浙江省城乡环境整治工作领导小组下发《关于全省新时代美丽城镇建设工作2020年度样板城镇和达

2020年9月4日，全市美丽城镇建设工作现场会在常山召开

（徐露霞 摄）

标城镇考核验收结果的通报》，常山县球川镇被评为省级美丽城镇样板镇，芳村镇、青石镇被评为美丽城镇达标城镇。常山县被评为2020年度美丽城镇建设优秀县。

【美丽宜居示范村建设】 2020年，常山县申报天马街道天安村、新昌乡泰安村、白石镇草坪村、新昌乡达塘村4个省级美丽宜居示范村。同弓乡胡村村、新昌乡达塘村完成示范建设并通过省级现场验收。其中，胡村村为省级美丽宜居示范村创建验收合格村庄及传统村落风貌保护提升验收合格村庄，达塘村被评为省级美丽宜居示范村创建优秀村庄。

（熊 婧）

城乡管理

【概况】 2020年，县住建局推进城市精细化管理，创新市政环卫网格化巡查，加强日常保洁和市政设施养护，巩固“国家卫生县城”创建成果。全年完成171万平方米城区主次干道的清扫保洁、31座城区公厕及129万平方米绿化养护市场化运营的监督管理工作。是年，心舟公园被评为省级优质综合公园；漫悦湾小区被评为省级园林式居住小区；北滨江路被评为省级绿化美化示范路。

【事业单位机构改革】 2020年，根据《关于印发常山县住房和城乡建设局所属常山县建设工程造价管理所等8家事业单位机构编制规定的通知》，县住建局所属事业单位有8家，分别是县建设工程造价管理所、县建设工程质量管理中心、县建设工程安全管理中心、县市政园林管理中心、县房地产事务中心、县市容环卫中心、县城市项目建设中心、县村镇建设站，现有事业单位编制101名，共设正股级8名、副股级16名。其中，县建设工程质量管理中心为公益二类（财政部分补助），其余为公益一类（财政全额补助）。

【疫情防控工作落细落实】 2020年，县住建局严格做好新冠肺炎疫情防控工作。在52天中，145名党员干部共计值守832个小时，完成紫荆花园等4个小区1353户居民的健康防护工作。累计收集处置废弃口罩870千克、居家隔离点生活垃圾9000多千克。“七姐妹志愿服务队”开展为小区居民送新鲜蔬菜、为医护人员送液化气等一系列“暖心活动”。疫情期间，建筑业企业累计捐款捐物33万余元。3月24日，常山县建筑和房地产业协会获得“衢州市疫情防控先进集体”称号。

【推进生活垃圾治理】 2020年，常山县加强垃圾收运和处置工作。8月1日开始，常山县城乡所有生活垃圾运至光大环保能源（衢州）有限公司进行焚烧发电处置，实现生活垃圾“零填埋”的目标，提高生活垃圾资源化利用率。全

2020 年 2 月 3 日，常山县建筑和房地产协会向县红十字会捐款 20 万元 （县住建局 供图）

限公司、常山龙鑫保洁有限公司、常山县祥宇环境工程有限公司先后通过建筑垃圾运输服务公司市场准入审批程序，获审批准入的渣土运输车辆有 44 辆。制定《常山县城市渣土运输车辆专项治理方案》及《常山县建筑垃圾运输企业信用等级考核办法（试行）》，建立长效管理机制。全年办理城市弃土准运证 81 份。由县住建局招引的常山县常能环保科技有限公司年处理 50 万吨建筑垃圾资源化利用项目工程建设已基本完成，累计投资 3000 万元。

年收运和处置城乡生活垃圾 6.8 万吨，比上年下降 0.95%，完成省、市生活垃圾零增长的目标任务。其中，城区 2.94 万吨、农村 3.85 万吨；填埋处置 2.03 万吨，焚烧处置 4.27 万吨。全年收运和处置餐厨垃圾 0.5 万吨。生活垃圾无害化处理率达 100%。城区生活垃圾分类覆盖面达 90.2%，新增省级高标准生活垃圾分类示范小区 5 个，累计 8 个；新增省级"定时定点"生活垃圾分类示范商业街 1 条，累计 3 条。推进生活垃圾分类小区市场化，全年回收可回收物 46.87 吨，大件垃圾 29.66 吨，有害垃圾 0.16 吨，源头累计减量 76.69 吨。常山县被评为 2019 年度全省生活垃圾分类工作优秀县，是衢州市唯一获评的县（市、区）。

【推进"厕所革命"】 2020 年，县住建局深入推进"厕所革命"，根据公厕服务"便利化、人性化、特色化、智慧化、规范化"的要求，对常山城区 26 座公厕开展服务大提升行动。在城区 16 座有专人管理及位置较好的公厕内配置手机充电器、无线网络、休息椅、电视等设备；同时，结合全国无障碍环境示范县城创建工作，对城区 16 座符合条件的公厕进行无障碍设施规范化，提高公厕服务的便利化和人性化。

【建筑垃圾（渣土）运输及处置工作】 2020 年，县住建局推动开展常山县建筑垃圾运输服务企业准入工作，全面规范建筑垃圾（渣土）运输行为。衢州和胜环境工程有限公司、常山县常丰保洁有

【餐厨垃圾收运处置工作】 2020 年 7 月，常山县城区餐厨垃圾收运处置职能由县综合行政执法局移交给县住建局，由县住建局下属事业单位常山县市容环卫中心（以下简称环卫中心）负责日常监管工作。7 月 8 日，常山县城区餐厨垃圾收运处置项目通过单一来源采购并公示，由温州嘉伟环保科技有限公司（以下简称嘉伟环保）中标，中标价 274.334 万元（实际费用按照 375.8 元/吨的月处置量拨付），期限为 1 年，于 7 月 28 日正式进场运营。经与江山市住房和城乡建设局对接，常山县城区餐厨垃圾运至江山市伟明餐厨垃圾处置厂无害化处置。2020 年 10 月，根据《县委办公室关于印发"渔家乐一条街"转型提升行动细化实施方案的通

知》，环卫中心全力配合做好何家乡“渔家乐一条街”餐厨垃圾收运处置工作，与嘉伟环保签订补充协议，每月另行拨付3000元费用，由嘉伟环保进行收运。全年收运400家，其中餐饮行业344家、机关企事业单位40家、学校16家，发放餐厨垃圾桶725只。

【市政环卫网格化巡查】 2020年，县住建局打通内部“壁垒”，将城区划分成36个管理网格，实现绿化、道路有机融合，提升城市精细化管理。36名干部职工分别认领一个网格，每周至少开展1次拉网式巡查，对网格范围内的市政设施、绿化养护、道路保洁等情况及时反馈，发现问题立即上报至联络员处，并由相关单位及时处置。全年网格化巡查发现并整改问题1000多件。

【“有礼指数”提升行动】 2020年，县住建局开展“城区公共绿地种菜”“文明有礼十乱整治”“主次干道及背街小巷路面修复”“照明亮化修复”“烟头不落地”等整治行动，处理城市乱象680多起，整治绿地种菜1000多平方米。结合“主题党日活动”，发动党员干部参与“八个一”巡查劝导，累计捡拾烟头300多千克。城区沿街商铺区开展“撤桶行动+定时收集”，发放“二分类”垃圾桶800只，规范设置大容量果壳箱200只，最大限度减少路面暴露垃圾。推进城区交通安全，规范停车行为，全年新设安全护栏7000米，标志标线1.5万平方米，新增停车位8000多个，划分非机动车停车位总计3116.25平方米，划分消防通道网格线总计3302.48平方米，对城区慢道700多个路墩张贴警示标志。对城区内现有绿道进行全面整修，修补面积1850平方米，新建紫荆花园东侧围墙底至紫荆花园北侧围墙底绿道1624平方米，贯通绿道路网，完善绿道标识系统，丰富绿道路径色彩。

【市政设施维护维修】 2020年，县住建局完成路面维修13280平方米，疏通雨污水井3000座次，疏通管道5216米，疏通积水点326次；清淤3360立方米，窨井盖更换320套。维修路灯5860多盏；加强全城区管理路灯及景观灯约2.4万盏（其中城区主干道4653盏、次干道1831盏、景观灯约1.75万盏）的维修保养工作。年内完成数字城管中心派遣案件1700件，完成率达98%，比上年明显提高。

【防汛防台】 2020年6月，县住建局对51条道路、16座桥梁、7个泵站、10个公园、5个垃圾中转站、31座城区公厕、70多个在建工地、直管公房等开展拉网式排查。对城区易涝点、项目工地、防汛隐患点、排水泵站、道路排水管网、排水点进行每日不少于一次巡查，加强桃园泵站、城南泵站、虎山弄水库等重点区域的排查，及时排除内涝隐患。共整治城区积水点18处，修复塌方8处，修补路面1000多平方米，处理倒伏树160多株。

【瓶装燃气管理】 2020年，县住建局制定《常山县瓶装燃气专项整治工作实施方案》《关于做好瓶装燃气实名制销售及入户安检工作的通知》《关于进一步加强瓶装燃气销售实名登记的公告》《关于禁止使用超期钢瓶的公告》《关于禁止沿街摆放液化气钢瓶的公告》等文件，多次联合公安、市场监管、运管、应急、综合行政执法、发改（商务）等单位开展联合燃气安全检查，加强日常监督检查工作，建立好安全隐患排查治理相关台账。全年约谈警示企业1家，下发限期改正通知书36份。

【“液改天”工作】 2020年，县住建局开展管道燃气特许经营权评估及衢州鹰台燃气有限公司负责供气的香樟嘉苑等3个小区“液化气改天然气”工作。柚香城小区、香樟嘉苑、星月湾小区共计2610户居民供气方气源由液化石油气改为天然气。

【农村住房建设试点】 2020年，县住建局根据“浙西民居·慢城花园”农民建房服务体系完善和农村特色风貌提升三年行动计划，修编10套农民建房通用图库，现有50套通用图库供村民建房选择。全年完成236户农房免费修改，为提升农村人居环境提供技术保障。

【历史文化名村、名镇、名城保护】 2020年4月，常山县北门街区被浙江省人民政府列为浙江省第六批历史文化街区。完成北门历史文化街区、东案村和金源村历史文化名村规划评审稿编制工作。对123处历史建筑进行测绘建档，为历史建筑修缮改造提供档案资料。

（熊 婧）

建筑业

【概况】 2020年，常山县建筑施工企业计69家，其中一级总承包2家、二级总承包8家、三级总承包47家、专业承包3家、混凝土企业3家、劳务企业6家。县内建筑行业中介机构3家。全县发放施工许可证98个，总施工合同额26.11亿元，比上年下降16.31%。全县建筑工程竣工备案31个，比上年下降42.59%。完成建筑业总产值47.23亿元，比上年增加19.8%；省内完成产值41.02亿元，比上年增加35.1%。

【工程建设项目审批制度改革】 2020年，县住建局深化工程建设项目审批制度改革，全面落实施工图分类管理、联合验收、告知承诺审批等改革措施，确保纳入改革范围的工程建设项目100%网上审批，全流程审批时间80个工作日以内。其中，建筑工程施工许可证承诺制办理，变“事前管审批”为“事后管信用”，实现“无纸化”“零跑腿”，共计办理告知承诺107件；将工程建设项目消防设计审核、应建防空地下室的民用建筑项目报建审批和施工图备案审查“三合一”合并办理，全年审查项目183个，审查费用264万元，落实“一家牵头、并联审批、限时办结”的要求。

【出台建筑业企业发展扶持政策】 2020年，常山县制定并出台《关于进一步加快建筑业发展的若干意见》《常山县建筑施工企业信用评价标准（试行）》等文件，提振本地建筑业企业的创业精神，增强企业发展信心，实现本地建筑企业在常山县承接办理施工许可的项目合同总额约为26.43亿元，比上年增长193.2%。全县有21家施工企业申报财政政策奖励，共申请奖励41.92万元，比上年下降40.89%。

【建筑节能改造及示范工程建设】 2020年，县住建局完成建筑节能审查项目43件，建筑面积84.86万平方米。实施太阳能等可再生能源建筑应用面积28.12万平方米；

2020年9月3日，常山县建筑业企业座谈会在县住建局召开

（徐露霞 摄）

完成既有公共建筑节能改造1.1万平方米;实施高星级绿色建筑和建筑节能示范工程2项。城镇新建民用建筑实施二星级(含)以上绿色建筑的比例达9%以上。完成装配式工业建筑面积18.72万平方米,完成装配式住宅和公共建筑(不含场馆)项目19.27万平方米。

【在建工程无欠薪】 2020年,县住建局对县域55个在建项目共开展各类督查176次,下发限期整改通知书83份,涉及49家企业均开设农民工工资账户,缴纳保函保证金2751.15万元,实行施工总承包单位直接支付农民工工资。处理解决欠薪信访事项37起,处理拖欠工资86.42万元。

【在建工程建筑工人实名制管理】 2020年,县住建局落实建筑工人实名制管理,实时动态掌握农民工流动情况。全县录入"全国建筑工人管理服务信息平台"的施工企业有30家、在建项目工程50个、工人实名制信息4565人。落实项目电子考勤,实现房屋建筑和市政基础设施工程建设领域400万元以上项目全覆盖。

(熊 婧)

房地产业

【概况】 2020年,县住建局推进城区房地产开发建设联合监管服务工作机制,推进常山县房地产市场健康有序发展。全年完成房地产开发投资额12.28亿元,比上年增长2.1%。其中,住宅投资10.3892亿元,比上年增长32.7%。全县新建商品房销售面积35.15万平方米,销售额26.72亿元,比上年分别上升85.1%、55.1%;销售均价7601元/平方米,比上年下降16.2%。商品住宅销售套数1633套,成交面积188259万平方米,成交金额211024万元,比上年分别上升46.1%、44.1%、56.6%;销售均价10091元/平方米,比上年上升8.6%。

【房地产开发企业监管】 2020年,常山县房地产开发企业有20家:浙江省常山县安厦房屋开发有限公司、衢州市博鳌房地产开发有限公司、常山龙腾石博园管理有限公司、浙江锦禾投资开发有限公司、衢州鸿鼎置业有限公司、常山鸿邸置业有限公司、衢州天地房地产开发有限公司、浙江新城世贸置业有限公司、浙江常山巨泰投资开发有限公司、常山谷茂房地产有限公司、常山县经纬置业有限责任公司、衢州仙鹤房地产有限公司、常山广和置业有限公司、衢州市舒峻置业有限公司、常山万洋众创城开发有限公司、衢州鸿基置业有限公司、浙江承乾置业有限公司、常山县恒润房地产有限公司、常山世盈房地产有限公司、衢州启天房地产开发有限公司。其中,三级企业2家,四级企业13家,暂定级企业5家。根据省"最多跑一次"改革工作要求,完成房地产开发企业资质审批系统2.0版升级工作。全年完成8家房地产开发企业资质核准、变更审批。

【商品房销售监管】 2020年,常山县房地产事务中心(以下简称"县房产中心")建立部门联合检查工作机制,开展房地产市场整治工作,规范房地产市场销售行为。落实动态巡查监管责任制,强化预售许可公示,督促各房开企业在办理预售许可证时执行一次性公开全部准售房源及一房一价标价制度,全年办理预售许可9.72万平方米。通过开展专项检查、常规检查、"双随机"督查及联合检查等方式,强化房地产企业销售行为、商品房预售资金等日常监管。

【房地产经纪行业监管】 2020年,常山县备案房地产经纪机构50家,房地产经纪人10人,房地产经纪人协理80人。注销房地产经纪机构1家。开展全县房地产经纪行业乱象整治专项行动,联合县执法局、县市场监管局对房地产经纪机构实地检查,共检查77家。检查过程中,对已备案的经纪机构发现的台账不齐全、备案不齐全等问题，当场督促整改；对未备案的27家经纪机构发放限期整改通知书。11月11日，组织召开房产中介行业专业委员会会议，开展中介机构二手房交易合同专项检查。联合县公安局开展长租公寓治理规范专项检查。开展“最美经纪人”评选活动，评选出“最美经纪人”10人。

【房地产项目开工建设及交付】 2020年，常山县开工建设房地产项目3个，分别是：常山世盈房地产开发有限责任公司开发的“半山悦景”项目，7月9日开工建设；衢州启天房地产开发有限公司开发的“文澜苑”项目，8月5日开工建设；衢州鸿基置业有限公司开发的“铂悦名庭”项目，10月15日开工建设。交付房地产项目3个：衢州市博鳌房地产开发有限公司开发的“宋镇茗苑”项目，总投资1.359亿元，2018年12月1日开工建设，2020年8月20日启动交付，建筑面积3.6万平方米，共计228户；衢州市舒峻置业有限公司开发的“铭豪嘉园”项目，总投资1.087亿元，2018年9月21日开工建设，2020年10月30日启动交付，建筑面积2.34万平方米，共计240户；常山广和置业有限公司开发的“漫悦湾”项目，总投资13.8亿元，2018年8月9日开工建设，2020年12月18日启动交付，建筑面积17.53万平方米，共计1056户。

【机关事业单位职工住房公积金补贴调整】 2020年，根据《关于调整机关事业单位职工住房公积金补贴的通知》工作要求，由县住房改革委员会办公室牵头开展常山县机关事业单位职工住房公积金补贴政策调整工作，从原来的140元、160元、180元、240元的4个补贴档次，调整为按职工工资基数8%缴存，共调整200多个单位，近5000户。调整后住房公积金补贴于2020年1月1日起执行。

（熊　婧）

建筑工程管理

【概况】 2020年，县住建局开展建筑工程监督项目117个。其中，房屋建筑工程99个，建筑面积239.43万平方米；市政基础设施工程和装修项目18个，工程造价4.03亿元。全年开展安全大检查13次，巡查290多次，下发整改单88份，涉及隐患整改440多条。落实《衢州市建筑施工企业、项目负责人和监理单位、项目总监违规扣分实施细则》，全年对6个项目经理及5个项目总监违规扣分42分，其中项目经理27分、项目总监15分。对21个工程实行停工整改，向县综合行政执法局抄送和移送案件8起。全年完成全县建筑工程质量常规试验项目18796组次；完成室外现场检测465次，其中现场检测289次，实体检测107次，市政工程69次。常山县心舟公园东侧2号地块（文澜苑）被授予2020年度全市建筑行业“红色工地”建设先进项目，衢州启天建设集团有限公司被授予2020年度全市建筑行业“红色工地”先进企业。

【工程安全监督管理】 2020年，县住建局强化建筑工程安全管理，共与47家施工企业、16家监理企业签订安全责任书，并督促企业与项目经理，项目和班组签订安全责任书。强化重大危险源管控，严格按照《防范建设工程较大以上事故的意见》及《危险性较大的分部分项工程安全管理规定》，对27处重大危险源（其中深基坑10个、高大支模架14个、高边坡1个、高处作业吊篮2处）开展治理，监督企业落实专人负责，在工地现场设立重大危险源公示牌，明确重大危险源类型、治理时间、进度等详细信息，有效遏制重特大事故的发生。2次邀请省建科院检测专家对全县在建项目的起重机械开展专项检查，累计检查在建项目51个，检查起重机械103台，其中塔式起重机38台、施工升降机40台、物料提升机33台，下发整改通知书25

份，停止使用通知书4份，全力消除起重机械安全隐患。

【建筑工程“安全生产月”活动】 2020年6月，县住建局组织开展以“消除事故隐患，筑牢安全防线”为主题的“安全生产月”活动，提升全县建筑工程安全生产意识。6月24日，在常山城区危旧房治理改造工程定阳片区召开2020年常山县建设工程“安全生产月”现场观摩会，共200人参加；通过现场观摩、观看应急演练视频、智慧工地系统应用展示、警示教育片和交流发言等，有效提升参加人员对建设工地标准化认知。6月29日，组织部分施工企业、监理企业的负责人、安全副总、安全科管理人员到龙游县礼贤小区项目参加全市安全生产现场观摩会。2020年度，全县有4个项目被评为“衢州市建设安全文明施工标准化工地”。

【工程质量监督管理】 2020年，县住建局出台《抗震支吊架管理细则》新举措，规范在建工程质量验收。开展全县专项质量监督检查4次，覆盖在建工程117个，发现质量问题100多项，下发整改指令书30份，质量问题均已整改完毕，全年未发生重大质量事故。全面推动工程质量终身责任制的落实，保证工程质量责任“三项制度”覆盖率达100%，住宅工程分户验收率达100%。推进工程质量管理标准化，推行样板引入制度，开展住宅工程质量常见问题专项治理示范工程创建活动。全年建设工程质量投诉23起，办结率达100%。年内，全县有5个工程项目被评为衢州市房屋建筑“优质结构”工程，2个工程项目被评为2020年度“衢江杯”奖(优质工程)。

【文明施工管理】 2020年，县住建局制定《常山县建设工程文明施工技术管理细则》，严格按照细则要求督促责任单位落实到位，提升全县安全文明施工水平。强化扬尘治理，对重点难点路段、区块，划分包干区，明确职责，规模以上项目安装PM_{10}扬尘在线监测27台、视频监控系统189台。规范工地围挡围墙，做到美观大方，结合各项工作，围挡设置安全漫画、安全警示语句和疫情防控、“八个一”、扫黑除恶等宣传内容。针对文明施工管理存在的问题，出动检查人员300多人次，检查项目150多次，对发现存在扬尘防治措施不到位等问题下发《限期整改通知书》23份。

【“智慧工地”综合管理平台推广应用】 2020年，县住建局推广“智慧工地”建设，依托“城市大脑”，搭建“智慧工地”总体框架，建立起“智慧工地”综合管理平台。建立智能门禁系统、扬尘监控智能系统、远程视频监控系统、起重机械监控系统、质量安全执法系统，利用“互联网+信息”平台，对安全管理人员到岗履职情况、文明施工、安全生产等进行实时监控和预警，工程质量、施工安全明显提升，监管效率显著提高。2020年，56个在建项目接入“智慧工地”平台。

【建设工程消防设计审查及验收】 2020年，县住建局贯彻落实住房和城乡建设部发布的《建设工程消防设计审查验收管理暂行规定》，加强对全县建设工程消防设计审查验收管理。全年验收及备案项目82个，其中特殊工程和抽查验收项目59个、直接备案项目23个。县住建局会同“五方主体”(项目建设方、施工方、设计单位、监理单位、第三方服务机构)对项目进行现场消防专项验收，共下发整改通知单50多份，要求限期整改完成，并再次进行现场验收，确保消防建设工作落到实处。

【在建工地疫情防控及复工复产】 2020年，县住建局成立疫情防控工作领导小组，全力开展疫情防控工作。先后下发《关于推迟建筑工地复工的通知》《常山县住建系统涉鄂务工人员管控方案》《常山县建筑工地新型冠状病毒防疫管理暂行规定》等5个文件，明确所有在建项目不早于2月9日24时前复工，并要求各企业全部成立疫情防控领导小组，建立疫情防控体系，疫情排查和监管防控落实落细。为应对建筑工地复工潮，2月2日，迅速组织召开疫情防控工作例会，研究部署扎实有效的工作举措。制定《常山县建筑工地“三四五”复工要点指引》，一旦发现有违规情况立即停工，真正从源头上做好建筑工地和务工人员的管控工作。积极鼓励企业复工复产，为有意向开工的企业和项目开展培训、现场核准，需要整改的一次性告知。2月27日，实现全县64家建筑业企业和79个工程项目100%复工，市外回常的2475名务工人员全部录入“慢城537”平台实时管控。3月10日，县住建局被评为疫情防控助力复工复产正面典型。

【常山县建设工程质量管理中心试验室整体划转】 2020年，县住建局推动下属事业单位县建设工程质量管理中心试验室（以下简称试验室）整体划转工作。经县政府批示，12月，县住建局与县城投集团达成试验室整体划转协议，从2021年1月1日开始，由县城投集团全面负责人事及财务管理。为确保试验室正常运营，协议中设置过渡期，在过渡期内，县城投集团需新设立下属子公司，承担试验室职能。在过渡期内，由县住建局承担试验室业务承接和技术支持等工作。

【建设工程造价管理】 2020年，常山县建设工程造价所（以下简称县造价所）做好招标控制价备案工作，全年完成招标控制价备案50件，招标控制价总金额约1.55亿元。深入常山县建筑市场了解各种材料价格，到企业走访了解人工和机械价格，做好常山县人材机价格的采集、上报和发布工作，全年整理和上报建筑材料市场价格信息12期。7月，县造价所联合相关单位开展建设工程施工合同履约检查，抽查10个在建工程施工合同履约情况，检查主要内容包括施工合同签订情况、专业工程分包情况、工程进度及工程款支付、施工项目部人员到场情况、农民工工资支付等，并对照检查施工现场实际情况，检查结果总体情况较好。

（熊　婧）

物业管理

【概况】 2020年，常山县房地产事务中心（以下简称县房产中心）聚焦群众多样化居住和服务需求，加强物业管理的战略谋划和前瞻布局，推进物业管理改革。推进业委会成立及老旧小区物业管理招标前期工作；牵头开展常山县“美丽常山·文明细胞”工程美丽小区建设；在县矛盾纠纷调处中心设立物业纠纷调解工作室；开展住宅小区电梯安全、高层住宅消防专项检查；推动物业企业信用评价体系，规范业主自治和物业行业自治。

【小区物业管理】 2020年，全县从事物业管理的企业24家，其中本地企业14家、外地企业10家。全县从事物业管理服务的单位除24家物业服务企业外，另有10个社区承担约250万平方米的老旧住宅小区卫生保洁工作。24家企业在管项目42个（包含未交付项目），其中住宅物业35个、商业物业3个、后勤物业4个。物业服务总面积约367.59万平方米，其中，住宅服务面积292.34万平方米，办公楼服务面积21.8万平方米，商业营业用房服务面积39.61万平方米。物业服务收费平均价格1.06元/平方米，其中住宅0.91元/平方米、办公楼2.45元/平方米、商业营业用房1.81元/平方米。全县物业管理服务收入1941.81万元，平均收费率为69%，21%左右的物业管理企业经营亏损，从业人员480人。

【物业服务监管】 2020年，县房产中心围绕疫情防控、省级示范文明县城创建、有礼指数提升等工作，全面开展指导工作。疫情期间，县房产中心向上争取到消毒液1000千克，口罩1.2万余只，发动并引导全县物业服务企业迅速加入到疫情防控行动中，开展卡口管控、宣传、消毒，设置废弃口罩投放点106处，为居家隔离户送物资、送快递等，为业主健康平安保驾护航。组织物业服务企业工作人员行作揖礼培训，指导物业服务企业开展“八个一”城市品牌内容宣传及推广活动，并纳入物业监管日常考核工作。12月，对全县24家物业服务企业所管理的35个住宅项目、2个后勤项目、2个商业项目进行检查考评，评选出2020年度物业服务检查考评先进单位7家。其中，住宅项目一等奖1个：浙江绿博物业服务有限公司常山分公司(东方御景园)；二等奖2个：衢州可安物业管理有限公司(阳光名都)、衢州亲邻物业管理有限公司（香格里拉)；三等奖3个：常山县鸿福物业管理有限公司（翡翠园)、浙江绿博物业服务有限公司常山分公司（紫荆花园)、江山贝林物业管理有限公司常山分公司（星月湾)；商业（后勤）项目优秀奖1个：衢州可安物业管理有限公司（供电局)。督促物业服务企业做好新交付项目物业查接承验工作。开展“最美物业人”评选活动，共评选出“最美物业人”10个。

【物业专项维修资金及物业保修金管理】 2020年，县房产中心累计归集物业专项维修资金8887.79万元，累计核实拨付使用物业专项维修资金660.09万元，其中2020年拨付使用66.34万元；累计缴存物业保修金1460.96万元，办理物业保修金退还21件，退还资金444.38万元，剩余金额1016.58万元。

【住宅小区电梯安全管理】 2020年8月，县住建局、县市场监管局联合组织召开全县住宅小区电梯安全管理工作会议，通报常山县住宅小区电梯安全隐患排查整治工作等情况，围绕电梯日常管理、检查要点等业务技术，对物业公司进行专题培训。联合县市场监管局、县检察院联合开展住宅小区电梯安全检查工作。

【第五届物业服务技能大赛】 2020年12月4日，常山县第五届“半山悦景杯”物业技能大比武在东方御景园小区举行，主题为“岗位展才华、服务攀高峰”，设置物业知识竞赛、原地着装消防栓打靶、绿化修剪、灭火器扑救初期火灾4个比赛项目，共计10支物业服务企业代表队参赛，评选出团体奖、单项奖、最佳风尚奖等奖项，常山县物业服务企业从业人员的专业技能水平和物业服务行业的新风貌得到一次较好展示。

【房屋装修备案】 2020年，国有土地上住宅房屋装修备案（以下简称房屋装修备案）职能从县综合行政执法局划转至县住建局房产中心。为方便业主开展房屋装修备案，县房产中心探索改革，优化办事流程，在漫悦湾小区试点物业企业房屋装修备案代办制，从原来的到行政服务中心窗口办理备案改为由业主向所在物业企业提出房屋装修备案，经物业企业现场核实无误后，提交至浙江政务服务网，推送至县房产中心审批人员审批，真正实现“零跑腿”“无纸化”备案，全面规范房屋装修备案程序。全年办理52件房屋装修备案审批。加强房屋装修备案监管，对未备案和超出备案范围的违规装修户责令整改，下发限期整改通知单1起。

（熊 婧）

住房保障

【概况】 2020年，县住建局修订完善《常山县城镇公租房申请受理工作方案》，首次将医护人员纳入住房保障范畴并明确实行年审制度；将租金补贴的发放方式从原来的“年终一次性集中发放”方式调整为“按季度发放”方式，全年通过租金补贴保障家庭444户，发放租金补贴119万元。建立公租房年审制度，提高公租房审核精准度。完成经济适用住房上市交易办理73宗，完成9套人才公寓交房工作。抓好农村困难家庭危旧房改造工作，全面助力脱贫攻坚。

【公租房实物配租】 2020年，县住建局做好公租房分配工作，确定224户家庭符合公租房实物配租保障条件。12月17日，通过公开摇号，确定获得选房资格的家庭39户。12月21日，39户申请家庭至柚苑小区、锦翠花园等处进行选房，加上低保户家庭直接公租房实物配租20套，公租房实物配租家庭共59户。

【2019年保障性安居工程资金投入和使用绩效审计】 2020年，县住建局根据《常山县2019年保障性安居工程资金投入和使用绩效审计报告》（衢市审投报〔2020〕1号）文件要求，全面牵头开展整改工作。建立住房保障工作领导小组成员会商机制，对保障家庭车辆、房屋、收入、工商注册登记等情况重新开展详细的审核认定。坚持问题导向，精准分类处理，133户中17户已办理退房，另有9户不符合条件且未腾空房屋的实物保障家庭，由县住建局根据《关于审理行政协议案件若干问题的规定》要求，于2020年11月5日向其发放取消公（廉）租房保障资格限期腾退决定书。剩余107户经全面审查申请家庭的举证材料，上述家庭无房、无车辆或价值低于10万元的车辆、无工商注册等情况，符合条件继续予以保障。完成常山县保障性安居工程绩效评价工作，并形成绩效评价报告报驻省监管办中央专员办审核。

【“十四五”住房保障规划编制】 2020年，县住建局开展“十四五”住房保障编制前期摸排工作，组织相关部门填报“十四五”期间棚户区改造及公共租赁住房建设各类相关数据。8月，与中咨城建设计有限公司签订“十四五”住房保障规划设计合同，启动规划编制工作。10月底，形成“十四五”住房保障规划文本方案稿，组织县委组织部、县发改局、开发区管委会、县资规局、县农业农村局、县征迁事务中心、常山城投集团等部门召开座谈会，提出修改和完善意见。12月15日，完成《常山县城镇住房保障“十四五”规划（2021—2025年）》成果稿，组织专家完成规划质量评审，形成正式文本。

【直管公房管理】 2020年，县房产中心实现公共租赁房、直管公房模式和数据化管理，改变传统粗放型管理，使公共租赁房、国有公房向规范、严谨、高效模式转移，通过系统数据化快捷模式加强对直管公房住宅管理，对非住宅进行市场化经营管理。全年收缴公房租金205.39万元，办理租赁许可证72件；对公房安全排检查17次，直管公房维修369户、大修2处，完成办理承租户合同到期续签108户，安排新入住家庭77户。排查出存有安全隐患拟进行大修房屋17次、历史古城建筑8处，清理腾退不符合承租条件17户，对公房367户进行经纬度定位。

【白蚁虫害防治工作】 2020年，县房产中心主动与建房户联系，了解工程内容及进度，及时编制施工方案，做到白蚁虫害防治与工程同步施工。全县新建房屋白蚁预防受理企业单位32家，预防房屋158幢，预防受理总面积440283.77平方米，完成164611.09平方米，完成灭治总面积4.2万平方米，完成白蚁防治装置安装1645个。

【既有住宅加装电梯】 2020年，县住建局与县财政局联合制定《常山县既有住宅加装电梯工作的实施意见》，明确既有住宅加装电梯工作遵循“业主自愿、社区主导、政府引导、各方支持、共建共享、安全规范”的原则，发挥业主作为物权所有人的主体作用。在文峰嘉苑小区试点开展既有住宅加装电梯工作。

【房屋安全工作】 2020年，县住建局完成已排查公共房屋信息录入工作，做好城镇危旧房人员转移精准管控基础信息排查及“浙江安全码”应用工作；开展全县未实质性解危的城镇危房业主基本信息采集填报工作，共计排查未实质性解危的城镇危房63幢，入户排查业主信息1109户，初步建立常山县未实质性解危的城镇危房业主基本信息数据库。委托省建科院专家现场查看省系统中15幢D级危房加固维修情况，并将鉴定报告和鉴定结果录入既有住宅房屋调查登记管理系统予以“销户”。下发《督促解危通知书》，督促常山城投集团组织常山化工厂4幢危旧房屋拆除工作。出台《常山县城镇住宅房屋使用安全突发事件应急管理工作指导意见》，建立健全常山县城镇住宅房屋使用应急管理工作体系。实施沙洲小区3幢危房加固工程，项目总投资210万元，沙洲一号楼已基本完成。

【农村困难家庭危房改造】 2020年，常山县村镇建设站聚焦“低保边缘户、农村低保户、贫困残疾人家庭、农村分散供养特困人员”四类重点人群，累计排查8342户困难家庭房屋情况，完成934户困难家庭危房改造，配套资金1800万元，助力脱贫攻坚。

（熊 婧）

征迁事务

【概况】 2020年4月，根据县委机构编制委员会印发的《常山县征迁事务中心主要职责、内设机构和人员编制规定》精神，常山县征迁事务中心（以下简称县征迁事务中心）成立，为常山县政府直属公益一类事业单位，机构规格相当于正科级，所需经费由财政全额补助。核准事业编制10名，设主任1名，副主任2名，内设机构股级职数5名。内设4个机构，分别是综合科、房屋征迁科、土地统征科、法规政策科。原常山县人民政府房屋征收办公室、原常山县统一征地办公室核定的机构编制事项不再生效。2020年，县征迁事务中心主要研究完善常山县集体土地征收房屋补偿安置体系和国有土地房屋征收补偿体系，出台一系列房屋征收政策文件；启动狮子口片区房屋征收工作，国有土地和集体土地房屋征收工作分步开展，完成瓦窑基区块——常山慢城文化旅游博览中心项目房屋征收工作；完成常山县城南小区道路及配套工程房屋征收工作；协调指导主城区房屋征收工作。

【房屋征收政策制定】 2020年，县征迁事务中心完善常山县集体土地征收房屋补偿安置体系和国有土地上征收房屋补偿体系，出台《常山县城区集体土地征收房屋补偿安置办法》《常山县国有土地上房屋征收与补偿办法》及相关配套政策。与相关单位协同研究，确定集体土地未确权房屋认定处置办法，同时出台《常山县征收国有土地上“三未房屋”认定办法》。

【狮子口片区房屋征收】 2020年8月，县征迁事务中心确定狮子口片区征收范围，即东至经三路，南至文教路，西至定阳北路，北至048省道范围内土地上的房屋（附属物、构筑物），石家槽和瓦窑基地块一并划入狮子口片区征收范围内，计划征收红线范围面积约165公顷。征收总户数为392户（含瓦窑基区块），其中国有土地的建筑物和房屋187户，房屋总建筑面积约14.1万平方米，集体土地的房屋205户，房屋总建筑面积8万平方米。10月24日，常山县旧城改造暨狮子口片区征收动员部署会召开，狮子口片区征收工作正式启动。截至年底，狮子口片区国有土地房屋征收工作完成意愿征询、实施方案编制、产权认定和房屋评估工作。狮子口片区集体土地征收工作分步开展，其中瓦窑基区块16户完成签约、腾空拆除工作，外港区块完成土地现状调查并制定补偿安置方案。

【主城区房屋征收】 2020年10月，县征迁事务中心确定主城区模拟征收区块及范围，主要有西门、北门、里择祠、桃园、竹园、东淤、江滨、农批市场、蒲塘口9个片区，按照每个片区的布局特点和规划功能设置分成23个小区块，制订分步实施计划。其中，Ⅰ期实施3个片区（10个小区块，分别为江滨A片区、B片区；东淤A片区、B片区；西门A片区、B片区、F片区、C片区、D片区、E片区）；Ⅱ期实施4个片区（8个小区块，分别为北门区块A、区块B、区块C，竹园区块A、区块B，农批市场区块，蒲塘口区块A、区块B）；Ⅲ期实施2个片区（5个小区块，分别为桃园区块A、区块B、区块C，里择祠区块A、区块B）。制订第三方全过程服务监管的竞争性模拟征收模式，遵循“自愿征收、决策民主、程序正当、结果公开”原则，对主城区老旧小区土地、房屋实施竞争性征收。县征迁事务中心全程协调指导天马街道启动主城区征收工作，截至年底，主城区房屋征收项目启动Ⅰ期3个片区的入户资料收集和意见征询工作。

【常山县城南小区道路及配套工程征收】 2020年，县征迁事务中心指导常山县城南小区道路及配套工程征收项目，拟征收红线范围面积4780.18平方米，隶属行政区域为天马街道，征收总户数13户，征收总建筑面积1501.57平方米。截至年底，全面完成签约和腾空工作。

（杨小琴）

住房公积金管理

【概况】 2020年，衢州市住房公积金中心常山分中心（以下简称公积金常山分中心）归集住房公积金5.4亿元，比上年增长15.63%。办理职工个人住房贷款465户，发放贷款1.44亿元，比上年下降21.31%，支持购房面积66960平方米。年末，职工个人住房贷款余额9.53亿元，比上年下降0.04%；住房公积金增值净收益1710.08万元，比上年增长24.17%。全年新增31个单位2703名职工建立住房公积金制度，新增100多名个体职业人员缴存。截至年底，缴存单位644家，正常缴存职工17596人；累计归集住房公积金38.3亿元，归集余额10.14亿元。全年办理期房贷款楼盘4个。督促企业建立公积金制度，全年扩面净增人数1460人。

2020年，公积金常山分中心深化公积金“最多跑一次”改革，推行“掌上办”“网上办”，帮助和指导群众线上办理业务，推广通过“浙里办”、“网厅”、微信公众号办理公积金业务，全年“掌上办”“网上办”占总办件的83.77%。实施长三角政务服务“一网通”平台业务受理，严格落实政务服务2.0工作要求。在服务大厅设置机器人，用于公积金咨询、查询等业务。做好档案管理省二级复核认定工作，提前聘请有经验的人员参与整理档案，及时购置监控、防磁柜等档案设备。是年，公积金常山分中心通过档案管理省二级复评；获第三届衢州市住房金融礼仪大赛三等奖；被评为衢州市公积金系统各机构年度考核优秀机构。

【开展“一件事”联办】 2020年6月，公积金常山分中心在浙江省机关事业人员职业生涯一件事改革部署推进会上，与县委组织部、县人社局等部门协同通过公务员“一件事”办理测试。7月在衢州市“一件事”平台“云”验收现场会上，演示事业单位公开招聘等涉及公积金业务，顺利通过验收。全年办理公务员及事业单位人员“一件事”涉及的公积金业务2239件。

【公积金业务延伸乡镇】 2020年，公积金常山分中心依托常山农商银行、农行常山支行、邮储常山支行等网点以及乡镇便民服务中心实现公积金业务向乡镇延伸，完成258个延伸点的网点设置和人员培训，包括常山农商银行26

个乡镇（街道）网点和206个“丰收驿站”，邮储银行3个自营网点和9个代办点。在14个乡镇（街道）便民服务中心开展公积金业务“快捷办”。

【清理公积金睡眠账户】 2020年，公积金常山分中心通过《今日常山》宣传，联系县人社局、县医保局、县改制办、县公安局、县档案馆、县教育局、社区等单位，查找人员和数据信息，分解落实任务上门走访核实。至10月底，共清理修复847户，完成100%。

【楼盘“全装修改毛坯”退款】 2020年，公积金常山分中心开展“全装修改毛坯”公积金贷款退款工作。经排查核实，“百悦城”和“鸿鼎首府”两个楼盘共涉及41户，由于“全装修改毛坯”，应退还公积金贷款金额121.42万元。通过向业主发联系函，与房地产开发公司对接，上门做好政策宣传解释等方式，截至年底，共收回37户109.33万元；还有4户因业主尚未与房开公司签订补充协议，仍在协商解决中。

（黄海彤）

城市综合管理

【概况】 2020年，常山县综合行政执法局（以下简称县综合执法局）围绕疫情防控、服务市县中心行动、推进城市赋能、综合执法改革等开展城市综合管理工作。全年立案查处各类违法案件463件，比上年增长58%，居衢州市各县（市、区）第一位，案件类型涉及市容环境类、城乡规划类、城市绿化类、市政公用类、犬类管理类、建设类等多领域；受理系统各类投诉134起，满意度达100%。

【防疫巡查】 2020年，县综合执法局开展新冠肺炎疫情防控巡查工作，出动人员3000多人次，取缔活禽交易点35处，检查复工复产门店2000多家，发放疫情防控通知书700多份，劝散集聚人群400多处，劝导市民规范佩戴口罩1000多人次。从1月25日至

2020年11月23日，全市“县乡一体，条抓块统”改革试点工作第五次周例会在常山召开

（县综合执法局 供图）

2月2日，抽调39名队员，前往青石镇江家村疫点开展24小时轮班值守。2月1—24日，先后抽调58名队员参与320国道卡点、常山高速服务区卡点和省际交界处卡点疫情防控工作，管控检测排查各卡点进出车辆8000多辆次。

【服务衢州市文明城市创建】 2020年，县综合执法局主动对接衢州市综合执法局，先后2次共抽调100多名执法骨干，参与衢州市国家文明城市创建工作。2020年11月10日，衢州市成功入选第六届全国文明城市，列全国第四位。在衢州市"创文"表彰大会上，县综合执法局紫港中队被评为先进集体，2名执法队员被评为先进个人。

【城市赋能工作】 2020年，县综合执法局提请县委对城市管理委员会进行调整完善。召集相关工作协调会7次，推进整治"毁绿种菜"、违章建筑、餐饮油烟、渣土运输、"市容十乱"等专项行动，统筹推进解决渣土运输、餐饮油烟、疫后违停等多方面问题。增加划设公共停车位2732个，清理毁绿种菜面积142925平方米，复绿30多处、8500多平方米；检查城区产生餐饮油烟的餐饮店344家；查处各类渣土运输案件97起，罚款总额12.72万元。出台《常山县"门前五包"责任制实施方案》，明确具体内容和责任区域，通过《今日常山》、微信公众号、公共自行车棚亭等宣传载体进行氛围营造，张贴海报22处，报纸、电台宣传2次，入户发放倡议书2000份，签订责任书1279份，责任牌上墙1279块。落实商户"门前五包"，每季度开展商户"门前五包"落实情况评比打分，建立"门前五包"优秀商户评选张挂流动红旗和正向物质激励制度，引导商户自觉守好门前"责任地"。

【综合行政执法改革】 2020年7月，常山县率先在球川镇推进基层"一支队伍管执法"改革试点工作。由全县7个部门及原乡镇执法队员共17名常驻队员组成，执法区域以球川镇为中心，辐射白石、同弓2个乡镇。建立3个乡镇定期会商机制、"1530"（即1分钟指派任务、5分钟到达现场、最快30分钟处置）快速处置的全周期参与机制，破解集镇序化管理、墟日集市管理、国有土地违建等历史遗留难题。通过深化"诚信考评+流动红旗"正向引导奖励治理模式，形成集镇街面长效管理。第一时间处置城乡规划、环境污染、食品卫生、车辆违停等违法行为。12月，执法改革助力球川镇通过省美丽城镇办的考核验收，成功创建"浙江省2020年度新时代美丽城镇建设省级样板"。

（陈　涛）

城投集团

【概况】 2020年，常山县城市投资集团有限公司（以下简称常山城投集团）内设部室8个，下属全资子公司10家，包括浙江常鸿建筑工程有限公司、常山县基础设施建设发展有限公司（以下简称县建发公司）、浙江常山绿惠投资开发有限公司、常山县水务发展投资有限公司（以下简称县水务公司）、常山县心安城市开发有限责任公司、浙江常盛建材有限公司、常山县定阳航运公司、浙江常正建设工程检测有限公司、常山县定阳公路养护有限公司、常山县智慧城市建设运营有限公司。另有二级子公司5家：常山县心安人力资源开发有限公司、常山县清源建设有限公司、常山县城乡公共交通有限公司、常山县市场开发有限公司、常山县未来驿站能源开发有限公司。经营范围包括城市、交通、水利基础设施投资建设、房产开发、水资源经营管理、污水处理、建材销售、人力资源等多个领域，从单一的投融资平台逐步发展成多元化的企业集团。

2020年，常山城投集团本部及下属子公司负责实施的新建、续建项目71个，其中重点工程42个，完成投资19.04亿元。常山江（辉埠—双港口）航电枢纽项目启动，城东新区污水处理厂

2020 年 8 月 31 日，常山县城乡公交一体化运营启动仪式在赵家坪车站举行　（县建发公司 供图）

三期项目、常山国际慢城·城市休闲谷建设工程（一期）等一批重点工程完工，常山县城乡公交一体化、常山县普惠性幼儿园项目、常山县农村饮用水达标提标行动以及衢州数字工业学校（常山县职业中专）与常山技工院校两校融合迁建项目等一大批民生项目实施，促进常山经济社会发展。完成常山港治理二期工程汪家淤堤紧急抢险任务、小区隔离围墙建设任务。成功逆市发债 10 亿元；拆墙透绿项目快速推进；专项债项目超常规推进；“廉政灶”制度获中纪委肯定；常山县柚香城农贸市场提升改造列入全省农贸市场和专业市场“五化”（即便利化、智慧化、人性化、特色化、规范化）提升第一批创建名单，并通过省级验收；常山精密基础产业创新服务综合体成功列入省级创建名单。

是年，常山城投集团被评为 2018—2020 年度衢州市农村饮用水达标提标行动先进集体。县水务公司被评为 2020 年度衢州市农饮水先进集体；县心安城市开发有限责任公司获常山县“2020 年度投资贡献奖”。

【城乡公交一体化运营管理】 2020 年 5 月 18 日，常山县城乡公共交通有限公司成立，负责城乡公交运营与管理。根据县政府工作安排，全面完成主体国有化改造，7 家农村客运公司平稳退出。8 月 31 日，城乡公交一体化正式启动运营，实现城乡公交“2 元一票制”，同时实行 60 ～ 70 岁老年人减半收费、70 岁以上老年人免费以及特殊人群优待乘车政策，日运营班次、运送乘客同比增幅明显。

【普惠性幼儿园建设】 2020 年 6 月，县建发公司启动实施常山县普惠性幼儿园项目。8 月 31 日，新桥幼儿园改建完成并投入使用；12 月 6 日，赵家坪幼儿园主体结构完成；12 月 8 日，五里幼儿园通过竣工验收。此外，金源、集聚区、青石、白石幼儿园都按计划有序推进中。全年完成入库投资 2368 万元，实际完成投资 3800 万元。

【常山江（辉埠—双港口）航电枢纽项目】 2020年12月22日，常山江（辉埠—双港口）航电枢纽项目先行开工点启动仪式举行。自该项目启动仪式筹备工作开始，县建发公司按照市、县政府工作任务要求，高标准做好场地平整等各项筹备工作。

【农村饮用水统建统管】 2020年6月18日，常山县率先在全省完成农村饮用水达标提标三年行动，并通过浙江省水利厅验收销号，实现“城乡共饮一碗水”。常山县供水由常山城投集团下属的县水务公司统建统管，通过城镇供水管网延伸，建设单村水厂、安装小型净化消毒设备3种方式，让全县29.2万农村居民全部喝上放心水，推行“长效运维管护”机制，创新“1+N”管护模式，以县水务公司为1个核心，成立各乡镇的农村饮用水营业中心，引进专业化社会服务，形成专业运维、力量集成、工作闭环机制，助力农村供水事业长效运维。

【城东新区污水处理厂三期项目提前通水】 2020年6月，城东新区污水处理厂三期项目总工期由原来420天压缩为180天。常山城投集团通过科学合理的安排工序、深挖施工潜力，连续加班组织施工，整个项目在土建施工开始150天后实现通水计划，于12月2日完成进水。

【两校融合迁建项目】 2020年11月，衢州数字工业学校（常山县职业中专）、常山技工院校两校融合迁建项目开工建设，总用地面积约260亩，总投资约6.3亿元，其中技工院校部分由城投集团投资建设，计划于2022年9月完工并投入使用。项目选址位于纬八路以南、经六路以东，项目基地总面积超17万平方米。方案整体上采用群组布局，为注入持续发展活力，以“南孔书院”为意向将建筑以围合形式进行整体设计，两校融合同时又相对独立。南部为常山县职业中专，北部为技术学校，以步道和绿化有机联系，形成既相对独立又整体相连的和谐整体，为在校师生的学习生活增加新的美好体验。

【县人民医院二期主体工程】 常山县人民医院二期工程位于常山县天马街道南滨江路，计划建造一栋以内科、康复科、体检中心为重点的内科病房楼。整个工程地上12层、地下1层，总建筑面积为23572.84平方米（不含地下室建筑面积4793.2平方米），总投资2.02亿元。截至年底，常山县人民医院二期工程主体已完工，正进行装修装饰施工。工程预计2022年2月竣工。

【常山国际慢城·城市休闲谷建设工程】 常山国际慢城·城市休闲谷建设工程（一期）项目位于常山国际慢城绿核片区喜鹊弄片区，东接国际慢城风景路二期，西接国际慢城公安主入口，南至文昌阁，北至山地自行车公园。项目总面积38681.8平方米；项目范围内包括2个分支山谷，山谷面积为8967.8平方米；一条贯穿骑行道，总长565.6米；主要包括道路工程、管线工程、景观工程等，打造成为城市居民业余休闲活动区域。该项目于2020年11月18日完成竣工验收。

【城市危旧住宅区治理棚改项目安置房建设工程】 该项目是县政府为改造城镇危旧住房、改善困难家庭住房条件而推出的一项民生工程。全县危旧房项目总投资16亿元，共分4个安置区，总占地面积65219平方米，总建筑面积319551平方米（其中地上部分237737平方米），配套车位1300个，共设计安置房23幢（江滨小区3幢、城南小区6幢、桑园小区10幢、定阳小区4幢），2167套（安置套数为2113套）。2020年，4个安置区进入收尾阶段，23幢房屋主体均已完成，配套工程施工中，累计完成总工程量的95%。项目资金来源包括政策性贷款5亿元、债券资金3.8亿元、上级补助资金0.79亿元，其余由县财政保障。截至年底，已支付资金12亿元，其中项目工程款5.62亿元、发放租房补贴1.65亿元、支付土地款3.05亿元。

心安人力资源窗口办理业务现场

（县心安人力资源开发有限公司 供图）

【人力资源服务】 截至2020年年底，县心安人力资源开发有限公司为住房公积金常山分中心、城投集团、县水务公司、青石镇政府、县机关事务保障中心等单位统一管理劳务派遣人员246人、劳务外包人员272人。为完善全县职工工作餐补助管理工作，根据县政府第62次常务会议精神，全县行政事业单位以及国资公司工作餐补贴支付“一码通”平台由县心安人力资源开发有限公司具体实施，该项目于11月底完成招标。县心安人力资源开发有限公司完成全县近5000名工作人员的数据资料采集、上传以及就餐卡办理、发放，端口测试、设备安装调试，餐补资金的发放充值，实现工作餐多途径消费。

（郑 超）

自然资源·环境保护

自然资源

【概况】 2020年，常山县自然资源和规划局（以下简称县资规局）推进自然资源体系、国土空间规划体系建设完善，强化规划引领作用，深化自然资源摸底排查，优化各项管控办法。

2020年，全县耕地实有面积29.7万亩，永久基本农田保护面积23.9005万亩。县资规局开展永久基本农田储备区划定工作，划定永久基本农田储备区16694.7亩；科学编制2019年度耕地保护补偿方案，核定全县符合耕地保护补偿条件的耕地面积26.6557万亩（其中永久基本农田22.7095万亩），理论补偿资金1480.9554万元，违法扣减耕地保护补偿资金190.3668万元，最终发放2019年度耕地保护补偿资金1290.5886万元，推进耕地保护和农田修复。全县矿山总数26个，主要有水泥用灰岩、萤石、叶蜡石、饰面用板岩、制灰用灰岩、水泥配料用页岩、水泥配料用砂岩、砖瓦用页岩、普通建筑用石料、建筑用辉绿岩、花岗岩。其中，石灰石、石煤、萤石的地质资源量居浙江省前列，叶蜡石为全省四大产区之一。主要矿查明资源量：石灰石66015万吨，石煤47138万吨，叶蜡石403万吨，萤石矿1096万吨。常山县新昌乡岩前萤石矿入选全国绿色矿山名录库。全年完成供地97宗，供地面积8024.918亩。其中工业用地34宗、商业用地26宗、住宅用地6宗，划拨用地31宗，工业用地均按“工业标准地”出让，全年收缴土地出让金21.57亿元，比上年增长496%。完成农房权籍调查3342户，颁发农房不动产权证书5571本，全县农房确权登记发证率达91.9%。

是年，县资规局在县委、县政府对县级机关部门工作目标年度考核中获一等奖，获集体三等功。

【国土空间规划编制】 2020年，县资规局完成国土空间规划基数转换和现行城规土规“双评估”、资源环境承载力评价和国土空间开发适宜性评价“双评价”、国土空间布局优化、乡村振兴与农村土地利用优化、存量建设用地供给及再开发、“融衢接杭”战略、城镇开发边界划定研究（含生态保护红线划定）7个专题研究和县级国土空间总体规划初步方案。

【不动产登记工作】 2020年3月，常山县不动产登记机构发布《关于开通二手房买卖转移登记全程网上办通告》，开通浙江政务服务网“一窗平台”二手房买卖转移登记全程网上办系统，实现二手房转移登记“不见面”办理。8月发布《关于启用商品房预告登记全程网上办通告》，在衢州市率先启用浙政服务网“一窗平台”商品房预告登记全程网上办系统，实现商品房预告登记“零跑腿”。9月，与县人民法院举行不动产登记服务进法院签约仪式，标志着衢州市内县级层面首个“不动产登记服务进法院”项目落地，实现查（解）封登记线上办理。发放不动产登记证明6498份、不动产登记证书34014本、注销登记 3891 件、查封 647 件、解封 555 件、开具查档证明 3329 份。

【第三次全国国土调查工作】 2020 年，县资规局开展常山县“三调”(指第三次全国国土调查) 时点更新调查工作。在全县范围开展土地利用现状调查，包括地类、位置、面积、分布等。“三调”时点更新成果于 2020 年 11 月通过国家级内业核查和数据库质量检查。“三调”后，县域国土总面积为 109732.35 公顷，其中湿地面积 134.64 公顷，耕地面积 12044.16 公顷，种植园用地面积 14980.92 公顷，林地面积 67995.57 公顷，草地面积 664.96 公顷，商业服务业用地面积 143.72 公顷，工矿用地面积 1858.62 公顷，住宅用地面积 4037.20 公顷，公共管理与公共服务用地面积 386.69 公顷，特殊用地面积 105.96 公顷，交通运输用地面积 2493.61 公顷，水域及水利设施用地面积 3677.86 公顷，其他土地面积 1208.44 公顷。

【全域土地整治和土地开发】 2020 年，县资规局完成垦造耕地 786 亩，旱改水 447 亩；完成建设用地复垦面积 2267 亩。2018 年列入省计划的 3 个全域整治项目通过市级验收，其余 8 个项目有序推进。通过与省、市对接申报，同弓乡全域整治项目成功纳入自然资源部试点。全年向上申报获批灾毁耕地修复项目资金 2328 万元，列浙江省第一位。

【“十类地”盘活处置】 2020 年，全县批而未供土地消化任务 1000 亩，截至年底，完成批而未供消化 6438.45 亩，其中指标盘活置换类 148.77 亩、2009—2017 年 907 亩、2017 年以后 5382.68 亩。存量用地盘活类任务 1000 亩，完成盘活存量建设用地 1043 亩。低效用地盘活任务 350 亩，完成低效用地再发 359 亩；无偿收回供而未用处置类用地 182.4 亩。

【地质灾害防治】 2020 年，县资规局完成 2019 年新发地质灾害综合整治工作，做好汛期地质灾害防治，及时发布地质灾害预警预报 8 次、短信 9184 条，提出防灾避险建议；共发生灾险情 17 起，其中灾情 5 起，全县因地质灾害转移撤离人员 172 人次；从人防向技防转变，实行“浙江安全码”调查赋码，覆盖全县风险防范区共 80 处 789 人，系统录入人员达 100%。

【矿产资源开发利用】 2020 年，县资规局提升矿产资源开发利用水平。通过公告方式主动注销 8 个采矿权过期的矿山，矿山总量从 34 个缩减为 26 个。申报辉埠夏家矿地综合项目，估算资源量为 2000 万吨，出让收益约 2 亿元。在全市率先完成浙江省“811”废弃矿山生态修复三年行动治理任务。南方水泥、中兴矿业、紫晶矿业 3 家企业在采矿山已入围全国绿色矿山名录库，国家级绿色矿山数量在衢州市排名首位。

【“山水林田湖”生态修复】 常山县作为全省四个山水林田湖生态修复项目国家试点之一，自 2018 年起共实施山水林田湖生态修复重点项目 7 个大类 20 个，总投资 37.747 亿元，其中中央资金 5 亿元。截至 2020 年年底，完成垦造耕地、农村土地综合整治、“蓝天三衢”工程一期、废弃矿山治理、芳村水厂建设、农村饮用水达标提标工程、金钉子生态修复（一期)、国际慢城—城市休闲谷 8 个项目，累计完成投资 31.8 亿元，已拨付资金 20.2 亿元。

【信访办理工作】 2020 年，县资规局受理信访件 60 件，其中来信类 8 件、来访类 8 件、来电类 16 件、网上投诉类 22 件、自然资源部信访系统转送件 6 件。县领导批示件 15 件，全部办结或转法定途径处理，主要涉及失土保险、违法用地（采矿)、农房办证等方面的投诉举报。农民建房省级信访积案交办件 1 件办结化解。上述信访事项均根据信访投诉分类处理要求依法分类处理，分流信访工作压力，信访按期受理率、按期办结率、满意率均达100%。

（邱 琦）

环境保护

【概况】 2020年，衢州市生态环境局常山分局（以下简称市生态环境局常山分局）推进治水、治气、治土污染防治三大攻坚战，推进“污水零直排区”建设，建立县级水源地保护区统一矢量数据库、安全警示牌和芙蓉水库、千家排水库隔离网设施等。全面完成15家涉气“散乱污”企业的整治工作。推动22家重点排放监管企业开展VOCs综合治理和“一厂一策”方案编制工作，其中6家企业通过源头替代，7家企业通过末端治理实现VOCs减排，已有12家完成“一厂一策”方案编制。推进常化、时庆化工污染地块风险管控工程项目，开展农用地超标点位加密监测工作，19个超标点位已全部销号。开展固废大排查大整治工作，全县排查涉固废企业135家，排查出固废存量堆场问题16个和问题企业49家，均完成整改。完成103家固废产生企业“三项备案”（即危废管理计划、危废应急预案、固体废物申报）工作，对19家辖区内化工园区、饮用水源地、重点企业突发环境事件应急预案的编制和备案（发文）情况进行检查，督促10家企业开展环境安全应急演练。加大生态环保宣传力度，开展“美丽中国，我是行动者”、国际生物多样性日、环保设施公众开放等主题宣传活动；设立“企业环保咨询日”和生态环境咨询服务站，通过“朋友圈”开展生态环保宣传达10万人次，发送环保短信20万条，发放环保袋、宣传手册等1000多份，参与环保志愿者、学生代表100多人，组织公众线上参观环保设施共150多人次。

2020年，常山港流域地表水质100%符合水功能区要求，饮用水源地水质100%符合要求，出境水质达Ⅱ类水标准，比考核要求的Ⅲ类高出一个等级，其中Ⅰ类水占比51%，列全市第二位；城区环境空气持续改善，有效监测天数为365天，空气质量为优的天数共178天，良的天数共186天，优良率为99.7%，比上年提高3%，PM2.5浓度为27微克/立方米，比上年（31微克/立方米）下降17.2%，环境空气质量创七年以来最好水平。

是年，市生态环境局常山分局获生态省建设三等功，被评为第二次全国污染源普查工作表现突出集体。

【第二轮中央生态环保督察】 2020年，市生态环境局常山分局做好第二轮中央生态环保督察迎检工作。督察期间，编制县环保督察工作简报29期，上报市简报素材18篇；办结全部信访件27件，交办信访件数量在全省103个市、区、县中列第64位；共立

2020年8月21日，全县迎接第二轮中央生态环保督察工作部署会召开

（市生态环境局常山分局 供图）

案查处 29 起，责令企业整改 24 家。实现交办信访件总数下降、无重点交办信访件的预期目标，钙产业整治提升入选国家督察办环保督察正面典型案例。

【固定污染源排污许可全覆盖】2020 年，市生态环境局常山分局依托第二次全国污染源普查基础数据，对全县排污企业进行摸底排查，并增补录入固定污染源清理整顿系统，实现全县固定污染源排污许可全覆盖。全年完成登记企业 879 家、发证企业 76 家（重点管理 17 家、简化管理 59 家）。

【环境执法行动】2020 年，市生态环境局常山分局开展“雷霆斩污”2.0、“零点行动”等专项执法行动，签订生态环境损害赔偿协议 2 例，向造成生态环境损害并负有赔偿责任的 2 家企业索赔鉴定、评估费用共计 82.45 万元。查处环境违法案件 54 起，罚款金额 703 万余元，涉嫌行政拘留案件移送公安 6 起，刑事拘留 1 起，对不履行行政处罚的案件申请法院强制执行 15 起。接到各类环境信访 166 件，比上年下降 37%，完成全部信访件的处理答复工作，满意率达 100%，实现环境信访“六连降”。

【环境信息管控系统建设】2020 年，市生态环境局常山分局结合数字化转型，投资 19.38 万元，完成环境信息管控系统一期建设，将 4 类环保规划、70 多份环保法律法规文件、300 多家企业的环保审批资料和“三同时”（即建设项目中防治污染的措施，必须与主体工程同时设计、同时施工、同时投产使用）验收资料等进行有效的融合，形成“环保一张图”，全面实现环境数据信息共享，有效提升生态环境的管控水平。

【环保“最多跑一次”改革】2020 年，市生态环境局常山分局全面实施“一窗受理、受办分离”，深化“区域环评+环境标准”改革，提升环保审批效率，发布《常山县“三线一单”生态环境分区管控方案》，并推进成果应用。完成 93 个登记表项目网上备案、改革区域内 25 个由报告表简化为登记表承诺备案，环评编制时间平均缩减 65%，编制费用平均降低 55%。

【生态能力建设】2020 年，市生态环境局常山分局继续完善环保自动监控网络，完成物流大通道和 11 个乡镇空气站建设，其中 11 个乡镇空气站全部通过验收，进度居全市第一位。全面启动“无废城市”创建工作，编制完成并发布《常山县“无废城市”建设工作方案》和《常山县“无废城市”建设实施方案》。

2020 年常山港各断面水质监测结果统计表

表 11　　　　单位：毫克/升

断面名称	溪东断面	枧头断面	富足山断面	招贤断面
高锰酸盐指数浓度范围	0.8~1.5	1.0~2.0	1.0~2.0	1.1~2.1
高锰酸盐指数平均浓度	1.2	1.3	1.4	1.6
氨氮浓度范围	0.06~0.10	0.05~0.21	0.03~0.17	0.06~0.15
氨氮平均浓度	0.07	0.09	0.08	0.10
总磷浓度范围	0.01~0.03	0.01~0.04	0.01~0.03	0.01~0.04
总磷平均浓度	0.023	0.025	0.022	0.022

续表 11

单位：毫克/升

断面名称	溪东断面	枧头断面	富足山断面	招贤断面
目标水质	Ⅲ类	Ⅱ类	Ⅲ类	Ⅲ类
现状水质	Ⅱ类	Ⅱ类	Ⅱ类	Ⅱ类

2020 年常山县城区环境空气质量统计表

表 12

单位：毫克/立方米

项　目	测值范围	平均浓度	特定百分位数浓度
二氧化硫（SO_2）	0.003~0.026	0.006	0.012
二氧化氮（NO_2）	0.004~0.063	0.023	0.051
可吸入颗粒物（PM_{10}）	0.003~0.140	0.045	0.090
细颗粒物（PM2.5）	0.004~0.094	0.027	0.052
臭氧（O_3）	0.018~0.154	0.080	0.115
一氧化碳（CO）	0.0003~0.0012	0.0006	0.0009

说明：臭氧为最大 8 小时浓度，二氧化硫、二氧化氮为第 98 百分位数；可吸入颗粒物、细颗粒物、一氧化碳为第 95 百分位数；臭氧最大 8 小时浓度为第 90 百分位数

（毛元亮）

综合管理与监督

发展和改革

【概况】 2020年，常山县发展和改革局（以下简称县发改局）统筹推进疫情防控和经济社会发展，推动发展改革工作。

助力疫情防控和复工复产。自1月31日起，在浙江省率先启动价格监测，及时准确掌握市场价格变动和交易情况，正确引导市场消费；组织协调开展常山火车站疫情防控工作，累计投入防疫力量2839人次，组织检查14139人次；由党员骨干组成的抗疫突击队加入定阳社区“红细胞”党支部，分片包干，开展清楼、值守、测温、巡查工作，宣讲防疫知识，指导安装健康码，管控、服务居家隔离人员。在全省率先成立重大项目复工复产指挥部。2月12日，3个省重点项目超前实现100%复工目标，成为浙江省完成该目标最快的县（市、区），被省疫情防控领导小组确定为全省复工复产“三大样板”之一。牵头开展“五减”（即减税、减费、减租、减息、减支）工作，前三季度全县完成“五减”6.25亿元，超额完成省里下达的目标任务。争取到抗疫特别国债及专项债15.3亿元，列全市第一。

推进项目投资建设。争取到中央预算内、省级共建等各类资金9990万元，柚香谷农村产业融合发展示范园入围第二批省级农村产业融合发展示范园名单，常山县“宋诗之河”、赛得健康产业园项目分别列入省大花园耀眼明珠产业平台、人文水脉培育名单。长江经济带生态环境问题整改工作做法获国家长江办通报表扬。全年完成固定资产投资76.94亿元，比上年增长3.2%。创新建立项目“五大办”，开展项目督查7次，形成督查通报5期，全面摸排问题230多个，下发交办单140多份，召开专项协调会60多场，破解难题180多个；编发全面研判预警项目推进专报14期。全县165个重点项目开工155个、入库135个，146个项目达到或超出计划进度。省、市集中开工项目全部开工入库，开工入库率高居全市第一。省、市、县长项目落地率达75%。全年完成服务业项目决策咨询24个。开展“十四五”重大项目专项谋划活动，全县谋划申报重大项目300多个。进行多次遴选论证，形成203个重大项目储备计划。

加强城乡规划、能源保障和民生建设。科学编制“十四五”规划，2020年组织专题调研17次、意见征求会11次，广泛征求听取各方意见和建议，严格审核专项规划，形成17个专项规划编制计划，比“十三五”规划精减15个。牵头制定《常山县内外开放行动实施方案》；加快浙赣边际合作（衢饶）示范区建设，完成发展规划编制，并获浙赣两省发改委批复。加快融入长三角区域一体化发展，推动宝山—常山合作框架协议签订。完成《衢州港常山港区辉埠作业区及临港产业园规划方案报告》。杭衢高铁与衢九铁路联络线前期工作进展顺利。全面完成国家重点生态功能区产业准入负面清单编制。集中供热规划获省发改委批复，生态园区、辉埠新区集中供热项目完工并开始向周边企业集中供气；常山—开化天然气管道已完工，并于11月9日通气试运行；在开发区、辉埠新区、生态园区开展项目节能承诺备案，全年万元GDP能耗降低率达4.6%，煤炭消减4万吨，全面完成市对县下达的目标任务。开发区整合推进方案编制完成，开发区整合工作有序推进。赏石小镇年度考核良好、云耕小镇考核合格，在全市特色小镇考核中总体情况最佳。全面完成15个园区循环化改造重点支持项目1100万元省级补助资金下达工作，并正式通过省级终期验收。落实困难群众生活价格补贴政策，全年发放补贴金额1253万元。城乡收入比、单位GDP能耗累计降低等重要指标排名全市前列。开展对口帮扶，向受帮扶地区（古蔺）选派专业技术人才29人，比上年增长12%；帮助对口帮扶四省到浙江省就业数244人次，比上年增长29%；帮助对口帮扶四省在当地就近就业数1002人次，比上年增长95%。组织消费扶贫采购古蔺土特产金额1896万元。

是年，县发改局获县政府集体三等功。

【下属事业单位机构改革】 2020年3月31日，中共常山县委机构编制委员会印发《常山县服务业发展中心主要职责、内设机构和人员编制规定》和《常山县发展和改革局所属常山县重点建设项目服务中心等3家事业单位机构编制规定》，明确常山县服务业发展中心、常山县重点建设项目服务中心、常山县能源监察大队、常山县铁路建设管理中心4家事业单位的主要职责、内设机构和人员编制情况，标志着县发改局事业单位机构改革工作完成。

辉埠新区集中供热建成 （县发改局 供图）

【列入省大花园示范县创建名单】 2020年8月，县发改局编制完成《常山县大花园示范县建设实施方案》。同月，省发改委、省生态环境厅等4个部门联合下发《关于开展新一批大花园示范县创建对象申报遴选工作的通知》。11月，常山县成功入选第三批全省大花园示范县建设单位。

【“两山银行”改革】 2020年9月29日，常山县正式挂牌成立衢州市首家“两山银行”（常山县生态资源经营管理有限公司）。同年11月，正式编制印发《常山县“两山银行”组建实施方案》。县“两山银行”以六大行为功能定位，着力解决生态产品价值实现“度量难、抵押难、交易难、变现难”等问题，推出生态资源存储、资产经营等三大业务和闲置资源存储、闲置资源贷款等七大产品，加快资源变资产、资产变资金。“两山银行”做法获省有关领导批示肯定。

【编制《“十四五”规划纲要》】 2020年，县发改局牵头开展《常山县国民经济和社会发展第十四个五年规划和二〇三五年远景目标纲要》编制工作，先后组织完成39个前期课题研究；起草、论证并完成《基本思路》研究。组织开展4个层面的规划《纲要》征集意见活动，即：社会各界的我为“十四五”献一策活动；代表委员“十四五”规划建言献策活动；乡镇（街道）、部门“一把手”谈“十四五”思路活动；省级层面领导专家问诊“十四五”活动，共征集意见建议180多条；组织开展项目谋划活动，梳理论证重大项目239个，“十四五”计划投资1508.6亿元。完成“十三五”规划纲要实施情况评估。

（江静静）

营商环境建设

【概况】 2020年，常山县营商环境建设办公室（以下简称县营商办）牵头推进全县营商环境和“最多跑一次”改革工作，实行“任务项目化、责任清单化、推进节点化”，取得明显成效。2项改革举措被国务院政府职能转变和“放管服”改革简报刊发推广，5项改革举措被省委改革办《竞跑者》推广。常山县入选全国政务服务“好差评”两项国家标准试点。

是年，常山县2019年度全面深化改革（“最多跑一次”改革）工作在全省26个县考评中列第五位；县营商办被县委、县政府作为“2019年度执行‘十条军规’典型事项”通报表扬1次。

【入选全国政务服务“好差评”两项国家标准试点】 2020年，县营商办制定《常山县政务服务“好差评”两项国家标准试点工作实施方案》，构建涵盖政务服务“全事项、全渠道、全平台、各环节”相互配套协调的政务服务评价体系，实现政务服务评价渠道全覆盖、信息全关联、数据全汇聚、结果全公开，以标准化促进政务服务评价制度化、常态化、长效化，持续提升政务服务水平，常山县政务服务“好差评”主动评价率为27.5%，列衢州市第一位，好评率达99.99%。9月，入选为全国政务服务“好差评”两项国家标准试点。

【“政企通”平台应用推广】 2020年，县营商办推广应用“政企通”平台，全年兑现政策奖补资金2.61亿元，线上兑现率达100%；上架政策181项，惠企政策100%上线；申请1045件，受惠企业431家。企业通过该平台融资52.11亿元，平均贷款利率为5.51%。

【开展“10+N”行动】 2020年，为推进营商环境评价，县营商办开展“10+N”行动，即大力推进开办企业、注销企业、登记财产、获得信贷、纳税、办理破产、执行合同、办理建筑许可、获得用电、用水用气十大便利化改革行动加N项配套措施。推进不动产登记领域便利化改革，实现六个“一件事”（即商品房全生命周期“一件事”、企业融资抵押“一件事”、贷款抵押“一件事”、企业不动产转移登记“一件事”、土地出让一件事、司法拍卖不动产登记一件事）；推广商品房预告登记证明、抵押登记电子证明；在衢

2020年4月9日，常山县“政企通”平台推广应用企业座谈会召开

（县营商办 供图）

州市首推“商品房预告登记网上办、法院查解封网上办”，推进抵押登记网上办银行网点全覆盖；实行小微企业免收不动产登记费，其他企业（房地产开发企业、金融企业除外）的不动产登记费由政府买单。全面升级企业开办“110”计划，实现“一个环节、一小时出件、零成本”，并附赠“开办大礼包”，实现企业登记注销、公章备案信息注销、税务登记注销、社保登记注销、食品经营许可证注销登记、银行账户预约销户联合办理，46天内办结（含法定公告期45天）。

【升级推行政务服务 2.0】 2020年，县营商办全面推进政务服务事项接入2.0，实现办件数据全量实时汇聚、办件过程全流程监控。根据《政务服务 2.0 行政服务中心改造指引》要求，县行政服务中心对医保、社保、税务等业务量大的板块开展实体化办事大厅的 2.0 版改造升级，在办事大厅减窗口、减人员、增设备，扩容自主办事空间和内容，完成自助服务区的区块改造升级整合，并推进乡村便民服务中心，完成高拍仪、自助机等硬件系统的适应性改造，引领政务服务从网上、掌上“可办”向“好办、易办”转变。县、乡、村全面推行政务服务 2.0，办结 299099 件，承诺时限压缩比 98.68%，即办率达 92.81%，跑零次率达 99.26%，各项指标在全市排名前列。

【机关内部“一件事”改革】 2020年，县营商办对部门间办事事项进行二次核对与梳理，331 项机关内部事项上线常山县机关内部最多跑一次平台，其中 303 项实现“最多跑一次”，实现率达 91.54%；91.54%的非涉密事项实现网上可办，申请材料、办理时间分别压减 39%、45%。公务员职业生涯“一件事”上线，实现 10 项业务“一张表单申请”，申报材料精简 72%，填报项目精简 89%，多部门网上同步办理、实时反馈，办理时限压缩 93%。在浙江省机关事业单位人员职业生涯全周期“一件事”改革部署推进会上，常山县联调演示关于市外转任后续业务的“一件事”办理，得到上级领导肯定。

【民生领域改革】 2020年，县营商办探索教育现代化智慧办公，建设实体“最多跑一次”改革自助服务专区，创新学校首席信息官聘任制，实现人员队伍“专业化”；推进医保“一站式”结算，在参保人员刷卡就医购药结算时，系统自动完成基本医保、大病医保、工会补助、公务员补助、商业保险等的结算，无需再到各个单位办理报销手续；创新推行低保惠民“一件事”改革，通过整合惠民政策、优化办事流程、搭建办件平台，实现 13 项政策“一窗通办、一证通享”。2020 年，《衢州市常山县创新“低保惠民联办”救助模式》被国务院政府职能转变和“放管服”改革第 63 期简报采用；《“十条举措”做好疫情防控期间便民服务》《推行低保惠民“一件事”改革》《数字化推动中小学校“最多跑一次”改革》《推行“廉政灶”杜绝舌尖上的浪费》《常山县党建引领乡贤助发展》5 篇文章被省委改革办《竞跑者》刊登推广。

【公共场所服务提升】 2020 年，县营商办以县人民医院为示范点，在旅游景区、文化场馆、商圈、市场等十大公共场所，打造环境舒心、服务贴心、智慧暖心、交通顺心的现代化智能化站点的“十站四心”行动。其中，柚香城农贸市场对照省级“放心（五化）”市场创建要求，斥资进行市场场地、智慧管理系统改造，完善商品溯源机制，完成新型智慧市场的转型升级；乡村“厕所革命”创新建管运维方式，《常山县推进城乡“厕所革命”》被国务院政府职能转变和“放管服”改革第 48 期简报采用。

【创新信用体系建设】 2020 年，县营商办深化个人信用积分“信安分”推广应用工作，推出“信用码”特色化应用场景 19 个，推动36家商户加入“信用码联盟”，为信用优良个人提供各种便利。完成行政处罚信用修复75条，开展信用宣传入企业活动，开展黑名单企业和重点关注名录企业的减量工作，全面改善全县企业总体信用水平。将社会信用体系建设充分融入社会治理，开设“乡村诚信大讲堂”。球川镇和招贤镇被评为省级信用乡镇，6个村被评为省级信用村，球川镇黄泥畈村《“诚信体系”建设，提升基层治理效率》获“衢州市社区治理十大案例大赛”第一名。常山县列入全省首批文化和旅游行业信用体系建设试点县。

【强化“互联网+监管”】 2020年，县营商办全面应用“互联网+监管”平台，强化顶层设计，推进系统间的互联互通和数据共享，实现监管业务“一个入口、一个平台”。根据国家统一标准对各领域监管事项进行精细化梳理，提升执法监管的标准化、规范化。应用移动执法系统“浙政钉·掌上执法”，实现执法监管信息“掌上可查”、部门执法监管事务“掌上可办”、各类监管事项“掌上可管”。掌上执法开通率和激活率均达100%，监管事项共3676项，开展执法检查次数10042次。开展“双随机”抽查1683次，应用信用规则达76.37%。

（郑小琴）

公共资源交易监督管理

【概况】 2020年，常山县举行进场公共资源交易活动6121次（宗），交易金额52.61亿元。其中，建设工程项目招投标活动417次，交易金额284258.48万元；政府采购活动5526标次，交易金额45144.94万元；国有资产拍租111宗，成交价298.69万元；国有土地拍卖67宗，成交价196435.67万元。县公共资源交易监督管理办公室（以下简称县监管办）提高监管效能、提升服务水平，保障县重大建设项目工程的顺利推进。新冠肺炎疫情期间，深化“三服务”活动，指导挂联企业和招标代理机构复工复产；到挂联小区指导“包区清楼”疫情防控工作，走访居民1000多人次，发放防护宣传单200多份，推广“慢城通”应用实名认证52人次，帮助居民申领健康码567人次；帮助解决疫情期间企业生产的实际困难，推动企业产能恢复到正常水平。

【项目大监管服务办成立】 2020年4月17日，县委办发布《关于印发〈常山县项目工作“五大办”实施方案〉的通知》，成立包含大监管服务办在内的常山县项目工作“五大办”。通过大监管服务办的规范运行，着力构建“监管合力、运行规范、政策透明、信息共享、体制完善”的高效监管服务体系，全过程参与、服务、指导、监督重大项目建设。

【招投标领域违法行为专项治理】 2020年，县监管办开展政府投资项目标后履约检查，针对存在问题，即查即改，共发出整改通知单16张，约谈企业2家，联合相关部门推进招投标领域违法行为专项治理行动。8月26日，县监管办牵头县委政法委等11个部门及14个乡镇（街道）召开全县招投标领域违法行为专项治理工作推进会，联合多部门出台《2020年全县招投标领域违法行为专项治理工作方案》，开展专项治理行动，净化常山县招投标市场环境。配合市扫黑办侦查案件，及时向侦查机关提供案件涉及的项目招投标档案资料。联合县相关部门查处违法违规行为。县监管办发现并向县综合执法局移交串通投标线索3条，并全程参与调查工作，提供专业的调查意见。至年底，已完成3起案件的调查工作，并出具行政处罚决定书，处罚6家企业及涉事相关人员9人，处罚金额5.7619万元。

（唐必明）

审计工作

【概况】 2020年，常山县审计局（以下简称县审计局）全年共完成审计项目15个，查处违规金额

363万元，管理不规范金额10869万元，整改收回资金1030.68万元。原县农业局局长经济责任审计项目获省表彰审计项目、市优秀审计项目一等奖；县财政局具体组织的2018年度本级预算执行情况审计项目获市优秀审计项目二等奖；“红伞卫士”党建品牌和党建工作成效获省审计厅领导书面批示肯定和推广；在疫情防控、辉埠区域环境整治提升、村社组织换届等工作中被县委授予“先锋战队”“先进党组织”“先进集体”等称号；在疫情防控资金和捐赠款物专项审计全省交流培训会上该局作典型发言；在全县村社组织换届选举动员部署会上，该局代表攻坚组作典型发言。

【财政同级审计】 2020年，县审计局围绕构建财政审计大格局，以财政资金为主线，推进县本级一级预算单位审计全覆盖，对42家一级预算单位挂账三年以上的往来款合计512笔、计4658.15万元进行梳理，撰写审计专报《往来款长期挂账不容忽视》获县主要领导批示，避免往来款的沉积。

【政策跟踪审计】 2020年，县审计局重点开展工业企业扶持政策落实情况专项审计、涉企收费政策落实及清理拖欠民营企业中小企业账款情况专项审计、残疾人社会保障专项审计调查3个项目。通过工业企业扶持政策落实情况专项审计调查，发现部分政策帮扶成效不够明显等问题，推动县政府出台《支持服务业高质量发展的若干意见》等制度，发挥涉企政策最大帮扶效果。通过涉企收费政策落实及清理拖欠民营企业中小企业账款情况专项审计，发现各类保证金未及时清退金额890.82万元，推动保证金应退尽退，近100家企业享受到纾困惠企政策。

【经济责任审计】 2020年，县审计局对领导干部开展常态化“经济体检”，完成经济责任审计项目5个，其中领导干部经济责任审计4个，自然资源资产离任审计项目1个，涉及5个单位党政主要领导干部5人。邀请省审计厅党组成员、省经济责任审计工作联席会议办公室主任高占江到常山作《领导干部与经济责任》专题报告，编发《领导干部履行经济责任风险防范清单及案例》，促进权力的规范运行，增强领导干部的责任意识和规矩意识。

【参与环境整治】 2020年，县审计局参与辉埠区域环境整治提升攻坚战，作为东鲁战区包干单位，建立攻坚临时党小组，动员局党员干部主动参与辉埠区域环境系统整治提升工作，通过集中精力、集中力量、集成作战，拆除立窑14户21孔、处置废渣100万吨、回收土地158亩、拆迁房屋9户10幢，被县委评为“辉埠区域环境系统整治提升工作先进集体”。

（张　司）

2020年3月，县审计局投入辉埠区域环境整治提升攻坚战

（县审计局　供图）

统计工作

【概况】 2020年，面对突如其来的新冠肺炎疫情及错综复杂的经济形势，常山县统计局（以下简称县统计局）科学研判、精准施策，为统筹打赢疫情防控阻击战和经济社会发展总体战，推动全县高水平全面建成小康社会提供坚实的统计保障。全年完成党政信息95篇，其中约稿17篇，有40多篇信息被县委、县政府《每日要情》《要情快报》采用，全年党务、政务信息考核排名A类单位第4名。向上报送《统计专报》6期、《常山统计》8期，完成各类分析汇报材料60多篇，其中9篇分析调研材料被常山《领导参阅》《政务参阅》《咨询建议》等刊登，获县领导批示17条。

坚持和完善GDP支撑指标月度监测分析机制，加强部门监测联动和信息互通，认真剖析GDP、规模以上工业增加值、规模以上服务业、社会消费品零售额、投资等主要经济指标；同时，与企业用电量、土地供应量等匹配性指标关联分析，研究全县经济回升趋势和质量。参与农业、工业、投资、消费、建筑和房地产等专班工作，成立统计局“争先创优”专班，为“争先创优”行动提供统计最优服务，获县委“十条军规”典型事项通报表扬2次。

完善统计内部管理体系。重新制定下属事业单位“三定”方案，其中社会经济调查队（参公）核定编制6名，常山县普查中心编制数由2个增加到5个。完成档案室数字化和规范化建设，并成功创建省级示范数据档案室。通过“思想大解放、服务大提升、行动大担当”活动，加强业务技能比拼，组织“铁算盘、金数据”讲坛，提高统计干部业务水平。召开党组会议15次，研究机关党建、全面从严治党、选人用人等。其中，专题研究全面从严治党工作4次，研究意识形态2次，进一步巩固风清气正的党内政治生态。是年，县统计局获2020年度县政府考核一等奖。

【疫情经济发展统计】 2020年，县统计局全体干部职工下沉社区参与疫情防控工作，协调帮扶企业，跟踪监测企业生产经营恢复情况，深入剖析疫情影响下经济社会发展不确定变化给区域经济造成的影响，形成一系列数据详实、角度精准、建议可行的信息和分析报告，上报《疫情对常山工业经济影响》《促进消费 提振信心——关于“消费券”使用调查情况报告》等多篇专报，为县委、县政府在疫情防控下研判形势和科学决策提供参考依据，获县委、县政府主要领导批示。

【第七次人口普查】 2020年，常山县成立县第七次人口普查领导小组，率先在衢州市启动前期准备工作。完成综合试点工作，率先在全市完成划区绘图和清查摸底工作。完成短表和长表的入户

2020年11月1日，县委书记潘晓辉（前左二）到天马街道文峰社区白龙山庄小区，看望慰问普查员，并实地考察人口普查入户登记工作

（县统计局 供图）

登记、数据比对和行职业编码工作。加强人口普查宣传，常山制作发布的“胡柚娃”人普宣传动画在省级评选中被评为最佳视觉传达作品，8090新时代理论宣讲团进村入社，“寻找最美普查人”系列报道被“浙江统计”官方微信采用、发布。全年上报工作动态、业务交流、普查风采和普查成果信息95篇，被省人普办采用81篇，市人普办全部采用。

【统计法治工作】 2020年，县统计局以提高统计数据质量和统计防惩工作为重点，确保统计数据真实可靠。在衢州市率先开展统计数据自查自纠，全年完成所有“四上企业”（即规模以上工业企业、限上批零住餐企业、有资质的建筑业企业和房地产企业、规模以上服务业企业）和调查户的自查工作。针对发现的数据质量问题，形成责任清单和整改清单，努力实现问题“清零”。推行“双随机”执法和掌上执法，先后对全县40家单位进行统计执法检查。其中，“双随机一公开”方式检查22家单位，专项检查18家单位（检查涉外单位5家），发现统计违法行为7起，对违法情节较轻的6家单位给予警告的行政处罚，对1家违法情节较重的单位给予警告并罚款1000元的行政处罚。开展统计“七五”普法、“中国统计开放日”活动，组织开展统计法治培训、“12·4”法治宣传、全国统计法律法规知识竞赛等活动，营造依法统计的良好氛围。

（江骏霞　占慧臻）

市场监督管理

【概况】 2020年，常山县市场监督管理局（以下简称县市场监管局）在深化“最多跑一次”改革、“信用换信贷”纾困帮扶、“小丫代跑”领跑窗口服务、企业开办和注销“一件事”等领域助推经济社会发展。全县新增“浙江制造”团体标准立项3个，新增“品字标”企业3家。组织1家企业申报市政府质量奖、6家企业申报县政府质量奖、3人申报县政府个人质量奖。“常山阿姨”管理服务项目获省级标准化试点立项，“红美人柑橘种植”项目获市级标准化示范项目立项。指导企业开展专利申请，全县新增专利申请952件，授权482件；PCT申请1件；商标申请560件，注册471件，全县拥有注册商标3500件。培育知识产权贯标企业15家，推荐省级商标品牌示范企业1家，推荐衢州市专利示范企业4家。搭建银企对接平台，助力5家企业获5000万元知识产权质押融资，融资额比上年增长400%。完成省政府为民办实事项目“送药上山进岛便民服务点”5个、“网订店送”便民药房7家、农村家宴放心厨房5家、阳光餐饮22家。完成柚香城农贸市场“五化”市场建设和1个四星级食安办、7个三星级食安办创建。打响“放心消费在常山”品牌，全年接收各

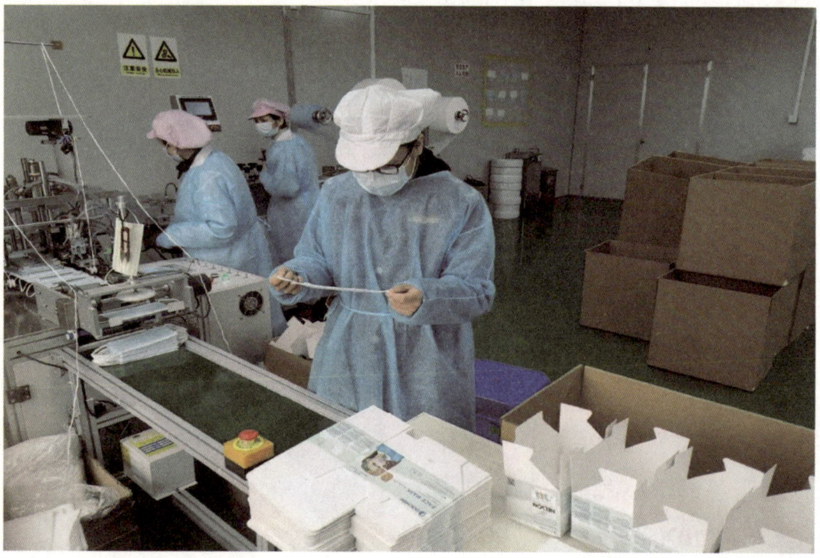

2020年2月13日，县市场监管局驻企干部全程监督口罩生产过程并上线助产
（县市场监管局 供图）

类咨询举报投诉1742件，其中投诉举报885件，办结率达99%，为消费者挽回经济损失26.14万元。完成841家放心消费单位、237家无理由退货承诺单位、65家放心工厂、1个放心消费商圈创建。抓好食品药品、特种设备、产品质量安全监管。抓好价格监管，对28家公平竞争审查联席会议成员单位出台的相关文件进行清理审查。规范涉及企业收费行为，严格防疫物资和民生必需品价格监管；依法打击串通涨价、恶意囤积、捏造散布涨价信息、哄抬价格、违规收费等价格违法行为；对未明码标价、虚构原价等各类违法违规行为依法从严从速查处。

【市场主体纾困帮扶】 2020年，县市场监管局完成县“两直”（即财政资金“直达市县基层、直接惠企利民”）补助工作，共补助市场主体3121户，其中小微企业502户、个体工商户2619户，发放补助资金共计2575.4万元，其中小微企业1004万元、个体工商户1571.4万元。与当地金融机构合作为全县小微企业和个体工商户整体授信13亿元，助力262家小微企业和3250户个体工商户获得信用贷款7亿余元，该项工作作为服务纾困小微企业特色亮点工作，在2020年全省小微企业发展工作专题培训班上的创新试点工作交流会上作经验做法交流发言。

【“小丫代跑”服务升级】 2020年，县市场监管局全面实施注册登记事项网上办、掌上办、QQ办、电话办、寄递办、代办、预约办、上门办等，开通重点企业钉钉“专办群”，创新“企业点单、在线接单、全程代办”服务模式，推动“最多跑一次”升级为“最多说一次”。全年新设个体户2729家、新办企业915家，一次办结率99%以上，群众满意度达99%。创建“山茶油企业一站式服务领跑平台”，实现“一窗受理、集成服务”，提高业务办理时效，月平均受理企业业务29件，平均办理实效提高约80%。

【企业开办和注销“一件事”改革】 2020年，县市场监管局整合部门间环节、构建闭环式流程、推进“减环节”，将企业开办、公章刻制、发票申领、银行开户4个独立环节整合为1个完整的闭环流程。为新办企业免费刻制印章1389套，减免企业开办成本27.78万元。出台《常山县放宽企业住所（经营场所）登记条件实施细则》，进一步放宽企业住所（经营场所）登记条件，通过住所（经营场所）登记申报承诺制自主申报登记企业2199家。

【服务企业复工复产】 2020年，县市场监管局成立医用物资生产保障服务突击队，助力“仓谷医疗”仅用22天取得衢州市首张医疗器械生产许可证。组团驻企服务企业，1天时间为“万通金属”送回82名员工。县市场监管局精准服务，先后收到“仓谷医疗”

2020年2月21日，县市场监管局助力“仓谷医疗”取得衢州市首张医疗器械生产许可证 （姜毅 摄）

2020年3月13日，县市场监管局开展集中销毁假冒伪劣商品行动
（县市场监管局 供图）

“美团外卖”“三禾工艺品”等企业赠送的锦旗。疫情期间，及时兑现专利、品牌标准化等政策奖补580多万元，倡议迅鸿国际商城、伊黛服饰广场及农贸市场等减免租金共102万元，计量服务收费“一免两减半”（即对各单位疫情防控使用的体温测量设备均实行免费核查、对复工复产企业计量器具的检定校准减半收费、产品质量检验检测项目减半收费）政策为企业减免检验检测费用32.8万元。办理企业动产抵押登记153件，主债权64349.10万元。

【市场乱象专项整治】 2020年，县市场监管局开展扫黑除恶、假冒伪劣、电动车、非法成品油、防疫物资产品质量和市场秩序等各类乱象整治专项行动，查处各类案件104起，案值151.92万元，罚没款140.92万元，查缴未经检疫的肉类548.15千克，没收不合格口罩23630只，没收不合格柴油3.14吨，集中销毁食品、日化用品等假冒伪劣商品共计0.52吨。

（樊昕慧）

应急管理

【概况】 常山县应急管理局（以下简称县应急管理局）以“大安全、大应急、大减灾”为目标导向，建立健全体制机制，安全防控能力和应急能力提升，安全生产和防灾减灾形势持续稳定向好，为推进常山高质量发展、高水平建设、高品质生活提供坚强的应急管理保障。2020年，全县发生各类生产安全事故8起、死亡8人，均比上年下降46.7%。其中，工矿商贸企业发生事故1起、死亡1人，道路运输发生事故7起、死亡7人，未发生生产安全较大事故。全县发生火灾38起，与上年持平，无人员死亡、受伤1人，直接经济损失432.5万元，是上年火灾直接经济损失的1.5倍。全年自然灾害影响较重，梅雨期长达50天，梅雨量多达987.3毫米，常山港发生2次超五年一遇标准洪水。防汛工作扎实，有效应对梅雨期8轮强降雨，紧急启动防汛Ⅰ级应急响应1次、防汛Ⅲ级应急响应2次、防汛Ⅳ级应急响应3次，解救被洪水围困群众72人，提前转移人员6379人，未发生因灾人员伤亡事件。全县发生森林火灾4起、森林火情14起，当日扑灭率达100%，未发生重特大森林火灾和人员伤亡。

【安全生产综合治理行动】 2020年6月，县安委办牵头部署常山县第二轮安全生产综合治理三年行动，以“1+3+10”模式为专项整治行动框架，按照1个总体方案统领推进，围绕安全生产重要论述、数字化建设及落实企业安全生产主体责任3个专题深入落实，在危化、加工制造类小微企业和矿山、道路交通、交通运输、城市建设、文化旅游、特种设备、工业园区等功能区、危险废物、消防10个重点行业领域从严开展

2020年7月，全县安全生产工作会议暨常山县第二轮安全生产综合治理三年行动推进会召开 （县应急管理局 供图）

专项整治行动。专项整治行动共成立91个检查组，排查整改隐患1437处；完成高危行业企业、“三场所三企业”（“三场所”为涉爆粉尘作业场所、喷涂作业场所和有限空间作业场所；“三企业”为金属冶炼企业、涉氨制冷企业和船舶修造企业）、工贸行业危险化学品使用企业等223家企业风险防控体系建设。推进企业特种作业人员安全码申领1383人，强化数字监管，进一步提升企业安全管理水平。

【安全生产日常监管】 2020年，县应急管理局突出重点抓好危险化学品、烟花爆竹、非煤矿山、“三场所三企业”的安全监管。推进21家危化品使用企业开展安全评价工作。62个在建项目接入“智慧工地”平台，提供数字化、精细化、智慧化管理保障。危化品整治紧盯生产储存、道路运输、废弃处置3个重要环节，实现全链条监管。生态园区整治提升工作取得明显成效，被省级评定为合格园区。开展危化品全生命周期安全重点整治行动，督促企业整改隐患375项，完成3个危化品重大危险源安全生产四级联网检测系统。

【防汛减灾工作】 2020年，常山县出现自2011年以来最典型的梅雨降水集中期，梅雨期50天，全县面雨量987.3毫米，先后经历8轮降雨过程，降雨量级位列全省第三。常山港发生两次超过五年一遇洪水、南门溪发生二十年一遇小流域洪水。县应急管理局落实“县领导包乡、乡领导包村、村干部包户到人”责任制，对全县190个村（社区）防汛制度、防汛组织结构图、防汛防台形势图进行修编；发布综合预警信息和启动（调整或结束）防汛应急响应指令，启动防汛Ⅰ级应急响应1次、防汛Ⅲ级应急响应2次、防汛Ⅳ级应急响应3次，指挥各地提前转移危险区域人员6379人；完成19处避灾安置中心、185处避灾安置点建设；联合县经信局完成县级物资储备库建设，配置卫星电话51只、排水泵184台、发电机120台。汛期，应急救援力量共出勤980多人次，解救被困群众72人。

【森林防灭火】 2020年，常山县林业用地面积124万亩，森林覆盖率达72.12%，活立木蓄积量234万立方米，生态公益林面积61万亩。县应急管理局做好春节、元旦、清明等重点时段高危火险期各类森林火情（灾）应急处置准备工作，修订完善《常山县森林火灾应急预案》，重点加强县本级森林消防队伍培训演练，督查全县各乡镇、森林景区、公园森林防灭火工作，提升全县森林消防队伍安全扑救森林火灾能力水平。按照东部、西部、北部区域重点培育3支乡镇半专业森林消防队伍，基本形成半小时扑救圈。截至年底，全县组建18支森林消防

2020年11月12日，县应急管理局代表参加2020年衢州市森林扑火技能竞赛暨实战演练（县应急管理局 供图）

队伍，有666名队员，其中县本级3支110人（天河森林消防救援队50人，金盾森林消防大队30人，县民兵应急连森林草原灭火排30人）。

【安全宣传教育培训】 2020年，县应急管理局制定《常山县全民安全素养提升三年行动计划（2020—2022年）》，构建党委政府引导、多部门合作、全社会参与的安全生产宣传教育体系。以《安全生产应急管理条例》、“国际减灾日”等主题活动宣贯为主线，多形式开展安全生产月宣传活动，广泛开展安全宣讲、知识竞赛、应急演练、排查整治等活动，面向社会公众加强应急管理宣传教育和防灾减灾宣传培训。打造电力安全警示、台风地震馆等5个应急宣教阵地，宣传服务累计9200多人次；全面完成企业员工安全大培训工作，完成培训人数9830人，完成率达104.8%。

（付 颖）

2020年7月8日，全县防汛抢险救援应急演练举行

（县应急管理局 供图）

消 防

【概况】 2020年，常山县消防救援大队（以下简称县消防大队）配备行政车辆2辆、执勤车辆6辆、战勤保障车2辆；有干部9人、消防员15人、合同制消防员7人、文职人员10人、外聘人员4人。完成疫情期间和全国“两会”期间消防安保工作。按照上级工作指令和地方政府要求，在确保安全的基础上服务好地方经济发展。复工复产期间，派员做好消防安全指导服务工作，提出整改性意见30多条，对涉疫的1家单位减免处罚，确保疫情及全国“两会”期间全县火灾形势的稳定。部署开展消防安全三年治理行动，并与全县城市赋能攻坚行动有机结合。突出抓好高层建筑、居住出租房、电动自行车及小微企业专项治理行动，完成3个智能化提升小区的专项治理，2个综合改造小区进入现场施工阶段。对辉埠、青石工业园区企业377家开展地毯式排查，累计发现隐患438处，督促整改412处，处罚单位3家，罚款7000元。推广智慧消防建设，协助全县3200

余户高龄低保户安装互联式火灾感烟探测报警器，99 家单位安装 970 套智慧用电系统，44 家单位接入城市消防远程监控系统，在小微企业、养老服务机构等场所推广应用互联式火灾感烟探测报警器。全年检查 384 家单位，发现火灾隐患 261 处，督促整改隐患 261 处，下发责令改正通知书 60 份，下发行政处罚决定书 60 份，责令“三停”（即停止施工、停止使用、停产停业）1 家，罚款 5.96 万元。全年接警 268 起，其中火警 155 起，抢险救援 80 起，社会救助 19 起，公务执勤 14 起；出动车辆 478 辆，出动警力 2654 人次，抢救被困人员 78 人，疏散被困人员 67 人，抢救财产价值 28207.5 万元。

【紧急救援】 2020 年 6 月 30 日，因大暴雨导致河水暴涨，常山县城区及各乡镇（街道）均发生不同程度的洪涝情况进而引发山体滑坡、道路积水、断水断电，多处房屋、车辆、财产、稻田受损，多处人员被困等待救援。县消防大队紧急开展救援工作，从凌晨 4 时到中午 12 时共接警 15 次，历经 8 小时救援，疏散 82 人，帮助 26 人脱困，受到人民群众和各级领导的充分肯定，中央电视台、浙江卫视“中国蓝”新闻客户端、衢州电视台、常山电视台均对该次救援工作进行报道。

【消防宣传教育】 2020 年，县消防大队联合县传媒集团打造常山消防微博、微信公众平台新格局，整合本地自媒体资源，与常山发布、常山柚团等当地有影响力的新媒体联合，实现资源共享，提升常山消防“双微”活跃度、覆盖度、传播度，扩大消防宣传影响力。与县华数广电公司签订协议，制作《请别让我成为英雄》《液化石油气》专题片。策划制作原创系列视频宣传消防安全常识。在《今日常山》开辟消防宣传专栏，每月 2 期，全面报道冬春防火、电动车整治、消防通道治理等各类专项活动及消防常识，提升宣传群众参与度。争取县委宣传部支持，利用城区 20 多块大型户外电子显示屏在广场、公园、城市综合体等户外场所循环播放消防宣传教育片，提升消防社会关注度。利用全县社会单位室内室外 LED 显示屏、农村宣传栏普及消防小常识。在常山东方广场超市设置一台专门播放消防常识、警示片的电视机，附设消防宣传资料的小橱窗供群众免费领取阅读，全面提升辖区群众消防安全知晓率。开展体验室（宣传点）各类活动 90 多次，“七进”活动 60 多次，组织团体、企事业单位、学校、社会单位及各界群众走进消防站（科普基地）参观 50 多次，发动消防志愿者、村（居）干部、社区消防宣传大使到家入户、走街串巷宣传消防知识 64 次，走进孤寡老弱群体家中开展“敲门”行动 12 次，发送微博信息 2000 多条、微信 730 多次、短信 12 万条，LED 户外户内点 160 多处，发放消防宣传资料 6 万余份，受益群众达 8 万余人次。

（徐 俊）

财政·税务

财 政

【概况】 2020年，常山县实现地区生产总值160.15亿元，比上年增长3.5%。其中，第一产业增加值8.33亿元，比上年增长1.6%；第二产业增加值67.69亿元，比上年增长4.2%；第三产业增加值84.13亿元，比上年增长3.2%；三次产业结构比为5.2∶42.3∶52.5。按户籍人口计算，全县人均生产总值46748元，比上年增长4.0%；城镇居民人均可支配收入41890元，比上年增长5.6%；农村居民人均可支配收入24033元，比上年增长8.5%。全县财政总收入19.90亿元，比上年增长5.1%；一般公共预算收入12.19亿元，比上年增长3.4%；一般公共预算支出54.78亿元，比上年下降1.6%。全年财政收支平衡。

常山县财政局（以下简称县财政局）配合县委巡察整改工作，制定巡察反馈意见整改方案，整改落实3个方面38个问题。推进“双建”工作，把临时党支部建在急难险重、中心工作一线，创建“金算子”党建品牌，构建“12355”党建工作体系。开展业务大比拼、作风整顿月、“思想大解放、服务大提升、行动大担当”等活动，重点推进干部业务素质提升和作风转变。全年提拔股级干部8人，其中正股3人、副股5人，优化干部队伍结构；选派党员干部100多人次参加旧城改造房屋征收、村级换届选举、“八八组团”等县委、县政府中心工作，组织70多人参与“一户一策一干部”结对帮扶，开展8090新时代理论宣讲12次。

是年，县财政局在2020年度全县机关部门综合考核中蝉联一等奖，在全县机关党建擂台赛中获第二名，受到县委、县政府“十条军规”正面典型通报5次。

【财政收入】 2020年，县财政局强化政策研究和数据分析，掌握各项财政收入走势，提高收入预测的准确性。全县一般公共预算收入占财政总收入的61.3%、占

2020年11月27日，中共浙江省农业融资担保有限公司支部委员会与中共常山县财政局机关第二支部委员会在县财政局举行结对共建签约仪式

（县财政局 供图）

GDP的7.6%，其中税收收入10.60亿元，比上年增长17.2%，占一般公共预算收入的87.0%。推进收费清理改革，完善收费清单制度，规范非税收入执收行为，确保应收尽收、应减尽减。全年非税收入37.71亿元，比上年增长30.1%，其中纳入一般公共预算管理的非税收入1.59亿元，比上年下降41.9%。加大向上争取力度，完善向上争取考核机制，掌握政策走向和资金投向，全年争取上级转移支付资金26.80亿元，比上年增长25.8%，其中中央“两直”资金（含参照“两直”资金）6.50亿元。争取2020年地方政府专项债券资金13.00亿元，创历史新高，位列全市六县（市、区）第一。入围2020—2022年绿色转化财政专项激励政策名单，获省级财政补助资金3.00亿元。

2020年6月19日，常山县基层政策性农业信贷担保服务创新试点业务签约暨办事处授牌仪式举行

（县财政局 供图）

【服务经济发展】 2020年，县财政局全面落实大规模减税降费政策，全年降本减负税收减免4.41亿元、社保费减免1.65亿元、社保费返还2004万元，减免733户承租主体租金456万元。推广“政采贷”、履约保函等金融服务，深化政府采购电子化评标，降低供应商融资门槛和成本。拨付消费券资金1100万元，刺激消费，拉动经济回暖。优化政策供给，在全市首创“春风贷”，为企业提供1.40亿元贷款担保，免除担保费用236万元。创新推出“财信贷”，支持银行为企业发放信用贷款5160万元。争取全省基层政策性农业信贷担保服务创新试点，配套出资600万元，设立风险池，撬动2.40亿元金融资本进乡村，为农业产业提供免抵押、低费率、简手续的信贷担保服务。提升服务效能，支持“最多跑一次”改革扩面增效，通过“政企通”平台，兑现扶持资金1.35亿元，惠及企业428家，实现惠企政策上线率100.0%、线上兑现率100.0%。结合战略引领、深化改革、要素创新，服务国资改革，为国有企业注入各类资金、资产，支持国有企业壮大。

【保障民生支出】 2020年，县财政局落实政府过紧日子要求，压减非刚性非急需支出3.30亿元，将压减的资金优先用于民生领域，全县财政民生支出38.64亿元，比上年下降7.5%，占一般公共预算支出的70.5%。保障疫情防控资金7392万元，推动重大疫情防控救治体系和应急物资保障体系建设，补齐公共卫生领域短板。全县教育支出6.68亿元，占GDP的4.2%；投入1.78亿元支持文昌小学、职业中专、五里小学等学校建设，完善教育基础设施；保障和提高教师待遇，教育教学质量奖从人均4万元提高至5万元；投入1312万元用于弥补学前教育短板，完成“一乡镇一公办园”目标。助力乡村振兴提质升级，投入农业、林业、水利资金7.39亿元，促进农饮水达标提标行动在全省率先销号；拨付扶贫资金2.37亿元，深化“消薄”攻坚行动，加大产业扶贫“造血”力度，促进低收入农户人均收入比上年增长 14.9%，实现 180 个行政村集体经济经营性收入 10 万元以上全覆盖。全年社会保障和就业支出 9.10 亿元，比上年增长 19.6%；投入 2100 万元保障城乡社区居家养老服务照料中心建设，推进兜底保障。全年卫生健康支出 6.24 亿元，比上年增长 14.5%；投入 2.93 亿元支持人民医院二期、中医院异地搬迁改造及新建住院楼、公共卫生及传染病防治中心等项目建设，健全公共卫生基层医疗机构标准化及防疫体系，提升医疗服务水平。

【规范财政管理】 2020 年，县财政局规范公款竞争性存放，开展财政资金招标 13.93 亿元，综合收益 2277 万元，增加财政存量资金收益 649 万元。构建政府投资项目评审管理系统，提升评审效率，全年评审项目 295 个，送审金额 33.70 亿元，核减金额 3.50 亿元，核减率达 10.4%。完善集中财力办大事政策体系，整合乡村振兴专项资金 2.54 亿元，获省级财政奖励 1000 万元。开展扶贫资金、涉农惠民补助资金“一卡通”发放管理、债务资金使用、工程招标、水库移民资金等专项监督检查，规范预算单位财务管理。深化“互联网+监管”“双随机一公开”工作，完成“互联网+监管”六项任务 100.0%全覆盖。开展防范化解地方政府性债务风险专项行动，加强债务风险源头管控，健全债务监测系统管理，推进融资平台公司市场化转型，防控地方政府债务风险。

(潘金金)

2020 年常山县一般公共预算收入执行情况一览表

表 13　　　　单位：万元

科目名称	调整预算数	执行数	完成调整预算(%)	比上年(%)
一、一般公共预算本级收入合计	120724	121905	101.0	3.4
(一) 税收收入小计	107024	105997	99.0	17.2
1. 税种收入	67324	66377	98.6	3.9
增值税 (50%)	45750	44890	98.1	-7.3
企业所得税 (40%)	18906	18853	99.7	42.4
个人所得税 (40%)	2668	2634	98.7	19.1
2. 小税种收入	24750	25293	102.2	69.6
资源税	1350	1364	101.0	-17.6
城市维护建设税	5414	5468	101.0	1.6
房产税	3485	3419	98.1	261.0
印花税	1522	1566	102.9	12.6
城镇土地使用税	4085	4140	101.3	450.5
土地增值税	7486	8024	107.2	132.8
车船税	882	899	101.9	4.1

续表 13

单位：万元

科目名称	调整预算数	执行数	完成调整预算(%)	比上年(%)
环保税	526	413	78.5	-3.7
其他税收收入	—	—	—	-100.0
3. 农业两税收入	14950	14327	95.8	22.6
耕地占用税	40	14	35.0	-99.7
契税	14910	14313	96.0	101.5
(二) 非税收入小计	13700	15908	116.1	-41.9
1. 专项收入	5697	5777	101.4	-22.3
教育费附加收入	2863	2931	102.4	1.8
地方教育费附加收入	1937	1949	100.6	1.6
残疾人就业保障金收入	530	530	100.0	-18.0
森林植被恢复费收入	367	367	100.0	-81.6
水利建设专项收入	—	—	—	-100.0
2. 行政事业性收费收入	2178	2180	100.1	-51.9
3. 罚没收入	2580	4645	180.0	-38.0
4. 国有资源（资产）有偿使用收入	2404	2465	102.5	-67.2
5. 政府住房基金收入	841	841	100.0	97.9
二、上划中央收入合计	78111	77133	98.7	7.7
消费税	—	12	—	—
增值税（50%）	45750	44890	98.1	-7.3
个人所得税（60%）	4002	3951	98.7	19.1
企业所得税（60%）	28359	28280	99.7	42.4
三、财政总收入合计	198835	199038	100.1	5.1
附列：出口退税情况（含免抵调）		-12414	—	11.3

2020 年常山县一般公共预算支出执行情况一览表

表 14

单位：万元

科目名称	调整预算数	执行数	完成调整预算(%)	比上年（%）
一般公共预算本级支出合计	549936	547839	99.6	-1.6
一、一般公共服务	57424	57235	99.7	-7.0

续表 14

单位：万元

科目名称	调整预算数	执行数	完成调整预算(%)	比上年(%)
二、国防	228	228	100.0	23.2
三、公共安全	27150	27927	102.9	7.9
四、教育	64420	66827	103.7	-3.6
五、科学技术	12808	10883	85.0	-30.9
六、文化旅游体育与传媒	11798	12173	103.2	23.3
七、社会保障和就业	90755	90994	100.3	19.6
八、卫生健康	62224	62441	100.3	14.5
九、节能环保	12424	12375	99.6	-15.6
十、城乡社区	27443	19712	71.8	-73.9
十一、农林水	69400	73931	106.5	6.6
十二、交通运输	46900	47154	100.5	0.8
十三、资源勘探信息等	6590	6632	100.6	195.8
十四、商业服务业等	3800	3642	95.8	188.1
十五、金融	651	651	100.0	—
十六、自然资源海洋气象等	28370	27558	97.1	118.6
十七、住房保障	9400	9156	97.4	40.8
十八、粮油物资储备	3080	3077	99.9	99.4
十九、预备费	—	—	—	—
二十、灾害防治及应急管理	2853	3025	106.0	54.9
二十一、其他支出	—	—	—	—
二十二、债务付息及发行费用	12218	12218	100.0	12.6

2020 年常山县政府性基金预算收入执行情况一览表

表 15

单位：万元

科目名称	调整预算数	执行数	完成调整预算(%)	比上年(%)
政府性基金收入合计	357867	357553	99.9	146.8
一、新型墙体材料专项基金收入	—	—	—	—
二、城市公用事业附加收入	—	—	—	—

续表 15　　单位：万元

科目名称	调整预算数	执行数	完成调整预算(%)	比上年(%)
三、国有土地收益基金收入	5483	5483	100.0	407.2
四、农业土地开发资金收入	244	244	100.0	-15.3
五、国有土地使用权出让金收入	233502	233151	99.8	240.2
六、彩票公益金收入	205	202	98.5	-47.4
七、城市基础设施配套费收入	2057	2057	100.0	722.8
八、污水处理费收入	1200	1240	103.3	10.5
九、彩票发行机构和彩票销售机构的业务费	40	40	100.0	-60.0
十、其他政府性基金收入	115136	115136	100.0	57.5

2020 年常山县政府性基金预算支出执行情况一览表

表 16　　单位：万元

科目名称	调整预算数	执行数	完成调整预算(%)	比上年(%)
政府性基金支出合计	400485	396568	99.0	417.0
一、文化体育与传媒支出	84	84	100.0	—
旅游发展基金支出	84	84	100.0	—
二、社会保障和就业	1933	1933	100.0	-18.2
大中型水库移民后期扶持基金支出	1933	1933	100.0	6.9
小型水库移民扶助基金支出	—	—	—	—
三、城乡社区	189928	186948	98.4	176.5
国有土地使用权出让收入安排的支出	171940	169026	98.3	558.8
城市公用事业附加安排的支出	—	—	—	—
国有土地收益基金支出	396	395	99.7	-36.9
农业土地开发资金支出	40	40	100.0	-55.6
土地储备专项债券收入安排的支出	—	—	—	-100.0
城市基础设施配套费安排的支出	352	354	100.6	261.2
污水处理费安排的支出	1200	1133	94.4	-0.2
污水处理费对应的专项债务收入安排的支出	16000	16000	—	—
四、农林水	40	40	—	73.9

续表 16

单位：万元

科目名称	调整预算数	执行数	完成调整预算(%)	比上年(%)
大中型水库库区基金支出	40	40	—	73.9
五、资源勘探信息等	—	—	—	—
散装水泥专项资金支出	—	—	—	—
新型墙体材料专项基金支出	—	—	—	—
六、商业服务业等	—	—	—	—
旅游发展基金支出	—	—	—	—
七、其他支出	180169	179237	99.5	5130.1
彩票公益金安排的支出	2100	1541	73.4	-25.5
彩票发行销售机构业务费安排的支出	69	69	100.0	-11.5
其他自行试点项目收益专项债券收入安排的支出	114000	114000	—	—
其他政府性基金支出	64000	63627	99.4	4870.9
八、债务付息和发行费用	4836	4831	99.9	46.7
债务付息支出	4692	4693	100.0	44.9
债务发行费用支出	144	138	—	150.9
九、抗疫特别国债安排的支出	23495	23495	—	—
其他基础设施建设	16974	16974	—	—
其他抗疫相关支出	6521	6521	—	—

2020 年常山县国有资本经营预算收入执行情况一览表

表 17

单位：万元

科目名称	调整预算数	执行数	完成调整预算(%)	比上年(%)
国有资本经营收入合计	**1200**	**1200**	**100.0**	**181.7**
一、利润收入	1200	1200	100.0	181.7
电力企业利润收入	—	—	—	—
钢铁企业利润收入	—	—	—	—
运输企业利润收入	—	—	—	—
机械企业利润收入	—	—	—	—
投资服务企业利润收入	1200	1200	100.0	

续表 17

单位：万元

科目名称	调整预算数	执行数	完成调整预算(%)	比上年(%)
贸易企业利润收入	—	—	—	—
其他国有资本经营预算企业利润收入	—	—	—	—
二、股利、股息收入	—	—	—	—
国有控股公司股利、股息收入	—	—	—	—
国有参股公司股利、股息收入	—	—	—	—
其他国有资本经营预算企业股利、股息收入	—	—	—	—
三、产权转让收入	—	—	—	—
国有股权、股份转让收入	—	—	—	—
国有独资企业产权转让收入	—	—	—	—
其他国有资本经营预算企业产权转让收入	—	—	—	—
四、清算收入	—	—	—	—
国有独资企业清算收入	—	—	—	—
其他国有资本经营预算企业清算收入	—	—	—	—
五、其他国有资本经营收入	—	—	—	—
其他国有资本经营收入	—	—	—	—

2020 年常山县社会保险基金预算收入执行情况一览表

表 18

单位：万元

科　　目	调整预算数	执行数	完成调整预算(%)	比上年(%)
社会保险基金收入合计	174268	186262	106.9	14.6
其中：保险费收入	93888	95239	101.4	-11.1
财政补贴收入	71574	65533	91.6	34.0
其他社会保险基金收入/利息收入	8806	25490	289.5	290.8
一、企业职工基本养老保险基金收入	66364	69447	104.6	19.7
其中：保险费收入	42360	36363	85.8	-24.2
财政补贴收入	21490	14493	67.4	200.4
其他基本养老保险基金收入/利息收入	2514	18591	739.5	253.2

续表 18

单位：万元

科　　目	调整预算数	执行数	完成调整预算(%)	比上年(%)
二、机关事业单位基本养老保险基金收入	30812	31825	103.3	6.7
其中：保险费收入	14262	14277	100.1	0.4
财政补贴收入	16034	17034	106.2	11.1
其他基本养老保险基金收入/利息收入	516	514	99.6	100.8
三、失业保险基金收入	3343	3392	101.5	102.9
其中：保险费收入	1148	1185	103.2	-24.5
其他失业保险基金收入/利息收入	2195	2207	100.5	2063.7
四、基本医疗保险基金收入	23440	24701	105.4	—
其中：保险费收入	22843	23893	104.6	-1.4
其他基本医疗保险基金收入/利息收入	597	808	135.3	74.9
五、工伤保险基金收入	2371	2453	103.5	13.0
其中：保险费收入	1059	1181	111.5	-44.2
财政补贴收入	1098	1058	96.4	2922.9
其他工伤保险基金收入/利息收入	214	214	100.0	1088.9
六、居民社会养老保险基金收入	17991	24492	136.1	138.2
其中：保险费收入	1700	8187	481.6	1030.8
财政补贴收入	13621	13621	100	45.4
其他居民社会保险基金收入/利息收入	2670	2684	100.5	1297.9
七、居民基本医疗保险基金收入	29947	29952	100.0	-16.5
其中：保险费收入	10516	10153	96.5	-37.7
财政补贴收入	19331	19327	100.0	-0.2
其他居民医疗保险基金收入/利息收入	100	472	472.0	107.0

2020 年常山县社会保险基金预算支出执行情况一览表

表 19

单位：万元

科　　目	调整预算数	执行数	完成调整预算(%)	比上年(%)
社会保险基金支出合计	190037	190168	100.1	11.8
其中：社会保险待遇支出	177940	177561	99.8	10.6

续表 19

单位：万元

科　　目	调整预算数	执行数	完成调整预算(%)	比上年(%)
一、企业职工基本养老保险基金支出	94237	92698	98.4	13.3
其中：基本养老金支出	87245	85622	98.1	10.1
二、机关事业单位基本养老保险基金支出	29580	29840	100.9	7.4
其中：基本养老金支出	29438	29487	100.2	6.9
三、失业保险基金支出	3465	3402	98.2	-24.9
其中：失业保险金支出	824	1139	138.2	8.3
四、基本医疗保险基金支出	19600	22002	112.3	20.0
其中：基本医疗保险待遇支出	19000	21028	110.7	16.7
五、工伤保险基金支出	2415	2469	102.2	7.0
其中：工伤保险待遇支出	2393	2443	102.1	7.5
六、居民社会养老保险基金支出	15940	14716	92.3	22.7
其中：基本养老金支出	15940	14714	92.3	22.7
七、居民基本医疗保险基金支出	24800	25041	101.0	7.3
其中：基本医疗保险待遇支出	23100	23128	100.1	5.6

2020 年常山县社会保险基金预算结余一览表

表 20

单位：万元

科　　目	调整预算数	执行数
社会保险基金本年收支结余	-15769	-3906
一、企业职工基本养老保险基金本年收支结余	-27873	-23251
二、机关事业单位基本养老保险基金结余	1232	1985
三、失业保险基金本年收支结余	-122	-10
四、基本医疗保险基金本年收支结余	3480	2699
五、工伤保险基金本年收支结余	-44	-16
六、居民社会养老保险基金本年收支结余	2051	9776
七、居民基本医疗保险基金本年收支结余	5147	4911

（朱清颖　郑小英）

税务

【概况】 2020 年，国家税务总局常山县税务局（以下简称县税务局）组织各项税费收入 29.77 亿元，比上年增长 10.78%；完成税收收入 19.5 亿元，比上年增长 17.74%，增幅列全市第一位。社保费及非税收入 10.27 亿元，比上年减收 432 万元，下降 0.42%。其中，增值税入库 9.06 亿元，比上年减收 9502 万元，下降 9.49%；消费税 12 万元，与上年相同；企业所得税入库 4.56 亿元，比上年增收 13875 万元，增长 43.72%；车辆购置税入库 1.25 亿元，比上年增收 1.09 亿元，增长 710.84%；个人所得税 6625 万元，比上年增收 1098 万元，增长 19.87%；地方“两税”（即契税和耕地占用税）1.43 亿元，比上年增收 2640 万元，增长 22.59%；其他各税入库 2.54 亿元，比上年增收 1.03 亿元，增长 68.60%。全年为企业办理延期缴纳税款 318 户次，缓缴税款 7.1 亿元。办理各类退税 3.58 亿元，其中出口退税 8400 万元，福利企业以及资源综合利用企业退税 1.35 亿元。办理免抵调库 4000 万元，减本降负 4.4 亿元，完成全年目标的 196%。

是年，县税务局获全县对标“重要窗口”实施“八大行动”党团知识竞赛二等奖、全县机关党建品牌擂台赛三等奖、全县机关党组织“书记领办党建项目”三等奖，办税服务厅（税务窗口）被评为 2018—2019 年度浙江省“青年文明号”集体、常山县“有礼窗口”。

【助力企业复工复产】 2020 年，县税务局落实疫情期间“四不”政策（即不予加收滞纳金、不予行政处罚、不予认定非正常户、线下办税不进行实名刷脸采集），助力企业复工复产。组建 3 支党员“红细胞”小组，帮助城区 428 户企业做好防疫物资调配、复工复产申请、返常员工隔离等工作。开展“万名党员进万企、领导干部下基层”活动，帮助 2000 多户企业享受税收红利。借助“直播带货”“直播贷款”服务载体，为 80 多户企业解决融资难、用工难、销售难等问题。

【优化税收营商环境】 2020 年，县税务局推广“非接触式”办税缴费方式，全年平均网上办税率达 97.32%，高于全省、全市平均水平，企业新办实现“一日速办”，企业注销实现“一网办结”。实施“智慧大厅”建设，实体窗口随叫号弹性运作，窗口人员前移导税区，开辟纳税人“云学堂”和“专家问诊室”，服务“三农”税务专窗的新闻素材被中央电视台采用。开展“税贷通”“税易贷”等“银税互动”合作，全年为 1507 户小微企业授信 2.13 亿元。落实政务服务“好差评”制度，实名差评回访整改率达

2020 年 3 月 26 日，县税务局干部走访浙江先导精密机械有限公司助力复工复产
（县税务局 供图）

100%。税务办件“最多跑一次”实现率为99.99%，满意率为99.76%。高效运用征纳沟通平台，全县有12090名纳税人入群，激活率为100%，推送优惠政策消息111条。

【税费征管工作】 2020年，县税务局实施税源网格化管理，划分9个网格，配备53名网格员，初步形成“一张网”“一支队”“一个数据库”“一套制度”“一幅全景图”的税源管理服务新模式，运行以来，梳理问题517件，清理数据10089条。做好社保费和非税收入征管工作，出台《2020年城乡居民两费参保征缴工作实施方案》，做好两费征缴工作，顺利完成四项非税收入划转工作。全县12894人参与个税汇算申报，申报率为130.40%。推广电子发票应用，增值税普通发票电子化率达84.99%，通用机打发票电子化率达99.41%，均超过衢州市平均水平；全年通过金三系统接收各类风险任务44批次202户次，系统外风险提醒任务11户，准期完成率达100%，查补税款208.84万元，滞纳金5.02万元。做好稽查发票协查工作，全年办理案件18起。

【依法治税工作】 2020年，县税务局与县人民法院出台《关于建立人民法院与税务部门税费征缴协作机制的实施意见》，推进税费征缴。全年通过省级行政执法公示平台完成行政许可、行政处罚等7类21项公示信息2000多条，向破产管理人申报26家公司的税费债权，收到破产、执行、政府收购案件16个，共入库分配税费款884.24万元。开展普法宣传，与县司法局联合开展“宪法宣传周”活动，全体干部参与学法用法知识考试，合格率达100%。

（施祺瑞）

国有资产管理

【概况】 2020年4月，常山县国有资产管理服务中心（以下简称县国资中心）成立，为常山县政府直属公益一类事业单位，内设资产管理和政工科、财务绩效和投融资监管科2个科室，核定事业编制6名，负责研究和参与制定县属国有企业国有资产监督管理的制度和办法，参与制订县属国有企业国有经济布局调整的战略规划和发展目标等事项。2020年，县国资中心强化管理创新，加强监管服务，提升发展质量，以党建统领国资国企改革发展。截至年底，县属国有企业资产总额211.72亿元、净资产108.28亿元、营业收入11.79亿元、净利润0.97亿元。是年，县国资中心被县政府批准记集体三等功一次，获县“十条军规”通报表扬3次。

【国资国企改革】 2020年，县国资中心推进全民所有制改革，坚持一企一策，分类指导，推进天马公路养护中心、县村镇测量所改制注销，定阳公路养护中心并入县城投集团，全民所有制改革完成率达100%。同时，常山县参照国家相关政策，将部分权限下放，提高企业重组整合的自主权。水投公司、交投公司、市场开发公司完成归并划转，确立城投集团产业发展和板块管理框架。完成县属国有企业法人治理结构情况摸排和董事、监事更换，加快形成有效制衡的公司法人治理结构和灵活高效的市场化经营机制。推动国有企业退休人员社会化管理工作，完成县属国有企业退休人员社会化管理移交79人，完成率达100%，完成央企、省企社会化管理移交284人。开展资产确权工作，完成125处“转性”国有资产确权注入。

【国企运营发展】 2020年，县国资中心强化“资金池”调剂理财功能，加强资金竞争存放等管理。截至年底，县属国资公司全部纳入“资金池”管理，资金归集率达100%。指导县城投集团、县国投公司提前取得AA主体信用评级，县城投集团发行首期10亿元公司债券，实现直接融资零的突破。间接融资快速增长，2020年累计授信53.52亿元，到位资金16.53亿元，分别是上年的10.6倍、3.9倍。有效发挥市场化企业的融资优势，拓宽融资渠道，加快国企市场化转型，提升国企发展新动能。全年国企承建各类项目共45个，完成投资25.48亿元，占全县国有投资额的七成以上。发挥国企服务民生作用，投身城乡公交一体化、农民饮用水提标达标行动、“飞地扶贫”工程等民生项目建设。疫情期间，中国农业发展银行衢州市分行向城投集团授信防疫贷款4000万元，城投集团贯彻落实各项疫情防控措施。各国有企业出台各项支持政策，向社会减费让利约580万元，打好疫情防控阻击战。

【国资监管加强】 2020年，县国资中心坚持以管资本为主，着力转变监管职能。落实国企党委前置，压实主体责任，强化责任监督，实现党建工作与公司经营的有机结合。县国资中心先后出台《常山县国有企业主要负责人经营业绩考核及薪酬管理办法（试行）》《常山县县属国有企业重大事项管理办法（暂行）》等文件，对国有企业劳动、人事、分配等制度进一步优化，激发企业内生动力。出台《常山县国资国企工作联席会议制度》，成立常山县国资国企工作联席会议小组，提高国企项目决策科学性，管理规范性。统一财务软件，完善出资人财务监管机制，完成国企财务软件采购并正式运行，全面提升县属国有企业财务管理水平。

【国企党风廉政建设】 2020年，县国资中心不断强化党的政治建设，让“清廉元素”渗入国企各项权力运行的工作环节，为国资国企发展营造风清气正的政治生态。打造“清廉国企”示范点，推荐浙江省常山粮食收储有限责任公司申报市级“清廉国企”示范点创建。县城投集团创新推出“一码通”自助支付服务，推进“廉政灶”制度落地，破解干部下基层公务接待难题，推动城乡之间公务零接待。2020年5月、6月，中央纪委国家监委网站、《中国纪检监察报》分别对常山县“廉政灶”制度进行专题报道。

（雷文艺）

金　融

综　述

【概况】 2020年，面对突如其来的疫情冲击和复杂形势，全县金融机构开展“送金融大走访”“首贷户”拓展活动等，支持常山经济可持续发展。走访企业510多次，为50多家企业解决融资难题；创新贷款产品24个，发放贷款3.35亿元；依托“衢融通”平台企业线上放款52.72亿元，超额完成70%的目标任务。主动与县市场监管局对接，筛选建立无贷企业及个体工商户库，做好“首贷户”拓展工作，全年拓展首贷户488户，金额5.3亿元。年末，全县金融机构本外币各项存款余额272.58亿元，比上年增长15.5%；贷款余额236.23亿元，比上年增长20.53%，增速位居衢州市四县（市）第一位；处置不良贷款3.57亿元，不良贷款余额为2.12亿元，不良贷款率为0.9%，比上年下降0.1个百分点，比全省平均值低0.5个百分点。全县保险业总保费收入4.36亿元，赔款支出1.44亿元；全县证券交易量251.79亿元，托管市值11.01亿元。

【助力企业复工复产】 2月3日，出台金融支持防控疫情的意见，并以政策解读会、工作专班、小微企业纾困帮扶会、工作推进会、现场督导等方式，解读政策、领会精神，宣传发动、狠抓落实，满足企业复工复产和实现“六保六稳”目标的融资需求。其中，为县域内有融资需求、符合银行贷款要求的14家省级重点疫情保障名单企业发放3000亿元疫情专项再贷款额度的优惠贷款1.025亿元，贴息后企业享受最低贷款利率为1.025%；5000亿元再贷款资金落地常山2.84亿元，居四县（市）第一位；年末，全县金融机构发放“1万亿元再贷款再贴现资金”优惠贷款702笔，金额5.40亿元。推动政府出台《央行再贷款低息资金落地常山推进工作方案》，对银行业金融机构使用“1万亿元再贷款再贴现资金”发放贷款给予贷款金额1.5%的贴息（全市最高），贴息标准高于市本级贴息标准0.5个百分点。及时做好疫情防控资金拨付，完成疫情拨款76笔，金额1123.42万元。

【完善绿色产品及服务体系】 依托政府会议、季度绿色信贷例会等平台，宣传绿色发展理念，深化对绿色金融的认识。以轴承产业转型升级为切入口，推动常山传统轴承向“数字轴承”蜕变。推动建设工程领域绿色综合保险、常山胡柚低温气象指数保险、常山油茶干旱指数保险研究等绿色保险业务落地实施和安环险扩面工作，做大绿色金融总量，推动绿色金融高质量发展。年末，全县金融机构发放企业知识产权抵押贷款12笔，金额2655.18万元；办理“安全生产绿色保险”69笔、保费金额255万元，赔付金额82.5万元；油茶低温气象指数保险30笔、保费金额184万元，赔付金额59.49万元。

2020年常山县金融机构本外币存贷款余额一览表

表21

机构名称 \ 项目、名称		存款 年末余额(万元)	存款 比上年增长(%)	贷款 年末余额(万元)	贷款 比上年增长(%)
全县金融机构		2725751	15.49	2362298	20.53
其中	农发行	41491	46.15	207652	7.73
	工商银行	394277	22.49	285490	12.77
	农业银行	234881	6.01	296376	61.82
	中国银行	111343	4.25	148197	0.96
	建设银行	266979	21.26	216213	13.00
	农商银行	1119182	10.69	817762	21.32
	邮蓄银行	171781	13.68	70394	22.24
	村镇银行	83674	-6.93	108148	4.89
	泰隆银行	93101	24.34	96945	26.39
	温州银行	82456	537.67	16194	107.48
	金华银行	17810	6.27	23591	61.00
	民泰银行	28007	-19.41	25570	32.64
	台州银行	24025	15.01	41247	4.23
	稠州银行	6310	—	8520	—

（樊小雄）

人行常山支行

【概况】 2020年，中国人民银行常山县支行（以下简称人行常山支行）落实中国人民银行总行、杭州中心支行和衢州市中心支行各项决策部署，坚持党建统领，紧扣工作重点，解放思想、开拓创新，攻坚克难，各项工作取得良好成绩。推进金融服务工作，全年争取中央优惠政策资金落地常山近10亿元；指导推动常山农商银行开发的账户风险监测管理系统，在全省电信诈骗治理推进会上做交流发言；推出《疫情防控工作方案》《疫情防控应急预案》等一系列举措，牵头做好县域金融机构复工，开展疫情防控专项检查3次、抽查4次，对责任区110户居民开展信息核查3次，做好卡点值班、居家观察户服务等工作。开展“‘金钉子’党支部提质年”活动，拓展“党建+支行（股室）重点工作”模式，持续实施具有人行常山支行特色的“金钉子”党员积分管理办法，完善党建与业务深度融合的党建考核办法等，强化党（团）员党（团）性修养。按季召开意识形态分析会，认真开展QQ群、微信群、钉钉群等意识形态阵地管理的自查自纠及专项检查问题的整改。根据分工调整，重新签订党风廉政建设责任书，制定《中共中国人民银行常山县支行党组纪检组会议规则》。

是年，人行常山支行被县委、县政府评为新冠疫情防控“先锋战队”；人行常山支行党支部入选人民银行杭州中心支行党委组织部党建工作联系点；人行常山支行舆情专报列衢州市四县（市）支行第一位。

【推进信用县创建】 2020年，人行常山支行根据省级信用县建设标准，通过召开信用县创建动员部署会、成立党团员志愿服务队、建立信用县创建工作月度例会等，推进信用县创建发展。健全信用奖惩机制，将县市场监管局提供的星级商户信息创新运用于银行贷款授信，推出“纾困贷”“文明贷”产品，实施“信用”换“信贷”，为全县小微企业和个体工商户累计授信9.64亿元。推出“乡风文明贷”产品，将农户个人的乡风文明行动转化为个人信用，信用贷款额度最高至50万元。截至年底，完成对180个村10.31万农户贷款授信，授信覆盖面达100%，授信金额115亿元。

【打击电信网络诈骗】 2020年，人行常山支行指导督促常山农商银行开发账户风险监测管理系统，并顺利上线运行，对可疑账户实现有效监测。落实涉案账户内部责任追究制度，经过全面排查，要求银行机构对3个涉案企业银行账户重新核实身份，按规定暂停该银行账户非柜面业务。督促农行红旗街支行暂停对公开户一个月，对42户涉案个人银行账户采取只收不付、冻结等措施。加大对银行业金融机构的检查督导力度，将防范电信网络新型违法犯罪管理纳入银行业金融机构的综合评价。

【防范金融风险】 2020年，人行常山支行严防金融风险，督促全县13家银行业金融机构通过微信公众号专刊、美篇、抖音、动画、漫画等形式，广泛开展存款保险制度线上宣传，篇数20篇，点击量11593人次，线下宣传45083次，受众7761人次，发放宣传折页8232份；完成县域银行业金融机构2019年度综合评价，做好农商银行城关支行紫港分理处开业前各项工作，做好常山联合村镇银行重大事项处理工作。做好反洗钱线索排查、移送和案件协查工作。截至年底，收到反洗钱可疑交易报告7份，移交公安线索7条，其中1条线索被公安部门立案。

（樊小雄）

银保监常山监管组

【概况】 2020年，中国银行保险监督管理委员会衢州监管分局常山监管组（以下简称银保监常山监管组）落实上级局以及县委、县政府关于疫情防控和金融支持企业复工复产的工作部署，做好防控疫情和保障金融服务工作两不误，开展“常山县银行保险业金融消费者权益保护3+1专项行动”，提升服务实体经济质效，防范化解信用风险，强化法人机构审慎监管。

推进常山县银行保险业“金融消费者权益保护3+1”专项行动。在常山原有模式上协同推进“行业调解+矛调中心+司法确认”的“一站式”纠纷化解模式再创新，银行保险行业人民调解委员会调解团队9月1日正式进驻常山县社会矛盾纠纷调处化解中心开展金融纠纷调解。截至年底，收到各类金融纠纷调解申请369件4538万元，其中符合条件并成功调解161件2876万元，调解成功率达96.41%，完成司法确认154件。按计划推进银行消保站扩面提星工作，完成对新设稠州银行1个消保站、农商银行乡镇3个消保站和新设人保财险、人寿寿险各1个消保站的备案及授牌。加强金融消费合规宣传，联合县委宣传部、辖内各银保机构发布年度“金融消费者权益保护十大典型案例”。部署县域银行保险业做好县防范电信网络诈骗工作宣传、二手房贷款流程改造、无障碍设施改造等保护消费者合法权益的工作。

截至年底，全县金融机构各项人民币存款余额265.69亿元，比年初增加34.79亿元，增长15.07%；各项贷款余额236.39亿元，比年初增加40.24亿元，增长20.51%，增幅居全市第一位；不良贷款余额2.12亿元，比年初上升0.35亿元，不良率达0.9%，比年初下降0.01%，低于全省平均水平。

【金融机构疫情防控】 2020年，银保监常山监管组督促辖内银保机构做好疫情防控和网点复工工作，辖内29家银保机构从业人员均未发生确诊感染和疑似感染。协同辖内16家银保机构组织党员干部投身社区一线防疫工作，协助开展上门摸底排查2694户，巡逻执勤、运送物资等工作1408人次，合计捐款30多万元助力疫情防控。指导挂联企业落实防疫政策，协同辖内银保机构通过“政府专班”“百行进万企”“八八组团”等活动，深入双明轴承等86家挂联企业，指导落实疫情防控，为企业解决复工复产困难问题。

【保障实体经济金融服务】 2020年，银保监常山监管组引导辖内各银行业机构提供多样化个性化金融配套措施，确保企业不因资金问题影响复工。辖内银行机构共单列抗击疫情专项信贷资金2.7亿元，对保障疫情防控相关企业新增授信3.17亿元，向22家企业发放专项优惠利率贷款1.54亿元，创新支持小微企业复工复产贷款产品22个，如“战役贷”“复工贷”“春风贷”等，发放相关贷款3.28亿元。督促机构落实减费让利政策，为1391家小微企业降低利率，平均利率比年初下降0.73个百分点，为企业节约财务成本8200万元。鼓励银行机构大幅增加企业信用贷、首贷、无还本续贷、中期流贷等，破解企业融资中首贷难、转贷难、抵押难等痛点，辖内小微企业信用贷款余额15.91亿元，发放首贷512户4.91亿元，办理无还本续贷1547户14.88亿元，为企业让利2100万元。

【防范信用风险】 2020年，银保监常山监管组要求各银行机构指导化解重点信用风险，鼓励辖内各行对防疫期间和疫后出现重大信用风险的企业，运用联合会商帮扶机制，共同研究解困措施，开展小微企业纾困帮扶。组织协调处置常山迅鸿国际商城、四通轴承、锦禾农机、大正医药等困难、停产重点企业贷款归还、不良处置工作。处置收回锦禾农机、大正医药不良贷款7300万元。强化不良处置力度，要求辖内银行机构拓宽不良处置渠道，灵活创新不良处置方式，向上级行争取处置政策，推进2020年度不良处置力度不减，重点关注潜在风险较高的机构，严防出现高风险机构，全年辖内处置不良资金4.5亿元，其中核销1.64亿元。

【强化机构审慎监管】 2020年，银保监常山监管组加强法人机构日常监管，制订“一行一策”风险化解方案并按月、按季推进化解进度。督促常山农商银行推进员工行为监审联动审计项目、内控案件制度健全、法人治理水平提高、绿色金融支行建设等重点工作，员工屡查屡犯问题明显减少，违规积分比上年减少50%。督促常山联合村镇银行推进整体风险化解、管理能力提升、数据质量提升等重点工作，整体风险情况好转，不良率反弹情况得到遏制。

【推进保险机构监管】 2020年，银保监常山监管组推进县域保险机构的合规建设，督促保险机构加强营销乱象行为的整治，按计划推进县域安环险增量扩面工作，完成安环险承保71家，参保率达61%，总保费280.7万元，参保率列衢州市第三位。组织县域8家财险公司召开县车辆检测“一件事”集成改革工作部署会，推进机构加快落实改革。指导辖内财产险机构对“6·30”和“7·8”暴雨灾情受灾群众进行理赔，落实“惠衢保”推广。

（冯程程）

工行常山支行

【概况】 2020年，中国工商银行股份有限公司常山支行（以下简称工行常山支行）聚焦重点、把握方向、全面布局，统筹推进各项重点工作落实。截至年底，工行常山支行各项本外币存款余额39.43亿元，在常山四大国商行中占比39.13%，比年初新增7.24亿元；各项本外币贷款余额28.55亿元，在常山四大国商行中占比30.17%，比年初新增3.23亿元。全年实现拨备前利润9285万元。坚持服务实体经济，根据上级政策精神，投放防疫贷款5100万元，投放金额占常山县同业发放总额的49.5%，发放"财信贷"业务4200万元，完成普惠贷款净增2.72亿元，排名全市工行系统内前列。坚持有效增长攻坚，存款增长领跑同业，其中对公存款时点新增5.27亿元，储蓄存款时点新增1.97亿元，在常山四大国商行中列第一位。坚持牢守制度红线，夯实案防管理基础，全年开展3次突击检查和多次专项排查工作。

是年，工行常山支行在工行浙江省分行举办的2019—2020年"创佳绩、争第一"个人金融业务旺季竞赛活动获得"先进支行"称号，在浙江省县域支行竞争力考核中获得二等奖，成为衢州市系统内唯一获得该奖项的支行。

【发放全县首笔"财信贷"业务】 2020年，工行常山支行为应对外部环境变化的冲击，保持经济社会平稳健康发展，组织学习县政府推出的"财信贷"财政奖补杠杆融资方案，组建"财信贷"工作小组，并建立"财信贷"钉钉工作群，与企业、担保公司高效沟通交流，3天内完成150万元贷款审批，发放全县首笔"财信贷"业务，全年发放"财信贷"4200万元。

【"年审制"贷款服务】 2020年，工行常山支行为缓解经营客户"融资贵"问题，结合市场和客户实际需求，针对部分回款周期长、回笼资金稳定的个体工商户和私营业主，推出"年审制"无还本续贷融资服务，满足经营客户差异化融资需求，降低客户续贷成本，提供办理流程更简便、服务体验更佳的融资服务。截至年底，发放"年审制"贷款57户计4000多万元。

【"无缝对接"续贷服务】 2020年，工行常山支行推出"无缝对接"续贷模式，通过发起一笔同金额的贷款，用于结清企业到期贷款，做到贷款无缝对接，节约企业成本。截至年底，为32家企业发放"无缝对接"续贷业务53笔，累计金额1.28亿元，提升小微企业的经营效益，助力企业复工复产。

（张诗萌）

农行常山支行

【概况】 2020年，中国农业银行股份有限公司常山县支行（以下简称农行常山支行）党委落实党委书记"第一责任人"责任，优化党委班子成员党建工作联系点制度，党委班子成员累计下基层网点106人次，及时掌握联系点的动态情况，指导网点落实年度重点工作任务。建立《中国农业银行常山县支行党委班子成员2020年党风廉政建设责任清单》，具体细化工作任务和完成时限，与网点、部门签订党风廉政建设、合规经营、案件防范和创建平安金融单位责任书。抓好农行常山支行党风廉政建设工作，对中央"八项规定"、廉洁自律等有关内容第一时间向全行干部员工发送温馨提示和特别通知，下发农行常山支行廉政提示函6期。截至年底，农行常山支行各项存款余额23.48亿元，比年初上升1.33亿元；各项贷款余额29.64亿元，比年初上升11.32亿元；实现净利润5423.34万元；完成中间业务收入1131万元。

是年，农行常山支行被评为省级文明单位。

【重点项目营销】 2020年，农行常山支行通过系统提取客户名单，加强项目营销走访，走访面在90%以上，获批项目数大幅增多，包括土地整治项目 8.8 亿元、常山县普惠性幼儿园建设项目 1.26 亿元、常山绿色产业集聚区核心片区一期工程项目 6 亿元。其中，土地整治项目于 6 月中旬投放到位 5 亿元，普惠幼儿园项目于 10 月中旬投放到位 0.19 亿元。常山县赵家坪四期地块农民集聚工程 5.8 亿元项目贷款进度流转至市行。

【强化风险控制】 2020 年，农行常山支行加强贷前真实性调查，了解、掌握第一还款来源，续贷时逐步压缩风险客户信用额度，继续实行 100 万元大额贷款的风险预审制，在源头上防控风险。紧盯清收处置重点项目，主动加强与法院的沟通，狠抓已核销贷款的清收，通过上门清收、诉讼、核销等多种手段，完成 2020 年清收处置任务目标。截至年底，农行常山支行不良贷款余额 751.51 万元，不良率达 0.25%，在常山四大国商行中最低。

【人事档案专项审核试点】 2020 年，农行常山支行开展人事档案专项审核试点工作，经过审核前整理、初审、复审、情况反馈、补充材料、组织认定、签字确认等程序，完成重点人员干部人事档案专项审核 22 册，完成其他人员档案审核前整理 42 册。审核发现出生年月前后记载不一致的 2 人、参加工作时间相关档案不一致的 3 人、入党时间记载不一致的 2 人、学历学位材料不完整的 10 人，共补充完善各类资料 95 份。

（季雨根）

建行常山支行

【概况】 2020 年，中国建设银行股份有限公司常山支行（以下简称建行常山支行）开展“不忘初心、牢记使命”主题教育和向张富清老英雄学习活动，持续开展党建共建工作，与常山县社会保险事业管理局开展“党建引领促发展，不忘初心创佳绩”主题党日活动，推动党建与业务高度融合。按照县委、县政府的统一部署，开展疫情防控工作，组建张富清党员突击队，先后为定阳社区提供疫情防控志愿服务近 870 人次，入户核查 180 户，协助领办健康码 650 多人；以融商务为平台，采取线上下单、线下配送上门模式，减少居民出社区买菜的风险，配送生活物资 600 份，通过省分行善融商务扶贫平台，帮助农户线上销售因疫情滞销的胡柚 1.7 万千克。助力小微企业复工达产，对全县 435 家复工复产企业进行名单走访大行动，做好人行常山支行再贷款疫情重点保障名单的信贷投放。截至年底，建行常山支行本外币一般性存款（核心口径）时点余额 26.70 亿元，在常山四大国商行中占 27.01%，比年初新增 4.79 亿元，占比 32.72%，存款总量和新增额均在常山四大国商行中居第二位。日均余额 23.64 亿元，在常山四大国商行中占 27.04%，比年初新增 2.99 亿元，列九大机构第三位、在常山四大国商行中均排名第二位。其中，对公存款时点余额 18.56 亿元，创历史新高，余额占比 31.13%，比年初新增 4.07 亿元，新增占比 44.22%，余额及新增占比在常山四大国商行中均排名第二位。各项贷款余额 21.91 亿元，比年初新增 2.6 亿元，在常山四大国商行中占 23.08%，贷款总量和新增额均在常山四大国商行中居第三位。普惠贷款新增 1.88 亿元，完成率达 110.06%，列九大机构第二位；个人普惠客户新增 184 户，列九大机构第二位，新增金额 6857 万元；“裕农通”激活率为 100%，完成双达标“裕农通点”51 户，“裕农通”激活率在县域率先达到 100%、双达标完成率 56.67%，列五大区域第一位。全年实现中间业务净收入 1163 万元，在常山四大国商行中占 24.51%，比上年提升 8.73 个百分点。计划完成率 91.74%，在常山四大国商行中居第二位。其中，对公中收 463 万元，完成计划的 166.7%，在常山四大国商行中占 28.16%，在常山四大国商行中居第二位；个人中收 699 万元，在常山四大国商行中占 22.57%，比上年提升 3.27%。有效客户新增 113 户（折算前），增长率达 38.18%，对公产品覆盖 4.269 个，比上年提升 0.243 个。不良贷款余额 1035 万元，比年初下降 1078 万元，不良贷款率达 0.48%，比年初下降 0.62 个百分点，实现不良贷款额、不良贷款率双降的目标。不良贷款起诉 19 户，金额 255.44 万元，不良贷款回收 266.32 万元，其中个贷回收 6 户 246.33 万元；快贷回收 4 户 19.99 万元；对公贷款回收 6 户 1416.23 万元。

【民生工程贷款授信】 2020 年，建行常山支行为衢州沿江公路 PPP 项目授信 4 亿元，并实现项目投放 4500 万元，351 国道龙游横山至开化华埠公路工程（常山段）PPP 项目授信 8 亿元，并实现项目首笔投放 500 万元。为公交公司“E 政通”贷款授信 2000 万元。投放农村金融信用贷款 4000 多万元，累计授信村民 200 多户。

【助力国企投贷授信】 2020 年，建行常山支行与县国投公司、城投集团进行对接营销，为县城投集团投放中长期流贷 1 亿元，为县国投集团整体综合授信 14 亿元，为后续常山县重点项目融资打下坚实基础。

【金融产品创新】 2020 年，建行常山支行推出小微企业“入园贷”、与供电局直连的小微企业“云电贷”、与公积金中心直连的“薪金云贷”、与政府采购平台直连的“政采贷”供应链产品。个人产品业务创新推出“好家庭信用贷”“文明助农 e 贷”，个人贷款实现全市分行首笔“云义贷”投放 150 万元。实现全市首笔个体工商户抵押快贷投放 100 万元，发放小微企业“入园贷”1 笔 65 万元、政采贷 4 笔 360 万元，办理浙能常山天然气供应链额度 7000 万元，并成功投放“E 票通”3000 万元、“文明助农 e 贷”60 笔 1200 万元、“胡柚贷”7 笔 160 万元、“好家庭贷”7 笔 130 万元。

（余梦佳）

中行常山支行

【概况】 2020 年，中国银行股份有限公司常山县支行（以下简称中行常山支行）开展金融产品与服务创新，为常山当地经济建设贡献中行力量。全年各项存款余额 11.03 亿元，各项贷款余额 14.77 亿元，不良贷款余额 234 万元。净利润 3308 万元，比上年增长 47.74%，人均利润 84.8 万元。结对青石镇飞碓村，推进新一轮扶贫结对帮扶工作。协调对接中国银行浙江省分行（以下简称中行省分行）向青石镇飞碓村捐赠扶贫资金 30 万元。疫情期间，与中行省分行联动销售常山胡柚 15.69 万千克，实现销售金额 109.76 万元。投资 90 万元，其中政府专项资金扶持 40 万元、中行省分行捐赠注资成立的村集体企业经营所得 50 万元，建成长约 2100 米、贯穿飞碓村的“白改黑”村道，已投入使用。

【中小企业金融服务】 2020 年，中行常山支行推进小微企业绿色金融服务，为 8 户授信客户续作金额合计 5360 万元。落地“接力通宝”小微企业无还本续贷产品，为 12 户普惠客户续作“中银接力通宝”产品，金额合计 7680 万元，为企业降低融资成本。深化中期流动资金贷款服务，为 3 户企业办理中期流动资金贷款 30950 万元。争取贴现价格优惠，加强对票据潜在大客户的营销力度，疫情期间为企业开通“票 E 贴”客户 12 户，累计实现贴现金额 7000 多万元。引导企业“浙里贷”“中银网融易”“企 E 贷”“中银报关通宝”“中银票 E 贴”等线上融资产品；推荐中行线上的电子交易平台，实现企业自动结汇、挂单结汇；发挥中行电子汇总征税保函“先放后税、汇总征缴、属地备案、全国通关、电子传输”的一站式服务，降低外贸企业通关成本，与常山县中小企业融资担保有限公司加强合作，为 10 家企业办理保证担保贷款 4290 万元。

【降低融资成本】 2020年，中行常山支行禁止向小微企业收取贷款承诺费、资金管理费等费用，并取消授信资产评估费，基本涵盖所有绿色金融企业，节省评估费近约50万元。为绿色金融客户争取利率下限审批权，降低绿色金融企业实际授信利率，全年为绿色金融企业降低融资成本300多万元。疫情期间，对存量授信客户进行授信总量延期，合计金额2.64亿元。主动承担抵押物评估费和登记费，涉及费用60多万元。

【加快不良清收】 2020年，中行常山支行坚持“逐户定策、各个击破、提前准备”的指导思想，以不良清收与化解为重点，加快对存量不良的清收工作。截至年底，实际完成清收0.25亿元，全行贷款不良率从年初的0.71%降至0.16%，为近十年最低水平。

（邱建春）

邮储常山支行

【概况】 2020年，中国邮政储蓄银行股份有限公司常山县支行（以下简称邮储常山支行）本部设有综合管理部、综合业务部、风险合规部。辖内有11个网点，其中自营网点2个（邮储常山支行营业部、邮储招贤镇支行），邮政代理网点9个。自营网点配置附行式存取款一体机（CRS）3台；邮政代理网点配置附行式存取款一体机（CRS）5台、自动取款机（ATM）4台。截至年底，邮储常山支行各类存款余额17.18亿元；新增发卡7325张，结存卡户数12.82万户；代理销售保险7685.19万元；销售理财产品38953.35万元；零售贷款累计新增12897.7万元，贷款结余70393.52万元；小企业贷款新增2897万元，贷款结余15324万元。是年，邮储常山支行在服务“三农”工作中被浙江省农担公司评为“基层农信担保服务先进金融机构”。

【扩大信贷规模】 2020年，邮储常山支行加强对重点领域和薄弱环节信贷支持，助力打好“三大攻坚战”取得新成效。全年普惠型小微企业贷款净增2899.9万元，结余15324万元；涉农贷款净增3195万元，结余47287.12万元。推进绿色金融，落实绿色银行建设三年规划，全年绿色贷款净增2018万元，结余3620万元。做好金融支持新冠肺炎疫情防控工作，助力打赢疫情防控阻击战，全年发放抗疫贷款500万元。

（史 景）

常山农商银行

【概况】 2020年，浙江常山农村商业银行股份有限公司（以下简称常山农商银行）通过金融力量支持企业复工复产，在原来存量授信基础上，一天之内为30家参与疫情防控的重点企业新增基准利率授信6800万元。加大信贷产品创新度。推出“春风贷”“信用贷”“余值贷”，为小微企业解决疫情期间融资担保难问题。全年发放“春风贷”29笔4890万元，“信用贷”219笔8474万元，“余值贷”42笔7484万元，“设备贷”1笔300万元。与县税务局开展战略合作，办理“税银通”3笔440万元，发放支持疫情防控重点企业专项再贷款4户450万元。争取支小再贷款用于定向扶持普惠型小微企业，全年发放127户1.45亿元；发放人民银行投放的“一万亿元支小再贷款”345户2.99亿元；发放扶贫再贷款1.7亿元，新增0.5亿元扶贫再贷款用于支持发展特色产业和低收入农户创业就业。截至年底，常山农商银行各项存款余额111.92亿元，各项贷款余额81.78亿元，贷款覆盖面达25.08%。

是年，常山农商银行被评为全国农村金融十佳（优秀）服务乡村振兴机构、省级文明示范单位、2020年度衢州市平安单位等。

【绿色金融产品开发】 2020年，常山农商银行对接县“两山银行”，组建专业服务团队，配套推出“生态贷”，共发放14笔1860万元。

2020年5月5日，常山农商银行员工走访常山县芳村村低收入农户（常山农商银行 供图）

支持县城投集团、县农投集团做大做强，为其及其下属子公司提供信贷支持，全年投入信贷资金2.2亿元。在青石镇设立绿色专营支行，量身定制“金柚贷”与“缘石贷”绿色金融产品，撬动胡柚、景观石等绿色产业发展，全年发放“金柚贷”143笔2115万元、“缘石贷”75笔1760万元。

【“兴村贷”助力“消薄”】 2020年，常山农商银行围绕常山与慈溪的山海协作工程，与县农业农村局做好对接，实行“保底+浮动”收益模式，配套推出“兴村贷”，助力“消薄”。全年发放兴村贷155笔1.90亿元，覆盖12个乡镇（街道）的117个行政村，并在此基础上，创新转租、自主、抱团等“消薄”模式。

【开展政银合作】 2020年，常山农商银行与15个部门开展11个政银合作项目。与县心安公司合作上线“公务一卡通”，规范县域公务接待。全年接入部门单位164家、国企员工餐费账户5950户，接入食堂60家，接入县域大型超市4家，定点餐馆54家。与县教育局、县人社局、县卫健局、县市场监管局、县交通运输局等部门加大合作力度，智慧校园、智慧公交、智慧医疗、智慧菜场、智慧“两费”代缴等一系列便民智慧项目落地。全年为23所学校开通线上缴纳学费渠道，为180辆城乡公交车安装车载智慧终端，为3家医院、11家卫生医疗机构配置自助终端，实现自助挂号、缴费功能。

【民生金融“一站式”服务】 2020年，常山农商银行与县医保局、县税务局开展“两费”代征业务，代理医保缴费；与县营商办合作开展新生儿“一件事”联办，实现新生儿出院前即可办理出生证、户口本和社保卡等业务；与县不动产中心合作，在全市农信率先开办“互联网+不动产抵押”业务，全年办理不动产抵押登记509笔3.59亿元；与县市场监管局合作开通营业执照注册登记等“一站式”办理；开展丰收驿站星级创建评定工作，年末四星级以上丰收驿站达85家，占比45%。与县农业农村局、县人社局、县电信公司等单位开展合作，深入丰收驿站业务合作，实现各类基层业务一站式办理。全年丰收驿站业务数78.16万笔，基础业务入村率71.35%。

（吕　鹏）

农发行常山信贷组

【概况】 2020年，农业发展银行常山县信贷组（以下简称农发行常山信贷组）推进促发展、控风险、严管理、强党建等各项工作，履行农业政策性银行职能，坚持规范经营、防范风险，保持稳中有进、稳中提质的较好发展态势，助力常山疫情防控工作和经济社会恢复发展。截至年底，贷款余额209243万元，比上年末增加

14212万元，增长7.29%；贷款日均余额231003万元，比上年末增加49362万元，增长27.18%；存款余额41491万元，比上年末增加13101万元，增长46.15%；存款日均余额38426万元，比上年末减少3434万元，下降8.2%。

【完成粮食贷款投放】2020年，农发行常山信贷组完成轮换省级储备早籼谷9000吨，县级储备早籼谷2939吨，县级储备晚籼谷4200吨。发放贷款8笔，金额6536.39万元。其中，地方储备粮轮换贷款4052.87万元，省级储备粮贷款1090万元，县级储备粮贷款958.52万元，地方调控粮贷款435万元。

【民生建设项目贷款营销】2020年，农发行常山信贷组主攻水利建设、生态环保、农村人居环境项目营销，共获批3笔中长期贷款，金额16.4亿元，分别为辉埠镇全域土地综合整治及生态修复工程8.5亿元、金色同弓田园综合体农旅产业园项目0.7亿元、绿色生态产业核心区建设工程7.2亿元。投放中长期贷款4笔，金额6.12亿元。其中，县美丽公路工程项目0.5亿元，县应急备用水厂(含一期管网)及农村饮用水达标提标工程1亿元，辉埠镇全域土地综合整治及生态修复工程3.97亿元，金色同弓田园综合体农旅产业园项目0.65亿元。

【疫情防控应急信贷投放】2020年，农发行常山信贷组主动与作为县政府指定防疫企业的县城投公司对接，宣传应急信贷政策，坚持“特事特办、急事急办、即来即审”的基本原则，省、市、县三级联动，历时3天，于2月11日投放1笔救灾应急贷款4000万元，支持全县疫情防控工作，缓解企业资金压力，发挥政策性银行职能。

（方　瑜）

常山联合村镇银行

【概况】2020年，浙江常山联合村镇银行股份有限公司（以下简称常山联合村镇银行）以支农支小、保障复工复产为主要目标，以内控与合规深化为主要要求，开展金融服务。截至年底，常山联合村镇银行各项存款余额8.37亿元，储蓄存款余额7.22亿元；贷款户数5041户，贷款余额10.81亿元，涉农贷款9.53亿元；不良贷款率达2.63%，拨备覆盖率达153.53%；各项资产总额11.57亿元，流动性比例为59.86%，资本充足率达18.12%，核心资本充足率达17.04%。

是年，常山联合村镇银行被评为“2019年度常山县银行业金融机构综合评价结果A等行”“2019年度金融消费权益保护工作评估A等行”。

【创新小额信贷产品】2020年，常山联合村镇银行为配合做好疫情防控工作、支持县域内各行业复工复产，进一步优化信贷流程，缩短信贷审批环节，减少信贷材

2020年2月24日，县联合村镇银行开展人行专项贷款布置会

（县联合村镇银行　供图）

料，提升信贷服务速率。为支持企业复工复产专门设计相应的信贷产品，并对相关金融产品通过线上及线下方式组织全行开展 2 场培训。先后推出“营商贷”“应急贷”等产品，通过与小额贷款产品有机结合，以绿色普惠金融带动业务的扩面增量，稳步提升小额贷款信用贷款发放比例，为农户提供更大的选择空间，提升农户满意度，实现小额消费信贷业务的快速增长。截至年底，发放小额贷款 2389 户，贷款余额 25516.94 万元。

【完善考核管理】 2020 年，常山联合村镇银行新增内控制度 12 个，对信贷管理、运营管理、征信业务等进行更规范的管理。加大人力资源管理工作力度，修订职能部门关键绩效（KPI）考核方案，先后开展培训活动 21 场。对组织结构进行优化，全体中层及重要岗位实行轮岗制，全年启用年轻干部、后备人才 7 人次，全体员工实行双聘制度，加强员工队伍建设。对各部门各岗位进行专项考核，根据岗位分工不同实行侧重考核，取消原有的劳动竞赛考核及个人营销费用奖励，增设 FTP 考核机制用于衡量客户经理的业绩指标，考核趋于科学、合理、规范。

（汪 瀛）

泰隆银行常山支行

【概况】 2020 年，浙江泰隆商业银行衢州常山支行（以下简称泰隆银行常山支行）服务小微企业，结合推进小微贷款批量作业与“信用村”建设工作，践行普惠金融，以“融 e 贷”等随借随还的无抵押贷款产品和可上门开户开卡的“移动金融服务站”，为普通百姓提供快捷方便的普惠金融服务。推广“接力贷”“智融通”“长青贷”等绿色信贷产品，让金融产品和服务惠及全县更多的企业。加强 PAD 金融移动服务站建设，为客户提供便捷的移动开户、电子银行签约服务。截至年底，泰隆银行常山支行各项存款余额 93101 万元，贷款余额 96945 万元。其中，运用再贷款、再贴现政策，申请专项资金，支持复工复产，发放专项政策性贷款 31 笔，贷款金额为 6406 万元。

【推进续贷产品创新】 2020 年，泰隆银行常山支行加大续贷支持力度，降低企业续贷成本。为提高小微企业贷款的便利性，综合运用无缝对接产品（预审批）、循环贷款（融 e 贷）、无还本续贷产品（接力贷），解决小微企业贷款无缝周转问题，降低小微企业的融资成本和压力。截至年底，共发放无缝对接贷款 138 笔，户数 120 户，金额 13490.09 万元。

【融资平台创新】 2020 年，泰隆银行常山支行用好三大融资平台。落实县营商办、人行常山支行、银保监常山监管组等多部门联合发起的“衢融通”项目，引导客户通过线上发起融资需求，逐步实现线上申请、线上受理、简化资料、优化流程，最终实现“一次都不用跑”。运用省金融综合服务平台，及时联系线上申请的客户进行业务办理，指定专人全流程跟踪、确保每笔融资申请落实。推广人民银行应收账款融资服务平台，针对部分小微企业因疫情引起的出货周期变长、应收账款回笼慢、企业资金流动压力大等问题，支持小微企业盘活应收账款。

【金融移动服务站项目】 2020 年，泰隆银行常山支行通过人机结合，客户经理携 PAD 上门一对一服务，实现现场为客户办理借记卡发卡、电子渠道签约、移动贷款现场申请和发放、移动营销等功能。客户经理借助 PAD 可以远距离长时间作业，实现前端移动化全流程作业，全流程放贷平均耗时约 30 分钟，有效解决农村偏远地区无网点或少网点难以办理业务的难题，转变以往客户经理传统的“邀客上门”的作业方式，实现“装备上门”“走出去”的营销战略。

（黄志军）

温州银行常山支行

【概况】 2020年，温州银行股份有限公司衢州常山小微企业专营支行（以下简称温州银行常山支行）围绕常山县域经济发展规划，以扩增存贷规模、提高资产质量为核心，加强基础管理，提升金融服务水平，各项工作取得良好进展。截至年底，温州银行常山支行本外币各项存款余额82456万元，各项贷款余额16194万元。实现不良清收23户，合计清收3647万元，任务完成率达143.59%；其中司法清收19户，金额560.72万元，资产卖断4户，金额1638.65万元。

【大额存款渠道拓展】 2020年，温州银行常山支行通过规则研究、业务配合和极力争取，中标财政社保资金5000万元；通过县财政局、县资规局的缴款渠道源头营销，实现土地出让金回笼9000多万元；通过法院合作关系打开破产管理人账户营销渠道，拓宽稳定的大额存款来源，全年贡献低成本日均存款5000多万元；通过担保公司业务合作带动保证金类存款的引流；通过业务管理能力提升实现监管账户资金留存从零提升到4000多万元；助力国企改革，对接县城投集团发债项目，引存6.58亿元的债券融资资金。

【企业贷款营销】 2020年，温州银行常山支行巩固万洋小微园厂房按揭的垄断地位，掌握客源，批复中小企业2000万元担保额度授信，为后续小额保证类小微贷款的营销投放打开渠道；实现对县农投集团、县城投集团的流贷、公司债投放，为后续国资系公司深度合作打开渠道。

【加快债务清收】 2020年，温州银行常山支行推进执行渠道，与法院执行条线沟通协作，将原来停滞的案件重新启动执行；开启破产渠道，与法院破产条线合作，将部分执行难的案件通过执转破进入破产来推进清收；建立买家渠道，通过外部多方宣传和联系交流，寻找买家购买银行抵债和执行资产，为银行资产处置拓宽渠道；构建协商渠道，通过多种渠道与借款人和担保人谈判协商，实现债务清收减轻包袱。

（刘　琦）

金华银行常山支行

【概况】 2020年，金华银行衢州常山小微企业专营支行（以下简称金华银行常山支行）以服务实体经济为导向，强内控、调结构、促效益，业务良性发展，经营能力逐步提升。年末，各项存款余额17810万元，各项贷款余额23591万元；全年实现净利润440.39万元。配合县民生实事涉残项目改造要求，对无障碍环境进行升级改造，为残疾人通道加装扶手，在室内设立盲道，方便残疾人及老年人等群体。组织全体员工在6月开展爱心献血活动。在创“省级示范文明城市”活动中积极组织人员参与，每周两次开展“文明联创”“文明劝导”活动。疫情期间，配合社区开展入户排查、社区值守等活动计200多次，累计工时长达1000小时。是年，金华银行常山支行被评为“2020年度衢州市平安单位”。

【助力企业经济】 2020年，面对新冠疫情，金华银行常山支行加大对企业的走访，深化实施普惠金融，倾力支小支农，了解企业困难，关注企业经营需求，帮助企业做好疫情防控、复工复产等各项工作，用好人民银行“支小再贷款”政策，加大对涉农、小微企业和民营企业的信贷投放，共投放“支小再贷款”资金6948万元，占金华银行常山支行小微贷款新增余额的84.87%。同时，配合地方政府及单位主要工作，扩大服务范围，助力国企发展，为常山县国有企业投放流动资金贷款共计4000万元。

【创新信贷产品】 2020年，金华银行常山支行根据抗疫政策，与常山县中小企业融资担保有限公司合作“春风贷”业务，共发放6笔，金额1200万元；推行“财信贷”，为企业在担保方式无法落实的情况下解决融资难的问题；推出蓝领及技术人才个人贷款产品“百幸通”，扩大担保方式范围，创新和丰富业务产品。

【降低企业融资成本】 2020年，金华银行常山支行开展无缝对接融资模式，推广“年审制”贷款，落实企业续贷“转贷宝”“续贷宝”等无还本续贷创新产品，共为18户企业提供无还本续贷，金额2525.4万元，为客户节约财务成本16万元。同时，为48家贷款企业申请利率优惠，为客户节约财务成本504.67万元。

（宋 岚）

民泰银行常山支行

【概况】 2020年，浙江民泰商业银行股份有限公司衢州常山小微企业专营支行（以下简称民泰银行常山支行）坚持做小做微的市场定位，以扩增存贷规模、提高资产质量为核心，加大市场拓展力度，加强基础管理，支持常山地方小微企业的发展，实现各项业务健康、稳步发展。截至年底，各项存款余额28007.31万元，贷款余额25569.73万元。是年，民泰银行常山支行被评为“2020年度衢州市平安单位”。

【批量发展“信用村”】 2020年，民泰银行常山支行坚持服务“三农”发展，借力“信用村”建设，践行普惠金融。每周二定为“走村日”，通过开展金融知识下乡、文艺下乡等系列活动，加强与村民的互动，持续推动农村普惠金融服务。发放“农惠通”贷款1177笔，金额5041.70万元。

【科技金融推广】 2020年，民泰银行常山支行为客户办理贷款突破地区限制，加大对移动营销平台推广力度，特别为转贷客户提供新的便利，通过PAD实现整村批量授信。截至年底，发放PAD业务790笔，累计发放金额4724.19万元，替代率为65.48%。

【服务防疫工作】 2020年，民泰银行常山支行落实防疫各项要求，做好金融服务工作。业务部门第一时间主动联系信贷客户，掌握企业融资需求，了解疫情期间企业开工情况和融资需求情况，针对此次疫情防控工作和社会民生领域的信贷需求，积极采取行动。根据总行下发的《关于进一步强化金融支持防控新型冠状病毒感染肺炎疫情的通知》，具体部署疫情防控工作，特别是出台防疫期相应的信贷政策，对于防疫期到期的周转贷款，采取清单制管理，主动和客户做好对接和政策宣导，采用周转或者续贷模式确保有序衔接，保持信贷业务的稳定。其中，为浙江爱丽莎环保科技有限责任公司授信1000万元，助其复工复产。

（李楚楚）

台州银行常山支行

【概况】 2020年，台州银行股份有限公司衢州常山小微企业专营支行（以下简称台州银行常山支行）坚持社区银行商业模式，坚守小微企业目标市场定位，深扎县域乡村，研究提高小微金融服务能力，夯实小微客户基础、人员队伍基础、风险合规基础，推广应用与台州银行常山支行小微金融和普惠金融服务相契合的金融科技，谱写新时代小微金融服务的新篇章。实现上门办理开卡、贷款签约、贷款提交、贷款审批等全流程“一站式”金融服务，最快90分钟放款完成贷款到账，助推小微金融服务转型升级。年末，存款余额24025.03万元，贷款余额41246.93万元。

【小微企业金融服务】 2020年，台州银行常山支行支持实体经济、民营经济，坚守小微企业目标市场定位，信贷资源集中投放民营企业和小微企业。行长带头到民营企业走访，深入摸清企业面临的主要困难和资金需求，做好企业的帮扶。疫情期间，共走访民营和小微企业37户，帮助12家企业解决融资贷款难题。

（彭 倩）

保险业

【中国人民财产保险股份有限公司常山支公司】 2020年，中国人民财产保险股份有限公司常山支公司（以下简称人保财险常山支公司）支持县域经济发展，在已开发油茶低温气象指数保险的基础上，开发油茶干旱气象指数保险、常山胡柚低温气象指数保险品种，支持常山特色农业发展。开办校园系列保险，包含学生平安保险、校方责任保险、监护人保险等，构筑校园安全网。推进全县绿色安全生产和环境污染综合责任保险扩面主承保、服务工作；配合常山县“联防联控联服务”专项深化“组团联企”活动，对企业进行一对一、点对点服务；配合县公安局开展的电动车专项整治工作，负责全县二轮电动车承保工作，保障文明劝导站点正常运行。截至年底，人保财险常山支公司实现签单保费7892.89万元，支付各类赔款4947.54万元。

（刘璟波）

【中国人寿保险股份有限公司常山支公司】 2020年，中国人寿保险股份有限公司常山支公司（以下简称人寿保险常山支公司）在编员工25人，劳务派遣人员4人，代理制人员381人。开展保险保障服务，实现保费收入18496万元，市场份额占64.52%，其中传统寿险9855万元、分红险4830万元、健康险3057万元、意外险755万元；赔付支出373万元，其中赔款支出171.3万元、满期给付118.5万元、年金给付44.4万元、医疗给付20.5万元、死亡给付18.3万元。与常山县政府合作，为防疫医务人员、志愿者及相关工作人员5000人投保防疫人员险，对参保人员在从事疫情防控工作期间，因新冠肺炎或其他意外造成的各类人身伤害提供每人52万元的保障。是年，人寿保险常山支公司被人寿保险浙江省分公司评为“重振国寿”标杆单位、“价值贡献”先锋单位。

（郑 彦）

【中国人寿财产保险股份有限公司常山县支公司】 中国人寿财产保险股份有限公司常山县支公司(以下简称国寿财险常山支公司）承保险种有车辆险、家庭财产险、企业财产险、安全生产责任险、食品安全责任险、意外险、健康险、工程险、货运险、农业险。2020年，国寿财险常山支公司在职员工17人，实现全险种保费收入3012.71万元，比上年增长14.95%。保费规模位列常山财险第二，市场份额占20.16%。其中，车险2416.62万元，非车险596.09万元。赔款总支出2214.11万元。

（徐芳芳）

【中国太平洋财产保险股份有限公司常山支公司】 中国太平洋财产保险股份有限公司常山支公司（简称太保财险常山支公司）设有综合管理科、业务科、理赔科3个职能部门，经营范围涵盖财产保险的全部领域，包括车险、人身意外险、健康团意险、雇主责任险、财产保险、建筑工程一切险、农险。2020年，在编员工7人，劳务派遣人员4人。实现保费收入1427.33万元，支付赔款757.46万元。在县行业市场排名第三。2020年6月30日洪水灾害中，共接报案9件，赔付金额2.5万元。

（徐 俊）

教 育

综 述

【概况】 2020年，常山县教育局（以下简称县教育局）秉持县委、县政府“强发展、求突破”总基调，统筹推进“教育改革深化年、教育质量突破年、教育治理提升年”活动，深化教育改革创新，加快教育现代化建设，推进教育高质量发展。

【教育党建统领】 推进党组织领导下的校长负责制省级试点工作，探索支部委员纳入局管干部管理，“书记领办党建项目”获常山县第一名，党建案例入选浙江省50强，上报工作经验浙江组稿获中央教育工作领导小组《教育工作情况》刊发。深化“护旗手”党建品牌建设，抓实机关爱生、护校和尊师三个党小组示范引领。推进“1+2”（即城区1所学校+农村2所学校）党建联盟，开展“三争三联”（即争做立德树人模范、以德服人榜样、以文化人标兵；党员联系教师、学生、家长）行动，不断激发党员教师内驱力。坚持立德树人，加大思政教师队伍建设，推进融合育人。完善党建带团建、育队建机制，培养学生爱党爱国情怀，招贤小学“保护母亲河环保社团”获省长郑栅洁批示肯定。

【教育改革创新】 创新师德建设，实施师德“成绩单”、廉情抄告单，开展“师德师风治理年”活动，打造“风清气正”教育生态。宣扬“浙江省最美教师”王金良事迹，让广大教师学有标尺、赶有方向。深化人事改革，创新设置“老黄牛奖”“教育世家”“中层奉献奖”等教师荣誉，多措并举增强教师职业幸福感，经验做法获省教育厅领导丁天乐批示肯定。加大高端人才培养力度，正高级教师实现零突破。推进机关事业编改革，成立县督学中心，按学段设立3个督学组。强化教字赋能，在全省首创学校首席信息官制度，实施教育信息化项目

2020年6月11日，省政协副主席张泽熙（前排右二）到常山县芳村镇中心小学参观指导 （县教育局 供图）

建设，被评为2021年度浙江省教育信息化优秀工作方案，争取省补资金1000万元。实施“公民同招”新政，入学报名实现100%网上办，实现“零跑腿、零投诉”；推动中小学校“最多跑一次”工作改革经验获省《竞跑者》刊登，并入选《2020年全国教育领域“放管服”改革典型经验汇编》。

【教育实事实施】 打实疫情防控持久战，疫情期间在全省率先启动“现实模拟课堂”录播工作，实现“停课不停学”；创新复学“六统”（即指挥统一、党建统领、物资统配、流程统标、疫疾统防、全员统管）工作法，4.3万名师生平安返校，工作经验获省《教育参阅》刊登。打响教育补短攻坚战，加大补短力度，投资2.3亿元，启动“10+2”（即10个公建项目+2个民建项目）普惠性幼儿园建设，全县11个乡镇实现公办幼儿园全覆盖，经验做法获市长汤飞帆批示肯定。实施“硬件提升”和“校园靓化”工程，让学校成为最漂亮的建筑，校园成为最美丽的风景。打赢教育质量翻身仗，出台《关于大力推进常山教育高质量发展的若干意见》，推进教育高质量发展。中高考成绩大幅攀升，合作办学成效获市委常委、宣传部部长钱伟刚批示肯定。承办全市中高考教育质量提升研讨会和加强初中教育工作现场会，获集体三等功2次、集体嘉奖1次，《常山：“一号工程”让教育脱胎换骨》入选浙江县域高质量发展十大优秀案例。

（杨海军）

教育行政

【概况】 2020年，县教育局加强新冠肺炎疫情防控，推进线上教学，加强线下复学联防联控，慈溪与常山深入对口帮扶工作，推进与四川省古蔺县教育合作交流，召开第二十五期“慢城教育讲坛”，古蔺县2020年东西部扶贫协作人才培训班学员180多人参加。召开常山县教育大会，吹响常山教育高质量发展的号角。常山县宋畈小学东鲁完小教师王金良作为衢州市唯一一名浙江省优秀教师代表受到省委书记袁家军和省委副书记、代省长郑栅洁的接见。接待省教育厅到常山调督查高考备考工作、教材使用和推普工作、区域和学校教育管理信息化工作，接受政府履职评价省级督查。

【疫情防控“停课不停学”】 2020年1月23日，县教育局组织召开教育系统新型冠状病毒感染肺炎疫情防控工作布置会，制定《常山县教育系统新型冠状病毒感染的肺炎疫情联防联控工作方案》，强化教育系统多层面、各环节闭环管理，全力做好疫情防控工作。2月10日起，县教育局推出“现实模拟课堂”这一民生服务工作，让学生停课不停学、教师离校不离教。“现实模拟课堂”历经三个月，完成11周的授课任务，共录制初中语文、数学、英语、科学和社会，小学语文、数学、英语、科学，中小学心理健康、音乐、美术等课程1576节，214位名优教师参与录课，全县3万多名中小学生受益。

【疫情防控“线下复学”】 2020年4月13日，县委书记叶美峰，县长张少华，县委副书记、政法委书记翁旭东，县委常委、组织部部长朱永平，县委常委、宣传部部长姜敏分别前往常山一中、城南中学、职业中专、常山三中、紫港中学等学校检查初中、高中学校开学复课工作。4月20日，全县初二、高二年级学生返校复学。4月21日，全县各小学4—6年级学生返校复学。按照“指挥统筹、物资统配、流程统一、疫疾统防、全员统管”工作体系，打响疫情“阻击战”，筑牢复学返校“防护墙”。全县39772名学生100%复学。

【常山县聘任学校首席信息官】 2020年，为进一步加强教育信息化队伍建设，科学推进教育信息化工作，常山县教育局在全县除高中段以外在职在编的中小学、幼儿园教师中公开选聘学校首席信息官14人，用于解决校级之间发展不平衡、教师信息化水平整体不高、优质师资缺失等问题，指导学校建立优质教育资源、建设信息化学习环境。5月9日，县教育局组织召开学校首席信息官聘用仪式暨工作例会，县教育局党委副书记、副局长王文卿为李振宇等14位首批学校首席信息官发放聘书，并带队前往龙游县下库小学学习智慧校园信息化建设与应用。

【慈溪与常山深入对口帮扶工作】 2020年6月29—30日，慈溪市教育局党委书记、局长王建成，局党委委员、副总督学岑强辉一行到常山考察教育对口帮扶工作，常山县教育局党委书记、局长洪永海，局党委副书记、副局长王文卿，局党委委员、副局长、常山一中党总支书记、校长洪涛，局党委委员、县职业中专党总支书记季志辉陪同。2020年，两地通过领导互访、校际互动交流、互派支教（挂职）教师以及优秀学生代培，助推慈溪与常山深入对口帮扶工作，在促进常山县学校办学水平提高、教师和优秀学生培养以及教育教学质量提升方面取得显著成效。

【“互联网+义务教育”现场绩效评估优秀】 2020年，县教育局继续推进“互联网+义务教育”工作，加强机制保障建设，投入262万元经费推进“互联网+义务教育”硬件支撑环境建设“提档升级”专项工程。12月8—11日，省“互联网+义务教育”评估组到常山开展“互联网+义务教育”现场绩效评估与指导。评估组一行分别听取衢州市、常山县有关“互联网+义务教育”工作实施情况的汇报，并先后对常山县20所结对帮扶学校开展现场绩效评估，评估结论为“优秀”。

【全县教育大会召开】 2020年9月9日，常山县教育大会在常山一中举行，县教育系统全体教师和全县各机关部门、乡镇（街道）负责人共同参会。会议公布《关于大力推进常山教育高质量发展的若干意见》，强调继续推进全县教育综合改革，认清常山教育所处的方位、具备的基础、存在的短板，各级各部门要始终将教育作为“一号工程”，全力支持教育事业发展。

（杨海军）

学前教育

【概况】 2020年，全县有幼儿园56所，299个班级，在园幼儿9011人；新入幼儿园3110人，离园幼儿2750人。县委、县政府推进学前教育补短，实施学前教育“10+2”项目，完成赵家坪片区小区配套幼儿园整治工作；落实“一乡镇一公办园”任务，通过资产评估补偿、人员安置等方式回收新昌乡、大桥头乡、辉埠镇、球川镇、白石镇、东案乡、同弓乡的7所公建民营幼儿园，实现乡镇公办中心幼儿园全覆盖。学前教育办学水平提高，8所幼儿园通过省二级园评估（含预评），优质园覆盖面比上年增加12%。出台《常山县人民政府关于学前教育深化改革规范发展的实施意见》《常山县幼儿园教师队伍建设专项规划（2021—2025年）》，修订、完善《常山县城镇住宅小区配套幼儿园建设管理办法》，开发建设常山县幼儿园入园报名系统，全县幼儿入园实现网上办理。

【幼儿园疫情防控】 2020年，面对严峻的疫情防控形势，县教育局与县卫健局联合下发《关于做好幼儿园开学复课评估工作的通知》，落实幼儿园疫情防控指导员和健康指导员。与县财政局、县人社局共同做好民办幼儿园社保减免、房租减免，发放复学补助和教师稳岗补助79.1万元。全县所有幼儿园平稳开学。

【实施学前教育“10+2”项目】 2020年，为尽快弥补学前教育短板，促进学前教育“公益、普惠、安全、优质”发展，常山县实施学前教育“10+2”项目，其中公建项目10个，民建项目2个。累计投资2.1亿元，涵盖城区配套园 6 个，乡镇公办中心幼儿园 6 个，增加学位 1860 个。学前教育“10+2”项目的实施，缓解常山县学前教育优质资源不足的问题，提升学前教育硬件水平。

【实施城乡公办幼儿园抱团发展】 2020 年 10 月起，常山县启动实施城乡公办幼儿园抱团发展工作，由城区 3 所优质公办园牵头，加 11 所乡镇公办中心幼儿园，组建抱团发展联盟，通过管理共通、资源共享、师资扶持等举措，以城区优质园带动辐射乡镇公办园，实现城乡均衡发展。2020 年，通过抱团发展机制，6 所乡镇公办幼儿园通过省二级园预评估，提升乡镇公办幼儿园办学水平。

【常山二级园评估】 2020 年 11 月 19—26 日，衢州市教育局督导处组织专家组到常山开展二级园评估。柚苑幼儿园、青石第二幼儿园、同弓第一幼儿园、球川镇第一幼儿园、白石镇第一幼儿园、新昌乡第一中心幼儿园、芳村镇第二中心幼儿园、湖畔幼儿园 8 所幼儿园通过二级园评估（含预评），全年新增二级园 7 所。

（杨海军）

义务教育

【概况】 2020 年，全县中考考生 2957 人，560 以上高分人数 20 人，其中刘正辉以 580 裸分并列全市第一名。县育才中学在完成重点高中分配指标数录取基础上，统招人数 224 人，被衢州二中创新班录取 6 人；常山书生中学城关校区在全县前十名中独占 5 人，创历史新高；常山书生中学城南校区在完成重点高中分配指标数录取基础上，统招 37 人，并被衢州二中创新班录取 1 人。五里小学迁建工程、常山县校园体艺楼建设项目、宋畈小学标准化校舍工程等相继完成，文昌小学建设工程、钳口小学综合楼建设工程等项目建设加快推进，城东中学、城南中学、龙绕初中等学校实施提升改造工程，薄弱学校办学条件持续改善。白石小学被评为省级健康促进金牌学校，育才小学、二都桥小学被评为省级健康促进银牌学校。常山县实验小学被评为浙江省文明单位。常山一小被评为全国足球特色学校。紫港中学、常山一小、育才小学、招贤小学成功创建市级清廉学校示范点。以学军学农课程、“武术进校园”等为载体，开发学生德育“第二课堂”，32 所学校 2.4 万余名中小学生参加“学军课程”，累计创建省级劳动实践基地 1 个、省级劳动教育试点校 4 个、省级研学基地（营地）3 个、市级研学基地（营地）8 个。参加衢州市校园智力运动对抗赛暨第五届少先队“脑力无极限”趣味挑战赛，获一等奖 3 人次，其中天马二小 2 人、常山一小 1 人。2020 年秋季，全县义务教育段实施“公民同招”新政策，入学报名实现 100%网上办，实现“零跑腿、零投诉”。是年，全县有义务教育段学校 34 所，其中初中 7 所、小学 27 所（含完小 2 所）。在校学生 24353 人，班级数 647 个；招生数 5426 人，其中小学 2714 人、初中 2712 人；毕业生数 5767 人，其中小学 2817 人、初中 2950 人。

【第 53 届中小学田径运动会举办】 2020 年 10 月 25—26 日，常山县第 53 届中小学田径运动会在城南中学举办，各中小学、幼儿园书记、校（园）长，各中小学代表队运动员、教练员 1000 多人参加。此届运动会分设比赛项目 10 个、竞赛组 16 个，共刷新比赛纪录 13 项。常山一中、城南中学、天马二小、新昌小学获各组别团体总分第一。

【衢州市加强初中教育工作现场会在常山召开】 2020 年 11 月 24 日，衢州市加强初中教育工作现场会在常山县城南中学召开，各县（市、区）教育局分管副局长、教育（基教）科长、教研室主任、初中各学科教研员、全市初中学校校长、分管副校长、教务主任等 380 多人参会，县教育局党委委员、副局长徐良英作题为《念好“五字经”初中提质强校这么做》的典型发言。

【浙江锦绣育才教育科技集团托管常山三中】 2020年12月10日，常山县人民政府和浙江锦绣育才教育科技集团深化教育合作座谈会在常山三中召开，副县长傅淑梅、浙江锦绣育才教育集团名誉副总校长潘晓芙讲话，并作为双方代表签订《常山县第三中学委托管理协议书》。

【衢州市第三届青少年学生阳光体育运动会在常山举行】 2020年12月18日，2020年衢州市第三届青少年学生阳光体育运动会开幕式在常山县体育馆举行，县育才小学、天马一小、天马二小、常山一小、县职业中专5所学校参加开幕式节目展演，市教育局党委委员、副局长姚文湧，市体育局党组成员毛周春，副县长傅淑梅出席。

（杨海军）

普通高中教育

【概况】 2020年，全县有高级中学3所（常山一中、紫港中学、三衢中学），完全中学1所（天马中学）。普通高中毕业生1418人，招收新生1547人；全县102个高中班，在校生4460人。县教育部门深化常山一中教育综合改革，做强紫港中学体育、美术、日语三大办学特色，全县高考文化类一段上线人数320人，实现“五连增”。紫港中学承办2020年衢州金庸武林大会，联合新华书店成立常山县首家校园书店。常山一中化学组、数学组分获浙江省教育厅教研室先进教研组称号。

【衢州市第一家学生护眼中心启用】 2020年6月6日，衢州市第一家学校和医院共建的学生护眼中心在紫港中学启用，紫港中学“爱眼护眼六个一”系列活动同步启动。紫港中学党总支书记、校长吴水良与常山眼科医院院长余婷婷共同为学生护眼中心揭牌。

【“庆余常山胡柚膏”礼赠名优师活动】 2020年12月30日，衢报传媒集团、杭州胡庆余堂、浙江启天建设礼赠常山县全体教师、古蔺县名优师“庆余常山胡柚膏”活动在常山一中举行，共礼赠“庆余常山胡柚膏”3200份。常山县县长张少华、副县长傅淑梅，衢报传媒集团社长毛霄云、总编辑余风、副总编辑汪江鱼，常山县教育局局长洪永海，杭州胡庆余堂医药控股有限公司副总经理任海斌，浙江启天建设工程有限公司副总经理张鸣春出席礼赠仪式。

（杨海军）

职业高中教育

【概况】 2020年，全县有职业高中1所（衢州数字工业学校）。职业高中毕业生720人，招收新生689人；全校班级数50个，在校生1895人。学校办学质量、社会声誉日渐提升，入选国家“1+X”工业机器人操作与运维试点项目，新校园迁建项目启动，汽修专业和数控加工技术专业入选省级高水平专业。选送婺剧《昭君出塞》、舞蹈《阿婆的酯糕》，分获省中小学文艺展演戏曲类一等奖和舞蹈类一等奖。在衢州市中职学校中第一个设立博士工作站，高考再创佳绩，上线率达100%，其中8人上本科。衢州数字工业学校教师徐春红被评定为2020年正高级教师职称，成为常山县教育系统首位正高级职称获得者。

【县职业中专更名为衢州数字工业学校】 为加快常山县职业教育发展，2020年12月，常山县职业中专更名为衢州数字工业学校，加挂衢州家政管理学校牌子。学校进一步明确发展定位，走专门化发展道路，通过梳理学校专业，明确汽车运用与维修、现代家政服务与管理、数控技术应用三大专业为学校主打发展专业，与市域内其他中职学校错位发展。对接县委、县政府工业立县发展战略，智能制造专业群，增设工业机器人操作与运维专业方向；现代家政管理与服务专业开设未来社区管理方向，培养具有现代服务、管理理念，精通数字化社区管理的复合型人才。

【衢州数字工业学校改革案例入选】 2020年12月，衢州数字工业学校选送的教学改革案例《双师双徒平台赋能——常山工匠学院校企双元育人机制的构建与实践》入选浙江省教学改革优秀典型案例。衢州数字工业学校探索职教改革新模式，赋能常山工匠学院平台育人机制；组建企业大师流动池，推行驻校首席技师制度；挖掘地方“非遗”技艺，成立民间大师专家工作室；实施“双师双徒”制，大师与教师互为学习对象，学生得到大师和教师的双重指导；创新“5+X”育人模式，在5天全日制教育基础上，增加X个工匠学院学习时间。从而实现校企双元育人，全面提升培养对象的综合素质、实践能力和就业竞争力，实现校企共同发展，达到“共赢”。

2020年常山县教育概况一览表

表22

类别	学校数（个）	班级数（个）	招生数（人）	毕业生数（人）	在校学生数（人）	教职工数（人）					
						合计	专任教师	行政人员	教辅人员	工勤人员	编制数
一、基础教育	95	1054	10095	10009	37877	3212	2632	48	323	209	2042
1. 普通中学	11	289	4259	4368	12555	1102	998	8	54	42	908
其中：普通高中	4	102	1547	1418	4460	422	374	4	26	18	376
普通初中	7	187	2712	2950	8095	680	624	4	28	24	532
2. 小学	27	460	2714	2817	16258	1103	1083	9	11	—	1037
3. 幼儿园	56	299	3110	2750	9011	989	533	31	258	167	79
4. 特殊教育	1	6	12	74	53	18	18	—	—	—	18
二、中职教育	1	50	689	720	1895	524	144	1	—	—	144
合计	96	1104	10784	10729	39772	3736	2776	49	323	209	2186

2020年常山县各高中本科、高校录取情况一览表

表23

学校名称	本科录取情况			高校录取情况		
	录取（人）	参考（人）	比率（%）	录取（人）	参考（人）	比率（%）
常山一中	624	708	88.14	698	708	98.59
三衢中学	32	96	33.33	94	96	97.92
紫港中学	245	590	41.53	568	590	96.27

续表 23

学校名称	本科录取情况			高校录取情况		
	录取(人)	参考(人)	比率(%)	录取(人)	参考(人)	比率(%)
天马中学	0	98	0	90	98	91.84
衢州数字工业学校	8	194	4.12	194	194	100
总计	909			1644		
参考数	1686			1686		
录取率	53.91%			97.51%		

2020 年常山县民办中学情况一览表

表 24

项目		班级(个)	招生数(人)	在校生数(人)	毕业生数(人)	教职工数(人)	专任教师数(人)
天马中学	初中	4	50	150	105	40	9
	高中	11	230	500	131		14
育才中学(初中)		32	490	1511	518	121	100
三衢中学(高中)		10	102	368	129	15	15

（杨海军）

浙江广播电视大学常山学院

【概况】 2020 年，浙江广播电视大学常山学院（以下简称电大常山学院）招生 518 人，其中开放教育招生 511 人，在全省电大招生工作万人比中排名第五，创历史新高。培养开放教育本科、专科毕业生 462 人，其中本科 273 人、专科 155 人、“一村一名大学生计划” 34 人。3 名学员获国家开放大学奖学金，14 名学员获省电大奖学金，3 名毕业生被评为省电大优秀毕业生。1 名学员被评为省电大“助力乡村实践标兵”，获国家开放大学“希望的田野”奖学金。学院自筹资金完成校园改造项目，新建学生服务中心、教材库和云教室。试点成立开放教育学生网上党组织，成立“慢城开放 e 总支”。推进开放融合课堂建设，5 月 20 日，组织学生开展“爱心孝老捐”活动，480 位学生共捐款 20130.3 元。开展“思想大解放、服务大提升、行动大担当”活动，开展岗位练兵、业务比赛，提升教师担当能力。

是年，电大常山学院被省电大评为招生工作先进单位和教材发行管理先进单位；被市电大评为教务工作先进单位、社区教育工作先进单位、思政教育工作先进单位、信息化建设先进单位。

【社区教育本土课程开发】 2020 年，电大常山学院围绕加强城乡社区依法办事能力、文化引领能力、矛盾预防化解能力、创业创新能力、信息化应用能力及自身素养提升“六大能力建设”，综合 20 多家职能部门力量开发本土课

2020 年 10 月 17 日，常山县村（社区）干部社区治理能力提升班（第一期）开班　　（电大常山学院 供图）

程。与县委组织部、县委党校、县人力社保局共同举办第一期村（社区）干部社区治理能力提升培训班，培训新一届村两委干部 178 人。

【社区老年大学改建】 2020 年，电大常山学院完成省政府民生实事项目——常山社区老年大学改建工作，将二楼全部教室和四楼部分教室进行功能改造，建成舞蹈练声房 1 间、多媒体教室 2 间、书法教室 1 间、云教室（计算机房）1 间、普通教室若干间，各类教学设备齐全，以满足老年教育的需求。10 月初完成课程设置和招生工作，10 月中旬正式揭牌并开学，实现老年教育实体办学。全年开设常山喝彩、太极拳、越剧、合唱等 11 个班和 1 个慢城公益讲堂，招收学员 310 多人。

【打造市民终身学习体验基地】 2020 年，电大常山学院打造 1 个省级市民终身学习体验基地、3 个市级市民终身学习体验基地（市社区教育基地），分别是中国观赏石博览园被评为省、市两级体验基地，“父亲的水稻田”稻米艺文基地、东方巨石阵景区被评为市级基地。

2020 年 10 月 13 日，常山社区老年大学揭牌

（电大常山学院 供图）

（陈少钢　李志军）

科学技术·气象

科学技术

【概况】 2020年，常山县科学技术局（以下简称县科技局）围绕平台建设、主体培育、环境优化等方面开展科技工作。推进产业创新服务综合体、农业科技园区和高校产业技术研究院建设，提高平台资源集聚能力。重视主体培育工作，创新谋划企业首席科技官“五比亮剑”（即比创意、比攻关、比管理、比成果、比招引），年内省科技型中小企业、国家高新技术企业“双倍增”超额完成，自主创新能力逐步增强。启动省高新园区创建各项准备工作，至年底已完成申报产业的筛选确定。推进县委、县政府与浙江理工大学、浙江火炬生产力促进中心、中科创客学院签订深化合作战略协议。深化与省火炬中心的战略合作，完成《县科技创新“十四五”规划》编制初稿。

是年，县科技局连续第9年被评为浙江省市县防震减灾工作考核优秀单位。

【产业创新平台建设】 2020年，常山油茶产业创新服务综合体在获省级奖补资金2000万元的基础上，争取到1亿元中央财政抗疫地方专项债。常山精密基础件产业创新服务综合体获省级立项。常山胡柚省级农业科技园区列入省级创建名单，实现常山县内省级农业科技园区零的突破，促进县域胡柚产业健康发展。截至年底，常山有省级产业创新服务综合体2个。

【产学研究基地建设】 2020年，县科技局与浙江理工大学共建“浙江理工大学常山研究院”，由浙江理工大学相关校领导担任院长，带动引进高校轴承、纺织等领域专家团队，为县内企业关键共性技术攻关、人才引培等提供全链条、全生命周期的一站式精准服务。12月4日，艾佳食品与浙江大学建立产业创新研究中心。常山县委、县政府与浙江理工大学、浙江火炬生产力促进中心、中科创客学院签订深化合作战略协议，促进高校院所、专业机构的科研、人才优势与县域科技发展需求深度融合。

【科技企业成果培育】 2020年，县科技局构建科技型企业梯队培育机制，根据企业科技研发、成果转化和经营情况，择优选择一批具有高成长性的科技型中小企业作为“小升高”重点服务对象。新认定省科技型中小企业32家，申报新认定国家高新技术企业11家。受理县级科技成果转化项目104项，立项70项，财政投入280万元，资金重点支持22项；申报市级竞争性项目5项、指导性项目9项，分别立项2项、8项；省级新产品立项11项；列入省科技厅全创改革新型产学研合作项目2项；省级重点研发项目立项2项；富而康山茶油、常发粮油获得2019年度省科技进步奖三等奖。

【研发投入增加】 2020年，常山县R&D经费支出2.52亿元，占GDP比重为1.65%。1—6月，常山县科技创新评价指数排名获全

2020年8月7日，全县科技创新和人才大会召开 （王建华 摄）

省第三；全年规模以上工业企业研发经费4.25亿元，比上年增长92.3%。全年高新技术产业增加值为14.7亿元，比上年增长20.2%。

【全县科技创新和人才大会】 2020年8月7日，常山县召开全县科技创新和人才大会，省、市相关专家领导，全县规模以上工业企业负责人，省、市科技特派员，企业首席科技官等500多人参加。会上，对2019年度27家研发投入之星企业进行表彰，奖补研发投入领头羊企业1310.6万元。

【“科技保姆”服务】 2020年，县科技局做深做细“科技保姆”党建品牌，坚持把服务企业作为科技人的初心和使命，围绕企业所需，聚焦研发投入归集、高企申报、技术攻关等工作，采用“班子带队、包企到组”的方式，共走访服务企业500多人次。9月22日，召开全县企业创新政策巡讲活动，200多位企业负责人参加会议，会上重点对省科学技术奖励办法、“科技创新发展十条政策”等进行解读。

（吴 超）

气象工作

【概况】 2020年，常山县气候总体较异常，气温明显偏高、降水时空分布不均。汛期入梅早、时间长、极端天气事件多，气象灾害形势严峻复杂。面对复杂的天气和异常气象灾害，常山县气象局（以下简称县气象局）按照“责任、组织、制度、装备、技术、人员”六到位要求，围绕“监测精密、预报精准、服务精细”目标，做到“提前服务、严密监测、及时预警、主动响应”。据统计，2020年，县气象局向县领导当面汇报气象情况10多次，电话汇报20多次，县领导视察气象工作2次；对外制作发布气象服务材料126期，发布灾害预警信号107次，预警短信20多万条，人工增雨作业1轮次。

【气象工程项目推进】 2020年，县气象局克服疫情影响，继续推进常山气象防灾减灾综合工程（一期）暨常山气象业务用房迁建项目，加速复工气象现代化建设项目。气象防灾减灾综合工程（一期）项目总体土建工程形象完成进度100%，资金执行进度有序跟进。谋划新大楼配套综合气象业务系统平台项目建设，获得省、市局专项资金支持200万元，完成实施方案编制工作。

【基层气象灾害防御】 2020年，县气象局健全基层气象防灾减灾体系；联合县应急管理局专题召开全县气象防灾减灾培训会议，明确防灾减灾标准化村建设目标任务；联合县委政法委开展全县网格员业务知识培训，明确气象网格员工作职责及内容，提升基层气象协理员开展气象灾害防御工作管理水平。加强与相关部门工作对接，县委统一调整气象有关工作协调机构。县安委办将气象工作纳入安全生产责任考核体系。县委编办明确县气象部门与乡镇职责边界的梳理，气象防灾减灾体系、气象灾害防御应急处置等 7 个管理事项纳入《常山县县乡职责边界事项清单》。推动气象入格工作，将气象灾害防御有关事务纳入常山县全科网格事务管理，并通过综治平台、钉钉、短信等渠道向基层网格员及时发布气象预警信息。县华数应急广播气象预警发布系统平台不断改善，气象灾害预警信息实时同步插播，县内行政村重点区域场景影像监控实战效果得到全面检验。建立重大气象灾害预警响应等 5 项制度，进一步完善与有关部门的应急联动机制。推进“六个一”（即气象防灾减灾“一本账、一张图、一张网、一把尺、一队伍、一平台”）基本能力建设，完成基层气象防灾减灾综合显示应用系统部署的前期工作，年内完成省级气象防灾减灾标准化村（社区）20 个。

【公共安全气象管理】 2020 年，县气象局加强雷电灾害的监测预警，加强防雷安全监管，公布 2020 年度气象灾害防御重点单位 94 家。联合多部门对全县重点景区、酒店、成品油市场开展防雷安全联合检查，共检查防雷监管单位 46 家。多次联合县文广旅体局、县应急管理局、县市场监管局、县经信局对全县 AAA 级以上旅游景区、旅游酒店、成品油市场开展防雷安全联合检查。开展“安全生产月”“安全生产专题行”活动，开展危化企业、易燃易爆场所和旅游景区的专项督查检查，现场检查单位 8 家，排查安全隐患 2 项。完成“互联网+监管”实施清单 100%认领、检查实施清单 100%编制，事项主项覆盖率达标。全面融入“多审合一”“测验合一”等“最多跑一次”工作改革，防雷行政审批纳入投资项目建设全流程管理，实施气象证明服务“零次跑”“证照分离”等改革，修订完善气象灾害证明服务流程，气象办事事项融入“浙里办”等平台，实现掌上办理。

【气象科普宣传】 2020 年，县气象局以“线上+线下”模式，结合“3·23”、“5·12”、科技周、安全月等活动广泛开展气象科普宣传，并将气象科普宣传融入“三服务”。专题召开协理员工作及培训会，结合“云上”“线上”协调县应急管理局、县资规局、县文广旅体局等部门多渠道开展气象灾害防御知识培训，联合县委政法委召开全县网格员业务培训，推进气象“四员”（即部门联络员、乡镇协理员、信息员或网格员、气象灾害防御重点单位责任人员）气象灾情信息收集大比拼。深入浙江顺畅高等级公路养护有限公司挂联企业开展气象科普宣传活动，向企业员工普及常见气象灾害、应急避险、紧急救助以及防雷安全相关防御知识，捐赠气象科普书籍和印有气象科普保温杯，助力企业复工复产。

（周婷洁）

文化·旅游·体育·卫生

文化 旅游

【概况】 2020年，常山县文化和广电旅游体育局（以下简称县文广旅体局）打好疫情防控阻击战和经济发展总体战。《常山漫居民宿基本要求与评价》团体标准发布，成为全省首个乡村民宿产品体系团体标准。西源革命纪念馆被评为浙江省红色旅游基地。村上酒舍入选乡村遗产酒店示范项目，彤弓山居入选省级白金宿，自在梅林、老油坊、宋邸入选省级银宿。华府常山胡柚文化主题酒店被评为金鼎级文化主题酒店。赛得健康小镇获2020博鳌国际旅游奖之“年度文旅小镇品牌奖”。梅树底村入选全国第二批乡村旅游重点村。常山县泓影剧团被评为“第八届全国服务农民、服务基础文化建设基层文艺院团先进集体”。天马街道入选“浙江省戏曲之乡”。新增东方巨石阵等6家市级研学营（基）地，基本形成省级3家、市级9家、县级3家的全县域布局。推出“中国观赏石之乡”地质探秘游、“宋诗之河”国学体验游、“中国胡柚之乡”画里乡村游、“国家茶油公园”古法传承游、重走西源麻山路红色追忆游、“鲜辣之乡”美食康养游6条研学路线，浙西研学走廊略具雏形。

是年，常山被评为2020年度“全球绿色城市”，被列入浙江省首批文化和旅游行业信用体系试点县和浙江省文旅标准化委员会成员单位。

【旅游市场回暖】 2020年，县文广旅体局通过“政企通”平台，累计上架旅游奖励政策10项，兑现资金225万元，受惠企业和个人30多家（人）。在全市率先推出“百万红包游慢城”旅游消费券刺激市场活力，出台旅游行业新增贷款贴息政策，开展“云游常山”系列引流活动，举办衢州市首场5G景区直播、浙闽赣皖四省边际红色纪念馆联盟“云上游馆”等活动，累计获得千万阅读量。年内，全县旅游人数792.44万人，恢复至上年的80%，旅游收入52.93亿元，恢复至上年的78%。特别是国庆节期间，全县游客接待量实现正增长，旅游人数26.35万人，比上年增长5.7%；旅游收入14195万元，比上年增长4.37%，旅游市场不断复苏并保持韧性增长。

【文旅活动开展】 2020年，县文广旅体局深化“黄鹂振翅飞 文化进万家”品牌惠民活动，开展送戏下乡、送电影下乡、送展览讲座、文化走亲、公益培训等3000多场，送书下乡1万余册，惠及基层群众23万人次。完成浙闽赣皖四省边际纪念馆红色联盟成立大会、“春暖花开，云游常山”网红直播大赛、“畅游常山·礼遇慢城”自驾采风主题活动、万人游常山、清凉火车专列游、长三角（上海）文旅推介会、鲜辣美食汇、“三山”艺术节等大型活动，被新华社、《人民日报》、中央电视台体育频道等知名媒体报道，单次活动在线率和阅读量均在百万以上。疫情期间，利用“三微一抖”（即微信、微博、微视、抖音），推出抗疫文体四部曲，开设网络直播公益课程，实现“闭馆不打烊，服务不打折”。

【文化遗产保护】 2020年，县文广旅体局常态化开展“非遗三进”活动（即进景区、进民宿、进校园），完成钢叉舞、洗马舞等省级非遗项目传承基地建设和验收。开展胡村建筑群、岩前民国建筑群、里择祠、樊家尚书坊、球川建筑群的修缮设计工作，开展省级文物保护单位文峰塔修缮工程、里择祠和樊氏大宗祠屋面抢修工程，实施招贤镇樊村村樊氏大宗祠、芳村镇大处村郑氏宗祠、天马街道屏山社区程氏民居3处文保单位电线整改工程。启动馆藏文物鉴定评级，新增馆藏国家三级文物49件，编纂出版《常山馆藏文物荟萃》。在衢州市率先建立文物安全信息化巡检系统，覆盖县域范围内文保单位57处。

【文艺创作】 2020年，县文广旅体局组织“黄鹂鸟”文艺团队共创作原创短视频12部、曲艺作品12个、小戏小品5个、舞蹈作品5个、音乐作品8首。创作出浙江省首部抗“疫”广播剧《去吧！兄弟》、衢州市第一首抗疫情宣传歌曲《相信》。《同心之歌》获“全国百佳村歌”称号；《中国汉字》获浙江省第十九届音乐新作大赛入围奖；《魔“数”师》获长三角流行音乐大赛银奖；《投票时代》获全省喜剧小品入围奖；《最美时代·一生喝彩》参加全省农村文化礼堂展演获得好评。

【文旅产业项目推进】 2020年，“远山云间”旅游度假区完成一期土地出让，浙江泓影戏曲与影视文创园开工建设，金源村现代旅游根据地获得省、市各级领导肯定，钢琴、跑步机等文体企业顺利复工复产。开工建设全民健身中心，东明湖3D无感智能运动公园建设全省领先，在衢州市率先完成体育提升省市民生工程。“百县千碗旗舰店”获批，“鲜辣常山”文化日趋丰富。

【全域旅游加速】 2020年，县文广旅体局推进浙江省全域旅游示范县创建。全年新增A级旅游厕所30个，新昌乡被评为第四批省级旅游风情小镇，常山县成为衢州市唯一具有两个省级旅游风情小镇的县。完成41个A级景区村、7个景区镇创建，景区镇数量全市第一，全域景区化率全省领先。

【浙江省首个乡村民宿产品体系团体标准】 2020年8月31日，《常山漫居民宿基本要求与评价》通过专家组评审，成为浙江省第一个乡村民宿产品体系团体标准。由省旅游民宿产业联合会、省旅游发展研究中心、市文化广电旅游局及相关单位专家组成的评审组，根据目标要求，对标准（送审稿）文本逐条进行详细审查和讨论，并在此基础上形成专家评审意见，专家组一致同意审核通

2020年8月31日，常山县召开《常山漫居民宿基本要求与评价》评审会

（县文广旅体局 供图）

过标准评审。《常山漫居民宿基本要求与评价》团体标准是民宿行业产品系列化、标准化、品牌化发展的创新，标准指引常山民宿正确建设和运营，倡导绿色消费、节能减排和闲置资源的有效利用，引导民宿文旅融合、特色发展，把常山打造成为碧水青山、生态文明，浙西山水、主客共享民宿旅游目的地。该标准与行业标准、地方标准有效衔接，评定的常山漫居民宿系列产品可以作为国家和省市等级民宿、民宿综合体的培育企业。

【文旅行业监管升级】 2020 年，县文广旅体局加强文旅行业监管和服务，建立健全部门联合双随机抽查机制，深化“互联网+监管”执法体系，全面应用“掌上执法”落实执法闭环，实现执法行为智能化覆盖。推进“信用+执法监管”体系，开展企业信用修复。开展文化旅游市场“扫黄打非”、“扫黑除恶”和禁毒工作专项斗争。全年出动检查执法人员 1248 人次，检查经营单位 1381 家次，依法取缔无证销售音像制品游商 1 处，查缴非法出版物 214 册，立结案查处违法违规单位 3 家。

2020 年常山县 AAA 及以上旅游景区(村)一览表

表 25

景区(村)名称	地　址	等级
三衢石林景区	常山县辉埠镇路里坑村	AAAA
梅树底景区	常山县东案乡梅树底村	AAAA
东方巨石阵景区	常山县青石镇水南村	AAA
奇石馆景区	常山县紫港街道北滨江路 88 号	AAA
黄冈山景区	常山县何家乡黄冈村	AAA
黄塘景区	常山县新昌乡黄塘村	AAA
桃花源景区	常山县芳村镇新桥村	AAA
不老泉景区	常山县白石镇新塘岭村	AAA
彤弓山景区	常山县同弓乡彤弓山村	AAA
黄塘村	常山县新昌乡黄塘村	AAA
郭塘村	常山县新昌乡郭塘村	AAA
黄冈村	常山县何家乡黄冈村	AAA
高峰村	常山县东案乡高峰村	AAA
西源村	常山县新昌乡西源村	AAA
渣濑湾村	常山县紫港街道渣濑湾村	AAA
孔家弄村	常山县紫港街道孔家弄村	AAA
砚瓦山村	常山县青石镇砚瓦山村	AAA
田蓬村	常山县东案乡田蓬村	AAA
聚宝村	常山县白石镇聚宝村	AAA
弄坞村	常山县东案乡弄坞村	AAA
樊家村	常山县何家乡樊家村	AAA

续表 25

景区(村)名称	地　址	等级
高埂村	常山县招贤镇高埂村	AAA
新桥村	常山县芳村镇新桥村	AAA
徐村	常山县金川街道徐村	AAA
下畝阁村	常山县芳村镇下畝阁村	AAA
路里坑村	常山县辉埠镇路里坑村	AAA
东坑村	常山县球川镇东坑村	AAA
长风村	常山县何家乡长风村	AAA
金源村	常山县东案乡金源村	AAA
达塘村	常山县新昌乡达塘村	AAA
新塘岭村	常山县白石镇新塘岭村	AAA
水南村	常山县青石镇水南村	AAA
新昌村	常山县新昌乡新昌村	AAA
草坪村	常山县白石镇草坪村	AAA
濛桥村	常山县大桥头乡濛桥村	AAA
江源村	常山县何家乡江源村	AAA
中和村	常山县同弓乡中和村	AAA

2020 年常山县旅游星级酒店一览表

表 26

名　称	地　址	星　级
东方大酒店	常山县天马街道金石东路 1 号	★★★★
东方广场酒店	常山县紫港街道春江路 38 号	★★★★
华府大酒店	常山县定阳南路 171 号	★★★

2020 年常山县旅行社一览表

表 27

名　称	地　址	星　级
常山县天马旅行社有限公司	常山县紫港街道北滨江路 88 号	★★★★
常山县华夏旅行社有限责任公司	常山县人民路 277 号	★★★
常山县山水旅游有限公司	常山县人民路 55 号	★★★
常山县新视界旅行社有限公司	常山县健康弄 34 号	
常山县友好旅行社有限公司	常山县人民路 43 幢 29 号	
常山县心悦旅行社有限公司	常山县人民路 59 号	

续表 27

名　称	地　址	星　级
常山县文峰旅行社有限公司	常山县定阳北路 42 号二层、51 号二层	
常山县心愉健康科技有限公司	常山县文峰西路 9 号中商广场 1 幢 1 单元 4 楼	
常山县春秋旅行社有限公司	常山县人民路 86 号	
常山县心安旅行社有限公司	常山县青石镇水南村底铺 188 号 42 栋	
常山县慢城旅游营销有限公司	常山县紫港街道文坊路 1 号	

（占小鹿）

常山县文学艺术界联合会

【概况】 2020 年，常山县文艺成果丰硕。出版图书《素履以往》《师者》等 4 种；常山县作家协会 9 名会员作品编入《江南》杂志“浙江作家作品专辑”。张昭摄影画册《中医传承》手工书获省第十八届摄影艺术展优秀奖。省公职人员书法篆刻大展中，江鸣黎获优秀作品奖，琚振华、郑金东作品入展。在全省农民书法篆刻大展中，刘德金获优秀作品提名奖；郑锡青、徐常胜、汪月华、符鸿华作品入展。省书协基层会员书法篆刻大展中，缪小俊、魏春法、汪月华、王阳君、王庆芳、江鸣黎作品入展。县文化馆出品的《魔“数”师》获 2020 首届长三角原创流行歌曲大赛银奖。徐世梅《仙栖南山》入选第九届浙江花鸟画展。戴理平蛋雕作品《众志成城》入选省文联、省卫健委主办的“时代答卷”浙江抗疫文艺创作特展。毛春良竹编《盒担》、章嘉水竹编《落地花瓶》、戴理平蛋雕《和谐中国》3 件作品获衢州市第二届民间手工艺精品展金奖。宋婧《共和国勋章》（京剧）、潘兵《信仰的力量》（交响乐组曲）2 个项目入选衢州市文艺精品扶持工程第八批项目。草坪村、梅树底村、招贤村等 7 个村被评为第二批市级特色文艺村。常山县文学艺术界联合会（以下简称县文联）组织文艺抗疫活动、“决胜全面小康·强发展求突破”主题全省摄影大赛，推进“双百千村、文艺赋能”工作，组织重大文艺展赛活动、完成县乡文联的换届选举工作，兑现文艺扶持政策，编印出版《常山宋诗一百首选注》图书。

【完成县文联换届选举】 2020 年 1 月 14 日，县文联召开第六次代表大会，县委书记叶美峰出席会议并讲话，会议审议文联章程（草案），选举产生县文联第六届委员会委员 17 人，王有军当选为县文联第六届委员会主席。

【组织文艺抗疫活动】 2020 年 2—4 月，县文联组织全县文艺爱好者以“艺”抗“疫”，传播正能量和好风尚。全县创作有抗疫主题文学作品 150 多篇，歌舞类作品 40 多个；书画类作品 200 多幅；工艺类作品 20 多个；摄影作品 3000 多张，其中常山最美护士张琪倚门而睡的图片，在《人民日报》整版刊出；编发抗疫宣传微信文章 40 篇，单篇阅读量最高的达 3000 人次；组织会员捐款捐物 6 万余元。县文联被评为市“文艺抗疫先进集体”；黄马新、张正浩、王馥芸被评为市“文艺抗疫先进个人”。

【《常山宋诗一百首选注》编印出版】 2020 年 7 月，《常山宋诗一百首选注》由浙江教育出版社正式出版，该书力求通俗化、普及化，印刷量4万册，全县机关事业单位干部职工和教育系统小学三年级以上学生人手一册，推动常山宋诗走进千家万户。

【浙江省作家协会团队常山采风】 2020年8月19—21日，浙江省作家协会新时代乡村题材文学创作采风活动在常山启动。省作协党组书记、副主席臧军牵头，采风团先后考察新昌乡黄塘村、金川街道徐村村等处，并参加常山乡土文学创作基地揭牌授牌仪式。同时，省作协副主席、省网络作家协会副主席管平潮在常山县“文艺之家”为40多位常山文学爱好者作专题讲座。

【常山县首家乡镇文联成立】 2020年11月21日，县文联根据上级要求，试点成立常山县第一个乡镇文联——辉埠镇文联，并召开成立大会。会上，审议通过《辉埠镇文学艺术界联合会章程》《辉埠镇文学艺术界联合会选举办法》，选举产生辉埠镇文联第一届委员会委员和主席、副主席，曾丽丽当选主席。

【兑现文艺扶持政策】 2020年，县文联依照《常山县文艺发展扶持奖励办法》，针对2019年度43个符合条件的扶持项目，发放24.9万元扶持奖励资金；发放协会日常工作经费19万元，激发文艺创作热情；根据县领导分工及特长，重新调整35位县处级以上领导与文艺家一对一联系制度。

【推进“双百千村、文艺赋能”工作】 2020年，县文联引导金川街道徐村村等7个村发挥文艺优势，打造个性文艺品牌，创建特色文艺村。接办衢州市特色文艺村（社）提供工作现场会，辉埠镇东乡村作为书法特色村在会上做典型发言，介绍文艺在美丽庭院、乡风文明等乡村振兴项目上赋能助力的经验做法。各协会文艺小分队组织开展文艺采风服务达120次。

【承办全省摄影大赛】 2020年，在浙江省摄影家协会牵头下，县文联承办“决胜全面小康·强发展求突破”主题全省摄影大赛活动。该活动围绕“慢城风光、美丽乡村、项目建设、文化传承”4项内容，讲好常山发展故事，展现慢城蓬勃活力，共收到投稿作品1360幅，评出获奖作品9幅，入展作品80幅，其中30件作品亮相“诗画浙江”全省风景摄影展。

【重大文艺展赛活动】 2020年，县文联举办一系列重大展演活动，不断激发文艺活力。与省美术馆合办“书风书峰”当代浙江书法名家精品书法展，在县文化馆一楼展出刘江、沈定庵等12位书法名家的40多幅书法作品；举办“气象万千、慢城常山”全县气象景观风光摄影大赛、“音为爱”常山县莺歌合唱团合唱专场音乐会、王阳君（衢州）书法展、常山宋诗吟诵大赛活动。

【编发《三衢山》杂志】 2020年，县文联秉承精益求精的创办宗旨，面向县内外征稿，打造常山文艺人的阵地和家园，刊物分设文笔、旧事、人物、墨色、古韵、诗歌、萌芽、动态等栏目，全年编发刊物4期（总第27—30期）。

（黄马新）

体育

【概况】 2020年，县文广旅体局贯彻落实全民健身国家战略，树立大体育的发展理念，以“打造华东地区朝气蓬勃的活力高地”为战略目标，将体育工作融入全县经济社会发展大局，推动体育工作实现新突破。承办国家级赛事1场即2020年中国山地自行车联赛（浙江·常山站），承办省级赛事2场即浙江省青少年国际跳棋锦标赛和浙江省青少年山地自行车冠军赛，承办衢州市中小学生乒乓球锦标赛暨省锦标赛选拔赛、衢州市武术散打比赛、衢州市第三届青少年学生阳光体育运动会等市级赛事8场，举办县级赛事（含体育协会组织）32场。组队参加浙江省女子体育节、浙江省农村文化礼堂运动会，并且在衢州市第三届体育大会16个单项比赛上，获市团体总分榜第二、金牌榜第三的好成绩。

【承办2020年中国山地自行车联赛】 2020年，县文广旅体局承办2020年中国山地自行车联赛（浙江·常山站），有国家队和山东、甘肃、陕西、山西、浙江等13个省份的500名全国顶级专业运动员和业余运动员参加。中央电视台体育频道播报此次赛事新闻，国家体育总局官网、新华网、人民网、《中国体育报》、搜狐、网易、凤凰网、《浙江日报》《衢州日报》等主流媒体持续关注，累计点击浏览量达数百万。

【训竞体育组织成效】 2020年，县文广旅体局训练、组织选手参加山地自行车、田径、皮划艇、乒乓球、羽毛球、篮球等赛事活动。与县铁人三项协会合作，组建常山县山地自行车队，并组队代表衢州市参加国家级、省级赛事。在浙江省山地自行车锦标赛中获得5金、2银、1铜，团体总分列第一名；在浙江省山地自行车冠军赛中获得3金、4银、2铜；在全国山地自行车锦标赛暨U系列赛中获得2个第七名、1个第八名的成绩。常山县被中国自行车运动协会授予“中国山地自行车营地”称号。组队参加浙江省田径冠军赛，获得2金、3银、4铜，实现团体总分92分（排名乙组第十名）的历史性突破。在省级乒乓球比赛中获得1金、3银，在市级乒乓球比赛中获得5金、3银。衢州市2020年度参加省级计划内青少年体育竞赛中，常山县获金牌11块，位居第三名，为近年来最好成绩。城关中学、城南中学从学区外小学招收体育特长生20人。

【体育基础设施完善】 2020年，县文广旅体局完成浙江省基层体育场地设施建设“31167”工程（省、市、县政府民生实事项目），即3个社区多功能运动场、1个拆装式游泳池、16个小康体育村升级工程、7个百姓健身房，于12月通过市级验收。完成东明湖公园、体育公园东南角现代化智能化运动设施建设和白石镇新塘岭村、同弓乡中和村2个重点村乡村体育赛事培育（县政府民生实事项目）。完成公共体育场馆服务大提升；完成社会力量办体育改革试点工作；完成国家第五次国民体质监测；完成全县180个行政村体育设施全覆盖工作。截至2020年年底，全县人均体育场地面积2.55平方米，公共体育设施向公众免费或低收费开放率达100%，基本形成城市“15分钟健身圈”。

（占小鹿）

县新华书店

【概况】 2020年，浙江常山县新华书店有限公司（以下简称县新华书店）完成总销售码洋3616万元，营业收入3108万元，实现利润333万元。县新华书店首次中标县教育局中小学学校图书馆的图书采购项目，销售码洋66.5万元，实洋30万元；中标县图书馆的图书供应，销售实洋20万元；以询价采购的方式为县总工会采购实洋10万元图书。

是年，县新华书店获“2019年磨铁图书最佳增量奖”，紫港校园店入选“新时代杯”2020时代出版·中国书店年度致敬名单。

【县内首家校园书店开业】 2020年9月16日，县内首家校园书店即县新华书店紫港店正式开业。至年底，紫港店实现销售32.83万元。全县第一个校园文化驿站建设成功，贴近教育、贴近读者、贴近市场，打通校园文化服务“最

2020 年 9 月 16 日，县新华书店紫港店开业　　（徐　捷　摄）

后一公里”。

【业务拓展】 2020 年 9 月，县新华书店通过“政采云”首次反向竞价成功，实现销售 37.1 万元。12 月 16 日，中标县教育局幼教装备项目 230 万元。与中共常山县委党校商定学校所有的培训书籍均由县新华书店采购。与北京教培师训网络科技股份有限公司达成意向由新华书店供应培训书籍，达成销售近 4 万元。

【政治读物征订】 2020 年，县新华书店组织全员开展各类政治读物的团购征订工作，全店完成《习近平谈治国理政（第三卷）》销售 6700 多册，码洋 54 万余元；完成中共十九届五中全会学习文件销售近 4 万元；完成《2020 年党员学习参考》销售近 3 万元；完成《中共浙江省委重要党内法规选编》销售 600 多册，码洋 5 万余元，圆满完成年度征订任务。

【组织图书活动】 2020 年，县新华书店中心门市在“南孔书屋”内开展多场文学讲座、读书会等活动；三楼的少儿区域多次开展绘本阅读、手工制作、灯谜活动。2020 年 11 月，开展两场全民阅读进工地暨“扫黄打非”8090 宣讲进基层活动。开展中考、高考送清凉活动，为中学学生送上牛奶等慰问物品。以“南孔书香·悦享小康”为主题的 2020 年全民读书周暨第 12 届衢州书展的分会场设立在县新华书店，读书周期间，举办优秀图书推荐等活动。与县委宣传部、县教育局等部门联合开展“衢州有礼·知书达礼”中小学生主题读书活动，通过名家进校园、演讲比赛、亲子阅读、征文比赛等系列活动，弘扬传承中华优秀传统文化。

（楼倩倩）

卫生健康

【概况】 2020 年，常山县卫生健康局（以下简称县卫健局）在做好疫情防控的基础上，聚焦群众看病难、看病贵、看病烦问题，推进综合医改、优化服务流程、提升服务能力，为全县人民提供高质量高品质的卫生健康服务。截至 2020 年年底，全县有各级各类医疗机构 272 家。其中，常山县人民医院、常山县中医医院、常山县妇幼保健计划生育服务中心各 1 家，乡镇（中心）卫生院 14 家，民营医院 6 家（常山贞元医院、民康医院、常山第三医院、常山安康医院、常山眼科医院、常山第二医院），其他医疗机构 2 家（浙江省第三监狱医院、常山县疾病预防控制中心），村卫生室（社区卫生服务站、卫生院分院）189 家，有乡村医生 168 人（不包括在村卫生室执业的执业助理及以上人员），门诊部 1 家（常山玖缘口腔门诊部），个体诊所 43 家（其中中医诊所 12 家）、医务室 14 家；全县卫健系统有 2084 人，

2020 年 12 月 31 日，常山县卫生与健康发展大会召开

（县卫健局 供图）

其中，在编职工 1272 人（公务员编制 10 人、参公编制 12 人、事业编制 1250 人），编外协议人员 358 人，离休干部 6 人，退休职工 448 人。

2020 年，县卫健局开展基本建设项目 17 项。其中，县级重点项目含县人民医院二期工程、县中医医院异地搬迁改造及新建住院楼项目、常山县公共卫生基层医疗机构标准化及防疫体系建设项目（含 10 个子项）、常山县公共卫生及传染病防治中心项目(含 2 个子项）等 14 项，县级非重点项目（乡镇卫生院维修、改、扩、新建项目）3 项。县人民医院二期工程完成主体结构，完成装修、弱电等专项工程招标，累计完成投资 5700 万元；县中医医院异地搬迁改造及新建住院楼项目完成装修工程，累计完成总投资 9000 万元；常山县公共卫生基层医疗机构标准化及防疫体系建设项目东案分院开工建设，宋畈、芳村分院完成前期报建审批，累计完成总投资 1860 万元；常山县公共卫生及传染病防治中心项目完成前期报建程序，项目开工建设，累计投资 2460 万元。

【疫情防控】 2020 年，县卫健局全力做好新冠疫情防控工作，完成 3 名确诊患者治疗任务，实现零死亡病例、零二代病例、零医务人员感染的“三零”目标。选派 5 名医护骨干驰援遭受疫情突袭的武汉，完成各项任务后安全回归。安排 83 名干部驻企，125 名干部驻校，指导企业、学校开展健康监测、环境消杀等工作，帮助 405 家企业复工、125 所学校（幼托机构）复学。

2020 年 4 月 12 日，常山县援鄂医护人员凯旋

（县卫健局 供图）

【家庭医生签约服务】 2020年，县卫健局深化家庭医生签约服务工作，发挥医共体总院专家力量提升签约质量，推进“10+2”（即基本服务包、生殖健康服务包、儿童服务包、孕产妇服务包、老年人服务包、高压血患者服务包、糖尿病患者服务包、严重精神病患者服务包、肺结核患者服务包、计生特殊家庭服务包，困难人群服务包、残疾人服务包）服务及慢病长处方等服务，推进基本公共卫生服务项目。截至年底，电子健康档案建档率达90.87%，管理高血压患者23977人，管理糖尿病患者6462人，与14.52万名居民签订家庭医生服务协议，规范签约率为42.2%。

【县域医共体建设】 2020年，县卫健局深化县域医共体建设，推动医疗卫生资源下沉和城乡基本公共服务均等化。县级医院启动等级医院创建工作，医共体分院开展“优质服务基层行”活动，14家基层分院均达到基本标准，芳村、招贤分院达到推荐标准。县域就诊率达83.63%、基层就诊率达65.15%，分别比上年提高1.3个、0.1个百分点，基层创建市级特色专科12个。2020年8月，常山县卫健局被省委、省政府办公厅评为2019年度县域医共体工作成绩突出的集体。

【智慧医院建设】 2020年，县卫健局完成智慧医院五大系统建设，打造自助化就诊、网络化治疗、智慧化取药、便捷化结果获取、温馨化服务就医环境。完善医共体六大共享中心，建成区域云影像平台，改造升级基层智慧结算系统，推进智慧便民服务不断向基层延伸。

【卫健人才培养】 2020年，县卫健局招录各类人才63人。全系统入选常山县拔尖人才（青年拔尖人才）10人；选派43人到上级医院进修学习；组织开展临床、公共卫生、计划生育培训班111期，42453人次；举办省级、市级医学继续教育班15期，着力提升卫生健康服务技术水平。组织临床、护理、急救、公共卫生服务等技能比武16次，参与人员1214人次。

【龙头学科建设】 2020年，县卫健局推进学科建设。县人民医院省级龙头学科妇产科学和心血管学通过终期验收，感染科通过衢州市医学扶持学科评估合格，呼吸内科成功创建呼吸与危重症医学科（PCCM科）并在国家呼吸与危重症医学科规范化建设认定中，被评为二级优秀单位。招贤分院呼吸内科、芳村分院糖尿病专科、青石分院中医科、天马分院心脑血管科、何家分院口腔科等12个科室被评为市级特色专科。

【计划生育情况】 2020年，全县有育龄女88083人，已婚育龄妇女64273人。其中，女性初婚1129人，比上年减少71人；再婚552对；离婚714对。

【计生家庭奖特扶】 2020年，全县有奖扶对象3992人，发放补助383.232万元。特扶对象415人，其中失独178人、伤残212人、并发症25人，共发放特扶补助金336.6万元。

（王露锋）

疾病预防控制与监测

【人感染 H7N9 禽流感防控】 2020年，全县组织开展外环境人感染H7N9禽流感检测4次，采集外环境标本55份、H7N9职业暴露人群血清10份，均未检出阳性结果。

【霍乱等肠道传染病防控】 2020年，全县医疗机构检测腹泻病人616例，粪便标本采集616人份，采便率达100%；“三线”（即霍乱弧菌、沙门志贺菌、副溶血弧菌）培养616例，培养率达100%；检测到沙门氏菌阳性62例。开展伤寒、副伤寒监测及环境危险因素监测，均未检测出阳性菌株。

【手足口病监测与防控】 2020年，全县报告手足口病661例，报告发病率为263.45/10万，无重症和死亡病例报告。对60例临床诊断病例采集标本进行实验室诊断，其中COXA6型肠道病毒阳性52例、其他肠道病毒阳性8例。全年无手足口病聚集性疫情报告。

【麻风病防控】 2020年，全县有麻风病现症病人1人。各医疗机构转诊可疑麻风病症状者36例。

【艾滋病防治】 2020年，全县检测3.8万余人次，新发现HIV感染者12例。在管HIV感染者及病人136人。

【肺结核防治】 2020年，全县报告结核病病人346例。其中，肺结核301例（病原学阳性172例、病原学阴性126例、病理学阳性2例、无病原学结果1例），结核性胸膜炎30例，肺外结核15例。报告发病率125.69/10万；301例肺结核病例中发现1例耐多药，发现的病例全部纳入常规管理。常山县第一小学、城关中学、紫港中学共发生3起结核病散发疫情，报告病例3例，开展密切接触者筛查152人。

【规划免疫】 2020年，全县免疫规划疫苗接种5.78万余剂次，接种率达95%以上，建卡建证率达100%。

【狂犬病防控】 2020年，全县犬伤暴露总数3155人次，按要求完成免疫接种3154人次，其中来源不明的犬类有43只。未发生一犬伤多人事件。

【消除麻疹工作】 2020年，全县报告疑似麻疹或风疹病例8例，全部排除麻疹风疹病例，麻疹风疹排除病例报告发病率为3.14/10万。

【血吸虫病防治】 2020年，全县灭螺投工2428工，实期灭螺面积16.75万平方米，反复扩大灭螺面积109.65万平方米，其中土埋灭螺投工285工，土埋灭螺面积8670平方米。全县血吸虫病血清学查病5325人，未发现血吸虫病病人。晚血病人内科救助26人。随访26人，其中好转23人、自然死亡3人。

【疟疾监测】 2020年，全县“四热”（即发热并伴有近2年内疟疾流行国家旅居史、或有近2周内输血史、或有疟疾既往发病史、或发热原因不明）病人监测血检137人，未发现可疑病人。

【病媒生物监测】 2020年，监测数据显示全县室内鼠密度2.11%，室外鼠密度1.51%，蝇密度1.95只/笼，成蚊密度1.10只/灯·夜，蟑螂密度0.14只/张，蟑螂白纹伊蚊BI为14.75。

【适龄儿童窝沟封闭】 2020年，全县完成26所小学的窝沟封闭项目，学校覆盖率达100%。2019—2020学年二年级学生总数2828人，同意服务学生总数2425人，服务率达85.6%，口腔检查学生数2425人，学生覆盖率达85.6%；窝沟封闭应封2296人，实际封闭2293人，封闭率达99.9%；口腔复查学生人数1886人，复查率达66.7%。

【职业卫生监测】 2020年，全县报告农药中毒病例56例，其中男性38例、女性18例，死亡2例。全年报告职业病34例，其中尘肺病31例、噪声聋3例，均为男性。报告尘肺病包括复诊病例12例，首次晋期病例5例，新病例14例。新发现尘肺病包括一期6例，二期2例，三期6例；首次晋期病例包括二期4例，三期1例。2020年无接尘工龄小于5年的新发尘肺病报告。

【慢性病社区综合防治】 2020年，全县登记高血压患者25822人，发现率达7.50%，管理23977

人，其中规范管理 17294 人，规范管理率达 72.13%；血压控制数 15287 人，血压控制率达 63.76%。累计登记糖尿病患者 6503 人，发现率达 1.89%，管理 6462 人，其中规范管理 4629 人，规范管理率达 71.63%；血糖控制数 3674 人，血糖控制率达 56.86%。

（王露锋）

卫生监督

【卫生行政许可】 2020 年，全年作出卫生行政许可 1301 件。其中，公共场所新办 112 件，变更 8 件，延续 9 件，补发证 3 件，注销 57 件；护士首次注册 57 件，变更 101 件，延续 76 件，注销 5 件，护士多机构备案 10 件；医师执业注册 74 件，变更 234 件，医师多机构备案 87 件，医师多点执业 2 件，医师注销 5 件，医师取消多机构备案 3 件，美容医师备案 2 件，医师备案 22 件；乡村医生注销 1 件；母婴保健专项技术服务许可新发 1 件，变更 1 件，校验 1 件；放射诊疗职业病防护预评价 10 件，控制效果评价 4 件，放射诊疗许可新发 5 件，变更 4 件，注销 1 件；中医诊所备案 1 件；麻醉印鉴卡新发 1 件；医疗机构限制级技术备案 1 件，医疗机构新发证 7 件，医疗机构变更 19 件，医疗机构注销 15 件，到期换证 100 件，校验 262 件。

【卫生行政处罚】 2020 年，县卫生行政监督机构共查办案件 394 件，办结 390 件。其中，一般程序立案 237 件（已办结 233 件），简易案（备案）157 件；医疗卫生案 209 件，公共场所卫生案 137 件，学校卫生案 14 件，职业卫生案 32 件，餐饮具卫生案 2 件。共处罚没款 989650 元。

【卫生执法检查】 2020 年，县卫生行政监督机构开展双随机执法检查。其中，国家双随机任务 95 家，完成 95 家；省级双随机任务 122 家，完成 122 家。开展 2020 年尘毒危害专项治理行动、医疗废物专项整治、医疗美容综合监管执法、疫情防控专项检查、医疗服务多元化监管试点工作、口腔诊疗机构信用等级评价、2020 年校园卫生健康行动、夏季游泳场所卫生执法监督专项行动。推进非现场执法检查，全年查办非现场执法案件 38 件。

【卫生监督检测】 2020 年，县卫生行政监督机构开展集中式供水单位卫生检测，对常山县水务发展投资有限公司 22 个供水点及水厂水源水、出厂水开展监督检查和饮用水监督采样工作。共采集水样 88 份，包括水源水 8 份、出厂水 16 份、末梢水 64 份，检测指标均合格。对全县 38 所学校进行水质检测，发现 9 所学校饮用水不符合标准；对 13 所学校进行教学环境检测，5 所学校检测不合格，均进行处罚并通报县教育局。对 4 家游泳场所的 pH 值、浊度、游离性余氯、尿素、大肠菌群、细菌总数等项目进行检测，采样结果均合格。开展集中消毒餐饮具检测，对集中消毒的餐饮具采样 80 份，经检验全部合格。

【非法行医打击】 2020 年，县卫生行政监督机构查处未取得医疗机构执业许可证擅自执业案 2 件，非医师行医案 2 件；查处 3 家医疗机构使用未取得处方权的医师开具的处方。

（王露锋）

妇幼保健

【概况】 2020 年，全县活产数 1848 人，产妇数 1825 人，孕产妇系统管理 1763 人，管理率达 95.4%，剖宫产率达 47.73%，县级高危筛查率达 99%，高危产妇住院分娩率达 100%，产前筛查率达 95.23%，抢救重症高危孕产妇 37 例。3 岁以下儿童系统管理率达 95.69%，7 岁以下儿童保健覆盖率达 96.78%，5 岁以下儿童死亡率达 3.25‰，婴儿死亡率达 1.62‰，新生儿死亡率达 0.54‰。全年无户籍孕产妇死亡。

【妇幼公共卫生】 2020 年，县妇保院完成免费婚前医学检查 1086 对，婚检率达 91.72%。发放叶酸 841 人。完成“两癌”筛查工作，乳腺癌筛查 7685 例，查出乳腺可疑对象 192 例，乳腺癌 1 人；宫颈癌筛查 7685 例，查出异常人数 678 例，其中确诊宫颈癌 6 人。规范落实计划生育工作全县放环 894 例、取环 1246 例、人流 1222 例、引产 49 例。共为 3 万多人次育龄群众提供医疗、保健、咨询指导服务。全县进行生殖健康检查共 10822 人次。

【出生“一件事”服务】 2020 年，县妇保院深化医疗领域“最多跑一次”服务，实行出生医学证明掌上联办，依托省政务中台建设全省统一的出生“一件事”掌上办应用，通过政务中台流转相关电子数据和电子证照，实现“掌上申请、刷脸办理、快递送达”。全年掌上办 1211 件，占出生事项办理总件数的 90.4%。

（王露锋）

健康建设

【概况】 2020 年，常山县按照“健康浙江”建设要求，建设健康乡镇 2 个、健康村 14 个、健康家庭 1018 户；推进无烟党政机关建设，覆盖率达 100%；推进辉埠镇等 5 个乡镇创建国家级卫生乡镇；创建浙江省健康促进金牌学校 1 所、银牌学校 2 所、铜牌学校 7 所，创建全民健康生活方式行动健康示范单位 1 家、健康食堂 1 家、健康社区 1 个、健康小屋 1 座。持续推进健康教育，发挥健康教育讲师团职能，落实全县健康宣教和健康素养进文化礼堂（126 个）工作。

【生活饮用水保障】 2020 年，全县监测水样 96 份，91 份水样所有监测指标均合格，水质综合指标合格率达 94.79%，比上年上升 11.46%。其中，市政供水出厂水 2 份、二次供水 2 份、市政供水管网水 8 份，共 12 份水样均合格，合格率达 100%；农村集中式供水 84 份，79 份水样合格，水质综合指标合格率达 94.05%。

【改水改厕工作】 2020 年，全县农村卫生厕所普及率和无害化卫生厕所普及率分别为 100%、99.21%，分别比上年上升 0.12%、1.21%。

（王露锋）

医疗保障

【概况】 2020 年，常山县医疗保障局（以下简称县医保局）强化“清廉医保”建设，局机关被纳入全县“清廉机关”创建示范点；深化医保基层治理，成立全省首家“1+5”模式的行业协会医保促进会，治理成效得到省医保局批示和推广。开展医保政策宣传，

2020 年 10 月 30 日，全省医保基金绩效评价现场会在常山召开
（周　颖　摄）

并得到省医保局批示和肯定。强化基金绩效管理，全省医保基金绩效评价现场会在常山召开。截至年底，全县城镇职工基本医疗保险参保人员74933人，城乡居民基本医疗保险参保人员210447人，本地区户籍人口基本医疗保险参保率达99.97%，实行“3+N”（即基本医疗、大病、医疗救助+商业保险、工会补助、残联补助、公务员补助、退役军人优抚对象补助等）的“一站式”结算，救助率达100%。全县职工医保基金收入24701万元，支出22002万元，结余2699万元。全县城乡医保基金收入29952万元，支出25041万元，结余4911万元。

【医保促进会成立】 2020年，常山县成立全省第一家“1+5”模式的医保行业协会，即1个医保促进会和促进会下设的定点医疗机构分会、定点零售药店分会、医保协议医师分会、医保协议护士分会、医保协议药师分会5个分会，首次涵盖定点医药机构、医保医师、护士和药师等医保领域的所有单位和个人。2020年5月15日，召开医保促进会成立大会暨第一次会员代表大会并选举出首届理事会。医保促进会有助于加强医保行业自治行为，提高医保基金使用绩效，形成内外共治、协同共管的医保基金监管工作格局。截至年底，各定点医药机构通过开展自查自纠，退回医保基金381万元。

【“互联网+医保”服务】 2020年，县医保局优化经办服务，利用“互联网+医保”，新增自助服务机和平板电脑等硬件设备，完善医保自助服务区功能，实行医保业务“网上办”“掌上办”。“网上办”“掌上办”的办件比例达90%，远超考核任务的80%。实行“一站式”结算，病人出院时可一次性结算基本医疗保险、大病保险、医疗救助、公务员补助、工会补助、残疾人补助等多个事项，减少来回跑的时间和垫资成本。

【医保政策宣传】 2020年，县医保局开展医保政策宣传，开展医保政策“四个一”（即一套动漫“柚娃说医保”、一套短视频“方

2020年5月15日，常山县医保促进会成立大会暨第一次会员代表大会召开　（汪芳 摄）

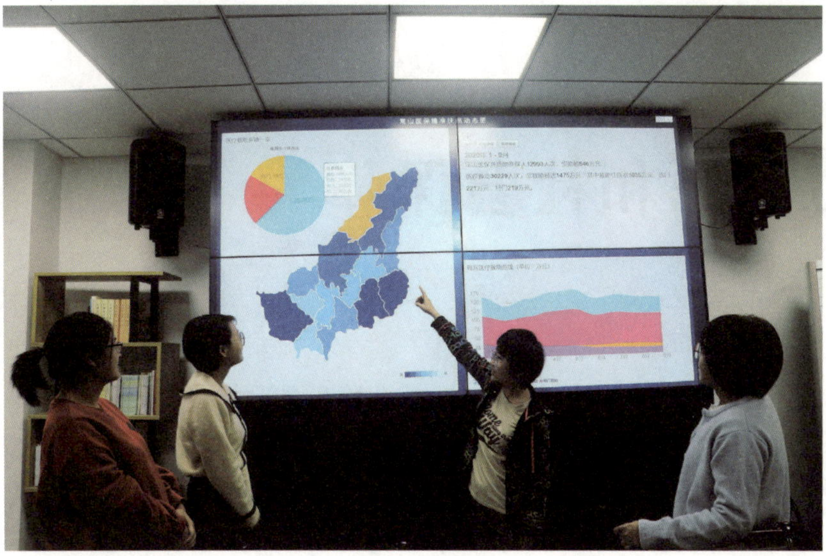

2020 年 9 月 25 日，县医保局工作人员根据医疗救助地图进行全县医疗救助情况分析 （周　颖　摄）

言话骗保”、一场巡演“医保进礼堂”、一个讲堂“小锋讲堂”）宣传，并形成“点、线、面”全覆盖的宣传模式。通过 8090 新时代理论宣讲团医保分队创新开展点单式宣讲，每位宣讲队成员根据自身的特长拟定 1 ～ 2 个宣讲主题，结合群众需求，开展特色宣讲。

【医保精准扶贫】 2020 年，县医保局聚焦困难人群、精准靶向施策，在衢州市首创医保精准扶贫动态地图，在地图上划分全县 14 个乡镇（街道）行政区域，每月定期更新数据，通过大数据精细化管理，实现应保尽保精准扶贫。全县困难群众资助参保率和医疗救助待遇支付率均为 100%。资助参保对象 13040 人，资助个人保费达 652.00 万元。医疗救助 24190 人次，救助金额 2506.90 万元。

【定点医疗机构监管】 2020 年，县医保局通过政府购买服务的方式引入第三方力量参与医保基金使用审核，做好源头监管，共审查出不合规费用 3200 多万元。将医保智能监控系统与定点医药机构数据全面连通，实时监控“两定”单位（即定点医疗机构和定点零售药店）药械进销存和病人就诊情况，进行处方数据分析，实现线上可疑风险点实时预警。推行定点医药机构三色指数管理，将三色指数考评结果与日常稽核挂钩，与县卫健局、县市场监管局等部门实行案件线索共享，及时发现问题并进行约谈提醒。在常规检查的基础上，制订三年行动计划，开展专项检查行动，组建医保基金监管专家库，聘请临床一线专家参与检查。对全县 94 家定点医药机构开展检查，对 68 家进行处理，其中解除医保协议 6 家、暂停医保协议 30 家，追回医保基金 520.34 万元，拒付医保基金 2056.79 万元，向公安机关移送案件 2 起。

（周　颖）

人力资源和社会保障

综 述

【概况】 2020年，常山县人力资源和社会保障局（以下简称县人社局）全面落实六稳六保工作任务，围绕“服务大局、民生为本、人才优先”的主线，全面推进人力社保各项业务。就业创业工作获得省政府督查激励表彰和副省长王文序批示；在对26个县发展实绩考核人社“两项”指标中排名全省第一；高质量推进国企改革、赛得健康小镇推进专班、社保医保诚信体系建设3项工作被县委“十条军规”表彰；2020年度受到县委集体嘉奖一次。

【促进创业就业】 在全省率先出台《关于推动返乡入乡创业高质量发展的若干政策》，持续不断释放政策红利，2020年新增各类经济实体4250家，其中返乡入乡企业680家，带动就业3.1万人。创新推出“云招聘”平台。有效破解新形势下招工困局，自2020年8月运行以来，已入驻企业共204家，滚动提供岗位3298个，个人注册数1562人，帮助企业招聘各类人才376人。升级大学生创业园孵化平台。建成全市规模最大的创业孵化基地，园区2020年销售1.5亿元，年带动大学生创（就）业338人，被评为市级大学生创业孵化示范基地。

【推动稳岗纾困稳就业】 截至2020年年底，县人社局共兑现金额2000多万元，减免金额1.4亿元。“共享员工”多方共赢，全县参与企业超过30家，“共享员工”人数高峰达346人次，实现稳就业、促用工双赢的效果。精准脱贫扎实推进。通过“复工直通车”，保障东西部地区员工安全回常返岗，累计接回外地员工1286人；派驻“招聘专员”，全力助推古蔺建档立卡人员到常山就业。截至年底，累计兑现东西部扶贫资金48万元，2020年在常山县稳定就业3个月及以上的中西部22个省贫困人员643人，比上年增加5%。

【人才队伍建设】 创新推出“云”上纳才，采用“云”上面试的方式，持续完善“英才荟”共享共育机制。2020年，顺利开展2批人才引进计划，招收各类高端人才25人，其中硕士研究生15人。

疫情期间，共享员工跨企上岗　　（县人社局 供图）

以校育才，一年内引进2家技工学校，成为常山技工人才培养的重要引擎。以赛励才，成功举办两场技能大赛，并组织人员参加省、市技能大赛。技能提升行动专项资金使用进度居全省前列、全市第一。

【落实重点工作】 全省“1123”重点工作平稳有序，业务经办率先完成；赛得健康小镇、320国道扩建、351国道建设等项目涉及被征地参保工作高效推进；积极推动国有企业退休人员社会化管理工作，在全市率先实现移交工作“最多跑一次”；持续深化“最多跑一次”改革，完成9项业务“一件事联办”。

（江 倩）

人才队伍建设

【概况】 2020年，县人社局持续完善“英才荟”共享共育机制。采用“云”上面试的方式，开展2批英才荟人才引进计划，招收各类高端人才25人，其中硕士研究生15人。通过系列评审，全县取得各系列专业技术职务任职资格的有386人，其中高级90人、中级131人、初级165人。开展职业技能鉴定3992人次，核发专项证书799本，国家职业资格证书2823本，其中高级工证书720本、中级工证书841本、初级工证书1262本。建成博士后科研工作站1家、县级专家工作站3家、省级技能大师工作室1家、市级技能大师工作室1家、市级高技能人才公共实训基地1家、市级企业高技能人才培训示范基地1家。

【引才飞地布点】 2020年，县人社局与东华理工大学签订长期战略合作协议，为常山县招才引智另辟佳径。布点湖北武汉引才飞地，与武汉方阵人力资源公司达成人才工作站合作，通过市场化手段为常山县发布企事业单位引才公告300多次。落实“五千”（即千名干部驻乡村、千名人才助乡村、千名乡贤帮乡村、千个项目富乡村、千亿资金进乡村）工程，向基层乡镇、村下沉专业技术人才266人。

【博士后科研工作站成立】 2020年，县人社局为促进企业成为科技创新的主体，推动产、学、研结合，经多方走访、调研、对接，成功为常山县常纺公司与东华大学牵线搭桥，达成合作意向。8月8日，协助常纺公司建成博士后科研工作站。截至年底，全县建成科润新材料有限公司、县人民医院、捷姆轴承有限公司、常纺公司4家博士后科研工作站。

【承办乡村振兴职业技能大赛】 2020年10月28日，2020年衢州市乡村振兴职业技能大赛（常山场）在常山县青石镇石博园广场举办，由县人社局承办，此次大赛共有育婴员、盆景制作（园艺布景）、中式烹调师3个工种的53名来自衢州市各县（区）的选手参赛。常山县举荐选手获得盆景制作（园艺布景）前三名、中式烹调师第一名、育婴员第四名的成绩。

【首家民办技工学校成立】 2020年6月28日，衢州市赛得前进技

2020年6月28日，衢州市赛得前进技工学校在招贤赛得健康小镇举办揭牌仪式

（县人社局 供图）

工学校在常山赛得健康小镇揭牌，标志着衢州市首家民办技工学校在常山县正式成立。县人社局全程协助赛得前进学校向市人社局递交申报资料，仅用25天获省人社厅正式批复。赛得前进技工学校依托赛得健康小镇，培养健康管理服务、健康养老服务方面的专业人才，开展相关专业的职业技能培训，为国内健康养老产业输送技能型、应用型、综合型人才。

人社四零大厅　　（县人社局 供图）

【引进吉运教育集团产教融合项目】 2020年7月31日，由省人社厅引荐，经过多次考察、论证，常山县人民政府决定引进浙江吉云教育科技集团有限公司产教融合项目，即合办常山技工院校项目。12月30日，常山县技工院校项目正式签约落地，学校计划六年内升格为“常山技师学院”，通过建设“产业园+职教园”深度融合的产教协同的发展模式，争做四省边际技工教育的“桥头堡”，为常山县域经济高质量发展提供坚实的高技能人才队伍。

（江 倩）

就业创业

【概况】 2020年，常山县人才和就业管理中心（以下简称县人才和就业管理中心）围绕服务企业用工、创业创新平台搭建、就业脱贫精准帮扶等重点工作，贯彻落实中央和省、市、县有关就业创业工作部署，改革创新、真抓实干，交出一份稳定的就业成绩单。

【企业用工服务】 2020年，县人才和就业管理中心探索“共享员工”跨企上岗模式，提供“一企一策”精准服务；创新推出全省首个“云招聘”平台，着力打造线上招聘“一盘棋”工作格局。全年举办线上线下大小型各类招聘活动14次，提供招聘岗位3731个，吸引求职者约1.1万人次。帮助企业和高校毕业生对接460多人次；实现就业186人次，比上年增长30%。

【就业脱贫精准帮扶】 2020年，县人才和就业管理中心在疫情期间，开设“复工直通车”，以“出门上车、下车入企”的方式，接四川省古蔺县员工从家里直通企业。疫情防控转为常态化后，派驻“招聘专员”至古蔺县开展驻扎式招聘，全力助推古蔺建档立卡人员到常山就业。全年开展互访6次，多渠道推送就业岗位1800多个，赴古蔺意向对接求职群众1156人次，帮助常山企业与当地劳动力达成就业意向371人，到常山就业83人，建档立卡人员56人。

【创业创新平台搭建】 2020年，县人才和就业管理中心在全省率先出台《常山县推动返乡入乡创业高质量发展若干政策实施细则》，在推动创业带动就业、做强创业孵化平台、提升创业培训、强化基层创业平台等方面发力，全年新增各类经济实体4277家，带动就业3.4万人。打造“云上常山”网红品牌，排摸出50名直

2020 年 10 月 28 日，“常雁回归 云创常山”常山大学生创业园开园（县人社局 供图）

播重点人员和重点直播号、推荐出 31 个重点直播间、4 个产业直播基地，开展创业培训 33 期，累计培训学员 1895 人。升级大学生创业园孵化平台，入驻企业 41 家、品牌 34 个，常驻网红 12 人，园区年销售额 3 亿元，带动就业 300 人。

【惠企减负红利政策兑现】 2020 年，县人才和就业管理中心根据《常山县创业就业补贴申领实施办法》《关于印发进一步支持大学生就业创业打造“青年常山”意见的通知》《关于申报〈养老、家政服务和现代农业企业创业就业补贴〉的通知》等文件，加大就业创业扶持力度，减轻企业经营负担。累计返还社保费 2004.41 万元，发放稳岗补贴 83.78 万元，发放民营工业企业招工补助 132.8 万元，发放疫情期间促企用工交通补贴 6.28 万元，发放企业用工监测补贴 13.88 万元。

（江 倩）

社会保障

【概况】2020 年，常山县职工基本养老保险和城乡居民社会养老保险参保人数为 208485 人，基本养老保险参保率达 99.70%。其中，企业参保 90782 人，比上年增加 6480 人；居保参保 117703 人；企业养老退休 29810 人；城乡养老退休 48194 人；工伤保险参保人数为 42176 人，比上年增加 3324 人；机关养老保险参保人数为 10924 人，比上年增加 218 人；实体社会保障卡持卡人数为 350069 人，电子社会保障卡持卡人数为 142123 人。

【社保费减免纾企困】 2020 年，县人社局阶段性减免企业单位应缴纳的社会保险费。对大中小企业减免名单实行动态管理，及时跟进税务部门提供的新增减免企业名单，核实参保情况，帮助企业纾困解难，让企业免填单、免申请，自动享受减免红利。3—12 月减免社会保险费 14982.04 万元。其中，减免职工基本养老保险 13197.83 万元、工伤保险 1175.62 万元、失业保险 476.54 万元、建筑工伤 132.05 万元；对符合缓缴条件的企业，根据企业经营需要自行申请缓缴社会保险费及缓缴期限，可缓缴社保费至 2020 年 12 月底，缓缴期间免收滞纳金。截至年底，全县缓缴社保费 57.27 万元，其中缓缴职工基本养老保险 49.32 万元、工伤保险 2.56 万元、失业保险 2.40 万元。

【社保精准扶贫】 2020 年，县人社局对全县符合城乡居民养老保险参保条件的残疾、低收入农户等按乡镇街道进行摸底核实、按月统计，通过部门协作等数据共享，对人员名单进行数据对比、信息核查。截至年底，全县符合参保条件的困难群众人员共参保 5837 人，其中职工养老 810 人、城乡居保 5027 人。通过前期信息比对、核实，对符合条件的贫困人员、低保对象、特困人员个人缴费部分由财政按常山县最低档次缴费标准给予全额补助。截至年底，累计为5027人次代缴保费50.27万元。全年有9159名符合条件的困难群众人员享受城乡居保待遇。

【基本养老保险精准扩面】 2020年，县人社局推进全民参保计划。在全民参保调查登记基础上进行数据勘误，完善养老保险政策、摸清核实未参保人员底数，建立动态管理参保数据库，定期下发未参保数据名单消除覆盖盲点，深挖参保扩面征缴潜力，扩大基本养老保险覆盖工作成效显著。全县实现基本养老保险参保率连续多年位居全市前列，到年底，全县基本养老保险参保率达99.70%。

【退休待遇保障】 截至2020年年底，职工基本养老保险总计为348701人次发放养老金91963万元，共有29941位企业退休人员领取养老金；机关事业养老保险总计为44862人次发放养老金29085万元，共有3764位机关事业退休人员领取养老金；城乡居民养老保险总计为631954人次发放养老金14198万元，共有49839位居保退休人员领取养老金；接待办理职工基本养老保险新增退休人员2392人，机关事业新增退休人员147人，城乡居保新增办理待遇人员1500人。2020年7月底，为28109位企业退休人员调整基本养老金，并补发2473万元；为3660位机关事业退休人员调整基本养老金并补发641万元，于7月底前完成2020年度退休人员基本养老金调整工作；提高基础养老金，为全县50001名退休老人补发全年基础养老金，共2263.36万元。

（江 倩）

劳动监管

【概况】 2020年，县人社局按照省人力社保厅要求打造“浙江省企业工资支付监管系统”，实时掌握在建项目基本信息以及实名制、分账管理、按月足额支付等制度的落实情况，常态化监管建筑项目用工，从源头防范欠薪发生。根据无欠薪工作考核细则，对全县在建项目工地开展定期检查，包括夏季根治欠薪攻坚行动、冬季根治欠薪攻坚行动、部门联合检查、日常巡查。多次组织在建项目负责人与劳资员开展六项制度和“浙江省企业工资支付监管系统”运用培训，并对劳资员进行考试，考试合格者颁发“劳资专管员”证书。9月，通过国务院对常山县351国道投诉线索案卷的抽查考核。

【劳资纠纷妥善处置】 2020年，县人社局受理劳动保障咨询投诉举报案件446件，涉及1449人。其中，欠薪案件257件，涉及农民工208人，涉及金额1072040元，均全部帮助讨回并结案；查处违法使用童工案件1起。受理各类劳动人事争议案件133件，共涉及劳动者186人，结案金额1191.7万元。按期结案率达100%，调解成功率达92%，仲裁终结率达88.3%，网络办案率达20.3%，仲裁调解率达86.2%。

（江 倩）

社会生活

人民生活

【概况】 2020年，全县居民人均可支配收入32041元，比上年增长7.7%。其中，城镇居民人均可支配收入为41890元，比上年增长5.6%；农村居民人均可支配收入24033元，比上年增长8.5%。居民人均消费支出16238元，比上年增长2.0%。其中，城镇居民人均消费支出23153元，比上年增长0.7%；农村居民人均消费支出10616元，比上年增长1.1%。居民恩格尔系数为35.9%，其中城镇为35.7%、农村为36.2%。办理结婚登记1658对、离婚登记723对、补领结婚证415件、补领离婚登记证31件、收养登记10件，实施婚姻家庭辅导506对。

【社会保险参保】 2020年，全县基本养老保险参保率达99.7%。全县职工基本养老保险和城乡居民社会养老保险参保人数208485人。其中，企业参保90782人，当年增加6480人；居保参保117703人。企业养老退休29810人，城乡养老退休48194人。工伤保险参保人数42176人，当年增加3324人。机关养老保险参保10924人，当年增加218人。实体社会保障卡持卡人数350069人，电子社会保障卡持卡人数142123人。

【低保救助】 2020年，全县有7800户9866人纳入城乡最低生活保障，低保占比2.8%。城镇低保388户470人，农村低保7412户9396人，年支出低保金7895.3万元。10月1日起实施最低生活保障标准提标，最低生活保障标准统一调整为850元/月·人。全年临时救助困难群众77人，救助金额23万元。特困人员供养标准10月1日起实施提标，统一调整为1105元/月·人，共支出特困供养资金1268.7万元。

（占慧臻）

2020年单位从业人员和劳动报酬情况一览表（全部规模以上单位）

表28

指标名称	单位从业人员期末人数（人）	单位从业人员平均人数（人）	单位从业人员工资总额（千元）	在岗职工平均工资（含劳务派遣）（元）
	39311	39001	2010874	52619
1. 采矿业	32	23	1750	81000
2. 制造业	16014	15561	887596	56945
3. 电力、热力、燃气及水生产和供应业	405	390	49925	128013
4. 建筑业	15660	15483	674107	43274

续表 28

指 标 名 称	单位从业人员期末人数(人)	单位从业人员平均人数(人)	单位从业人员工资总额(千元)	在岗职工平均工资(含劳务派遣)(元)
5. 批发和零售业	1227	1189	74079	63916
6. 交通运输、仓储和邮政业	456	416	33514	80877
7. 住宿和餐饮业	814	776	33355	43232
8. 信息传输、软件和信息技术服务业	115	115	10641	104305
9. 房地产业	306	304	36320	121569
10. 租赁和商务服务业	3952	4424	183850	32634
11. 科学研究和技术服务业	83	83	5897	71048
12. 水利、环境和公共设施管理业	54	54	6459	119611
13. 卫生和社会工作	193	183	13381	73120

2020 年单位从业人员和劳动报酬情况一览表(规模以上非私营单位)

表 29

指 标 名 称	单位从业人员期末人数(人)	单位从业人员平均人数(人)	单位从业人员工资总额(千元)	在岗职工平均工资(含劳务派遣)(元)
	3402	3343	291303	87858
其中：国有控股	1026	1004	105580	106720
其中：集体控股	2	2	233	116500
1. 中央	461	467	37482	80261
2. 地方	462	433	54135	127249
3. 其他	2479	2443	199686	82375
4. 企业	3402	3343	291303	87858
其中：地方	462	433	54135	127249
5. 采矿业	24	15	1241	91692
6. 制造业	2192	2204	160945	73186
7. 电力、热力、燃气及水生产和供应业	307	290	47123	143872
8. 建筑业	222	217	26984	126714
9. 批发和零售业	169	135	11480	88266
10. 交通运输、仓储和邮政业	206	193	17015	88161

续表 29

指标名称	单位从业人员期末人数（人）	单位从业人员平均人数（人）	单位从业人员工资总额（千元）	在岗职工平均工资（含劳务派遣）（元）
11. 信息传输、软件和信息技术服务业	115	115	10641	104305
12. 房地产业	76	76	13413	188366
13. 科学研究和技术服务业	5	5	280	56000
14. 卫生和社会工作	86	93	7581	81516

2020 年单位从业人员和劳动报酬情况一览表（规模以上私营单位）

表 30

指标名称	单位从业人员期末人数（人）	单位从业人员平均人数（人）	单位从业人员工资总额（千元）	在岗职工平均工资（含劳务派遣）（元）
	35909	35658	1719571	48661
1. 采矿业	8	8	509	63625
2. 制造业	13822	13357	726651	54273
3. 电力、热力、燃气及水生产和供应业	98	100	8202	82020
4. 建筑业	15438	15266	647123	41802
5. 批发和零售业	1058	1054	62599	60774
6. 交通运输、仓储和邮政业	250	223	16499	74277
7. 住宿和餐饮业	814	776	33355	43232
8. 房地产业	230	228	229	100584
9. 租赁和商务服务业	3952	4424	183850	32634
10. 科学研究和技术服务业	78	78	5617	72013
11. 水利、环境和公共设施管理业	54	54	6459	119611
12. 卫生和社会工作	107	90	5800	64444

2020 年城乡劳动力配置情况一览表

表 31　　单位：万人

指标名称	合计	指标名称	合计
一、年末人口数	26	按国民经济行业分组	14.85
年末 16 岁以上全部人口数	21.45	1. 农、林、牧、渔业	2.74
其中：不计入劳动力资源的人数	5.17	2. 采矿业	0.21

续表 31

单位：万人

指标名称	合计	指标名称	合计
二、年末劳动力资源总数	15.65	3. 制造业	2.91
三、经济活动人口	15.27	4. 电力、热力、煤气及水的生产和供应业	0.09
全社会就业人员	14.85	5. 建筑业	3.71
按就业身份分组	14.85	6. 批发和零售业	1.82
非私营单位从业人员	1.48	7. 交通运输、仓储及邮政业	0.39
私营单位从业人员	5.8	8. 住宿和餐饮业	0.49
个体户主	1.44	9. 信息传输、计算机服务和软件业	0.02
个体从业人员	4.04	10. 金融业	0.18
其他	2.09	11. 房地产业	0.04
城镇失业人员	0.06	12. 租赁和商务服务业	0.21
城镇登记失业人员	0.06	13. 科学研究、技术服务业	0.09
		14. 水利、环境和公共设施管理业	0.03
		15. 居民服务、修理和其他服务业	0.26
		16. 教育	0.43
		17. 卫生和社会工作	0.20
		18. 文化、体育和娱乐业	0.11
		19. 公共管理、社会保障和社会组织	0.92
		20. 国际组织	

2020 年常山县农村住户、城镇住户调查基本情况一览表

表 32

指　标	单位	城镇住户	农村住户
调查样本户数	户	100	150
期内常住人员数	人	267	401
人均现住房建筑面积	平方米	45.6	77.1
人均可支配收入	元	41890	24033
1. 工资性收入	元	25800	12468
2. 经营净收入	元	4641	6263
3. 财产净收入	元	3630	422
4. 转移净收入	元	7819	4880
人均生活消费支出	元	23153	10616
1. 食品烟酒	元	8269	3839
2. 衣着	元	2052	518

续表 32

指　标	单 位	农村住户	城镇住户
3. 居住	元	4952	2438
4. 生活用品及服务	元	1084	615
5. 交通通信	元	2395	850
6. 教育文化娱乐	元	2784	1082
7. 医疗保健	元	1185	1134
8. 其他用品和服务	元	432	140
耐用消费品拥有情况（每百户）	—		
1. 家用汽车	辆	43.1	20.5
2. 摩托车	辆	5.0	12.0
3. 助力车	台	91.0	106.0
4. 洗衣机	台	96.0	88.0
5. 电冰箱（柜）	台	102.0	105.3
6. 微波炉	台	53.0	53.3
7. 彩色电视机	台	169.0	152.0
8. 空调	台	187.0	138.0
9. 热水器	台	123.0	104.0
10. 洗碗机	台	5.0	0.7
11. 排油烟机	台	88.0	64.7
12. 固定电话	线	8.0	17.3
13. 移动电话	部	230.0	246.0
其中：接入互联网	部	206.0	155.3
14. 计算机	台	66.0	12.0
其中：接入互联网	台	62.0	12.0
15. 照相机	台	6.0	2.7
16. 中高档乐器	架	7.0	0.7
17. 健身器材	台	3.0	1.3
18. 空气净化器（含新风系统）	台	1.0	0
19. 吸尘器	台	8.0	4.0

（张莉丽）

民政事业

【概况】 2020 年，常山县民政局（以下简称县民政局）围绕建设精准保障示范区、和谐自治创新区、幸福颐养先行区、暖心服务标杆区“四区目标”，创新创优、落细落实，基本民生保障、基层社会治理、基本社会服务等各项工作扎实推进。推进“孝老之城”建设，“低保惠民联办”全面升级，入选省《竞跑者》。建立社会救助联席会议机制，打造“融慈善”服务平台，农村敬老院改造提升，第二社会福利中心项目推进，完

2020 年 7 月 27 日，全县民政会议召开　　（张志林 摄）

成辉埠镇、新昌乡、青石镇、白石镇 4 个示范型居家养老服务中心建设，打造“常山孝眼”智慧养老服务平台。推进村社组织换届工作，创新“线上委托投票办理系统”，解决疫情防控条件下参选率低的难题，被《浙江信息》刊发，受到市委常委、组织部部长林晓峰批示肯定。聚力疫情防控，投入“包区清楼”，县民政局派出 30 名干部担任楼栋长和联络员，精细做好 328 户住户防控工作，安排近 700 人次做好防疫执勤，时间超过 2700 小时。

【“孝老之城”建设】 2020 年，县民政局开展“5·20”常山敬老日活动，为广大老人送去关爱。县领导重阳节慰问百岁老人，在全社会树立风向。实施“幸福讲堂”活动，为全县 190 个村（社）宣讲孝善文化，促进孝善回归。建成球川镇龙绕村、紫港街道狮东村等 14 个“夕阳红食堂”，解决困难老人就餐难题。协助人民大学课题组开展“常山县孝善文化建设”专题调研。加强品牌营造，“孝老之城”建设成果被《浙江信息》刊发，受到副省长王文序批示肯定。

【“低保惠民联办”升级】 2020 年，“低保惠民联办”全面升级，通过政府兜底、平台保障、政策护航形成 15 项政策打包式、便民化、高效率办理，低保惠民政策覆盖全县低保对象。9 月 27 日，出台《常山县低保惠民联办实施办法》，享受对象向低保边缘户延伸。6 月 29 日，常山县“低保惠民联办”再次入选省《竞跑者》；11 月 24 日，常山县“低保惠民联办”救助模式被国务院职转办简报刊发全国推广。

【社会救助】 2020 年，县民政局建立社会救助联席会议机制，并召开专题会议，出台《〈关于推进新时代社会救助体系建设的实施意见〉重要工作任务分工方案》，建立乡镇（街道）临时救助备用金制度和常山县困难群众探访关爱制度。全县有 7800 户 9866 人纳入城乡最低生活保障，低保占比 2.87%。城镇低保 388 户 470 人，农村低保 7412 户 9396 人，年支出低保金 7895.29 万元。从 10 月 1 日起实施最低生活保障标准提标，全额低保标准由 770 元/月·人提高至 850 元/月·人。全年临时救助困难群众 77 人，救助金额 23.03 万元。特困人员供养标准从 10 月 1 日起实施提标，统一调整为 1105 元/月·人，共支出特困供养资金 1268.66 万元。打造“融慈善”服务平台，慈善资源“多合一”，供需信息“网上联”，线下服务“一站式”，截至年底，通过平台慈善救助 1000 多人次，涉及金额 100 多万元。

【社会福利和养老服务】 2020年，常山县第二社会福利中心项目有序推进，总投资 5100 万元。完成辉埠镇、新昌乡、青石镇、白石镇 4 个示范型居家养老服务中心建设，并分别签约杭州康久医疗

2020年5月20日，辉埠颐养苑投入使用　　（张志林 摄）

有限公司和杭州市帼西丽老年服务中心进行运营。完成金川街道敬老院改扩建工程，并通过验收合格、投入使用，东案乡敬老院开工建设。“常山孝眼”智慧养老服务平台日益成熟，实现全县人口与老年人口信息、公办与民办养老机构信息、老人全县分布图、痴呆老人防走失定位地图显示等功能有效融合。培训养老护理员126人、家庭养老护理员237人。完成100户困难老年人家庭适老化改造。全年发放社会孤儿和困境儿童生活补助466.4万元，百岁老人高龄津贴40.6万元，90～99岁老人生活补贴117.8万元。

【社会组织管理】 2020年，县民政局新登记社会组织14家，变更15家，注销14家。截至年底，全县有社会组织2136家，其中正式登记513家、备案1624家。出台《常山县社会组织发展扶持专项管理细则（试行）》，促进社会组织发展，设立100万元的社会组织发展扶持专项资金。县社会组织党群服务中心被评为省级社会组织党群服务中心示范点。推进社会组织参与社会治理，在疫情防控、平安创建、“孝老之城”建设、“创文创卫”等志愿服务中发挥积极作用。

【社区和社会工作】 2020年，县民政局推进村社组织换届工作，创新“线上委托投票办理系统”，提高参选率。推进“全国社区治理和服务创新实验区”建设，做好社区治理、社区服务、社区综合体、数字社区等工作，初步形成共建、共治、共享的社区治理体系。建成“邻礼汇”社区服务综合体1个(天马街道金川社区)、乡镇（街道）社会工作站3个（天马街道社会工作站、紫港街道社会工作站、金川街道社会工作站），为村（居）民提供充分的开放空

2020年12月1日，省村级组织换届督查组到常山督查村社组织换届选举工作　　（张志林 摄）

间，提高社区服务综合体的便利性、可达性与共享性。全年新增持证社工人数74人，其中社会工作师22人、助理社会工作师52人。全县有社会工作专业人才356人，其中初级286人、中级70人。全年新增社区工作岗位12个。截至年底，全县有3家标识志愿服务组织、3家开展志愿者注册的志愿服务组织、3家开展志愿服务记录的志愿服务组织，共有注册志愿者113854人。

【婚姻登记】 2020年，全县办理结婚登记1658对、离婚登记723对、补领结婚证415件、补领离婚登记证31件、收养登记10件，实施婚姻家庭辅导506对。结婚生育户口“一件事联办”全年办理721件。婚姻状况变更1442人，生育登记587件，2014—2019年的婚姻档案全部完成扫描、装订并移交至县档案馆，目录24338条，扫描175907页，共计501盒。

【殡葬管理】 2020年，常山县殡仪馆完成2006具遗体火化任务，销售骨灰盒1804只，销售额184万元；南山公墓、西山陵园共办理入墓266穴，其中二次入墓84穴。做好殡葬惠民政策的落实。根据《常山县人民政府办公室关于常山县殡葬基本服务项目实行免费的通知》精神，全年减免群众基本服务费135万元，并为438人（包括低保户、五保户、重度残疾人）赠送骨灰盒总计13.14万元，身后一件事联办1953件，完成常山县殡仪馆尾气除尘净化改造工程，完成6个乡镇（街道）级树葬示范点改造提升和4个乡村骨灰堂示范点规划设计工作，全年节地生态安葬的有32例，发放奖励金19.8万元，其中撒灰2例、树葬15例、骨灰堂15例。

【水库移民工作】 2020年，全县核减直补对象248人，恢复直补对象5人（刑满释放），复核后有直补对象17889人，发放直补资金1073.385万元。全年安排水库移民扶持项目49个，资金重点用于生产开发类及美丽家园类项目建设。县水库移民食用菌基地、县水库移民创业园等移民物业项目收益200多万元，助推参与联建的45个移民村完成“消薄”工作。开展困难水库移民家庭子女非义务教育助学工作，发放助学金5.65万元。

【地名管理】 2020年，县民政局开展不规范地名清理整治工作，完成整治32处。全年安装门牌5245块，发放门牌证5321本，审批各类地名设置证明45份，注销门牌号2750块，出具相关地名标志证明2455份。完成国家地名数库关联数据951条，完成第二次地名普查数据库3458条属性数据审核（空间数据）上报工作。完成“常山数字城管”系统和常山县地名地址管理系统相关工作，入库数据1356条。完成浙江省地名词典第一部编写、第二部条目编写（初稿）、《常山县地名志》二审工作，完成国家行政区地图审核工作。完成常江线（界线界桩）联合检查。

【法治民政工作】 2020年，县民政局有37人参加法规学习和考试，成绩均达标；执法证持证人员有19人，执法证持证率在全市6个县市区民政系统列第一位。开展“双随机、一公开”执法检查，全年独立检查30家单位，各部门联合检查4家，参与检查26人次，查出问题6个，均已整改到位，并及时跟进整改情况，形成监管的闭环回路。执法检查各项指标在全县排名靠前。

【慈善工作】 2020年，县慈善总会募集款物775.49万元，其中资金704.59万元、物资折价70.9万元。拨付救助款物685.56万元，其中资金614.66万元、物资价值70.9万元，开展新冠疫情专项援助、助医、助困、助残、助学、中西部扶贫、公益项目援助等工作。其中，新冠疫情专项援助拨付救助金30.91万元，拨付价值70.9万元的防疫物资用于防疫一线。助医项目拨付救助金78.81万元。其中，白内障援助项目拨付46.97万元，328名贫困白内障患者受助；福彩儿童大病救助项目拨付30万元，11名大病儿童受助。助困项目拨出救助金35.78万元。其中，因疫致困的“暖心行动”救助项目帮助困难群众100人，应急救助项目帮助困难群众115人，春节慰问项目帮助困难群众97人，“我飞拥军”项目帮助贫困退役军人2人。助残项目拨付残疾人危旧房改造项目款110.4万元，援助24户贫困残疾人完成危旧房改造。助学项目拨付37.96万元援助困难学生138人。公益项目拨付33.4万元，援助街道、村（社）开展公益事业建设。其中，紫港街道获得困难对象危旧房改造项目款8万元；芳村镇东岗村、前塘村各受助3.95万元；修书村、东源村、洁湖村共受助10万元；何家乡长风村获助2万元；天马街道渡口社区获助3.5万元；金川街道赵家坪社区获助1万元；拨付团县委定向援助新疆资金1万元。中西部扶贫援助项目拨付资金287.4万元。其中，四川古蔺县专项援助金285万元；拨付2.4万元，采购98套电饭煲、电磁炉、炒锅援助四川省凉山州布拖县补洛乡尾什沟村村民。

【疫情防控】 2020年疫情防控期间，县民政局发动社区工作者、社会组织参加疫情防控工作，切实做好服务保障，累计为1729名村（网格）工作人员发放防疫临时性工作补贴454万元，为91名社区工作人员发放防疫临时性工作补贴32万元；投入“包区清楼”行动，派出30名干部担任楼栋长和联络员，做好328户住户防控工作，实现健康码、通行证应领尽领，安排近700人次完成防疫执勤，时间超过2700小时。启动困难群众摸排、社会救助网上办理和物价补贴机制，疫情防控期间发放物价补贴934.9万元，为困难群众应对疫情提供可靠保障；以拉网式排查、分类式管控、精准式防护、关爱式服务，做好23名流浪乞讨人员救助，保障生存权益。

常山县百岁老人名单一览表（截至2020年12月）

表33

序号	姓名	性别	年龄（虚岁）	出生日期	家庭地址
1	沈惠琴	女	105	1916-2-19	天马街道城南小区50幢中单元102室
2	江彩玉	女	104	1917-10-18	辉埠镇彭川村灵峰寺168号
3	杨水兰	女	103	1918-1-12	金川街道金川弄村原金家畈村
4	徐娜你	女	103	1918-6-6	青石镇湖头村朱家27号
5	毛根香	女	103	1918-1-28	青石镇水南村
6	何照丽	女	103	1918-5-25	球川镇黄泥畈村
7	邹丁山	男	103	1918-1-28	天马街道城南小区虎山路1号
8	徐根花	女	103	1918-1-10	定阳社区柚乡苑15-1幢7单元401室
9	王兰香	女	103	1918-8-15	天马街道和平村
10	郑舍玉	女	103	1918-9-11	天马街道东明社区竹园13-2号
11	廖荣风	女	103	1918-8-15	招贤镇游林村
12	胡十五那	女	102	1919-11-15	东案乡田蓬村莲蓬山23号

续表 33

序号	姓名	性别	年龄（虚岁）	出生日期	家庭地址
13	徐松江男	女	102	1919-6-24	天马街道屏山社区利民一弄 67 号
14	严娜你	女	102	1919-7-23	天马街道下东淤 27-2 号
15	汪桂花	女	102	1919-7-7	新昌乡西源村西岭脚自然村东坞 28 号
16	郑香莲	女	102	1919-9-23	招贤镇溪上村 10 号
17	王林香	女	101	1920-7-25	大桥头乡濛桥村
18	郑金花	女	101	1920-3-12	大桥头乡濛桥村
19	王兆花	女	101	1920-5-1	青石镇湖头村朱家 34 号
20	曾莲香	女	101	1920-1-15	青石镇湖头村 430 号
21	李金水	男	101	1920-5-27	招贤镇古县村
22	王明华	女	100	1921-9-23	东鲁村徐家生产队
23	张娜你	女	100	1921-11-25	球川镇馒头山村窑上自然村
24	杨金珠	女	100	1921-11-2	天马街道五联村吴村张 47 号
25	占秋香	女	100	1921-7-6	东明社区东苑小区 48 幢东 201
26	徐水玉	女	100	1921-10-8	招贤镇渔溪口村符家自然村 32 号
27	杨秋莲	女	100	1921-1-24	同弓乡山边村
28	曾桂英	女	100	1921-8-10	辉埠镇路里坑村石村 3 号
29	叶蓉花	女	100	1921-8-8	辉埠镇达坞村棚桥 11 号
30	樊爱珠	女	100	1921-5-27	招贤镇樊村村

（张志林）

退役军人事务

【概况】 2020 年，常山县退役军人事务局（以下简称县退役军人事务局）坚持以退役军人为中心思想，对标“重要窗口”，聚焦“浙西第一门户”，全面推进退役军人事务。

【党建志愿服务】 2020 年，县退役军人事务局谋划打造的“慢城领军人”党建品牌受到表彰，建成机关党建示范点，待安置退役军人流动党支部做法全省推广。推进全面从严治党，全县政治生态首次半年度监测评估得分居 56 个部门中的第 2 位，成为五个“流动红旗”部门之一。招募组织“慢城兵心”退役军人志愿团（营、连），投入疫情防控工作，捐款捐物，排查人员 161064 人次，排查车辆 17288 辆，从全县 111 个单位挂联小区中脱颖而出，成为县里表彰的 8 个优秀“红细胞”联防联控临时党小组之一，多名退役军人和干部职工获小区包区清楼、企业复工复产等疫情防控先进个人。成立关爱退役军人协会，募集关爱退役军人基金。

【退役军人服务站建设】 2020 年，县退役军人事务局成立县、乡、村三级退役军人服务中心（站）。新时代枫桥式退役军人服务站创建走在全市前列，县退役军人服务中心和东案乡、紫港社区退役军人服务站被评为全省新时代枫桥式服务站，芳村镇等9个乡镇被评为全国示范型服务站，在全省服务保障体系建设现场推进会上交流经验、全省新时代枫桥式退役军人服务站典型案例汇编中，衢州市均只有常山入选。

【全生命周期服务管理】 2020年，县退役军人事务局围绕入伍、服役、退役、就业、优待5个全生命周期，制订方案，梳理事项，优化流程，在常山慢城通上拓展退役军人全生命周期服务平台，促进退役军人服务事项网上办、掌上办。深化退役军人信息采集，开展退役军人就业、创业、需求、培训、优秀五大专项调查，全面准确掌握退役军人底数。谋划推进退役军人“1+X”分类建档精准服务，涵盖重点优抚对象、党员退役军人、优秀退役军人、创业退役军人、困难退役军人，以及退役军人就业、创业、教育、培训、住房、子女就学等各类需求电子档案，家庭住址电子定位，实现系统检索汇总、点对点联系、精准化服务。

【军休安置就业创业】 2020年，县退役军人事务局完成军转干部、符合政府安排工作条件的退役士官安置工作。提升退役士兵自主就业服务水平，经常性发布企业招聘信息，举办退役军人线上（下）专场招聘会、退役军人创业座谈会，做好创业老兵带新兵服务。把“同等条件下退役军人优先”政策落实到位，机关事业单位、社区分别面向退役军人招录。与银行协作，创设“军人贷”“军创贷”，额度大、利率低、免担保，助力退役军人创业。组织、推选6名创业退役军人参加全省退役军人创业大赛，成为衢州唯一入围省决赛的选手，并获三等奖。

【优抚纪念】 2020年，县退役军人事务局及时足额发放义务兵家庭优待金和“三属”、在乡复员军人、伤残军人、带病回乡退伍军人、“两参”人员、职业制武警、60周岁以上农村籍退役军人等各类抚恤金和生活补助。为现役义务兵父母开展一次免费健康体检和办理大病补充医疗保险、意外伤害险、拥军保。组织重点优抚对象参加疗休养。为抗美援朝出国作战人员发放70周年纪念章。完成全县14个乡镇（街道）35处烈士纪念设施和抗战纪念设施的实地数据采集及图片分类整理，碑文内容复核。

【双拥工作】 2020年，县委出台《常山县新时代拥军优属若干规定》，对获“八一勋章”、战区以上称号和立一、二、三等功的常山县籍现役军人，分别给予不同金额奖励。开展各种双拥活动20多次，春节、“八一”期间由县领导带队慰问重点优抚对象、优秀退役军人、困难退役军人。召开常山县2020年新春退役军人座谈会。

（廖志良）

常山县残疾人联合会

【概况】 2020年，常山县残疾人联合会（以下简称县残联）抓好疫情防控和复工复产，推动残联组织改革，全面完成涉残民生实事项目，加强残疾人民生保障、就业助学、精准康复、文体宣传等工作，成功创建“全国无障碍环境县”。至此，常山县成为衢州市唯一获“全国无障碍环境县”称号的县（市、区）。紫港街道柚苑社区成功创建省级无障碍社区，实现“全面建成小康社会，残疾人一个也不能少”的目标。

是年，市聋人协会副主席、共产党员林芳仙在疫情防控坚守“浙江西大门”中表现出色，被市人大评为人大代表抗疫先进典型。《中国残疾人》杂志刊登白石镇中心卫生院医生林辉“残疾人家庭签约医生——签约故事”典型案例。天马街道天安村肢体残疾人严金水残疾人辅具适配成功案例参加“2020年全国辅助器具服务技能竞赛”决赛。黄世超、李欣宁在浙江省“2019年度残疾人事业好新闻”评选活动中获评论类三等奖。选送残疾人书画和摄影作品参加全省“众志成城，抗击疫情”书法、摄影创作活动；推荐8名各类优秀残疾人及残疾人亲属代表列入浙江省专门协会后备人才。东东家庭农场负责人廖东东参加2020年市级“残疾人创业创新项目”评选活动，获得三等奖。

【抓实疫情防控和复工复产】 2020年，县残联腾空常山县安康医院作为疫情防控集中隔离点之一。全体干部职工做好“包区清楼”、居家隔离及小区值守等工作；开展“两问两送”（即“问健康、问需求、送温暖、送服务”）专项行动，解决残疾人生活物资困难；组织安排市第三人民医院医生为精神残疾人送药上门；动员全县残疾人工作者、残疾人及社会爱心人士累计捐款2万余元；发放91家（名）残疾人服务机构和个人纾困帮扶资金27.7万余元；争取上级口罩、消毒液等防疫物资，支持防疫一线。安排4名干部“一对一”服务指导4家挂联企业疫情防控工作，按流程和规范落实各项防疫举措；召开“残疾人之家”复工复产布置会，帮助残疾人服务机构、涉残企业、4家挂联企业解决物资运输、人员务工等问题，实现防疫复工“两手抓、两手硬”。

【完成涉残民生实事项目】 2020年，“残疾人之家”改造提升和困难残疾人家庭无障碍改造是年度省级民生实事项目。县残联按照“人口1万人以上的乡镇（街道）至少建有1所残疾人辅助性就业（庇护性照料）机构”的建设任务，做好白石镇“残疾人之家”、新昌乡“残疾人之家”、星都笔业“残疾人之家”提升改造工作，于11月初均投入使用，共计安排入托残疾人35人。借助托养中心、培智学校、村（社区）等资源，实现全县所有乡镇（街道）“残疾人之家”全覆盖，建成18家，其中三星级11家、二星级7家，为281名劳动年龄段轻度精神、智力残疾人和其他重度残疾人提供庇护服务。为全县14个乡镇（街道）的222户困难残疾人家庭进行无障碍改造及辅具配发，从根本上改善困难残疾人家庭的生活环境。

【残疾人民生保障】 2020年，全县有5656名重度残疾人享受护理补贴，补助1102.27万元，4059名困难残疾人享受生活补贴，补助1371.13万元。补助9家盲人按摩机构和11名城镇个体户养老金6.58万元；补助231名残疾人职工基本养老保险个人缴费补贴11.59万元；为17名符合条件的残疾人机动轮椅车燃油补贴对象发放补贴。全面完成第四批省慈善助残危房改造项目验收工作，13名残疾人获得59.2万元改造补

常山县南门溪防洪坝人行桥北岸绿地无障碍坡道 （县残联 供图）

助；完成52名残疾人第五、六批省慈善助残危房改造项目申报工作。通过前期摸底调查掌握残疾人无房户12家、C级危旧房277家、D级危旧房25家，确定第六批拟报的省慈善助残危房改造对象52家，县级危旧房修缮户28家。对4家养老服务机构进行无障碍设施改造；县政府门户网站完成“无障碍阅读”改造；“常山慢城通”App增设语音播报。

【残疾人就业助学】 2020年，县残联克服因疫情原因未能召开招聘大会的困难，第一时间线上发布招聘信息，吸引203名残疾人应聘，其中32名残疾人与13家招聘单位达成就业意向。共向嘉兴、绍兴的福利企业输送残疾人就业5人；本地按比例就业安置残疾人35人。落实残疾人单招单考政策，1名肢体残疾人考入金川街道工作，1名视力残疾人考入国企工作。补助34名残疾人初次创业10.2万元，25名残疾人贷款贴息补助17.64万元；补助残疾人扶贫基地2万元，残疾人工疗站15.49万元。支持残疾人特殊教育发展，培智学校有在校生53人，全县随班就读残疾学生129人，送教上门40人。补助困难残疾儿童学前教育、特殊义务教育、残疾人及残疾人家庭子女考取大学161人，共计33.05万元。

【精准康复服务】 2020年，县残联落实残疾人基本型辅助器具服务473人，其中配发轮椅及护理类辅具220件、助听器219台、假肢安装20副、盲人眼镜14副；发放22名残疾人辅具小额货币补贴资金30088元；发放15名残疾人膝髋关节置换手术补贴资金141862元；为79名残疾儿童提供康复服务，其中听力言语康复训练10人、配发助听器1人、脑瘫康复训练14人、智力康复训练23人、孤独症康复训练6人，矫治手术2人，人工耳蜗体外机升级补贴1人，困难残疾儿童康复服务补贴22人；组织14名视力残疾人开展定向行走培训；确定3家单位创建县级残疾人社区康复示范站，在全县14个乡镇（街道）全部建立县级及以上的社区康复示范站。

【家庭病床服务】 2020年，县残联共为465张建床对象提供“阳光康护·家庭病床”康复服务，开展康复服务8299次，其中责任医生服务3683次、协调员服务4616次，康复服务满意率达100%；列入责任医生签约服务的持证残疾人有11039人，签约率占持证人数的88.73%。为762名精神残疾人开展免费服药扩面工作，新增服药定点机构1家即市第三人民医院，与县医保局签订一站式结算服务协议。为5729名残疾人和586名辅具需求对象提供数据采集和服务工作，康复服务率、辅具适配率均达100%。

【文体宣传】 2020年，县残联在“全国助残日”“全国残疾预防日”等残疾人节日期间，组织52名残疾人体验县城无障碍设施建设情况；发放宣传资料、手册2000多份，悬挂横幅、宣传标语80多条；为300多人提供义诊；开展乒乓球、立定投篮、套圈、跳绳等趣味活动；举行轮椅健身操比赛；县“一周要闻”新闻节目播放手语翻译52期。选送残疾人作品在全省第三届残疾人书画摄影大赛中分别获得摄影作品三等奖、绘画作品三等奖；在全市残疾人书画、摄影比赛中分别获得一等奖2名、三等奖1名、优秀奖2名。组织全县420名残疾人参加文化助残“五个一”活动（即读1本书、看1份报刊、游1次公园、参观1次展览、参加1次文化活动）。为310名残疾人配送康复体育健身器材，命名2家残疾人体育健身示范基地。全面开展“助残好声音”8090新时代理论宣讲工作。

【维护残疾人合法权益】 2020年，县残联重视残疾人日常动态掌握，实施重点人员一对一稳控，落实重大会议活动节日期间平安报送制度。全年处理回复“12345”热线14件、信访件3件，信访处置率达100%。建立经常性法律援助救助机制，施行援助13人次，确保“应援尽援”。

【“最多跑一次”助残服务】 2020年，残疾人证评定由每月一次改为每周一次。全年受理申请办证人员996人，系统注销死亡人员303人，办理户籍迁移8人，补办换领残疾人证304本；开展上门办证9次，为52名残疾人提供上门办证服务。落实“最多跑一地”，与县民政局、县公安局等部门推动低保惠民联办、助残服务“一件事”、殡葬“一件事”、精神残疾人免费服药一站式结算等改革，困难残疾人生活补贴、残疾人证注销及惠残政策的取消纳入联办事项。对接政务服务2.0，做到线上数据跑与线下专人跑相统一，让残疾人“跑零次”成为常态。

【残联组织改革】 2020年4月，根据《关于印发常山县残疾人联合会所属常山县残疾人康复指导中心等2家事业单位机构编制规定的通知》文件要求，完成2家下属事业单位改革。加强乡镇（街道）、村（社区）残疾人工作专职委员队伍建设，出台常山县乡镇（街道）残疾人工作专职委员考核办法、薪酬福利制度，与180个村（社区）残疾人工作专职委员签订劳务协议书，落实误工补贴，签订廉政自律承诺。打造“清廉残联”，强化清廉制度建设，厚植清廉思想、培育清廉文化、落实清廉行动，推动残联工作重心下移，积极配合县委巡察工作“回头看”，配合市、县派驻纪检监察组执纪检查和各级审计检查工作，做好问题整改和追责问责。

【开展“四访四助”行动】 “四访四助”行动即：走访困难残疾人危房户，助力其危房改造；走访年家庭人均收入8000元以下困难残疾人，助力其基本生活保障提升；走访未就业残疾人大学生，助力其就业创业；走访居住环境“黑脏臭乱”困难残疾人家庭，助力其净居亮居。2020年，县残联经数据对比和前期排查，全县有人均8000元以下残疾人1人，6名残疾人毕业生中有1名未就业，有30户D级危房户。为解决问题，通过兑现1户人均收入8000元残疾人低保及困难生活补贴政策，助力残疾人脱贫；协助1名未就业的残疾人大学毕业生就业（在台州市房地产公司做售楼员）；30户D级危房户中，除死亡及鉴定错误的2户外，其他危房户都落实建房政策或安置好住房；实施20户困难残疾人净居亮居工作。加强全县困难残疾人动态管理，及时做好帮扶纾困，慰问困难残疾人180户，建

2020年8月12日，省残联副理事长宣清松（右）到常山调研困难残疾人“四访四助”专项行动等工作　（周黎明　摄）

立长效跟踪机制，不让一个残疾人掉队。

【创建全国“无障碍环境县”工作推进会召开】2020年6月19日，常山县召开创建全国“无障碍环境县”工作推进会。副县长傅淑梅在会上指出，全国无障碍环境县创建工作要与城镇改造、新建项目、文明创建结合起来，对照任务目标要求，按照时间节点，精准发力，抢抓工期进度，瞄准重点难点问题，推进工作，确保高质量完成创建任务。

【成功创建全国无障碍环境示范县】2020年6月19日，常山县召开创建“全国无障碍环境县”工作推进会。围绕组织管理、监督、道路、公共建筑、公共交通设施、福利及特殊服务机构、居住区及建筑、信息交流8项要求，将创建工作纳入《常山县城市赋能行动实施方案》和省级示范文明城市建设之中，先后投入资金6000多万元，对111个路口盲道改造和坡化处理、10个城市绿地坡化处理，对60多家政府机构、教育医疗、文化体育无障碍改造，设置无障碍停车位100多处，结合老旧小区改造推进无障碍环境建设，取得良好成效，促进残疾人、老年人、伤病人、婴幼儿及其它社会成员更加平等参与社会生活。2020年9月17日，常山县通过“全国无障碍环境县”创建工作省级核查验收。10月，国家部委验收组到常山县实地抽查验收“全国无障碍环境县”创建工作。住房和城乡建设部、工业和信息化部、民政部、中国残联、全国老龄办五部门联合发文，授予72个市县村镇为“创建全国无障碍环境示范市县村镇”，常山县名列其中，为衢州市首家“全国无障碍环境示范县（市、区）”。

2020年6月19日，常山县召开创建全国“无障碍环境县”工作推进会 （王　诚　摄）

【创建省级无障碍社区】2020年，紫港街道柚苑社区成功创建“浙江省无障碍社区”。柚苑社区成立创建工作领导小组，出台相关改造方案，共投入资金26.5万元进行高标准、个性化需求的无障碍设施改造，主要进行社区无障碍坡道及扶手改造、无障碍卫生间改造、道路无障碍改造、公共活动场所无障碍改造、公共服务场所无障碍改造、残疾人和老年人家庭无障碍改造、信息化无障碍改造等，为建设美丽幸福家园营造良好环境。

（王　诚　蔡　卿）

常山县红十字会

【概况】2020年，常山县红十字会（以下简称县红十字会）弘扬“人道、博爱、奉献”的红十字精神，围绕解决弱势群体最关心、最直接、最突出的问题，在组织建设、救灾救助、生命关爱、救护培训以及人体器官捐献等方面取得较好的成绩。全年接收并使用“消薄”资金500多万元，助力全县农村“消薄”工作。在东案乡养老院开展红十字博爱养老院试点工作，县红十字会定期组织志愿者参与养老服务，帮助养老院解决实际困难。在紫港社区打造第二个博爱家园试点项目，致力于让红十字元素融入社区建设，让红十字精神融入居民生活，提升居民幸福感。加大造血干细胞宣传力度，采集造血干细胞血样30人次，宣传红十字大爱精神。参与所包村天马街道蒲塘村的“五水共治、共建生态家园”行动，补助5万元，助力农村风貌提升。常山县红十字应急救援队参加各类活动参与救援150多次，出动志愿者1400多人次。全县新增器官捐献3例。

【助力新冠疫情防控】 2020年，县红十字会发动新冠疫情募捐，共接收用于新冠肺炎疫情防控社会捐赠资金及物资价值530万元。其中：接收捐赠资金217笔，计343万元；接收捐赠各类应急物资119笔，价值187万元。所接受的捐赠款物，凡有特定捐赠意向的按捐赠方意向安排，无捐赠意向的款物根据实际需要由常山县疫情防控指挥部统筹安排使用，助力全县新冠疫情防控工作。

【“博爱送万家”活动】 2020年元旦、春节期间，县红十字会开展“博爱送万家”活动，筹集款物38万余元，为常山县100多户因灾、因病等困难家庭送上慰问款物和新春祝福。其中，市红十字会慰问30户，款物价值3万元。

【救护培训“五进”活动】 2020年，县红十字会推进生命关爱工作，开展救护培训“五进”（即进机关、进农村、进社区、进学校、进企业）活动，增强广大群众应急避险意识，提高自救互救能力。全年完成救护员取证培训1453人次，救护知识普及培训14943人次。同时，在县职业中专、锦绣学校设立应急救护培训基地，配发价值3万元的培训基础设备。

（许和俊）

乡镇（街道）

天马街道

【概况】 天马街道位于常山县境内中南部，是常山县政府驻地，辖区东连青石镇，南接江山市西，西北交白石镇、金川街道，北界常山港和紫港街道，总面积75.49平方千米。境内有黄泥塘金钉子、龙潭溪、石崆寺等景区，四星级酒店1家，三星级酒店2家，三星级旅行社2家。2020年，天马街道下辖12个行政村、6个社区，总户数20043户，户籍总人口48469人，常住人口57156人，其中农村人口15366人；党工委1个、党委6个、党总支1个、党支部70个，党员2134人。耕地面积5917亩，林地面积88299亩；粮食播种面积6520亩，粮食总产量3586吨；蔬菜种植面积1635亩，产量1635吨。年末生猪存栏量1250头，家禽出栏469400羽。辖区内有中学4所、小学4所，幼儿园、托儿所18所。辖区内规模以上工业企业3家，财政总收入3817.93万元，财政税收总收入4039万元，固定资产投资4019万元，城镇居民人均可支配收入41890元。

2020年，天马街道推进党建统领。规范党建“三联工程”建设，完成12名行政村党建指导员的调整，并以交叉互查、定期督查的形式对12个行政村落实情况进行督查23次，交办整改问题214个，党建“三联工程”示范乡镇创建工作通过市委组织部验收。推动乡村振兴讲堂建设，完善各村居讲堂主阵地硬件、软件配套设施，开设课程249次，受益群众6000多人。抓实专项监督，对疫情期间履职不到位的3名村干部进行问责处理，对扶贫走访督查发现的51个问题均做到及时交办督促整改，完善新任干部“廉洁档案”18份。加强基层治理。推广信访代办制度，共为基层群众代办各类信访事项17件，完成“12345”信访举报平台及各类来信来访事件的调查、答复工作，按期满意率在95%以上；开展禁毒“流动课堂”、

2020年12月27日，天马街道“8090”新时代理论宣讲团在渡口社区开展春节疫情防控宣讲活动 （天马街道 供图）

禁毒宣传进村居文化礼堂等活动，实现18个村（社）巡回宣传全覆盖，开展禁毒宣传知识讲座8场，悬挂横幅25条，发放宣传册5000多份；落实禁种铲毒和易制毒企业巡查工作，街道辖区共铲除罂粟200多株，排查辖区内易制毒化学品企业13家、闲置仓库3处、无人居住闲置房子5处、出租厂房2处。聚焦城市管理。创新实施“望闻问切”工作法，完成疫情防控任务；做好2111户20多万平方米危旧房评估工作，完成评估报告送达确认；联合相关部门完成餐饮油烟排查、毁绿种菜、垃圾分类等工作；配合做好县委大院“拆墙透绿”工作，完成1户钉子户厨房内移；推进老旧小区智能化改造，配合完成渡口、竹园双号、城南3个试点小区改造提升；确定5个社区实行卫生保洁外包服务并量化评分，根据群众对保洁工作满意度评分情况拨付资金，推行生活垃圾分类服务市场化运营模式；汛期在老城区开展24小时防汛巡查，及时帮助1200名危旧房住户安全转移。

是年，天马街道被评为“浙江省戏曲之乡”“浙江省关心下一代先进集体”“浙江省集体经济薄弱村工作成绩突出集体”等。金川社区被评为“省级高标准生活垃圾分类示范小区”，文峰社区被评为“衢州市抗击新冠肺炎疫情先进集体”，定阳社区被评为“衢州市城市社区新冠肺炎疫情防控先进集体”。

2020年9月7日，天马街道南前坊村召开新一届两委班子会议

（天马街道 供图）

【推进乡村振兴项目】 2020年，天马街道攻坚土地开发，完成建设用地复垦158亩并通过县级验收；农房整治项目立项73亩，东港村和天马村已通过市级验收；完成五联村预立项旱改水项目42亩。完成天安村羊岙山塘整治工程、和平村陈塘灌区水毁渠道修复工程、五联村四都水毁渠道应急修复工程；完成外围7个村饮用水提标后续扫尾工作，并移交县水务公司统管。推进万亩香柚建设项目土地流转工作，完成土地流转2000多亩，种植香柚1900亩，为村集体增加收入30多万元。

【村社组织换届试点工作】 2020年，天马街道通过“一图一表一指数”“一村一策”等手段，采取“红色拉练、干将比拼”、比选社区居委会委员候选人、为民服务先锋队等措施，考实考准干部的真实表现，开展“问计于民”走访、户代表测评、文艺晚会巡演等活动，增强与群众的互动，街道18个村（社）109名新一届村（社）两委班子一次性选举成功，其中3名“一肩挑”人选是新引进的优秀乡贤。

【片区旧城改造房屋征收】 2020年，天马街道配合完成9个征收片区（23个小片区）的界限划定工作，并按照征收时序将9个片区分为Ⅰ、Ⅱ、Ⅲ期，其中Ⅰ期3个区块合理划分为7个战区，配合包干部门组建7个片区工作组、7个临时党支部、30个网格临时党支部，全速推进主城区旧城改造房屋征收工作，完成入户调查、意愿征询、问题收集反馈等相关工作，为2021年开展上门评估、测绘、征收签约、房屋腾空打下坚实基础。

东港村“飞地消薄”华丽蝶变成就“百万村”

（天马街道　供图）

【村集体经济发展】 2020年，天马街道制定村集体经济发展“一村一策”，争取省东联集团、县农业农村局、县“两山银行”等方面的支持，通过优化队伍、盘活资源、三产融合、抱团发展等模式，壮大村集体经济，东港村通过创新实施园区“飞地”消除集体经济薄弱村，村集体经营性收入突破100万元。街道12个行政村年度村集体经营性收入合计1136.88万元，其中村集体经营性收入50万元～100万元的村2个、100万元以上的村6个，被省委、省政府评为“浙江省集体经济薄弱村工作成绩突出集体”。

2020年天马街道各社区基本情况一览表

表34

社区名称	共建单位（个）	楼幢（幢）	户数（户）	人数（人）	外来人口（人）	外出人口（人）	育龄妇女（人）	环检对象（人）	归正对象（人）
屏山社区	14	95	1994	4952	782	382	1660	673	13
金川社区	15	213	1877	4556	205	81	1626	633	11
东明社区	13	281	3435	8647	1481	1500	3251	931	16
定阳社区	15	93	1987	4633	2032	599	1827	590	8
文峰社区	18	435	2117	5014	1628	721	1543	790	6
渡口社区	13	87	2788	5301	203	107	1623	687	10
合　计	88	1204	14198	33103	6331	3390	11530	4304	64

2020 年天马街道各行政村基本情况一览表

表 35

村 名	换届前		换届后支书主任	村民小组（个）	党员（人）	农户（户）	人口（人）	劳力（人）	面积（亩）		村集体经营性收入（万元）
	支 书	主 任							耕地	柑橘胡柚	
东方红	焦瑞生	—	祝平平	5	33	340	982	567	127	58	110
南前坊	袁小军	郑荣良	袁小军	6	41	417	1008	676	56	180	245
西 峰	吴慈祥	胡 军	吴慈祥	5	31	296	543	301	165	114	40
北屏山	马土标	马土祥	马土标	4	28	330	685	440	0	0	92
常年青	徐晓俊	—	徐晓俊	5	40	341	783	485	45	30	160
蒲 塘	李培荣	吴建军	吴建军	4	28	279	753	588	98	377	126
周 塘	刘国华	—	刘国华	6	38	358	911	605	453	460	56
五 联	徐贤义	李昌敏	刘芳军	10	60	610	1685	1197	730	670	28
东 港	谢晓华	—	谢晓华	8	62	521	1527	1013	627	1006	114
天 马	邱有青	鲍金荣	毛云华	16	67	914	2221	1757	1069	1020	20.88
天 安	李涌泉	廖燕萍	李涌泉	16	86	725	2168	1370	1050	1592	108
和 平	—	吴立冬	吴立冬	17	86	714	2100	1740	1497	575	37
合 计				102	600	5845	15366	10739	5917	6082	1136.88

（雷少伟）

紫港街道

【概况】 紫港街道位于常山港以北，东与青石镇接壤，南邻天马街道，西接金川街道，北连辉埠镇、大桥头乡，区域面积 41.3 平方千米，下辖 10 个行政村、2 个社区、1 个渔业大队。截至 2020 年年底，紫港街道户籍人口 16467 人；党组织 34 个，党员 792 人，其中农村党员 504 人。

2020 年，紫港街道做好疫情联防联控工作。设立 42 个村（社）卡点，党员干部冲锋在前，社会组织和热心群众积极参与，涌现出一批先进典型，获市、县正面典型表扬 12 人次，徐金妹、张雪珍被评为“衢州市抗击新冠肺炎疫情先进个人”。发展社会事业。落实低保分类救助和动态管理制度，低保在册 303 户 387 人，低保边缘户在册 74 户 108 人，实现应保尽保、应补尽补、应退尽退。做好关爱残疾人工作，155 名残疾对象享受最低生活保障，新增康复站 1 个，完成无障碍改造进家庭 8 户、无障碍设施改造其他类 10 户，残疾人康复体育进家庭项目 30 个，为 25 名残疾人配备康复器材。强化计生协会关怀，发放已婚妇女安康保险补助 2.17 万元，为 85 户独生子女户投保意外伤害险。落实精准扶贫对策，实行“一户一策一干部”结对，政策兜底保障，农饮水工程惠及低收入农户 341 户，33 户困难群众 C 级、D 级危旧房改造全面完成，开发公益性岗位 31 个，培训帮助就业 26 人。推进消除集体经济薄弱村工作，10 个村全部实现经营性收入 10 万元以上，其中富足山村、渣濑湾村等实现经营性

紫港街道“一米菜园”（紫港街道 供图）

收入超50万元。推进平安建设。加强街道、村两级社会纠纷调处化解中心规范化建设，推动村民信访“最多跑一次”；深化纠纷排查化解，推进ODR在线矛盾纠纷多元化解平台受理调解纠纷；富足山村、狮子口村成功创建“省级民主法制村”；扫黑除恶、防范电信诈骗工作成效明显。健全和落实安全生产责任体系，持续开展安全检查，创成三星级食安办。完成12个村（社）组织换届选举工作，村（社）党组织书记和村（居）委会主任全部实现“一肩挑”，村（社）两委年龄结构进一步优化，文化水平实现较大提升。

【完成一批县级重点项目】 2020年，紫港街道依托“党建+项目”“网格+项目”，建立“1个项目+1名班子+N名干部”工作机制，集中时间、人员、精力等优势力量，破解项目推进中的各类难题。320国道改建紫港段、杭金衢高速公路拓宽二期、文昌小学、骨伤科医院、城市污水处理厂三期土地征收等一批重点项目完成。聚焦旧城改造，通过包干到户、责任到人，倒排时间、抢抓进度，完成瓦窑基片区房屋征收拆除。

【农村风貌提升】 2020年，紫港街道争取上级建设资金1730万元，谋划推进美丽乡村项目24个，新建改建村道6条，创建美丽庭院121户，新建小型停车场25处，打造景观节点12处，新建A级公厕2个、AA级公厕1个，完成7个村“万家灯火”项目，安装路灯500多盏。严防农房整治反弹，设立农房整治“曝光台”，实行逐个销号。拆后利用550处2.68万平方米，开展“一米菜园”、小微停车场、景观节点打造，利用率达97.1%。狮东村通过市级拆后利用示范村验收，全市农房整治拆后利用互看互学现场会、全市“一米菜园”擂台赛在紫港街道成功举办。

【打造“有礼街道”】 2020年，紫港街道开展“有礼指数”提升行

2020年6月17日，紫港街道幸福邻礼启动仪式举行
（紫港街道 供图）

动。成立紫港“礼遇千年”宣讲团，在各村（社）巡回开展宣讲，选聘10名有礼监督员、8名有礼形象大使，开展“我为有礼紫港代言”、有礼督导等专项行动。组建12支有礼志愿服务队，500多名有礼志愿者集中开展清除牛皮癣、烟头不落地等行动。结合“美丽单位”创建，在街道机关开展“有礼标兵”评选活动，以打造“有礼村社”为抓手，开展“最美紫港人”、星级志愿者、有礼商户等评选活动。是年，紫港街道被评为“常山县有礼乡镇（街道）”。

2020年紫港街道各社区基本情况一览表

表36

社区名称	社区主任	专职工作人员（人）	楼房（幢）	住户（户）	户籍人口（人）	外来人口（人）	外出人口（人）
紫港社区	江　敏	10	255	4222	2308	231	105
柚苑社区	徐玉宏	7	41	1350	332	27	35
合　计		17	296	5572	2640	258	140

2020年紫港街道各行政村基本情况一览表

表37

村　名	换届前		换届后支书主任	村民小组（个）	党员（人）	农户（户）	人口（人）	劳力（人）	面积（亩）		村集体经济收入（万元）
	支　书	主　任							耕地	柑橘胡柚	
枧　头	裴立新	—	朱利俊	11	44	470	1264	747	269	71	52.73
后　坊	方伟国	郑拥军	方伟国	4	27	300	829	488	180	12	37.56
外　港	樊泉水	杨林华	李鹏庆	9	64	542	1458	830	75	535	50.71
富足山	李志国	占安民	李志国	14	49	524	1571	980	350	386	69.19
大弄口	张国新	—	张国新	8	70	702	1873	1283	460	50	142.13
狮子口	王根有	谢亚青	王根有	6	66	523	1305	803	920	640	23.52
狮　东	黄盖民	叶光福	张建利	12	76	603	1576	995	1301	870	36.99
孔家弄	李明良	—	李明良	5	31	377	1126	810	760	486	96.42
姜家堡	江国诚	郑　栋	郑　栋	10	47	466	1222	876	970	940	39.54
渣濑湾	包勇飞	—	包拯剑	5	34	482	1221	899	830	373	70.33
合　计				84	508	4989	13445	8711	6115	4363	619.12

（曾艳婷）

金川街道

【概况】 金川街道位于县城西北、常山港南岸，东接天马街道和紫港街道，南连天马街道，西与白石镇、同弓乡、何家乡接壤，北邻辉埠镇、何家乡，境内有“一港二溪”（即常山港、南门溪、龙绕溪）。2020 年，金川街道下辖 14 个行政村、2 个社区，常住人口 31954 人，总面积 57.51 平方千米。金川街道耕地面积 9193 亩、林地面积 12612 亩、园地面积 3858 亩，蔬菜种植面积 5675 亩，产量 11469 吨，果园种植面 1592 亩，产量 2512.3 吨，果用瓜种植面积 1082 亩，产量 2701 吨。全年生猪出栏量 3058 头，家禽出栏 218339 只。辖内有中小学校 5 所，教师 206 人；幼儿园 5 所，教学点 2 处，其中省一级幼儿园 1 所（常山县教工幼儿园）、省二级幼儿园 1 所（金川中心双语幼儿园）。

项目建设进展加快。沿江公路和 320 国道“二改一”（即国家二级公路改造为国家一级公路）建成通车，综合供能服务站建成运营，农批市场一期顺利供地，职业中专区块完成扫尾，独流入海和杭金衢高速公路扩建项目全线无障碍施工，解决上蒋村农民新村建设地块、“大和热磁”、绿色产业集聚区等区块历史遗留问题。全年征收土地 2500 多亩，房屋 13 处，迁移坟墓 130 多穴。

民生实事全面推进。持续完善村级基础配套设施建设。完成胡家淤、五里亭等 6 个村“万家灯火”项目，开展街道养老服务中心提升改造；完成新建、蒋家小康体育村升级工程；完成胡家淤（下淤桥）病危桥改建工程；新建或改造湖里、鲁里、青年畈等村内各类水渠 3000 多米；推进“污水零直排区”赵家坪公建单位排水改造提标工程；完成公厕新建 3 处、改建 1 处；创建四星级食安办，7 月 8 日，衢州市基层食安办分级分类管理工作现场会在金川街道举办；推进“诗画风光带”沿线 7 个村的房屋外立面改造和景观节点建设项目。

“消薄”减贫卓有成效。谋划“造血”项目，整合省级重点扶贫村光伏分红资金、村闲置资金，投资 400 万元建设朱家坞村办公楼项目、200 万元建设湖东村紫薇玻璃大棚项目，增加村集体经营性收入 40 多万元。加强农村“三资”（即农村集体资金、集体资产和集体资源）管理，盘活闲置资源，鼓励支持各村发展物业经济，实现经营性收入 20 万元以上村全覆盖。探索“互联网+”扶贫新模式，创新开发“结对联心”小程序，精准搭建就业平台，畅通增收渠道，深化“1 ＋ 1”（即 1 名街道干部+1 名村社干部）联系帮带制，因户施策，推进精准扶贫。深入发展扶贫产业，探索跨村抱团增收模式。开展危旧房改造工作，投资 80 多万元，帮助 37 户低收入农户完成 C 级、D 级危房解危改造工作。全年减贫 43 户，扶贫工作卓有成效。

是年，金川街道被评为“浙江省美丽乡村示范乡镇”“浙江省四星级食安办”“衢州市先进基层党组织”“衢州市抗击疫情先进集体”等；赵家坪社区被评为“全国民主法治示范村（社区）”；徐村村被评为“衢州市第二批市级特色文艺村（社）”。

【疫情防控】 2020 年，面对严峻的疫情防控形势，金川街道创新推出“清仓战疫图”，运用“五+”作战法（即党建+模块、网格+联户、宣传+服务、群防+技防、清单+督导），对特定人员进行“三色”管理、精准智控，最终实现 2 名确诊对象的 48 名密切接触者无一感染。相关经验做法获《光明日报》、浙江经视、《衢州日报》等各级媒体多次点赞。县委、县政府给予金川街道集体嘉奖 1 次。

【换届选举工作】 2020 年，金川街道创新“夕阳红”宣讲团、“老干部家园行”等活动载体，做细做实“三问”（即问计于民、问需于民、问政于民）活动，收集各

2020 年 11 月 7 日，金川街道赵家坪社区党支部召开换届选举会议（金川街道 供图）

类意见建议 167 条，动员网格及党员上报信息 542 条，解决纠纷、民生小事 407 件，完成民生实事项目 30 多个。选出村（社）党组织委员 68 人、村（社）委会委员 73 人，两委平均年龄比上年下降 4.35 岁，35 周岁以下的比上年增加 15 人；高中及大专以上学历比上年增加 14 人，村（社）干部队伍素质进一步提升。相关经验做法被县换届工作简报刊登 2 次。

【"金事办"矛调工作】 2020 年，金川街道以"金事办"矛调中心建设为抓手，创新"1333"基层治理体系（即以 1 个"金川事金川办，今日事今日办"为目标，以"三级联动、三色管理、三维智控"为抓手），构建街、村、格三级联动纠纷摸排和化解制度。压实党员联户责任，畅通村（社）党员和网格成员信息上报渠道，实现线上分类交办流转，打造智慧治理中枢。全年信访量比上年下降 56.8%，获"信访积案百日攻坚"先进集体、平安建设突出贡献集体等荣誉，受到县"十条军规"通报表扬 2 次，并在全县大会上做交流发言。

【民主法治示范社区创建】 2020 年，金川街道以赵家坪社区"睦邻党建"为抓手，推行"红色物业联盟"管理模式，打造"睦邻驿站""红色客厅"等综合服务议事平台，探索"三治"（即自治、法治、德治）融合新路径，成立"红色代办队伍""楼道红管家队伍""能大姐服务队"3 支队伍，开展法治宣传教育，引导群众参与基层治理，推动管理向服务转变、他律向自律转变，赵家坪社区被评为第八批"全国民主示范法治村（社区）"。

2020 年 12 月 24 日，金川街道赵家坪社区第六届邻居节暨"我们的春晚"文艺汇演举行（金川街道 供图）

【乡村人才培养】 2020年，金川街道出台《金川街道街村干部考核办法》，结合“金川智控”小程序，构建“1＋8＋X”（即1套“岗位职责完成指数”+8项“中心工作贡献指数”+X件“自由抢单争先指数”）智控考评体系，实现干部绩效精准评价，相关做法作为样板，在全县范围内推广运行。发布金川街道“红色召集令”，吸收36名优秀青年，组建第一批“红色预备队”，为乡村振兴发展增添新动能；开展各类理论知识培训，培育市级治村名师1人、乡村振兴讲堂五星级讲师2人。对接衢州学院等高等院校，新建四星级人才工作站、市级博士工作站，强化人才交流合作，协助艾佳果蔬有限责任公司引进博士人才4人。

2020年7月，“紫薇花海泼水节”系列活动在金川街道徐村村举行（金川街道 供图）

【泼水节系列活动举办】 2020年，金川街道依托徐村村生态资源禀赋，探索“外来资本＋合作社＋农户”三方协同管理运营模式，举办“紫薇花海泼水节”系列活动，促进夜间经济，撬动消费内循环，打造新时代乡村旅游新名片。为期一个月的狂欢季系列活动，吸引游客40万余人次，拉动消费1000万元以上，惠及农户150多人，农户增收100万元以上。

2020年金川街道各社区基本情况一览表

表38

社区名称	社区主任	专职工作人员（人）	楼房（幢）	住户（户）	非农业人口（人）	农业人口（人）	外来人口（人）	外出人口（人）
赵家坪社区	郑小云	8	303	3363	4920	7387	121	435
二都桥社区	徐卫英	6	428	309	480	686	88	110
合　计		14	731	3672	5400	8073	209	545

2020 年金川街道各行政村基本情况一览表

表 39

村名	换届前		换届后支书主任	村民小组（个）	党员（人）	农户（户）	人口（人）	劳力（人）	面积（亩）		村集体经济收入（万元）
	支书	主任							耕地	柑橘	
五里亭	陈松贵	官　明	陈松贵	9	44	622	1331	834	614	150	49.42
新建	徐新华	徐高翔	徐新华	12	48	351	1032	590	489	26	55.58
常桥	徐小忠	何　军	徐小忠	7	41	341	788	512	189	100	65.81
十里山	陈明富	刘昌其	陈明富	10	44	505	1165	680	230	60	43.52
十五里	刘启忠	—	叶向阳	18	98	807	2075	1245	1918	395	37.95
蒋家	蒋文斌	蒋　明	蒋文斌	4	30	283	667	458	157	30	81.32
新都	缪进水	—	缪进水	13	92	629	1557	859	463	60	70.72
金川弄	洪　剑	—	刘卫正	19	73	823	2038	1260	1029	220	84.30
胡家淤	胡水金	—	胡水金	32	95	970	3002	2043	1517	6	61.43
朱家坞	何文仙	朱华贵	何文仙	4	38	328	880	560	395	40	36.66
湖东	陈雪锋	占晓露	陈雪锋	10	67	590	1459	976	733	45	43.61
徐村	叶继强	徐有德	叶继强	8	47	445	1146	668	330	125	73.46
上埠	郑立华	郑国庆	胡红连	17	84	906	2004	1275	955	230	45.77
上蒋	—	蒋念荣	蒋智华	4	29	245	593	355	174	30	32.33
合计				167	830	7845	19737	12315	9193	1517	781.88

（张尚锋）

辉埠镇

【概况】 辉埠镇地处常山县城北郊，东与大桥头乡、紫港街道接壤，南邻紫港街道、金川街道，西界何家乡、开化县，北连芳村镇、新昌乡，镇域面积 127.1 平方千米，为全国文明镇、浙江省中心镇、省级教育强镇、省级体育强镇、衢州市首批经济强镇。镇内九景衢铁路、杭金衢高速公路、320 国道纵横交错，规划中的 351 国道穿境而过，高效便捷的路网已基本成型。国家 AAAA 级旅游景区三衢石林坐落境内，严谷甘泉、龙山寺、赵公岩、大埂新石器时代遗址等景点星罗棋布，川越旅游、画里桐村休闲旅游项目建设如火如荼，省级书法村东乡村和省AAA级旅游景区村路里坑村各有风情。截至 2020 年年底，辉埠镇辖 17 个行政村，村民小组 245 个，常住农户 11308 户，户籍人口 3.47 万人；党组织 24 个，农村党员 1274 人；耕地面积21621亩，柑橘胡柚面积3883亩。农民人均纯收入 2.45 万元。

2020 年，常山县经济技术开发区辉埠片区有工业企业 200 多家，规模以上企业 50 家。其中，产值 10 亿元以上企业 2 家，产值 5 亿元以上企业 3 家，产值超亿元企业 12 家。加强引导一批传统企业技改提升，新老产业齐头并进，不断向高端化、集群化、绿色化发展。全年实现工业总产值

98.5亿元，比上年增长3%。辉埠镇财政总收入1.7亿元，比上年增长41.67%；固定资产投资10.11亿元，比上年增长36.8%，其中制造业投资完成8.41亿元，占全县制造业投资的53%。全镇“消除集体经济收入薄弱村”任务全面完成，17个行政村集体经营性年收入均超20万元，其中50～100万元的村2个，100万元以上的村3个。争取中央和省级扶持项目3个，获得奖补资金180万元。全面完善低收入农户家庭基本档案794户1083人，100%完成困难群众危旧房改造工作，发放低保补贴599.4万元，全面消除农户人均年收入8000元以下的现象。深入推进“最多跑一地”改革，全镇受理各类事项2330件，办结2330件，群众满意率达99%。推进区域环境生态系统整治，解决镇内生态环境重难堵点问题，受到新华社、《光明日报》等多家中央级媒体报道点赞。全镇新增“百万亩”绿化造林633亩。完成常辉线沿线5个村的景观节点、庭院、外立面等改造提升工程，实施集镇污水零直排区创建并通过省级验收。完成53条村庄道路拓宽、112穴“村中坟”迁移、510个小微停车位建设等工作，新建灯光球场2处、一米菜园420个，推动辉埠村入选市级拆后利用示范村，石姆岭村入选县级拆后利用精品村。

【疫情防控】 2020年，新冠肺炎疫情发生后，辉埠镇进行到边到底全方位摸排，严防输入和扩散，发动“三老”（即老党员、老干部、老支书）服务队、志愿者、党员干部近8000人次，发放各类宣传画册1万余份，发送各类预防信息3.8万条，设置重要卡点52处，开展摸排人数3.4万人次，取消或延迟宴席143场，累计隔离保护1300多人。统筹推进疫情防控和经济社会发展工作，恢复生产生活秩序，保障工业企业复工复产，做好各级学校复学疫情防控工作，落实宗教、敬老院等特殊场所疫情防控工作。

【产业项目进展】 2020年，辉埠镇围绕新材料、水泥建材等产业，引进巨安装配式建筑、虎鼎环保、鹤丰新材料等重点项目10个，总投资20.6亿元，实际到位引资额8.3亿元。其中，鹤丰项目完成仓库基础建设，哲丰周边地块完成房屋拆除5幢、土地征收120亩，坟墓迁移11穴；南方水泥粉磨项目完成土建工程进度70%；欧恒二期、京宸塑业项目完成土地摘牌；虎鼎环保项目完成土建工程进度80%；哲丰北面8.17兆瓦光伏小康项目完成清表及土地平整工作，相关组件进场施工。对接仙鹿新材料、加气切块等在谈项目。规划久泰弄村服务业态，协助完成辉埠公寓楼33间店面出租，推动完成辉埠镇邻里中心项目设计评审、土地摘牌，持续完善久泰弄安置区周边配套，着力把久泰弄村打造成片区生活配套服务集聚中心。

【区域环境整治】 2020年，辉埠镇完成59孔历史遗留立窑和2万多平方米建筑物拆除，平整土地900多亩，处置石灰渣100万吨；协助完成生态修复工程，其中后社片区完成进度80%、金刚川片区完成进度30%。完成钙产业园区复垦工程进度70%，推动7家企业完成土地复垦，剩余2家企业复垦工程进行中。2020年7月，“辉埠镇区域环境整治案例”入选浙江省委中央环保督察整改成效典型案例，受到国家长江办通报表扬。

【完善乡村服务设施】 2020年，辉埠镇基本完成辉何公路468亩土地征收，全面完成集体土地房屋征迁协议签订，辉何大桥、大埂公墓启动建设。对接完成县中医院辉埠分院选址，启动宋畈分院扩建施工；促成辉埠第一中心幼儿园公办园开园；完成辉埠敬老院搬迁、宋畈居家养老服务中心及残疾人之家建设。举办有礼宣讲、讲座30多次，张贴公益海报道旗200多面、有礼公益广告400多张。新建石姆岭、东乡、宋畈三个移风易俗示范点。17个村抱团联建的金辉标准厂房现已建成投用，年租金收益达 180 万元。投资 1 亿元的辉埠镇邻里中心项目启动招投标，建成后预计 17 个村每年可获租金分红 850 万元。

2019—2020 年辉埠镇规模以上工业企业部分经济指标一览表

表 40　　　　单位：千元

经济指标 企业名称、年份		工业总产值（当年价）	工业销售值	利润总额	应交增值税	资产合计	利税总额
四通轴承	2020	76199	65689	-1300	210	222920	4382
	2019	107058	80067	-5847	4050	245690	6826
精辗钢管	2020	5794	5880	-8123	530	13100	-7540
	2019	25837	23720	-1153	980	23860	-75
双明轴承	2020	130688	128393	9302	4643	110078	14857
	2019	147496	148043	28355	4845	93282	33685
百利盛金属	2020	98261	97938	487	1001	46770	1854
	2019	123567	119060	839	1007	47635	1976
捷姆轴承	2020	98199	104458	5272	3611	145321	9940
	2019	102766	107350	858	5820	157941	7728
康乐轴承	2020	38111	39272	5312	2422	33844	7985
	2019	41802	40125	1589	1689	23184	3479
成鑫轴承	2020	46066	47453	3994	2255	65650	6605
	2019	38061	39262	1718	1642	61615	3561
神龙建材	2020	134238	134268	1443	2225	22623	4065
	2019	116674	117400	2074	1501	23126	4002
虎跃水泥	2020	212740.94	234902.64	16406	2320	113450	20295
	2019	238924	237240	8219	5477	100527	14933
江山虎水泥	2020	657095	673832	265420	35675	1110795	304662
	2019	701461	731133	283355	46099	1003921	334064
南方水泥	2020	1362617	1362850	480784	80977	2050831	576230
	2019	1468404	1534513	635866	108602	1791603	757829
中精轴承	2020	71770.55	62112.7	2753	1813	86358	4592
	2019	9463.89	9463.89	797	-1234	28062	-437

续表 40

单位：千元

企业名称、年份 \ 经济指标		工业总产值（当年价）	工业销售值	利润总额	应交增值税	资产合计	利税总额
哲丰新材料	2020	1381987	1268245	169792	—	2702048	173362
	2019	1110983	1003959	15356	—	1638782	18367
新淇尔电器	2020	72760.35	74528.7	-1580	1650	65390	1247
	2019	53211.2	51352.04	-325	176	57229	1100
恒业混泥土	2020	81522	81522	1573	2445	37343	4287
	2019	83618	83618	1919	2507	36115	4708
灿宇纺织	2020	138429	138429	-80	1000	89343	1055
	2019	123436	123436	-42	241	52034	245
科米诺	2020	31725	30973	-89	—	24800	-78
	2019	15887	19262	-373	—	23072	-369
英鸿建材	2020	57257	57447	6362	4469	68660	11241
	2019	51425	52119	216	5514	49303	6292
瑞隆家居	2020	50771	50771	5045	1860	31555	7087
	2019	28950	28767	831	420	28711	1298
星球滚动体	2020	20382	20067	-784	980	39585	294
	2019	23640	22191	-126	1120	40483	1107
常山纺织	2020	91028	91689	-1895	1602	129654	-970
	2019	120375	134772	277	2016	157569	-1430
润达涂料	2020	26094.27	26571.49	228	35	19918	292
	2019	26335.58	23941.32	513	37	19877	685
涌鑫装备	2020	50406	50385	-234	1275	525303	1166
	2019	35264	35264	-361	902	18905	648
卡罗莱纳	2020	65178	65884	1572	1458	52143	3231
	2019	71683	62839	1076	1293	50747	2750
百邦花式	2020	27055.77	27570.03	1404	1630	38556	3204
	2019	37877.67	41204.83	2361	2259	39294	5053
雪村制冷	2020	124203	124565	-1260	418	121515	714
	2019	105689	105689	429	4700	120268	5879
雪亮厨具	2020	65699	66908	99	1371	45836	1626
	2019	64669	66634	28	1400	47149	1557

续表 40　　单位：千元

企业名称、年份 \ 经济指标		工业总产值（当年价）	工业销售值	利润总额	应交增值税	资产合计	利税总额
雄狮工贸	2020	87961	92533	427	1583	115430	2510
	2019	91427	85796	1835	—	97093	2169
玛莉莎工贸	2020	69015	71473	3009	—	112110	3321
	2019	62997	64176	1167	—	85954	1724
富瑞森工贸	2020	50548	50548	2263	1751	33782	4207
	2019	59147	59147	2907	1285	32225	4479
亿智达新材料	2020	79115.22	79115.22	872	2206	45758	3318
	2019	47996	47996	477	1957	46871	2845
永建混凝土	2020	116070	116070	2446	3487	34472	6316
	2019	90023	90023	1284	2701	42074	4368
迈尔泰木业	2020	81182	86969	404	2556	96476	3216
	2019	119589	110856	428	2942	100047	4129
凯康金属	2020	330489	332350	2607	2380	144698	5637
	2019	309125	316150	3422	—	105989	4131
亨达铝业	2020	339479	339479	5759	3175	83275	9323
	2019	388729	388729	4118	3982	98416	8665
创建厨具	2020	57451	59626	1279	—	44112	1367
	2019	53133	52433	1277	—	32977	1615
江山虎电力	2020	32294	32294	20962	2977	130277	24237
	2019	35934	35934	20962	3632	98360	24947
中兴矿业	2020	64457	64457	11715	5306	210427	17578
	2019	58576	58576	10772	6082	198162	17462
欧恒制冷	2020	107461	105707	5061	1855	87931	7127
	2019	130427	89756	5260	2083	74193	7565
哲丰新材料	2020	20602.57	20602.57	392	208	22664	625
	2019	20577.96	20577.96	105	322	20785	550
恒业混凝土	2020	35242.18	33699.86	454	102	35229	653
	2019	42098	36085	47	753	33397	888
合 计	2020	6614883.5	6524994.21	1019126	183878	9094600	1242610
	2019	6584336.3	6498660.04	1032500	228802	7046527	1300998

2020 年辉埠镇各行政村基本情况一览表

表 41

村名	换届前		换届后支书主任	村民小组（个）	党员（人）	农户（户）	人口（人）	劳力（人）	面积（亩）		村集体经济收入（万元）
	支书	主任							耕地	柑橘胡柚	
大埂村	陈金林	吴水芳	陈金林	20	75	1065	2983	1997	1579	288	82.34
山背村	江善标	江万军	江善标	11	50	564	1687	1025	873	461	67.37
鸭坞村	邱和平	邱伟群	夏小芳	8	65	520	1675	1140	1076	115	251.89
石姆岭村	符红锋	郑玉水	苏成	11	66	554	1579	1117	505	45	230.59
辉埠村	章忠文	刘秋萍	章忠文	14	87	659	1780	1112	1114	20	95.9
东乡村	曾峰斌	徐作功	曾峰斌	16	82	1020	3011	2325	2630	399	22.13
童家村	谢美珍	陈坤明	谢美珍	13	38	420	1097	732	380	50	95.34
久泰弄村	陈金明	刘伟彬	陈金明	23	81	724	2214	1614	2525	855	181.04
宋畈村	汪土福	吴初七	汪土福	10	77	474	1417	840	820	144	62.65
达坞村	黄志明	徐银水	琚利民	15	88	587	1914	1287	1078	400	74.27
路里坑村	朱调威	陈志岗	刘志亮	13	92	581	1845	1290	1415	100	86.82
彭川村	王治俊	王中良	王太其	20	80	1030	3244	1717	1572	15	96.59
双溪口村	杨土喜	王文全	杨土喜	20	112	780	2284	1576	1366	233	127.15
桐村村	陈文林	徐财平	陈文林	5	39	335	1083	652	363	10	52.81
黄坞岭村	黄永平	吴金水	黄永平	15	75	541	1825	1054	1075	150	65.54
才里村	汪建芳	华金红	汪浩浩	27	90	544	2092	1067	1050	336	117.3
东鲁村	魏土良	陈松陆	魏土良	4	77	910	3010	2132	2200	262	97.12
合计				245	1274	11308	34740	22677	21621	3883	1806.85

（翁斯哲）

招贤镇

【概况】 招贤镇位于常山县境东部。辖区东交衢州市柯城区航埠镇、沟溪乡，南界江山市大陈镇，西连青石镇，北接大桥头乡和东案乡。地处金衢盆地西缘，属低山区和丘陵平原交错分布区，地势南、北两翼高，中部低，南部为低山丘陵山区，北部为丘陵岗地，中部为沿江冲积平原区。最高点湖山，位于境南；最低点大溪沿村东侧河滩地，位于境东。常山港自西向东流贯境中，境内流程 8 千米；芳村溪西北从大桥头乡入境，向东南流至境中注入常山港。另有官塘溪、大坑溪、大弄溪 3 条季节性河流。矿藏资源有石灰石、石煤、石英砂等。320 国道、杭金衢高速公路、黄衢南高速公路、衢常铁路、九景衢铁路穿境而过，素有常山“东大门”之称。境内名胜古迹主要有招贤古渡、樊氏大宗祠、古县遗址、箬溪泉水。2020 年，全镇总面积 69.8 平方千米，耕地面积 14030 亩，林地面积 41399 亩；下辖 18 个行政村，有农户 13013 户 34372 人。招贤镇党委下辖 23 个党支部，其中行政村党支部 18 个，党员 1165 人。

2020 年，招贤镇财政收入 3157.31 万元，完成全社会固定资产投资 30936.7 万元，实现规模以上工业总产值 26353 万余元。引进 500 万以上新落地项目 2 个，其中 1000 万以上项目 1 个。九龙新型墙体和赛得宁和等一批特色项目陆续落地，续建项目共计到位资金 2.7 亿元，比上年增长 5%。集中精力发展工业、服务企业，指导帮助企业争取项目、资源、政策，天广建材、飞浦防爆、赛特尔化工、科升电力等一批工业企业快速发展。坚持镇村联动、刚柔相济，化解溪上、汪家淤等村一批信访问题。登记信访件量比上年下降 45.5%，实现信访增量、存量“双下降”。优化设置网格 44 个，调整配强网格“一长三员”221 人，加强网格队伍建设；专职网格员信息上报和网格巡查工作开展情况良好，以村务员代办、联户党员“五上门”（即生病卧床上门看望、红白喜事上门帮忙、矛盾纠纷上门劝解、不满情绪上门疏导、突发事件上门了解）制度打通“无差别受理”最后一千米。支持和帮助村级集体经济发展壮大，运用村企合作、社群合作、盘活集体资产等途径，增强造血功能，全镇 18 个行政村集体经济收入均超过 20 万元。

【推进复工复产】 2020 年，招贤镇开展组团联企活动，疫情防控期间建立项目复工防疫指导小组 7 个，54 名干部下沉一线，走访企业 15 家，解决各类难题 78 个。对接市、县部门，为企业审批打通“绿色通道”，赛得医用口罩生产项目仅用时 33 天实现投产复工。规模以上工业总产值 2.6 亿元，与上年度基本持平。

【脱贫攻坚任务完成】 2020 年，招贤镇坚决落实“两不愁、三保障”要求，加大产业扶贫力度，做好因病致贫返贫、无劳动能力贫困人口的兜底保障工作。规划建设古县畈“微创园”、官庄厂房、纱帽山枇杷深加工 3 个扶贫车间，谋划鲁士肉鸭养殖、纱帽山枇杷园、光伏发电 3 个脱贫项目。全镇设置公益性岗位 56 个，落实低保政策 81 户 116 人，“雨露计划”助学 30 人。对 136 户困难家庭实施建房补助。全年实现 1096 名贫困人口脱贫。

【项目建设】 2020 年，招贤镇成立项目专班、建立工作小组，推进“三大区块”建设。集镇新区新增建设用地 137 亩，80%的用地完成丈量。对接省、市、县部门，结合防洪堤招贤老街段建设，谋划招贤古渡老街区块景区，设计沿街景观工程、古码头建设等。解决汪家淤工业园区遗留 16 穴坟墓及 7 亩土地的“老大难”问题。配强力量、充实专班，保障招贤重点产业发展。联合县人社局、县资规局、县住建局等 18 个部门、单位，针对赛得健康小镇建设项目 8 个方面、22 项具体问题制定解决方案，解决 57 亩土地、及 5 穴坟墓的遗留难题。“香柚湾”田园综合体项目专班运作、迅速推进，完成土地流转 1135 亩，项目施工畅通无阻。

2020 年招贤镇各行政村基本情况一览表

表 42

村 名	换届前		换届后支书主任	村民小组（个）	党员（人）	农户（户）	人口（人）	劳力（人）	面积（亩）		村集体经济收入（万元）
	支 书	主 任							耕地	柑橘胡柚	
官庄村	徐毛良	徐毛良	蓝丽丽	4	42	357	836	472	368	500	24.17

续表 42

村 名	换届前		换届后支书主任	村民小组(个)	党员(人)	农户(户)	人口(人)	劳力(人)	面积(亩)		村集体经济收入(万元)
	支 书	主 任							耕地	柑橘胡柚	
高埂村	兰冬生	曾云祥	兰佳伟	10	60	745	1939	1456	896	1400	56.03
大溪沿	林建明	季云仙	季晨曦	5	41	532	1438	1091	592	710	37.29
游林村	曾嘉明	曾嘉明	张光良	10	29	449	1151	751	385	750	23.57
古县畈	韩志平	张利平	韩佳驹	10	80	530	1314	965	797	850	26.15
古县村	李小林	李 成	李小林	12	83	701	2001	1489	846	1440	25.15
招贤村	周建平	—	周建平	9	60	544	1713	1120	450	865	35.97
汪家淤	陈冬香	邹根生	赵良兵	8	45	406	1089	761	530	500	26.02
渔溪口	邓江华	兰如荣	毛方成	9	55	641	1604	911	678	958	36.30
纱帽山	魏雨生	徐朝斌	徐朝斌	12	64	539	1493	912	661	600	36.04
溪上村	曾余生	徐亚安	徐贞满	16	81	866	2245	1522	849	738	42.42
泉目山	—	—	涂国红	14	79	982	2577	1864	805	1350	34.63
大弄村	黄国新	刘樟木	黄国新	8	48	626	1691	1032	524	940	37.38
五里村	李向阳	刘剑飞	刘春国	8	71	1060	2614	1855	840	600	40.83
樊村村	樊智敏	樊利红	樊国飞	15	60	660	1771	1033	928	800	28.25
鲁士村	郑书舞	徐娟芳	徐利海	8	76	773	2134	1432	1059	500	42.02
山底村	徐建忠	郑仕民	徐先锋	8	65	794	2192	1506	760	1200	72.59
象湖村	郑水清	郑小群	郑美珍	24	126	1808	4570	2576	2062	1350	40.16
合 计				190	1165	13013	34372	22748	14030	16051	664.97

(祝雅斌　王　柯)

青石镇

【概况】 青石镇位于常山县城东郊，距离衢州市区 29 千米，距离常山县城 5 千米，东连招贤镇，西接天马街道和紫港街道，南与江山市大陈乡交界，北和大桥头乡毗邻；是中国青石花石之乡、中国常山胡柚祖宗地、浙江省农业产业强镇。杭金衢高速公路、320 国道、221 省道及九景衢铁路穿境而过，境内设有高速公路出入口。2020 年，青石镇总面积 78.7 平方千米，辖 18 个行政村、1 个渔业大队，总人口约 3.6 万人。

2020 年，青石镇推进 15 个项目建设。生态园区提质扩容项目，40 天完成 941 块地块签约，共计征收土地 366 亩，迁移坟墓 128 穴，化解历史遗留问题 36 个，常林纸业二期、利安隆项目二期顺利开工。全面完成 320 国道“二改一”项目主线涉及政策处理工作，道路全线贯通。完成全域土地综合整治项目 800 亩土地的丈量工作，完成 400 多亩土地征收协议签订工作。杭金衢高速公路拓宽工程、沿江公路工程、独流入海西塘边护岸工程和砚瓦山村、新站村美丽乡村等项目有序推进。

2020 年 5 月 18 日，常山县生态园区提质扩容土地交付暨 2020 年第三批重点项目集中开工仪式在青石镇水南村举行 （青石镇 供图）

美丽城镇省级样板镇创建项目通过验收，国家卫生乡镇创建工作通过省级暗访组暗访。民生事业扎实推进。完成全镇低收入农户 1038 户 1251 人建档立卡，健康保险落实率达 100%。18 个行政村经营性收入均超过 10 万元，全面完成年度“消薄”任务。打造砚瓦山“公筷公勺”示范村、大塘后移风易俗示范村。18 个村全部成立村级社会矛盾纠纷调处化解工作站，联合青石镇省级金牌人民调解工作室“云河工作室”，对疑难信访问题协调处理，限时办结。全年收到信访件 300 多件，比上年减少 33.6%，化解率达 96.7%。

是年，青石镇被评为 AAAA 级旅游景区镇、浙江省“扫黄打非”进基层示范点。

【村播基地被多级媒体报道】 2020 年，青石镇依托“柚石兴”乡村振兴综合体，成立“村播学院”，建立“村播基地”，打造全县首条集数字生活、夜间经济、文化旅游为一体的步行“网红街”。启动“乡土直播员”培养成长计划，出台“青八条”专项激励政策，为有直播兴趣的村民、企业免费提供场地、设备、用餐，给予通勤补贴等福利待遇，在杭州设立常山县首个“飞地直播基地”，相关工作获央视《新闻联播》报道 3 分多钟，获《人民日报》《光明日报》《青年时报》《浙江日报》等多级媒体报道。

【村级换届选举】 2020 年，青石镇开展“心系群众、化解积案”行动、“问计于民”活动、“红色拉练干将比拼”擂台赛，压实压紧责任，营造良好换届氛围。11 月 9 日，完成村党支部换届选举工作，全镇 18 个村党支部 1118 名党员参选，参选率达 100%；79 个支委职数均一次性 100%选足，“一肩挑”人选平均得票率达 99.31%，其中 14 个“一肩挑”人选得票率达 100%，其余 61 个支委平均得票率达 99.40%。截至 12 月 23 日，青石镇选出新一届村两委干部 126 人，其中乡贤 11 人。两委干部交叉任职人数 25 人，均一次性选出。

【全市新冠疫情首发地防控工作】 2020 年 1 月，青石镇江家村出现衢州市首例新冠肺炎确诊病例，且因举办喜宴导致密接人员众多。青石镇成立江家村疫情防控点红细胞临时党支部，创新“一码通晓、一标通管、一话通办、一群通融”机制，投入疫情防控工作，47 户 98 名密接对象与其他村民无一人出现感染，2 月 2 日解除居家隔离。2 月 12 日和 3 月 6 日，青石镇分别向湖北省武汉市、荆州市运送常山胡柚 2400 箱、2000 箱。江家村党支部委员、第四网格党小组组长王芳被中共中央、国务院、中央军委授予“全国抗击新冠肺炎疫情先进个人”称号、被中共浙江省委授予“浙江省优秀共产党员”称号，江

青石镇向武汉运送常山胡柚　（青石镇　供图）

家村党支部被评为“浙江省新冠肺炎疫情先进集体”。12 月 17 日，青石镇党委被评为“衢州市抗击新冠肺炎疫情先进集体”。

【举办网红直播大赛】 2020 年 3 月 28 日，“春暖花开，云游常山”网红直播大赛总决赛在青石镇村播基地举行。比赛以石博园奇幻之旅为题，通过短视频和直播的形式向粉丝们展示常山特色美食美景、土特产等，最终以点赞量高低决出胜负。颁奖仪式上，各牵头单位与千万粉丝的网红们签订网红孵化基地战略合作协议，赏石小镇网红街店铺入驻运营签约，世界旅游小姐罗妍艳成为中国观赏石博览园代言人，助力网红街的打造。

【直播推介活动走进溪口】 2020 年 9 月 17 日，浙江广电集团融媒体新闻中心大型融媒特别策划“小康村 24 小时”第 14 站走进青石镇溪口村，此次活动包含一起为“浙”村拼单、24 小时慢直播、主播带你游“浙”村等多项内容。

2020 年青石镇各行政村基本情况一览表

表 43

村　名	换届前		换届后支书主任	村民小组（个）	党员（人）	农户（户）	人口（人）	劳力（人）	面积（亩）		村集体经济收入（万元）
	支　书	主　任							耕地	柑橘胡柚	
山溪边村	郑英春	郑英文	郑英春	12	56	711	2059	1300	1100	1300	22.82
阁底村	—	徐国芳	鲍忠勇	15	68	834	2506	1300	1190	1550	23.93
江家村	许军良	—	王志建	21	110	1131	3187	850	1735	1560	28.41
澄潭村	徐立伟	曹金全	徐立伟	17	67	900	2687	1600	858	1200	24.03
桥亭村	祝亚平	王国军	王国军	28	97	955	2778	978	927	4500	20.7
砚瓦山村	徐卫国	—	徐卫国	17	87	658	2178	1100	598	600	100.79
湖头村	王祥春	—	毛科见	21	92	1192	3508	2121	1580	1780	26.86
水南村	徐雨根	黄建军	黄小飞	22	106	917	3249	2449	420	584.69	31.58
塘边村	陈先平	汪小良	陈雪飞	8	37	338	1136	646	436	860	22.89
山头村	胡亮亮	王庆华	胡亮亮	8	55	585	1696	1062	531	784	22.5

续表 43

村 名	换届前		换届后支书主任	村民小组（个）	党员（人）	农户（户）	人口（人）	劳力（人）	面积（亩）		村集体经济收入（万元）
	支 书	主 任							耕地	柑橘胡柚	
虹桥村	危耀土	胡卫群	胡卫群	12	66	523	1914	962	767	1030	68.3
新站村	江政宏	江军良	江军良	6	38	406	1195	658	794	655	20.18
马车村	张财有	邓行华	张财有	8	45	438	1124	642	546.26	500	20.93
溪口村	鲁正峰	—	徐雄	8	54	382	1060	538	442	300	15.69
大塘后村	秦定福	—	秦定福	12	60	640	1878	1300	710	1500	21.63
九龙山村	官小华	李开标	官小华	7	40	426	1147	550	380	500	20
飞碓村	刘达生	江桔芳	范书荣	8	47	549	1457	750	520	480	57.56
和尚弄村	林德良	—	蔡永军	7	34	324	956	258	429	545	25.3
合 计				237	1159	11909	35715	19064	13963.26	20228.69	574.10

（徐巧芳）

白石镇

【概况】 白石镇位于县境西南，地处浙赣两省三县市交界处，素有“两浙首站”“八省通衢”之称，是浙江省的西大门。镇政府驻地白石街，距县城公路里程13.5千米。辖区东交天马街道、金川街道，南界江山市大桥镇，西邻江西省玉山县岩瑞镇，西北接壤球川镇。杭金衢高速公路与320国道在白石镇境内交会，320国道自东向西贯穿镇域5个村。镇域内有中坊至球川、白石至江山市大桥2条县级公路。7个行政村均通水泥路，总里程18千米。2020年，白石镇区域总面积46.2平方千米，辖7个行政村99个村民小组，有90个自然村。常住户3858户，总人口10403人。全镇有学校1所，专职教师27人，义务教育普及率达100%；文化站、图书室8个，藏书8000册；镇中心卫生院1所，卫生技术人员17人，其中医生10人；体育健身场所16处；家庭农场16家；邮政储蓄所、信用社各1个；集贸市场1个。实现地方财政收入351.89万元；完成固定资产投资6586万元，比上年增长21.63%；实现旅游收入3497万元，比上年增长1%；村集体经济经营性收入214.8万元，平均每个村30.68万元，比上年增长78.11%；农民人均可支配收入21450元，比上年增长9.7%，社会经济等各项事业发展良好。

2020年，浙赣边际（衢饶）示范区管委会入驻白石镇，项目建设推进力度加大。未来驿站于3月启动实施，已争取专项债资金2亿元。推动与“两山银行”合作，白石村出资320万元，购买位于该村的衢州畜禽废弃物高效资源化利用工程研究中心。草坪村发展辣椒产业，打响“草坪红”辣椒酱品牌，全年实现收益约19万元。不老泉景区新建14个大圆房和顶部观景平台，打造网红打卡基地，完成主干道“白改黑”，接待中心、管理中心和养老服务中心基本完成内部装修。柚香谷依托一、二、三产融合发展产业模式，创建第二批省级农村产业融合发展示范园。疫情防控措施严格落实到位。美丽城镇建设扎实推进。民生事业不断发展。

是年，白石镇被评为国家卫生镇、浙江省“五水共治”考核

不老泉养生养老基地入口 （白石镇 供图）

优秀乡镇、浙江省美丽乡村示范乡镇、浙江省森林城镇等。

【省际疫情防控】 2020年，白石镇狠抓重点环节、重点场所、重点人群疫情防控。全镇排查8000多人次，实行集中隔离164人次，解除管控368人次，无一人感染新冠肺炎，党员群众主动捐款捐物15万余元。

【美丽城镇建设】 2020年，白石镇加强违章建筑拆后利用，完成439宗土地拆后利用，面积约3.3万平方米。其中，草坪村争取到专项资金600万元，完成320国道农户房屋外立面改造。曹会关村和草坪村成为第一批通过县级验收的拆后利用“示范村”。谋划各类项目21个，总投资4.61亿元，争创美丽城镇市级样板镇。新建3处A级公厕和1处AA级公厕。拓宽村道13.5千米，新建小微停车场17处，邻里菜园60个。全面提升农村生态环境、人居环境和发展环境，建设宜游宜居宜养宜业的文旅特色型美丽城镇。

【森林城镇建设】 2020年，白石镇推进“省级森林城镇”创建工作，完成七大重点工程建设项目。开展松线虫病检查，清理枯死松树70多棵。完成造林地块面积1510亩，新增造林面积1120亩，下辖7个行政村均完成“一村万树”建设任务，超额完成“绿美常山”六大行动任务。其中，3个行政村通过省级“一村万树”示范村创建验收；新塘岭村被评为“国家森林乡村”。

【民生事业】 2020年，白石镇段320国道“二改一”工程建设项目全线完成并通车，该项目完成土地征用200多亩，拆除房屋31处。集镇农民集聚区建设扎实推进，完成土地指标调转，中心幼儿园新建和卫生院迁建项目加快推进。投资130万元，将原闲置

常玉古道特色商业街 （白石镇 供图）

草坪古驿站　　（白石镇 供图）

的供销社办公大楼改建成居家养老服务中心。发放移民补助 66.8 万元，发放农村低保补助金 140.44 万元，发放特困补助 35.74 万元；清退低保 14 户，新增低保 14 户。安装水表 2532 个，安装输配水管网长度 69.25 千米。草坪村挖掘历史文化，修复古驿站、古炮台，推进“浙江省历史文化村落”创建工作。

【“县乡一体、条抓块统”试点】 2020 年，白石镇列入全县首批“县乡一体、条抓块统”试点乡镇，探索打造规范属地事项、推行“融治理、融执法、融服务”基层治理模式。践行“一窗综合受理、一站集成服务”理念，新建矛调中心，整合“四个平台”、民情茶馆等功能，制定村级网格事项清单，梳理便民服务中心高频服务事项，实现一个模块收集、受理、反馈，多个模块联动办结。

2020 年白石镇各行政村基本情况一览表

表 44

村名	换届前		换届后支书主任	村民小组（个）	党员（人）	农户（户）	人口（人）	劳力（人）	面积（亩）		村集体经济收入（万元）
	支书	主任							耕地	柑橘胡柚	
十八里	吴国明	许金水	吴国明	12	76	498	1262	774	1201	490	45.07
曹会关	廖海富	陈用浙	廖海富	8	48	313	852	512	859	200	75.18
白石	胡红旗	胡长水	洪金松	24	117	888	2376	1288	1763	870	51.92
小白石	黄志勇	胡长军	黄志勇	8	44	426	1154	848	1115	325	89.09
草坪	林芳良	黄发明	林芳良	19	99	747	2108	1069	1876	1145	273.38
新塘岭	李理福	刘朋明	李理福	16	73	560	1485	929	1457	335	54.61
聚宝	黄杰伟	罗群	黄杰伟	12	65	426	1166	662	1127	110	57.30
合计				99	522	3858	10403	6082	9398	3475	646.55

（黄辉军）

球川镇

【概况】 球川镇位于衢州市最西部，距离县城22千米，距离G60高速公路出口500米，镇域面积129.5平方千米，下辖20个行政村，总人口4万人。2020年，球川镇实现疫情防控、复工复产“两手抓两战赢”。成为衢饶示范区的重要组团，实施320国道与中球线交界处至G20高架桥头路段亮化工程、常山新奥燃气有限公司天然气管网铺设工程、“轴承小微产业园”一期基础配套工程等项目建设。开展“县乡一体，条抓块统”改革试点，首创“融治理”模式，并在全县推广。球川镇“一支队伍管执法”建设成为衢州市重要样板地；衢州市“一支队伍管执法”互看互学活动在球川镇举行。全镇信访积案化解行动成为全县先进标杆；衢州市公安信访“最多跑一地”工作现场会在球川镇举行。推进村集体经济增收，20个行政村年内经营性收入共440.6万元，各村经营性收入均达10万元以上，超标准完成年度任务，其中后弄村超50多万元。新建文化礼堂6个，实现行政村文化礼堂全覆盖。成立首个公办幼儿园(即球川第一幼儿园)。球川村历史文化古村落重点村通过省级验收。沙安村、后弄村顺利通过“拆后利用示范村”验收。常周村、九都村、棋盘山村、西村村成功申报“土地流转示范村”，新店、吴家等16个村农田项目有序推进。年内，球川镇实现地区生产总值6.75亿元，比上年增长3.8%；财政总收入15060.4万元，一般公共预算收入5915.33万元；工业总产值7.2亿元，比上年增长4.1%；固定资产投资1.19亿元，比上年增长3.3%；农民人均可支配收入21567元，比上年增长8.9%。

是年，球川镇被评为“全国卫生乡镇”“新时代美丽城镇建设省级样板镇”；常山港龙绕溪（九都段）被评为“浙江省2020年度美丽河湖”。

【疫情防控】 2020年，球川镇实行“跨省联控、部门联动、网格联通、群众联防”举措，在通往江西省玉山县的5条道路上，投入志愿者840人次，参与卡点24小时值守，劝返通行人员1000多人次。暂停“墟日”赶集传统，组织镇村干部逢“墟日”前往现场劝返商贩和群众。推行“爱心口罩箱”，破解“一罩难求”问题。最大限度防止人员聚集，劝说群众取消酒席220场6860桌。成立企业复工“帮帮团”，助推规模以上工业企业复工复产。活用“雪亮工程＋全科网格”，做好市外返乡人员的追踪、筛查、登记、盯控工作。全镇滞留境外人员有29人，其中回国6人；辖区内有外籍人员12人，均严格执行相关防控责任措施。

【项目建设】 2020年，球川镇基本完成沙安、红旗岗、后弄连片160多亩土地征收工作。320国道与中球线交界处至G20高架桥头

轴承小微产业园项目一期建设工地　　（球川镇 供图）

路段亮化工程、常山新奥燃气有限公司天然气管网铺设工程、轴承小微产业园一期基础配套工程等项目建设有所提升。轴承小微产业园配套工程完成 40%的进度。园区配套设施提标改造项目中,5 个子项目初步完成建设,1 个子项目开工,实际项目进度达 85%;乔力以机械、常新工贸两家企业完成“新升规”;园区新入驻企业 6 家,总投资超 3.8 亿元。

【集体经济“消薄”】 2020 年,球川镇推进村集体增收项目建设,东坑村民宿、吴家村来料加工厂房,以及总投资超 180 万元的龙绕、球川等 6 个扶贫村公建房屋屋顶光伏项目均完工并产生收益。多村抱团建设的“聚力厂房”、西村民宿项目基本完工。后弄村等 7 个村谋划的共建厂房“金屋顶”光伏项目,在全县“追梦‘十四五’头雁大比拼”强村富民项目比拼擂台赛中获“飞雁奖”,向上争取资金 600 万元。深化产业扶贫扶持结对,建成蓝莓基地 1200 亩、香椿基地 50 亩、香菇大棚 45 亩,蓝莓基地每年可带动 6 个村集体经济增收 10 万元以上,带动群众增收 120 万元以上;香椿基地每年可带动村集体增收 6 万元;香菇大棚每年带动低收入农户增收 10 万元以上。建档立卡贫困人口 1189 户 1514 人,全部落实“一户一策一干部”帮扶措施,为 70 多户农户落实公益性岗位,每户农户可年增加收入 5000 多元,全面消除家庭人均收入 8000 元以下现象。70 幢 C 级、D 级危旧房和 10 户无房户于 9 月底前全部完成治理改造。开展抢险救灾工作,妥善安置 C 级、D 级危房 214 人,20 个行政村无一人伤亡。

【基层治理】 2020 年,球川镇实施“1+X”(即球川+白石、同弓,共用一支执法队)融执法,推进“一支队伍管执法”,将 3 个执法模块的 27 名工作人员和全镇 74 名执法证持有人员全员登记,纳入执法“一张网”。建立县、乡、村、格“四级联动”,警调、检调、诉调、访调、专调“五调联动”,全覆盖建立镇村“两难”(即疑难杂症、急难险重)钉钉群,加强信访排查网络建设,全年纠纷化解率达 99.2%。推行“村级办理事项马上办、县乡办理事项帮代办、特殊困难人群上门办”模式,探索特殊事项靠前服务、高频事项提醒服务、重点人群绿色服务等新服务。年内,镇、村两级办理量 21513 件,比上年增长 6%。

2020 年球川镇各行政村基本情况一览表

表 45

村名	换届前		换届后支书主任	村民小组(个)	党员(人)	农户(户)	人口(人)	劳力(人)	面积(亩)		村集体经济收入(万元)
	支书	主任							耕地	柑橘胡柚	
后弄	钟金良	林学忠	林学忠	15	48	503	1519	969	26	0.01	82.94
芙蓉	王金发	朱雪华	胡文兵	41	152	1222	4328	2621	72	0.08	89.51
红旗岗	刘堂林	鲁周国	张孟强	40	120	1100	3449	2120	51	0.02	62.16
杨家	唐余金	黄龙泉	唐余金	8	22	356	1252	736	56	0.23	53.10
西村	方高生	鲁祖才	方高生	20	52	653	2232	1234	90	0.11	68.32
东山	华盛平	林国堂	华盛平	26	116	880	2926	1683	128	0.15	116.18

续表 45

村名	换届前		换届后支书主任	村民小组(个)	党员(人)	农户(户)	人口(人)	劳力(人)	面积(亩)		村集体经济收入(万元)
	支书	主任							耕地	柑橘胡柚	
球川	徐永禄	徐文新	韩小土	43	208	1551	4990	3030	136	0.14	50.90
东坑	廖端泉	吴剑锋	廖端泉	18	43	455	1352	753	43	0.05	181.71
王家	王瑞泉	王守林	王守林	10	31	350	1096	707	61	0.00	40.32
三溪	刘文荣	罗平平	李爱明	17	66	653	2140	1299	99	0.02	68.91
吴家	林国华	吴志宽	林国华	7	42	279	863	509	53	0.05	37.98
上安	占志建	郑建平	占志建	7	36	372	1226	700	78	0.30	83.49
馒头山	许水平	李忠寿	许木田	14	59	601	1876	1050	116	0.54	35.12
沙安	严可发	徐章泉	应军鸿	9	34	387	1194	724	58	0.36	27.90
黄泥畈	周水刚	周燕清	周燕清	7	49	403	1209	702	59	0.00	237.61
九都	李建锋	刘玉军	秦碧琴	9	39	343	1095	672	56	0.01	50.78
棋盘山	徐富来	汪伟国	汪志文	8	45	432	1426	782	108	0.01	30.89
常周	程其虎	廖跃明	廖跃明	4	32	305	964	578	59	0.15	100.99
龙绕	舒国民	陈根红	刘升凤	14	99	821	2551	1477	130	0.01	109.15
新店	黄在机	姜壮荣	徐家国	17	55	583	1713	1025	132	0.18	61.50
合计				334	1348	12249	39401	23371	1611	2.42	1589.46

(徐卫燕)

芳村镇

【概况】 芳村镇位于常山县北部，是县域发展次中心，与杭州市淳安县，衢州市柯城区、开化县接壤。芳村镇是常山县北部重要的交通要塞和枢纽，黄衢南高速公路和杭新景高速公路穿境而过，在镇域内均有出口。镇域面积154.2平方千米，辖20个行政村和1个居委会，总人口2.8万余人，共26个基层党支部1165名党员。国家重点生态公益林面积10万亩，森林覆盖率达80%，负离子含量2000个/立方厘米。芳村古街有900多年历史，全长800米，街上有明清建筑60多幢，古街基本保留着明清时期的街区风貌、商铺业态、生活习俗、传统手工技艺。

2020年，芳村镇党委、镇政府切实解决人民群众大事、难事、急事。推进危旧房改造工作，完成危旧房改造169户188人。推进农民集聚工程，受理集聚申请708户，初审683户，其中芳村集镇安置82户。全面完工集镇集聚安置区11号、12号楼建设工程。全年发放各类救助资金75万余元，其中发放临时救助资金10户13人计3.2万余元。居民最低生活保障788户881人，死亡和注销不符合最低生活保障政策农户170户183人，年发放救助金65万余元；特困人员67人，注销6人，年发放救助金8万余元；向600余名残疾人发放各类补贴计238万余元。完成年度新型农村合作医疗保险等各类民生类保险参保工作。省级文明乡镇创建、省级卫生乡镇创建和统计、审计、工青妇、民族宗教等工作有序开展。

2020 年 12 月 22 日，全省“县县通高速”集中通车暨“十四五”综合交通重大项目开工仪式在芳村镇新桥村召开　（芳村镇 供图）

【疫情防控】 2020 年，芳村镇贯彻执行上级新冠疫情防控相关政策文件，多次召开专题会议研判，制定具体工作措施。常态化实施“每天两集中两研判”工作机制，组建疫情防控工作领导小组，全体班子成员分工负责，以身作则坐镇一线、谋划在一线、部署在一线。发挥组团联村作用，整合网格力量，挨家挨户摸排走访涉疫情重点地区人员，对重点人员采取“一日两见面”“一日两测温”及后续实时跟踪记录工作。发挥政务督查作用，掌握基层一线工作动态，倒逼干部真推实做。拓宽联系渠道，保障芳村镇防疫工作必要的口罩、香囊等物资。对外增派力量，选出 10 名镇干部参加青石镇江家村疫情防控工作组，选出 10 名镇干部到党校集中隔离点参与防疫工作。

2020 年 10 月 19 日，2020 中国·常山特色林业产业助推乡村振兴暨椿树国家创新联盟成立大会在芳村镇下畈阁村召开　（李君平 摄）

【特色产业】 2020 年，芳村镇发展现代特色产业，蓝莓、香椿、高山蔬菜、小水果生态发展良好。建成常山县首个油茶电子产业园，再现古老制作工艺。中国林科院亚热带林业研究所多次到芳村镇考察香椿（椿秋红）产业发展，探索香椿历史，谋划产业未来，夯实理论与技术保障。2020 中国·常山特色林业产业助推乡村振兴暨椿树国家创新联盟成立大会在芳村镇举行。

【乡村项目建设】 2020 年，芳村镇以乡村未来社区和美丽城镇建设为契机，加大招商引资工作力度，推动镇域内项目建设。完成新芳村法庭主体结构建设和内部装修；完成芳村交警中队工作用房主体结构建设；完成新芳村卫生院（县第五人民医院）前期征地，进入场地清理、初步施工阶段；完成总投资 1.6 亿元的集镇商贸综合体建设；完成集镇污水厂新建选址，小流域管理用房建设工作步入正轨；完成镇政府搬迁，翻新镇政府大楼及配套设施；枫（淳安）常（山）公路（常山段）正式通车，并在新桥村项目现场举办浙江省“县县通高速”集中通车暨“十四五”综合交通重大项目开工仪式。

【文化品牌建设】 2020 年，芳村镇注重“最美芳村”有礼示范村建设，猷阁口村被评为常山县有礼示范村。芳村镇最美领跑志愿者服务队吸引 200 多人热心参与，开展志愿服务 100 多次。围绕“宋诗之河”品牌建设，打造“方腊文化”，建成并运营芳村古街方腊展示馆，日均接待游客 100 多人次。挖掘“常山油茶”和“香椿”文化，提升文化内涵，提振旅游附加值。结合乡村振兴讲堂、文化礼堂、研学基地等载体，推出研学游精品游学路线，打响芳村油茶文化品牌。

【基层治理】 2020 年，芳村镇将农业、林业、医疗、社保、公安等窗口全部纳入大服务模块，实现群众和企业全周期“一件事”，全流程“最多跑一次”。设置全科网格 50 个，网格“一长三员”（即网格长、专职网格员、兼职网格员、网格指导员）配置齐全，专职网格员“一月一训”按计划开展，履行网格代办、巡查，重点人员管理服务等职责。加强“两站两员”（即交通管理站、交通安全劝导站，专职交通安全员、交通安全协管员）建设，宣传推广“慢城通”，实现民生事项掌上办理，20 个行政村实名认证率和电话完善率均已达标。重视交通安全出行，联合镇派出所、镇交警中队，开展违法违规出行整治 40 余次。安全生产形势稳中向好，全年开展食品药品检查 30 多次，安全生产检查 35 次。

2020 年芳村镇各行政村基本情况一览表

表 46

村名	换届前		换届后支书主任	村民小组（个）	党员（人）	农户（户）	人口（人）	劳力（人）	面积（亩）		村集体经济收入（万元）
	支书	主任							耕地	柑橘胡柚	
东源村	严辉根	黄小军	徐碧明	11	48	242	592	370	60	1.8	20
横山路村	王贤祥	魏贤标	王贤祥	6	39	332	904	615	180	2.5	20
新桥村	王致勇	王永秀	詹国全	28	99	869	2800	1958	776	5.5	21.1
前姜村	—	严利峰	严利峰	23	80	569	1593	932	305	3.1	27.17
东岗村	段柳发	段永录	段良生	12	29	174	513	281	202	1.6	21.02
前塘村	金西海	丁柏华	徐立斌	4	46	348	958	648	450	1.5	20
修书村	饶雨祥	魏根福	徐春文	22	39	408	1174	786	333	250	20
井河村	徐月亮	徐建民	徐月亮	6	27	332	871	569	256	105	28.56
芙蓉湖村	张海红	朱家红	张海红	21	83	656	2016	1010	625	1560	40
上猷阁村	江月军	徐安平	何龙生 徐安平	10	28	316	1131	648	350	250	38
下猷阁村	徐志坚	汪全勤	何志英	14	21	299	850	526	265	160	20

续表 46

村 名	换届前		换届后支书主任	村民小组（个）	党员（人）	农户（户）	人口（人）	劳力（人）	面积(亩)		村集体经济收入（万元）
	支 书	主 任							耕地	柑橘胡柚	
猷阁口村	李 峰	吴胜国	李 峰	7	32	265	807	495	246	210	11.3
芳村村	黄志旺	邵 峰	邵 峰	51	162	1380	4308	3013	1367	850	34.38
园区新村	童土有	—	童土有	14	81	654	2050	1200	793	580	50
泮坑村	黄有祥	张庆庆	黄有祥	13	62	621	2109	900	752	830	60
洁湖村	—	徐继良	徐美建	36	48	777	2243	1121	870	310	10
河边山村	甘礼荣	刘勇军	甘礼荣	4	27	322	879	498	318	180	20
前进村	王芳平	郑忠成	郑忠成	10	22	367	1067	602	308	100	20
大处村	郑献雄	—	郑尚红	12	24	290	841	500	275	220	23
石塘村	姜南明	—	姜南明	10	20	350	1047	630	350	240	10
合 计				314	1017	9571	28753	17302	9081	5861	514.53

（汪志鹏）

东案乡

【概况】 东案乡东邻衢州，南与大桥头乡、招贤镇接壤，西、北界芳村镇，距常山县城、衢州市区各 20 千米，黄衢南高速公路在境内设有出口，常东衢公路、351 国道（在建）穿境而过，交通便利。东案乡地域面积 68.81 平方千米，辖 10 个行政村，84 个自然村，2020 年总人口 15375 人。森林覆盖率达 78.5%，系“省级生态示范乡”。常山第一峰白菊花尖，海拔 1395 米，坐落于境内梅树底景区。境内最大河流为金源溪，发源于白菊花尖，自北而南蜿蜒穿流境中。

2020 年，面对新冠肺炎疫情和复杂多变的国内外形势，东案乡落实“强发展、求突破、勇争先”的工作总要求，团结带领全乡党组织和广大党员干部群众迎难而上、危中寻机，统筹做好疫情防控和经济社会发展各项工作。完成村级换届选举任务，实现平均参选率、平均得票率、一次性选举成功率、新进人员占比“四个历史性突破”。推进全乡项目建设，“远山云间”旅游度假区、腾云 · 现代旅游根据地、东部仓储物流中心等项目有序推进；打造常山胡柚、甜西瓜等特色农业；精准扶贫，开展就业创业培训，提供就业创业平台。开展土地征迁、“厕所革命”、养老服务建设等民生工程。

是年，东案乡被评为“国家级卫生乡镇”“省级 AAAA 级景区乡镇”“省级特色农业强镇”等。

【项目建设】 2020 年，东案乡推进东部仓储物流中心项目建设，完成 116 亩征地任务，一期 36 亩土方平整任务已完成 50%。创新推出“农户以农房入股、外来客商以资金入股、村集体以资源入股”的经营方式，引进“村上酒舍”民宿品牌，打造“望梅山房”常山慢居精品民宿，一期项目对外营业，二期项目加速建设，建成后预计每年可为村集体增加 10 万元经营性收益，每户农户每年可增加 1 万元额外收入。推进腾云 · 现代旅游根据地项目落户金

腾云·现代旅游根据地项目在金源村落地　　（东案乡 供图）

源村，首创“村企合作、客源兜底，整村接待、管家服务”模式，借助全市 31 家旅行社引流优势，运营 3 个月累计接待游客 1.5 万余人次，其中房屋出租为农户增加 10 万余元的收入；预计年均输送游客约 10 万人次，带动全村增收 5000 万元。完成“远山云间”旅游度假区项目一期 147 亩土地征用工作。

【产业融合发展】 2020 年，东案乡重点培育大宝山、连福专业合作社等常山胡柚产销加工龙头企业，扩大良种栽培规模，良种覆盖率达 100%。流转土地 6000 亩，完成数字化分拣中心、电商中心、常山胡柚主题公园等项目建设。常山胡柚种植面积 1.1 万亩，总产量 2.6 万吨，年产值 1.3 亿元，常山胡柚主导产业产值占全乡农业总产值的 54%。推进甜西瓜数字科技化，引进新品种 8 个。东案人在域内外种植甜西瓜面积达 5000 亩，年产值达 8000 万元。田蓬村红翔家庭农场入选市级乡村振兴专家工作站、中国农村致富技术函授大学衢州市分校教学点，结合打造甜西瓜文旅农融合体验项目，带动乡村旅游收益。整合打造各类乡村旅游品牌，推动整乡列入省级旅游风情小镇培育名单。梅树底村入选第二批全国乡村旅游重点村推荐名单，被评为“浙江森林氧吧”；金源村被评为省级历史文化（传统）村落保护利用示范村、省级五星级文化礼堂、市级中小学生研学实践教育基地。

【推动脱贫致富】 2020 年，东案乡推进扶贫对象“一户一策一干部”精准施策，全面完成 521 户 726 人的脱贫攻坚任务。在全县率先完成农村困难家庭危房改造工作任务。先后投入奖补资金 2600 万元，累计解决 393 户贫困

2020 年 6 月 5 日，阿里巴巴“魔豆妈妈”手工村落直播间授牌仪式暨常山县“慢村生活”民宿伴手礼大赛启动仪式在东案乡举行

（东案乡 供图）

人口的饮水安全问题，实现农村贫困人口安全饮水问题“清零”。开展面点制作、“常山阿姨”、胡柚种植、电子商务等多种就业创业培训，将文化礼堂、乡村振兴讲堂、村播课堂作为知识技术经验分享主平台，开设8090新时代理论宣讲团、乡贤技术能人课堂，开展就业技能培训169期6437人，帮助1022人重新就业，东案村、弄坞村被评为省级电子商务示范村，呈东村被评为“常山阿姨”集中村、市电子商务“精准助农”试点村。探索梅树底山水资源入股旅游项目，金源村盘活闲置23幢古民居入股金源旅游根据地民宿项目。前库村推进观赏黑松建设；白马、东案、前库、朝阳四村联合成立物业公司建设农贸市场等“消薄”模式，东案乡各村集体经济超额完成“消薄”任务，累计收益259万元，其中梅树底村、朝阳村单村突破50万元。

【民生工程】 2020年，东案乡开展“八个一”工作，推动文明素养提升融入村规民约；开展文明素养提升主题活动(梅树底专场)、“大手牵小手”文明有礼活动、“八个一”主题蛋雕、书法创作展览，创新积分兑奖形式助力“有礼”习惯养成。完成351国道土地房屋征迁工作；完成金源溪呈东、弄坞、田蓬段小流域治理工程；完成朝阳村山塘水库除险加固。推进“厕所革命”，投入100万元，新建公厕3处，改建1处。推进东案颐养院拆建工程，完成梅树底市级居家服务中心验收、呈东老年食堂验收、白马残疾人之家二星级复评工作。完成田蓬村“省级儿童之家”和弄坞村、梅树底村“市级儿童之家”建设。打造独具徽派风格的美丽乡村示范带，投资800多万元，完成苦狮线东案集镇至柯城区沟溪乡路段“白改黑”工程，改造提升沿线庭院117处。

2020年东案乡各行政村基本情况一览表

表47

村名	换届前		换届后支书主任	村民小组（个）	党员（人）	农户（户）	人口（人）	劳力（人）	面积（亩）		村集体经济收入（万元）
	支书	主任							耕地	柑橘胡柚	
梅树底	王为平	张淑飞	王为平	8	58	384	1320	680	1035	450	50.3
金源	王人法	王才贵	周芝英	4	141	840	2358	1700	1205	850	10.22
呈东	谢志飞	王仁通	谢志飞	13	93	734	2178	1197	930	1000	20.4
弄坞	程建华	朱勤	程建华	9	42	356	1048	600	450	300	10.05
田蓬	郑雨章	—	郑雨章	8	59	411	1286	810	525	115	20.1
前库	徐军星	徐光俊	徐军星	13	49	435	1388	650	682	700	36
朝阳	邹京军	彭国方	邹京军	13	76	642	1906	1023	946	1300	51.82
东案	戴小平	胡志妹	戴小平	9	42	375	1305	850	500	503	28.14
白马	李林财	曾秀俊（代）	李林财	13	56	444	1256	760	740	750	10.22
万安	聂日伍	占建平	占国军	6	61	512	1330	680	524	1200	31.10
合计				96	677	5133	15375	8950	7537	7168	268.35

（郑凯敏）

大桥头乡

【概况】 大桥头乡位于常山县城东约16千米，东邻东案乡，南与招贤镇、青石镇接壤，西交紫港街道、辉埠镇，北界芳村镇。地处黄土丘陵区，地势西北高，东南低，向东倾斜。东、西、北三面以丘陵为主，南部属河谷平原。最高点皇子山，海拔517.4米，位于境西北；最低点大桥村田基南侧河滩地，海拔84米，位于境东南。总面积50.3平方千米，辖8个行政村。紧连常山国际慢城。交通便利，距离沪昆（杭金衢）高速公路常山出口和320国道均约10千米，距黄衢南高速公路东案出口仅三、四分钟车程，距常山县城及衢州城区均不足20分钟车程；苦狮线、鲁芳线两条县道和351国道穿境而过。山水资源丰富，境内拥有3条县级河道，其中芳村溪、虹桥溪是常山港的主要支流。芳村溪纵穿集镇而过，与金源溪在集镇下游处汇聚，形成独特的水岸风光。

2020年，大桥头乡常住农户5609户，户籍人口15092人，其中男性8015人、女性7077人。做好疫情防控和企业复工复产工作，推进乡村振兴，促进村集体经济增收。推进换届选举工作，组建“为民服务先锋队”，开展“红色拉练、干将比拼”专项行动，依托“导师帮带”“开门一件事”“民情日记本”“问计于民”等活动，为村级组织换届提供坚强保障。所辖8个村经选举共产生新一届村两委班子成员51人。其中，书记、主任“一肩挑”8人，副书记8人，副主任8人；35周岁以下8人，大专及以上学历11人；女性10人。加强基层治理，开展“周周有礼”系列活动，定制“有礼T恤”“有礼公勺公筷”“有礼扇子”“有礼帆布袋”等500多份，落实烟头兑换活动，打造“有礼乡村”；濛桥村创建新时代文明实践站，建成1个有礼公园；新村村被评为县级有礼村庄。加强“集镇新区”构建，省坡地村镇试点项目、新建派出所区块建设项目有效推进。饮用水工程基本实现管网供水全覆盖；完成大桥、樟山、莲塘等村18条村道“白改黑”工程；完成新村、樟山、大桥等村“万家灯火”工程建设；改建浮河集镇农贸市场1处，新建公厕1个、改建2个；推进客弄小流域治理工程建设；在濛桥、新村、浮河、大桥4个村实施芳村溪防洪堤工程建设项目。成功创建省级卫生乡镇。推进扶贫对象“一户一策一干部”精准施策，设置公益性岗位26个，全面完成506户662人的脱贫攻坚任务。完成“四类”人员C级、D级危房改造44户。实现全乡614户农村贫困人口安全饮用水问题“清零”。构建网格、村、乡三级联动纠纷摸排和化解制度，返聘2名具有丰富调解经验的退职干部为专职人民调解员，专门解决历史遗留的信访问题。改建乡级矛调中心，建立乡班子成员在村约访接待制度，全年纠纷调解成功率达97.05%。重视干部队伍管理，多次召开干部座谈交流、党风廉政教育、学习教育活动，充实中层干部队伍，制定完善考核制度，激发干事创业激情。

【疫情防控】 2020年，大桥头乡及时启动新冠疫情防控应急预案。组织320多名志愿者参与卡点管控和人员摸排，累计摸排人员759人。组成30多个志愿服务小组，对85名居家观察对象落实每日两次体温检测工作，提供代购跑腿服务150多次。100多名乡贤、党员捐款捐物计28.7万元。通过网格走访，两周内推广健康码1万余人，为特殊群体办理健康码挂牌4200多张，设置废弃口罩回收点32处，张贴宣传大字报、横幅500多份，发放各类宣传资料9000多份。帮助企业复工复产，建立企业复工初审机制，开通企业服务电话，实现随时随地线上沟通，精准解答企业疑问，并安排专职干部每天深入企业，提供“点对点”上门服务。采取“线上+线下”的方式，助力常山胡柚销售，实现常山胡柚销售21.4万千克，椪柑1.8万千克，全力保障辖区内13家胡柚合作社和8家企业有序复工复产。

【乡村振兴“消薄”】 2020年，大桥头乡加强资源整合，促进乡村振兴。财通证券股份有限公司结对出资300万元建设的濛桥村“竹韵山居”高端民宿开业，实现村集体经济增收20多万元；其子公司永安期货结对客弄村成立永常大客商贸有限公司，通过农产品出售，实现村集体经济增收15万元。依托“常山—慈溪飞地消薄产业园”项目，8个村入股资金860万元，共实现分红80万元。与浙江国嘉广亩品牌管理有限公司签订总投资20亿元的战略合作框架协议，推进大桥头乡全域旅游项目建设。全年8个村累计实现村集体经营性收入207.73万元。依托乡村振兴讲堂、文化礼堂以及村播直播课堂，开展面点制作、“常山阿姨”、胡柚种植、电子商务等多形式的就业创业培训，开设8090新时代理论宣讲团、乡贤技术能人课堂，共开展就业技能培训58期2300多人，提升村民创收技能。

【防汛抢险】 2020年，大桥头乡汛情反复、受灾严重，受灾人口592人，受淹农田1630多亩，冲毁道路、桥梁、水渠、防洪堤坝15处，山体滑坡5处，造成经济损失473万余元。组织各村执行汛期24小时值班制度，排查水利工程、地质灾害隐患点、危旧房等202处，排查整改隐患13处，全乡出动抢险救援力量500多人次，转移受灾群众336人，无人员伤亡。

【351国道建设】 2020年，大桥头乡党委、政府在友好村启动“大干30天，攻坚351”集中作战行动，设立重点项目推进专班，发动党员、干部，与县交通运输局、县公安局等部门协同作战，落实专人专管全程跟踪机制，破除项目推进中的堵点、痛点、难点问题。截至年底，351国道红线内708.55亩土地全部交付，41亩“抢种”植物全部处置到位，44幢房屋和1座加油站全部签订征收协议，其中已拆除房屋42幢。

大桥头乡莲塘村干部救援被洪水围困的群众　（大桥头乡 供图）

2020年大桥头乡各行政村基本情况一览表

表48

村名	换届前		换届后支书主任	村民小组(个)	党员(人)	农户(户)	人口(人)	劳力(人)	面积(亩)		村集体经济收入(万元)
	支书	主任							耕地	柑橘胡柚	
浮河村	郑建华	郑开福	郑建华	22	131	1173	3200	1897	980	6520	87.7

续表 48

村名	换届前		换届后支书主任	村民小组（个）	党员（人）	农户（户）	人口（人）	劳力（人）	面积（亩）		村集体经济收入（万元）
	支书	主任							耕地	柑橘胡柚	
大桥村	符镇湧	韩国强	韩国强	14	47	700	2060	1271	301.5	207	106.21
友好村	谢名红	程正基	谢名红	22	80	734	1967	1192	1045.5	200	87.51
樟山村	符龙德	—	符龙德	12	85	742	1957	1177	541.5	2800	77.99
濛桥村	姜小平	张小利	姜小平	27	78	1198	3100	1905	1047	3261	155.55
莲塘村	汪夏根	曾帅帅	郑良峰	6	38	472	1245	765	891	979	58.59
客弄村	陈国良	宁金泉	陈国良	7	27	279	680	399	480	103	44.39
新村村	曾明良	熊卓军	曾明良	6	31	311	883	546	690	1440	73.95
合计				116	517	5609	15092	9152	5976.5	15510	691.89

（吴丽娟）

何家乡

【概况】 何家乡位于常山县城西北部，东连金川街道和辉埠镇，南界同弓乡，西邻球川镇和开化县华埠镇，北与华埠镇接壤，号称常山“北大门”。2020 年，全乡面积 54 平方千米，下辖 8 个行政村（63 个自然村），有村民小组 144 个，户数 5068 户，人口 13590 人，农村劳动力 8124 人。全乡 23 个党小组，党员 591 人，其中农村党员 512 人。耕地总面积 609.9 公顷，山林总面积 5555.1 公顷，其中林地 3761.6 公顷，森林覆盖率达 74.1%。

2020 年，何家乡着力打造省级美丽乡村特色精品村，推进“宋诗之河”诗画风光带建设，实施黄冈山生态修复工程等一批重大项目，谋发展、保民生，深化综合治理，推进人居环境整治提升，全乡经济、文化和社会事业全面进步。全乡财政总收入 1404.43 万元，比上年增长 14.76%。

推进黄冈山生态修复一期工程、钱塘江治理二期工程以及何辉公路等重点项目建设，黄冈山生态修复工程一标段通过验收，二标段接近竣工。全年投资 7830 万元，在诗画风光带上实施项目 12 个，涉及江源、樊家、何家、钱塘、黄冈、长风 6 个村。申报省级特色精品村 5 个，谋划古县衙、古戏台、古驿站等 42 个特色项目。完成 8 个村的农村饮用水达标提标工程，惠及 3000 多户农户。深化“厕所革命”，新建公厕 4 处，改建 1 处。整合废旧建筑拆后利用土地，居民集聚区新建小微停车场 6 处；规范“渔家乐一条街”乱停车问题，新划停车位 300 多个。推进文体项目建设，完成何家村体育小康村提升工程。推行便民服务进乡村振兴讲堂，实现 29 项高频事项的村级代办。挖掘樊家村廉礼文化，创新廉礼信用积分体系，率先打造移风易俗示范村。实施“拆墙透绿”工程，投资 19 万余元对政府大院进行改造升级。做好防汛抗洪工作，排查危旧房 500 多处，搬迁腾空危房户 20 多户。实施信访积案化解百日攻坚行动，在全县率先实现信访积案清零目标。加强农房整治工作，实施 8 个村农房新貌连线提升工程；江源、樊家、何家、双安 4 个村创建市级农房整治拆后利用示范村。其中，何家村拆除各类农房 350 宗，面积 2.4

万平方米，利用面积4000多平方米；双安村拆除各类农房289宗，面积1.4万平方米，利用2700平方米拆后土地，结合移民文化打造“幸福菜园”，获市级“一米菜园”示范村称号。创新“101”模式（即全域化“1”张网、便捷化“0”跑腿、自动化“1”件事），“线上+线下”双线联动，建立“大堂经理”服务模式，实现一件事联动响应，全年“1”件事响应办理291次，缩短“一件事”生命周期60%以上。创新网格精细化考评，抓实“月底+年度”“三档+末位”考评，建立网格员积分管理、星级考评机制，根据年度考核结果计算积分，根据累积积分确定星级，社会治理创新工作获县委执行“十条军规”典型事项通报表扬。

是年，何家乡美丽城镇创建行动方案获省级优秀，何家乡成人文化技术学校被评为“浙江省现代化成人学校”。

【疫情防控】 2020年新冠疫情发生后，何家乡成立党员消毒队，对村内祠堂、办公楼等人员集聚场所及废弃口罩回收垃圾桶及时消毒；组建“何家铁军”红袖章防疫联盟，一线巡查、岗亭执勤、跑腿服务。一级响应期间，为居家隔离对象上门送生活物资2000多次，入户宣传4000多户，发放《疫情防控倡议书》《城乡居民告知书》《居家隔离告知书》3000多份，悬挂张贴宣传标语（牌）、倡议书、温馨提示牌650多处。截至年底，何家乡零确诊病例、零疑似病例，全乡排摸出的586名特定对象全部解除观察。

【村社换届】 2020年，何家乡产生新一届村两委班子55人，8个村全部实现支书、主任“一肩挑”，交叉任职占比25%。强化队伍建设，年龄结构、知识水平、性别比例全面优化。新一届村两委班子队伍中，35周岁以下干部11人，占20%，比上届提高7.1%；大专以上学历15人（含本科学历3人），占28%，比上届提高3.8%；女性干部17人，占31%，比上届提高6.8%。做足请贤文章，新进班子成员21人，其中乡贤9人、退役军人5人。开展“红色拉练，干将比拼”行动，组建为民服务先锋队，浓厚“干中换，换中干”氛围，钱塘村为民服务先锋队成员两天完成土地放样和74户计45亩征地任务；集中力量办好一批民生小事、实事，黄冈村为民服务先锋队完成3个自然村计1700平方米的道路硬化工程。

【脱贫攻坚战】 2020年，何家乡开展低收入农户动态管理，以网格为单位，完善组团全面联、网格分片联、干部结对联的“三联”模式，乡村干部“月必访、空随访、呼立访”，及时为结对户解难题、送温暖，帮助75户低收入农户完成危旧房修缮工作。引导村集体设立公益性岗位，鼓励白茶基地用工向低收入农户倾斜。探索壮大村集体经济项目，完成8个村集体经济提质增收工作，全乡8个村集体经济经营性收入达289.75万元，比上年增加200.32万元，增长224%。其中，长风村做好收储租用文章，加大山林田地流转，村集体经济增收超50万元；江源村依托食用竹产业扩面提质，发展“食用竹+旅游”，成立绣溪旅游发展有限公司，村集体获分红20万元；江湾村整合土地资源，深入洽谈奇异果蔬项目，完成209亩土地流转交付，同步解决多年信访问题。

【“渔家乐一条街”转型提升行动】 2020年，何家乡开展长风村“渔家乐一条街”转型升级行动。创新乡土直播进渔家乐活动，拓宽农产品销路，解决滞销问题，通过“线上+线下”直播方式，帮助农户卖出食用笋4万余千克，辣椒酱1000多瓶。开展人居环境集中整治，对接设计方案，组建“放心鱼”联盟，规范管理。完成溪东片6幢整体民房、1家加工坊、1家饭店的收储，流转沙滩地33.46亩、茶叶山22.52亩、农田

20亩，其中古渡金沙景区及其附属饭店已收购交由常山县农投集团统一规范管理，助力村集体经济“消薄”。

【食用竹产业提升计划】 2020年，何家乡立足食用竹大乡基础，加大土地流转、规模经营力度，发展食用竹产业，在江源、樊家、何家3个村沿线集中连片建设千亩食用竹基地。加强与县林水局、常山农投集团对接，初步完成食用笋竹基地技术提升和品牌打造实施方案编制，明确2020—2022年三年建设任务。截至年底，已完成第一批400多亩新品食用竹种植，提升改造原有食用竹基地200多亩。

【招引慈孝文化园项目】 2020年，何家乡招引慈孝文化园项目，项目建设地块涉及钱塘、江湾、江源3个村，总用地面积128亩，总建筑面积85333平方米，主要建设慈祥体验馆、修身养心院、慈孝服务大楼、如意塔孝坛、医道馆、成长史馆、乡贤馆、童子书院、慈孝旅居基地、轻养健康景区、氧吧酒店、康养院，配套建设慈孝大门、慈祥世纪碑林、慈孝广场，并进行配套绿化，总投资6.5亿元。截至年底，基本完成土地征用等政策处理，完成控规编制。

【赵鼎墓文化挖掘】 2020年，何家乡深入挖掘赵鼎忠简文化，收集赵鼎诗67篇、词45首；邀请专业团队以赵鼎生平故事创作越剧作品，10月完成试演录制。会同县委宣传部、县文广旅体局邀请省、市考古专家多次进行现场考古，论证赵鼎墓保护利用价值，完成对赵鼎墓遗址测绘、摄影摄像并做好回填保护工作，9月30日完成赵鼎考古公园规划设计方案的初审工作。

（黄琛颖）

2020年何家乡各行政村基本情况一览表

表49

村名	换届前		换届后支书主任	村民小组（个）	党员（人）	农户（户）	人口（人）	劳力（人）	面积（亩）		村集体经济收入（万元）
	支书	主任							耕地	柑橘胡柚	
何家村	何其红	何忠于	何林锋	24	77	687	1966	1143	1684	28	68.22
樊家村	王莹	樊嘉云	樊嘉云	16	47	526	1341	801	918	615	63.91
江源村	洪春良	江峰	江峰	22	82	762	2043	1208	1178	21	51.36
江湾村	陈洁文	江建宗	何香英	16	48	532	1340	828	871	292	49.29
钱塘村	琚正堂	琚滨华	琚正堂	22	66	898	2334	1397	2007	186	22.12
长风村	裴军荣	何水平	裴军荣	16	70	607	1780	1083	422	248	80.14
双安村	鲍承文	蒋荣华	鲍承文	7	46	341	929	569	1244	86	42.50
黄冈村	王水清	曾冬冬	王水清	21	76	715	1857	1095	825	384	44.01
合计				144	512	5068	13590	8124	9149	1860	421.55

（林丹　廖晖　周敏）

同弓乡

【概况】 同弓乡位于常山县西郊，距离常山县城10千米，东连金川街道和常山县工业园区，南接白石镇，西临球川镇，北倚何家乡。全乡总面积37.28平方千米，境内拥有白鹭、灰鹭等各种鹭鸟。100年树龄以上的古树3000多株，其中最年长的彤弓山苦槠树树龄有800多年。小城镇边际商贸活跃，农历逢四、逢九为墟日集市，已有100多年的历史。

2020年，同弓乡辖8个行政村，61个自然村，78个村民小组；有常住户4008户，常住人口11951人；有11个党支部，437名党员。全乡参加城乡居民基本医疗保险7686人。全乡农业生产总产值1.26亿元，固定资产投资完成2.23亿元，超出县下达任务25%；乡财政总收入8327.39万元，比上年增长377.27%；农民人均可支配收入45253元；全乡耕地面积11529亩；粮食作物种植面积8597亩，总产量5127吨；油料作物种植面积4187亩，亩产量864吨；蔬菜种植面积4359亩，总产量8264吨；果用瓜种植面积1154亩，总产量5356亩；花卉种植面积1243亩；甘蔗种植面积214亩，总产量604吨。马尼拉草坪种植面积745亩，其他作物种植面积396亩。全乡完成规模以下企业营业性收入1355万元，比上年增长12.7%。

2020年，同弓乡完成各项工作目标任务，做好疫情防控，在全域土地综合整治、金色同弓田园综合体建设、全域旅游、农房整治与风貌提升、消除集体经济薄弱村、美丽乡村建设等领域取得进展。全乡实现公共财政预算总收入8327.39万元，其中一般预算收入为2582.58万元、专项财政资金收入为5744.81万元。推行管理部队化、干部军事化、工作模块化机制，选拔任用中层干部11人。

是年，同弓乡被评为“浙江省森林城镇”。

【村级组织换届选举】 2020年，同弓乡坚持“干中选、选中干”“干中换、换中干”原则，开展“问计于民大走访、换届政策大宣讲、干将比拼大服务”行动，通过全面走访、全面宣传、全面比拼，全面研判、精准分析，做实做细换届各项工作。截至12月20日，全乡8个村党支部和村民委员会均完成换届选举工作。8个村共产生新一届村两委班子55人，100%实现支书、主任“一肩挑”，交叉任职占比21.8%。强化队伍建设，年龄结构、知识水平、性别比例全面优化。新一届村两委班子队伍中，35周岁以下干部12人，占21.8%，比上届提高18.7%；大专以上学历14人（含本科学历3人），占25.4%，比上届提高7.4%；女性干部16人，占29.1%，比上届提高7.8%。

【疫情防控】 2020年，同弓乡成立疫情防控工作领导小组，建立4个疫情防控监测站临时党支部和1个青年突击队临时党支部，做实卡点值守、常态巡逻等防疫工作。疫情期间，全乡累计拨付专项资金60多万元，投入人力800多人次，动员社会捐赠物资20多万元。开展“组团联企”活动，为挂联企业开展“清单式”“保姆式”服务，做好要素供给保障，聚焦物资运输不畅、防疫物资紧缺、劳动力缺乏等关键需求，落实专人收集汇总、跟踪服务。在全县率先实现重大项目、重点企业全面复工，驻乡企业复工率达100%。

【乡村振兴项目】 2020年，同弓乡基本完成全域土地整治项目一期扫尾工作，交付净地7000多亩，整治土地5000多亩，验收通过面积3000亩；完成各村生态公墓建设，全面启动项目二期政策处理。打造以产业为支撑的田园综合体建设、景观农田、生态长廊等项目，招商引进10多个大型亿元农业投资项目。流转土地1500亩为项目供地，流转时间30年，以10年为一期支付，每亩土地平均一期为农民增收4000元。

完成彤弓山健康产业园280多亩土地征用工作，核心区域内创意农业公园展馆、智能温室大棚、荷虾混养基地等基本成型。以8个村股份经济合作社名义，联合挂靠成立劳务派遣公司，为乡域内企业培养并输送员工。组建“满江红”组团联企服务专班，深入辖区企业生产经营一线，了解企业详情与需求，实行“一对一”精准帮扶。全年为企业与部门协调对接40多次，全程为企业代办用地审批、项目立项等程序30多次。

【美丽乡村建设】 2020年，同弓乡打造美丽乡村示范片区，结合全域土地综合整治和金色同弓田园综合体建设，做好美丽乡村建设工程规划。提升人居环境，重点开展环境整治行动，开展“美丽庭院”创建工作。全乡排摸出整治点156处，发动党员、干部120多人，清理废旧杂物、沟渠48处，美化庭院31处。利用拆后土地，改造提升民宿用房20多处，建设小微停车场19个，修建创意小花园、小菜园、小景观等100多处，拓宽村道1.1千米。

【精准脱贫】 2020年，同弓乡依托土地、水库等资源优势，盘活闲置资源，发展产业消除集体经济薄弱村。采用资金入股方式构建同心村“莲心湾”村企合作示范项目，实现村集体收入翻倍增加。盘活胡村村、山边村、中和村等村既有体育场馆、废弃校舍等闲置资产，发展农村物业经济。全乡281户低收入农户均由干部结对帮扶，制定“一户一策”，实行精准帮扶。结合金色田园讲堂等载体，为低收入农户等对象提供特色培训课程，开展农民技能培训。联合企业推出51个公益性岗位，帮助低收入农户就业。

【防汛抗洪】 2020年汛期，同弓乡组建8支防汛应急小分队，深入田间地头、高危水库、临水临崖等防汛一线，走访、排查、转移安置受灾群众，保障人民群众生命财产安全。全乡转移受灾群众250人，帮助腾空37户低收入农户C级危房，抢修疏通道路8条，挽回直接经济损失150多万元。

【民生治理服务】 2020年，同弓乡推进沪昆高速公路拓宽与辉(埠)何(家)公路等线性工程建设，加快龙绕溪综合整治、农民饮用水提升、“厕所革命”、村庄道路“白改黑”等民生项目建设。狠抓道路交通安全隐患整治，加强交通安全劝导员队伍建设。建立同弓乡综合执法突击队，吸纳警调检调人员、法律工作者充实乡矛调中心调解力量。建立全科受理队伍，完善村级代办员选配、培训、考评、薪酬制度，实现网格集成服务，办事“零跑腿”。实行便民服务平台窗口“首办责任制”、“三催办理”(即一催限时办、二催按时办、三催超时办)服务机制，落实满意度评价，形成服务闭环。实行“乡干部上门跑”“志愿者热心跑”“村务员全程跑”机制，加强乡、村两级便民服务队伍的互融互通，提高办事效率、优化办事服务。

【生态治理转化】 2020年，同弓乡结合龙绕溪综合治理，规划“龙绕溪同弓段十里森林慢道”项目，治理5千米生态坝岸景观带；落实“田间森林生态网建设”项目，对田、水(湿地)、路、林等基础设施进行综合提升改造，一期2100亩农田“田成方、路成网、林成带、渠相连”。打造3000平方米“农林渔牧展示中心”，与彤弓山古森林等景观串成旅游线。全年接待游客1.5万人次，接待考察团70多批次。指导中和村依托3000亩小水果基地发展“坡地民宿”80家，指导彤弓山村利用生态优势发展森林康养民宿和农家乐，其中彤弓山居被评为“浙江省白金宿级民宿”。

2020年同弓乡各行政村基本情况一览表

表50

村名	换届前		换届后支书主任	村民小组(个)	党员(人)	农户(户)	人口(人)	劳力(人)	面积(亩)		村集体经济收入(万元)
	支书	主任							耕地	柑橘胡柚	
彤弓山	章贵生	徐伟群	章贵生	4	34	213	578	270	573	10	30
同心	邹清华	余泽荣	邹清华	10	60	513	1508	786	1593	320	51.2
关庄桥	杨军	邹忠新	洪振胜	14	75	890	2350	1300	1800	250	21
金川源	刘小兵	乐军英	刘小兵	11	59	602	1648	985	2300	410	21.5
中和	潘广丰	占廿九	潘广云	5	56	526	1569	946	1535	680	33.6
湖石头	洪治国	洪金民	洪仙荣	11	34	378	1020	612	928	15	30
山边	洪永录	张忠	洪永录	14	40	372	1518	921	1400	130	50.2
胡村	胡志建	胡志建	胡志建	9	33	508	1366	761	1400	260	15
合计				78	391	4002	11557	6581	11529	2075	252.5

（蓝雨茜）

新昌乡

【概况】 新昌乡位于常山县境北部，是中国油茶之乡、省级民间文化艺术之乡、浙江省生态文化基地。辖区东连芳村镇，南接辉埠镇，西界开化县，北邻淳安县。乡政府驻地距县城22.5千米。属山地丘陵地区，山地总面积82.7平方千米。最高点八面山，海拔1012米，为常山县第二高峰。植被以油茶为主，兼有松杉林，落叶、阔叶和常绿叶树混交林。新昌乡气候温和湿润，四季分明，雨量充沛，年平均气温16.5℃～17.1℃。主要矿产资源包括煤、钨、锰、锡、铜、萤石、白石英、花岗岩、白岗岩、铅、锌、石灰石等。萤石矿储量1700万吨，氟化钙储量745万吨。全乡总面积111.6平方千米，耕地面积6240亩，其中水田5718亩、旱地522亩，主种水稻、小麦、玉米、大豆、番薯等。山林面积60908亩，其中油茶林53761亩，年产山茶油500吨左右。毛竹面积7147亩，毛竹深加工业起步发展。新昌乡文化底蕴深厚，木油榨传统技艺、洗马舞、钢叉舞、鞧鞜拳四个项目被列入省级“非遗”保护名录。2020年，新昌乡下辖10个行政村，总户数5899户，17172人。基层党支部12个，党员643人；其中，10个行政村党支部党员数610人，1个机关党支部党员数33人。全乡实现全社会固定资产投资2379万元，乡财政收入2480.95万元，农民人均纯收入14605元。严格做好疫情防控工作，实现全乡境内零病例、居家隔离对象零失管、乡外疫情零输入。结合各村特色产业优势发展“一村一品”，加强全域旅游，带动旅游增收800多万元，农民增收200多万元。推进农村饮用水、乡村道路“白改黑”、“万家灯火”等民生工程建设，社会保障不断完善。

是年，新昌乡被评为“省级森林城镇”“衢州市新乡贤回归家乡发展示范基地”“常山县‘信访积案化解百日攻坚’先进集体”。

【疫情防控】 2020年，新昌乡针对新冠肺炎疫情启动战时运行

达塘村茭白基地　　（新昌乡 供图）

状态，严格落实联防联控措施，组建志愿服务队，发动1200多名党员干部、乡贤、志愿者冲锋一线，坚守阵地，实现新昌乡境内零病例、居家隔离对象零失管、乡外疫情零输入。派出15名乡干部支援青石镇江家村疫情防控工作。“战疫姐妹花”“红色采购快递员”等事迹受到各级媒体正面宣传。陈重良获“衢州市抗击新冠肺炎疫情先进个人”称号。

【“一村一品”发展】 2020年，新昌乡黄塘、新昌等村在乡村振兴党建示范带上融入油茶元素，不断完善油茶“两园一馆”（即油茶种植园、采摘园、木油榨技艺展示馆）功能升级，探索出“油游”融合发展模式。达塘村茭白扩建100亩，茶源村引进种植葡萄柚80亩，郭塘扩建月季200亩，西源村谋划番薯干基地；新昌村“红美人”柑橘产量可观，达塘村茭白基地收获颇丰，泰安村民宿与文创产业融合，全乡“一村一品”发展势头良好。

【全域旅游产业】 2020年，新昌乡把乡村旅游产业作为“党建治理大花园”的重要抓手，深挖特色资源，打造特色品牌。以“全景、全业、全民”理念打造全域景区，基本完成黄塘国家油茶公园AAAA级景区年度创建任务。郭塘村按照“产业景区化、景区产业化”要求，至年底已打造月季观光园260多亩。黄塘村、西源村成为首批衢州市职工疗休养基地，新昌乡成为浙能集团职工疗休养和党建活动基地。年内，全乡接待休闲旅游、参观考察、学习培训、疗休养、党团建等群体10万人次，带动旅游增收800多万元、农民增收200多万元。

【民生事业】 2020年，新昌乡完成年初乡人代会票决的4个民生

2020年3月25日，新昌乡举办第三届“五福达塘”石林桃花节
（新昌乡 供图）

实事项目。农民饮用水达标提标行动率先销号，提前完成“三年行动”任务，全乡群众喝上“放心水”。推进“厕所革命”，完成9个村11座公厕建设工作。完成�札辂、新昌、茶源等5个村道路“白改黑”，新昌乡成为全县首个全域主干道沥青路面乡镇，获省级“四好农村路”示范乡镇。完成岩前村便民服务中心基础建设，达塘村便民服务中心主体结顶。对坑村、岩前村、茶源村“万家灯火”工程全部完工，并投入使用。全乡范围内困难群众的70幢C级、D级危旧房全部解危治理。县、乡、村三级干部与新昌乡643户低收入农户开展结对帮扶、常态化走访。设立30个公益性岗位，利用乡村振兴讲堂培训农民增收技能，实现低收入农户全部脱贫“摘帽”。社会福利、慈善、医疗救助等民生工作取得新成效。

2020年新昌乡各行政村基本情况一览表

表51

村名	换届前		换届后支书主任	村民小组(个)	党员(人)	农户(户)	人口(人)	劳力(人)	面积(亩)		村集体经济收入(万元)
	支书	主任							耕地	柑橘胡柚	
新昌村	刘水林	黎明	刘水林	27	130	908	2598	1549	1172	614	65.7
对坑村	甘志光	张运通	甘志光	8	41	372	1117	673	455	300	25
黄塘村	廖红俊	—	廖红俊	8	31	342	953	567	299	372	55
岩前村	程献光	程献光	程献光	21	52	493	1410	840	515	1420	11
輶辂村	李树金	—	严樟良	29	82	943	2668	1562	960	645	48
郭塘村	张　荣	吴利卫	张　荣	21	63	758	2362	1397	864	658	144
达塘村	陈重良	汪华东	陈重良	14	60	551	1520	917	699	432	55.6
茶源村	余国军	余利平	余国军	20	57	623	1853	1091	571	265	55
泰安村	余土生	王维水	余樟生	10	25	342	977	592	296	454	18
西源村	程礼锋	丁皮皮	汪祖庆	30	69	567	1714	1015	376	0	18
合　计				188	610	5899	17172	10203	6207	5160	495.3

（方　西）

附　录

组织机构及负责人名录

新增副处级以上领导干部简介

潘晓辉　男，汉族，1970年2月生，浙江新昌人，1992年12月入党，1993年8月参加工作，研究生学历。2020年5月任中共常山县委书记。

刘石平　男，汉族，1964年9月生，浙江常山人，1985年1月入党，1985年7月参加工作，大学学历。2020年4月任常山县人大常委会主任、党组书记。

姜　敏　男，汉族，1978年10月生，浙江开化人，2005年12月入党，2001年9月参加工作，大学学历。2020年1月任中共常山县委常委、宣传部部长。

樊金国　男，汉族，1964年10月生，浙江常山人，1991年5月入党，1985年5月参加工作，大学学历。2020年4月任常山县人大常委会副主任。

朱建忠　男，汉族，1972年5月生，浙江开化人，1995年10月入党，1992年12月参加工作，大学学历。2020年4月任常山县人民政府副县长。

傅淑梅　女，汉族，1975年12月生，浙江开化人，民盟盟员，1995年8月参加工作，大学学历。2020年5月任常山县人民政府副县长。

蒋招达　男，汉族，1976年3月生，浙江苍南人，2019年11月入党，1997年11月参加工作，大学学历。2020年9月任常山县人民政府副县长（挂职）。

县级领导机构及负责人名录（2020.1—2020.12）

中共常山县委员会

书　记：叶美峰（—2020.5）
　　　　潘晓辉（2020.5—）
副书记：张少华
　　　　翁旭东
常　委：余　风（—2020.1）
　　　　郑建华
　　　　姜苏州
　　　　桂美林
　　　　姚金环（女）
　　　　　（2020.1—）
　　　　魏宏伟（—2020.6）
　　　　何　健（女）
　　　　朱永平
　　　　王荣国
　　　　徐　彪
　　　　戴根林
　　　　姜　敏（2020.1—）

常山县人民代表大会常务委员会

主　任：徐建华（—2020.4）
　　　　刘石平（2020.4—）
副主任：苏新祥
　　　　徐　柯
　　　　王生智
　　　　李德勇
　　　　樊金国（2020.4—）
党组书记：徐建华（—2020.3）
　　　　刘石平（2020.3—）

常山县人民政府

县　　长：张少华
副 县 长：何　健（女）
胡伟民
姜雪峰
李德生
段为斌（—2020.4）
朱建忠（2020.4—）
郑金仙（女）（—2020.5）
傅淑梅（女）（2020.5—）
姚金环（女）
魏宏伟（—2020.8）
蒋招达（2020.9—）
党组书记：张少华

中国人民政治协商会议常山县委员会

主　　席：林红汉
副 主 席：黄法云
谢雨生（兼）
罗诚剑（兼）
范东英（女）
汪卫东（兼）
党组书记：林红汉

中共常山县纪律检查委员会

书　　记：王荣国
副 书 记：朱开明（—2020.3）
严良京
熊慧芬（2020.3—）

常山县监察委员会

主　　任：王荣国
副 主 任：朱开明（—2020.4）
严良京
熊慧芬（2020.4—）

常山县人民法院

院　　长：王小红
党组书记：王小红

常山县人民检察院

检 察 长：姚俊宏
党组书记：姚俊宏

县级机关部门及负责人名录（2020.1—2020.12）

一、县委工作机构

县委办公室
主　任：姜光明

县委县政府信访局
局　长：陈桂强

县委县政府政策研究室
主　任：姜光明（2020.1—）

县委保密委员会办公室
主　任：刘　华

县委机要局（县密码管理局）
局　长：刘　华

县委台湾工作办公室（县政府台湾事务办公室）
主　任：姜光明（2020.1—）

县档案局
局　长：姜光明（2020.1—）

县档案馆（县委党史研究室）
馆长（主任）：徐良其

县委组织部
部　长：朱永平

县委新经济与新社会组织工作委员会
书　记：何　菊（女）

县委宣传部
部　长：余　风（—2020.1）
姜　敏（2020.1—）

县精神文明建设指导中心
主　任：程慧娟（女）（—2020.10）
邱　玮（2020.10—）

县社会科学界联合会
主　席：朱　灵（—2020.4）
徐功富（2020.4—）

县委统战部
部　长：郑建华

县委政法委员会
书　记：翁旭东

县社会治理综合服务中心
主　　任：翁旭东（兼）（2020.1—2020.10）
常务副主任：郑　君（2020.1—2020.10）

（2020 年 8 月 10 日，根据常山县委机构编制委员会常编〔2020〕64 号文件，设立常山县社会矛盾纠纷调处化解中心，挂常山县社会治理综合服务中心、常山县大联动中心牌子，为县委直属正科级事业单位）

县社会矛盾纠纷调处化解中心
党组书记：翁旭东（兼）（2020.10—）

主　　任：陈桂强（2020.10—）

县委机构编制委员会办公室

主　　任：陈黎晖（2020.4—）

县直属机关工作委员会

书　　记：朱永平（兼）

县委党校

校　　长：朱永平（兼）

常务副校长：何　菊（女）（—2020.10）

郭永平（2020.10—）

县社会主义学院

院　　长：郑建华（兼）

县委巡察办

主　　任：熊慧芬（女）（—2020.4）

黄建新（2020.4—）

二、县人大常委会工作机构

县人大常委会机关

党组书记：苏新祥（兼）

办公室主任：章大勇（—2020.1）

缪春祥（2020.1—）

县人大常委会教育科技文化民族华侨工作委员会

主　　任：李启发（—2020.12）

县人大常委会研究室

主　　任：缪春祥（—2020.1）

汪启红（2020.1—）

县人大常委会财政金融工作委员会

主　　任：吴建良（—2020.1）

蒋淑萍（女）（2020.1—）

县人大常委会农业与农村工作委员会

主　　任：卢志土（—2020.12）

县人大常委会代表与选举任免工作委员会

主　　任：胡真钢

县人大常委会经济工作委员会

主　　任：余国义（—2020.12）

县人大常委会法制工作委员会

主　　任：何小平

县人大常委会建设与资源环境保护工作委员会

主　　任：叶剑明

三、县人民政府工作机构

（一）县政府工作部门

县政府办公室

主　　任：陈　岗

党组书记：陈　岗

县政府外事办公室

主　　任：叶玉佳（女）（2020.10—）

县政府咨询委员会办公室

主　　任：黄廉科（—2020.1）

县大数据中心

主　　任：占利华

党组书记：占利华

县发展和改革局

局　　长：琚东风（2020.1—）

党委书记：琚东风（2020.1—）

县服务业发展中心

主　　任：涂晓明（—2020.4）

县医疗保障局

局　　长：姚肖忆（女）

党组书记：姚肖忆（女）

县统计局

局　　长：黄爱珍（女）

党组书记：周建军（—2020.10）

县经济和信息化局

局　　长：郑忠东

党委书记：郑忠东

县教育局

局　　长：洪永海

党委书记：洪永海

县第一中学

校　　长：洪　涛

党总支书记：洪　涛

县科学技术局

局　　长：李岳飞

党组书记：李岳飞

县民族宗教事务局

局　　长：蓝小珍（女）（—2020.4）

刘裕良（2020.4—）

县公安局

局　　长：胡伟民

党委书记：胡伟民

政　　委：龚进升

县民政局

局　　长：廖小兵

党组书记：廖小兵

县水库移民管理中心

主　　任：江根华

县司法局

局　　长：汪卫东

党组书记：汪益华（—2020.10）

周建军（2020.10—）

县财政局

局　　长：李德生（—2020.5）

朱开明（2020.5—）

党委书记：李德生（—2020.4）

朱开明（2020.4—）

县国库支付中心

主　　任：黄廉哲（—2020.7）

县财政国库支付中心（2020.7 机构更名）
主　　任：黄廉哲（2020.7—）
县金融服务中心
主　　任：计华丁
党组书记：计华丁
县人力资源和社会保障局
局　　长：周元良（2020.1—）
党组书记：周元良（2020.1—）
县社会保险事业管理中心
主　　任：江水生
县就业管理中心
主　　任：胡志良（—2020.7）
县人才和就业管理中心（2020.7 机构更名）
主　　任：胡志良（2020.7—）
县住房和城乡建设局
局　　长：郑建炳
党委书记：郑建炳
县人民防空办公室
主　　任：郑建炳（2020.10—）
县综合行政执法局
局　　长：潘广贵（2020.1—）
党组书记：潘广贵（2020.1—）
政　　委：郑　刚
县交通运输局
局　　长：黄国华
党委书记：黄国华
县公路与道路运输管理中心
主　　任：舒　俊（—2020.7）
县公路航港与运输管理中心（2020.7 机构更名）
主　　任：舒　俊（2020.7—）
县农业农村局
局　　长：姜利成
党委书记：姜利成
县扶贫开发服务中心
主　　任：丁开有
县林业水利局
局　　长：胡乾平
党委书记：胡乾平
县中型水库管理中心
主　　任：赵豪才
县油茶产业发展中心
主　　任：徐俊（女）（—2020.4）
王昆喜（女）（2020.10—）
县文化和广电旅游体育局
局　　长：邹伟良
党委书记：邹伟良
县卫生健康局
局　　长：朱　璋
党委书记：朱　璋
县人民医院
院　　长：陈兆俊
党委书记：饶祖华
县审计局
局　　长：李　珍（女）
党组书记：李　珍（女）
县应急管理局
局　　长：朱万洪
党委书记：朱万洪
县退役军人事务局
局　　长：汪正满
党组书记：汪正满
县市场监督管理局
局　　长：陈金龙
党委书记：陈金龙

（二）县政府直属单位

县机关事务保障中心
主　　任：陈贤民
党组书记：陈贤民
常山传媒集团（县广播电视总台）
总裁（台长）：魏　斌
党 委 书 记：魏　斌
总　编　辑：程　斌
县政府经济技术协作中心
主　　任：琚东风（—2020.4）
涂晓明（2020.4—）
党组书记：琚东风（—2020.4）
涂晓明（2020.4—）
县公共资源交易中心
主　　任：刘国军（—2020.7）
市公共资源交易常山分中心（2020.7 更名）
主　　任：刘国军（2020.7—）
县公共资源交易监督管理办公室
主　　任：王木星
党组书记：王木星
浙江广播电视大学常山学院
院　　长：琚旦炜（女）
党总支书记：琚旦炜（女）
县供销合作社联合社
主　　任：徐安平
党委书记：徐安平
县营商环境建设办公室
党组书记：何　健（女，兼）
主　　任：刘利忠
县经济技术开发区管理委员会
党工委书记：何　健（女，兼）
主　　任：周丽兵
县征迁事务中心（县人民政府房屋征收办公室更名）
主　　任：金　宏
党组书记：金　宏

（三）垂直管理单位

市生态环境局常山分局

局　　长：陈　芳（女）
党组书记：陈　芳（女）

县自然资源和规划局

局　　长：黄晓东
党委书记：黄晓东

县城乡规划中心

主　　任：黄晓东（兼）

县税务局

局　　长：张　帆（—2020.8）
　　　　　郑旭炎（2020.8—）
党组书记：张　帆（—2020.8）
　　　　　郑旭炎（2020.8—）

县烟草专卖局

局　　长：陈日明（—2020.2）
　　　　　郑　重（2020.2—）
党组书记：陈日明（—2020.2）
　　　　　郑　重（2020.2—）

中国电信股份有限公司常山分公司

总 经 理：陈利华（—2020.7）
　　　　　田　文（2020.7—）
党委书记：陈利华（—2020.7）
　　　　　田　文（2020.7—）

中国邮政集团公司常山县分公司

总 经 理：张　剑
党委书记：张　剑

国网浙江常山县供电公司

总 经 理：吴　忠
党委书记：琚　军

县气象局

局　　长：方革新（—2020.10）
　　　　　吴利强（2020.10—）
党组书记：方革新（—2020.10）
　　　　　吴利强（2020.10—）

县农信联社（农商银行）

董 事 长：胡锦华
主任（行长）：张德建
党 委 书 记：胡锦华

中国人民银行常山县支行

行　　长：周伟斌
党组书记：周伟斌

衢州银监分局常山办事处

主　　任：李　骏

中国工商银行常山县支行

行　　长：何柳进

中国建设银行常山县支行

行　　　长：汪　政
党总支书记：汪　政

中国银行常山县支行

行　　长：卫志安（—2020.12）

中国农业银行常山县支行

行　　长：胡　鹏

中国人民财产保险股份有限公司常山支公司

经　　理：陈弘涛（—2020.9）
　　　　　肖生涛（2020.9—）

中国人寿保险股份有限公司常山支公司

经　　理：周　强

四、县政协工作机构

县政协机关

党组书记：洪顺根
秘 书 长：洪顺根

县政协办公室

主　　任：徐士平

县政协委员工作委员会

主　　任：徐爱荣

县政协社会和法制委员会

主　　任：郑　汉

县政协农业农村和人口资源环境委员会

主　　任：胡水林（—2020.12）

县政协提案委员会

主　　任：江樟生（—2020.1）
　　　　　徐志标（2020.1—）

县政协经济委员会

主　　任：胡明祥（—2020.1）
　　　　　樊有卫（2020.1—）

县政协文化文史和学习委员会

主　　任：邓永平（—2020.12）

县政协港澳台侨和民族宗教委员会

主　　任：王玉娟（女）
　　　　　（—2020.4）
　　　　　蓝小珍（女）
　　　　　（2020.4—）

县政协教科卫体委员会

主　　任：张国富

县政协研究室

主　　任：黄廉科（2020.1—）

县级群众团体及负责人名录（2020.1—2020.12）

县总工会

主　　　席：罗诚剑
常务副主席：吴直丰（—2020.10）
党 组 书 记：吴直丰（—2020.10）

共青团常山县委员会

书　　记：金　童
党组书记：金　童

县妇女联合会

主　　席：郑　丽（女）
党组书记：郑　丽（女）

县科学技术协会

主　　席：章金平
党组书记：刘裕良（—2020.4）
　　　　　郑忠于（2020.4—）

县文学艺术界联合会

主　　席：王有军

县残疾人联合会

理 事 长：傅昌华
党组书记：傅昌华

县工商业联合会

主　　席：涂国红
党组书记：王贤龙（2020.1—）

县红十字会

会　　长：傅淑梅（女，兼）（2020.5—）
常务副会长：程良寿

国有企业及负责人名录（2020.1—2020.12）

县国有资产投资运营有限责任公司

董 事 长：鄢仙丽
总 经 理：鄢仙丽

县城市投资集团有限公司

董 事 长：方丽强
总 经 理：方丽强
党委书记：方丽强

县农村投资集团有限公司

董 事 长：朱建红
总 经 理：朱建红
党委书记：朱建红

乡镇领导机构及负责人名录（2020.1—2020.12）

天马街道

党工委书记：宁玮亮
人大工委主任：曾素平
办事处主任：徐灵敏

紫港街道

党工委书记：樊敏剑
人大工委主任：徐　升
办事处主任：樊厚军

金川街道

党工委书记：郑　俊（女）（—2020.4）
　　　　　　郑　兵（2020.4—）
人大工委主任：张禄杰（—2020.1）
　　　　　　孔德壮（2020.1—）
办事处主任：李　斌

辉埠镇

党委书记：徐　彪
人大主席：李永忠
镇　　长：邹　斌

何家乡

党委书记：程敏芳
人大主席：黄　建（2020.6—）
乡　　长：楼　华

招贤镇

党委书记：曾智盛
人大主席：王伟荣
镇　　长：饶明耀

青石镇

党委书记：杨力军
人大主席：张翼忠（—2020.7）
　　　　　郑　罡（2020.10—）
镇　　长：饶　群

东案乡

党委书记：汪慧建
人大主席：胡启新
乡　　长：宋　斌（2020.1—）

大桥头乡

党委书记：徐军建
人大主席：王全寿（—2020.7）
　　　　　刘晓刚（2020.10—）
乡　　长：朱忠诚（—2020.7）
　　　　　张翼忠（2020.7—）

芳村镇

党委书记：金雪白
人大主席：黄　建（—2020.4）
镇　　长：徐小灵

新昌乡

党委书记：林永周
人大主席：汪建新（—2020.4）
　　　　　尚林军（2020.4—）
乡　　长：邹　赛（女）

白石镇

党委书记：刘　忻（女）
人大主席：樊育旗
镇　　长：王志渊

球川镇

党委书记：胡志彬（—2020.1）
　　　　　邱雪芳（女）（2020.7—）
人大主席：谢晓报
镇　　长：邱雪芳（女）

同弓乡

党委书记：黄小兵
人大主席：方金海
乡　　长：黄泽文

荣誉录

〔各级别均按颁奖表彰时间顺序排列；先进个人姓名后“( )”加注所属单位简称〕

省部级及以上表彰（命名）的荣誉一览表

表 52

<table>
<tr><th>荣誉称号</th><th>获奖单位或个人</th><th>颁发单位/文号</th><th>颁发时间</th></tr>
<tr><td>2019 年度媒体融合先锋奖</td><td>常山传媒集团</td><td>浙江日报报业集团/荣誉证书</td><td rowspan="2">2020-01</td></tr>
<tr><td>“美丽校园”称号</td><td>育才中学</td><td>省民办教育协会中小学教育分会/荣誉证书</td></tr>
<tr><td>2019 年浙江省公共图书馆优秀阅读推广人</td><td>陈诚（县图书馆）、程好婵（教工幼儿园）</td><td>省文化和旅游厅（便函发）</td><td>2020-01-02</td></tr>
<tr><td>2019 年浙江省区域推进语言文字规范化县</td><td>常山县</td><td>省语言文字工作委员会、省教育厅/浙教办函〔2020〕5 号</td><td>2020-01-03</td></tr>
<tr><td>全省电大 2019 年度招生工作先进单位</td><td>电大常山学院</td><td rowspan="2">浙江广播电视大学校长办公室/浙电大办〔2020〕5 号</td><td rowspan="2">2020-01-08</td></tr>
<tr><td>全省电大 2019 年度招生工作先进个人</td><td>朱圣昌（电大常山学院）</td></tr>
<tr><td>2019 年度全省生活垃圾分类宣传工作突出县</td><td>常山县</td><td>省生活垃圾分类工作领导小组办公室/浙江住房城乡建设动态（垃圾分类工作）第 1 期（总第 14 期）</td><td rowspan="3">2020-01-13</td></tr>
<tr><td>2019 年度全省安全保卫“三化三达标”先进单位（省分行级）</td><td>农业银行常山红旗街支行</td><td rowspan="2">农业银行浙江省分行/农银浙办发〔2020〕14 号</td></tr>
<tr><td>2019 年度运营基础管理“良好”单位</td><td>农业银行常山红旗街支行、芳村支行</td></tr>
<tr><td>全省非洲猪瘟防控工作表现突出的集体</td><td>杭金衢高速公路常山动物卫生监督检查站</td><td rowspan="2">省政府/通报</td><td rowspan="3">2020-01-15</td></tr>
<tr><td>全省非洲猪瘟防控工作表现突出的个人</td><td>江益平（县畜牧兽医局屠宰管理所）、胡昌有（球川镇）</td></tr>
<tr><td>2019 年度全省水利工作综合绩效考评优秀水利部门</td><td>县林业水利局</td><td>省水利厅/浙水办〔2020〕1 号</td></tr>
<tr><td>2019 年度浙江省森林康养基地</td><td>不老泉森林康养基地</td><td>省林业局、省民政厅、省卫健委、省中医药管理局/浙林改〔2020〕11 号</td><td>2020-01-19</td></tr>
</table>

续表 52

荣誉称号	获奖单位或个人	颁发单位/文号	颁发时间
2019 年度浙江省“一村万树”示范村	天马街道天安村、辉埠镇鸭坞村、何家乡双安村、招贤镇大弄村、青石镇大塘后村、东案乡东案村、大桥头乡浮河村、芳村镇上猷阁村、新昌乡新昌村、白石镇十八里村、球川镇王家村	省林业局/浙林办〔2020〕2 号	2020-01-20
2019 年度省级特色产业示范县	常山油茶产业示范县		
2019 年度省级林业特色产业小镇	芳村油茶产业小镇、新昌油茶产业小镇		
2019 年度省级森林人家	东岸乡梅树底村、新昌乡泰安村		
2019 年度“浙江省现代国有林场”	常山县林场		
2019 年度省级示范性家庭林场	美桂家庭农场、徐水英家庭农场		
浙江森林氧吧	不老泉森林氧吧、黄岗山禅林森林氧吧		
浙江省“优秀林技推广员”	汪舍平（县林业技术推广中心）		
2019 年度省级林业重点龙头企业	华凯木业有限公司		
2019 年度“零进京扰序”县（市、区）	常山县	省信访工作领导小组/浙信领〔2020〕2 号	2020-01-21
中华人民共和国成立 70 周年庆祝活动和中共十九届四中全会期间信访工作先进个人	陈桂强（县信访局）	省信访工作联席会议/浙信联〔2020〕1 号	
打击处置“全能神”邪教组织专项行动成绩突出个人	黄发林（县公安局）	省公安厅/内部通报	2020-01-22
“禁毒两打两控”专项行动成绩突出个人	曾铮（县公安局）		
平安护航中华人民共和国成立 70 周年工作成绩突出个人	胡伟民（县公安局）、沈文兵（县委政法委）、郑建炳（县住建局）、付小明（县科技局）、朱建锋	省委、省政府/通报（便函）	2020-01-23
人寿保险浙江省分公司 2019 年度“重振国寿”标杆单位评选“价值贡献”先锋单位	人寿保险常山支公司	人寿保险浙江省分公司/奖牌	2020-02
集体二等功	县检察院第二检察部	省检察院/浙检发政字〔2020〕8 号	2020-02-05
个人二等功	郑勤（县检察院第二检察部）		
2019 年浙江省农村生活污水治理设施运维管理工作优秀县	常山县	省财政厅、省住房和城乡建设厅/浙财建〔2020〕14 号	2020-02-07

续表 52

荣誉称号	获奖单位或个人	颁发单位/文号	颁发时间
个人二等功	鲁祖夏（县公安局）	省公安厅/浙公令〔2020〕1 号	2020-02-18
全省深化社会力量办体育改革试点重点项目——开展公共体育场馆管“两权”分离改革试点	常山县	省体育局/浙体政〔2020〕39 号	2020-02-19
全省深化社会力量办体育改革试点重点项目——培育打造品牌体育赛事			
全省深化社会力量办体育改革试点重点项目——推动体育与旅游、文化、健康、养老、教育等产业融合发展			
2018—2019 年度省级青年文明号集体	县公安局球川派出所、国家税务总局常山县税务局纳税服务股(办税服务厅)	省“青年文明号、青年岗位能手”活动组委会/浙青文〔2020〕1 号	2020-02-20
中国特色农产品优势区（第三批）	常山油茶中国特色农产品优势区	农业农村部、国家林草局、国家发改委、财政部、科技部、自然资源部、生态环境部、水利部/农市发〔2020〕1 号	2020-02-21
2019 年度县级以上集中式饮用水水源地安全保障达标评估优等级	芙蓉水库水源地	省水利厅、省生态环境厅/浙水资〔2020〕4 号	
2019 年度浙江省生活垃圾分类工作成绩突出集体	县住房和城乡建设局	省生活垃圾分类工作领导小组办公室/浙分类办〔2020〕2 号	2020-02-24
2019 年度浙江省生活垃圾分类工作成绩突出个人	熊婧（县环境卫生管理处）		
2019 年度“浙江省税务系统专业骨干”	付彬（县税务局）	省税务局/浙税函〔2020〕22 号	2020-02-26
在重点机构客户账户营销中实现常山县医疗保障服务中心一站式结算户落地	建设银行常山支行营业部	建设银行浙江省分行旺季营销作战指挥室/表彰卡	2020-02-27
旺季期间成功为客户配置百福金条 1000 克	程超（建设银行常山支行营业部）	建设银行浙江省分行个人金融部（私人银行部）/表彰卡	2020-03-06
2019 年度全省人民防空工作先进单位	县人民防空指挥部办公室（县人民防空办公室）	省人民防空指挥部办公室、省人民防空办公室/浙人指办〔2020〕1 号	2020-03-10

续表 52

荣誉称号	获奖单位或个人	颁发单位/文号	颁发时间
2017—2019 年度全省放心农贸市场建设工作成绩突出单位	县市场监管局、县财政局	省市场监管工作联席会议/浙市联〔2020〕2 号	2020-03-13
2017—2019 年度全省放心农贸市场建设工作成绩突出个人	何红良、朱瑜芝（县市场监管局）；林方庆（县农贸市场管理中心）		
2019 年度浙江税务系统“纳税服务之星”	夏昕斓（县税务局）	省税务局/浙税函〔2020〕30 号	2020-03-16
平台客户营销取得“2020 年社团长尾客户落地 2 户”佳绩	建设银行常山支行	建设银行浙江省分行旺季营销作战指挥室/表彰卡	2020-03-18
2019 年度浙江省善治示范村	紫港街道：狮子口村；芳村镇：猷阁口村、前塘村；青石镇：虹桥村、马车村、新站村；同弓乡：同心村、彤弓山村；新昌乡：新昌村；东案乡：前库村、弄坞村、田蓬村；球川镇：东坑村、新店村、常周村、芙蓉村；大桥头乡：浮河村、客弄村；白石镇：十八里村、曹会关村	省乡村振兴领导小组办公室/通知	2020-03-19
2019 年度各市和县（市、区）“五水共治”工作考核优秀乡镇	白石镇	省治水办（河长办）/浙治水办发〔2020〕8 号	
第一批全国农作物病虫害“绿色防控示范县”创建推评名单	常山县	全国农技中心/农技植保〔2020〕39 号	
全省农业农村系统突出贡献集体	县农业综合行政执法队	省农业农村厅/浙农人发〔2020〕10 号	2020-03-20
全省农业农村系统突出贡献个人	李巧、黄光良（县农业农村局）；蓝讯（县农业综合行政执法队）		
2019 年度浙江省生活垃圾分类高标准示范小区	紫荆花园、翡翠园、竹园小区	省生活垃圾分类工作领导小组办公室/通知	2020-03-30
2019 年度全省生活垃圾分类工作优秀县	常山县	省生活垃圾分类工作领导小组/浙分类〔2020〕1 号	2020-04-01
全省扫黑除恶专项斗争成绩突出个人	余靖（县纪委监委）、徐华仙（县检察院）、吴刚（县资规局）	省委、省政府（便函）	2020-04-02
全省公安机关“创文明交通、治秩序乱象”忠诚保大庆系列行动成绩突出个人	陈有力（县公安局）	省公安厅/浙公网传〔2020〕47 号	2020-04-06
2018—2019 年度平安浙江建设先进集体	县司法局	省委、省政府/通报	2020-04-11

续表 52

荣誉称号	获奖单位或个人	颁发单位/文号	颁发时间
新时代“最美逆行者”	单康民、杨俊、陈慧萍、廖琳君、饶晨晨（县人民医院）	湖北省委、省政府/荣誉证书	2020-04-12
浙江省实行最严格水资源管理制度成绩突出市县（集体）	常山县	省水利厅、省人力社保厅/浙水人〔2020〕8 号	2020-04-13
浙江省实行最严格水资源管理制度成绩突出个人	黄宇（县政府办公室）		
第六批浙江省历史文化名村	东案乡：金源村、东案村	省政府/浙政发〔2020〕6 号	2020-04-19
第六批浙江省历史文化街区	县北门街区		
浙江省文化示范村	白石镇草坪村	省文旅厅/浙文旅公共〔2020〕2 号	
2019 年度全省宣传信息工作先进单位	县委宣传部	省委宣传部（便函）	2020-04-23
2019 年度全省宣传信息工作先进个人	邱玮、徐云飞（县委宣传部）		
建设银行浙江省分行 2019 年度资管业务先进个人	罗玮（建设银行常山支行）	建设银行浙江省分行投资银行业务部/建浙投〔2020〕2 号	2020-04-26
2019 年度运营基础管理“良好”单位	农业银行常山红旗街支行、芳村支行	农业银行浙江省分行/农银浙办发〔2020〕306 号	2020-05-07
大数据应用标杆网点奖	建设银行常山支行营业部	建设银行浙江省分行个人金融部（私人银行部）/建浙个〔2020〕10 号	
浙江省 2020 年度优秀样板创建乡镇行动方案	常山县球川镇美丽城镇建设行动方案	省城乡环境整治工作领导小组美丽城镇建设办公室/浙美镇办〔2020〕12 号	2020-05-09
工银成就个人奖（个人金融业务）	柴小燕（工商银行常山支行）	工商银行总行/工银评选表彰〔2020〕45 号	2020-05-13
浙江省建筑业新冠肺炎疫情防控工作先进单位	常山县建筑和房地产协会	省建筑业行业协会/浙建协〔2020〕25 号	2020-05-14
第二批省级农村产业融合发展示范园创建名单	常山县“柚香谷”农村产业融合发展示范园	省发改委、省经信厅、省财政厅、省自然资源厅、省农业农村厅、省商务厅、省文旅厅/浙发改农经〔2020〕184 号	2020-05-15
省级残疾人之家	青石镇残疾人之家	省残疾人联合会/奖牌	2020-05-18
浙江省第二批中小学亲子辅导示范校	新昌小学	省中小学心理健康教育指导中心办公室/浙心指办〔2020〕10 号	2020-05-20

续表 52

荣誉称号	获奖单位或个人	颁发单位/文号	颁发时间
浙江省巾帼文明岗	县妇幼保健院护理部、育才幼儿园、县电力实业有限公司财务资产部	省妇联/浙妇〔2020〕9号	2020-05-25
浙江省巾帼建功标兵	张莺（天马街道妇联）	省妇联/浙妇〔2020〕9号	2020-05-25
浙江省巾帼建功先进集体	金川街道赵家坪社区居委会	省妇联/浙妇〔2020〕9号	2020-05-25
2019年度浙江省课外阅读先进集体	常山二中、城南中学、紫港中学、常山一小、宋畈小学、阁底小学	浙江教育报刊总社/浙教报刊总社〔2020〕24号	2020-05-25
2019年度浙江省导读先进工作者	江万兴（常山二中）、谢红英（城南中学）、樊卫军（紫港中学）、徐武忠（常山一小）、王保昌（宋畈小学）、兰晓勇（阁底小学）	浙江教育报刊总社/浙教报刊总社〔2020〕24号	2020-05-25
2019年度浙江省优秀导读员	朱国明（常山二中）、姜峰（城南中学）、周建国（紫港中学）、郑晓（常山一小）、官勤勤（宋畈小学）、王芳芳（阁底小学）	浙江教育报刊总社/浙教报刊总社〔2020〕24号	2020-05-25
全省司法行政系统法治化营商环境优化专项行动个人嘉奖	鲍晓明（县司法局）	省司法厅/浙司〔2020〕47号	2020-05-29
《合力办信，跑出办信加速度》获基层清廉建设（浙江）十大经验优秀案例奖	县纪委监委	浙江日报报业集团反腐败导刊杂志社、浙江大学廉政研究中心/荣誉证书	2020-06
2020年第一季度浙江“最美家庭”（抗疫“最美家庭”）	王勇家庭（县人民医院）	省委宣传部、省妇联/荣誉证书	2020-06
浙江省第十一届小学生课内作文大赛团体优胜奖	天马二小	省小作家联络部/奖牌	2020-06
浙江省禁毒示范县、创建工作成绩突出单位	常山县	省禁毒委/浙禁毒字〔2020〕2号	2020-06-05
千名“战疫群英”优秀个人	符和根（浙江富丽新材料有限公司）、王亭（县红十字应急救援队）、廖慧忠（县阳光志愿者协会）、陈波（县春泥公益协会）、詹敏（县皮划艇运动协会）、占冬兰（县跑步运动协会）、曾水华（县户外登山运动协会）、胡立宏（天马街道渡口社区）、洪虹（天马街道屏山社区）、王燕（天马街道文峰社区）、徐玉宏（天马街道柚苑社区）、徐卫英（金川社区）	省慈善联合总会、省社会工作师协会/浙慈联字〔2020〕4号	2020-06-08

续表 52

荣誉称号	获奖单位或个人	颁发单位/文号	颁发时间
浙江省民族团结进步模范个人	蓝小珍（县政协）	省政府/浙政发〔2020〕12 号	2020-06-19
浙江省第二批节水型社会建设达标县	常山县	省水利厅、省节约用水办公室/浙水资〔2020〕13 号	2020-06-22
2019 年度全省电大教材发行管理先进单位	电大常山学院	浙江广播电视大学校长办公室/浙电大办〔2020〕29 号	2020-06-30
2019 年度全省电大教材发行管理先进工作者	李志军（电大常山学院）		
2019 年度“无违建县（市、区）”创建工作先进个人	陈慧平（县综合行政执法局）	省政府/荣誉证书	2020-07
浙江省教育系统优秀工会工作者	唐金平（天马二小）、汪教清（紫港中学）	省教育工会/荣誉证书	
2019—2020 年度浙江省“三育人”岗位建功先进集体	育才小学	省教育工会/奖牌	
2018 年度中央财政水利发展资金绩效评价优秀	常山县	省财政厅、省水利厅/浙财农〔2020〕30 号	2020-07-01
中央环保督察整改突出生态环境问题整治典型案例	常山生态环境整治让“灰尘漫舞”变“蓝天白云”	省委生态环境保护督查办公室/浙环督察函〔2020〕11 号	2020-07-09
第五批省级旅游风情小镇培育名单	东案乡	省文旅厅/浙文旅资源〔2020〕25 号	2020-07-16
2018—2019 年度全省禁毒工作先进个人	曾铮（县公安局）	省禁毒委/浙禁毒字〔2020〕4 号	2020-07-17
2019 年度浙江省分行优秀委派营运主管	刘芝美（建设银行常山城区支行）	建设银行浙江省分行渠道与运营管理部/渠道与运营管理部〔2020〕64 号	2020-07-20
浙江省林业产业先进集体	县林业水利局、浙江常发粮油食品有限公司	省林业局/浙林改〔2020〕41 号	2020-07-24
浙江省林业产业先进个人	王昆喜（县林业水利局）、徐志坚（常山县椿秋红农业开发有限公司）		
全警实战大练兵第一批部级“训练标兵”	徐峰峰（县公安局）	公安部/公政治传发〔2020〕14 号	2020-07-27
2017—2019 周期国家卫生乡镇命名名单	球川镇、白石镇、东案乡、同弓乡、新昌乡、何家乡	全国爱国卫生运动委员会/全爱卫发〔2020〕1 号	2020-07-29
2019 年重新确认国家卫生县城名单	常山县城	全国爱国卫生运动委员会/全爱卫发〔2020〕2 号	

续表 52

荣誉称号	获奖单位或个人	颁发单位/文号	颁发时间
浙江民革防控抗疫先进个人	魏琳莹（县人民医院）	民革浙江省委会/革浙发〔2020〕59 号	2020-07-31
2020 年第二季度浙江“最美家庭”	熊素娟家庭（县中医医院）	省委宣传部、省妇联/荣誉证书	2020-08
2019 年度省分行“工会积极分子”	姚胜土（建设银行常山支行）	建设银行浙江省分行工会/荣誉证书	
“新时代好少年”主题教育读书活动“美好生活 劳动创造”先进个人称号	李群（天马一小）	教育部关心下一代工作委员会/荣誉证书	
2020 年浙江省青少年（儿童）乒乓球锦标赛 E 组男子团体第七名	郑子航、廖于睿、叶岱齐、周李煜轩、方振（天马二小）	省体育局、省教育厅/获奖证书	
2020 年浙江省青少年（儿童）乒乓球锦标赛 F 组男子团体第七名	陈子锐、占政霖、金周宸、周正涛、叶子骞（天马二小）		
2020 年浙江省青少年（儿童）乒乓球锦标赛体育道德风尚奖	陈子锐（天马二小）		
亚运足球梦想学校	白石小学	2022 年杭州亚运会组委会/奖牌	
2020 年浙江省青少年国际跳棋锦标赛 64 格丙组混合团体第五名	大桥头小学	省体育局/奖牌	
2019 年度县域医共体工作成绩突出的集体	县卫健局	省委办公厅、省政府办公厅/通报	2020-08-08
2019 年度县域医共体工作成绩突出的个人	陈红飞（县人民医院医共体招贤分院）		
生态省建设突出贡献集体三等功	市生态环境局常山分局	省政府/浙政发〔2020〕19 号	2020-08-11
生态省建设突出贡献个人三等功	徐彪（辉埠镇政府）		
2019 年健康浙江建设考核优秀等次县级单位	常山县	省委省政府健康浙江建设领导小组办公室/健康浙江办〔2020〕2 号	2020-08-14
浙江省志愿服务工作先进个人	李凯迪（县税务局）、黄喆（县春泥公益协会）	团省委、省志愿者协会/团浙联〔2020〕22 号	
第四批全省“扫黄打非”进基层示范点	青石镇	省“扫黄打非”工作领导小组办公室/浙扫黄打非发〔2020〕3 号	
浙江省“互联网+”农产品出村进城工程试点县	常山县	省农业农村厅、省发改委、省财政厅、省商务厅/浙农产发〔2020〕11 号	2020-08-17
第四批省级旅游风情小镇创建名单	新昌乡	省文旅厅/浙文旅资源〔2020〕29 号	2020-08-19

续表 52

荣誉称号	获奖单位或个人	颁发单位/文号	颁发时间
2020 年浙江省青少年国际跳棋锦标赛 100 格甲组混合团体第四名	姜贵恒（城东中学）	省体育局/获奖证书	2020-08-23
《李某某控告公安机关违法处置涉案财产案》入选全省检察机关"群众信访件件有回复"典型案例	县检察院第三检察部	省检察院/浙检发办字〔2020〕173 号	2020-08-24
全国农村金融十佳服务乡村振兴机构	常山农商银行	中华合作时报社、中国金融杂志社/荣誉证书	2020-09
浙江省"春蚕奖"	黄小平（芳村小学）、胡勇芳（江滨幼儿园）	省人民教育基金会/浙教基金〔2020〕2 号	2020-09-03
浙江省"绿叶奖"	徐军建（大桥头乡政府）		
同步学习，不期而遇的美好——之江汇教育广场延期开学主题活动"优秀指导教师"	姜利剑（天马二小）	浙江教育出版集团、之江教育广场/荣誉证书	
2016—2018 年度浙江省无偿献血奉献奖	朱小良（县纪委监委）、官梅俊（县人民医院）	省卫健委、省红十字会/荣誉证书	2020-09-04
《要做这样的人》获 2020 年"歌颂新时代"全省歌词大赛铜奖	徐新德、张正浩（县文化馆）	省文化馆/浙群文〔2020〕83 号	2020-09-07
全国抗击新冠肺炎疫情先进个人	王芳（青石镇江家村党支部）	中共中央、国务院、中央军委/表彰决定	2020-09-08
全省 2019 年度农田氮磷生态拦截优秀沟渠系统	常山县	省农业农村厅/政务通报第 57 期	2020-09-18
浙江省第二批样板创建城镇行动方案优秀名单	何家乡、大桥头乡	省城乡环境整治工作领导小组美丽城镇建设办公室/浙美镇办〔2020〕24 号	
《电力魔方——中小微企业的供电服务运营助手》获亚洲质量创新优秀案例一等奖	吴忠、琚军、贵利剑、方慧斌、程申（国网常山供电公司）	亚洲质量功能展开与创新委员会/证书	2020-09-25
浙江省戏曲之乡（越剧）	天马街道办事处	省文旅厅/浙文旅艺〔2020〕9 号	2020-09-26
省级特色小镇创建对象 2019 年度考核良好	常山赏石小镇	省特色小镇规划建设工作联席会议办公室/浙特镇办〔2020〕7 号	2020-09-30
省级特色小镇创建对象 2019 年度考核合格	常山云耕小镇		
《柴胜坊家居科技有限公司行政处罚非诉执行监督案》入选全省第二批行政争议实质性化解典型案例	县检察院第二检察部	省检察院/浙检发办字〔2020〕192 号	

续表 52

荣誉称号	获奖单位或个人	颁发单位/文号	颁发时间
2019—2020 年度“浙江省优秀少先队辅导员”	蒋俊（常山一小）	团省委、省教育厅、省少工委/荣誉证书	2020-10
第五届全省学生“学宪法 讲宪法”活动个人演讲比赛小学组选手指导教师一等奖	徐丽珍（天马二小）	省学生“学宪法 讲宪法”活动组委会/荣誉证书	2020-10
浙江省农村文化礼堂建设示范乡镇	辉埠镇	省委宣传部/浙宣〔2020〕46 号	2020-10-10
浙江省文化和旅游行业信用体系建设试点	常山县文化和旅游行业信用体系建设项目（县文广旅体局）	省文旅厅/浙文旅市〔2020〕19 号	2020-10-10
常山县原农业局局长徐士平任期经济责任审计项目获浙江省表彰审计项目	县审计局	省审计厅/浙审法〔2020〕100 号	2020-10-15
2020 年浙江省城市市容环境卫生工作成绩突出个人	徐忠国（县市容环卫中心）	省住建厅、省总工会/浙建城管发〔2020〕52 号	2020-10-15
2020 年全市综合行政执法系统体能尖兵	吴明芳、何婷婷、徐婷（县综合行政执法局）	市综合行政执法局/衢执法便笺〔2020〕121 号	2020-10-15
浙江省 2019—2020 年节约型公共机构示范单位	常山一小	省机关事务管理局、省发改委、省能源局、省财政厅/浙机事发〔2020〕11 号	2020-10-16
全球绿色城市	常山县	2020 可持续城市与人居环境奖评审委员会/奖牌	2020-10-16
2020 年全省农业职业技能大赛动物检疫检验三等奖	易卫（县养殖业发展中心）	省农业农村厅/浙农专发〔2020〕36 号	2020-10-19
2020 年全省农业职业技能大赛农产品质量安全检测三等奖	黄浩霞（县检验检测研究院）	省农业农村厅/浙农专发〔2020〕36 号	2020-10-19
《眼查——电力信用助力客户运营》获 2020 浙江数据开放创新应用大赛——助力企业智慧运营类金铲奖	琚军、商振东、刘旸、陈宏健、方慧斌（国网常山县供电公司）	国网浙江省电力有限公司/浙电互联〔2020〕668 号	2020-10-20
2018—2019 年度交通旅游导报社优秀通讯员	徐莹（县公路港航与运输管理中心）	交通旅游导报社/交旅报〔2020〕26 号	2020-10-22
2020 年全国青少年校园篮球体育传统特色学校	常山一中、城关中学、育才小学	教育部办公厅/教体艺厅函〔2020〕34 号	2020-10-23
第二批援疆工作成绩突出个人嘉奖	汪洪星（县公安局）	公安部/公奖字〔2020〕109 号	2020-10-28

续表 52

荣誉称号	获奖单位或个人	颁发单位/文号	颁发时间
中国民主同盟抗击新冠肺炎疫情先进个人	王勇（县人民医院）	民盟中央/荣誉证书	2020-11
省级示范性青创农场	青石镇网红街（村播基地）	团省委/奖牌	
2020 年度最受欢迎的果品区域公用品牌 100 强	常山胡柚	亚洲果蔬产业博览会组委会/奖牌	
2020 年浙江省产业创新服务综合体	常山精密基础件产业创新服务综合体（县城投集团）	省科技领导小组办公室/浙科领办〔2020〕10 号	2020-11-02
第 13 届中国义乌国际森林产品博览会最佳展台奖	县林业水利局（衢州油礼・常山馆）	中国义乌国际森林产品博览会组委会/森博委〔2020〕4 号	2020-11-04
2020 年度全省市民终身学习体验基地	青石镇中国观赏石博览园	浙江省社区教育指导中心/奖牌	2020-11-10
浙江省抗击新冠肺炎疫情先进个人	张琪（县人民医院）、林芳良（白石镇草坪村）、占凌新（县政府办公室）	省委、省政府/表彰决定	2020-11-11
浙江省抗击新冠肺炎疫情先进集体	青石镇江家村党支部		
顺利通过园区循环化改造试点省级验收	常山工业园区	省发改委、省财政厅/浙发改环资函〔2020〕423 号	
2021 年度省级美丽宜居示范村创建名单	东案乡田蓬村、球川镇球川村、芳村镇大处村	省城乡环境整治工作领导小组美丽宜居村镇示范办公室、省住房和城乡建设厅/浙村镇示范办〔2020〕2 号	2020-11-16
2021 年度开展风貌保护提升工作传统村落名单	球川镇球川村、芳村镇大处村		
2021 年度村庄设计与农房设计落地试点名单	球川镇后弄村		
“书生杯”民办中小学教师教育教学论文评选一等奖	周琳（育才中学）	省民办教育协会中小学教育分会/荣誉证书	2020-11-17
“书生杯”民办中小学教师教育教学论文评选二等奖	张清波（育才中学）		
“书生杯”民办中小学教师教育教学论文评选三等奖	徐金铭（育才中学）		
2020 年度浙江省民办中小学双十佳教师	张清波（育才中学）		
第八届全国服务农民、服务基层文化建设先进集体——基层文艺院团先进集体	浙江泓影常山越剧团	中央宣传部办公厅、文化和旅游部办公厅、国家广播电视总局办公厅/中宣办发〔2020〕33 号	2020-11-19

续表 52

荣誉称号	获奖单位或个人	颁发单位/文号	颁发时间
浙江省农村文化礼堂建设成果展演暨“三团三社”成果展演展示入展作者名单——表演类：表演唱《最美时代·一声喝彩》	县文化馆、天马街道宜居天马艺术团	省文旅厅/浙文旅公共〔2020〕10 号	2020-11-19
浙江省农村文化礼堂建设成果展演暨“三团三社”成果展演展示入展作者名单——摄影类：《胡柚熟了》《华彩浙西》《慢城公园》《渔舟唱晚》	王建华、王一群、李志强（常山柚都摄影公社）		
浙江省第十九届音乐新作大赛入围作品——男声对唱《中国汉字》	县文化馆		
浙江省第三十一届戏剧小品邀请赛入围作品——《投票时代》			
省级经济开发区	浙江常山经济开发区	省政府办公厅/浙政办函〔2020〕73 号	
第十批全国“一村一品”示范村镇	青石镇水南村	农业农村部/通知	2020-11-20
全国乡村遗产酒店示范项目	村上酒舍	第二届乡村遗产酒店示范项目发布会暨中国乡村遗产复兴发展论坛/评定	
涉农资金统筹整合工作推进总体较好单位	县财政局	省财政厅/浙财农〔2020〕65 号	2020-11-23
第三批节水型社会建设达标县	常山县	水利部 2020 年第 21 号公告	2020-11-25
2020 年浙江省三星级乡镇（街道）食安办	天马街道食安办、紫港街道食安办、白石镇食安办、辉埠镇食安办、球川镇食安办、何家乡食安办、同弓乡食安办	省食品药品安全委员会办公室/浙食药安办〔2020〕6 号	
2020 年浙江省四星级乡镇（街道）食安办	金川街道食安办		
2019 年中国北京世界园艺博览会浙江参展工作突出贡献集体	县林业水利局	省政府办公厅/浙政办发函〔2020〕185 号	2020-11-27
2020 年第二届“互联网＋健康中国”科普大赛“2020 年度科普红人”奖	陈亮（县人民医院）	人民网·人民健康网络有限公司/荣誉证书	2020-12
2020 年度“乡村振兴·优秀示范单位”	常山县	美丽乡村博鳌国际峰会组委会/荣誉证书	
2020 年度“中国十大最美乡村”			

续表 52

荣誉称号	获奖单位或个人	颁发单位/文号	颁发时间
2021 年度《浙江日报》发行工作先进市县	常山县	浙江日报社/荣誉证书	2020-12
改善医疗服务示范医院	县人民医院	国家卫健委医政医管局、健康报社/奖牌	
2020 年第四季度浙江“最美家庭”	林华仙家庭、徐金妹家庭（天马街道）	省委宣传部、省妇联/光荣榜	
抗击新冠肺炎疫情先进个人	王勇、江共英（县人民医院）	民盟浙江省委会/荣誉证书	
抗击新冠肺炎疫情先进集体	常山民盟总支		
2019 年度财政专项扶贫资金绩效评价等次良好	常山县	省财政厅、省扶贫办/浙财农〔2020〕67 号	2020-12-01
2021 年度省级农业科技园区创建名单	常山县胡柚产业农业科技园区	省科技厅/浙科发农〔2020〕68 号	2020-12-03
《浙江财政年鉴（2020 卷）》组稿工作先进单位	县财政局	省财政厅/便函	
浙江省 2020 年度“平安农机”示范县	常山县	省农业农村厅、省应急管理厅/浙农机发〔2020〕5 号	2020-12-07
浙江省 2020 年度“平安农机”示范乡镇	东案乡		
浙江省 2020 年度农机安全监理示范岗位标兵	郑金喜（县农业农村局）		
全国模范人民调解员	陈云河（青石镇人民调解委员会）	司法部/司发通〔2020〕83 号	2020-12-09
省级金牌人民调解工作室	青石镇人民调解委员会云河调解工作室	省人民调解协会/通知	
2020 年度中国市场监管报社宣传工作先进个人三等奖	张军飞（县市场监管局）	中国市场监管报社/报函字〔2020〕31 号/荣誉证书	2020-12-10
2020 年浙江省健康促进学校（金牌）	白石小学	省爱卫办、省教育厅、省卫健委/浙爱卫办〔2020〕16 号	
2020 年浙江省健康促进学校（近视防控特色学校）	招贤小学、紫港中学		
浙江省第五批“妈咪暖心小屋”示范点	常山一小“妈咪暖心小屋”	省总工会办公室/通知	2020-12-11
2020 年浙江省电商专业村	白石镇曹会关村、新塘岭村；大桥头乡濛桥村；东案乡东案村、弄坞村；青石镇水南村	省商务厅/通知	

续表 52

荣誉称号	获奖单位或个人	颁发单位/文号	颁发时间
浙江省示范乡镇（街道）妇联	东案乡妇联	省妇联/浙妇〔2020〕30 号	2020-12-11
2020 年全国“敬老文明号”	县人民医院（人民医院医疗服务共同体）	国家卫健委、全国老龄办/国卫老龄发〔2020〕24 号	2020-12-14
2020 年全国“敬老爱老助老模范人物”	廖慧忠（县阳光志愿者协会）		
省人社厅发信表扬	县政府、县人才和就业管理中心	省人社厅/表扬信	
全省第二批“诗画浙江·百县千碗”美食体验店	良友酒家、百合大酒店、华府大酒店	省文旅厅、省商务厅/浙文旅产〔2020〕32 号	2020-12-15
《衢州市常山县柴胜坊家居科技有限公司污染环境行政处罚非诉执行监督案》获 2020 年度全省行政检察优秀案例	县检察院	省检察院/浙检发办字〔2020〕237 号	2020-12-16
2020 年全省家庭医生签约服务示范点	青石卫生院	省卫健委办公室/浙卫办基层发函〔2020〕3 号	
2020 年度浙江省食品安全工作成绩突出个人	王笏俊（县市场监管局）、王云土（天马街道东港村）	省食品药品安全委员会/浙食药安委〔2020〕6 号	2020-12-17
2020 年“美丽河湖”	常山港（何家段）、龙绕溪（九都段）	省水利厅、省美丽浙江建设领导小组“五水共治”（河长制）办公室/浙水河湖〔2020〕15 号	
2020 年浙江省生态文化基地（第十批）	东案乡梅树底村	省生态文化协会、省林业局/浙生协〔2020〕7 号	
男女对唱《魔“数”师》获 2020 首届长三角原创流行歌曲大赛银奖	县文化馆	长三角原创流行歌曲大赛组委会（省文旅厅）/通知（便函）	2020-12-18
浙江省化工园区（集聚区）合格园区	常山县生态工业园区	省经信厅、省生态环境厅、省应急管理厅 /浙经信材料〔2020〕185 号	2020-12-21
2020 年度新时代美丽城镇建设省级样板	球川镇	省城乡环境整治工作领导小组/浙城乡环治〔2020〕1 号	
2020 年度新时代美丽城镇建设基本达标	芳村镇、青石镇		
2020 年度浙江省园林式居住小区	中南·广和漫悦湾小区	省住房和城乡建设厅/浙建城发〔2020〕68 号	2020-12-22
2020 年度浙江省优质综合公园	心舟公园		
2020 年度浙江省绿化美化示范路	滨江路		

续表 52

荣誉称号	获奖单位或个人	颁发单位/文号	颁发时间
2020 年浙江省先进教研组	育才幼儿园小班段教研组、常山一中数学教研组、常山一中化学教研组	省教育厅教研室/浙教研室〔2020〕39 号	2020-12-23
2020 年度全省“扫黄打非”工作成绩突出集体	县“扫黄打非”工作领导小组办公室	省“扫黄打非”工作领导小组/浙扫黄打非组〔2020〕2 号	2020-12-24
2020 年度基层农信担保服务优秀办事处	县中小企业融资担保有限公司	浙江省农业融资担保有限公司/浙农担〔2020〕47 号	
2020 年度基层农信担保服务先进金融机构	邮储银行常山支行		
2020 年度基层农信担保服务优秀个人	徐培俊（县中小企业融资担保有限公司）、洪文燕（邮储银行常山支行）		
2018—2019 年度全国献血贡献奖金奖	胡亚军（县税务局）	国家卫生健康委员会、中国红十字总会、中央军委后勤保障部卫生局/国卫医发〔2020〕28 号	2020-12-25
2018—2019 年度全国献血贡献奖银奖	曾水华（县税务局）		
2020 年浙江省卫生乡镇复审确认名单	青石镇	省爱国卫生运动委员会办公室/浙爱卫办〔2020〕17 号	
2020 年浙江省卫生村复审确认名单	天马街道：西峰村、周塘村、东方红村；紫港街道：大弄口村、富足山村；金川街道：上埠村、蒋家村、十五里村、十里山村；辉埠镇：鸭坞村、路里坑村、彭川村、东乡村；东案乡：梅树底村（原高峰村）、田蓬村、弄坞村；何家乡：江源村、长风村；球川镇：黄泥畈村、芙蓉村、红旗岗村、后弄村；招贤镇：大溪沿村、溪上村、官庄村；青石镇：大塘后村、溪口村、马车村、塘边村、砚瓦山村；同弓乡：彤弓山村；白石镇：聚宝村、曹会关村；新昌乡：达塘村、黄塘村、西源村、暂铬村；芳村镇：新桥村、下猷阁村		
2020 年度“浙江省森林城镇”	同弓乡、新昌乡、白石镇	省关注森林组织委员会/浙森组〔2020〕1 号	

续表 52

荣誉称号	获奖单位或个人	颁发单位/文号	颁发时间
浙江省2020年度省级“民主法治村”	东案乡：梅树底村、田蓬村；芳村镇：河边山村、横山路村、上猷阁村；紫港街道：狮东村、富足山村、狮子口村；何家乡：双安村；球川镇：常周村、东坑村；金川街道：朱家坞村	省司法厅、省民政厅、省普法办/浙司〔2020〕101号	2020-12-25
“药品安全、与法同行”征文活动三等奖	程婷（县市场监管局）	省药品监督管理局办公室/浙药监办发函〔2020〕251号	2020-12-28
浙江省财政学会2020年财政课题成果一等奖	县财政局	省财政学会/浙财学〔2020〕3号	2020-12-28
2020年度浙江省美丽乡村示范乡镇	金川街道、何家乡	省“千村示范、万村整治”工作协调小组办公室/通知	2020-12-28
2020年度浙江省美丽乡村风景线	常山县艺石时空风景线	省“千村示范、万村整治”工作协调小组办公室/通知	2020-12-28
2020年度浙江省美丽乡村特色精品村	白石镇草坪村、何家乡樊家村、芳村镇上猷阁村	省“千村示范、万村整治”工作协调小组办公室/通知	2020-12-28
2020年度浙江省高标准农村生活垃圾分类示范村	球川镇后弄村、芳村镇芳村村、青石镇大塘后村	省“千村示范、万村整治”工作协调小组办公室/通知	2020-12-28
浙江省2020年“诵读中国”经典诵读大赛教师组三等奖	琚燕、唐红梅、郑琦慧、顾琳琳、吴静、苏晴（育才幼儿园）	省语言文字工作委员会办公室/浙语办〔2020〕7号	2020-12-28
助力社会治理银耀好团队	常山县“红色啄木鸟”工作室	省委老干部局/便函通报	2020-12-29
最美助力之星	胡兆富医疗志愿者服务站、紫港社区老娘舅工作室、何时敏、占念七、兰忠金、陈云河、王老四、詹龙金、马懋红、章国强、郑源生、汪文美	省委老干部局/便函通报	2020-12-29
舞蹈节目《䭔糕飘香》获2020年浙江省中小学生艺术节艺术表演类——舞蹈一等奖	职业中专	省中小学生艺术节组委会/通知	2020-12-29
舞蹈节目《我们的田野》获2020年浙江省中小学生艺术节艺术表演类——舞蹈二等奖	实验小学	省中小学生艺术节组委会/通知	2020-12-29
戏剧节目《昭君出塞》获2020年浙江省中小学生艺术节艺术表演类——戏剧一等奖	职业中专	省中小学生艺术节组委会/通知	2020-12-29
书法作品《古诗》获2020年浙江省中小学生艺术节美术作品类一等奖	柳安琪（城关中学）	省中小学生艺术节组委会/通知	2020-12-29

续表 52

荣誉称号	获奖单位或个人	颁发单位/文号	颁发时间
立体造型作品《怒放》获 2020 年浙江省中小学生艺术节美术作品类二等奖	陈毅嘉（育才中学）	省中小学生艺术节组委会/通知	2020-12-29
书法作品《千字文节录》获 2020 年浙江省中小学生艺术节美术作品类三等奖	桑萌（天马一小）		
立体造型作品《一屋一世界》获 2020 年浙江省中小学生艺术节美术作品类三等奖	郑欣慧（城关中学）		
立体造型作品《抗疫》获 2020 年浙江省中小学生艺术节美术作品类三等奖	陈文婧（城南中学）		
摄影作品《渔舟》获 2020 年浙江省中小学生艺术节美术作品类三等奖	郑点（实验小学）		
摄影作品《最红少年心》获 2020 年浙江省中小学生艺术节美术作品类三等奖	郑欣妍（育才小学）		
2020 年度浙江省白金宿名单	彤弓山居	省民宿等级评定管理委员会/浙文旅民管〔2020〕3 号	2020-12-30
2020 年度浙江省银宿名单	自在梅林民宿、老油坊民宿、宋邸民宿		
浙江省第十批省级绿色学校	湖东小学	省生态环境厅、省教育厅、省发改委/浙环函〔2020〕318 号	
浙江省新时代枫桥式退役军人服务中心（站）	县退役军人服务中心、东案乡退役军人服务站、紫港街道紫港社区退役军人服务站	省委退役军人事务工作领导小组办公室/浙委退役军人办〔2020〕18 号	
2020 年度浙江森林氧吧	桃花源森林氧吧（桃花源国家 AAA 景区）、梅树底森林氧吧（东案乡梅树底村）	省林业局/浙林改〔2020〕70 号	
全省公安机关 110 工作成绩突出集体	县公安局情报指挥中心	省公安厅/内部通报	2020-12-31
省级美丽宜居示范村创建验收优秀村庄	新昌乡达塘村	省住房和城乡建设厅、省城乡环境整治工作领导小组美丽宜居村镇示范办公室/浙建村发〔2020〕74 号	
省级美丽宜居示范村创建验收合格村庄	同弓乡胡村村		
传统村落风貌保护提升验收合格村庄			

续表 52

荣誉称号	获奖单位或个人	颁发单位/文号	颁发时间
2020 年度农业绿色发展先行县	常山县	省农业农村厅/浙农科发〔2020〕22 号	2020-12-31
2020 年度农业绿色发展省级示范区	白石省级农业绿色发展示范区、新昌省级农业绿色发展示范区、球川省级农业绿色发展示范区		
全省税务系统减税降费专项工作三等功	江根兴（县税务局）	省税务局/浙税发〔2020〕98 号	
2020 年度浙江省市县防震减灾工作考核优秀单位	常山县	省地震局/浙震发〔2020〕120 号	
第四批浙江省红色旅游教育基地	常山西源革命纪念馆	省文旅厅/浙文旅资源〔2020〕51 号	
金鼎级特色文化主题饭店	华府大酒店	省旅游饭店星级评定委员会/浙文旅星评〔2020〕11 号	
2020 年度全省征兵工作成绩突出个人	项晓明（大桥头乡武装部）	省政府、省军区/通报	

地市级表彰（命名）的荣誉一览表

表 53

荣誉称号	获奖单位或个人	颁发单位/文号	颁发时间
2019 年普惠金融业务营销拓展中荣获普惠综合贡献奖	吴伟男（建设银行常山支行）	建设银行衢州分行/荣誉证书	202-01
2019 年 12 月份普惠金融业务新客户营销中荣获营销达人奖	郑驰（建设银行常山支行）	建设银行衢州分行普惠金融经营部/荣誉证书	
2019 年衢州市青少年科技系列活动优秀参赛学校	天马一小	市教育局、市科协/荣誉证书	
成功营销他行资金 2000 万元资产配置	建设银行常山支行	建设银行衢州分行个金部/表彰卡	2020-01-06
全市检察理论研究人才	谢维光（县检察院第三检察部）	市检察院/衢市检发〔2020〕1 号	2020-01-09
全市检察理论研究骨干	郭晓（县检察院第二检察部）、李涛（县检察院第一检察部）		
“助推辖区订单农业发展行政指导”项目获 2019 年全市市场监督管理系统优秀行政指导项目	县市场监管局	市市场监管局/衢市监法〔2020〕1 号	
2019 年衢州市青少年科技系列活动优秀参赛学校	城关中学、常山一小、天马二小、天马一小	市教育局办公室/衢教办电〔2020〕2 号	2020-01-10
2019 年衢州市青少年科技系列活动优秀辅导老师	王丽宏（城关中学）；张文军、叶丹、范孝燕、曾金文（常山一小）；何良平（育才小学）；姜利剑（天马二小）		

续表 53

荣誉称号	获奖单位或个人	颁发单位/文号	颁发时间
2019 年衢州市青少年科技系列活动小学生 Scratch 编程比赛编程启蒙组一等奖	吴峰（天马二小）	市教育局办公室/衢教办电〔2020〕2 号	2020-01-10
2019 年衢州市青少年科技系列活动小学生 Scratch 编程比赛编程启蒙组二等奖	刘鑫泽、樊宇喆（常山一小）；罗晨悦、詹其霖（育才小学）		
2019 年衢州市青少年科技系列活动小学生 Scratch 编程比赛编程启蒙组三等奖	程安（天马一小）、蒋子航（常山一小）、陈文涛（育才小学）		
2019 年衢州市青少年科技系列活动小学生 Scratch 编程比赛互动媒体组一等奖	金鑫、张李想（天马二小）		
2019 年衢州市青少年科技系列活动小学生 Scratch 编程比赛互动媒体组二等奖	兰景天、洪林（育才小学）；唐沐泽（天马一小）		
2019 年衢州市青少年科技系列活动小学生 Scratch 编程比赛互动媒体组三等奖	杨武岳（天马一小）；黄子昱、姜贝奇、徐子昊（常山一小）		
2019 年衢州市青少年科技系列活动小学生无人机操作比赛二等奖	王蛰（常山一小）；傅方玮、夏基曜、徐奕涵（天马一小）		
2019 年衢州市青少年科技系列活动小学生无人机操作比赛三等奖	徐乐弈（阁底小学）、赵鑫宇（天马一小）		
2019 年衢州市青少年科技系列活动简易飞行模型制作比赛：仿真飞机模型（低年级组）三等奖	胡哲瀚（天马一小）		
2019 年衢州市青少年科技系列活动简易飞行模型制作比赛：仿真飞机模型（高年级组）一等奖	鲁帅（常山一小）		
2019 年衢州市青少年科技系列活动简易飞行模型制作比赛：仿真飞机模型（高年级组）三等奖	郑颖浩（天马一小）、王可萱（天马二小）		
2019 年衢州市青少年科技系列活动简易飞行模型制作比赛：纸飞机模型（低年级组）一等奖	汪子聪（常山一小）		
2019 年衢州市青少年科技系列活动简易飞行模型制作比赛：纸飞机模型（低年级组）二等奖	徐梓航（天马一小）		
2019 年衢州市青少年科技系列活动简易飞行模型制作比赛：纸飞机模型（高年级组）二等奖	樊沚弦、占航（常山一小）		

续表 53

荣誉称号	获奖单位或个人	颁发单位/文号	颁发时间
2019 年衢州市青少年科技系列活动简易飞行模型制作比赛：纸飞机模型（高年级组）三等奖	何乐彤（天马一小）	市教育局办公室/衢教办电〔2020〕2 号	2020-01-10
2019 年衢州市青少年科技系列活动“玩转科学”创意实验比赛：动力纸船一等奖	吴子豪（常山一小）		
2019 年衢州市青少年科技系列活动“玩转科学”创意实验比赛：动力纸船二等奖	王以晨（常山一小）		
2019 年衢州市青少年科技系列活动“玩转科学”创意实验比赛：动力纸船三等奖	张朝（天马二小）		
2019 年衢州市青少年科技系列活动“玩转科学”创意实验比赛：纸桥一等奖	刘鑫诚（常山一小）		
2019 年衢州市青少年科技系列活动“玩转科学”创意实验比赛：纸桥三等奖	程晨、何柳萱（天马二小）；吴宗睿（天马一小）		
2019 年衢州市青少年科技系列活动“玩转科学”创意实验比赛：水火箭三等奖	章锦旭、王凌（职业中专）		
2019 年衢州市青少年科技系列活动中小学创客大赛一等奖	谢沛成、陈柏畅、吴思浩（常山一小）；陈栋、莫江宁、王好杰（职业中专）		
2019 年衢州市青少年科技系列活动中小学创客大赛二等奖	黄林凯、汪航、罗雨欣（城关中学）；姜贝奇、黄可欣（常山一小）；吴澎晨、黄子昱、王俊航（常山一小）；徐伟正、徐张靖、余涛（职业中专）		
2019 年衢州市青少年科技系列活动中小学创客大赛三等奖	陈梦凡、陈胡杨（城南中学）；奉宣丞、项志亿、刘沐华（实验小学）；姜祖岩、杨子涵、郑柯楠、陈胡杨、陈梦凡（城南中学）；李涔僖、詹睿涵（天马二小）；文一多、蒋子航、陈凯、张子墨、徐锦濠、樊宇喆（常山一小）		
2019 年衢州市青少年科技系列活动“我爱学科学”实验微视频征集评比（小学组）二等奖	张殊婷、毛梓涵（常山一小）		

续表 53

荣誉称号	获奖单位或个人	颁发单位/文号	颁发时间
2019 年衢州市青少年科技系列活动“我爱学科学”实验微视频征集评比（小学组）三等奖	金珈鲁、王均（常山一小）	市教育局办公室/衢教办电〔2020〕2 号	2020-01-10
2019 年衢州市青少年科技系列活动“我爱学科学”实验微视频征集评比（初中组）一等奖	洪正扬、王毅、江晨晟、孟博文、刘孝沁、叶林轩、刘正辉（城关中学）		
2019 年衢州市青少年科技系列活动“我爱学科学”实验微视频征集评比（初中组）二等奖	吴丞昊、童江军、杨艺欣、琚美飞（城关中学）		
泰隆银行衢州分行 2019 年度先进业务团队	泰隆银行常山支行业务一部、常山支行小企业业务一部	泰隆银行衢州分行/泰银衢发〔2020〕12 号	2020-01-13
泰隆银行衢州分行 2019 年度先进主管	周煊、蒋笑敏（泰隆银行常山支行）		
泰隆银行衢州分行 2019 年度先进员工	李亮（泰隆银行常山支行）		
泰隆银行衢州分行 2019 年度“年度特别奖”	泰隆银行常山支行		
2019 年度全市医疗保障工作目标责任制考核一等奖	县医疗保障局	市医疗保障局/衢医保发〔2020〕1 号	2020-01-15
集体三等功	县公安局禁毒大队	市公安局/衢公令〔2020〕1 号	
集体嘉奖	县公安局国保大队		
个人三等功	杨伯辛、张志福、祝志飞（县公安局）		
2019 年征兵工作成绩突出单位	县公安局、天马街道办事处、青石镇政府、球川镇政府	市征兵办/衢征〔2020〕1 号	
2019 年征兵工作成绩突出个人	曾文鸽（县人民医院）、周斌（辉埠镇政府）、占峰（新昌乡政府）、蒋淳振（同弓乡政府）、许毅（芳村镇政府）		
浙江省 AAAA 级景区镇	青石镇、东案乡	市文广旅局/衢市文旅通〔2020〕2 号	2020-01-17
2019 年度衢州市无信访积案乡镇	东案乡、白石镇	市信访工作领导小组办公室/衢信领办〔2020〕1 号	
2019 年度全市系统信息工作先进个人	吴菁（县烟草专卖局）	市烟草专卖局、省烟草公司衢州分公司/衢烟办联〔2020〕5 号	2020-01-19
2019 年度全市人大工作创新奖——联合媒体深化民生实事项目监督	县人大常委会	市人大常委会办公室/衢人大常办〔2020〕2 号	

续表 53

荣誉称号	获奖单位或个人	颁发单位/文号	颁发时间
2019 年度全市卫生健康系统各县（市、区）综合目标考核一等奖	县卫健局	市卫健委/衢卫发〔2020〕5 号	2020-01-22
2019 年度衢州市营商环境建设（“最多跑一次”改革）先进集体——2019 年度“改革创新奖”	县营商办、县公安局、县住建局、县农业农村局	市最多跑一次改革办公室/衢跑办〔2020〕2 号	2020-01-23
2019 年度衢州市营商环境建设（“最多跑一次”改革）先进集体——2019 年度“群众最满意便民服务中心”	球川镇、辉埠镇久泰弄村、青石镇砚瓦山村		
2019 年度衢州市营商环境建设（“最多跑一次”改革）先进个人——贡献奖	王金红（县营商办）		
2019 年度衢州市营商环境建设（“最多跑一次”改革）先进个人——2019 年度“群众最满意基层服务员”	高播(县行政服务中心公安窗口)、王伟俊（县行政服务中心民政窗口）、徐红媛（金川街道）、郑孝文（同弓乡）、郑小芳（紫港街道狮子口村）、邵余芳（芳村镇河边山村）、揭小香(白石镇十八里村)		
关于近期疫情防控工作表现突出先进个人的表扬通报（第一期）	吴辰、杜威、章王军、陈欣春（县公安局）	市公安局/衢公网传〔2020〕30 号	2020-01-26
关于近期疫情防控工作表现突出先进个人的表扬通报（第二期）	刘骏、应剑、赖宏亮、周强、徐雪健、袁志斌（县公安局）	市公安局/衢公网传〔2020〕32 号	2020-01-29
衢州市第四次经济普查先进集体	县第四次经济普查领导小组办公室、芳村镇政府、金川街道办事处、球川镇政府、辉埠镇政府、青石镇政府	市第四次经济普查领导小组/衢经普组〔2020〕1 号	2020-01-31
关于近期疫情防控工作表现突出先进个人的表扬通报（第三期）	黄红飞、李盈蕾、郑琴俊、周翎骏、孙慧健、徐雨根、陈明华（县公安局）	市公安局/衢公网传〔2020〕33 号	2020-02-01
关于近期疫情防控工作表现突出先进集体的表扬通报（第四期）	县公安局招贤派出所	市公安局/衢公网传〔2020〕34 号	2020-02-04
关于近期疫情防控工作表现突出先进个人的表扬通报（第四期）	上官昊、戚靖康、徐幸、郑玉飞、徐家禄（县公安局）		
集体嘉奖	县公安局交警大队白石卡点中队	市公安局/衢公令〔2020〕4 号	2020-02-05
个人嘉奖	徐水旺（县公安局芳村派出所）		

续表 53

荣誉称号	获奖单位或个人	颁发单位/文号	颁发时间
2019 年度全市农行“先进党支部书记”	郑红军（农业银行常山红旗街支行党支部）	农业银行衢州分行党委/农银衢党发〔2020〕3 号	2020-02-05
2019 年度全市农行优秀柜面经理	占露露（农业银行常山支行）	农业银行衢州分行办公室/农银衢办发〔2020〕13 号	
关于近期疫情防控工作表现突出先进集体的表扬通报（第五期）	县公安局交警大队	市公安局/衢公网传〔2020〕36 号	2020-02-07
关于近期疫情防控工作表现突出先进个人的表扬通报（第五期）	徐一飞、郑洁、王志伟、陈震、汪俊、鲁臻（县公安局）		
执行市委市政府“十条军规”正面典型通报表扬	县委、县政府、县资规局、同弓乡政府	市委办公室、市政府办公室/办字〔2020〕2 号	2020-02-08
关于近期疫情防控工作表现突出先进集体的表扬通报（第六期）	县公安局球川派出所	市公安局/衢公网传〔2020〕38 号	2020-02-12
关于近期疫情防控工作表现突出先进个人的表扬通报（第六期）	罗志俊、谢小化、谢新建、徐谟建、周文彬、张根良（县公安局）		
2019 年度全市水利综合考核优秀单位	县林业水利局	市水利局/衢州水利〔2020〕11 号	2020-02-13
关于近期疫情防控工作表现突出先进集体的表扬通报（第七期）	县公安局城关派出所	市公安局/衢公网传〔2020〕43 号	2020-02-19
关于近期疫情防控工作表现突出先进个人的表扬通报（第七期）	江腾飞、刘晓东、徐丹亚、徐勋燕、原英珂、郑基良（县公安局）		
2019 年度衢州市农村饮用水达标提标行动先进集体	县林业水利局、新昌乡政府、白石镇政府、县水务公司	市农村饮用水达标提标行动领导小组办公室/衢市农饮办〔2020〕5 号	2020-02-21
2019 年度衢州市农村饮用水达标提标行动先进个人	郑斌（县林业水利局）、胡兰（县财政局）、李永忠（辉埠镇政府）、宁玮亮（天马街道）、饶群（青石镇政府）		
2019 年度药品不良反应监测工作先进单位	县药品不良反应监测中心	市市场监管局/衢市监药测〔2020〕3 号	2020-02-23
2019 年度药品不良反应监测工作先进个人	郭元春（县人民医院）		
2019 年度医疗器械不良事件监测工作先进个人	何锋剑（县人民医院）		
2019 年度党建统领基层治理精品示范点——党建统领乡村振兴讲堂精品示范点	白石镇草坪村、青石镇砚瓦山村、新昌乡郭塘村	市委组织部、市委政法委/衢政法〔2020〕3 号	2020-02-24
2019 年度党建统领基层治理精品示范点——基层治理精品示范点	新昌乡、东案乡田蓬村、辉埠镇彭川村、球川镇黄泥畈村、紫港街道紫港社区		

续表 53

荣誉称号	获奖单位或个人	颁发单位/文号	颁发时间
2019 年度党建统领基层治理精品示范点——基层社会治理创新项目	县级社会治理综合服务中心建设（县社会治理综合服务中心）	市委组织部、市委政法委/衢政法〔2020〕3 号	2020-02-24
疫情防控表现突出正面集体典型	县人力社保局办公室、县就业管理中心	市人力社保局新冠肺炎疫情联防工作领导小组（指挥部）/便函	2020-02-25
疫情防控表现突出正面个人典型	胡志良、吴小青、蒋建才（县人力社保局）		
全市农行 2019 年度先进个人	胡鹏、郑菲、曾乐飞（农业银行常山支行）	胡鹏、郑菲、曾乐飞（农业银行常山支行）	2020-02-26
2019 年度县（市、区）水库移民工作考核优秀等次	常山县	市水库移民管理中心/衢移中心〔2020〕1 号	2020-02-28
2019 年度全市教育信息、宣传工作先进单位	县教育局	市教育局办公室/衢市教办〔2020〕4 号	
2019 年度全市教育优秀新媒体	常山教育（微信）、县教工幼儿园（微信）		
2019 年度全市教育优秀宣传报道	《把职业教育打造成“名优土特产品”》（县教育局）		
2019 年度全市教育信息宣传工作先进个人	张洁（县教工幼儿园）、占振华（实验小学）		
2019 年度衢州市优秀农工党员	徐丽琳（县卫健局）	农工党衢州市委会/荣誉证书	2020-03
2019 年度参政议政先进个人	杨芝冬（县农业农村局）、付美华（县疾控中心）		
2019 年度社会服务先进个人	江四平（县人民医院）		
2019 年度衢州市消费维权工作先进个人	徐进（县市场监管局）	市消费者权益保护委员会/荣誉证书	
2019 年度市信访工作目标管理考核优秀县（市、区）	常山县	市信访工作领导小组/衢信领〔2020〕1 号	2020-03-02
关于近期疫情防控工作表现突出先进集体的表扬通报（第八期）	县公安局城南东方集中隔离点	市公安局/衢公网传〔2020〕51 号	2020-03-03
关于近期疫情防控工作表现突出先进个人的表扬通报（第八期）	徐峰峰、李骏、曾铮、叶晓明、李辉（县公安局）		

续表 53

荣誉称号	获奖单位或个人	颁发单位/文号	颁发时间
2019 年度衢州市巾帼文明岗	县人民医院感染科、县图书馆流通部、何家乡中心小学综合组、邮政公司常山分公司新区营业所、育才小学语文教研组、县市场监管局登记注册科窗口	市妇女儿童工作委员会办公室/衢妇儿工委办〔2020〕2 号	2020-03-08
2019 年度衢州市巾帼建功标兵	龚琪（县妇联）、叶小俊（县卫健局）、王晖（辉埠镇）、乐军英（同弓乡金川源村）		
衢州市巾帼建功标兵（抗疫一线）	江共英、张琪（县人民医院）；江萍（县中医院）；於晓丽（县疾控中心）；林芝（天马街道东明社区）；王芳（青石镇江家村）		
衢州市三八红旗集体	县人民医院感染科	市妇联/衢妇〔2020〕6 号	2020-03-09
衢州市三八红旗手	陈慧萍、廖琳君、饶晨晨（县人民医院）		
关于近期全市公安监管系统疫情防控工作表现突出个人的表扬通报	杨海波、徐雷洪、占虎、陈聪宇、姜荣华（县公安局）	市公安局/衢公网传〔2020〕64 号	2020-03-10
集体三等功	县检察院第一检察部	市检察院/衢市检发政字〔2020〕2 号	2020-03-12
个人三等功	王国壮（县检察院第一检察部）、何承平（县检察院球川检察室）		
各县（市、区）交通运输局 2019 年度工作目标责任制考核等次优秀	县交通运输局	市交通运输局/衢市交〔2020〕17 号	2020-03-13
2019 年度全市统战工作优秀单位	县委统战部	市委统战部/衢市统〔2020〕14 号	2020-03-16
2019 年度全市乡镇（街道）统战工作先进集体	金川街道、新昌乡		
2019 年度全市统战理论调研优秀成果二等奖	郑建华、袁前锋（县委统战部）		
2019 年度主题宣传活动先进单位	县公安局球川派出所、芳村派出所	市公安局/衢公通字〔2020〕2 号	
2019 年度主题宣传活动先进个人：最美基层民警	祝志飞（县公安局球川派出所）		
2019 年度主题宣传活动先进个人：最美辅警	杜春丽（县公安局球川派出所）		
2019 年度主题宣传活动先进个人：最美助力警务工作网格员	张水法（芳村镇石塘村）		

续表 53

荣誉称号	获奖单位或个人	颁发单位/文号	颁发时间
2020 年第一季度全市检察机关“网评之星”	曾榴榴（县检察院）	市检察院政治部/通报	2020-03-16
2019 年度全市统战工作优秀单位	县委统战部	市委统战部/衢市统〔2020〕14 号	
2019 年度全市乡镇（街道）统战工作先进集体	金川街道、新昌乡		
2019 年度全市统战理论调研优秀成果二等奖	郑建华、袁前锋（县委统战部）		
2019 年度全市平安建设突出贡献集体	县委政法委、县公安局、辉埠镇、东案乡	市委、市政府/衢委发〔2020〕3 号	2020-03-17
2019 年度全市扫黑除恶专项斗争工作突出贡献集体	县纪委监委、县检察院		
2019 年度全市平安建设突出贡献个人	何菊（县委组织部）；王郑、邱俊（县委政法委）；王斌（县交通运输局）；廖伟军（县文广旅体局）；廖伟成（球川镇）；周芳弘（金川街道）；张斌（芳村镇）；许定章（白石镇）		
2019 年度全市扫黑除恶专项斗争工作突出贡献个人	严勤（县公安局）、曹宏（县法院）、毕旭红（县市场监管局）、应小勇（县扫黑办）		
2019 年度全市党建统领基层治理先锋团队——村（社）	白石镇曹会关村、大桥头乡濛桥村、芳村镇上猷阁村、紫港街道紫港社区	市委办公室、市政府办公室/衢委办发〔2020〕3 号	
2019 年度全市党建统领基层治理先锋团队——联村（社）组团	同弓乡湖石头村组团、球川镇龙绕村组团、辉埠镇彭川村组团、青石镇山溪边村组团、金川街道徐村村组团		
2019 年度全市党建统领基层治理先锋个人——村（社）党组织书记	戴小平（东案乡东案村党支部）、廖红俊（新昌乡黄塘村党支部）、林芳良（白石镇草坪村党支部）、徐卫国（青石镇砚瓦山村党支部）		
2019 年度全市党建统领基层治理先锋个人——联村（社）组团成员	段秀玉（天马街道蒲塘村组团）、裴祖旺（辉埠镇桐村村组团）、王嘉瑞（东案乡田蓬村组团）、王帅（招贤镇山底村组团）、严君（何家乡钱塘村组团）		

续表 53

荣誉称号	获奖单位或个人	颁发单位/文号	颁发时间
2019 年度全市党建统领基层治理先锋个人——网格长	鲁正平（辉埠镇东乡村杨梅弄网格）、林芳仙（白石镇草坪村白马弄网格）、樊嘉云（何家乡樊家村第一网格）、詹芳菊（新昌乡新昌村吴家网格）、吴素平（紫港街道狮子口村季村网格）	市委办公室、市政府办公室/衢委办发〔2020〕3 号	2020-03-17
2019 年度全市党建统领基层治理先锋个人——专职网格员	姜火根（大桥头乡濛桥村第三网格）、徐建芳（东案乡前库村第一网格）、程立凤（天马街道屏山社区第一网格）、胡土香（青石镇湖头村第一网格）		
2019 年度全市党建统领基层治理先锋个人——兼职网格员	高永锋(同弓乡同心村第一网格)、杨玲（球川镇黄泥畈村黄泥畈网格）、黄雅倩（招贤镇泉目山村泉目山第一网格）、胡美国（金川街道胡家淤村上於第一网格）		
2019 年度全市党建统领基层治理先锋个人——网格网格员	徐志进（金川街道胡家淤村中於网格）、占群（紫港街道姜家堡村王家网格）、凌国华（芳村镇前塘村塘头网格）、陈超（辉埠镇石姆岭村灰山底网格）		
民革衢州市委会 2019 年度优秀党员	黄爱珍（县统计局）、余吉（县财政局）、洪谨（何家乡）、刘泉（县人民医院）	民革衢州市委会/衢民革〔2020〕2 号	
民革衢州市委会 2019 年度参政议政工作先进个人	兰飞飞（县档案馆）		
2019 年度农工党市级先进集体	农工党常山县医卫支部	农工党衢州市委会/农工衢〔2020〕6 号	2020-03-18
2019 年度市级优秀农工党员	邹志英（县教育局）、何水清（县农业农村局）、徐丽琳（县人民医院）		
2019 年度参政议政先进个人	杨芝冬（县农业农村局）、宁永伟(县住建局)、付美华(县疾控中心)		
2019 年度社会服务先进个人	徐璐、江四平（县人民医院）；方慧玉（县资规局）；占如（县司法局）		
衢州市社会组织参与新冠疫情防控正面典型（第一批）先进集体	县阳光志愿者协会、县春泥公益协会、县红十字应急救援队、县餐饮行业协会、县建筑和房地产协会	市民政局/衢市民〔2020〕6 号	2020-03-24

续表 53

荣誉称号	获奖单位或个人	颁发单位/文号	颁发时间
疫情防控先进个人	蒋兰常（县阳光志愿者协会）、刘金和（县红十字应急救援队）、蓝燕萍（县春泥公益协会）、詹敏（县皮划艇运动协会）、汪荣林（县跑步运动协会）、胡开元（县户外登山运动协会）	市民政局/衢市民〔2020〕6 号	2020-03-24
2019 年度全市乡村大花园建设突出贡献集体——农房整治	球川镇、白石镇、芳村镇上猷阁村、新昌乡达塘村	市委市政府农业和农村工作领导小组/市委农组〔2020〕1 号	2020-03-25
2019 年度全市乡村大花园建设突出贡献集体——扶贫消薄和农村改革	天马街道办事处、新昌乡、金川街道徐村村		
2019 年度全市乡村大花园建设突出贡献集体——“衢州有礼”诗画风光带建设	同弓乡、紫港街道渣濑湾村		
2019 年度全市乡村大花园建设突出贡献个人——农房整治	杨芝冬（县农房专班）、张荣（新昌乡郭塘村）、李涌泉（天马街道天安村）、邹清华（同弓乡同心村）		
2019 年度全市乡村大花园建设突出贡献个人——扶贫消薄和农村改革	赵晶（县消薄办）、程敏芳（何家乡）、林芳良（白石镇草坪村）		
2019 年度全市乡村大花园建设突出贡献个人——“衢州有礼”诗画风光带建设	宫福强（县农业农村局）		
衢州市 2019 年度粮食生产先进乡镇	球川镇	市政府办公室/衢政办发函〔2020〕5 号	2020-03-26
衢州市 2019 年度优秀乡镇农技员	史有饭（何家乡政府）、方泉寿（白石镇政府）		
衢州市 2019 年度优秀种粮大户	徐家荣（球川镇新店村）、郑敏（金川街道十五里村）、姚礼良（球川镇东山村）		
全市检察机关“年终总结哪家强”新媒体大赛一等奖	林菲（县检察院）	市检察院政治部/衢市检政〔2020〕2 号	
2019 年度全分行信息宣传先进单位	建设银行常山支行	建设银行衢州分行办公室/建衢办〔2020〕1 号	2020-03-27
2019 年度全分行信息宣传先进个人	姚胜土（建设银行常山支行）	市公安局/衢公网传〔2020〕74 号	2020-03-30
近期全市高速出口疫情管控工作表现突出先进个人	徐瑾、胡吉庆、周小军、徐小勇、付谷彬、范琪、胡发明（县公安局）		

续表 53

荣誉称号	获奖单位或个人	颁发单位/文号	颁发时间
2019 年度全市系统安全生产先进个人	姜勇（县烟草专卖局）	市烟草专卖局、省烟草公司衢州分公司/衢烟安联〔2020〕18 号	2020-04-01
集体三等功	县公安局芳村派出所	市公安局/衢公令〔2020〕6 号	2020-04-02
个人三等功	张根良（县看守所）		
2019 年度全市系统食品安全工作先进单位	县市场监管局	市场监管局/衢市监食协〔2020〕4 号	2020-04-03
2019 年度全市系统食品安全工作先进个人	官成明、陈俊安、郑丽（县市场监管局）		
2019 年度衢州分行市级“金玫瑰”	王丽（建设银行常山城区支行）	建设银行衢州分行工会/建衢工〔2020〕1 号	2020-04-07
2019 年度衢州分行县级“金玫瑰”	徐昕煜（建设银行常山支行）		
2019 年度土地集中连片流转示范乡镇	白石镇	市农业农村局/衢农专〔2020〕20 号	2020-04-08
2019 年度土地集中连片流转示范村	白石镇草坪村、小白石村、白石村、新塘岭村；天马街道天安村；紫港街道渣濑湾村；金川街道徐村村；辉埠镇东乡村		
全市教育系统疫情防控工作先进集体	县教育局机关党支部、城关中学	市教育局新冠肺炎疫情防控工作领导小组/衢教防控〔2020〕1 号	2020-04-16
全市教育系统疫情防控工作先进个人	陈文军（县教育局）、徐德飞（阁底小学）、曾国艳（紫港中学）		
2019 年度先进人大代表联络站	白石镇人大代表联络站、何家乡人大代表联络站	市人大常委会/衢人大常〔2020〕12 号	2020-04-20
2019 年度先进代表小组	常山县第三代表小组		
2019 年度代表履职先进个人	徐芳、郑怡、王淑君（常山中心组）		
衢州市直机关微型党课比赛三等奖	江宛晴	市直机关工委/荣誉证书	2020-05
全市检察机关微型党课大赛二等奖		市检察院/荣誉证书	2020-05-08
2018—2019 年度衢州市优秀共青团员	姜政（何家乡）、张琪（县人民医院）、孔令位（县消防救援大队）	团市委/团衢发〔2020〕11 号	
2018—2019 年度衢州市优秀共青团干部	刘羽（团县委）、吴婷（青石镇团委）、方振兴（金川街道团工委）、于悦（常山传媒集团团委）		
2018—2019 年度衢州市五四红旗团委	白石镇团委、县林业水利局团委		

续表 53

荣誉称号	获奖单位或个人	颁发单位/文号	颁发时间
2018—2019 年度衢州市五四红旗团支部	县文化馆团支部、县卫健系统疫情防控临时团支部	团市委/团衢发〔2020〕11 号	2020-05-08
衢州市公安机关第四届“首善标兵·阳光警察”	汪浩（县公安局出入境管理大队）	市公安局/衢公网传〔2020〕120 号	2020-05-09
衢州市公安机关第四届“首善标兵·阳光警察”提名奖	何珍珍（县公安局特巡警大队）		
民盟衢州市委会抗击新冠疫情和助力复工复产工作先进集体	民盟常山县总支	民盟衢州市委会/衢盟〔2020〕8 号	2020-05-11
民盟衢州市委会抗击新冠疫情和助力复工复产工作先进个人	陈卫明（金川街道）；王勇、江共英、胡美军（县人民医院）；曾晓燕（县妇联）		
综合优胜支行	建设银行常山支行	建设银行衢州分行/建衢发〔2020〕13 号	2020-05-13
2019 年度全市人大信息工作先进单位	县人大常委会办公室	市人大常委会办公室/衢人大常办〔2020〕12 号	2020-05-20
2019 年度全市人大信息工作先进个人	张誉春（县人大常委会办公室）		
全市计生协系统新冠疫情防控工作优秀集体	招贤镇计生协	市计划生育协会/衢市计生协〔2020〕4 号	
全市计生协系统新冠疫情防控工作优秀工作者	范黎明（紫港街道办事处计生协）		
全市计生协系统新冠疫情防控工作优秀会员	徐莉（天马街道渡口社区计生协）		
全市计生协系统新冠疫情防控工作优秀志愿者	吕凤花(辉埠镇久泰弄村计生协)、官小连（白石镇白石村计生协）		
市级机关优秀公务员	徐东红（市住房公积金中心常山分中心）	市住房公积金中心/衢公积金〔2020〕7 号	2020-05-22
衢州市党校系统“决胜小康，奋斗有我；共享小康，幸福有我”主题微型党课大赛二等奖	方欣泳（县委党校）	市委党校/荣誉证书	2020-05-26
衢州市党校系统“决胜小康，奋斗有我；共享小康，幸福有我”主题微型党课大赛优胜奖	林艳琴（县委党校）		
全市检察机关十佳检察建议、十佳法律文书	县检察院	市检察院/衢市检发办字〔2020〕31 号	

续表 53

荣誉称号	获奖单位或个人	颁发单位/文号	颁发时间
衢州市关爱退役军人协会会员单位	建设银行常山支行	衢州市关爱退役军人协会/奖牌	2020-06
2020 年度全市系统“巾帼建功能手”	姚智燕（人寿保险常山支公司）	人寿保险衢州分公司工会/国寿人险衢工发〔2020〕4 号	2020-06-03
2019 年度全市安全生产工作先进集体	县公安局、县交通运输局、青石镇政府、利安隆科润（浙江）新材料有限公司	市政府/衢政发〔2020〕12 号	2020-06-08
2019 年度全市安全生产工作先进个人	邵柏铭（县消防救援大队）、詹载君（县应急局）、詹丽青（县文广旅体局）、鲍爱国（白石镇政府）、黄土福（芳村镇政府）		
《临危受命，常山医生古蔺上演“生死抢救”》获 2019 年度衢州新闻奖——报刊类作品奖消息三等奖	李闽、姚灵萍（常山传媒集团）	市新闻工作者协会/衢记〔2020〕2 号	
《勇当美好生活的摆渡者》获 2019 年度衢州新闻奖——报刊类作品奖评论三等奖	揭雨兴、程斌、陈沈飞（常山传媒集团）		
《深藏功名六十载，坚守初心一辈子——老英雄胡兆富的故事》获 2019 年度衢州新闻奖——报刊类作品奖通讯和深度报道一等奖	周洁梅、李欣宇、胡志鹏、徐功富、廖志良（常山传媒集团）		
《常山 102 岁老革命邹鼎山签订遗体捐献志愿书——初心，从未改变》获 2019 年度衢州新闻奖——报刊类作品奖通讯和深度报道三等奖	郑月红、马朝虎、郑徐丽、姚灵萍（常山传媒集团）		
《“头雁”阵阵绘村景——我县兼任乡镇（街道）党（工）委委员的村（社）书记“守初心担使命”纪事》获 2019 年度衢州新闻奖——报刊类作品奖通讯和深度报道三等奖	揭雨兴、程斌、陈沈飞（常山传媒集团）		
系列（连续）报道《共和国不会忘记——寻访常山籍进藏十八年老兵》获 2019 年度衢州新闻奖——广播电视类作品类广播新闻二等奖	常山传媒集团		

续表 53

荣誉称号	获奖单位或个人	颁发单位/文号	颁发时间
社教专题《93 岁老党员胡兆富，深藏功名 60 载》获 2019 年度衢州新闻奖——广播电视类作品类广播新闻二等奖	程斌、朱珊、揭雨兴、夏天谷、余晓亮（常山传媒集团）	市新闻工作者协会/衢记〔2020〕2 号	2020-06-08
新闻专题《厕所已“革命”，管理要跟进》获 2019 年度衢州新闻奖——广播电视类作品类广播新闻三等奖	程斌、揭雨兴、胡夏菡、曾奇、朱珊、金驰（常山传媒集团）		
长消息《常山：留守老人的“幸福食堂”》获 2019 年度衢州新闻奖——广播电视类作品类电视新闻三等奖	郑徐丽、俞国文、朱蕾、徐露霞、吴贤林（常山传媒集团）		
新闻专题《常山农村“厕所革命”“内外兼修”了吗？》获 2019 年度衢州新闻奖——广播电视类作品类电视新闻三等奖	程斌、揭雨兴、胡夏菡、曾奇、余晓亮、于悦（常山传媒集团）		
《“肯德基致敬雷锋”是很好的现身说法》获 2019 年度衢州新闻奖——新媒体类作品类新闻评论三等奖	揭雨兴、程斌（常山传媒集团）		
《常山“胡柚娃”走出国门，亮相奥地利国家电视台》获 2019 年度衢州新闻奖——新媒体类作品类文字消息二等奖	程斌、揭雨兴（常山传媒集团）		
《“红包”巧变住院费，医者初心永不忘》获 2019 年度衢州新闻奖——新媒体类作品类文字消息三等奖	刘青、胡夏菡、夏天谷（常山传媒集团）		
《不动产登记窗口能办理户口迁移？常山县打造房户联办新模式》获 2019 年度衢州新闻奖——新媒体类作品类文字消息三等奖	罗曼琳、胡夏菡（常山传媒集团）		
《风雪征程忆当年——寻访常山籍进藏老兵》获 2019 年度衢州新闻奖——新媒体类作品类界面设计三等奖	程斌、徐功富、周洁梅、汪杰（常山传媒集团）		

续表 53

荣誉称号	获奖单位或个人	颁发单位/文号	颁发时间
AAA 乡村振兴讲堂	青石镇大塘后村“直播”讲堂、青石镇砚瓦山村“红石”讲堂、白石镇草坪村“辣椒”讲堂、芳村镇上猷阁村“蓝莓”讲堂、同弓乡中和村“四季”讲堂、辉埠镇久泰弄村“久红”讲堂、新昌乡郭塘村“变废为宝”讲堂、新昌乡达塘村“早上好”讲堂、金川街道徐村村“紫薇”讲堂、何家乡长风村“鲜辣”讲堂	市委组织部/衢市组通〔2020〕24 号	2020-06-12
乡村振兴讲堂市级实训基地	白石镇新塘岭村不老泉民宿、白石镇草坪村“香・辣”园、何家乡“常山阿姨”教学实训基地、同弓乡大宝山胡柚种植基地、新昌乡达塘村茭白种植基地、新昌乡郭塘村月季种植基地、金川街道徐村村紫薇花种植基地、芳村镇下猷阁村香椿种植基地		
乡村振兴讲堂“五星”讲师	何水清（县农业农村局）、何寒平（金川街道）、余小庆、张荣（新昌乡郭塘村）、陈重良（新昌乡达塘村）、郑小云（金川街道赵家坪社区）、姜翔鹤（同弓乡）、裘军荣（何家乡长风村）、廖红俊（新昌乡黄塘村）		
全市系统 2020 年烟草制品购销职业技能竞赛先进个人、衢州市卷烟营销岗位业务技能标兵	汪圆君、江梅、蒋芦铭（县烟草专卖局）	市烟草专卖局、省烟草公司衢州分公司/衢烟销联〔2020〕32 号	
全市系统 2020 年烟草制品购销职业技能竞赛先进单位	县烟草专卖局		
2019 年度卫生健康执法工作优秀单位	县卫监所	市卫健委/衢卫发〔2020〕16 号	
2019 年度卫生健康执法工作先进个人	方勇（县卫监所芳村分所）、徐美君（县卫监所直属分所）		
2020 年一季度组团联企“十佳服务团队”	县农业农村局	市委组织部、市营商办党组、市经信局党组/衢营商党组〔2020〕4 号	2020-06-15

续表 53

荣誉称号	获奖单位或个人	颁发单位/文号	颁发时间
在新冠肺炎疫情防控重大专项工作中表现突出的个人（三等功）	单康民、杨俊、陈慧萍、廖琳君、饶晨晨（县人民医院）；於晓丽（县疾控中心）	市政府/衢政发〔2020〕13 号	2020-06-16
在新冠肺炎疫情防控重大专项工作中表现突出的个人（嘉奖）	张雪珍（紫港街道柚苑社区）、乔凌舟（县公安局）、金明（县交通运输局）		
2020 年全市系统专卖管理岗位技能竞赛团体优胜单位：团体第一名	县烟草专卖局	市烟草专卖局/衢烟专〔2020〕4 号	
2020 年全市系统专卖管理岗位技能竞赛一等奖	吴佳丽（县烟草专卖局）		
2020 年全市系统专卖管理岗位技能竞赛三等奖	郑宗伟（县烟草专卖局）		
全市系统第十届优秀质量管理小组成果二等奖	“安全隐患排查移动工作流的设计”（县烟草专卖局）	市烟草专卖局、省烟草公司衢州分公司/衢烟企联〔2020〕33 号	
全市系统第十届优秀质量管理小组成果三等奖	“降低财务报销审核环节差错率”（县烟草专卖局）		
2020 年第二季度全市检察机关“网评之星”	余露、曾榴榴、祝昭霞、祝天扬（县检察院）	市检察院政治部/通报	2020-06-17
全市民政工作先进集体	常山绿城颐养中心、县水库移民管理中心	市民政局/衢市民〔2020〕19 号	2020-06-22
全市民政先进工作者	廖慧忠（县阳光志愿者协会）；郑小云（金川街道赵家坪社区）；毛利权（县水库移民管理中心）；徐建军、张志林（县民政局）、周伟平（球川镇政府）		
衢州市少先队红领巾学院“致敬先锋——战疫关爱行动”——“同伴关爱行动”作品一等奖	王子骞（育才小学）	团市委、市少工委/团衢联〔2020〕10 号	2020-06-28
衢州市少先队红领巾学院“致敬先锋——战疫关爱行动”——“同伴关爱行动”作品二等奖	徐芷璇（育才小学）、周一言（县红领巾学院）		
衢州市少先队红领巾学院“致敬先锋——战疫关爱行动”——“同伴关爱行动”作品三等奖	徐美惠（育才小学）、徐一诺（五里小学）		
衢州市少先队红领巾学院“致敬先锋——战疫关爱行动”——“红领巾战‘疫’先锋”先进集体	育才小学、天马一小、芳村小学、实验小学、天马二小		

续表 53

荣誉称号	获奖单位或个人	颁发单位/文号	颁发时间
衢州市少先队红领巾学院“致敬先锋——战疫关爱行动”——“红领巾战‘疫’先锋”先进个人	王金良（宋畈小学）、胡琴（县少先队）、张身贵（天马二小）、姜晓庆（城东小学）、王学宸（实验小学）	团市委、市少工委/团衢联〔2020〕10号	2020-06-28
在新冠肺炎疫情防控工作中表现突出的个人（二等功）	单康民（县人民医院）	市政府/衢政发〔2020〕14号	2020-06-29
个人三等功	徐云、曾铮（县公安局）	市公安局/衢公令〔2020〕8号	2020-06-30
全市农行优秀共产党员	吴慧琪（农业银行常山支行）	农业银行衢州分行党委/农银衢党发〔2020〕12号	
全市农行优秀党务工作者	柳雯（农业银行常山支行）		
全市农行先进基层党组织	农业银行常山红旗街支行党支部		
2020年“开门红”旺季营销活动综合优胜支行第五名	建设银行常山支行	建设银行衢州分行/奖牌	2020-07
“8090”新时代理论宣讲团“建行青年说榜样”微党课比赛三等奖			
2019年度衢报传媒优秀小记者站奖	龙绕小学	市教育局、衢州日报报业传媒集团/奖杯	
衢州市2019年度教师个人小课题《提高初中科学教材中阅读材料利用率的策略研究》获二等奖	郑琛（育才中学）	市教育科学规划领导小组办公室/荣誉证书	2020-07-06
衢州市2019年度教师个人小课题《几何画板在八年级数学拓展课教学中的应用研究》获三等奖	徐秀全（育才中学）		
衢州市2020年“诵读中国”经典诵读大赛中学生组三等奖	郑菲阳（紫港中学）	市语言文字工作委员会办公室/衢市语办〔2020〕1号	2020-07-09
衢州市2020年“诵读中国”经典诵读大赛教师组一等奖	琚燕、唐红梅、郑琦慧、顾琳琳、吴静、苏晴（育才幼儿园）		
工商银行衢州分行先进党支部	工商银行常山支行第一联合党支部	工商银行衢州分行党委/工银衢党〔2020〕34号	2020-07-13
工商银行衢州分行优秀共产党员	刘玲（工商银行常山支行）		
近期创文工作表现突出个人的表扬通报	徐永峰、祝成文、曾智勇、汪辉、魏丽丽（县公安局）	市公安局/衢公网传〔2020〕180号	2020-07-15
全市道路交通安全大会战先进集体——县（市、区）	常山县	市道路安全专业安委会/衢道安委〔2020〕12号	2020-07-16
全市道路交通安全大会战先进集体——乡镇（街道）	球川镇、大桥头乡、青石镇		

续表 53

荣誉称号	获奖单位或个人	颁发单位/文号	颁发时间
全市道路交通安全大会战先进个人	徐昕（县公安局交警大队）、舒俊（县交通运输局公路管理局）	市道路安全专业安委会/衢道安委〔2020〕12 号	2020-07-16
衢州市第三批市级“文明校园”	招贤小学、阁底小学、钳口小学、育才中学	市精神文明建设委员会/便函	2020-07-29
2020 年上半年执行市政府系统“十条军规”正面典型事项通报表扬	县政府	市政府办公室/室字〔2020〕3 号	2020-07-30
衢州市首届职工技能运动会农产品质量安全检测项目二等奖	黄浩霞（县市场监管局）	市总工会、市农业农村局/荣誉证书	2020-08
衢州市首届职工技能运动会农产品质量安全检测项目三等奖	闫倩倩（县市场监管局）		
衢州市金牌职工荣誉称号	黄浩霞（县市场监管局）	市总工会/荣誉证书	
2020 年全市羽毛球混合团体比赛第四名	工商银行常山支行代表队	工商银行衢州分行工会/证书	
2020 年衢州市银行业金融机构反假货币知识与技能竞赛个人综合二等奖	罗志红（建设银行常山支行）	中国人民银行衢州市中心支行、中国财贸工会衢州市委员会/荣誉证书	
2020 年衢州市银行业金融机构反假货币知识与技能竞赛团体三等奖	常山农商银行		
2020 年“红色学府”8090 新时代理论宣讲比赛三等奖	方欣泳（县委党校）	市委党校/荣誉证书	
2020 年上半年执行“十条军规”正面典型	县农业农村局、刘利忠（县营商办）、天马街道	市委办公室/办字〔2020〕13 号	2020-08-04
2019 年度全市交通运输行业“平安交通”工作考核优秀单位	县交通运输局	市交通运输局办公室/衢市交办〔2020〕34 号	2020-08-11
全市纪检监察系统“争当‘重要窗口’建设排头兵”主题演讲比赛二等奖	傅秀秀（县纪委监委）	市纪委监委/荣誉证书	2020-08-13
衢州市中小学模范班主任	胡鸽平（常山一小）、夏桂仙（二都桥小学）	市教育局/衢市教师〔2020〕28 号	2020-08-24
衢州市中小学教坛新苗	陈婷（常山一中）、章鹏飞（城南中学）、王如曦（钳口小学）、万娟（芳村小学）		
衢州市教育系统先进工作者（管理类）	李文宪（常山一中）、章路平（紫港中学）、徐秀全（育才中学）、占振华（实验小学）、何承正（同弓小学）、程好婵（县教工幼儿园）		

续表 53

荣誉称号	获奖单位或个人	颁发单位/文号	颁发时间
衢州市教育系统先进工作者（服务类）	陈旻（城关中学）、俞梦霞（天马一小）、姜芳秀（五里小学）、翁建明（阁底小学）	市教育局/衢市教师〔2020〕28 号	2020-08-24
衢州市中小学师德楷模	徐辉辉（常山一中）、王木英（城南中学）、刘冬云（实验小学）、黄小平（芳村小学）		
全市广播新闻协作二等奖	常山人民广播电台	衢州广电传媒集团广播新闻综合频率/感谢信	2020-08-28
衢州市交通运输系统第四届职工运动会广播操比赛优秀组织奖	县交通运输局	市总工会交通系统工会工作委员会/荣誉证书	2020-09
衢州市第五届名校长	琚哲明（育才中学）、姜正德（育才小学）、封鸣根（实验小学）	市政府/荣誉证书	
2020 年第三季度全市检察机关“网评之星”	余露、曾榴榴（县检察院）	市检察院政治部/通报	2020-09-01
集体三等功	县公安局特巡警大队	市公安局/衢公令〔2020〕10 号	2020-09-14
个人三等功	姜波、王宏军（县公安局）		
“聚焦四大检察 深化法律监督”征文优秀论文三等奖	姚俊宏、杨腾飞、李涛、徐华仙（县检察院）	市检察院/衢市检发办字〔2020〕55 号	2020-09-15
衢州市 2019 年度四星级农村文化礼堂	招贤镇高埂村文化礼堂、招贤镇象湖村文化礼堂、芳村镇洁湖村文化礼堂、芳村镇东源村文化礼堂、何家乡樊家村文化礼堂、大桥头乡浮河村文化礼堂、东案乡呈东村文化礼堂、紫港街道孔家弄村文化礼堂、天马街道五联村文化礼堂、金川街道五里亭村文化礼堂、辉埠镇路里坑村文化礼堂、新昌乡郭塘村文化礼堂	市委宣传部、市农村文化礼堂建设工作领导小组办公室/衢市宣〔2020〕24 号	2020-09-25
2019—2020 年度“衢州市税务系统岗位能手”——行政管理岗位	江芙蓉（县税务局）	市税务局/衢税函〔2020〕25 号	2020-09-30
2019—2020 年度“衢州市税务系统岗位能手”——征管评估岗位	付彬、徐烈根、严美容（县税务局）		
2019—2020 年度“衢州市税务系统岗位能手”纳税服务岗位	夏昕斓（县税务局）		
2020 年衢州市初中数学学科教学论文评比活动三等奖	徐秀全（育才中学）	市教育局教研室/荣誉证书	
示范性资源教室	招贤小学	市教育局、市特殊教育指导中心/奖牌	2020-10

续表 53

荣誉称号	获奖单位或个人	颁发单位/文号	颁发时间
2020 年第三季度执行“十条军规”正面典型通报表扬	县委、县政府	市委办公室/办字〔2020〕18 号	2020-10-08
2020 年衢州市“最美税务人”	聂建明（县税务局经济技术开发区税务所）	市税务局党委/衢税党委发〔2020〕30 号	2020-10-13
2020 年度全市共青团党团知识竞赛特等奖	傅秀秀（县纪委监委）	团市委/荣誉证书	2020-10-16
首批全市教育系统两新党建示范点创建单位	育才小学党支部	市教育局党委/衢市教党〔2020〕22 号	2020-10-22
衢州市第九届中小学生艺术节艺术作品类：小学绘画一等奖	游淇栋（常山一小）	市教育局办公室/衢教办学〔2020〕50 号	2020-10-25
衢州市第九届中小学生艺术节艺术作品类：小学绘画二等奖	朱一琳（天马二小）、张楠晞（实验小学）、赵鼎文（启点艺术培训）		
衢州市第九届中小学生艺术节艺术作品类：小学绘画三等奖	陈新苗（湖东小学）；陈以特、翟晞芷（育才小学）；邱雨璇（天马一小）；黄泺妍（实验小学）；陈果（常山一小）		
衢州市第九届中小学生艺术节艺术作品类：中学绘画一等奖	吴丹丹（龙绕初中）		
衢州市第九届中小学生艺术节艺术作品类：中学绘画二等奖	廖亮、徐凯文（城南中学）；严颜（城关中学）		
衢州市第九届中小学生艺术节艺术作品类：中学绘画三等奖	林蕊妍（龙绕初中）、王瑞希（育才中学）、汪明味（职业中专）、穆红梅（城东中学）、张悦（城关中学）、王艺（城南中学）		
衢州市第九届中小学生艺术节艺术作品类：小学平面设计一等奖	罗思锐（球川小学）、符丽莎（实验小学）		
衢州市第九届中小学生艺术节艺术作品类：小学平面设计二等奖	饶瑾轩（育才小学）、陈希（天马一小）		
衢州市第九届中小学生艺术节艺术作品类：小学平面设计三等奖	张雨欣、朱一琳（天马二小）；朱茉谊（实验小学）；张紫妍、邹欣蕾（常山一小）；郑杨依（天马一小）		
衢州市第九届中小学生艺术节艺术作品类：中学平面设计一等奖	陈毅嘉（育才中学）		
衢州市第九届中小学生艺术节艺术作品类：中学平面设计二等奖	王同欣（育才中学）、胡婷婷（城关中学）		

续表 53

荣誉称号	获奖单位或个人	颁发单位/文号	颁发时间
衢州市第九届中小学生艺术节艺术作品类：中学平面设计三等奖	李佳乐、张梦婷、琚郝晨（城南中学）；周曼琪、徐贝蕾（城关中学）；叶文熙（职业中专）；周薇（城东中学）	市教育局办公室/衢教办学〔2020〕50 号	2020-10-25
衢州市第九届中小学生艺术节艺术作品类：小学立体造型一等奖	游淇栋（常山一小）		
衢州市第九届中小学生艺术节艺术作品类：小学立体造型二等奖	张冰茹（实验小学）、樊钰琳（天马二小）		
衢州市第九届中小学生艺术节艺术作品类：小学立体造型三等奖	陈希（常山一小）；凌宇昊、章项（天马一小）；徐可馨（天马二小）；琚文羽、鲁邢奕、吴淑新（育才小学）		
衢州市第九届中小学生艺术节艺术作品类：中学立体造型一等奖	郑欣慧（城关中学）、陈毅嘉（育才中学）、陈文婧（城南中学）		
衢州市第九届中小学生艺术节艺术作品类：中学立体造型二等奖	朱萱怡（育才中学）、祝芊（城南中学）		
衢州市第九届中小学生艺术节艺术作品类：中学立体造型三等奖	李婕（城南中学）；吴锦霞、赖佳琦、陈樊（城关中学）；郑沁晔（育才中学）		
衢州市第九届中小学生艺术节艺术作品类：小学书法一等奖	桑萌（天马一小）、牛箐媛（实验小学）		
衢州市第九届中小学生艺术节艺术作品类：小学书法二等奖	封丰（天马一小）、蓝天（育才小学）、徐章子怡（实验小学）、宋扬（育才小学）		
衢州市第九届中小学生艺术节艺术作品类：小学书法三等奖	张墨扬、蒋悦灵（常山一小）；王柯又、王若涵（天马二小）		
衢州市第九届中小学生艺术节艺术作品类：中学书法一等奖	柳安琪（城关中学）		
衢州市第九届中小学生艺术节艺术作品类：中学书法二等奖	胡心恬、陈子初（育才中学）；叶爽、柳安琪（城关中学）		
衢州市第九届中小学生艺术节艺术作品类：中学书法三等奖	周小鱼、程俣禾、王一涵（城南中学）；徐丽娜（育才中学）；叶文熙（职业中专）；黄文静（城东中学）		
衢州市第九届中小学生艺术节艺术作品类：小学摄影一等奖	郑点（实验小学）、郑欣妍（育才小学）		
衢州市第九届中小学生艺术节艺术作品类：小学摄影二等奖	孙浩哲（常山一小）、洪柳雯（实验小学）		

续表 53

荣誉称号	获奖单位或个人	颁发单位/文号	颁发时间
衢州市第九届中小学生艺术节艺术作品类：小学摄影三等奖	江南荷（常山一小）；金乐天、陈徐奕（天马二小）；郑婉珺（二都桥小学）；刘文泽、肖梓诺（育才小学）	市教育局办公室/衢教办学〔2020〕50 号	2020-10-25
衢州市第九届中小学生艺术节艺术作品类：中学摄影一等奖	李佳鑫（城东中学）		
衢州市第九届中小学生艺术节艺术作品类：中学摄影二等奖	王雅婧（职业中专）		
衢州市第九届中小学生艺术节艺术作品类：中学摄影三等奖	廖嗣彤、祝芊（城南中学）；朱舒妍、罗祺楠、王旭辉（城关中学）；朱景雯（城东中学）；刘欣瑜（龙绕初中）；吴灿（职业中专）		
衢州市第九届中小学生艺术节优秀组织奖	育才小学、天马二小、五里小学、紫港中学		
衢州市第九届中小学生艺术节艺术教育先进工作者	洪永高（城关中学）；徐静、毛学芳（天马二小）；李宇飞（天马一小）；姜俊（育才小学）		
2020 年度衢州市城市市容环境卫生工作成绩突出集体	县市容环卫中心	市住建局、市总工会/衢住建〔2020〕70 号	2020-10-29
2020 年度衢州市城市市容环境卫生工作成绩突出个人	黄雪平（县市容环卫中心）		
衢州市中小学生研学实践教育基地名单（第二批）	东方巨石阵研学基地、常山县奇石馆研学基地、不老泉研学基地、东案乡古韵金源宋代文化研学基地、森力家庭农场	市教育局办公室、市文广旅局办公室/衢教办实〔2020〕51 号	
衢州市中小学生研学实践教育营地名单（第二批）	中国观赏石博览园研学基地		
2020 年度浙江省健康促进学校(银牌)	育才小学、二都桥小学	市爱卫会、市教育局、市卫健委/衢市爱卫发〔2020〕11 号	
创意纸盘课程被评为衢州市第五届义务教育阶段精品课程	罗飒飒、洪永海、史志成、宁静、曾金文、姜鸿燕（常山一小）	市教育局教研室/荣誉证书	2020-10-30
2020 年衢州市急性传染病卫生应急技能团体二等奖	县卫健局	市卫健委、市总工会/荣誉证书	2020-11
为新疆喀什地区疫情防控工作作出杰出贡献	鲁茹（县疾控中心）	新疆喀什地委、喀什地区行政公署/荣誉证书	
模范慈善个人奖	曾国艳（紫港中学）	市民政局、市慈善总会/荣誉证书	

续表 53

<table>
<tr><th>荣誉称号</th><th>获奖单位或个人</th><th>颁发单位/文号</th><th>颁发时间</th></tr>
<tr><td>衢州市第三届体育大会国际跳棋比赛青少年组 100 格团体赛第一名</td><td rowspan="2">城东中学代表队</td><td rowspan="4">市第三届体育大会组委会/奖牌</td><td rowspan="6">2020-11</td></tr>
<tr><td>衢州市第三届体育大会国际跳棋比赛青少年组 64 格团体赛第一名</td></tr>
<tr><td>衢州市第三届体育大会国际跳棋比赛少儿组 64 格团体赛第一名</td><td rowspan="2">大桥头小学代表队</td></tr>
<tr><td>衢州市第三届体育大会国际跳棋比赛少儿组 100 格团体赛第二名</td></tr>
<tr><td>衢州市第六届“十佳支持少先队事业好校长”荣誉称号</td><td>李传法（天马一小）</td><td>团市委、市教育局、市少工委/奖状</td></tr>
<tr><td>衢州市第九届中小学生艺术节现场展演戏剧专场小学甲组三等奖</td><td>天马一小</td><td>市教育局/荣誉证书</td></tr>
<tr><td>全市第十八届业务技术比赛全员业务知识竞赛个人客户经理条线、现场经理条线团体第一名</td><td>工商银行常山支行</td><td rowspan="8">工商银行衢州分行办公室/工银衢办发〔2020〕49 号</td><td rowspan="8">2020-11-03</td></tr>
<tr><td>全市第十八届业务技术比赛全员业务知识竞赛公司金融业务条线第四名</td><td>汪丽芸（工商银行常山支行）</td></tr>
<tr><td>全市第十八届业务技术比赛全员业务知识竞赛公司金融业务条线第六名</td><td>吕龙女（工商银行常山支行）</td></tr>
<tr><td>全市第十八届业务技术比赛全员业务知识竞赛个人金融业务条线第四名</td><td>吴燕（工商银行常山支行）</td></tr>
<tr><td>全市第十八届业务技术比赛全员业务知识竞赛客服经理条线第四名</td><td>严颖光（工商银行常山支行）</td></tr>
<tr><td>全市第十八届业务技术比赛全员业务知识竞赛客服经理条线第十二名</td><td>傅小东（工商银行常山支行）</td></tr>
<tr><td>全市第十八届业务技术比赛全员业务知识竞赛客服经理条线第十五名</td><td>黄莹（工商银行常山支行）</td></tr>
<tr><td>全市第十八届业务技术比赛选手技术比赛（团队项目）：个人客户经理项目第一名</td><td>工商银行常山支行</td></tr>
</table>

续表 53

荣誉称号	获奖单位或个人	颁发单位/文号	颁发时间
全市第十八届业务技术比赛选手技术比赛（团队项目）：私人银行专业服务技能项目第二名	工商银行常山支行	工商银行衢州分行办公室/工银衢办发〔2020〕49 号	2020-11-03
全市第十八届业务技术比赛选手技术比赛（团队项目）：现场管理人员综合能力项目第二名			
全市第十八届业务技术比赛选手技术比赛（团队项目）：客服经理综合能力项目第一名			
全市第十八届业务技术比赛选手技术比赛（团队项目）：反假货币知识与技能项目第三名			
全市第十八届业务技术比赛总团体第二名			
2018—2020 年度衢州市农村饮用水达标提标行动先进集体	县林业水利局、东案乡政府、县城投集团	市农村饮用水达标提标行动领导小组办公室/衢市农饮办〔2020〕27 号	2020-11-05
2018—2020 年度衢州市农村饮用水达标提标行动先进个人	郑秀平（县财政局）、兰昱佳（县林业水利局）、李斌（金川街道）、王志渊（白石镇政府）、楼华（何家乡政府）、李骏（县水务公司）		
衢州市 2020 年“五好”学校关工委	城关中学、湖东小学、宋畈小学、何家小学、阁底小学、五里小学、青石小学、大桥头小学	市教育局关心下一代工作委员会/衢教关工委〔2020〕2 号	2020-11-06
2020 年衢州市青少年（儿童）乒乓球锦标赛 F 组团体第一名	陈子锐、占政霖（天马二小）	市体育局、市教育局/获奖证书	2020-11-08
衢州市第一批 8090 新时代理论宣讲骨干宣讲员	吴杭梨（县纪委监委）、方欣泳（县委党校）、张志敢（县应急管理局）、王臻（县综合行政执法局）、陈晓晴（县法院）、杨贝（县市场监管局）、郑晓（常山一小）、郭芳（芳村小学）、周颖（县医疗保障局）、吕妍（县文化馆）、曾艳婷（紫港街道办事处）、张尚锋（金川街道办事处）、姜政（何家乡政府）、江玲（招贤镇政府）、张旭光（东案乡政府）、姜莹（大桥头乡政府）、何冠琦（芳村镇政府）、李婷（白石镇政府）、廖海剑（球川镇政府）、彭亚捷（同弓乡政府）	全市域体系化推进 8090 新时代理论宣讲工作领导小组办公室/衢新宣办〔2020〕10 号	2020-11-10

续表 53

荣誉称号	获奖单位或个人	颁发单位/文号	颁发时间
衢州市第七届“十佳少先队员”	程可（城南中学）	团市委、市教育局、市少工委/团衢联〔2020〕17 号	2020-11-12
衢州市第七届“十佳少先队辅导员”	蒋俊（常山一小）		
衢州市第六届“十佳支持少先队事业好校长”	李传法（天马一小）		
衢州市优秀少先队大队	少先队实验小学大队		
衢州市优秀少先队中队	少先队芳村小学五（1）中队（满天星中队）		
工商银行衢州分行第七届员工气排球比赛男子团体第三名	工商银行常山支行代表队	工商银行衢州分行工会/荣誉证书	2020-11-14
工商银行衢州分行第七届员工气排球比赛女子团体第二名			
常山县原农业局局长徐士平任期经济责任审计项目获衢州市优秀审计项目一等奖	县审计局	市审计局/衢市审法〔2020〕30 号	2020-11-16
常山县财政局具体组织的 2018 年度本级预算执行情况审计项目获衢州市优秀审计项目二等奖			
2020 年衢州市市级“美丽河湖”	龙绕溪（九都村段）、常山港（何家段）、芳村溪（金源溪支流）	市五水共治（河长制）办公室、市水利局/衢州水利〔2020〕152 号	2020-11-18
衢州市首批品牌人民调解工作室	青石镇人民调解委员会云河调解工作室	市司法局、市人民调解协会/衢人调协〔2020〕11 号	
全市党校系统“践行‘八个嘱托’建设‘重要窗口’”征文活动二等奖	刘学峰（县委党校）	市委党校/衢党校〔2020〕27 号	2020-11-23
全市党校系统“践行‘八个嘱托’建设‘重要窗口’”征文活动三等奖	方欣泳、林艳琴、罗丽君（县委党校）		
个人三等功	黄军红（县公安局交警大队）	市公安局/衢公令〔2020〕11 号	
全市超声诊断技能比武个人三等奖	阮新梅、张建芳（县人民医院）	市卫健委、市总工会/衢卫发〔2020〕26 号	2020-11-25
全市中医护理综合技能比武团体三等奖	县中医医院		
全市卫生应急处置技能比武个人一等奖	黄业伟（县疾控中心）		

续表 53

荣誉称号	获奖单位或个人	颁发单位/文号	颁发时间
全市卫生应急处置技能比武团体二等奖	县卫健局	市卫健委、市总工会/衢卫发〔2020〕26 号	2020-11-25
全市卫生监测技能比武个人三等奖	黄鹏（县疾控中心）		
全市卫生监测技能比武团体三等奖	县疾控中心		
全市卫生健康监督技能比武：公共卫生监督个人三等奖	王智斌（县卫监所）		
全市卫生健康监督技能比武：放射诊疗和职业卫生监督个人三等奖	江晨露（县卫监所）		
全市精神专科首次病程录书写技能比武个人三等奖	龙巧云（县第三医院）		
全市精神专科首次病程录书写技能比武团体三等奖	县第三医院		
全市健康促进技能比武个人三等奖	邵琦（县疾控中心）		
全市健康促进技能比武团体三等奖	县卫健局		
衢州市金牌职工	黄业伟（县疾控中心）		
衢州市 2020 年度市级“民主法治村（社区）”（53 个）	金川街道：新建村、蒋家村、二都桥社区、常桥村、新都村；紫港街道：柚苑社区、后坊村、外港村、姜家堡村；芳村镇：芙蓉湖村、前进村、洁湖村、园区新村、芳村村、下猷阁村、大处村、石塘村、井河村、修书村、前姜村；球川镇：沙安村、棋盘山村、上安村、红旗岗村、王家村、吴家村、杨家村、东山村、馒头山村；新昌乡：郭塘村、西源村、对坑村、达塘村、岩前村、茶源村、泰安村、鳕辂村；辉埠镇：达坞村、辉埠村；东案乡：白马村、朝阳村、万安村、金源村、东案村；何家乡：何家村、樊家村、江源村；大桥头乡：樟山村、濛桥村、友好村、莲塘村；白石镇：草坪村、白石村	市司法局、市民政局/衢市司发〔2020〕33 号	2020-11-30

续表 53

荣誉称号	获奖单位或个人	颁发单位/文号	颁发时间
衢州市统一战线工作实践创新基地	青石镇	市委统战部/奖牌	2020-12
2020 年“红色学府”8090 新时代理论宣讲比赛二等奖	方欣泳（县委党校）	市委党校/荣誉证书	
衢州市新乡贤回归家乡发展示范基地	新昌乡	市委统战部、市工商联/奖牌	
ZSBL 浙江省第十四届中小学生篮球联赛（衢州赛区）初中男子组第二名	城关中学	市教育局、市体育局/奖牌	
ZSBL 浙江省第十四届中小学生篮球联赛（衢州赛区）优秀组织奖			
ZSBL 浙江省第十四届中小学生篮球联赛（衢州赛区）初中女子组第一名			
衢州市第七批非物质文化遗产代表性项目：传统美术	常山民间剪纸、常山巧石技艺	市政府/衢政发〔2020〕25 号	2020-12-03
衢州市第七批非物质文化遗产代表性项目：传统技艺	常山万寿十六道素食制作技艺、常山麦香饼制作技艺、常山黄师傅捏糖人技艺、常山鸬鹚捕鱼技艺		
衢州市第七批非物质文化遗产代表性项目：传统医药	常山中药合香技艺		
2020 年全市农业职业技能大赛——农产品质量安全检测（定性检测）二等奖	程阳（大桥头乡政府）	市委人才工作领导小组办公室、市农业农村局、市人力社保局、市总工会、衢州职业技术学院/衢农发〔2020〕31 号	2020-12-10
2020 年全市农业职业技能大赛——农产品质量安全检测（定性检测）三等奖	余珏锟（青石镇政府）		
2020 年全市农业职业技能大赛——农机驾驶操作二等奖	徐星星（常山县水土农机专业合作社）		
2020 年全市农业职业技能大赛——种子质量检验二等奖	周明火（县种植业发展中心）		
2020 年全市农业职业技能大赛——种子质量检验三等奖	余亚芳（浙江常山粒鑫种业有限公司）		
衢州市技术能手（二级）、衢州市金牌职工	程阳、徐星星、周明火		
衢州市农业技术能手	余珏锟、余亚芳		

续表 53

荣誉称号	获奖单位或个人	颁发单位/文号	颁发时间
衢州市第三届青少年学生阳光体育运动会小学生乒乓球比赛男子甲组团体第一名	郑子航、蒋弈麒、符嘉伦、方振（天马二小）	市体育局、市教育局/获奖证书	2020-12-12
衢州市第三届青少年学生阳光体育运动会小学生乒乓球比赛男子甲组单打第一名	蒋弈麒（天马二小）	市体育局、市教育局/获奖证书	2020-12-12
衢州市第三届青少年学生阳光体育运动会小学生乒乓球比赛男子乙组团体第一名	占政霖、陈子锐、章智轩（天马二小）	市体育局、市教育局/获奖证书	2020-12-12
衢州市文艺精品扶持工程第八批入选项目——舞台艺术类作品：戏剧类《共和国勋章》（京剧）	宋婧（县文化馆）	市委宣传部/衢市宣〔2020〕30号	2020-12-13
衢州市文艺精品扶持工程第八批入选项目——舞台艺术类作品：音乐类《信仰的力量》（交响乐组曲）	潘兵（县文化馆）	市委宣传部/衢市宣〔2020〕30号	2020-12-13
2020年第四季度全市检察机关“网评之星”	曾榴榴、余露、祝昭霞（县检察院）	市检察院政治部/通报	2020-12-14
衢州市2020年度民宿集聚村	东案乡金源村	市文广旅局/衢市文旅通〔2020〕61号	2020-12-14
衢州市抗击新冠肺炎疫情先进个人	陈慧萍、廖琳君、饶晨晨、王勇、叶霞（县人民医院）；於晓丽、鲁茹（县疾控中心）；郑罡（青石镇）；朱锦霞（白石镇）；徐高敏（球川镇）；陈重良（新昌乡达塘村）；徐金妹（紫港街道紫港社区）；秦定福（青石镇大塘后村）；曾海燕（同弓乡同心村）；汪荣林（天马街道文峰社区）；王湖南（县经济技术开发区）；乔凌舟（县公安局治安大队）；翁旭东（县委）；鲍晓晖（县政府办公室）；金明（县公路港航与运输管理中心）；段力勤（县卫健局）；王雪园（衢州亲邻物业管理有限公司）	市委、市政府/衢委发〔2020〕20号	2020-12-16
衢州市抗击新冠肺炎疫情先进集体	县疾控中心党支部、金川街道党工委、青石镇党委、天马街道文峰社区党委、辉埠镇彭川村党支部、县经信局党委、仓谷医疗科技（浙江）有限公司	市委、市政府/衢委发〔2020〕20号	2020-12-16

续表 53

荣誉称号	获奖单位或个人	颁发单位/文号	颁发时间
衢州市优秀共产党员	秦定福（青石镇大塘后村）、乔凌舟（县公安局治安大队）	市委/衢委发〔2020〕21 号	2020-12-16
衢州市先进基层党组织	县疾控中心党支部、青石镇党委、金川街道党工委、县经信局党委	市委/衢委发〔2020〕21 号	2020-12-16
衢州市住建局 2020 年度创建全国文明城市最佳奉献团队	县住建局	市住建局党委/衢住建党委〔2020〕48 号	2020-12-16
2020 年度衢州市“一米菜园”示范村	辉埠镇辉埠村、紫港街道渣濑湾村	市妇联/衢妇〔2020〕40 号	2020-12-16
2020 年度衢州市“一米菜园”优秀村	芳村镇上猷阁村	市妇联/衢妇〔2020〕40 号	2020-12-16
2020 年度衢州市房屋建筑“优质结构”工程	常山县中医医院异地搬迁改造及新建住院楼建设工程、浙江赛得健康产业园（二期）项目 5#楼、五里小学迁建工程教学楼、浙江哲丰新材料有限公司配套职工宿舍居住（哲丰苑）项目一期工程 4#楼、常山县城市危旧住宅区治理棚改项目——桑园小区、江滨小区、城南小区、定阳小区	市住建局/衢住建办〔2020〕132 号	2020-12-17
2020 年度衢州市建设安全文明施工标准化工地	五里小学迁建工程、常山众卡产业园工程（一期）、县城东新区心舟公园东南侧地块中南广和漫悦湾工程一期、县城东新区心舟公园东南侧地块中南广和漫悦湾工程二期	市住建局/衢住建办〔2020〕133 号	2020-12-17
衢州市第二批市级特色文艺村（社）	金川街道徐村村、招贤镇招贤村、白石镇草坪村、同弓乡彤弓山村、青石镇水南村、东案乡梅树底村、何家乡长风村	市文联/衢文联〔2020〕15 号	2020-12-17
2020 年衢州市示范性旅游厕所	何家乡政府公厕、溪东游客服务中心公共厕所（何家乡长风村）	市文广旅局/通知（便函）	2020-12-21
2020 年度全市广播电视安全保障优秀单位	县文广旅体局、县广播电视台、常山华数广电网络有限公司	市文广旅局/衢市文旅通〔2020〕63 号	2020-12-21
2020 年度全市党校系统有关理论研讨会征文评选二等奖	翁涛、刘学峰（县委党校）	市委党校/衢党校〔2020〕35 号	2020-12-22
2020 年度全市党校系统有关理论研讨会征文评选三等奖	罗丽君、袁磊、林艳琴（县委党校）	市委党校/衢党校〔2020〕35 号	2020-12-22

续表 53

荣誉称号	获奖单位或个人	颁发单位/文号	颁发时间
衢州市第二届“乡村百师”——乡村振兴能工巧匠：种养能手	张春良（球川镇九都村）、刘卫国（紫港街道富足山村）	市委人才工作领导小组办公室、市农业农村局/衢农发〔2020〕34 号	2020-12-22
衢州市第二届“乡村百师”——乡村振兴能工巧匠：农技土专家	彭国方（东案乡朝阳村）		
衢州市第二届“乡村百师”——乡村振兴能工巧匠：技能巧匠	陈水英（金川街道食用菌园区）		
衢州市第二届“乡村百师”——乡村振兴农创客标兵	韩鸿翼（金川街道食用菌园区）、邹黄河（招贤镇汪家淤村）		
衢州市第二届“乡村百师”——乡村振兴讲堂优秀讲师	何水清（县农业农村局）、张荣（新昌乡郭塘村）		
衢州市第二届“乡村百师”——乡村振兴优秀经营人才	储辉祥（芳村镇牛角口村）		
衢州市第二届“乡村百师”——乡村振兴文艺名师	谢章华（新昌乡輶辂村）、毛春良（青石镇湖头村）		
市级优秀清廉示范点——清廉村居示范点	球川镇黄泥畈村	市纪委办/衢纪办〔2020〕28 号	2020-12-23
衢州市第二届“匠心市政”养护工匠（优秀个人）	张先明（县市政园林管理中心）	市住建局/衢住建办〔2020〕136 号	2020-12-24
衢州市先进教研组	育才幼儿园小班段教研组、中班段教研组	市教育局教研室	2020-12-25
衢州市首批近视防控示范校	紫港中学、招贤小学	市教育局办公室/衢教办学〔2020〕57 号	2020-12-28
衢州市学习《习近平谈治国理政》第三卷理论征文活动三等奖	唐金木（县委党校）	市委组织部、市委宣传部、市直机关工委、团市委、衢州日报报业传媒集团/荣誉证书	2020-12-29
2020 年全市市场监管系统优秀信息宣传员	王海燕（县市场监管局）	市市场监管局/衢市监办〔2020〕20 号	
2020 年度县（市、区）教育局考核一等奖	县教育局	市教育局办公室/衢市教办〔2020〕58 号	
首批衢州市职工疗休养基地	东案乡金源村、何家乡黄岗村、新昌乡黄塘村、金川街道徐村村、何家乡长风村、芳村镇新桥村、西源革命纪念馆、赛得健康小镇、不老泉旅游综合体	市总工会办公室/衢总工办字〔2020〕17 号	2020-12-30

续表 53

荣誉称号	获奖单位或个人	颁发单位/文号	颁发时间
2020 年度全市电大系统教务工作先进单位	电大常山学院	衢州广播电视大学/衢电大〔2020〕63 号	2020-12-31
2020 年度全市电大系统教务工作先进个人	方慧婷（电大常山学院）		
2020 年度全市电大系统社区教育工作先进单位	电大常山学院	衢州广播电视大学/衢电大〔2020〕66 号	
2020 年度全市电大系统社区教育工作先进个人	徐谦（电大常山学院）		
2020 年度全市电大系统思政教育工作先进单位	电大常山学院	衢州广播电视大学/衢电大〔2020〕67 号	
2020 年度全市电大系统思政教育工作先进个人	方秀梅（电大常山学院）		
2020 年度全市电大系统信息化建设工作先进单位	电大常山学院	衢州广播电视大学/衢电大〔2020〕68 号	
2020 年度全市电大系统信息化建设工作先进个人	李志军（电大常山学院）		

县委、县人大、县政府、县政协表彰（命名）的荣誉一览表

表 54

荣誉称号	获奖单位或个人	颁发单位/文号	颁发时间
2019 年度“金钉子”党组织	金川街道常桥村党支部、辉埠镇辉埠村党支部、何家乡双安村党支部、招贤镇高埂村党支部、青石镇大塘后村党支部、东案乡呈东村党支部、芳村镇河边山村党支部、新昌乡新昌村党支部、白石镇曹会关村党支部、球川镇后弄村党支部	县委/常委信笺〔2020〕1 号	2020-01-08
复评合格“金钉子”党组织	天马街道：周塘村党支部、天马村党支部、东港村党支部、和平村党支部；紫港街道：渣濑湾村党支部、狮子口村党支部；金川街道：徐村村党支部、五里亭村党支部；辉埠镇：彭川村党支部、路里坑村党支部、石姆岭村党支部；何家乡：长风村党支部、黄冈村党支部、江源村党支部；招贤镇：汪家淤村党支部；青石镇：马车村党支部；东案乡：田蓬村		

续表 54

荣誉称号	获奖单位或个人	颁发单位/文号	颁发时间
复评合格“金钉子”党组织	党支部、弄坞村党支部、梅树底村党支部、东案村党支部；大桥头乡：濛桥村党支部、客弄村党支部、浮河村党支部；芳村镇：芙蓉湖村党支部、上猷阁村党支部；新昌乡：黄塘村党支部、郭塘村党支部、达塘村党支部、西源村党支部；白石镇：十八里村党支部、草坪村党支部、聚宝村党支部；球川镇：黄泥畈村党支部、东坑村党支部、西村村党支部；同弓乡：中和村党支部、同心村党支部、彤弓山村党支部	县委/常委信笺〔2020〕1 号	2020-01-08
代表智慧监督工作先进集体	同弓乡人大主席团、青石镇人大主席团、东案乡人大主席团	县人大常委会/常人大〔2020〕12 号	2020-01-17
代表智慧监督治水工作先进个人	李华、徐晓俊（天马街道）；黄盖民、李明良（紫港街道）；刘昌其、刘启忠（金川街道）；吴水芳（辉埠镇）；何晓荣、程泽英（何家乡）；黄国新、崔文良、邹根生（招贤镇）；张美华、余丽芳（青石镇）；朱梅英（东案乡）；李淑荣（大桥头乡）；姜南明（芳村镇）；朱娅芳（新昌乡）；官小连、甘花（白石镇）；林学明、鲁祖芳（球川镇）；陈宣辉、刘小兵（同弓乡）	县人大常委会/常人大〔2020〕12 号	2020-01-17
代表智慧监督民生实事项目工作先进个人	鲍承祥（何家乡）、钟素芳（青石镇）、彭国方（东案乡）、叶青（白石镇）、郑开福（大桥头乡）、章玉君（同弓乡）	县人大常委会/常人大〔2020〕12 号	2020-01-17
2019 年度优秀代表小组	紫港街道代表小组、何家乡代表小组、球川镇代表小组	县人大常委会/常人大〔2020〕13 号	2020-01-17
2019 年度优秀议案	何小建、汪慧建、郑俊	县人大常委会/常人大〔2020〕13 号	2020-01-17
2019 年度优秀建议	李华、叶鸣凤、张禄杰、张冬妹、何水平、符美娟、祝亚平、王才田、李淑荣、黄建、李芳、汪建新、丁施良、林学忠、刘小兵	县人大常委会/常人大〔2020〕13 号	2020-01-17
个人三等功	魏宏伟（挂职县委常委、副县长）	县政府/常政发〔2020〕8 号	2020-01-22
集体三等功	县林业水利局、县交通运输局、县公安局、县卫健局、白石镇	县政府/常政发〔2020〕9 号	2020-01-22

续表 54

荣誉称号	获奖单位或个人	颁发单位/文号	颁发时间
常山县 2019 年第四季度“效率之星”单位	同弓乡、县自然资源和规划局、县农业农村局、市生态环境局常山分局	县委、县政府/常委信笺〔2020〕2 号	2020-01-23
常山县 2019 年第四季度“效率之星”干部	徐小忠（金川街道常桥村）、余志纲（辉埠镇）、毛理清（招贤镇）、叶翠清（大桥头乡）、江月军（芳村镇上猷阁村）、姚寅（白石镇）、何富苗（县经济和信息化局）、李炳根（县财政局）、熊婧（县住房和城乡建设局）、徐建平（县交通运输局）、曾修明（县农业农村局）、黄志祥（县林业水利局）、朱珊（县传媒集团）、姚长征（县供销合作社联合社）	县委、县政府/常委信笺〔2020〕2 号	2020-01-23
常山县 2019 年第四季度“拖拉机干部”	陈伟（大桥头乡）、王向华（白石镇）、余凯（县经济和信息化局）、过丽君（县人力资源和社会保障局）、郑志荣（县教育局）、詹磊（县卫生健康局）、裴亚君（县综合行政执法局）	县委、县政府/常委信笺〔2020〕2 号	2020-01-23
对在全县疫情防控工作中担当作为的先进集体和先进个人进行通报表扬	青石镇江家村党支部、许军良（江家村党支部书记）	县委、县政府/常委信笺〔2020〕3 号	2020-02-06
2020 年新冠肺炎疫情防控工作先锋战士	单康民、杨俊、陈慧萍、廖琳君、饶晨晨（县人民医院）	县委、县政府/常委信笺〔2020〕4 号	2020-02-17
2020 年新冠肺炎疫情防控工作光荣之家	单康民家庭、杨俊家庭、陈慧萍家庭、廖琳君家庭、饶晨晨家庭	县委、县政府/常委信笺〔2020〕4 号	2020-02-17
激励表彰疫情防控一线表现突出正面典型——个人三等功	单康民、杨俊、陈慧萍、廖琳君、饶晨晨、王勇（县人民医院）	县委、县政府/常委信笺〔2020〕5 号	2020-02-18
激励表彰疫情防控一线表现突出正面典型——先进基层党组织	青石镇江家村党支部、辉埠镇彭川村党支部、何家乡樊家村党支部、球川镇芙蓉村党支部、天马街道文峰社区党委、金川街道赵家坪社区党支部、县阳光志愿者协会党支部	县委、县政府/常委信笺〔2020〕5 号	2020-02-18
激励表彰疫情防控一线表现突出正面典型——优秀共产党员	王湖南（县经济技术开发区）、徐卫国（县公安局退休）、洪虹（天马街道屏山社区）、叶继强（金川街道）、许军良（青石镇江家村）、林芳仙（白石镇草坪村）、王季（球川镇）	县委、县政府/常委信笺〔2020〕5 号	2020-02-18

续表 54

荣誉称号	获奖单位或个人	颁发单位/文号	颁发时间
激励表彰疫情防控一线表现突出正面典型——集体嘉奖	县疾控中心、县大数据中心、县委党校、县公安局省际卡点中队、金川街道、青石镇	县委、县政府/常委信笺〔2020〕5号	2020-02-18
激励表彰疫情防控一线表现突出正面典型——个人嘉奖	徐雨根（县公安局）、何富苗（县经济和信息化局）、朱黎明（县城市规划管理所）、王斌（县交通运输局）、柴素芳（县市场监管局辉埠所）		
激励表彰疫情防控一线表现突出正面典型——先锋战士	张琪（县人民医院）、江俊（县综合行政执法局）、凌国华（芳村镇）、汪荣林（天马街道）、曾则成（紫港街道狮东村）、张侦（金川街道金川弄村）		
激励表彰疫情防控一线表现突出正面典型——光荣之家	王勇家庭（县人民医院）、曾海燕家庭（同弓乡同心村）		
激励表彰疫情防控一线表现突出正面典型——最美常山人	王雪园（天马街道）、涂国红（县工商联、赛得健康集团）、曾国艳（紫港中学）		
激励表彰疫情防控一线表现突出正面典型——吸收预备党员	余建华、樊丽青、叶霞、吴毅通（县公安局城关派出所）		
激励表彰疫情防控一线表现突出正面典型——职级晋升	郑俊（金川街道）、陈霞（青石镇）、占凌新（县卫健局）、郑俊毅（县应急管理局）		
激励表彰疫情防控一线表现突出正面典型——职称（工资职级）晋升	单康民、杨俊、陈慧萍、廖琳君、饶晨晨（县人民医院）		
激励表彰疫情防控一线表现突出正面典型——提拔任用	蒋芝君（天马街道金川社区）、陈小仁（紫港街道孔家弄村）、占建平（东案乡万安村）、程其康（新昌乡岩前村）		
激励表彰疫情防控一线表现突出正面典型——先进基层党组织	紫港街道紫港社区党委、白石镇草坪村党支部	县委、县政府/常委信笺〔2020〕7号	
激励表彰疫情防控一线表现突出正面典型——优秀共产党员	易槐明（县疾控中心）、郑捷（县人民医院）、厉向军（天马街道定阳社区）、叶剑明（青石镇）、李龙（新昌乡西源村）、章玉君（同弓乡关庄桥村）		
激励表彰疫情防控一线表现突出正面典型——集体嘉奖	县卫健局、县人民医院、县市场监管局、白石镇		

续表 54

荣誉称号	获奖单位或个人	颁发单位/文号	颁发时间
激励表彰疫情防控一线表现突出正面典型——个人嘉奖	江共英（县人民医院）、杨涛（县疾控中心）、金明（县公路管理局）、乔凌舟（县公安局治安大队）	县委、县政府/常委信笺〔2020〕7号	2020-02-18
激励表彰疫情防控一线表现突出正面典型——先锋战队	仓谷医疗科技（浙江）有限公司、县教育局、县审计局、县城投集团、中国人民银行常山县支行		
激励表彰疫情防控一线表现突出正面典型——先锋战士	虞平、张雪珍（紫港街道柚苑社区）；胡小曼（县妇幼保健计划生育服务中心）；王宏（县应急管理局）；项红军（县公安局特巡警大队）		
激励表彰疫情防控一线表现突出正面典型——最美常山人	胡耀耀（武汉市万科房地产有限公司常山籍现场工程师）		
县政协2019年度先进委员小组	教育组、经科四组、经科三组、社法二组	县政协/常政协〔2020〕6号	2020-03-25
县政协2019年度优秀委员	徐良英、廖慧忠、袁佳、姚星、徐俊燕、曾晓燕、王丽燕、徐彤、李志军、徐裕斐、翁绍志、曾晓群、周磊、汪杏、裴亚君		
辉埠区域生态环境系统整治提升决战中表现突出正面典型集体	县市场监管局、县审计局、县农业农村局、辉埠镇、县农投集团	县委、县政府/常委信笺〔2020〕8号	2020-04-12
辉埠区域生态环境系统整治提升决战中表现突出正面典型个人	李军、叶树良、饶贤福（“常青藤”专班）；陈金龙（县市场监管局）；李珍、方效圆（县审计局）；姜利成、潘小锋（县农业农村局）；付琳芸（县市场监管局）；徐卫星（县农投集团）；曾丽丽、魏土良（辉埠镇）		
美丽乡村建设、农房风貌提升和诗画风光带建设先进集体	球川镇、白石镇、同弓乡、芳村镇上猷阁村、新昌乡达塘村、紫港街道渣濑湾村、县资规局、县农业农村局、县交通运输局、县文广旅体局、县财政局	县委、县政府/常委信笺〔2020〕9号	2020-04-21
美丽乡村建设、农房风貌提升和诗画风光带建设先进个人	张荣（新昌乡郭塘村）、李涌泉（天马街道天安村）、邹清华（同弓乡同心村）、吴丽娟（大桥头乡）、鲍爱国（白石镇）、余浩（紫港街道）、蒋建常（何家乡）、刘根平（芳村镇）、曾素平（天马街道）、何月伟（球川镇）、吴小丽		

续表 54

荣誉称号	获奖单位或个人	颁发单位/文号	颁发时间
美丽乡村建设、农房风貌提升和诗画风光带建设先进个人	（辉埠镇）、揭徐帅（金川街道）、江土有（东案乡）、杨芝冬（县农房专班）、宫福强（县农业农村局）、杨陈皆（县财政局）、王升（县交通局）、章俊（县住建局）	县委、县政府/常委信笺〔2020〕9号	2020-04-21
农民增收、扶贫、“消薄”和农村改革工作先进集体	辉埠镇、东案乡、新昌乡、天马街道、金川街道徐村村、同弓乡中和村、县农商行、县农投集团、县供电公司		
农民增收、扶贫、“消薄”和农村改革工作先进个人	王季（球川镇）、徐骁（辉埠镇）、郑美建（白石镇）、陈剑刚（同弓乡）、程敏芳（何家乡）、江月军（芳村镇上猷阁村）、林芳良（白石镇草坪村）、何菊（县委组织部）、赵晶（县消薄办）、郑燕（县统计局）		
企业助力乡村产业发展先进集体	浙江天子股份有限公司、浙江恒寿堂柚果股份有限公司、浙江常发粮油食品有限公司、常山谷舞仁生农业开发有限公司、浙江艾佳果蔬开发有限责任公司、常山柚谷农业开发有限公司、常山县青庐农业科技有限公司、游胜家庭农场、常山绿宝家庭农场、浙江伟盛牧业有限公司		
平安建设突出贡献集体	紫港街道、金川街道、何家乡、芳村镇、白石镇、球川镇、县委政法委、县住建局、县交通运输局、县法院、县民政局、县财政局、县卫健局、县社会治理综合服务中心		
平安建设突出贡献个人	何小林（天马街道）、魏飞（紫港街道）、祝金成（辉埠镇）、毛理清（招贤镇）、陈思佳（青石镇）、刘波（东案乡）、琚郑菁（大桥头乡）、洪势豪（新昌乡）、唐莹（同弓乡）、洪虹（天马街道屏山社区）、郑小云（金川街道赵家坪社区）、程献光（新昌乡岩前村）、叶玉佳（县委办公室）、		

续表 54

荣誉称号	获奖单位或个人	颁发单位/文号	颁发时间
平安建设突出贡献个人	官正（县政府办公室）、段寿平（县人大机关）、王毓飞（县政协机关）、黄建新（县纪委监委）、柯望飞（县委组织部）、付小丽（县委宣传部）、袁浩（县委统战部）、刘宁（县委政法委）、姚文明（县基层治理专班）、朱万华（县扫黑除恶专班）、吴水华（县人武部）、姜立新（县信访局）、陈贤民（县机关事务保障中心）、郑小琴（县营商办）、黄歆怡（县编委办）、金童（团县委）、曾晓燕（县妇联）、江蓓（县总工会）、涂晓明（县发改局）、张莉丽（县统计局）、郑忠东（县经信局）、张志敢（县应急管理局）、官威京（开发区管委会）、郑昕（县人社局）、吴英华（县综合执法局）、章立荣（市生态环境局常山分局）、饶立飞（县检察院）、连宪法（县公安局）、吴业勤（县司法局）、毛海涛（县消防救援大队）、汪正满（县退役军人事务局）、蒋顺祥（县资规局）、徐科龙（县农业农村局）、刘冬杰（县林水局）、胡润顺（县市场监管局）、张建丽（县教育局）、魏斌（县新闻传媒集团）、史君齐（浙江哲丰新材料有限公司）、曾小伟（常山傲克密管件有限公司）	县委、县政府/常委信笺〔2020〕9 号	2020-04-21
扫黑除恶专项斗争工作突出贡献集体	天马街道、县委组织部、县委宣传部、县公安局、县司法局、县信访局		
扫黑除恶专项斗争工作突出贡献个人	杨力军（青石镇）；万赛辉（白石镇）；黄油柑（县委组织部）；黄琴琴（县纪委监委）；蒋亮、王荣泉（县公安局）；樊佳惠（县检察院）；徐广显（县法院）；严盛（县住建局）；江羊你（县林业水利局）；徐焕（县交通运输局）；刘飞（县信访局）		

续表 54

荣誉称号	获奖单位或个人	颁发单位/文号	颁发时间
信访工作突出贡献集体	辉埠镇、东案乡、同弓乡、县资规局、县农业农村局、县市场监管局	县委、县政府/常委信笺〔2020〕9 号	2020-04-21
信访工作突出贡献个人	郑国建（天马街道）、徐志兵（紫港街道）、夏小仙（金川街道）、徐成水（何家乡）、周冬（招贤镇）、徐立臣（大桥头乡）、程志超（芳村镇）、汪华军（白石镇）、张铨金（球川镇）、程栋（县委政法委）、柴真见（县公安局）、李琦（县交通运输局）、吴小青（县人社局）、徐凤春（县教育局）、琚巨良（县卫健局）、刘基清（县税务局）	县委、县政府/常委信笺〔2020〕9 号	2020-04-21
先进基层党组织	金川街道党工委、辉埠镇党委、青石镇党委、天马街道天安村党支部、新昌乡黄塘村党支部、球川镇黄泥畈村党支部、县传媒集团党委、县经信局党委、县疾控中心党支部、县公安局城关派出所党支部、县餐饮业协会党支部	县委、县政府/常委信笺〔2020〕10 号	2020-07-09
金钉子支书	徐金妹（紫港街道紫港社区）、裘军荣（何家乡长风村）、秦定福（青石镇大塘后村）、王为平（东案乡梅树底村）、江月军（芳村镇上猷阁村）、陈重良（新昌乡达塘村）、张荣（新昌乡郭塘村）、林芳良（白石镇草坪村）、潘广丰（同弓乡中和村）、涂小红（浙江德源养老产业投资管理股份有限公司）	县委、县政府/常委信笺〔2020〕10 号	2020-07-09
金钉子党务工作者	汪媛（紫港街道）、叶继强（金川街道）、曾丽丽（辉埠镇）、杨力军（青石镇）、汪慧建（东案乡）、徐智燕（大桥头乡）、揭超（新昌乡）、汪正满（县退伍军人事务局）、何红良（县市场监管局）、胡煜琦（县卫健局）	县委、县政府/常委信笺〔2020〕10 号	2020-07-09

续表 54

荣誉称号	获奖单位或个人	颁发单位/文号	颁发时间
金钉子党员	马土标、邱有青、林芝、王燕、周丽娜、朱周婚（天马街道）；徐玉宏、江敏、余浩（紫港街道）；刘建军、徐有德、刘思、徐志进（金川街道）；汪土福、陈文林、徐金火、程芳、鲍倩倩（辉埠镇）；江峰、琚滨华、严君（何家乡）；黄国新、邹根生、王冰雪、徐珍（招贤镇）；江政宏、王国军、毛科见、吴婷、陈思佳（青石镇）；谢志飞、郑雨章、秦根文、王志旺（东案乡）；韩国强、张田凤、韩江（大桥头乡）；段柳发、张海红、张天君、申亚星、胡良友（芳村镇）；黄云国、程礼锋、盛颖洁（新昌乡）；黄发明、许金水、朱露慧（白石镇）；程相、徐才常、徐高敏、邹有兵（球川镇）；张发根、邱金贵（同弓乡）；周侃（县委办公室）；黄志斌（县政府办公室）；樊蓉（县政协办公室）；毛红耀（县纪委监委）；陈安龙（县委组织部）；樊鑫磊（县委统战部）；林慧颖（县委政法委）；方欣泳（县委党校）；郑勤（县检察院）；桂永华（县税务局）；李志华（县烟草局）；吴艳（县气象局）；郑小琴（县营商办）；汪芳（县医疗保障局）；江倩（县人社局）；何婷婷（县综合执法局）；任小平（县民政局）；程志文（县机关事务保障中心）；吴玥（县开发区）；周佳平（县林水局）；胡兰（县财政局）；鲁祖夏（县公安局交警大队）；唐剑红（县公安局新都派出所）；肖凌燕（县城投集团）；郑文进（县发改局）；李剑（县应急管理局）；陈婷（常山一中）；谢红英（城南中学）；李国平（何家小学）；余立新（新昌小学）；黄国平（紫港中学）；郑鑫（县文广旅体局）；徐小飞（县经信局）；	县委、县政府/常委信笺〔2020〕10 号	2020-07-09

续表 54

荣誉称号	获奖单位或个人	颁发单位/文号	颁发时间
金钉子党员	徐科龙（县农业农村局）；郑恒勇（县妇幼保健院）；林华仙（县人民医院）；黄勇君（县卫健局）；朱忠泰（县中医院）；樊玲芸（电信常山分公司城西支局）；姜毅（县市场监管局）；张运（县住建局）；徐建平（县杭金衢拓宽项目）；徐志慧（县邮政局）；廖慧忠（县阳光志愿者协会）；殷军（衢州瑞宝亚克力有限公司）；詹小龙（常山迈峰宠物用品有限公司）；洪诗伟（浙江云泰纺织有限公司）；罗有根（普路米液压机械有限公司）；郑彬（浙江万谷电子科技有限公司）	县委、县政府/常委信笺〔2020〕10 号	2020-07-09
常山县第六批非物质文化遗产代表性项目名录——传统音乐	招贤镇：道士仪式歌	县政府/常政发〔2020〕34 号	2020-08-04
常山县第六批非物质文化遗产代表性项目名录——传统舞蹈	招贤镇：箬溪青龙		
常山县第六批非物质文化遗产代表性项目名录——传统技艺	天马街道：常山巧石技艺、豆芽制作技艺；何家乡：万寿十六道素食制作技艺；百合大酒店：麦香饼制作技艺；饴佳食品厂：胡柚果脯制作技艺；紫港街道：鸬鹚捕鱼；芳村镇：黄师傅捏糖人、木龙榨制作技艺、箍桶技艺；天马街道：木雕、打铁技艺；衢州佳康餐饮管理有限公司：山粉饺制作技艺、柚子酱制作技艺、白腊肉制作技艺；球川镇：李记葱饼制作技艺		
常山县第六批非物质文化遗产代表性项目名录——传统医药	天马街道：中药合香技艺		
常山县第六批非物质文化遗产代表性项目名录——民俗	球川镇：芙蓉水库移民迎客习俗		
集体三等功	常山一中	县政府/常政发〔2020〕37 号	2020-09-02
集体嘉奖	紫港中学		
个人三等功	姚金环（县政府）	县政府/常政发〔2020〕47 号	2020-09-30

2020 年常山县道德模范暨“最美常山人”年度榜样人物事迹简介

表 55

序号	年度榜样人物	事迹简介
1	王芳：奔跑在基层抗疫一线的网格员	王芳，女，1977 年 4 月生，浙江常山人，中共党员，常山县青石镇江家村第四网格党小组组长。1 月 19 日，村里出现全市首例新冠肺炎疑似病例，因举办喜宴密切接触者众多，管控难度与压力陡增。14 天时间里，她每天巡查网格 4 次以上，接拨电话上百通，逐户劝导密切接触者严格居家隔离，累计步数超过 30 万步。2 月 2 日，江家村 43 户 94 名居家隔离对象解除隔离医学观察，其他村民无一人被感染
2	王勇：始终奋战在抗疫一线的“白衣战士”	王勇，男，1976 年 11 月生，江西奉新人，民盟盟员，常山县人民医院院长助理兼感染科主任。他发现并确诊衢州市首例确诊新冠肺炎，吹响常山县疫情防控的冲锋号，拉响衢州市疫情防控的警报。从 1 月 14 日开始到 3 月 10 日冲在前线，没有休息过一天。衢州市第一个病人是他接诊的，最危险的操作之一采样也是他亲自完成的
3	王金良：用脚步丈量爱的乡村教师	王金良，男，1962 年 12 月生，浙江常山人，中共党员，常山县宋畈中心小学总务副主任。今年春天，因新冠肺炎疫情，老师只能线上教学。为了掌握学生学习情况、督促学生及时认真完成作业，他每晚为班上 35 位学生批阅作业至深夜，次日清晨 5 点开始送作业，下午 3 点后又去收作业。47 天里，风雨无阻，每天徒步 30 千米，走遍 8 个村庄，这份坚持的背后，是一名乡村教师对学生发自内心的关爱
4	占念七：热心社区公益事业的退休老党员	占念七，男，1948 年 11 月生，浙江常山人，中共党员，常山县天马街道金川社区居民。他曾在学校工作 38 年，在岗时努力学习，认真工作，为教育事业作贡献，退休后 12 年间参加两次全国人口普查，他创办的社区《楼道小报》十多年得到广大干部群众的点赞。他在学校、农村开展红色讲座百余场，受教育人数万人次。2017 年，占念七联合社区 50 余名老干部、老党员共同组成“红色啄木鸟工作室”，下沉一线，当好宣传员、调研员、监督员，主动助力社区日常管理，累计参与化解矛盾纠纷 138 件，发现问题 204 个，其中直接化解矛盾 62 件，解决问题 117 个。疫情防控中，占念七积极彰显责任和担当，编写多期抗疫专刊《楼道小报》、抗疫黑板报，积极参与防疫值班、平安巡逻、助力复工复产等工作
5	李忠仙：用爱唤醒植物人丈夫	李忠仙，女，1969 年 7 月生，常山县金川街道十五里村村民。2013 年丈夫徐火根发生交通事故，经过抢救成了植物人。从此以后，护理丈夫的重任都由她一个人承担，每天她都重复着为丈夫端屎接尿、每两小时一次翻身、一天洗一次澡、按摩等等，为的是能让丈夫快点醒过来。面对沉重的家庭负担，她每天省吃俭用，自己的三餐简简单单，而把节省下来的钱都用在丈夫营养上。1500 个日日夜夜，李忠仙诠释着那份执着的爱，每天都是寸步不离守着丈夫。2018 年 3 月底，丈夫终于在她的不离不弃和爱的关怀下成功醒来。至今，李忠仙依然还用爱照顾着丈夫
6	张水芝、鲍志高夫妇：一颗“爱心蛋”温暖“抗疫路”	张水芝，女，1970 年 3 月生，浙江常山人；鲍志高，男，1979 年 1 月生，安徽黟县人。张水芝、鲍志高夫妇经营着一家土鸡、土鸡蛋店，2020 年疫情防控期间，他们骑着小电驴，载着保温箱，奔波在常山县城的各个执勤卡点，为一线战“疫”人员送上热腾腾的暖心蛋。甚至专门雇了一辆车每天赶往远在衢州、开化城区的各个卡点。自 2 月 14 日起，近 20 天他们送了足足 2 万多只暖心蛋

续表 55

序号	年度榜样人物	事迹简介
7	徐钢、刘金和：洪水中的十分钟生死救援	徐钢，男，1977 年 1 月出生，衢江区横路办事处人；刘金和，男，1978 年 2 月出生，常山县紫港街道人，两人合伙在招贤集镇经营辉美卫生洁具经营部。7 月 9 日，受强降雨影响，常山县招贤镇多地被淹。鲁士村 59 岁的村民徐正仙不幸落水。正帮助朋友转移物资的徐钢跳入洪流救起几乎昏迷的徐正仙。落水处离岸边较远，徐钢的妹夫刘金和发现情况后，立即从周边商户店里借来简易救生船，跳入水中支援，两人合力成功挽救一条宝贵生命
8	黄喆：身残志坚、心向阳光的 95 后少年	黄喆，男，1995 年 5 月生，浙江常山人。一个阳光、积极向上的男孩，虽然肢体残疾，语言有一定程度的障碍，但他不向命运低头，努力做到自强自立。自加入志愿服务组织以来，积极参加协会组织的各种志愿服务，尽己所能地帮助他人。当残疾人士在医院茫然无措时，他就会上前指引协助；疫情防控期间，他坚守卡点一丝不苟；血库告急时，他第一个报名无偿献血；践行“八个一”时，他冒着酷暑上下楼梯清理牛皮癣；长假期间，他在高速路口开展咨询引导
9	常山县援鄂医疗队：书写医者仁心的最美“逆行者”	新冠疫情袭来，单康民、杨俊、陈慧萍、廖琳君、饶晨晨，5 位常山白衣战士逆行武汉。在奋战武汉的 49 天里，从黄陂区方舱转战日海方舱、袁家台方舱到最后的袁家台医院，他们坚决服从安排，顺利完成任务，累计检验新冠肺炎患者 1282 人，检测核酸标本 2680 人次，肺 CT 检查 2200 人次

重要文件目录

中共常山县委、常山县人民政府联发文件一览表

表 56

序号	文 号	文 件 标 题
1	常委发〔2020〕7 号	关于推进新时代民政事业高质量发展的实施意见
2	常委发〔2020〕14 号	关于印发《常山县强发展求突破“八大行动”实施方案》的通知
3	常委发〔2020〕15 号	关于大力推进常山教育高质量发展的若干意见
4	常委发〔2020〕16 号	关于印发《常山县新时代拥军优属若干规定》的通知
5	常委发〔2020〕18 号	关于大力推进健康常山建设的实施意见
6	常委发〔2020〕19 号	关于印发《常山县战略融入长三角区域一体化发展行动计划（2020—2025 年）》的通知

（县委办公室）

中共常山县委文件一览表

表 57

序号	文 号	文 件 标 题
1	常委发〔2020〕3 号	关于印发《县委常委会议事决策规则》的通知
2	常委发〔2020〕4 号	关于印发《常山县政治生态精密监测实施方案（试行）》的通知
3	常委发〔2020〕6 号	关于深化落实全面从严治党“四责协同”机制的实施意见
4	常委发〔2020〕8 号	关于全县域体系化推进 8090 新时代理论宣讲工作的实施意见
5	常委发〔2020〕11 号	印发《关于向县委请示报告重大事项的实施办法》的通知
6	常委发〔2020〕12 号	关于深入学习贯彻习近平总书记考察浙江重要讲话精神为全省建设“重要窗口”主动担当奋发有为的决议
7	常委发〔2020〕13 号	关于进一步激励和保护干部干事创业的决定

（县委办公室）

常山县人民政府文件一览表

表 58

序号	文号	文件标题
1	常政发〔2020〕3 号	关于优化普高学考、高考选考等教育招生考试环境维护考试秩序的通告
2	常政发〔2020〕7 号	关于对浙江紫晶矿业有限公司蕉坑坞矿区“12·1”冒顶片帮事故调查报告的批复
3	常政发〔2020〕9 号	关于授予林业水利局等 5 家单位集体三等功的决定
4	常政发〔2020〕13 号	关于发布我县陆生野生动物禁猎区、禁猎期及禁猎工具和方法的通告
5	常政发〔2020〕14 号	关于开展第七次人口普查的通知
6	常政发〔2020〕17 号	关于清明期间禁止林区野外用火的通告
7	常政发〔2020〕18 号	关于表彰 2019 年度制造业纳税 10 强等奖项的通报
8	常政发〔2020〕19 号	关于县政府领导分工的通知
9	常政发〔2020〕20 号	关于做好 2020 年深化民兵调整改革工作的通知
10	常政发〔2020〕28 号	关于下达常山县 2020 年重点建设、重大前期项目计划和政府投资项目支出计划的通知
11	常政发〔2020〕29 号	关于优化中考、高考和学考等教育招生考试环境维护考试秩序的通告
12	常政发〔2020〕30 号	关于调整完善常山县征地补偿安置政策的通知
13	常政发〔2020〕34 号	关于公布常山县第六批非物质文化遗产代表性项目名录的通知
14	常政发〔2020〕37 号	关于给予常山县第一中学、常山县紫港中学行政奖励的决定
15	常政发〔2020〕38 号	关于县城南小区道路及配套工程国有土地上房屋拟征收范围的公告
16	常政发〔2020〕41 号	关于调整全县最低生活保障和特困人员供养标准的通知
17	常政发〔2020〕44 号	关于划转常山县综合行政执法事项的通告
18	常政发〔2020〕45 号	关于对县城南小区道路及配套工程国有土地上房屋实施征收的决定
19	常政发〔2020〕46 号	关于对县城南小区道路及配套工程国土土地上房屋实施征收决定的公告
20	常政发〔2020〕48 号	关于常山县旧城改造—狮子口片区开发项目国有土地房屋拟征收范围的公告
21	常政发〔2020〕50 号	关于调整部分副县长工作分工的通知
22	常政发〔2020〕51 号	关于印发《常山县城东新区滨江片区瓦窑 4 号地块集体土地征收房屋补偿安置方案》的通知
23	常政发〔2020〕52 号	关于常山县城区实行城市化（城市市容和环境卫生）管理区域范围的公告
24	常政发〔2020〕53 号	关于球川镇、白石镇、同弓乡实行城市化（城市市容和环境卫生）管理区域范围的公告
25	常政发〔2020〕56 号	关于对常山县旧城改造—狮子口片区开发项目国有土地上房屋实施征收的决定
26	常政发〔2020〕57 号	关于对常山县旧城改造—狮子口片区开发项目国有土地上房屋实施征收决定的公告
27	常政发〔2020〕58 号	关于印发《常山县“三线一单”生态环境分区管控方案》的通知
28	常政发〔2020〕59 号	关于优化普高学考、高考选考等教育招生考试环境维护考试秩序的通告

（县政府办公室）

中共常山县委办公室、常山县人民政府办公室联发文件一览表

表 59

序号	文 号	文件标题
1	常委办发〔2020〕1 号	关于印发《常山县美丽城镇建设行动计划》的通知
2	常委办发〔2020〕2 号	关于进一步加快推进绿色可持续发展的实施意见
3	常委办发〔2020〕6 号	关于印发《进一步激励关爱疫情防控一线工作人员的十条措施》的通知
4	常委办发〔2020〕8 号	关于调整常山县城市管理委员会组成人员及明确职责的通知
5	常委办发〔2020〕12 号	关于印发《常山县家政服务业提质扩容“领跑者”行动试点工作方案》的通知
6	常委办发〔2020〕13 号	关于印发《常山县创建省级新时代美丽乡村示范县实施方案》的通知
7	常委办发〔2020〕15 号	关于印发《常山县项目工作“五大办”实施方案》的通知
8	常委办发〔2020〕17 号	关于印发《常山县“厕所革命”提升行动实施方案》的通知
9	常委办发〔2020〕22 号	印发《关于进一步激励社会力量参与支持“双招双引”工作的十条举措》的通知
10	常委办发〔2020〕23 号	关于印发《常山县重大决策社会风险评估实施细则》的通知
11	常委办发〔2020〕26 号	关于开展“八八组团”深化服务企业破山行动的通知
12	常委办发〔2020〕27 号	关于印发《常山县“全面小康决胜年”活动实施方案》的通知
13	常委办发〔2020〕28 号	印发《关于推进“最多跑一地”改革构建县乡村网格四级社会矛盾调处化解体系的方案》的通知
14	常委办发〔2020〕30 号	关于印发《进一步加强我县城镇社区建设工作的指导意见》的通知
15	常委办发〔2020〕33 号	印发《关于实施大学生引聚倍增行动的若干意见》的通知
16	常委办发〔2020〕37 号	关于印发《常山县构建“县乡一体、条抓块统”模式提高基层治理能力工作实施方案（试行）》的通知
17	常委办发〔2020〕39 号	印发《关于开展“美丽常山·文明细胞”工程的实施意见》的通知
18	常委办发〔2020〕41 号	印发《关于加快“三农”领域补短板续新篇增成色冲刺农村高水平全面小康的实施意见》的通知
19	常委办发〔2020〕49 号	关于印发《常山县“两山银行”组建实施方案》的通知
20	常委办发〔2020〕50 号	关于厉行节约坚决制止餐饮浪费行为的通知
21	常委办发〔2020〕52 号	印发《关于加强党建统领基层安全应急管理体系和能力建设的实施方案》的通知
22	常委办发〔2020〕54 号	印发《关于加快常山胡柚产业高质量发展三年（2020—2022）行动方案》的通知

（县委办公室）

中共常山县委办公室文件一览表

表 60

序号	文 号	文 件 标 题
1	常委办发〔2020〕3 号	关于进一步加强干部队伍建设的若干意见
2	常委办发〔2020〕4 号	关于印发《常山县共青团基层组织改革省级试点实施方案》的通知
3	常委办发〔2020〕24 号	关于印发《常山县“廉润万家”工程实施方案》的通知
4	常委办发〔2020〕25 号	关于印发《进一步激励党员干部在双招双引服务企业工作中奋勇争先的十条意见》的通知
5	常委办发〔2020〕31 号	关于印发《全面从严治党“四责协同”机制有关制度（试行）》的通知
6	常委办发〔2020〕40 号	关于印发《新时代常山县产业工人队伍改革实施方案》的通知
7	常委办发〔2020〕42 号	印发《关于加快“三农”领域补短板续新篇增成色冲刺农村高水平全面小康的实施意见》的通知
8	常委办发〔2020〕43 号	关于在全县开展“思想大解放、服务大提升、行动大担当”活动 推动“八大行动”重重落地的通知

（县委办公室）

常山县人民政府办公室文件一览表

表 61

序号	文 号	文 件 标 题
1	常政办发〔2020〕6 号	关于印发《常山县突发公共卫生事件应急预案》的通知
2	常政办发〔2020〕7 号	关于印发《常山县深化省级食品安全县创建工作实施方案》的通知
3	常政办发〔2020〕22 号	关于印发《关于加快乡村振兴产业高质量发展的若干政策意见（试行）》的通知
4	常政办发〔2020〕23 号	关于印发《常山县畜禽养殖禁养区调整方案》的通知
5	常政办发〔2020〕26 号	关于印发《常山县森林火灾应急预案》的通知
6	常政办发〔2020〕27 号	关于继续实行淘汰改造分散高污染燃料锅炉财政补助政策的通知
7	常政办发〔2020〕30 号	关于印发《常山县 2020 年度无偿献血工作安排》的通知
8	常政办发〔2020〕31 号	关于印发《常山县创建“全国无障碍环境县”工作实施方案》的通知
9	常政办发〔2020〕32 号	关于印发《“绿美常山”六大行动方案（2020—2024 年）》的通知
10	常政办发〔2020〕35 号	关于开展 2020 年安全生产大会战护航高水平全面小康行动的通知
11	常政办发〔2020〕36 号	关于印发《2020 年常山县农村饮用水“两标准八提升”攻坚实施方案》的通知
12	常政办发〔2020〕37 号	关于做好常山胡柚生产销售基础信息统计工作的通知
13	常政办发〔2020〕38 号	关于调整县政府办公室班子成员及相关科级领导工作分工的通知
14	常政办发〔2020〕39 号	关于印发《常山县工业企业暂欠电费帮扶周转资金管理办法》的通知

续表 61

序号	文 号	文件标题
15	常政办发〔2020〕40 号	关于公布 2020 年度县政府重大行政决策事项目录的通知
16	常政办发〔2020〕44 号	关于印发《常山县地震应急预案》的通知
17	常政办发〔2020〕45 号	关于印发《关于鼓励常山县数字产业化发展的若干意见（试行）》的通知
18	常政办发〔2020〕46 号	关于印发《常山县放宽企业住所（经营场所）登记条件实施细则（试行）》的通知
19	常政办发〔2020〕48 号	关于印发《常山县突发地质灾害应急预案》的通知
20	常政办发〔2020〕49 号	关于印发《常山县自然灾害救助应急预案》的通知
21	常政办发〔2020〕50 号	关于印发《关于加快推进 5G 产业发展的实施意见》的通知
22	常政办发〔2020〕51 号	关于印发《常山县招商引资专班工作方案》的通知
23	常政办发〔2020〕52 号	关于印发《关于加快推进产业数字化的若干政策（试行）》的通知
24	常政办发〔2020〕54 号	关于印发《2020 年县政府民生实事项目》的通知
25	常政办发〔2020〕55 号	关于下达 2020 年度森林采伐限额的通知
26	常政办发〔2020〕56 号	关于印发《疫情防控期间企业应急物资生产技改项目投资补助操作细则》的通知
27	常政办发〔2020〕59 号	关于印发《常山县工业专班工作方案》的通知
28	常政办发〔2020〕60 号	关于印发《常山县治水长效战、治气攻坚战暨打赢蓝天保卫战、常山县治土（清废）持久战、常山县贯彻落实中央和省环境保护督查反馈意见整改 2020 年工作计划》的通知
29	常政办发〔2020〕61 号	关于抓好 2020 年粮食产销工作意见的通知
30	常政办发〔2020〕64 号	关于印发《关于支持服务业高质量发展的若干意见》的通知
31	常政办发〔2020〕65 号	关于印发《2020 年政府工作报告重点工作责任分解》的通知
32	常政办发〔2020〕66 号	关于印发《常山县 2020 年度国有建设用地供应计划》的通知
33	常政办发〔2020〕67 号	关于印发《常山县争先创优协调推进领导小组及办公室工作方案》的通知
34	常政办发〔2020〕68 号	关于印发《2020 年促消费专项政策》的通知
35	常政办发〔2020〕69 号	关于印发《常山县基层政策性农业信贷担保服务创新试点实施方案》的通知
36	常政办发〔2020〕70 号	关于印发《常山县投资专班工作方案》的通知
37	常政办发〔2020〕71 号	关于印发《2020 年全县固定资产投资项目报表凭证责任分解实施意见》的通知
38	常政办发〔2020〕72 号	关于印发《常山县“财信贷”财政奖补杠杆融资方案》的通知
39	常政办发〔2020〕74 号	关于优化政府投资建设工程招标评标办法及运用信用分的通知
40	常政办发〔2020〕75 号	关于印发《关于进一步加强建筑业发展的若干意见》的通知
41	常政办发〔2020〕76 号	关于印发《央行再贷款低息资金落地常山推进工作方案》的通知
42	常政办发〔2020〕78 号	关于印发《推动返乡入乡创业高质量发展若干政策》的通知

续表 61

序号	文号	文件标题
43	常政办发〔2020〕80 号	关于印发《关于进一步支持工业企业稳增长的若干政策（试行）》的通知
44	常政办发〔2020〕81 号	关于受污染耕地安全利益和严格管控工作方案的通知
45	常政办发〔2020〕84 号	关于印发《2020 年常山县深化“最多跑一次”改革打造最优营商环境实施方案》的通知
46	常政办发〔2020〕91 号	关于印发《常山县服务业专班工作方案》的通知
47	常政办发〔2020〕97 号	关于印发《县小微企业和个体工商户纾困专班工作方案（试行）》的通知
48	常政办发〔2020〕98 号	关于进一步加强统计工作确保统计数据质量的通知
49	常政办发〔2020〕99 号	关于印发《常山县县属国有企业重大事项管理办法（暂行）》的通知
50	常政办发〔2020〕100 号	关于印发《常山县国资国企工作联席会议制度》的通知
51	常政办发〔2020〕101 号	关于印发《县属国有企业建设项目职责分工意见》的通知
52	常政办发〔2020〕104 号	关于常山县农村危房清零攻坚行动实施方案的通知
53	常政办发〔2020〕105 号	关于印发《常山县“无废城市”建设工作方案》的通知
54	常政办发〔2020〕107 号	关于印发《常山县城乡公交一体化实施方案》的通知
55	常政办发〔2020〕110 号	关于印发《常山县城镇住宅房屋使用安全突发事件应急管理工作指导意见》的通知
56	常政办发〔2020〕112 号	关于印发《常山县征收国有土地上“三未房屋”认定办法》的通知
57	常政办发〔2020〕113 号	关于印发《常山县国有土地上房屋征收补偿和奖励标准》的通知
58	常政办发〔2020〕114 号	关于印发《常山县国有土地上房屋征收特殊群体补助办法》的通知
59	常政办发〔2020〕115 号	关于印发《常山县政务服务“好差评”两项国家标准试点工作实施方案》的通知
60	常政办发〔2020〕116 号	关于印发《常山县完善融资畅通工程进一步提升企业融资效率的实施方案》的通知
61	常政办发〔2020〕117 号	关于印发《常山县县级单位公物仓管理暂行规定》的通知
62	常政办发〔2020〕120 号	关于印发《常山县工业企业亩均效益综合评价办法》的通知
63	常政办发〔2020〕121 号	关于印发《2020 年常山县大花园建设工作计划》的通知
64	常政办发〔2020〕122 号	关于印发《2020 年常山县大花园建设工作考核办法》的通知
65	常政办发〔2020〕124 号	关于印发《常山县科技创新发展十条政策（试行）》的通知
66	常政办发〔2020〕125 号	关于印发《常山县创新型县建设实施意见》的通知
67	常政办发〔2020〕127 号	关于印发《常山县全面禁止非法交易和滥食野生动物妥善处置在养野生动物工作方案》的通知
68	常政办发〔2020〕129 号	关于印发《积极争取浙江省对我县真抓实干成效明显工作加大激励支持力度分工方案》的通知
69	常政办发〔2020〕130 号	关于建立 2020 年地方政府专项债券项目“绿色通道”的实施意见
70	常政办发〔2020〕131 号	关于印发《常山县节水行动实施方案》的通知

续表 61

序号	文 号	文 件 标 题
71	常政办发〔2020〕133 号	关于印发《常山县低保惠民联办实施办法》的通知
72	常政办发〔2020〕134 号	关于疫情防控期间企业应急物资生产技改投资补助的补充意见
73	常政办发〔2020〕136 号	关于认真做好常山县综合行政执法事项划转工作的通知
74	常政办发〔2020〕140 号	关于做好国务院第七次大督查准备工作的通知
75	常政办发〔2020〕141 号	关于印发《常山县突发事件总体应急预案（修订）》的通知
76	常政办发〔2020〕147 号	关于印发《常山县城区危旧房屋治理改造遗留问题分类处置指导意见》的通知
77	常政办发〔2020〕154 号	关于做好 2021 年度城乡居民基本医疗保险参保缴费工作的通知
78	常政办发〔2020〕161 号	关于印发《常山县无废城市建设实施方案》的通知
79	常政办发〔2020〕162 号	关于印发《常山县投资项目并联审批服务实施方案》的通知
80	常政办发〔2020〕163 号	关于印发《常山县土地储备运行办法（试行）》的通知
81	常政办发〔2020〕164 号	关于印发《常山县土地储备管理办法》的通知
82	常政办发〔2020〕166 号	关于印发《常山县固体废物大排查大整治行动方案》的通知
83	常政办发〔2020〕168 号	关于印发《常山县公共政策健康影响评价试点实施方案（试行）》的通知
84	常政办发〔2020〕169 号	关于印发《常山县自然资源统一确权登记工作方案》的通知
85	常政办发〔2020〕171 号	关于印发《常山县 2020 年度部分垂直部门工作目标考核细则》的通知
86	常政办发〔2020〕172 号	关于印发《2020 年度常山县金融机构履行职能考核细则》的通知
87	常政办发〔2020〕173 号	关于明确常山县一港四溪河道疏浚收益权归属的通知
88	常政办发〔2020〕174 号	关于印发《常山县县属国有企业资金集中管理统一调剂办法（试行）》的通知
89	常政办发〔2020〕175 号	关于印发《常山县创建全国健康促进县工作方案》的通知
90	常政办发〔2020〕176 号	关于调整常山县欠薪应急周转资金管理办法的通知

（县政府办公室）

国民经济若干统计资料

2020年常山县经济与社会发展主要指标

表62

指　　标	计量单位	2020年
一、基本情况	—	—
年末总人口（公安口径数据）	人	341567
其中：乡村人口（公安口径数据）	人	229039
年平均人口（公安口径数据）	人	342577
年出生人口（公安口径数据）	人	2680
年死亡人口（公安口径数据）	人	2538
人口出生率（公安口径数据）	‰	7.8
人口死亡率（公安口径数据）	‰	7.4
人口自然增长率（公安口径数据）	‰	0.4
年末总户数（公安口径数据）	户	124470
全社会从业人员数	万人	14.85
第一产业从业人员数	万人	2.74
第二产业从业人员数	万人	6.92
第三产业从业人员数	万人	5.19
城镇登记失业人数	人	615
城镇登记失业率	%	1.76
行政区域土地面积	平方千米	1097
其中：建成区面积	平方千米	18
街道	个	3
建制镇	个	6
乡	个	5
城市社区	个	10
行政村	个	180
居委会	个	4

指　　标	计量单位	2020年
二、农业	—	—
农林牧渔总产值（现价）	万元	131681
其中：农业	万元	78723
林业	万元	18822
牧业	万元	23657
渔业	万元	6183
农林牧渔服务业	万元	4296
主要农产品播种面积	—	—
农作物总播种面积	公顷	19185
粮食播种面积	公顷	9737
棉花播种面积	公顷	39
油料作物播种面积	公顷	3430
柑橘面积	公顷	6760
茶园面积	公顷	431
桑园面积	公顷	14
主要农产品产量	—	—
粮食	吨	60141
油料	吨	6647
其中：油菜籽	吨	6168
花生	吨	292
水果	吨	149796
其中：柑橘	吨	145137
胡柚	吨	118303
猪 肉	吨	3919

续表 62

指　　标	计量单位	2020 年
牛羊肉	吨	206
禽　肉	吨	5731
油茶籽	吨	5900
水产品	吨	6721
蔬　菜	吨	103004
茶　叶	吨	213
蚕　茧	吨	13
食用菌	吨	5918
其中：金针菇	吨	1837
造林面积	公顷	675
果园面积	公顷	7272
三、工业	—	—
2000 万元以上销售收入企业数	个	124
其中：内资企业	个	121
港、澳、台商投资企业	个	1
外商投资企业	个	2
企业总产值（当年价）	万元	1336027
其中：内资企业	万元	1269529
港、澳、台商投资企业	万元	50941
外商投资企业	万元	15557
销售费用	万元	24840
利税总额	万元	186189
其中：利润总额	万元	137553
资产总计	万元	1861788
负债总计	万元	1143549
应收账款	万元	195458
产成品存货	万元	92393
新产品产值	万元	442956
平均用工人数	人	15873
应付职工薪酬	万元	112667
四、交通、邮电	—	—
境内公路里程	千米	1131
民有汽车拥有量	辆	53372
其中：私人汽车拥有量	辆	47620
公路客运量（全社会）	万人	232.6
公路货运量（全社会）	万吨	3337
年末邮电局（所）数	所	15
邮政业务收入	万元	7868
电信业务收入	万元	19037
年末固定电话用户数	万户	2.4
年末移动电话用户数	万户	24.0
互联网宽带接入用户数	万户	9.4
全社会用电量	万千瓦时	170418
其中：工业用电	万千瓦时	126766
城乡居民生活用电	万千瓦时	23291
第一产业用电	万千瓦时	874
第二产业用电	万千瓦时	129405
第三产业用电	万千瓦时	16847
五、贸易、外经、市场主体		
社会消费品零售总额	万元	712824
外贸进出口额	万元	257203
其中：出口额	万元	191481
个体工商户	户	20853
个体工商户资金数额	万元	441272
私营企业户数	户	5064
私营企业注册资本（金）	万元	2675531
六、固定资产投资		
固定资产投资	万元	769402
其中：国有投资	万元	317871
基础设施投资	万元	302256
第一产业投资	万元	6800
第二产业投资	万元	193826

续表 62

指　　标	计量单位	2020 年
其中：工业技改投资	万元	76865
第三产业投资	万元	568776
其中：房地产开发投资	万元	122800
全年新增固定资产	万元	174322
房屋施工面积	平方米	1483281
房屋竣工面积	平方米	225120
商品房销售面积	平方米	351506
商品房销售额	万元	267177
七、财政、金融		
财政总收入	万元	199038
公共财政预算收入	万元	121905
其中：税收收入	万元	105997
公共财政预算支出	万元	547839
其中：一般公共服务	万元	57235
公共安全	万元	27927
教育	万元	66827
科学技术	万元	10883
社会保障和就业	万元	90994
医疗卫生	万元	62441
节能环保	万元	12375
城乡社区	万元	19712
年末金融机构人民币存款余额	万元	2722991
其中：住户存款余额	万元	1624298
年末金融机构人民币贷款余额	万元	2360984
其中：住户贷款	万元	1382316
八、人民生活		
养老服务机构数	个	24
养老服务机构床位数	床	3640
农村居民人均可支配收入	元	24033
城镇居民人均可支配收入	元	41890
城镇居民人均消费支出	元	23153

指　　标	计量单位	2020 年
城镇居民人均住宅建筑面积	平方米	46
农村居民人均住宅建筑面积	平方米	77.1
九、教育、科技、文体、卫生		
学校数	所	96
其中：中等职业教育学校数	所	1
普通中学数	所	11
普通小学数	所	27
特殊教育学校数	所	1
幼儿园数	所	56
专任教师数	人	2775
其中：中等职业教育学校专任教师数	人	143
普通中学专任教师数	人	998
普通小学专任教师数	人	1083
特殊教育学校专任教师数	人	18
幼儿园专任教师数	人	533
在校学生数	人	39772
其中:中等职业教育学校在校学生数	人	1895
普通中学在校学生数	人	12555
普通小学在校学生数	人	16258
特殊教育学校在校学生数	人	53
幼儿园在园幼儿数	人	9011
剧场、影剧院数	个	3
公共图书馆数	个	1
公共图书馆图书藏量	万册	38.81
体育场馆数	个	1
医疗卫生机构数	个	288
其中：医院数	个	9
医疗卫生机构床位数	张	1542
其中：医院床位数	张	1301
卫生技术人员数	人	1906
执业（助理医师）数	人	789

续表 62

指　　标	计量单位	2020 年
注册护士	人	778
十、综合统计		
地区生产总值（当年价）快报	亿元	160.15
第一产业	亿元	8.33
第二产业	亿元	67.69
其中：工业	亿元	49.97
第三产业	亿元	84.13
人均地区生产总值（常住）	元/人	61786
地区生产总值(按 2015 年不变价)	亿元	144.81
第一产业	亿元	8.22
第二产业	亿元	66.26
其中：工业	亿元	51.33
第三产业	亿元	70.33

2020 年常山县社会消费品零售总额一览表

表 63

统 计 指 标	计量单位	2019 年	2020 年
社会消费品零售总额	万元	743118	712824
一、按销售地区分组	—	—	—
县	万元	551873	536144
县以下	万元	191245	176680
二、按行业分组	—	—	—
1. 批发零售贸易业	万元	605879	587863
限额以上	万元	55285	59141
限额以下	万元	550594	528722
2. 住宿餐饮业	万元	137239	124961
星级（限额以上）企业	万元	10019	9223
星级以外（限额以下）企业和个体户	万元	127220	115738

（占慧臻）

2020 年常山县私营企业户数一览表

表 64

单位：户

指 标 名 称	2020 年	2019 年	比上年 ± %
合　计	5082	4645	9.41%
1.农、林、牧、渔业	521	522	-0.19%
2.采矿业	23	23	0.00%
3.制造业	811	809	0.25%
4.电力、燃气及水的生产和供应业	26	25	4.00%
5.建筑业	274	208	31.73%

续表 64

单位：户

指标名称	2020 年	2019 年	比上年 ±%
6.交通运输、仓储业和邮政业	262	230	13.91%
7.信息传输、计算机服务和软件业	135	112	20.54%
8.批发和零售业	1568	1487	5.45%
9.住宿和餐饮业	33	32	3.13%
10.房地产业	154	128	20.31%
11.租赁和商务服务业	487	411	18.49%
12.居民服务和其他服务业	124	114	8.77%
13.卫生、社会保障和社会福利业	11	10	10.00%
14.文化、体育和娱乐业	116	116	0.00%
15.其他行业	537	418	28.47%

2020 年常山县个体工商业户数一览表

表 65

单位：户

指标名称	2020 年	2019 年	比上年 ±%
合　计	20986	19958	5.15%
1.农、林、牧、渔业	1519	1119	35.75%
2.采矿业	9	9	0.00%
3.制造业	917	873	5.04%
4.电力、燃气及水的生产和供应业	7	4	75.00%
5.建筑业	41	41	0.00%
6.交通运输、仓储业和邮政业	1046	851	22.91%
7.信息传输、计算机服务和软件业	73	47	55.32%
8.批发和零售业	12719	12517	1.61%
9.住宿和餐饮业	2123	2193	-3.19%
10.房地产业	14	18	-22.22%
11.租赁和商务服务业	1043	799	30.54%
12.居民服务和其他服务业	1310	1331	-1.58%
13.卫生、社会保障和社会福利业	33	31	6.45%
14.文化、体育和娱乐业	76	75	1.33%
15.其他行业	56	50	12.00%

（姜　毅）

索 引

D

E

F

G

H

J

K

L

M

N

P

Q

T

W

X

Y

Z